Albrecht Fölsing
Galileo Galilei – Prozeß ohne Ende

SERIE PIPER
Band 537

Zu diesem Buch

In das Zentrum seiner Biographie Galileis stellt Albrecht Fölsing dessen einzigartige Bedeutung für die Entwicklung der modernen Naturwissenschaft: die Synthese aus Handwerkskunst und mathematischer Spekulation bei der Erfindung der naturwissenschaftlich-experimentellen Methode; die Verbesserung des Fernrohrs und seine Nutzung für die Revision des alten Weltbildes; sein Ringen um die Begründung einer Wissenschaft der Mechanik.

Diese Aspekte sind eingebettet in die Schilderung von Galileis Leben und Persönlichkeit. In seiner Biographie spiegeln sich berühmte Universitäten und Akademien Italiens, die diffizilen politischen Verhältnisse der Zeit, die Liberalität Venedigs, der verblassende Glanz der Medici in Florenz und die gegenreformatorische Aktivität der Katholischen Kirche. Zu Wort kommt aber vor allem auch Galilei selbst, ein Intellektueller unter den Naturforschern und einer der größten Schriftsteller Italiens.

»Albrecht Fölsing hat eine bestechende Biographie des bahnbrechenden Astronomen, des Physikers, Philosophen, Intellektuellen und Schriftstellers aus Florenz geschrieben.« Titel

»Fölsings theoretische Analysen, darunter ein kleines Kapitel mit der Überschrift »Ein erkenntnistheoretisches Intermezzo«, gehören zum besten, was über diese Probleme geschrieben wurde.«

Paul Feyerabend, DER SPIEGEL

Albrecht Fölsing, geboren 1940 in Bad Salzungen, Thüringen. Er studierte Physik in Berlin (Ost und West), Philadelphia und Hamburg, wobei er sich auch mit historischen und philosophischen Problemen der Naturwissenschaft befaßte. Nach der Diplomprüfung arbeitete er als Wissenschaftsjournalist und war Pressesprecher des Deutschen Elektronen-Sychrotrons (DESY) in Hamburg. Seit 1973 leitet er die Wissenschaftsredaktion beim NDR-Fernsehen in Hamburg und moderiert »Bilder aus der Wissenschaft«.

Albrecht Fölsing

Galileo Galilei – Prozeß ohne Ende

Eine Biographie

Mit 49 Abbildungen

Piper
München Zürich

ISBN 3-492-10537-8
Neuausgabe 1989
2. Auflage, 13.–19. Tausend, Januar 1989
(1. Auflage 1.–7. Tausend dieser Ausgabe)

Umschlag: Federico Luci,
unter Verwendung eines Kupferstichs von Ottavio Leoni
Satz: Hieronymus Mühlberger, Augsburg
Druck und Bindung: Clausen & Bosse, Leck
Printed in Germany

Für Philipp, dem ich die Zeit für dieses Buch gestohlen habe.

Für Frühling, dem ich die Zeit für dieses Buch gestohlen habe

Inhalt

Vorwort

Wenn heute den meisten Menschen der Name Galileo Galilei geläufiger ist als der anderer großer Gestalten der Wissenschaftsgeschichte, so liegt das nicht zuletzt an jenem Inquisitionsprozeß, in dem er zum Abschwören der kopernikanischen Lehre gezwungen wurde, die damit zugleich für jeden katholischen Christen zur Ketzerei erklärt worden war. Obwohl dieses Ereignis inzwischen 350 Jahre zurückliegt, bewegt es noch immer wie kaum ein anderes Gerichtsverfahren die Gemüter und wird sie wohl auch weiter bewegen – ein Prozeß ohne Ende zweifellos auch dann, wenn die katholische Kirche das damalige Fehlurteil endlich auch offiziell annullieren würde.

Der Versuch, an Hand der zugänglichen Dokumente den Prozeßverlauf und die Arbeitsweise des gedankenpolizeilichen Inquisitionstribunals zu rekonstruieren, wäre jedoch nur ein Aspekt der Bedeutung Galileis und, wie ich meine, wahrscheinlich nicht der wichtigste. Interessanter und folgenreicher scheint mir die in Galilei personifizierte Entstehung dessen, was wir die moderne Naturwissenschaft nennen – auch dies ein Prozeß ohne Ende, dessen Verlauf und Problematik uns vielleicht durch die Darstellung der Anfänge bei Galilei ein wenig einsichtiger werden können.

Albrecht Fölsing

Vorwort

Wenn heute der moderne Mensch [illegible] Galileo Galilei gedank- [illegible] als den anderen großen Gestalten der Wissenschaftsge- [illegible], das [illegible] in jenem [illegible] [illegible] die [illegible] katholischen [illegible] [illegible] Obwohl dieses [illegible] Jahre [illegible] es [illegible] die [illegible] und [illegible] bewegen [illegible] doch dann, wenn die katholische Kirche das [illegible] endlich [illegible] wurde.

Der Versuch, an Hand der [illegible] Dokumente den Prozeß [illegible] und die Arbeitsweise des [illegible] zu rekonstruieren, war [illegible] Galilei und, [illegible] wichtigste [illegible] und [illegible] die in Gali- [illegible] – auch [illegible] dieses [illegible] Probleme [illegible] die Darstellung der [illegible] bei Galilei [illegible] können.

[illegible]

Galileo Galilei – und er bewegt uns immer noch

Galileo Galilei ist wie keine andere der großen Gestalten der Wissenschaftsgeschichte zum Mythos geworden, in seinem Werk zum Symbol für die Geburt der Neuzeit im Triumph wissenschaftlicher Vernunft und zugleich in seinem persönlichen Schicksal zum Symbol der dramatischen Konflikte, die in dieser epochalen Umwälzung aufgebrochen waren. Die objektiven Aspekte eines überwältigend optimistischen Neuanfangs im Nachdenken über die Natur und die subjektive Tragik des von seiner Kirche geächteten alten Mannes sind wohl schon in seinem eigenen Selbstverständnis untrennbar miteinander verbunden. Drei Jahre vor seinem Tode schrieb er an den Pariser Intellektuellen Elia Diodati: »Und nun, verehrter Herr, ist Galileo, Euer treuer Freund und Diener, unwiderruflich blind geworden. Ihr werdet verstehen, in welchem Elend ich mich befinde, wenn ich bedenke, wie dieser Himmel, diese Welt, dieses Universum, die ich durch meine wunderbaren Beobachtungen und klaren Demonstrationen um Hunderte und Tausende Male erweitert habe gegenüber dem, was die Gelehrten vergangener Zeiten gesehen und gewußt haben, nun zusammengeschrumpft sind auf einen Raum nicht größer als mein Körper.«[1]

Dieser Himmel, diese Welt, dieses Universum – das ist der späte Nachhall jenes Pathos des Bewußtseinswandels, der in der Renaissance die Menschen erfaßt hatte und nun, ein Jahrhundert später, im Finale einer neuen Kosmologie noch einmal sich manifestierte. Galileis Erweiterung des Himmels durch das Fernrohr, die Zerstörung der überlieferten Kosmologie und die Beseitigung der Sonderstellung der Erde im festgefügten Weltgebäude der Tradition – dies alles erscheint wie eine Wiederholung der früheren Aufbruchsstimmung in kosmischen Dimensionen. Auch heute noch, nach einigen Mondlandungen und einem von Satelliten erfüllten Himmel über uns, wird diese von Galilei zur Katharsis vorangetriebene »Kopernikanische Wende« von vielen Menschen nachempfunden, so daß sie nicht ohne Grund zur Metapher für den Prozeß der Geburt der modernen Wissenschaft geworden ist.

Aber Galilei hat nicht nur mehr gesehen als die Gelehrten vergangener Zeiten, vor allem hat er auch mehr gewußt, oder, präziser gesagt, er hat einen völlig neuen Zugang zur Natur erschlossen. Dadurch erweiterte er nicht nur die Wahrheit über die Natur, sondern er veränderte in radikaler Weise die Natur der Wahrheit.

»Die Philosophie steht in diesem großen Buch geschrieben, dem Universum, das unserem Blick ständig offenliegt. Aber das Buch ist nicht zu verstehen, wenn man nicht zuvor die Sprache erlernt und sich mit den Buchstaben vertraut gemacht hat, in denen es geschrieben ist. Es ist in der Sprache der Mathematik geschrieben, und deren Buchstaben sind Dreiecke, Kreise und andere geometrische Figuren, ohne die es dem Menschen unmöglich ist, ein einziges Wort davon zu verstehen; ohne diese irrt man in einem dunklen Labyrinth umher.«[2]

Getragen von den »mächtigen Schwingen der Mathematik«, entdeckte Galilei ein neues Universum der Erkenntnis: das der Naturgesetze. Exemplifiziert an einfachsten Beispielen wie schwingenden Pendeln oder eine schiefe Ebene herabrollenden Kugeln demonstrierte er nicht nur, daß das »Buch der Natur« tatsächlich mathematisch abgefaßt ist, sondern daß die gekonnte Lektüre sicheres Wissen zu produzieren vermag. Gestützt nur auf »sensate esperienze e necessarie demostrazioni« – also auf Sinneserfahrungen und notwendige Beweise –, entwickelte Galilei die Methode exakter Forschung im fruchtbaren Dreiklang von Empirie, mathematischer Spekulation oder Hypothesenbildung und experimenteller Überprüfung. Dieses Paradigma wird wohl gültig bleiben, solange Menschen Naturgesetze aufdecken wollen.

Wir, die wir in der Schule an diesen Gedanken gewöhnt und täglich mit seinen Technik gewordenen Auswirkungen konfrontiert werden, nehmen die Gesetzlichkeit der Natur als bare Selbstverständlichkeit hin. Lediglich theoretisch orientierte Physiker, die tief in den Grundlagen ihrer Wissenschaft herumgrübeln, begegnen gerade in der mathematisch faßbaren Verständlichkeit der Natur dem größten Wunder.

Für Galilei war dieses Wunder die Frucht einer jahrzehntelangen Anstrengung, so einmalig und neu, daß er zur Sache nicht einmal das Wort vom Naturgesetz hinzuerfand.[3] Nie hat er den später mit exakter Naturforschung synonym gewordenen Begriff gebraucht, sondern in den Kategorien der euklidischen Geometrie von Proportionen gesprochen, von Prinzipien oder Verhältnissen, Propositionen oder Korollarien. Gleichwohl begeht man keinen Fehler, wenn man diese Termini mit einiger Vorsicht in einer Übersetzung als Gesetze bezeichnet.

Wie immer auch der Name, der von Galilei behauptete Sachverhalt geriet unversehens in die theologisch-philosophische Konfliktzone, denn er beanspruchte eine Gewißheit der Erkenntnis, die Gott allein zukam. Galilei konzediert zwar, daß der Mensch nur einige der Gott ständig gegenwärtigen mathematischen Wahrheiten erkannt habe, daß hinsichtlich des Umfangs der Kenntnis eine unendlich zu nennende Differenz nicht zu überbrücken sein wird, hinsichtlich der Vollkommenheit der Erkenntnis insistiert er auf der Identität des göttlichen und des menschlichen Wissens:

»Freilich erkennt der göttliche Geist unendlich viel mehr mathematische Wahrheiten, denn er erkennt sie alle. Die Erkenntnis der wenigen aber, die der menschliche Geist begriffen, kommt meiner Meinung nach an objektiver Gewißheit der göttlichen Erkenntnis gleich; denn sie gelangt bis zur Einsicht ihrer Notwendigkeit, und eine höhere Stufe der Gewißheit kann es nicht geben.«[4]

Die Erkenntnis der Bewegungsgesetze einfacher mechanischer Systeme darf wohl als Galileis größte Leistung angesehen werden, denn sie reicht in ihrer Bedeutung weit über die konkret behandelten Beispiele hinaus. In exemplarischer Weise verkörpern sie die Erfindung und theoretische Begründung jenes Verfahrens, mit dem man seither zu immer neuen Entdeckungen voranschreiten konnte: die moderne Naturwissenschaft. Insofern stellen sie bei aller bewußtseinserschütternden Breitenwirkung der kopernikanischen Wende eher als diese den eigentlichen rationalen Kern der wissenschaftlichen Revolution dar.

DIE WISSENSCHAFTLICHE REVOLUTION war ein langwieriger, mehr als ein Jahrhundert dauernder Prozeß, den in präzise Daten zu fassen nicht mehr bedeuten kann als ein vorläufiger Orientierungsversuch. In diesem Sinne kann man als ihren Beginn das Jahr 1543 ansehen, in dem die astronomisch-kosmologische Wende durch das Erscheinen des Buches *De revolutionibus* von Nikolaus Kopernikus eingeläutet wurde, und als ihren Abschluß das Jahr 1687, in dem Isaac Newton in seinen *Principia Mathematica Philosophiae Naturalis,* in den *Mathematischen Prinzipien der Naturphilosophie,* die Entwicklung einer mechanischen Physik zur Vollendung gebracht hatte.

Galilei wurde 1564 geboren, als das Werk des Kopernikus schon zwei Jahrzehnte alt war, und er starb 1642, im Geburtsjahr Newtons. Damit stand er schon in zeitlicher Hinsicht im Zentrum der wissenschaftlichen Revolution, vor allem aber auch intellektuell. Das kopernikanische System, als mathematische Hypothese zur »Rettung der Erscheinungen« eine kaum beachtete, auch von der Kirche tolerierte Angelegenheit für einige Spezialisten, wurde von ihm in den Rang einer Wahrheit erhoben. Um diese aller gängigen Naturphilosophie und Theologie widersprechende Wahrheit plausibel zu machen, holte er die nur in der Astronomie als Erkenntnismittel angewandte Mathematik auf die Erde herab, schuf eine mathematische Theorie der Bewegung und wandte diese Theorie auf die Bewegung der Planeten am Himmel an.

Die Durchführung dieses Forschungsprogramms war im damaligen historischen Kontext kaum denkbar ohne die Begleitmusik schriller Kontroversen, heftiger Angriffe und böser Intrigen, zumal Galileis öffentliches Auftreten unter dem einen Leitmotiv stand, dem kopernikanischen System zur Anerkennung zu verhelfen oder wenigstens einen Freiraum zu seiner rationalen wissenschaftlichen Diskussion zu erhalten. Es war in dieser tiefgreifenden Wende Galileis historische Rolle, die methodischen Kriterien der Wahrheit der neuen Wissenschaft nicht nur zu entwickeln, sondern auch gegen vielfältigen akademischen und theologischen Obskurantismus zu behaupten. Indem er in diesem Kampfe seine Freiheit verlor, hat er sie doch für die Nachgeborenen erworben.

UM IHR SEELENHEIL haben die großen Revolutionäre der Wissenschaft sich nicht gesorgt. Ob Katholiken oder Protestanten, ob im 16. oder im 17. Jahrhundert lebend, sie alle waren von dem Bewußtsein durchdrungen, daß es Gottes ewige Wahrheiten waren, die zu enthüllen sie sich abmühten. Lag auch der alte Kosmos in Trümmern und mit ihm die Geborgenheit des Menschen im Zentrum einer ewigen göttlichen Ordnung, war sogar die Erde, auf die Gott seinen Sohn als Erlöser gesandt hatte, aus dem Mittelpunkt gerückt und sollte als einer von sechs Planeten um die Sonne wirbeln – die solches angezettelt hatten, waren in ihrem Glauben nicht nur unerschüttert, sondern fanden ihn eher noch bestätigt und gefestigt. Weit davon entfernt, in ihrem Erkenntnisdrang eine Gefährdung von Gottes Wort auch nur zu ahnen, sahen sie in ihrer Wissenschaft einen neuen Zugang zu seinen Werken im Lichte der Vernunft.

Galileis Zeitgenosse Johannes Kepler verstand Astronomie vornehmlich als Anbetung Gottes im Medium der Mathematik, seine Bücher sind voll dithyrambischer Lobpreisungen der Schöpfung. Galilei, der nicht gerade zu religiöser Inbrunst neigte, aber ein treuer Sohn seiner Kirche war und es auch bleiben wollte, betrachtete das »Buch der Bücher« und das »Buch der Natur« nicht als einen Gegensatz, sondern als eine höhere Einheit. Beide sind Verkündigungen Gottes, die Bibel in Seinen Worten, die Natur in Seinen Werken, und beide können sich als göttliche Wahrheiten nicht widersprechen.

Mit diesem Glaubensbekenntnis ließ sich aber auch die Autonomie der neuen Wissenschaft gegenüber der Theologie behaupten: »Nichts Physisches, das die Sinneserfahrung vor unsere Augen stellt oder das notwendige Beweisführungen uns deutlich machen, sollte daher in Frage gestellt – und viel weniger noch verboten – werden auf Grund des Zeugnisses von Textstellen aus der Bibel, hinter deren Worten ein ganz anderer Sinn verborgen sein kann, denn die Bibel ist nicht in jedem ihrer Ausdrücke an Bedingungen gebunden, die so strikte sind wie jene, die das Wirken der Natur beherrschen; noch offenbart sich Gott in der Natur in weniger ausgezeichneter Weise als in den geheiligten Sätzen der Bibel.«[5]

Das machte freilich eine Interpretation der Bibel im Lichte der neuen Wahrheiten erforderlich, eine hermeneutische Anstrengung, die heutige Theologen als Entmythologisierung bezeichnen. Für die Kirche zur Zeit Galileis wäre derartiges eine Zumutung gewesen;

die Theologen ziehen Galilei der lästerlichen Grenzüberschreitung, indem er sich »in die Sakristei« vorgewagt und das Monopol der Theologen nicht nur über die letzten, sondern auch über alle anderen Wahrheiten angetastet hatte.

Der Konflikt zwischen Theologie und Naturwissenschaft wäre wahrscheinlich vermeidbar gewesen, hätte die Kirche noch über jene intellektuelle Elastizität verfügt, die ihr etwa im Hochmittelalter die Synthese aus Offenbarungsglauben und antiker Philosophie ermöglicht hatte. Im Zuge gegenreformatorischer Verhärtungen wußte sie sich jedoch nicht besser zu helfen als durch einen Rückgriff auf administrative Gewalt.

Das Heilige Offizium, Wächter über den rechten Glauben und oberste Behörde der Inquisition, führte gegen Galilei einen Prozeß, der schon nach damaligen kirchenrechtlichen Kriterien überaus fragwürdig war. Die unwürdige Zeremonie, in der Galilei am 22. Juni 1633 seinen kopernikanischen Überzeugungen abschwören mußte, war ein geistiger Tiefpunkt in der Verteidigung des Glaubens und eine der folgenreichsten Fehlentscheidungen in der Geschichte der katholischen Kirche.

Galilei litt unsäglich unter der Schmach der Abschwörung, und er verachtete alle diejenigen, die nicht nur ihn, sondern auch seine Kirche in diese schändliche Situation gebracht hatten. Die ihm noch verbleibenden letzten acht Lebensjahre mußte er unter der Aufsicht der Inquisition verbringen, geächtet als jemand, der »der Ketzerei in hohem Maße verdächtig befunden worden«. So wurde der alte Galilei, weit mehr als durch alle Grundlegung der exakten Naturwissenschaft, zur geistesgeschichtlichen Symbolfigur des Kampfes für Gedanken- und Gewissensfreiheit, sogar zum Märtyrer der Wissenschaft – eine Rolle, die er sich nicht gewünscht hatte und deren spätere Interpretationen er als immer noch treuer Sohn seiner Kirche wohl nicht immer gebilligt hätte.

Schwerer als Galilei und die Wissenschaft hatte an diesem Fehlurteil von 1633 aber die katholische Kirche zu tragen, die damit ihren Einfluß auf die Gestaltung der Neuzeit zumindest insofern verspielt hatte, als sich diese im Rahmen der Naturwissenschaften und der von ihr begleiteten geistigen Veränderungen entfaltete. Im

Verlust der Wissenschaft für die Welt des Glaubens sieht zum Beispiel der katholische Theologe Hans Küng – neben dem ost-westlichen Schisma und der westlichen Glaubensspaltung in der Reformation – eine der »drei größten Katastrophen der Kirchengeschichte«.[6]

Die Folgen der Galilei-Katastrophe sollen nun aber, nach 350 Jahren apologetischer Bagatellisierungen, auch von der Kirche aufgearbeitet werden, denn Galilei, dem Papst Urban VIII. noch ins Grab nachrief, er sei »der Christenheit ein großes Ärgernis gewesen«, ist inzwischen nicht nur als Physiker und Astronom, sondern sogar als Theologe in Rom sozusagen offiziell bestätigt worden.

Papst Johannes Paul II. hatte sich in einer Ansprache bei der Gedenkfeier zum 100. Geburtstag von Albert Einstein in der Päpstlichen Akademie der Wissenschaften am 10. November 1979 weniger mit dem Begründer der Relativitätstheorie befaßt als mit dem Begründer der Physik. Was die in der Sala Regia des Vatikans versammelten Mitglieder der Akademie, die Vertreter der Kurie und des diplomatischen Korps zu hören bekamen, klang in den Ohren des Berichterstatters des *Osservatore Romano* »unerhört«, denn erstmals hatte ein Papst eingestanden, daß Galilei »von den Männern und Organen der Kirche viel zu leiden gehabt« habe.[7]

Aufmerksamen Beobachtern hatte freilich nicht verborgen bleiben können, daß sich die Auffassungen der katholischen Kirche hinsichtlich des Verhältnisses von Glauben und Wissenschaft in den letzten Jahrzehnten in eine Richtung bewegt hatten, die einst durch Galilei vorgezeichnet worden war. Das Zweite Vatikanische Konzil hat sogar eine gewisse Mitschuld der Kirche an den Divergenzen zwischen Wissenschaft und Kirche eingestanden und in der Konzilskonstitution *Gaudium et spes* formuliert, daß »gewisse Geisteshaltungen, die einst auch unter Christen wegen eines unzulänglichen Verständnisses für die legitime Autonomie der Wissenschaft vorkamen, zu bedauern« seien. Die explizite Bezugnahme auf Galilei wurde jedoch in einer kryptischen, nur Eingeweihten interpretierbaren Fußnote des Dokuments versteckt.

Über diese Stellungnahme des Konzils hinausgehend, wünschte nunmehr Papst Johannes Paul II., »daß Theologen, Gelehrte und

Historiker, vom Geist ehrlicher Zusammenarbeit beseelt, die Überprüfung des Falles Galilei vertiefen und in aufrechter Anerkennung des Unrechtes, von welcher Seite es auch immer gekommen sein mag, das Mißtrauen beseitigen, das dieses Ereignis noch immer in vielen Geistern gegen eine fruchtbare Zusammenarbeit von Glaube und Wissenschaft, von Kirche und Welt hervorruft«. Eine aufschlußreiche Parallelisierung von Aussagen der Konzilskonstitution *Gaudium et spes* mit Zitaten aus Galileis Schriften gipfelte in der Feststellung des Papstes: »Galilei hat wichtige Regeln von erkenntnistheoretischem Charakter formuliert, die sich als unentbehrlich erweisen, wenn man die Heilige Schrift und die Wissenschaft in Einklang bringen will ... Galilei führt das Prinzip einer Interpretation der heiligen Bücher ein, die zwar über den buchstäblichen Sinn hinausgeht, aber mit der Absicht und der literarischen Art des jeweiligen Buches in Übereinstimmung steht.«

Da das Lehramt der Kirche mittlerweile die Vielfalt der Regeln zur Auslegung der Bibel anerkennt, ist der einstmals Geächtete nunmehr sogar als beachtenswerter Exeget der Heiligen Schrift in den Schoß der Kirche zurückgekehrt.

Eine bevorstehende Revision des Urteils von 1633 wollten einige Beobachter aus der Rede des Papstes herausgehört haben, und gegen Ende des Jahres 1979 geisterte für einige Wochen das Gerücht von einer Neuauflage des Prozesses durch Rom. Das vatikanische Sekretariat für die Nichtglaubenden, das sich schon mehrfach mit der Materie des Falles Galilei befaßt hatte, ohne jedoch ein Dokument vorzulegen, wurde mit Anfragen überhäuft, wann und wo das Verfahren stattfinden und wie dem interessierten Publikum Zugang gewährt würde.[8]

Für zusätzliches Aufsehen sorgte Professor Antonino Zichichi, Direktor des Italienischen Nationalinstituts für Kernphysik und als allgegenwärtiger wissenschaftspolitischer Multifunktionär eine ziemlich genaue Verkörperung dessen, was seine Landsleute einen »Mann mit vielen Hüten« nennen. Zichichi präsentierte ein Komitee aus sechs Nobelpreisträgern – jeder eine andere religiöse Überzeugung repräsentierend, vom Buddhismus über den Katholizismus bis hin zum ironischerweise einbezogenen Atheismus –, das ebenfalls den Fall Galilei neu beleuchten und das Sekretariat für die Nichtglaubenden in seinen Überlegungen beraten sollte. Zudem verwandte sich Zichichi sogar bei der für die Heiligsprechung zuständigen Kongregation für den Ahnherrn seiner Wissenschaft, denn der gläubige Physiker meint, daß der bittere und die heutige Kultur belastende Konflikt zwischen Glaube und Wissenschaft am ehesten definitiv beigelegt werden kann, wenn Galilei als Schutzpatron aller Forscher zur Ehre der Altäre erhöht würde. Der einstige Ketzer nunmehr ein Heiliger?

Solche hochfliegenden Erwartungen wurden jedoch schnell auf ein für Rom akzeptables Maß zurechtgestutzt. In verschwiegenen Diskussionen einigten sich die mit dem Fall Galilei befaßten Kongregationen und Sekretariate auf ein eher bescheiden zu nennendes Vorhaben, daß nämlich die Päpstliche Akademie der Wissenschaften gemeinsam mit dem Sekretariat für die Nichtglaubenden die relevanten Dokumente in einer neuen Edition herausgeben wird.

Die in der Bibliothek des Vatikans aufbewahrten Prozeßakten sind der Forschung freilich schon seit über hundert Jahren bekannt – dank einer gütigen Fügung der Geschichte. Napoleons Truppen hatten das faszinierende Konvolut bei der Besetzung Roms im Jahre 1805 geraubt, und Frankreich erklärte sich nach einigen Jahrzehnten diplomatischen Tauziehens erst 1845 zur Rückgabe bereit unter der Voraussetzung, daß die Dokumente nicht wieder im Geheimarchiv verschwinden, sondern der Öffentlichkeit zugänglich gemacht würden. Die neuerlichen Bemühungen führten zu einer 1984 vorgelegten sorgfältigen Edition der Dokumente – der bekannten und auch einiger bisher unbekannter Schriftstücke. Letztere werfen allerdings kein neues Licht auf die alte Affäre.

Mehr scheint für Rom auf absehbare Zeit nicht möglich zu sein, denn ein offizieller Widerruf des Urteils oder gar eine spektakuläre Neuauflage des Prozesses von 1633 fiele in die Kompetenz der direkten Nachfolgerin des Heiligen Offiziums, die als Kongregation für die Glaubenslehre die Autorität des Lehramtes nun zwar nicht mehr gegenüber Naturforschern, sondern nur noch gegenüber Theologen durchzusetzen hat. Dem Autoritätsverständnis dieser Behörde wäre es wohl kaum zuträglich, wenn die Maßregelung unkonventionell denkender Theologen von der Anerkennung einer wenn auch 350 Jahre zurückliegenden Fehlentscheidung begleitet würde.

Daß die vom Papst gewünschte »Vertiefung des Falles Galilei« innerhalb gewisser Grenzen stattzufinden habe, konnte schon wenige Wochen nach der denkwürdigen Einstein-Galilei-Rede vermutet werden, denn am 15. Dezember 1979 wurde dem Tübinger Professor für katholische Theologie Hans Küng durch die Kongregation für die Glaubenslehre in einer vom Papst gebilligten Erklärung mitgeteilt, daß er von der »vollständigen Wahrheit des katholischen Glaubens« abweiche und daher »weder als katholischer Theologe gelten noch als solcher lehren« könne.[9]

Das Verfahren hatte in seiner Anonymität noch immer erhebliche Ähnlichkeiten mit dem gegen Galilei geführten, worauf hinzuweisen Küng sich nicht entgehen ließ. Allerdings sollte man auch Unterschiede anerkennen. Zum einen sind es originär theologische Fragen der Unfehlbarkeitslehre und der Christologie, die zwischen Küng und der Kongregation zur Debatte standen, zum anderen waren die Folgen verglichen mit dem, was zu Galileis Zeiten drohte, minimal: Ein beamteter Hochschullehrer der Theologie wurde gemäß den Konkordatsbestimmungen dem deutschen Steuerzahler zur anderweitigen Verwendung überlassen.

Wenn die Rehabilitierung Galileis innerhalb der katholischen Kirche nun weniger dramatisch vonstatten geht, als zunächst angenommen und von vielen erwartet, entgeht Rom dadurch dem nicht gering zu veranschlagenden Risiko, daß ein offizieller Widerruf des Urteils auf die Welt der Wissenschaft nicht nur wenig Eindruck gemacht hätte, sondern wahrscheinlich eher als ein schlechter und zudem noch reichlich verspäteter Scherz empfunden worden wäre.

Schließlich hatte die Wissenschaft nicht gerade auf das Zweite Vatikanische Konzil gewartet, um sich jene »legitime Autonomie« bescheinigen zu lassen, die sie schon vor Jahrhunderten als unabdingbare Voraussetzung ihrer Funktionsfähigkeit erworben hatte, darin wahrlich nicht vom Wohlwollen der Kirche begleitet. Auch heute wird sich die vom Papst gewünschte »fruchtbare Zusammenarbeit von Glaube und Wissenschaft, von Kirche und Welt« auf eine Erörterung von Anwendungen der Wissenschaft zu beschränken haben, wobei konkrete Fragen wie die Geburtenkontrolle schnell die Grenzen sichtbar werden lassen, innerhalb derer die katholische Kirche die Welt und ihre drängenden Probleme zu sehen vermag.

Die Kriterien der Zuverlässigkeit wissenschaftlicher Aussagen sind der theologischen Erörterung jedoch nicht zugänglich, weshalb Berührungspunkte für eine tiefergehende Zusammenarbeit nicht so leicht sichtbar werden, auch nicht durch Berufung auf Galilei.

DIE THEOLOGISCHE FORMEL DER WIDERSPRUCHSFREIHEIT des »Buches der Natur« und der Bibel als Ausdruck der einen göttlichen Wahrheit entfaltete schon in Galileis Denken ihre emanzipatorischen Ansprüche hinsichtlich der Säkularisierung der Naturwissenschaft, auch wenn sie Galilei zunächst als den ehrlichen Ausdruck seiner religiösen Überzeugung von der Einheit der Schöpfung gemeint hatte.

Im historischen Kontext stellte sie eine dramatische Aufwertung der Natur gegenüber dem irdischen Jammertal der Theologie dar, und im Anspruch sicherer Naturerkenntnis durch Berufung allein auf »Sinneserfahrungen und notwendige Beweisführungen« etablierte sie eine Wahrheit unabhängig von jeder Offenbarung. Im Lichte dieser Wahrheit war nach Galileis Auffassung zum großen Ärgernis der Theologen die Bibel interpretationsbedürftig, während die Naturwissenschaft einer theologischen Begründung letztlich entraten konnte.

Obwohl also Galilei im Studium der Natur die Größe Gottes erfahren wollte, hat er durch die Begründung der Verfahrensregeln dieses Studiums jene Entwicklung der Säkularisierung der Forschung in Gang gesetzt, in deren Verlauf die Wissenschaft gegenüber der religiösen Erfahrung gleichgültig wurde. Zwei Jahrhunderte nach Galilei kulminierte dieser Prozeß in einer Anekdote, derzufolge Napoleon den Astronomen Pierre Simon de Laplace gefragt haben soll, wo denn in seiner *Exposition du système du monde* noch Raum für Gott sei, und die Antwort erhielt: »Sire, je n'avais pas besoin de cette hypothèse-là« – ich hatte diese Hypothese nicht nötig.

Diese Ausdrucksweise des großen Himmelsmechanikers Laplace wäre Galilei töricht erschienen, die in ihr zum Ausdruck gekommene Erkenntnishaltung war jedoch schon ganz die seiner eigenen Forschungspraxis: In seinem Alterswerk, den im Hausarrest unter der Aufsicht der Inquisition geschriebenen *Discorsi,* wird auf Gott und seine Schöpfung nirgends mehr Bezug genommen; nicht einmal von dem Dialogpartner Simplicio, der die Folie der Tradition zu personifizieren hat, vor deren Hintergrund die Leistungsfähigkeit der neuen Wissenschaft demonstriert wird. Ebenso wie Laplace als Repräsentant einer rationalistischen Aufklärung hatte schon der gläubige Katholik Galilei »diese Hypothese« in seiner Wissenschaft nicht mehr nötig.

Trotzdem ist Galileis theologische Formel als sein persönliches Glaubensbekenntnis ernst zu nehmen, zumal sie um vieles intelligenter und der Problematik angemessener ist als die meisten heutigen Angebote zur Diskussion des Verhältnisses von Wissenschaft und Religion. Die Versuche zum Brückenschlag verfehlen ihr Ziel einfach deshalb, weil die beiden Pfeiler in verschiedenen Welten stehen, worüber auch eine heillose Sprachverwirrung letztlich nicht hinweghelfen kann. »Zu der Sorgfalt«, riet Werner Heisenberg, »mit der wir die beiden Sprachen, die religiöse und die naturwissenschaftliche, auseinanderhalten müssen, gehört auch, daß wir jede Schwächung ihres Inhalts durch ihre Vermengung vermeiden müssen.«[10]

An dieser Lage läßt sich auch durch die theologische Rückbesinnung auf Galilei nichts ändern. Seine theologische Formel der Widerspruchsfreiheit impliziert letztlich die Inkommensurabilität der naturwissenschaftlichen Wahrheit einerseits und des Offenbarungsglaubens andererseits. Oder in den Worten des 1607 verstorbenen Kardinals Cäsar Baronius, der als Leiter der vatikanischen Bibliothek ein ungemein gelehrter Mann war, den Galilei gern zu zitieren pflegte: »Die Absicht des Heiligen Geistes ist es, uns den Weg in den Himmel zu zeigen und nicht den Weg des Himmels.«[11]

Der Erfolg der Naturwissenschaft hat neben vielem anderen auch dazu geführt, daß sie heute zu einem säkularisierten Religionsersatz geworden ist, und dies nicht nur in dem Sinne einer Anbetung des Götzen technischer Machbarkeit, sondern sogar ganz wörtlich verstanden, indem nämlich aus dem Urknall des derzeitigen astrophysikalischen Standardmodells oder aus der Evolutionsbiologie wohlfeile Handreichungen zum zeitgemäßen Verständnis der Religion herausgelesen werden. Hinsichtlich der Tragfähigkeit solcher Bemühungen wäre eine zeitgemäße Variation des von Galilei angeführten Aphorismus auch die, daß es die Absicht der Naturwissenschaft sei, uns den Weg des Himmels zu zeigen und nicht den Weg in den Himmel.

Wenn nun heute wieder eine »Harmonie zwischen der wissenschaftlichen und der offenbarten Wahrheit« (Johannes Paul II.) entdeckt werden soll, wäre einer Aufarbeitung der Folgen des Galilei-Prozesses wohl am ehesten der Hinweis auf die subtile Paradoxie zu entnehmen, daß nämlich die Harmonie der beiden Wahrheiten ihre jeweilige Unabhängigkeit voneinander zur Voraussetzung hat.

Das Bild Galileis in der Geschichte ist niemals unabhängig von der Bewältigung der Last des Prozesses gesehen worden; demzufolge divergieren die Darstellungen Galileis wie bei keiner anderen großen Gestalt der Wissenschaftsgeschichte, darin noch einmal den Konflikt zwischen katholischer Kirche und Wissenschaft wiederholend. Gelehrte in protestantischen Ländern erhöhten Galilei – nach einem 1847 von Sir David Brewster geprägten Ausdruck – zum »Märtyrer der Wissenschaft«, was nach dem urchristlichen Sinn des »Blutzeuge« meinenden Ausdrucks übertrieben, angesichts der finsteren Gerichtspraxis der Inquisition gleichwohl gerechtfertigt sein mag. Die bürgerlich-freisinnige Biographik der Jahrhundertwende geriet bei ihrem Helden in verständliches Schwärmen, neigte aber auch dazu, sowohl die wissenschaftliche Revolution als auch Galileis Persönlichkeit in die Schablonen der gängigen positivistischen Wissenschaftsgläubigkeit zu pressen.[12]

Parallel dazu entstand eine der katholischen Kirche verpflichtete apologetische Literatur, in der Galilei vornehmlich als vorwitziger Störenfried geschildert wurde, der sich sein Schicksal selbst zuzuschreiben hatte, da er für seine aggressiv vorgetragenen kopernikanischen Behauptungen keine ordentlichen Beweise beibringen und so die Inquisition zu ihrem im übrigen ungewöhnlich milden und verständnisvollen Urteil genötigt habe. Nicht Galilei, sondern die Kirche wurde als die weise Hüterin nicht nur der theologischen, sondern auch der wissenschaftlichen Wahrheit dargestellt.[13]

Diese Apologetik stützte sich freilich – abgesehen von offensichtlichen Geschichtsklitterungen – auf die Beweisregeln der spätscholastischen Logik und die Behandlung der Astronomie als ein rein mathematisches Glasperlenspiel zur »Rettung der Erscheinungen«. Dadurch verfehlte sie völlig Galileis neue Wissenschaft, sowohl in methodischer als auch in materieller Hinsicht, und glich eher einer Neuauflage des Prozesses mit vorgegebenem Urteilsspruch denn einer wissenschaftshistorisch vertretbaren Analyse. Da diese Literatur im Gewande einer Entmythologisierung des Galilei-Mythos einherkommt, ist ihr auch außerhalb katholischer Konventikel eine gewisse Aufmerksamkeit sicher, zumal sie in Arthur Koestler ihren wortgewaltigen Popularisator gefunden hat.

In seiner *Die Nachtwandler*[14] betitelten Version der Geschichte des kosmologischen Denkens porträtiert Koestler in einer längeren Passage Galilei als einen verantwortungslosen Propagandisten, der, statt mit Beweisen zu argumentieren, mit »Taschenspielertricks« die Kirche und die soziale Ordnung herausgefordert habe. In seine selbst verschuldete Tragödie habe er die Kirche mit hineingerissen, indem er durch einen »mißglückten Kreuzzug« das kopernikanische System in Verruf gebracht habe. Man könnte diese »nachtwandlerische« Konstruktion Koestlers auf sich beruhen lassen, würde sie nicht inzwischen in der Tertiärliteratur als autoritative Quelle mißverstanden.[15]

Die Einstein-Galilei-Rede des Papstes Johannes Paul II. könnte hier vielleicht zu einer Entkrampfung führen, denn katholische Autoren brauchen sich nicht länger verpflichtet zu fühlen, ihre Kirche in Sachen Galilei um beinahe jeden Preis zu verteidigen, stellte doch der Papst in der Zusammenfassung des *Osservatore Romano* den »für lange Zeit indizierten Naturforscher als Vorbild hin, als menschliches, christliches, wissenschaftliches ohnehin«.

Galileis Grösse ist nicht nur unter Naturwissenschaftlern, sondern auch unter Wissenschaftshistorikern und Philosophen unbestritten; diese Einigkeit schließt jedoch nicht aus, daß auch hier die unterschiedlichsten Interpretationen entwickelt worden sind. Galilei empfand sich selbst als Revolutionär: Seine Lehre von der Ortsbewegung charakterisierte er als »eine vollkommen neue Wissenschaft, in der niemand sonst, weder in der Antike noch in der Moderne, irgendeines der höchst bemerkenswerten Gesetze entdeckt hat, deren Existenz ich sowohl für die natürliche wie die erzwungene Bewegung beweisen werde; daher erlaube ich mir, dies eine neue Wissenschaft zu nennen, die von ihren Grundlagen angefangen von mir entdeckt worden ist«.[16]

Diese Einschätzung der neuen Wissenschaft als eines radikalen Neuanfangs, der alle Brücken zur Vergangenheit hinter sich abgebrochen hatte, ist von den meisten Wissenschaftshistorikern bestätigt worden: »Die wissenschaftliche Revolution des 16. Jahrhunderts«, schrieb der große Gelehrte Alexandre Koyré, »ist eine der fundamentalen, wenn nicht die fundamentale Revolution des menschlichen Denkens seit der Invention des Kosmos durch das griechische Denken: eine Revolution, die eine radikale intellektuelle Mutation voraussetzt, deren Ausdruck und Frucht in eins die moderne Physik ist.«[17]

Die wissenschaftshistorische Aneignung des einst als finster und beschränkt gescholtenen Mittelalters, die gegen Ende des vergangenen Jahrhunderts begonnen wurde und ein forschungsfreudiges 13. Jahrhundert entdeckt hatte, führte zu einer Betonung der Kontinuität auch der wissenschaftlichen Entwicklung. Galilei wurde zur »Herbstfigur eines forschungsintensiven und innovationsfreudigen Mittelalters«,[18] zum Glied in einer weit zurückreichenden Tradition. »Die mechanische und physikalische Wissenschaft, die der Stolz der Neuzeit ist, entfaltet sich in einer ununterbrochenen Reihe kaum wahrnehmbarer Verbesserungen aus den Lehren der mittelalterlichen Schulen«, war die zentrale Schlußfolgerung der Forschungen von Pierre Duhem. »Die dafür ausgegebenen wissenschaftlichen Revolutionen waren meistens lediglich langsame Evolutionen mit einer langen Vorbereitung ... Respekt für die Tradition ist eine wesentliche Bedingung des wissenschaftlichen Fortschritts.«[19]

Aber auch die der Kontinuität nachspürenden Gelehrten haben schließlich den radikalen Bruch bestätigt gefunden, der die mittelalterliche Naturphilosophie von der durch Galilei begründeten mathematisch formulierten Erfahrungswissenschaft trennt. Ohne verwickelte historische Analysen läßt sich der nahezu voraussetzungslose Neubeginn im Werk Galileis durch ein ebenso einfaches wie durchgreifendes pragmatisches Argument einsichtig machen. Heutige Physiker wüßten nämlich mit den Büchern von Galileis Lehrern oder seinen Kollegen auf den Universitätskathedern, ja sogar mit Galileis Jugendschriften überhaupt nichts anzufangen. Sie handeln von anderen Problemen in einer fremden Sprache, die nur nach sorgfältiger historischer Einübung interpretierbar ist. Der *Traktat über schwimmende Körper* oder die *Discorsi* von Galilei sind dagegen, obwohl die mathematischen Mittel einfach und die Beweisführungen manchmal von gravitätischer Umständlichkeit sein mögen, dem heutigen Verständnis unmittelbar zugänglich: Sie erweisen sich dadurch als die wahren Geburtsurkunden der modernen Wissenschaft. Das bedeutet freilich nicht, daß sie als solche auch gelesen werden.

»Die Wissenschaftsgeschichte langweilt die meisten Wissenschaftler zu Tode«, bemerkte Peter B. Medawar über die Haltung der hochgradig kreativen Forscher, zu denen er selbst gehört. In diesen Kreisen gilt es als ausgemacht, »daß ein Interesse an der Geschichte der Wissenschaft ein Indiz für schwindende oder niemals erweckte Fähigkeiten ist«.[20] Auch dies ist ein Charakteristikum des Dilemmas der »zwei Kulturen«, der naturwissenschaftlich-technischen einerseits und der literarisch-geisteswissenschaftlichen andererseits, die zu einem großen Teil aus der Aneignung und Auseinandersetzung mit ihrer Geschichte besteht.

Natürlich sind auch Naturwissenschaftler von ihren Vorgängern abhängig, und schon Newton hatte bekannt: »Wenn ich weiter gesehen habe, dann deshalb, weil ich auf den Schultern von Riesen stehe.«[21] Die bleibenden Leistungen der Riesen voraufgegangener Generationen gehen in den aktuellen Stand der Erkenntnis jedoch in so abstrakter Form ein, daß der historische Kontext ihrer Entdekkungen allenfalls als anekdotisches Rankenwerk fortlebt.

In dieser Weise ist auch Galilei im Kanon der Wissenschaften verewigt worden. Physiker huldigen ihm als dem ersten der Riesen, auf deren Schultern sie stehen, benennen einige grundlegende Begriffsbildungen nach ihm und schreiben schlagkräftige Legenden fort, vom Schiefen Turm zu Pisa bis zum »... und sie bewegt sich doch!«.

Diese den Naturwissenschaften eigene Art des Fortschritts, die nur auf die Zukunft ausgerichtet ist und die Vergangenheit in die Kompetenz von wissenschaftshistorischen Spezialisten verweist, ist aber gerade im Falle Galileis eine bedauerliche Unterlassung, denn als Schriftsteller ist er beinahe ebenso schätzenswert wie als Naturforscher. In der literarisch glanzvollen Darstellung wissenschaftlicher Überlegungen ist er von keinem seiner Nachfolger auch nur annähernd erreicht worden.

Galilei schrieb nicht für Gelehrte, einfach deshalb, weil die Kollegen auf den Universitätskathedern seinen Gedanken nicht folgen konnten; im günstigsten Falle konnte er mit achselzuckendem Desinteresse rechnen, oft genug aber artikulierte sich totales Unverständnis in erbittertem Widerstand oder in Feindschaft. Die Kontroversen brachen aber nicht erst bei der anstößigen astronomischen Thematik auf, sondern schon bei dem so unscheinbaren Problem, warum Eis auf Wasser schwimmt. Daß Galileis Wissenschaft solche Aggressionen hervorrufen konnte, illustriert einmal mehr seine singuläre Stellung an einem Wendepunkt der intellektuellen Entwicklung des Abendlandes.

Galilei wandte sich statt an Professoren an ein Publikum, das mit dem heute gängigen Ausdruck des »interessierten Laien« nur mangelhaft umschrieben wäre. Es waren Männer außerhalb der eng gewordenen Universitätsgelehrsamkeit, überdrüssig der ausdiskutierten und sich in Spitzfindigkeiten erschöpfenden Spätscholastik, begierig auf alles Neue und es teils wegen praktischer Bedürfnisse, teils wegen des intellektuellen Vergnügens aufgreifend.

Darunter waren Bürger aus allen Lebensbereichen, nicht nur Ingenieure, sondern auch Kaufleute wie der Augsburger Bürgermeister aus der Familie Welser, dazu gehörten von den Curiosa faszinierte Adlige und Fürsten ebenso wie weltläufige Kleriker, Künstler und Literaten. Was Galilei vor diesem Publikum erörtert hatte, bleibt die geistreichste Einführung in die moderne Naturwissenschaft, ihre Verfahrensweisen und ihre philosophischen Implikationen. »Dabei entfaltete er einen Stil, einen Humor, eine Elastizität, eine Eleganz und einen Sinn für die wertvollen Schwächen des menschlichen Denkens, dem nichts in der ganzen Geschichte der Wissenschaft ebenbürtig ist.«[22]

Unsere Kultur wird durch die Wissenschaft heute in einem Ausmaße gestaltet, das schwerlich übertrieben werden kann. Die Verbindung von Wissenschaft und Technologie – auch sie eine Erfindung Galileis – produziert eine immer rasanter anschwellende Flut technischen Fortschritts, in dessen Beurteilung die Menschheit zwischen den Polen der größten Hoffnungen und der größten Ängste schwankt. In den letzten Jahrzehnten haben die Ängste jedoch mehr zugenommen als die Hoffnungen. Nach dem Abwurf der ersten Atombombe auf Hiroshima hat der für die Entwicklung dieser Waffe mitverantwortliche Physiker Robert J. Oppenheimer erklärt, »die Wissenschaft hat die Sünde kennengelernt«, und auf der Suche nach den Ursachen des Sündenfalls wird die Frage erörtert, ob die Wissenschaft nicht schon viel früher im Prozeß ihrer Entstehung ihre Unschuld verloren habe, als sie daran ging, die Welt zu verändern. Über die Folgen der Wissenschaft entsetzte Forscher geben unter diesem Aspekt neuerdings zu bedenken, »man müsse die Verurteilung Galileis durch die kirchlichen Behörden auch als Warnung vor der Hybris totaler Machbarkeit verstehen«.[23] Eine ironischere Wende im Prozeß gegen Galilei ist wohl nicht denkbar als die nachträgliche Rechtfertigung des Urteils durch Wissenschaftler, während der Papst geschehenes Unrecht eingesteht und Galilei in die Kirche heimholen möchte.

Der Heiligen Inquisition wird durch diese Wende eine Weitsicht zugetraut, die nicht einmal sie selbst sich angemaßt hatte und für die es in den Prozeßakten auch nicht die winzigsten Andeutungen gibt. Und Galilei wird eine Verantwortung aufgebürdet, für die er sinnvoll weder inhaltlich noch in der historischen Perspektive haftbar gemacht werden kann. Von »totaler Machbarkeit« ist bei ihm kein Gedanke zu finden, wäre beim Stande seiner Erkenntnis auch eine völlig abwegige Hybris gewesen. Vor allem anderen focht er für sein Recht, das Wort Gottes auch im »Buch der Natur« zu lesen, und hinsichtlich des Planetensystems ist die Vorstellung einer wie immer gearteten »Machbarkeit« heute noch und für die absehbare Zukunft sinnlos, denn niemand kann an den Bahnen auch nur das geringste ändern.

Was die Inquisition allerdings überhaupt nicht interessierte, war der Umstand, daß die Verbindung von Galileis Wissenschaft zur technischen Praxis auch eine solche zur Militärpraxis war: Er hat über die Lehre vom Festungsbau unterrichtet, die Nützlichkeit des Fernrohrs konnte er seinen Dienstherren eher durch einen Hinweis auf Seeschlachten als auf die Astronomie plausibel machen, und sogar die Wurfparabel als Glanzstück der Bewegungslehre ergab sich aus dem Nachdenken über die Bahnen von Kanonenkugeln. Insofern ist der Krieg, übrigens seit Archimedes, wenn nicht der Vater, so doch ein Ziehvater auch der Wissenschaft gewesen, nur ist dies das januskĂ¶pfige Dilemma der Anwendung von Erkenntnissen und nicht eine dem Erkenntnisdrang notwendig zukommende Erbsünde.

So brisant die Folgen dieses Dilemmas auch geworden sein mögen, so machen sie doch nicht das Wesen der Wissenschaft aus, weder zu Galileis Zeiten noch heute. Ihre intellektuelle Faszination und menschliche Bedeutung liegen vielmehr darin, daß Menschen sicheres Wissen über die Natur erwerben und begründete Vermutungen über ihre Stellung innerhalb dieser Natur anstellen können, und dieser Prozeß ohne Ende basiert auf Forschungsmethoden und Wahrheitskriterien, wie sie Galilei »erfunden« und zugleich als brillanter Popularisator seinem und allen späteren Zeitaltern vorgestellt hat. Er wird wohl immer die beste Quelle bleiben für »die Wiederherstellung jener Züge der Erkenntnis, die uns nicht nur belehren, sondern auch erfreuen«.[24]

I

Die Liebe zur Geometrie

Ein Edler Florentiner vom Geiste Michelangelos

Der ideale Geburtstag des Galileo Galilei wäre zweifellos der 18. Februar des Jahres 1564 gewesen, jener Tag, an dem Michelangelo Buonarroti gestorben war. Dieses Datum entsprach vollkommen florentinischem Traditionsbewußtsein, demzufolge der Stadt eine ununterbrochene Folge großer Männer beschieden sein sollte. Deren Andenken lebendig zu erhalten galt als eine der vornehmsten Pflichten der Florentiner, nicht zuletzt im Interesse ihrer Stadt, die es liebte, sich im Glanz ihrer großen Söhne zu bespiegeln.

Im Falle des Galileo Galilei standen der Erfüllung dieser Bürgerpflichten jedoch schwerwiegende Hindernisse im Wege. Geld für ein großartiges Denkmal war zwar reichlich vorhanden, auch Künstler, die es in würdiger Form ausgeführt hätten, die römische Kurie wollte jedoch keinerlei öffentliche Demonstration zugunsten des Geächteten dulden. Da entschloß sich Vincenzio Viviani ein halbes Jahrhundert nach Galileis Tod zu einem kühnen Alleingang: Er ließ die Front seines Hauses in der Via dell'Amore, der heutigen Via San Antonio, umgestalten, schmückte sie mit einem in Marmor gehauenen Porträt Galileis und umrahmte es mit einer dithyrambischen Inschrift:

»Der Weltenschöpfer hat nur zwei Stunden nach dem Tode Michelangelos, des großen Wiederherstellers der Malerei, Bildhauerkunst und Architektur, der Stadt Florenz diesen schmerzlichen Verlust ihrer Zierde durch die Geburt Galileo Galileis ersetzt, des glücklichsten Erneuerers, Vaters, Fürsten und Führers der Philosophie, Geometrie und Astronomie, damit die vor allen übrigen hoch begnadete Stadt sich in neuerlichen Prüfungen durch die Trefflichkeit ihrer Bürger in der ganzen Welt heilbringend bewähre.«

Diese Anklänge an ein seelenwandlerisches Wiedererscheinen des göttlichen Michelangelo verhalfen schon der Geburt Galileis zur Aura eines ebenso wundersamen wie bedeutungsschwangeren Ereignisses, das seine Wirkung auf die mit einem Sinn für derartige

Koinzidenzen begabten Florentiner gewiß nicht verfehlt hat. Dem Charme dieser Anspielung können sich sogar die Gelehrten des 20. Jahrhunderts kaum entziehen: Immer noch gilt manchen von ihnen der Todestag Michelangelos zugleich als Geburtstag Galileis.

Dabei hätte es zumindest Viviani besser wissen können, hatte er doch den unschätzbaren Vorzug genossen, drei Jahre bis zum Tode Galileis in dessen unmittelbarer Umgebung zu verbringen. Als Siebzehnjähriger hatte er den Verfemten in seiner Villa auf dem Hügel von Arcetri besucht, wurde offenbar wegen seiner vortrefflichen Begabungen und wegen seines ansprechenden Charakters zum Bleiben aufgefordert und wohnte fortan in Galileis Haus, zunächst als Schüler und Gehilfe, dann als Freund und loyaler Testamentsvollstrecker. Zwölf Jahre nach dem Tode des Meisters brachte er dessen erste Biographie zu Papier, in Form eines Briefes an den Prinzen Leopoldo de' Medici, die freilich nicht gedruckt werden konnte. In dieser *Historischen Erzählung des Lebens des Signor Galileo Galilei*[1] gab Viviani den 19. Februar als Geburtstag an – ein Datum, an dem sich immerhin Galileis Taufe belegen läßt –, vierzig Jahre später, in der Huldigung an seiner Hausfront, kurzerhand wegen der außerordentlichen Assoziationen, den 18. Februar.

Erst neuzeitlicher Gelehrtenfleiß hat der hübschen seelenwandlerischen Illusion ein Ende bereitet. Mangels besserer Daten geschah dies durch fünf auf Galilei bezogene Horoskope vom Typ der Nativitäten,[2] bei denen einer korrekten Angabe des Geburtsdatums die alles entscheidende Bedeutung zukommt. Da nun alle fünf Nativitäten den 15. Februar als Geburtstag ausweisen, wird Galilei wohl an diesem Tage das Licht der Welt erblickt haben – also schon drei Tage vor dem Ableben des göttlichen Michelangelo. Immerhin verhilft uns Vivianis heroisierende Datenschönung zu der ironischen Pointe, daß wir die einzige zuverlässige Kenntnis des Geburtstages des »Erneuerers, Vaters, Fürsten und Führers der Philosophie, Geometrie und Astronomie« ausgerechnet der Astrologie verdanken, also der sozusagen illegitimen Mutter jener modernen Naturwissenschaft, als deren Begründer Galilei gelten darf.

Zur Annäherung an Galilei, an seine Persönlichkeit und seinen intellektuellen Hintergrund, dürfen wir gleichwohl Vivianis Huldigung einen weitreichenden Fingerzeig entnehmen: die Einbindung des großen Gelehrten in die florentinische Tradition, die freilich auch ohne die Beschwörung Michelangelos evident gewesen wäre. Die Galilei gehörten nämlich – ebenso wie die Buonarroti übrigens, mit denen sie teilweise befreundet waren – zu jenen Patrizierfamilien, die über Jahrhunderte das Geschick der Stadtrepublik Florenz gestaltet und befördert hatten. Nur die Mitglieder dieser Familien, die Cittadini, genossen das volle Bürgerrecht. Es war auf einen exklusiven Kreis beschränkt: Selbst in der Blütezeit der Stadt, als Florenz einhunderttausend Einwohner zählte, gab es nur dreitausend Cittadini. Dieser Status war praktisch gleichbedeutend mit der Zugehörigkeit zu einer der sieben Arte Maggiori, jener Größeren Zünfte, die die einträglicheren und vornehmeren Berufe und Gewerbe monopolisierten, worunter selbstverständlich die Ärzte und Apotheker sowie die Advokaten und Notare fielen, aber auch die Tuchmacher und Färber oder die Kaufleute. Nur diese ehrenwerten Herren verfügten über das Wahlrecht und den Zugang zu den Ämtern der Republik, was sie freilich nicht nur als Privileg, sondern vor allem auch als Verpflichtung empfanden: Dem Gemeinwesen pflegten sie mit der ganzen Hingabe eines persönlich haftenden Gesellschafters zu dienen.

Ihre Teilhaberschaft reichte jedoch weit übers bloß Merkantile oder Politische hinaus, für das künstlerische und intellektuelle Erbe der »nazione e città di Firenze« brachten sie die gleiche Hingabe auf wie für ihre Geschäfte. Die Meisterwerke der bildenden Kunst und Architektur, die eine ununterbrochene Abfolge von Genies von Giotto bis Michelangelo der Stadt beschert hatte, war einem Cittadino ebenso vertraut wie das Hauptbuch seines Geschäfts. Und mit den großen Dichtern des Trecento, mit Dante, Petrarca und Boccaccio, pflegte ein Cittadino einen beinahe intim zu nennenden Umgang, der sich später auch auf Ariost oder Tasso erstreckte.

Wenn die Florentiner gewiß auch Schönheit um ihrer selbst willen zu würdigen wußten, achteten sie ihre Künstler doch um so mehr, wenn sich aus ihren Werken praktischer Nutzen für die moralische Gestaltung des Gemeinwesens gewinnen ließ. Insbesondere Dante, der »altissimo poeta«, wurde nicht nur wegen der unübertrefflichen Schönheiten seiner *Göttlichen Komödie* bewundert, sondern auch wegen der philosophisch-moralischen Inspirationen, die dieses Werk zu vermitteln vermochte. Zudem bestätigte Dante jeden Florentiner in der Überzeugung, mit dem Volgare, der toskanischen Hochsprache, über ein Ausdrucksmittel von solcher Vollkommenheit und Schönheit zu verfügen, das andere Italiener mit größter Anstrengung vielleicht nachahmen, aber niemals wirklich besitzen konnten.

Der Stammbaum Galileis ist mit achtzehn Ahnen geziert, die als Prioren zu der meist aus zwölf Mitgliedern bestehenden Stadtregierung, der Signoria, gehört hatten. Der älteste dieser würdigen Herren, der noch in den Archiven aufzufinden war, ist ein Giovanni Bonaiuti aus der zweiten Hälfte des 13. Jahrhunderts. Einer von dessen Ur-Urenkeln, der 1370 geborene Galileo Bonaiuti, gab seinen mehr als nur ehrenwerten Familiennamen auf und verdoppelte seinen Vornamen, vermutlich nur, um einer damals in Florenz und Venedig grassierenden Mode zu folgen. Jedenfalls wurde er so als der erste Galileo Galilei zum Begründer einer florierenden Patrizierdynastie dieses Namens.

Als Mitglied der Arte dei Medici e Speziali wurde er ein ungewöhnlich erfolgreicher Arzt, dessen Rat weit außerhalb von Florenz begehrt war, offensichtlich gegen üppiges Honorar, denn der Dottore Galilei häufte ein stattliches Vermögen an. Reich geworden, konnte er es sich leisten, zunächst Professor und dann Aufseher der Universität von Florenz zu werden. Er diente seiner Stadt zudem als Prior und krönte seine Karriere mit dem höchst ehrenvollen Amte eines »gonfaloniere di giustizia«, war also als Bannerträger der Gerechtigkeit oberster Richter der Republik.

Als er 1445 starb, wurde er mit großem Zeremoniell in der Basilika von Santa Croce bestattet. Sein Grab gleich hinter dem Haupteingang ist von einer ebenso schlichten wie eindrucksvollen Grabplatte bedeckt, die einen würdevollen alten Mann im Habit damaliger Scholaren zeigt. Die Hände sind über einem auf der Brust liegenden Buch gefaltet, zu seinen Füßen gibt eine lateinische Inschrift Auskunft über den Verblichenen:

»Dieser Maestro Galileo derer Galilei, vormals derer Bonaiuti, war in seiner Zeit das Haupt der Philosophie und der Medizin, und

Der Grabstein des ersten Galileo Galilei, des 1445 verstorbenen Begründers der Familie, in der Basilika Santa Croce in Florenz

auch in seinen höchsten Ämtern war er von großer Liebe zur Republik erfüllt. Sein Sohn Benedetto, gesegnet durch das Erbe des heiligen Gedenkens an dieses wohlgelebte und fromme Leben, hat dieses Grab seinem Vater, sich selbst und der Nachwelt bestimmt.«

AUCH VINCENZIO, DER VATER des berühmtesten aller Galilei, hat sich das Gedenken der Nachwelt durch eigenes Tun erworben: als Komponist und vor allem als Musiktheoretiker. Als er 1520 geboren wurde, war der einstmalige Reichtum der Familie zerronnen, der bürgerliche und in Florenz besonders angesehene Beruf eines Tuchhändlers sollte ihm sein Auskommen sichern. Mehr als die Stoffballen hatte es ihm jedoch die Musik angetan, und besonders auf der Laute erwarb er sich bald den Ruf eines vorzüglichen Virtuosen. Im Alter von zwanzig Jahren wurde er von Giovanni Bardi de' Conte di Vernio zur Mitwirkung in der Camerata eingeladen, der berühmtesten und produktivsten musikalischen Vereinigung von Florenz, der zum Beispiel die Oper einige ihrer ersten Gehversuche als moderner Kunstform verdankt.

Vom Grafen Bardi intellektuell und vermutlich auch finanziell unterstützt, entschloß sich Vincenzio Galilei zu einem ungewöhnlich gründlichen Studium der Musiktheorie. Zunächst ließ er sich in Venedig durch den berühmten Meister Gioseffo Zarlino in den ausgefeilten Techniken des traditionellen polyphonen Satzes unterweisen, dann wurde er in Rom durch Girolamo Mei mit der kürzlich wiederentdeckten antiken griechischen Musik bekannt gemacht.

Nach zwei Jahrzehnten forderte die schlichte Lebensnotwendigkeit ihren Tribut. Vincenzio Galilei mußte sich wieder dem erlernten Brotberuf eines Tuchhändlers zuwenden. Zu diesem Behufe ließ er sich in Pisa nieder, jener einstmals mächtigen Stadt, die schon 1406 von den Florentinern erobert und ihrer Selbständigkeit beraubt worden war. Vielleicht war dieser Umzug aber auch durch die bevorstehende Heirat mit der achtzehn Jahre jüngeren Pisanerin Giulia Ammanati veranlaßt. Der Kontrakt, in dem die am 5. Juli 1562 geschlossene Ehe auch geschäftlich geregelt wurde, sah unter anderem als Mitgift die Zahlung von 1000 Goldscudi vor, einer beträchtlichen Summe, die teils in bar, teils in »Leinen- und Wolltüchern« beglichen wurde.

Trotz dieser erfreulichen Geschäftsgrundlage konnte sich Vincenzio Galilei wohl niemals entschließen, den Tuchhandel zu seiner Hauptbeschäftigung zu machen. Im Mietkontrakt für das Haus im Chiasso dei Mercanti am Südufer des Arno, das die Eheleute ein Jahr nach der Hochzeit bezogen, wurde er schon wieder als Maestro di musica aus Florenz bezeichnet, das Haus mit »drei Balkonen, einem Innenhof und einem Brunnen« diente zugleich als Schule, in der Vincenzio Galilei Pisaner Bürgern oder Studenten Musikunterricht erteilte. In diesem Haus wurde dem nun schon dreiundvierzigjährigen Vincenzio Galilei ein Sohn geboren, am 15. Februar des Jahres 1564, also drei Tage vor dem Tode Michelangelos. Die Taufe erfolgte am 19. Februar im Baptisterium des Doms, der Erstgeborene erhielt den Namen des Urahnen aus Santa Croce: Galileo Galilei.

EDLER FLORENTINER war Galileo Galilei schon in der Wiege, obwohl er rund hundert Kilometer von Florenz entfernt an der Mündung des Arno ins Mittelmeer geboren worden war und seine eigentliche Heimat erst als Zehnjähriger zu Gesicht bekam. Die Charakterisierung als Nobil fiorentino, als »Edler Florentiner« also, die Galilei zeitlebens wie ein Adelsprädikat seinem Namen anzufügen pflegte, war nämlich ein von den Zufälligkeiten des Geburtsortes unabhängiges Privileg, das den Nachkommen der Cittadini kraft Erbrechts zukam.

Aus den Cittadini waren freilich längst Untertanen geworden. Die exklusive Patrizierdemokratie der Stadtrepublik hatte ihre Energien schließlich in ständigen Familienstreitereien erschöpft, so daß 1530, also in den Knabentagen des Vincenzio Galilei, aus der vormals »nazione e città di Firenze« ein Principato wurde, ein Herzogtum unter dem Regime der Medici, abhängig von Papst und Kaiser. Immerhin brachten es die Medici dank ihrer Generationen zurückreichenden Erfahrung im politischen Ränkespiel fertig, daß Cosimo I. 1570 vom Papst in Rom zum Großherzog der Toskana gekrönt wurde und damit in den kleinen Kreis souveräner Fürsten aufstieg.

Die Medici waren kräftig darum bemüht, aus der vormaligen Stadtrepublik mit ihren selbstbewußten und aufsässigen Bürgern einen absolutistischen Staat nach dem Vorbild der großen Monarchien zu formen. Wenn aber den Engländern oder Franzosen das Gottesgnadentum ihres Herrscherhauses als die natürliche Ordnung erscheinen mochte, so galt das keineswegs für die Florentiner, die noch lange dazu neigten, in den Medici politische Parvenüs zu sehen, die man gewissermaßen noch als Bürger unter Bürgern gekannt hatte.

Galilei wäre als Produkt dieser florentinischen Kultur und ihrer einstigen Größe in der Renaissance gewiß unzureichend beschrieben, aber immerhin ist der Status eines Nobil fiorentino das Charakteristischste, was sich über ihn sagen läßt, sofern die eigentlich fachwissenschaftliche Leistung einmal ausgeblendet wird. Seine Herkunft aus dem Patrizieradel von Italiens vornehmster Stadt ermöglichte ihm einen zwanglosen, oftmals sogar familiär gleichberechtigten Umgang mit den Mächtigen, seien sie nun weltlicher oder kirchlicher Observanz gewesen. Wertschätzung und Aufmerksamkeit waren ihm als »Edlem Florentiner« von vornherein sicher, zumal er niemals den Verdacht verstaubter Gelehrsamkeit aufkommen ließ, vielmehr als weltläufiger Mann in jeglicher Situation seinen Status und seine Stadt zu repräsentieren wußte.

Dazu gehört vor allem seine meisterliche Beherrschung des Volgare, die ihn zum Vorbild nicht nur der wissenschaftlichen, sondern der italienischen Prosa überhaupt werden ließ. Typisch florentinisch erscheint auch die nicht anders als sinnlich zu nennende Freude am Argumentieren, ja sogar am handfesten Streit; virtuos konnte er sich dabei des Stilmittels der Ironie bedienen, meistens von federnder Eleganz, wenn es ihm nötig schien, aber auch von schneidender Schärfe und verletzender Drastik.

Zu seiner florentinischen Erbschaft mag man ferner seinen handfesten Wirklichkeitssinn rechnen, seine Lust an einem tätigen Leben, an allem Nützlichen und Praktischen, dessen Bewältigung oft genug zum Stimulans für die theoretische Analyse wurde. Wie selbstverständlich sind in diese Vita activa auch die Künste einbezogen, Musik, Malerei und Architektur, vor allem aber Dichtung und Literatur, weit über amateurhaft Dilettantisches hinausgehend und kulminierend in stolzem Selbstverständnis von der Würde des menschlichen Geistes und seiner Werke. Insofern hatte Viviani in seinem Dithyrambus wohl doch recht: Galilei war zuerst und vor allem ein »Edler Florentiner vom Geiste Michelangelos«.

Mit feinem Gespür für historische Konnotationen nennen Galileis Landsleute ihn auch heute beim Vornamen, ihn schon dadurch in den von Dante bis Michelangelo gespannten Bogen der Tradition einbindend, als deren letzter großer Italiener er, von gekrönten Häuptern einmal abgesehen, dieser Auszeichnung teilhaftig wird. Auch Franzosen, Engländer und Amerikaner folgen diesem Brauch, nennen ihn Galileo und vernachlässigen den Familiennamen.

Die deutsche Gelehrtenwelt und auch der allgemeine Sprachgebrauch scheinen hier eine Ausnahme zu sein: Wenn man nicht die eigentümliche Namensverdoppelung vorzieht, nennt man ihn beim Genetiv, beim Familiennamen Galilei.

Auch wenn wir den Verlust der mannigfachen Bedeutungen, die beim italienischen Galileo mitschwingen, bedauern mögen, wollen wir uns dem üblichen deutschen Sprachgebrauch anschließen. Das hat zumindest den Vorteil, daß wir einer biographischen Unsitte entgehen, in der die Nennung beim Vornamen mit der Suggestion schulterklopfender Intimität einherzugehen pflegt.

Die ersten Biographen standen noch ganz unter dem Eindruck des persönlichen Erlebnisses. Sie waren weniger von dem Bemühen um philologische Akkuratesse erfüllt, die auch in der Wissenschaftsgeschichtsschreibung als eine Errungenschaft erst des 19. Jahrhunderts zu gelten hat; vielmehr ging es ihnen darum, Größe und Einmaligkeit Galileis dem Gedenken der Nachwelt zu erhalten.

Am ausführlichsten sind zweifellos die schon erwähnten *Historischen Erzählungen* des Vincenzio Viviani. Der ehemalige Schüler konnte sich auf unzählige Unterredungen mit Galilei in dessen letzten drei Lebensjahren berufen, aber Autorität und Authentizität des Ohrenzeugen wurden jedoch weitgehend vertan, zum einen wohl durch den Zeitablauf – Viviani ließ sich zwölf Jahre Zeit bis zur schriftlichen Fixierung –, zum anderen aber auch durch das stete Bestreben nach heroischer Stilisierung. So mag Vivianis Biographie wohl als ein anrührendes Vermächtnis des Schülers gelten, und der freie Umgang mit üppigem anekdotischen Material macht sie sogar zu einer amüsanten Lektüre. Sie ist gleichwohl weniger eine zuverlässige historische Quelle denn eine der Fehldatierungen, Mißverständnisse sowie unwahrscheinlicher Legenden, als deren populärste die Experimente zum freien Fall am Schiefen Turm zu Pisa zu zweifelhaftem Ruhm gelangt sind.[3]

Präziser ist die Vita des Niccolò Gherardini. Dieser florentinische Advokat machte 1633 während des Inquisitionsprozesses die Bekanntschaft von Galilei und diente ihm als Mittelsmann zu einflußreichen Mitgliedern der Kurie. Seine Erinnerungen hat er wahrscheinlich auf Bitten Vivianis aufgeschrieben, der sie dann verarbeitet und verschönert hat, mit der Konsequenz, daß gerade manche der populären Aspekte aus Galileis Leben nur unter Vorbehalt oder ergänzender Klarstellung erzählt werden können.

Von Galileis Kindheit und Jugend wissen wir nur wenig, zu wenig jedenfalls, als daß wir die intellektuelle Entwicklung anders als interpolierend erschließen könnten. Die ersten Lebensjahre verbrachte Galilei in dem hübschen Hause mit den drei Balkonen am Chiasso dei Mercanti in Pisa, vermutlich das Lautenspiel früher erlernend als Lesen und Schreiben.

Gegen Ende des Jahres 1572 kehrte Vincenzio Galilei wieder in seine Heimatstadt zurück, seine Frau und den achtjährigen Sohn unter der Obhut des Freundes Muzio Tedaldi in Pisa zurücklassend. Erst nach zwei Jahren war der Maestro di musica so weit etabliert, daß er im neueren Teil der Stadt am Südufer des Arno ein Haus mieten und die Familie, inzwischen um die 1573 geborene Tochter Virginia erweitert, nach Florenz nachkommen lassen konnte. Dem Biographen Gherardini zufolge begann erst hier die formale Erziehung des Knaben, in der »Lateinschule eines gewissen professore, eines sehr gewöhnlichen Menschen, der in seinem eigenen Haus in der Via de' Bardi unterrichtete«.

Ein bedeutsameres Bildungserlebnis dürfte zweifellos die Schule des Benediktinerklosters Vallombrosa gewesen sein. In der klösterlichen Abgeschiedenheit, vierzig Kilometer von Florenz entfernt, wurden die Knaben der Toskana durch das Studium der klassischen Autoren auf den Besuch der Universität vorbereitet. Die beiden Gewährsmänner Viviani und Gherardini möchten schon in der

Schulzeit den zukünftigen Revolutionär sehen: Der traditionelle Unterricht mit seinen formelhaften Definitionen und Distinktionen habe Galilei rechtschaffen gelangweilt; viel lieber hätte er Maschinen und Instrumente aller Art gebaut, eine Leidenschaft, in der er sich schon früh große Fertigkeiten erworben habe.

Das Ende in Vallombrosa war freilich anders, eher gegenteiliger Art: Dem Vater war zu Ohren gekommen, daß sein Sohn auf dem Wege sei, unter die Mönchskutte zu schlüpfen, sogar schon als Novize in den Orden eingetreten sei. Unter dem Vorwand, daß eine wohl vom vielen Studieren herrührende Augenentzündung kuriert werden müsse, wurde Galilei umgehend nach Hause geholt: Schließlich hatte ein wenn auch verarmter Patrizier mit seinem Erstgeborenen Besseres vor als die Klerikerkarriere: Galilei sollte, ebenso wie der in Santa Croce begrabene erfolgreiche Stammvater der Familie, Arzt werden.

Inzwischen war die Familie in rascher Folge angewachsen: Galilei hatte sechs Geschwister, zwei Brüder und vier Schwestern. Die Einkünfte waren beschränkt, der Antrag auf ein Großherzogliches Stipendium für den Besuch der Universität Pisa abschlägig beschieden worden. Zwar offerierte der Pisaner Freund Tedaldi die kostenlose Aufnahme des zukünftigen Studenten in seinem Hause; davon wiederum wollte Vincenzio Galilei nichts hören, solange Tedaldi mit einer Mätresse lebte, auch wenn diese Dame die Nichte von Galileis Mutter war. Tedaldi beseitigte dieses Problem, indem er Bartolomea Ammanati schließlich heiratete, so daß sich Galilei am 5. September 1581 als Siebzehnjähriger an der Università degli Studii zu Pisa immatrikulieren konnte.

Zwischen Aristoteles und Archimedes – Student in Pisa

Die Universität Pisa war eine der älteren höheren Schulen Italiens, schon 1343 gegründet, zu einer Zeit, da die Stadt den Zenit ihrer Macht bereits überschritten hatte. Einst war Pisa, im 11. und 12. Jahrhundert, gleichrangige Konkurrentin mit Genua und Venedig im Kampf um die Herrschaft über das östliche Mittelmeer, mit Lucca und Florenz um den Einfluß auf die Toskana. Glanz und Reichtum von damals lassen sich auch heute noch beim Anblick der sakralen Bauten erahnen: Der Dom mit dem Baptisterium und dem reichlich schief geratenen Campanile sowie der offene Hallenhof der Begräbnisstätte sind ein derart vollkommenes architektonisches Ensemble, daß spätere Generationen selbst in Italien nichts Vergleichbares mehr zustande gebracht haben.

Von der genuesischen Flotte 1284 vernichtend geschlagen und von den Florentinern 1406 zu Lande erobert und einverleibt, verlor die einstmals blühende Stadt rasch an Bedeutung, nicht zuletzt durch die Versandung des Arnodeltas und den Aufstieg Livornos zum toskanischen Mittelmeerhafen. Der Abstieg spiegelt sich drastisch im Rückgang der Einwohnerzahl wieder, die von fünfzigtausend auf nicht einmal zehntausend geschrumpft war.

Die Medici bemühten sich rechtschaffen, den Niedergang aufzuhalten; jeden Winter residierten sie für einige Monate in Pisa, vor allem aber förderten sie die dortige Universität. Durch opulente Gehälter sollten die klügsten Köpfe Italiens nach Pisa geholt werden, aber dieses Vorhaben war nur teilweise erfolgreich. Pisa vermochte niemals Bologna oder Padua den Rang streitig zu machen. Allerdings wurde eine wahre wissenschaftliche Großtat von den Medici finanziert und ins Werk gesetzt durch die Einrichtung des ersten botanischen Gartens in Europa. Zwar erhebt auch Padua in dieser Hinsicht Prioritätsansprüche, der Streitfall ist jedoch leicht zu klären: Beide Gärten wurden 1545 angelegt und blieben lange die einzigen lebendigen Ausstellungsstätten der Pflanzenwelt.

Der Innenhof der alten Università degli Studii zu Pisa

An dieser Universität also pflegten die jungen Herren aus den vornehmeren Familien der Toskana ihre Bildung durch ein vierjähriges Studium abzurunden. Wenn man zeitgenössischen Berichten Glauben schenken darf, korrespondierte der Lerneifer der Studenten keineswegs mit der respektablen Gelahrtheit der Professoren. Die hochnäsigen Florentiner mokierten sich schon über die barbarischen Dialekte der aus allen Provinzen Italiens zusammengekauften Lehrer, deren Autorität allein schon dadurch unterhöhlt war, daß sie sich nicht in der edlen florentinischen Sprache ausdrücken konnten. Den syllogistischen Deduktionen und Demonstrationen, die das aristotelisch-scholastische Repertoire der Professoren darstellten, werden die jungen Herren nicht eben mit Eifer gelauscht haben, denn lieber traf man sich zu Festlichkeiten aller Art oder zu derben Streichen wie dem ungemein populären »Spiel auf der Brücke«, einer Rauferei mit dem Ziel, den Kontrahenten übers Brückengeländer in den Arno zu befördern.

Der Student Galileo Galilei war an diesem Treiben zweifellos munter beteiligt; keinem Zweifel unterliegt aber auch, daß er eifrig Vorlesungen mitschrieb und diese Papiere sogar aufbewahrte. Immatrikuliert war er zunächst in der Artistenfakultät, einer vormals propädeutischen Einrichtung, die auf das Studium von Medizin oder Theologie vorbereiten sollte, sich aber schon zu einer vollwertigen philosophischen Fakultät entwickelt hatte, in der auch das gelehrt wurde, was man rückblickend Naturwissenschaften nennen könnte, was aber weitgehend an der Interpretation antiker Autoritäten, vor allem des Aristoteles oder des Galen, orientiert war.

Der Biograph Viviani möchte schon in dem Studenten, der nicht einmal den »Kursus der Wissenschaften« durchlaufen hatte, den Revolutionär erkennen; in barockem Pathos rühmt er den in seiner Vorstellung Frühreifen:

»Aber Galileo, den die Natur auserwählt hatte, einen Teil derjenigen Geheimnisse zu enthüllen, die so viele Jahrhunderte hindurch in dichtester Finsternis der menschlichen Geister begraben lagen, weil sie sklavisch den Meinungen und Behauptungen eines einzigen folgten, vermochte schon damals nicht wie die anderen blindlings zu folgen; freien Geistes mochte er sich nicht allein auf die Behauptungen und Meinungen alter oder moderner Autoren verlassen, wenn er durch Nachdenken und sinnliche Erfahrung sich selbst Kenntnisse verschaffen konnte. Und daher trat er in naturkundlichen Disputationen immer denjenigen entgegen, die jedes Wort des Aristoteles verbissen verteidigten, so daß er sich den Namen eines Widerspruchsgeistes und als Belohnung für die entdeckten Wahrheiten den Haß dieser Leute zuzog.«[1]

Die Sache mit dem Widerspruchsgeist mag zutreffen, sie entspricht jedenfalls Galileis Charakterbild aus späteren, besser dokumentierten Jahren; sie war aber gewiß für Hunderte florentinischer Scholaren ebenso passend, deren Ansprüche an intellektuelle Beweglichkeit weit über das Durchbuchstabieren aristotelischer Weisheiten hinausgingen. Alles andere, den freien Geist und die eigenen Erkenntnisse ebenso wie den Haß der Aristoteliker, wird man heldenbiographischem Wunschdenken zuschreiben müssen, die erhalten gebliebenen Aufzeichnungen des Studenten weisen ihn als einen braven Zögling in der Schule des Aristoteles aus.

Die aristotelische Scholastik steht auch bei den Fachphilosophen in zweifelhaftem Ruf. Hegel befaßt sich in seinen voluminösen *Vorlesungen über die Geschichte der Philosophie* voll erkennbaren Widerwillens mit dieser Periode, »über welche wir wegzukommen Siebenmeilenstiefel anlegen wollen«. Daher ist es kaum verwunderlich, daß vor allem in der populäreren Geschichtsschreibung der exakten Naturwissenschaften, also Astronomie und Physik, die aristotelische Scholastik in dem wohlbefestigten Rufe steht, das »finstere Mittelalter« zu repräsentieren nebst den dazugehörigen Versatzstücken: Spekulation ohne Bezug zur Wirklichkeit, Dogmatismus und Ignoranz.

Das ist zwar nicht ganz falsch, aber allenfalls die halbe Wahrheit; der anderen Hälfte zu ihrem vollen Recht zu verhelfen würde hier zu weit führen. Wir wollen statt dessen uns einigen der wackeren Pisaner Professoren nähern, die Galilei als typische Vertreter jener aristotelischen Tradition, mit der er sich zeitlebens auseinanderzusetzen hatte, unterrichtet haben.

Die erste Bekanntschaft mit der Physik verdankte Galilei dem Unterricht durch den Professor Francesco Buonamici. Eindrucksvoll der Titel seines Hauptwerks, von dem Galilei ein Exemplar seiner Bibliothek einverleibt hatte:

»Zehn Bücher über die Bewegung, enthaltend die allgemeinen Prinzipien der Naturphilosophie, mit großer Sorgfalt zusammengestellt und alle Fragen behandelnd, die sich auf die Bücher zur Physik, über den Himmel und über Entstehen und Vergehen beziehen; viele Texte des Aristoteles werden ausgelegt, geleitet von den Meinungen der Griechen, des Averroes und anderer Doctores zu den peripatetischen Thesen.«

Die angeführten Bücher sind selbstverständlich solche des Aristoteles. Der heutigen Ohren kurios klingende Titel enthält wie ein Konzentrat die Wirkungsgeschichte dieses griechischen Philosophen im Mittelalter: zum einen die Tradierung und Kommentierung seiner Lehren durch die Araber, personifiziert in Ibn Ruschd, der im 12. Jahrhundert in Córdoba lehrte und sich Averroes nannte; zum anderen die Aneignung originärer griechischer Texte in der Renaissance unter der Federführung florentinischer Humanisten.

Überaus deutlich illustriert Buonamicis Titel auch den weit gefaßten Begriff von Bewegung, unter dem jegliche Art der Veränderung subsumiert wurde, das Wachsen eines Baumes ebenso wie das Fallen eines Steines. Physik war für die Aristoteliker noch eine allumfassende Naturphilosophie, die zu jedwelcher Erfahrung eine mehr oder weniger plausible Erklärung beizubringen hatte. Sie war grundverschieden von der durch Galilei geschaffenen Wissenschaft gleichen Namens, die den Begriff der Bewegung auf die raum-zeitliche Veränderung von Materie beschränkt, also auf die reine Ortsveränderung, und gerade dieser Beschränkung ihre enorme Leistungsfähigkeit verdankt.

Die Kosmologie in Buonamicis Buch war, wie in allen anderen damaligen Traktaten, eine geozentrische. Im Mittelpunkt der Welt ruht die Erde, der Bereich des Entstehens und Vergehens. Irdische Materie strebt dem Weltmittelpunkt als ihrem »natürlichen Ort« zu, was die Kugelform der Erde erklärt und zugleich die Fallbewegung, für deren Geschwindigkeit das Gewicht oder die Schwere des fallenden Körpers maßgeblich ist: Schwere Körper fallen schneller als leichte. Diese These wurde später unzählige Male als Exempel für eine vor- oder unwissenschaftliche Denkweise bar jeder Erfahrung herangezogen; läßt man sich jedoch von der direkten Alltagserfahrung leiten, wie es Aristoteles getan hatte, erscheint sie keinesfalls als abwegig. Man braucht dazu nur einen Baum zu betrachten, dessen Blätter deutlich langsamer fallen als die Holzstücke der Äste.

Von der Erde streng getrennt sind die himmlischen Sphären. Den Gestirnen, vom Mond an aufwärts, wurde eine völlig andere Art der Materie zugeschrieben, schwerelos, ätherisch, ewig und unzerstörbar. Kristallene Schalen führen die Planeten auf ihren verschlungenen Bahnen um die Erde, und das Ganze ist von der Sphäre der Fixsterne eingeschlossen; dieser Sphäre kommt die Rolle des Ersten Bewegers zu, der die Himmelsmaschinerie in Gang hält.

Die ausgefeilten astronomischen Theorien der Antike, vor allem die des Ptolemäus, galten als technisches Spezialwissen, das nur von wenigen Experten beherrscht wurde und an den meisten Universitäten nur in stark vereinfachter Form gelehrt wurde, und auch Buonamici hält sich mit derartigen Details nicht auf; das alternative System des Kopernikus wird überhaupt nicht erwähnt, und der

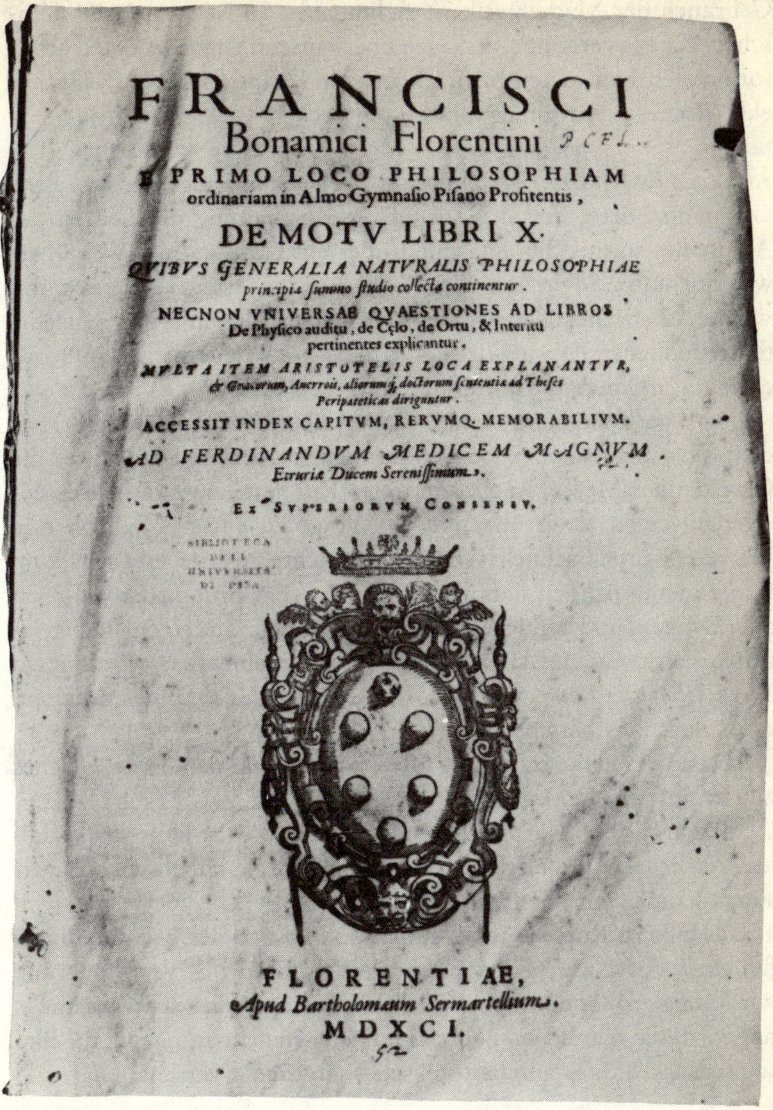

FRANCISCI
Bonamici Florentini
E PRIMO LOCO PHILOSOPHIAM
ordinariam in Almo Gymnasio Pisano Profitentis,
DE MOTV LIBRI X.
QVIBVS GENERALIA NATVRALIS PHILOSOPHIAE
principia summo studio collecta continentur.
NECNON VNIVERSAE QVAESTIONES AD LIBROS
De Physico auditu, de Cœlo, de Ortu, & Interitu
pertinentes explicantur.
MVLTA ITEM ARISTOTELIS LOCA EXPLANANTVR,
& Graecorum, Auerrois, aliorumq; doctorum sententia ad Theses
Peripateticas diriguntur.
ACCESSIT INDEX CAPITVM, RERVMQ. MEMORABILIVM.
AD FERDINANDVM MEDICEM MAGNVM
Etruriae Ducem Serenissimum.
Ex Superiorum Consensu.

FLORENTIAE,
Apud Bartholomaeum Sermartellium.
MDXCI.

Titelkupfer eines tausendseitigen Folianten von Galileis Lehrer Francesco Buonamici über die Bewegung

Gebrauch der Mathematik ist rudimentär. So ist es nur philologischer Akribie vergönnt, in diesen über tausend engbedruckten großformatigen Folioseiten mehr als nur ein Beispiel spätscholastischer eklektischer Naturphilosophie zu entdecken.

Auf dem Katheder der Universität Pisa stand auch der Professor Girolamo Borro, der sich so um die Reinhaltung der Lehren des Aristoteles sorgte, daß er sich darüber mit Gott und der Welt überworfen hatte. Sogar die Heilige Inquisition ermittelte gegen ihn wegen häretischer Umtriebe, und nur der Intervention des gelehrtenfreundlichen Papstes Gregor XIII. ist es zu verdanken, daß Borro eines natürlichen Todes sterben konnte.

Borro hatte immerhin einen Traktat über ein Thema verfaßt, mit dem sich auch Galilei viele Jahre auseinanderzusetzen hatte: die Gezeiten der Meere. Auch zum freien Fall hatte er etwas beigesteuert. Um einen Streit über die alte Frage zu entscheiden, ob nun schwere Körper schneller fallen als leichte, wurde er sogar zum Experimentator, er »nahm Zuflucht zur Erfahrung, der Lehrerin aller Dinge«, und ließ Kugeln aus Blei und Holz aus einem hochgelegenen Fenster seines Hauses fallen. Das Ergebnis hat er in seinem Werk *Über die Bewegung des Schweren und Leichten* festgehalten, es ist durchaus berichtenswert:

»Das Blei fiel langsamer, es blieb ständig über dem Holz, welches zuerst auf den Boden auftraf; sooft wir auf das Resultat dieser Demonstrationen warteten, immer sahen wir das Holz vorausfallen. Nicht nur einmal, sondern unzählige Male haben wir das versucht – immer mit demselben Ergebnis.«[2]

Das gibt zu Kopfschütteln Anlaß und läßt an der Beobachtungsfähigkeit des Naturphilosophen zweifeln, und die Verwunderung wird noch größer dadurch, daß Galilei wenige Jahre später behaupten wird, die nämlichen Beobachtungen gemacht zu haben, die ihm sogar ein kräftiges antiaristotelisches Argument verschaffen.

Von den Medizinprofessoren war Andrea Cesalpino die wissenschaftlich herausragende Erscheinung unter den Pisaner Professoren. Beinahe soll ihm die Entdeckung des Blutkreislaufs gelungen sein; es gibt aber gar zu viele Italiener, für die dieser Anspruch erhoben wird, so daß er ein wenig an Wert verliert. Cesalpino war Direktor des Botanischen Gartens und erwarb sich als Botaniker großen Ruhm, der im Gegensatz zu seinen naturphilosophischen Kollegen auch in späteren Generationen noch nachwirkte. Carl von Linné schätzte ihn sehr, nannte ihn den »ersten wahren Systematiker« und taufte eine Pflanze auf seinen Namen.

Natürlich war auch Cesalpino ein wackerer Aristoteliker, aber in der Biologie scheint die peripatetische Methode des anschauenden Beobachtens, des Vergleichens und Systematisierens fruchtbarer gewesen zu sein als in der Physik. Von keinem Geringeren als Charles Darwin stammt folgende begeisterte Anerkennung des großen Biologen Aristoteles: »Linné und Cuvier waren meine beiden Götter, aber verglichen mit dem alten Aristoteles waren sie reine Schulbuben.« Derartiges aus dem Munde eines Physikers wäre freilich völlig undenkbar.

DAS FESTE BÜNDNIS VON ARISTOTELISMUS UND KIRCHE im Mittelalter ist eines der immer wieder gebrauchten Versatzstücke in der Geschichtsschreibung der Wissenschaft, aus dem sich die Knebelung des freien Forschergeistes wie von selbst ergibt. Inquisitionsprozesse gegen viele Aristoteliker – in Pisa war neben Borro auch Cesalpino betroffen – deuten jedoch auf eine differenziertere Beziehung hin. Die Herren Peripatetiker neigten bekanntlich dazu, ihren Philosophen über alles zu stellen, und da Aristoteles in einigen zentralen Fragen der Bibel widersprach, waren Konflikte unvermeidlich. So kam in der aristotelischen Philosophie die Schöpfung nicht vor, die Welt existiert ewig, während die menschliche Seele sterblich ist. Da für das Seelenheil der Christen genau das Gegenteil wahr sein mußte, war der Aristotelismus verschiedentlich sogar verboten worden, am entschiedensten in Paris im Jahre 1277. Trotz Thomas von Aquin und vieler anderer frommer Doktoren wollte diese Philosophie nicht so recht als »Magd der Theologie« taugen, man könnte versucht sein, eher von einer Mesalliance denn von dem engen Bündnis der üblichen Lesart zu sprechen.

Die Demarkationslinien der theologisch-philosophischen Grabenkämpfe, denen Galilei ausgesetzt war, sind keineswegs sehr übersichtlich. Als die Inquisition sich das erstemal mit Galilei beschäftigte, galt die Freundschaft mit einem Aristoteliker, dem Professor Cesare Cremonini aus Padua, der des Atheismus verdächtig war, als Verdachtsmoment. »Es ist zu prüfen, ob in dem Verfahren gegen den Doktor Cesare Cremonini auch Galileo erwähnt wird, Professor der Philosophie und Mathematik«, war eine der Eintragungen in die Akten des Heiligen Offiziums am 17. Mai 1611.

HÄRETIKER SIND NICHT IMMER PROGRESSIV, im Falle der spätscholastischen Aristoteliker wird man sogar eher der Behauptung des Gegenteils zuneigen. Bei aller stupenden Gelehrsamkeit, bei allen manchmal mit unerbittlicher Schärfe geführten kontroversen Disputationen war der akademische Betrieb vornehmlich mit sich selbst beschäftigt. Neuerungen konnten sich eher in der empirisch-praktischen Medizin durchsetzen als in Mechanik und Astronomie, die beide gleichermaßen von der dogmatischen naturphilosophischen Denkungsart durchtränkt waren.

Galileis sogenannte *Juvenilia*, vermutlich Ausarbeitungen von Kollegs Pisaner Professoren, angereichert mit Exzerpten aus den Werken zeitgenössischer Autoritäten, weisen den Studenten als treuen Adepten dieser Tradition aus, und nichts deutet auf Opposition oder Widerspruchsgeist hin. Immerhin wird in wenigen knappen Sätzen jenes Planetensystem referiert, das Kopernikus in Anlehnung an den alten Aristarch entworfen hatte, aber nur, um sogleich mit allen verfügbaren Argumenten widerlegt zu werden.

Gewiß gehörte zu den immer verfügbaren Worten des Aristoteles auch jenes von der Erfahrung als Lehrerin oder Mutter aller Dinge. Von wenigen Ausnahmen abgesehen, war das nichts als ein Lippendienst, die Natur wurde eher durchbuchstabiert denn erforscht. Galilei hat später immer wieder polemische Porträts dieser Zitate wiederkäuenden Gelehrten gezeichnet. Als ein medizinisches Beispiel sei eine Erzählung aus dem *Dialog* angeführt. Eine anatomische Sektion hat deutlich gezeigt, daß die Nerven im Gehirn ihren Ursprung haben und nicht im Herzen. Ein anwesender Philosoph versank ob dieser Demonstration in tiefe Nachdenklichkeit, aus der er mit einem berufstypischen Einwand schließlich wieder auftauchte: »Ihr habt mir das alles so klar und deutlich gezeigt, daß, wenn nicht der Text des Aristoteles entgegenstünde, der eindeutig besagt, daß die Nerven aus dem Herzen entspringen, man notwendig zugestehen müßte, daß Ihr recht habt.«

Solche Welt auf Papier konnte nicht die Wiege der modernen Naturwissenschaften werden, diese ist woanders zu suchen.

Galileis bedeutsamstes Bildungserlebnis, entscheidend für seine weitere wissenschaftliche Entwicklung, hatte mit der Universität nichts zu tun; beide frühen Biographen berichten übereinstimmend, daß er es einem »gewissen Ostilio Ricci aus Fermo« zu verdanken hatte. Dieser Mann stand in den Diensten des Großherzogs der Toskana: als Ingenieur, Geometer, Ballistiker und Festungskonstrukteur, als ein praktisch-militärisches Universaltalent. Bevor er 1603 starb, durfte er sich mit dem Titel eines »Ersten Mathematikers« des Großherzogs der Toskana schmücken, der nämlichen Amtsbezeichnung, die Galilei später zugesprochen wurde.

Ricci war 1583, im zweiten Studienjahr Galileis, mit dem Hof nach Pisa gekommen, um die Pagen in der fürs Kriegshandwerk wie für die schönen Künste gleichermaßen nützlichen Geometrie zu unterweisen. Zufällig geriet Galilei in eine dieser Lehrveranstaltungen, in denen Ricci die klassische griechische Geometrie des Euklid vortrug. Auf Galilei machte diese erste Bekanntschaft mit der Mathematik einen unauslöschlichen Eindruck. Da er zu höfischen Veranstaltungen eigentlich nicht zugelassen war, mischte er sich fortan heimlich unter die Hörer von Riccis Vorträgen; Gherardini berichtete sogar, er habe hinter einem Vorhang versteckt gelauscht.

Galilei studierte fortan nur noch Euklid, und als er sich wegen einiger Probleme zu Ricci begab und diesem offenbarte, erkannte der sogleich das außergewöhnliche Talent des jungen Mannes, dessen Leben eine unerwartete Wendung nahm. – Solches hat die Geometrie des Euklid übrigens mehrfach vermocht: Albert Einstein tröstete sich mit seinem »heiligen Geometrie-Büchlein« über die Ödnis der Schule hinweg, und Bertrand Russell geriet ins Schwärmen ob der logischen Eleganz und Folgerichtigkeit des Euklid.

Ostilio Ricci wurde Galileis Mentor während der ersten Jahre auf dem neuen Weg. In den Sommerferien arrangierte Galilei ein Zusammentreffen seines Vaters mit Ricci; es war insofern erfolgreich, als die beiden Männer Gefallen aneinander fanden und Freunde wurden, in anderer Hinsicht war es jedoch ein Fehlschlag. Vincenzio Galilei wollte nicht länger dulden, daß sein Sohn sich statt der Medizin der Liebe zur Geometrie hingab und darin durch Ricci nach besten Kräften unterstützt wurde. Der Sohn soll sich redlich bemüht haben, seinem Vater zu Willen zu sein, allerdings vergeblich: Die Liebe zur Geometrie hielt ihn gefangen.

Im Verlauf des nächsten Studienjahres hörte der besorgte Vater, daß sein Sohn kaum die nächsten Examina bestehen würde; sofort reiste er nach Pisa, wo ihn Schwager Tedaldi beruhigen wollte: Galilei studiere unaufhörlich und stecke seine Nase nur noch in Bücher. Vincenzio freilich ahnte, daß es sich dabei aber weder um Galen noch Hippokrates handeln konnte, sondern um die Elemente des Euklid. Sein Sohn war gerade bei Buch VI angelangt.

Die sich daran anschließenden Familienszenen dürften einem millionenfach praktizierten Muster entsprochen haben: Mutter Giulia mag geheult und geschluchzt haben, der Vater Vincenzio hat getobt. Schließlich betrachtete der schon über sechzigjährige vermögenslose Vincenzio das Medizinstudium seines Sohnes auch als ökonomische Sicherung der Familie. Ob Galilei als Mathematiker genug Geld für seinen eigenen Unterhalt verdienen geschweige denn zusätzlich die Familie unterstützen könnte, das stand in den Sternen.

Vincenzio war freilich ein vernünftiger Mann und fügte sich alsbald in das Unabänderliche. Nachdem er sich dem Wunsche Galileis, zugunsten der Mathematik die Medizin an den Nagel zu hängen, gebeugt hatte, unterstützte und förderte er die Interessen seines Sohnes. Bei ruhigerem Nachdenken war ihm wohl auch gar nichts anderes übriggeblieben, als Verständnis für dessen Leidenschaften aufzubringen, hatte er doch selbst die einträgliche Tätigkeit eines Tuchhändlers seiner Liebe zur Musik geopfert und dadurch die Familie in wirtschaftliche Bedrängnis gebracht.

Ein zweites Mal wurde daher ein großherzogliches Stipendium beantragt, und als es wie zuvor abgelehnt wurde, erklärte sich Vincenzio bereit, für ein weiteres Studienjahr aufzukommen, dessen Gestaltung in Galileis Belieben stand.

Zum Zauber der Geometrie gesellte sich der Reiz der Mechanik, mit der Galilei ebenfalls durch Ricci auf das gründlichste vertraut gemacht wurde. Vor allem die Schriften des Archimedes hatten es dem Studenten angetan, wurde in ihnen doch gezeigt, wie die schöne Mathematik des Euklid sich auf allerlei praktische Probleme anwenden läßt, von Hebel und Flaschenzug über Gleichgewichts- und Schwerpunktsprobleme bis hin zu schwimmenden Körpern.

Archimedes hätte als antiker griechischer Autor eigentlich dem Zeitgebrauch entsprechend unter die »Autoritäten« aufgenommen werden können. Trotz des ehrwürdigen Alters seiner Schriften war er in den hohen Schulen jedoch kaum bekannt, und in den Werken von Galileis akademischen Lehrern sucht man seinen Namen ebenso vergebens wie den des Euklid. Beider Werke vermochten den Professoren offenbar nicht jene Dignität zu vermitteln, auf die jede Naturphilosophie nach ihren Vorstellungen Anspruch zu erheben hatte. Galilei war jedoch von der geometrischen Behandlung und Lösung schlichter mechanischer Probleme weitaus stärker gefesselt als von den Höhenflügen philosophischer Spekulation. Archimedes wurde zu seinem Leitstern, den er nie ohne ein preisendes Beiwort erwähnte: Er schrieb später nur von dem »unnachahmlichen«, ja von dem »göttlichen Archimedes«.

Eine neue Welt der Erkenntnis hatte sich Galilei eröffnet, die Welt der Ingenieure, Künstler, Handwerker und auch der Militärtechniker. In Italien nannte man sie Virtuosi, ein Terminus, der heute wieder in einigen Bereichen der Wissenschaftshistorie zu Ehren gelangt. Die Virtuosi waren ein bunt zusammengewürfelter Haufe, zu kennzeichnen einzig durch großes Können in praktischer Hinsicht, das zudem auch heute noch dem Augenschein evident ist.

Die große achtseitige Kuppel des Florentiner Doms Santa Maria del Fiore ist auch eine ingenieurtechnische Glanzleistung des Architekten Filippo Brunelleschi. Ohne die Fähigkeit zu statischen Betrachtungen, ohne eine einigermaßen zuverlässige Abschätzung von Zug und Druck wäre an die Errichtung dieses weithin leuchtenden Wahrzeichens der Stadt überhaupt nicht zu denken gewesen. Gewiß wäre sie schnell zusammengekracht, hätten statt genialer Virtuosi

Kathederphilosophen über ihre Gestaltung auf Grund naturphilosophischer Prinzipien disputativ entschieden.

Obwohl wir einige der Leistungen der Virtuosi auch heute noch bewundern können, werden sie in der Wissenschaftsgeschichte kaum beachtet, denn auch diese Disziplin befaßt sich am liebsten mit ihr Verwandtem, mit Büchern, und die haben die Virtuosi nur selten geschrieben. Auch Galileis Mentor Ricci hat nichts veröffentlicht, obwohl allein seine umfangreiche Lehrtätigkeit genug Material bereitgestellt haben dürfte: Er unterrichtete zum Beispiel über das typische Virtuosi-Thema der Perspektive und war zeitweilig Professor an der Accademia del Disegno, einer Art Ingenieur- und Kunstschule in Florenz.

WEIT GESPANNT WIE DIE INTERESSEN DER VIRTUOSI war auch ihr sozialer Hintergrund. Niccolò Tartaglia zum Beispiel, in dessen italienischer Übersetzung Galilei die Texte des »göttlichen Archimedes« kennengelernt hatte, war armer Leute Kind. Als Knabe wurde er in einem Krieg um seine Heimatstadt Brescia so übel zugerichtet, daß er wegen der Folgen einer Kopfwunde nur mit Mühe sprechen konnte. Deswegen wurde er »der Stotterer« gerufen, und aus trotzigem Stolz leitete er daraus sogar seinen Ehrennamen her, denn nichts anderes als »stottern« heißt »tartagliare«.

Erst im Alter von vierzehn Jahren konnte sich Tartaglia den Besuch einer Schule leisten, aber schon als er im Unterricht beim Buchstaben k des Alphabets angelangt war, konnte das Schulgeld nicht mehr bezahlt werden. »Von diesem Tage an habe ich nie mehr einen Lehrer gehabt«, charakterisiert er später seine mißliche Lage, »aber ich erarbeitete mir allein die Werke toter Männer, begleitet nur von jener Tochter der Armut, die da Fleiß heißt.«

Trotz dieser denkbar ungünstigen Voraussetzungen wurde aus dem Stotterer ein brillanter Mathematiker, der seine Rechenkunststücke mal auf Märkten und mal an Fürstenhöfen feilbot. Zur sozusagen seriösen Mathematik steuerte er Originelles und Bedeutsames bei, zum Beispiel entdeckte er eine Methode zur Lösung kubischer Gleichungen. Daß diese Formeln heute unter dem Namen Geronimo Cardanos in den Lehrbüchern stehen, liegt nur daran, daß letzterer sie dem armen Tartaglia gestohlen und als erster publiziert hat.

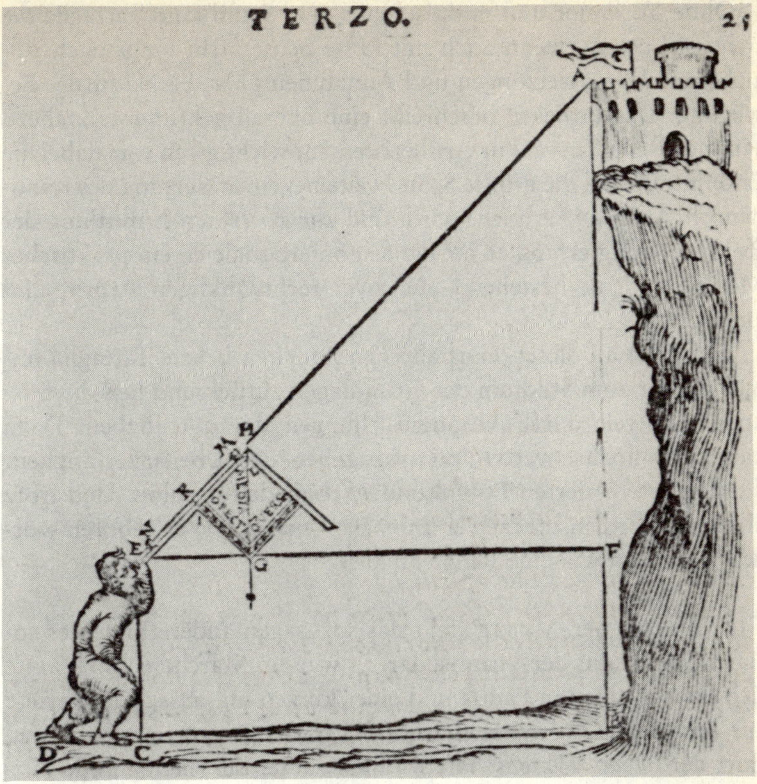

Die Welt der Virtuosi: Höhenbestimmung mittels der »squadra«, aus Niccolò Tartaglia: La Nova Scientia, Venedig 1537

Enzyklopädisch sind Tartaglias Beiträge zur Kriegskunst zu nennen, unmöglich, die Leistungen dieses militärtechnischen Genies zu referieren. Herausragend für die Geschichte der Mechanik waren seine Untersuchungen über den Verlauf der Flugbahnen von Kanonenkugeln. In der aristotelischen Physik gab es unzählige Auffassungen über die Bahn so eines Projektils, die aber in ihrer Konsequenz letztlich auf ähnliche Beschreibungen führten: Die Kugel steigt, nachdem sie das Kanonenrohr verlassen hat, ständig in gerader Linie an, bis die »eingeprägte Bewegungskraft« aufgezehrt ist; dann fällt sie wieder herunter, und zwar annähernd senkrecht.

Ohne Vorläufer und praktisch aus dem Stand fand Tartaglia die richtige Lösung, wenn auch mit Hilfe heute nicht mehr nachvollziehbarer Voraussetzungen und Annahmen über die Natur der Bewegung: Das Projektil beschreibt eine überall gekrümmte, nahezu symmetrische Kurve. Für Artilleristen am wichtigsten war dabei die Erkenntnis, daß die größte Schußweite bei einer Neigung des Kanonenrohrs von 45° erreicht wird, und zur korrekten Ermittlung der Rohrerhöhung erfand er für die Kanoniere sogleich ein praktisches Meßinstrument, bestehend aus zwei rechtwinkligen Armen und einem Lot.

Zwischen all diesen martialischen Arbeiten kehrte Tartaglia immer wieder zum Studium der Grundlagen zurück und ließ die Mit- und Nachwelt durch Veröffentlichungen daran teilhaben. Dazu kam seine höchst wertvolle Herausgeber- und Übersetzertätigkeit, die den Interessierten Euklid und Archimedes erschloß. Und trotz all dieser Verdienste starb er 1577 in Venedig, wie er geboren worden war: arm wie eine Kirchenmaus.

Guidobaldo del Monte stellt das sozusagen andere Ende des sozialen Spektrums der Virtuosi dar. Er war ein Marchese und konnte sich nach Studien in Padua und einer kurzen militärischen Karriere auf sein Schloß in Montebaroccio bei Urbino zurückziehen und ganz der neuen Wissenschaft widmen. Unter der nicht gerade kleinen Zahl von Mechanikern in den Fußstapfen von Tartaglia und Archimedes erwähnen wir ihn wegen seiner großen Bedeutung für Galilei. Zwanzig Jahre lang war Guidobaldo dessen Förderer und Freund, der in wissenschaftlicher Hinsicht den denkbar größten Einfluß auf Galilei ausübte.

Sein Buch über Mechanik erschien 1577, im Todesjahr Tartaglias, und galt in Italien als das bedeutendste Werk zur Statik seit Archimedes. Insbesondere konnte der Marchese die Funktionsweise einfacher Maschinen wie Rollen und Flaschenzüge durch die Zu-

Der Krieg als Ziehvater der Wissenschaft: Die maximale Schußweite einer Kanone als Problem der Mechanik aus Niccolò Tartaglia: La Nova Scientia, Venedig 1537

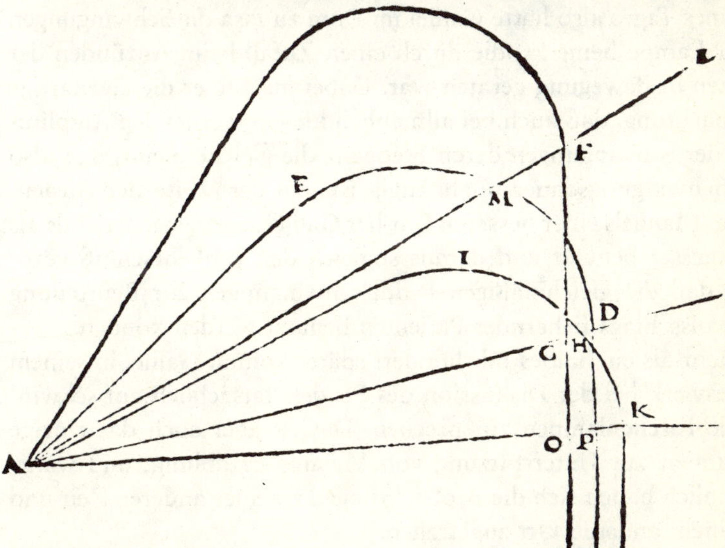
L
F
E
M
I
C
D
G
H
K
N
O
P
A
B
B
B

rückführung auf die Hebelgesetze erklären, eine Methode, die Galilei später übernommen hat und nicht mehr wesentlich zu verbessern brauchte.

Das letzte Studienjahr in Pisa widmete Galilei nicht mehr dem Aristoteles oder dem Galen, sondern dem Archimedes und seinen Nachfolgern. Da es in dieser Hinsicht an der Universität nichts zu lernen gab, dürfte er das schöne Renaissancegebäude kaum noch betreten haben. Er verließ die Universität im Frühjahr 1585 und kehrte nach Florenz zurück, ohne einen akademischen Grad erworben zu haben. Daß er sich nicht hat Dottore nennen können, ist ihm allerdings niemals nachteilig ausgelegt worden.

Zu originären Leistungen war der Spätstarter Galilei damals noch nicht in der Lage. Der Biograph Viviani mochte diese Jahre jedoch nicht ohne Entdeckung vorübergehen lassen. Er schrieb seinem Helden nicht nur die Beobachtung des sogenannten Isochronismus der Pendelschwingung, sondern zugleich auch noch dessen Verwertung als Pulsologium zu, als Meßgerät für die Pulsrate, »zum großen Erstaunen und Entzücken der Mediziner«.

Eines Tages also hatte Galilei im Dom zu Pisa die Schwingungen einer Lampe bemerkt, die durch einen Zufall beim Anzünden der Kerzen in Bewegung geraten war. Dabei machte er die eigenartige Beobachtung, daß auch bei allmählich kleiner werdenden Amplituden der Schwingungen deren Frequenz die gleiche bleibt, daß also die Schwingungsdauer unabhängig ist von der Weite der Auslenkung. Mangels einer besseren Uhr hat Galilei seinen eigenen Puls als Zeitmesser benutzt und daraus sogleich den Umkehrschluß gezogen, daß die gleichmäßigen Pendelschwingungen zur Beurteilung des Pulsschlags fiebernder Patienten benutzt werden können.

Mehr als ein halbes Jahrhundert später kommt Galilei in seinem Alterswerk bei der Diskussion des Pendels tatsächlich auf schwingende Kirchenlampen zu sprechen. Das ist aber auch das einzige Argument zur Unterstützung von Vivianis Erzählung, und wahrscheinlich haben sich die Beobachtungen zu einer anderen Zeit und an einem anderen Ort zugetragen.

Die schöne Lampe von Battista Lorenzi, die die Touristenführer im Pisaner Dom als Galilei-Reliquie präsentieren, ist erst am

20. Dezember 1587 in einer feierlichen Zeremonie aufgehängt worden, also mehr als zwei Jahre nach Galileis Studienzeit. Das blamiert vielleicht die Touristenführer, muß aber nicht unbedingt Vivianis Erzählung als reine Erfindung bar jeden realen Hintergrundes disqualifizieren, schließlich kann an der nämlichen Stelle eine andere Lampe gehangen haben. Sicher ist aber, daß damals in Pisa die Mediziner weder erstaunt noch entzückt waren: Das Pulsologium wurde nachweislich erst zwei Jahrzehnte später ins Werk gesetzt, gemeinsam mit einem experimentierfreudigen Arzt in Venedig.

Auch wenn sich Viviani stets und ständig mühte, das Porträt eines Wunderkindes zu zeichnen: ein Frühreifer war Galilei wohl nicht. Einigen Leuten wie Ricci war er als ein bemerkenswertes Talent aufgefallen, mit einer noch unbestimmten Zukunft, von der sich aber schon vermuten ließ, daß sie eher durch die Nachfolge des Archimedes geprägt sein würde denn durch die des Aristoteles.

Der Archimedes seiner Zeit – Mathematik und Mechanik

Nach dem einjährigen Moratorium in Pisa, das der einsichtige Vater seinem Sohn zur Selbstfindung eingeräumt hatte, sollte und wollte Galilei für sich selber sorgen, denn so hatte er es wenigstens seinem Vater versprochen. Das gelang dem jungen Mathematiker eher schlecht als recht. Er kehrte zu seiner Familie nach Florenz zurück und verdiente sich dort ein wenig Geld durch Privatunterricht, zeitweilig hatte er ein bescheidenes Lehramt in Siena inne, hielt es dort jedoch nicht lange aus und flüchtete wieder unter das Dach des väterlichen Hauses. Im Umkreis des Ostilio Ricci und der Accademia del Disegno gelang Galilei alsbald ein glanzvolles Gesellenstück, natürlich in den Fußstapfen des Archimedes. Er konstruierte eine hydrostatische Waage zur Bestimmung des spezifischen Gewichts, eine Bilancetta. Dieses Instrument sowie der zu seinem Verständnis verfaßte Text, der als Manuskript in den interessierten Kreisen zirkulierte, etablierten den Ruf des jungen Mannes als eines tüchtigen Mechanikers. Die Grundgedanken dieser Konstruktion werden übrigens heute noch in der sogenannten Westphalschen Waage verwendet.

Die Bilancetta ist die Frucht der populärsten Anekdote der Wissenschaftsgeschichte, der zufolge das Haupt des Königs Hieron von Syrakus durch die Ungewißheit umdüstert war, ob seine Krone wirklich aus purem Golde sei oder ob der Goldschmied sie durch die Beimengung von ein wenig Silber verdünnt hätte. Der König erhoffte sich eine Lösung des Problems von Archimedes, dem sofort klar war, daß er dazu Volumen und Gewicht der Krone bestimmen mußte. Fortan zermarterte der scharfsinnige Mann sein Gehirn ob der verzwickten Frage, wie denn der Rauminhalt einer Krone zu ermitteln sei; geometrische Vermessung schied bei einem so unregelmäßig geformten Gebilde aus einsichtigen Gründen aus. Wie ihm die Lösung durch einen Genieblitz im Bade zufiel, wird nicht etwa in den Werken des Archimedes erzählt; sie ist lediglich durch das Werk des Römers Vitruv *Über die Architektur* auf die Nachwelt gekommen (Buch VIII, Kap. 3):

»Ständig dieses Problem bedenkend, kam Archimedes in ein Badehaus; und dort bemerkte er, als er in die gefüllte Wanne stieg, daß die über den Rand laufende Wassermenge dem Rauminhalt seines eingetauchten Körpers gleichen müsse. Dies zeigte ihm die Lösung des Problems; er verlor keine Zeit, sprang aus der Wanne und schrie, als er nackend nach Hause lief, er habe das Gesuchte gefunden, denn als er rannte, rief er zum wiederholten Male mit lauter Stimme auf Griechisch heurēka, heurēka.«

Vom überschwappenden Badewasser solchermaßen inspiriert, soll Archimedes sogleich die Krone in einen randvoll gefüllten Behälter getaucht und das überlaufende Wasser gemessen haben. Der Vergleich mit gleichgewichtigen Gold- und Silberstücken entlarvte den Goldschmied, der die Krone gefertigt hatte, als einen Betrüger, der freilich nicht hatte ahnen können, was einem Archimedes alles einfallen kann, vor allem in der Badewanne.

Galilei erschien das beschriebene Meßverfahren zu ungenau, unwürdig eines Archimedes, und so machte er sich daran, hinter der anekdotischen Beschreibung des Vitruv den wahren Archimedes zu rekonstruieren; zumindest gab er seine Arbeit als Wiederherstellung antiker Größe aus, denn diese literarische Stilfigur verschaffte dem geleisteten Werk allemal höhere Anerkennung als eine originäre Erfindung bar jeden antiken Hintergrundes.

Was Galilei konstruierte, war eine Hebewaage, mit der die zu untersuchende Substanz einmal in Luft, ein anderes Mal in Wasser gewogen wird, wobei die Balance jeweils durch das Verschieben von Ausgleichsgewichten herzustellen ist. Aus deren Abstand vom Drehpunkt des Waagebalkens läßt sich dann leicht das spezifische Gewicht der Probesubstanz ermitteln.

Bald glückte Galilei der zweite Streich in Gestalt einer theoretischen Abhandlung über den Schwerpunkt fester Körper, ebenfalls ganz im Sinne des Archimedes und zugleich über ihn hinausgehend. Genaugenommen handelt es sich um mehrere Beweisführungen für ein nicht ganz triviales Theorem, mit dessen mathematischen Deduktionen wir uns nicht aufhalten wollen. Sie zirkulierten ebenfalls als Manuskript unter dem Titel *Theorema circa centrum gravitatis solidorum* und trugen wesentlich dazu bei, daß sich Galilei alsbald den Ruf erwarb, »der Archimedes seiner Zeit« zu sein. Dem Autor war diese Studie immerhin so wertbeständig, daß er sie als Anhang in sein Alterswerk aufnahm, in die *Discorsi* vom Jahre 1638.

Dank der Bilancetta und der Schwerpunktsarbeit war Galilei nicht länger ein unbekanntes Talent. Die Virtuosi wurden auf ihn aufmerksam, sofern sie an Mechanik interessiert waren, und insbesondere zu dem Marchese Guidobaldo del Monte stellte sich schnell eine freundliche und fruchtbare Beziehung ein. Auf einer Romreise wurde der junge Mechaniker auch dem Christopher Clavius vorgestellt, dem Astronomen am Collegio Romano der Jesuiten, dem wir die Kalenderreform des Jahres 1582 und somit den bis heute angewandten Gregorianischen Kalender verdanken. Auch dieser ruhmreiche Gelehrte, dem wir später an einem entscheidenden Abschnitt von Galileis Lebensweg noch einmal begegnen werden, war sich für eine wissenschaftliche Korrespondenz mit dem jungen Florentiner nicht zu schade.

Die erste Anerkennung durch die Grossen seiner Zeit war für Galilei sicher schmeichelhaft, sie konnte jedoch nicht jenes Einkommen kompensieren, daß er als Arzt zweifellos erreicht hätte und mit dem die Familie rechnete. Auf seiner Suche nach einer respektablen Anstellung konzentrierte er sich auf die Universitäten einerseits und die Unterstützung des Marchese del Monte andererseits. Große Hoffnungen machte sich Galilei auf die Professur für Mathematik in Bologna, die 1587 vakant geworden war, aber obwohl der Marchese del Monte die wärmsten Empfehlungsbriefe schrieb und die Fäden seiner Beziehungen spielen ließ, wurde die Stelle mit Giovanni Antonio Magini besetzt, einem älteren, bestens ausgewiesenen Aristoteliker.

Ebenso ergebnislos endete die Bewerbung um die Professur in Padua ein Jahr später; glücklicherweise ließen die Venezianer die Professur so lange verwaist, bis sie den geeigneten Kandidaten gefunden hatten. Der war dann schließlich doch Galilei, aber eben erst vier Jahre später. Einstweilen mußte er weiter suchen.

Aber auch an seiner eigenen Alma mater in Pisa hatte er kein Glück; so blieb ihm nichts anderes übrig, als wieder den Marchese einzuspannen. Er schrieb ihm am 16. Juli 1588:

»Mein Wunsch hinsichtlich Pisa, über den ich Eurer Exzellenz schrieb, wird nicht in Erfüllung gehen; denn ein Mönch, der früher einmal in Pisa unterrichtet hatte, dann aber General seines Ordens war, hat dieses Amt aufgegeben und sich wieder dem Unterrichten zugewandt; seine Hoheit hat ihm bereits die Stelle zuerkannt.

Nun gab es hier in Florenz früher eine Professur für Mathematik, begründet von Cosimo I., und viele der Nobili würden sie gern wiederaufleben sehen; ich habe mich daher um diese Stelle bemüht und hoffe, sie durch den Einfluß Ihres illustren Bruders, dem ich meine Sache anvertraut habe, auch zu erhalten ... Mit seiner Hoheit konnte ich selbst darüber noch nicht sprechen, daher bitte ich Sie, noch einmal zu schreiben und meinen Namen zu erwähnen.«[1]

Großherzog Ferdinand I. war jedoch nicht geneigt, neben Ostilio Ricci einen weiteren Mathematiker zu beschäftigen. Er meinte, die Accademia del Disegno, einst von seinem Vater gemeinsam mit Michelangelo als erste künstlerisch-technische höhere Lehranstalt Europas gegründet, könne auch gut ohne einen hauptamtlichen Mathematikprofessor auskommen. Nachdem sich auch diese Aussichten zerschlagen hatten, plante Galilei in einem Anflug verzweifelten Mutes, gemeinsam mit einem anderen jungen Florentiner sein Glück in Kleinasien zu versuchen. In die Reisevorbereitungen platzte jedoch die Nachricht, daß der vormalige Ordensgeneral auf dem Lehrstuhl in Pisa doch den endgültigen Ruhestand vorgezogen hatte, und dieses Mal gelang es endlich den vereinten Bemühungen des Marchese und seines Bruders, des Kardinals Francesco Maria del Monte, ihren Schützling endlich unter den Professorentalar zu bringen.

Zu diesem glücklichen Karrieresprung Galileis mag auch das Aufsehen beigetragen haben, das der stellungsuchende Mathematiker kurz zuvor in den literarischen Zirkeln von Florenz erregt hatte. Baccio Valori, der Konsul der glanzvollen Accademia Fiorentina, hatte Galilei eingeladen, über deren Hausgott Dante einige Vorträge zu halten, eine ehrenvolle Auszeichnung, die darauf schließen läßt, daß die literarischen Talente schon des jungen Galilei in den tonangebenden Kreisen von Florenz bekannt und geschätzt waren. Diese Akademie war nämlich vornehmlich zur Pflege und Bereicherung des Volgare gegründet worden, des toskanischen Italienisch. Zunehmend ließen sich die Florentiner Bürger auch die Verbreitung nützlichen Wissens angelegen sein, achteten allerdings darauf, daß auch noch die handfesteste Materie in anmutiger Beredsamkeit erörtert wurde. Die grammatische Kultivierung des Toskanischen war schon 1582 einem Ableger der Florentiner Akademie zugewiesen worden, der Accademia della crusca, die aus der edlen toskanischen Sprache die Spreu (crusca) auszusondern hatte; zu diesem Zweck legte sie 1612 das erste Vocabolario vor, das bis auf den heutigen Tag als das verbindliche italienische Wörterbuch fortgeführt wird.

Galilei war in seinen Vorträgen freilich auch als Mathematiker gefordert, denn sie handelten von »Gestalt, Ort und Größe des Infernos bei Dante«. Über die räumliche Lage und Beschaffenheit der Hölle in Dantes *Göttlicher Komödie* waren verschiedene widerstreitende Interpretationen in Umlauf, und von Galilei hofften die Florentiner offenbar zu erfahren, wie das Inferno wirklich beschaffen ist. Er entledigte sich seiner Aufgabe dadurch, daß er Dantes Text, ohne mit der Wimper zu zucken, nicht nur literarisch, sondern vor allem geometrisch-mathematisch verbindlich auslegte.

Für dieses verblüffende Verfahren mußte sich der Redner zunächst einmal entschuldigen: »Mögen uns Eure Ohren, die an diesem Orte die reichen, erlesenen Klänge der toskanischen Sprache zu hören gewohnt sind, verzeihen, wenn sie sich nunmehr verletzt fühlen durch einige dem Griechischen oder Lateinischen entnommenen Ausdrücke jener Kunst, der wir uns hier bedienen; denn dazu zwingt uns die Materie, von der wir zu sprechen haben.«[2]

Für heutige Leser befremdlicher ist freilich das Verfahren, das im Anschluß an die Einleitung exekutiert wird: Die monumentalen Terzinen der Dichtung wechseln mit mathematischen Demonstrationen, die den Höllentrichter mittels der Lehre von den Kegelschnitten räumlich einteilen; die den verschiedenen Gruppen der Sündigen zugewiesenen Kreise werden gemäß der Proportionenlehre vermessen, und mit akribischer Genauigkeit wird zum Beispiel herausgerechnet, daß die Gräben der Verbrecher $81\frac{3}{22}$ Meilen vom

Erdmittelpunkt entfernt sind und die Arme Luzifers sich über 645 Ellen erstrecken.

Eine derartige textimmanente Interpretation mit den Mitteln der Mathematik kann uns heute nicht anders denn als ein irritierender Mißbrauch dieser Wissenschaft erscheinen, eine groteske Fehlinvestition der Rechenkunst, vergleichbar einzig dem rührenden Bemühen des irisch-englischen Bischofs Ussher, der 1654 mittels biblischer Genealogie den Beginn der göttlichen Schöpfung auf das Jahr 4004 vor Christi Geburt aufaddiert hatte, auf den 26. Oktober, 9 Uhr morgens.

Die Florentiner waren jedoch begeistert über die ebenso exakte wie literarisch elegante Argumentation Galileis, und der hielt ihrer Akademie zeitlebens die Treue. Nach diesem kuriosen Anfang wählten die Akademiker ihren Galileo vier Jahrzehnte später sogar zum Konsul, dieses Mal weniger als Mathematiker denn als virtuosen Stilisten toskanischer Prosa, der weit und breit nicht seinesgleichen hatte.

Der Quinte Kuß und sanfter Stich – Mathematik und Musik

Mathematik und Musik werden oft in tiefgründige, geheimnisvolle Beziehungen gebracht. Daran ist zumindest so viel richtig, daß schon die Voraussetzung aller Musik, nämlich die Konstruktion von Tonleitern, auf eine enge Verwandtschaft hinweist. In der Familie der Galilei ist diese Problematik im Vater Vincenzio und im Sohne Galileo personifiziert und zudem in einer Weise fruchtbar geworden, daß sich ein Intermezzo über die Musik als Geburtshelferin der experimentellen Naturwissenschaft gleichsam aufdrängt.

Wir hatten schon erwähnt, daß Vincenzio Galilei zwar nicht sein Vermögen, wohl aber seinen Ruhm als Lautenvirtuose, Komponist und vor allem als Musiktheoretiker zu mehren gewußt hatte. In letzterer Eigenschaft verfaßte er Traktate voll scharfzüngiger Polemik und durchtränkt vom Geist der Opposition gegenüber jedweder Art von Autoritätsgläubigkeit, denen Galileis Biographen gern eine stilbildende Kraft für die Entwicklung des Schriftstellers Galileo Galilei zuschreiben. In ähnlicher Weise dürften Vorbild und Einfluß des Vaters dazu beigetragen haben, daß Galilei zeitlebens als kenntnisreicher Amateur der Musik zugetan war und vorzüglich Laute zu spielen wußte. Sein jüngerer Bruder Michelangelo trat gar in die Fußstapfen des Vaters und wurde Berufsmusiker.

Weitaus bedeutsamer aber als diese sozusagen hausmusikalischen Aspekte war die Pionierrolle Vincenzio Galileis bei der Entwicklung und theoretischen Begründung eines neuen Stils des Musizierens, der nicht nur die kompositorischen Techniken, sondern darüber hinaus sogar die physikalisch-akustischen Grundlagen der Musik veränderte. Dieser Umbruch machte die Musik nicht nur für den Liebhaber Galilei interessant, sondern vor allem auch für den angehenden Mathematiker.

Konsonanz und Dissonanz, also Wohllaut und Mißklang beim gleichzeitigen oder unmittelbar aufeinanderfolgenden Hören zweier

Töne, waren der Dreh- und Angelpunkt jener Kontroversen, die Vincenzio Galilei mit den Autoritäten seiner Zeit auszufechten hatte. Diese Probleme sind auch historisch der Ausgangspunkt der abendländischen Musiktheorie, wie sie vor zweieinhalbtausend Jahren in der griechischen Philosophenschule des Pythagoras in Süditalien entstanden war.

Den Griechen war beim Spiel der Lyra aufgefallen, daß sich zum Beispiel die besonders wohlklingende Oktave durch Verkürzen der Saite auf die Hälfte erzeugen läßt; in ähnlicher Weise erhält man das Intervall der Quinte durch Verkürzen auf zwei Drittel der Ausgangslänge und das der Quarte durch eine Saitenlänge von drei Vierteln. Allerdings gaben sich die Pythagoreer einer spekulativen Zahlenmystik hin, die sie bald den durchaus realen Hintergrund der Zahlenverhältnisse vernachlässigen oder gar vergessen ließen: Sie diskutierten die Frage der dem Ohr gefälligen Konsonanz nicht mehr konkret an Hand der Untersuchung von Saitenlängen, sondern arithmetisch-abstrakt in Gestalt von Zahlenverhältnissen. In ihrem mystisch inspirierten Zahlenpurismus mochten die Pythagoreer nur die in kleinen Zahlen ausdrückbaren Intervalle als konsonant und damit zulässig gelten lassen, also neben der Oktave nur noch Quinte und Quarte. Gleichwohl läßt sich aus diesen Vorgaben eine Tonleiter konstruieren, die den bescheidenen Ansprüchen der griechischen Musik vollauf genügte.

In Gestalt dieses deduktiv-numerologischen Systems wurde die Musiktheorie in den spätantiken und mittelalterlichen Bildungskanon der Artes liberales eingebracht, der sieben »freien Künste«. Zusammen mit Arithmetik, Geometrie und Astronomie bildete die Musik das mathematisch fundierte Quadrivium, dem die Ausbildung in den sprachlich orientierten Disziplinen der Grammatik, Rhetorik und Dialektik, dem Trivium, vorauszugehen pflegte. Die musikalische Praxis beschränkte sich lange Zeit auf einfache Parallelen in der Oktave oder in der Quinte, und sogar die uns heute vertraut klingenden Terzen und Sexten waren als dissonant ausgeschieden. Erst im 13. Jahrhundert entstand eine echte Mehrstimmigkeit, die sich von einfachen Kanons bis zu der raffinierten Polyphonie des 15. Jahrhunderts steigerte.

Diese Entwicklung verlangte schließlich die Akzeptierung weiterer Intervalle, so daß große Terz und große Sexte allmählich in den Rang von Konsonanzen erhoben wurden, entsprechend den Zahlenverhältnissen von 4 : 5 und 3 : 5. Eng verbunden mit dieser Ausweitung waren andere Vorschriften zur Konstruktion von Tonleitern; neben der pythagoreischen entstand die ptolemäische oder natürliche Stimmung. Beide Systeme kollidierten jedoch mit der sich im 16. Jahrhundert rasch verändernden Musikpraxis. Beim Zusammenspiel mehrerer Instrumente oder bei dem über viele Oktaven reichenden Tonumfang der Orgeln entstanden immer wieder Dissonanzen, so daß beide Skalen der kompositorischen Freiheit, insbesondere der Transponierung und Modulation, enge Beschränkungen auferlegten.

Das Korsett phythagoreischer Zahlenmystik hatte Vincenzio Galilei bei einem Großmeister dieser Kunst, dem Venezianer Giosef-fo Zarlino, in allen Einzelheiten studiert. Sein »senario« genanntes kompositionstechnisches Regelwerk erlaubte nur Intervalle, die sich durch Zahlen darstellen ließen, die nicht größer als die Sechs waren – schließlich war sie als Summe ihrer Teiler (6 = 1+2+3) die kleinste vollkommene Zahl und damit für die pythagoreische Tradition ein heiliges Symbol. In dieses System paßte sogar noch die kleine Terz zusätzlich zu den etablierten konsonanten Intervallen, alles andere war jedoch als theoretisch nicht legitimiert strikt verboten. Das gleiche Verdikt traf alle Versuche, Stimmungen zu erfinden, die frei von den Einschränkungen der ptolemäischen Tonleiter waren.

In der Florentiner Camerata des Grafen Giovanni Bardi wurde jedoch ein neuer musikalischer Stil entwickelt, der sich im »senario« Zarlinos nicht recht ausführen ließ. Den aristokratischen Musikfreunden der Camerata war daran gelegen, dem gefühlvollen Ton der zeitgenössischen Dichtung auch musikalisch den angemessenen expressiv-melodiösen Ausdruck zu verschaffen, der ihnen zugleich für die Wiederbelebung der antiken Tragödie nötig schien.

In letzterem Zusammenhang hatte Vincenzio Galilei als theoretisches Oberhaupt der Camerata die griechischen Manuskripte der Vatikan-Bibliothek studiert, wobei er von dem Humanisten Girolamo Mei darauf aufmerksam gemacht wurde, daß schon in der Antike Alternativen zu der pythagoreischen Zahlenmystik praktiziert worden waren. Da ein gutes Argument durch nichts so sehr geadelt werden konnte wie durch den Nachweis, daß es schon von einem alten Griechen vorgebracht worden war, konnte Vincenzio Galilei nunmehr mit dem Kronzeugen Aristoxenos seine These entwickeln, daß nicht Zahlen, sondern letztlich das Ohr in Fragen von Konsonanz oder Dissonanz zu entscheiden hat.

VINCENZIO GALILEIS MUSIKTHEORETISCHE STUDIEN fanden in dem 1581 veröffentlichten *Dialogo della musica antica et della moderna* ihren Niederschlag, einem Werk, das Musikhistorikern als Manifest der neuen melodiös-monodischen Richtung gilt, als Dokument der Befreiung aus pythagoreisch inspirierter Zahlenakrobatik. Zu beachten ist dabei aber, daß es die »moderne« Musik ist, also vor allem die Polyphonie des Zarlinoschen »senario«, der Sterilität und hauptsächlich die Unfähigkeit vorgeworfen wird, den Sinn des gesungenen Wortes ausdrucksmäßig zu vertiefen, während von einer Annäherung an die richtig verstandene »antike« Musik eine beträchtliche Erweiterung der Ausdrucksmittel erhofft wird.

In ähnlicher, auf den ersten Blick verkehrter, Frontstellung wird der Autoritätsglaube attackiert: unter Berufung auf die Autorität an sich, nämlich Aristoteles. In der Einleitung schreibt Vincenzio Galilei:

»Ehe ihr anfangt, den Knoten des vorliegenden Problems zu lösen, spreche ich den Wunsch aus, daß ihr in den Dingen, bei denen die Sinneswahrnehmung in Anwendung kommt, immer – wie Aristoteles im 8. Buch der Physik sagt – nicht allein die Autorität beiseite lasset, sondern auch den schönklingenden Beweisgrund ... weil mir scheint, daß diejenigen lächerlich handeln, die, um diesen oder jenen Schluß zu erweisen, fordern, daß man schlechthin der Autorität vertraue, ohne für dieselben Gründe von hinreichender Stärke anzuführen.«[1]

In diesem Geiste attackierte Vincenzio Galilei auf den ersten Seiten seines *Dialogo* das System seines vormaligen Lehrers Zarlino, dem die ptolemäische, als natürliche Stimmung empfundene, Tonleiter zugrunde lag. Vincenzio Galilei plädierte dagegen für ein flexibles System, das sich den jeweiligen musikalischen Bedürfnissen anzupassen habe, insbesondere die sogenannten chromatischen

Rückungen ermöglichen sollte. Für die Laute, das damals populärste mehrstimmige Instrument, entwarf er ein brauchbares System, das der modernen temperierten Stimmung ziemlich nahe kommt.

Trotz der Kühnheit war der Erfolg des *Dialogo* beträchtlich. Giovanni Doni, der ein halbes Jahrhundert später die Geschichte der Entstehung der modernen Oper aufzeichnete, notierte in seinem Buch *Della musica scenica:*

»Durch diesen Erfolg zu neuen Forschungsarbeiten ermutigt und von Giovanni Bardi unterstützt und gedrängt, wurde Galilei der erste, der einstimmige Gesänge komponierte, im vorliegenden Fall die leidenschaftliche Klage des Grafen Ugolino aus Dantes Inferno; er selbst brachte eine ergreifende, von Violen begleitete Aufführung. Es ist nicht zu bestreiten, daß dieses Werk allgemein einen starken Eindruck hinterließ trotz des Gelächters einiger eifersüchtiger Rivalen.«[2]

Zu den Rivalen gehörte natürlich auch Zarlino, der schon zu gern den Druck des provokanten *Dialogo* verhindert hätte und der nun in einem gepfefferten Pamphlet seinen ehemaligen Schüler der theoretischen Schlamperei zieh. Um angemessen replizieren zu können, begann Vincenzio Galilei mit allerlei akustischen Experimenten, die das Problem der richtigen Stimmung demonstrieren und entscheiden sollten. Daraus entstand der *Discorso intorno all'opere di Zarlino,* mit einer unverschämt ironischen Geste dem vormaligen Lehrer zugeeignet und gleichzeitig dessen System mit den sachlichsten Argumenten zerstörend, nämlich durch akustische Demonstrationen.

Man kann dieses Werk oder viele handschriftlichen Studien zu diesen Fragen in der Biblioteca Nazionale in Florenz studieren, die wichtigsten Gedanken sind jedoch viel leichter zugänglich: in den ein halbes Jahrhundert später erschienenen *Unterredungen und mathematischen Demonstrationen über zwei neue Wissenszweige, die Mechanik und die Fallgesetze betreffend,* dem Alterswerk des Soh-

Der »Dialogo della musica antica et della moderna«, von Vincenzio Galilei 1581 veröffentlicht; die akustischen Experimente hatten einen großen Einfluß auf Galileo Galilei

ſono di quella che tiene nella ſiniſtra mano la ſtatua d'Orfeo, fatta già dal Caualiere Bandinelli Scultore Nobiliſſimo della noſtra Città; la quale hoggi publicamente ſi vede in Fiorenza, nel cortile del Palazzo de Medici; il cui diſegno è tale.

Caualiere Bandinelli Scultore nobiliſſimo.

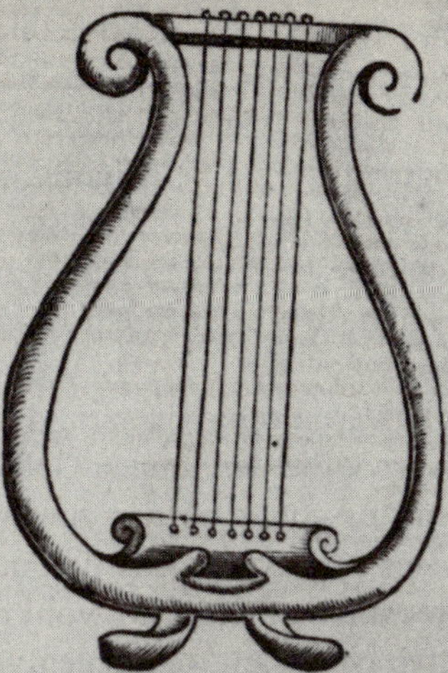

Forma della antica Lira.

Alle quali openioni diuerſe intorno all'inuentione della Lira, aggiugneremo quella di Filoſtrato; il quale vuole che la prima ſi faceſſe delle corna di capra inſieme con l'oſſo di mezza la frō te & che il legno che vi ſi adoperaua intorno per qual ſi voglia biſogno, vuole che di boſſo fuſſe il meglio che adoperare vi ſi poteſſe; la quale Hyginio poi nel libro che egli fa dell'Imagini celeſti, diſegna in queſta forma.

Filoſtrato in materia della Lira di Mercurio.
Nel libro 3.

Forma dell'antica Lira deſcritta da Hyginio nel libro 3. de ſegni celeſti.

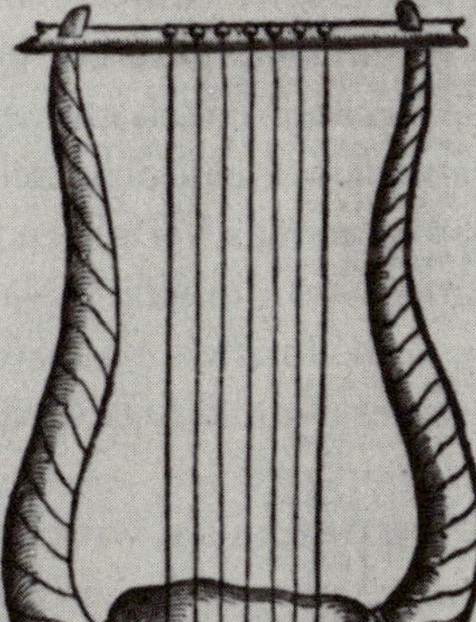

Et

nes Galileo Galilei, der hier gegen Ende des »Ersten Tages« des *Dialogs* gleichsam im Vorübergehen eine Theorie der Akustik präsentiert, deren Grundzüge er von seinem Vater gelernt hatte.

Die Experimente zur Akustik sind von Vincenzio Galilei in jenen Jahren angestellt worden, als der junge Mathematiker mangels besserer Möglichkeiten wieder bei seinem Vater wohnte. Auch wenn kein direktes schriftliches Zeugnis für eine Beteiligung des Sohnes an den Aktivitäten des Vaters überliefert ist, drängt sich doch die Vorstellung auf, daß Galilei an diesen Experimenten unmöglich achtlos vorübergegangen sein kann, daß er vielmehr in tatkräftiger Hilfe seinem Vater zur Hand ging.

Stilman Drake hat sogar die Vermutung riskiert, daß es diese akustischen Untersuchungen waren, die den jungen Galilei den experimentellen Zugang zur Naturforschung gelehrt haben, eher jedenfalls als die Arbeitsweisen der Ingenieure. Die Baumeister zum Beispiel haben sich bei allem technischen Können wohl darauf beschränkt, die tradierten Verfahren behutsam weiterzuentwickeln; so etwas wie die Methode von »Versuch und Irrtum« wäre in der Tat bei der Errichtung einer Brücke oder einer Kirchenkuppel ein wenig praktikables Vorgehen gewesen, hätte man dabei doch das ganze Bauwerk aufs Spiel gesetzt. Die akustischen Untersuchungen von Vincenzio Galilei waren von solchen Einschränkungen jedoch nicht betroffen, hier konnte ohne große Gefahren nach Herzenslust probiert, experimentiert und demonstriert werden, denn schlimmstenfalls gingen Saiten entzwei. Somit könnte das Verfahren der experimentellen Verifikation mathematisch formulierter Naturgesetze, das von Galilei inauguriert wurde, seine Entstehung – zumindest zu einem gewissen Anteil – der Muse des Wohlklangs verdanken.

In den »Discorsi« von Galileo Galilei finden wir eine Beschreibung jener Experimente, welche die pythagoreischen Zahlensysteme auf ihren akustisch-physikalischen Hintergrund befragen und dadurch erheblich relativieren:

»Die Schlußfolgerungen schienen mir nicht zwingend, um sagen zu können, das Doppelte und das Anderthalbfache seien die natürlichen Formen der Oktave und der Quinte. Und zwar aus folgendem

Grunde: Auf dreierlei Weise können wir den Ton einer Saite erhöhen – durch Verkürzung, durch Spannung und durch Unterstützung. Bei gleicher Spannung und Beschaffenheit bringen wir die Oktave durch Verkürzen auf die Hälfte hervor, wir schlagen also erst die ganze und dann die halbe Saite an. Bei gleicher Länge und Beschaffenheit erhalten wir die Oktave durch Anspannung, aber es genügt hierzu nicht die doppelte Kraft, sondern die vierfache; war die Saite mit einem Pfund gespannt, so brauchen wir für die Oktave deren vier. Bei gleicher Länge und Spannung endlich muß die Dicke der Saite auf ein Viertel reduziert werden, um die Oktave zu erhalten. Was für die Oktave gilt ... das findet für alle anderen Intervalle ebenfalls statt. Wenn man die Quinte erhalten will, für die aus dem Längenverhältnis das Anderthalbfache sich ergab, so muß man, wenn dasselbe durch andere Spannung oder Saitendicke erreicht werden soll, das Verhältnis Neun zu Vier anwenden: War die Saite zum Beispiel mit vier Pfund gespannt, muß sie nicht mit sechs, sondern mit neun Pfund belastet werden, desgleichen muß die Dikke auf vier Neuntel reduziert werden. Diesen exakten Demonstrationen gegenüber schien es mir ganz unbegründet, das Verhältnis Eins zu Zwei für die eigentliche Form der Oktave anzunehmen, wie die scharfsinnigen Philosophen es tun, statt Eins zu Vier; desgleichen kann die Quinte eher dem Verhältnis von Vier zu Neun entsprechen als dem von Zwei zu Drei.«[3]

Die Entscheidung wird in den zugrundeliegenden physikalischen Phänomenen gesucht, also der Schwingungsdauer der Schallwellen, die zum Abzählen zwar viel zu zahlreich sind, die gleichwohl durch Ausnutzung von Resonanzerscheinungen sichtbar gemacht werden können:

»Wie sehr die Schwingung der umgebenden Luft an den mittönenden Körper abgegeben wird, kann man sehen, wenn man einen Becher zum Tönen bringt, indem man den Rand mit der Fingerspitze bestreicht, während sich Wasser im Gefäß befindet; man erkennt dann die Wasserwellen in regelmäßigster Form ... bei einem ziemlich großen Becher voll Wasser sah ich oft sehr gleichmäßig geformte Wellen; wenn aber der Ton in die Oktave sprang, zerfiel eine Wasserwelle in zwei Wellen, eine Erscheinung, die deutlich zeigt, daß die Form der Oktave die Doppelte ist.«

Einerseits scheint diese Demonstration die antike Lehre der kleinen Zahlenverhältnisse zu bestätigen, andererseits führt sie jedoch weit darüber hinaus, insofern nämlich die akustischen Phänomene eine neue physikalische Interpretation erfahren:

»Das primäre, unmittelbare Verhältnis der akustischen Intervalle wird weder von der Länge der Saiten noch von ihrer Spannung oder ihrem Querschnitt bestimmt, sondern von der Anzahl der Schwingungen und Lufterschütterungen, die unser Trommelfell treffen und letzteres entsprechend erzittern lassen. Halten wir dieses fest, so können wir mit Sicherheit angeben, weshalb uns einige Zusammenklänge angenehm, andere weniger angenehm und wieder andere sehr mißfallend berühren, also den Grund für die mehr oder minder vollkommene Konsonanz und für die Dissonanz . . . Konsonant und wohlklingend werden diejenigen Intervalle sein, deren Töne in einer gewissen Ordnung das Trommelfell erschüttern; wozu vor allem gehört, daß die Schwingungszahlen in einem rationalen Verhältnis zueinander stehen, damit die Knorpel des Trommelfells sich nicht in steter Qual befinden, in verschiedenen Richtungen ausweichen zu müssen und den auseinandergehenden Schlägen zu gehorchen. Deshalb ist die erste und vollkommenste Konsonanz die Oktave, weil auf jede Erschütterung des tieferen Tones zwei des höheren kommen, so daß beide abwechselnd zusammenfallen und auseinandergehen . . . Die Quinte klingt auch sehr gut, weil auf je zwei Schwingungen der einen Saite die höhere drei Schwingungen vollführt, von denen also ein Drittel mit denen des tieferen Tones zusammenfällt; und bei der Quarte trifft die vierte Schwingung mit der des Grundtones zusammen. Bei der Sekunde trifft nur noch eine von neun Schwingungen eine Schwingung des tieferen Tones, alle anderen weichen ab, und daher empfindet man bereits eine Dissonanz.«

Nach diesen physikalischen Darlegungen aus dem Munde des Filippo Salviati, jener Dialogfigur, die als Stimme Galileis fungiert, steuert der Zuhörer Francesco Sagredo noch einige hübsche Charakterisierungen der emotionalen Qualitäten der Intervalle bei. Die Oktave erscheint ihm wegen der Gleichförmigkeit der Resonanz als »äußerst milde und ohne viel Feuer«. Ganz anders dagegen die Quinte:

»Mit ihren Kontratempi, mit ihrer Einschaltung zweier isolierter

Schwingungen des höheren Tones zwischen zwei gemeinsame Schwingungen, während eine isolierte Schwingung des tieferen jene beiden unterbricht... das alles erzeugt einen solchen Reiz auf dem Trommelfell, daß Weichheit und Schärfe innig verschmolzen erscheinen, und wahrgenommen wird zugleich ein Kuß und ein sanfter Stich.«

In musiktheoretischer Hinsicht ist Galilei konservativ, keine Spur findet sich von den revolutionären Ansätzen des Vaters Vincenzio bezüglich der Konstruktion von Tonleitersystemen. Galileis Verfahren würde lediglich zu einer physikalisch-akustischen Rekonstruktion der ptolemäischen »natürlichen« Stimmung führen, deren Unzulänglichkeit Vincenzio hinlänglich dargetan hatte. Der hatte den gordischen Knoten der durch Tradition geheiligten Systeme durchhauen, indem er für den Halbton das zahlentheoretisch verbotene Verhältnis von 17 zu 18 definierte. Durch diesen radikalen Bruch mit aller Tradition hatte er sich der modernen »temperierten« Stimmung angenähert, die erst die harmonische Vielfalt der europäischen Musik ermöglicht. Die endgültige Form der universell verwendbaren Stimmung hatte freilich zu Anfang des 17. Jahrhunderts der Holländer Simon Stevin gefunden, der die alte Konsonanzenlehre endgültig außer Kraft setzte und für jeden Halbton der Tonleiter das identische Verhältnis der zwölften Wurzel aus zwei festlegte. In diesem System gibt es im strengen Sinne überhaupt keine Konsonanzen mehr außer der Oktave, gleichwohl sind unsere Klaviere alle in diesem durchgängig »irrationalen« Verfahren gestimmt, denn letztlich entscheiden das Ohr und Praktikabilität.

Vergleichen wir damit, was Galilei ein halbes Jahrhundert nach dem Tode seines Vaters geschrieben hatte. Trotz der ausgefeilten akustischen Schwingungslehre, die er in den Fußstapfen von Vincenzio entwickelt hatte, erhielt er doch wieder nur die traditionelle Theorie, nach der die Verhältnisse kleiner ganzer Zahlen das Universum der Musik regieren:

»Das Widrige in den Dissonanzen entsteht, wie ich meine, aus den nicht zusammentreffenden Schwingungen zweier Töne, die ohne ein bestimmtes Verhältnis das Trommelfell erregen, und unerträglich werden die Dissonanzen sein, wenn die Schwingungsdauern nicht in ganzen Zahlen dargestellt werden können, sondern sich wie die Seite eines Quadrats zur Diagonale verhalten.«

Nach diesen Kriterien hätte schon Gioseffo Zarlino den Streit mit Vincenzio Galilei gewinnen müssen, denn die temperierte Stimmung von Stevin wäre vollständig dissonant, da sich mit Ausnahme der Oktave alle Intervalle verhalten wie die »Seite eines Quadrats zur Diagonale«; Johann Sebastian Bach hätte niemals sein »Wohltemperiertes Klavier« schreiben können, und unsere gesamte Musik wäre »unerträglich«.

Ausgesprochen modern erscheint uns Galilei hingegen in seinem Bemühen, die Musiktheorie gewissermaßen vom Kopf auf die Füße zu stellen, also die abstrakte Zahlentheorie der Intervalle durch eine experimenteller Prüfung zugängliche Theorie der Schallschwingungen zu ersetzen. Historisch gesehen ist dies die erste wirklich ausgeführte Reduktion sinnlich erfahrener Qualitäten, in diesem Falle der Konsonanzen und Dissonanzen, auf objektive physikalische Größen, hier also der Schwingungsdauern.

Dieser forschungsprogrammatisch bedeutsame Ansatz ist später von dem englischen Philosophen John Locke zu einem zentralen Thema der empiristischen Erkenntnistheorie in Gestalt der Lehre von den primären und den sekundären Qualitäten geworden. Allerdings findet er sich auch schon zu Beginn der abendländischen Spekulationen über die Natur in der antiken Atomlehre. Vor rund zweieinhalbtausend Jahren dekretierte der Philosoph Demokrit, einer der Väter der Atomistik: »Nur der Meinung nach gibt es süß, nur der Meinung nach bitter, warm, kalt, nur der Meinung nach Farbe, in Wahrheit gibt es nur Atome und den leeren Raum.«[4]

Diese Lehre war in den scholastischen Philosophenschulen freilich nicht hoffähig, wurde aber gleichsam an ihnen vorbei durch das berühmte Lehrgedicht des Lukrez *De rerum natura* tradiert, ein Werk, das sich auch in Galileis Bibliothek befunden hatte. Eine Probe dieses atomistisch inspirierten Reduktionsprogramms lieferte Galilei zum Beispiel in der 1623 veröffentlichten Schrift mit dem Titel *Il Saggiatore*. In dieser *Goldwaage* hatte Galilei neben einer Reihe scharfer Polemiken mit seinen Kontrahenten seine methodischen Grundsätze erläutert. Beschränken wir uns hier auf seine

Analyse des Begriffs der Wärme als ein Exempel für das reduktionistische Forschungsprogramm:

»Viele Eigenschaften, von denen wir glauben, daß sie äußeren Gegenständen zukommen, haben keine wirkliche Existenz außer in uns selbst, und abgesehen davon sind sie nichts als Namen. Ich neige zu dem Glauben, daß Wärme von diesem Charakter ist. Solche Stoffe, die in uns Wärme hervorrufen und uns das Gefühl der Wärme vermitteln, die wir allgemein Feuer nennen, sind nichts anderes denn eine Vielzahl von Partikeln bestimmter Formen und gewisser Geschwindigkeiten ... Ich glaube nicht, daß zusätzlich zu ihrer Form, Anzahl, Bewegung, Durchdringungsfähigkeit und Berührung noch irgendeine Eigenschaft im Feuer enthalten ist, die ›Wärme‹ wäre. Diese Empfindung gehört zu uns, und zwar in einer so eng verknüpften Weise, daß bei Entfernung des belebten, empfindenden Körpers nichts bleibt als ein einfaches Wort.«[5]

Hinsichtlich der Wärme haben Galileis Ausführungen vornehmlich Bekenntnischarakter, eine stringente Zurückführung der Wärme auf die Bewegung kleiner Partikeln war erst der kinetischen Gastheorie in der zweiten Hälfte des 19. Jahrhunderts vorbehalten. Ähnliche Einschränkungen wären für andere Problembereiche anzubringen, zum Beispiel für die optischen Phänomene. In der Akustik jedoch ist Galilei die Einlösung dieses Programms bereits gelungen, darin ein Vorbild liefernd für den künftigen Gang mancher Forschung.

Der Reduktionismus hat auch seine Kehrseite, Entfremdung der Wissenschaft von der Lebenspraxis, Verlust der Fülle der Erfahrung auf Kosten eines dürren rationalen Erkenntnisgewinns, die Ersetzung komplexer Phänomene durch ein ödes Faktengeröll – dies alles sind Relativierungen, die gegen die wissenschaftliche Produktivität dieses Programms ins Feld geführt werden. Wir wollen ihre Berechtigung oder Fragwürdigkeit hier auf sich beruhen lassen, für Galilei jedenfalls haben sich solche Probleme nicht ergeben. Er war ein naiver, beinahe fröhlicher Reduktionist, der sozusagen die Welt der Sinne für die Wissenschaft entdeckt hatte, und dabei offenbarte sich ihm das Ende aller akustischen Theorie in der Quinte »Kuß und sanftem Stich«.

Unter den Talaren … – Professor in Pisa

Galileis Antrittsvorlesung als Professor für Mathematik an der Universität Pisa war auf den 12. November des Jahres 1589 angesetzt, und drei Tage später begann für ihn die Fron des regelmäßigen Unterrichts. Als Mathematiker oblag ihm die Unterweisung der Studenten in den Anfangsgründen der Geometrie und der Astronomie als den wichtigsten Disziplinen des Quadrivium. Die intellektuellen Anforderungen dieser Lehrtätigkeit waren eher gering, denn daran hatte sich in Pisa seit Galileis eigenen, nur fünf Jahre zurückliegenden Studententagen nichts geändert, und so trug der Professor Galilei wie unzählige Vorgänger und Kollegen die übliche akademische Hausmannskost vor, in der Astronomie zum Beispiel das Buch *De sphaera*, das sich schon über dreihundert Jahre im Unterricht bewährt hatte.

Verfasser dieses Standardtextes zur Astronomie war Johannes de Sacrobosco, einst Professor an der Universität von Paris und offenbar mit beachtlichen pädagogischen Talenten ausgestattet, denn als er 1256 gestorben war, hinterließ er das wohl erfolgreichste gehobene Schulbuch, das jemals geschrieben worden war. Sein Werk über die himmlischen Sphären war eine Kurzfassung des Ptolemäischen *Almagest*, befreit vom mathematischen Ballast schwieriger astronomischer Details und mundgerecht auf das Wesentliche und leicht Faßliche reduziert. Es wurde zunächst in Tausenden von Abschriften verbreitet, und seit der Erfindung der Druckerpresse war praktisch jedes Jahr irgendwo in Europa eine Neuauflage erschienen. Sogar die gelehrten Astronomen verfaßten ihre Werke oft als einen Kommentar zu Sacrobosco; darin machte selbst der berühmte Christopher Clavius vom Collegio Romano der Jesuiten keine Ausnahme, dessen Kommentar zu Beginn des 17. Jahrhunderts in allerhöchstem Ansehen stand.

In seinem Unterricht konnte sich Galilei allerdings auf das einfacher gehaltene Schulbüchlein des Johannes de Sacrobosco beschränken, das mittlerweile sogar in italienischer Übersetzung erschienen war. Astronom wollte unter den Pisaner Studenten schließlich niemand werden. Die Himmelskunde war nur als Bestandteil des klassischen Bildungskanons gefragt oder aber wegen ihrer astrologischen Nutzanwendungen. Letzteres galt vor allem für die angehenden Mediziner, denn damals hätten nur wenige Ärzte eine Diagnose zu stellen oder gar eine Therapie zu beginnen gewagt, wenn nicht zuvor der Rat der Sterne eingeholt worden wäre.

Galileis Bezahlung war bescheiden, entsprechend dem geringen Ansehen, in dem die Mathematik in Pisa stand, und auch wegen der Jugend des eben fünfundzwanzigjährigen Professors. Sein Jahresgehalt war auf 60 Scudi festgesetzt worden; das war nur die Hälfte der Bezüge seines Vorgängers und lächerlich wenig im Vergleich mit den Spitzengehältern renommierter Professoren. Die Mutter Giulia jammerte erneut ob der entgangenen Medizinerkarriere ihres Sohnes, die ihm gewiß ein Mehrfaches eingebracht hätte. Schließlich erhielt Galileis Kollege Girolamo Mercuriale, der einen der Medizinlehrstühle innehatte, 2000 Scudi. Älteren Biographen galt die mäßige Honorierung als untrügliches Indiz für die Geringschätzung der mathematischen Wissenschaften und für die mannigfachen Widerstände, denen gegenüber Galilei sich zu behaupten hatte, zu denen auch ein gewissermaßen monetäres »per aspera ad astra« zu gehören hatte.

Da Geld im Leben Galileis immer eine große Rolle gespielt hatte – einfach deshalb, weil er meistens zuwenig davon besaß –, kommen wir nicht umhin, die 60 Scudi in praktische Relationen zu setzen. Gewiß, das mehr als dreißigfache Einkommen des Professors Mercuriale mag die Honorierung Galileis auf den ersten Blick als schäbig erscheinen lassen; Mercuriale war jedoch ein berühmter Arzt, den der Großherzog nur durch dieses außergewöhnliche Gehalt von der angesehenen Universität Padua hatte abwerben und für das ein wenig verschlafene Pisa hatte gewinnen können. Schon der wackere Andrea Cesalpino, der sein Kräutergärtlein zum opulenten botanischen Garten hatte aufblühen lassen, mußte sich als gebürtiger Toskaner und somit Untertan des Großherzogs mit 400 Scudi bescheiden, neben denen sich Galileis Anfängergehalt nicht mehr gar so gering ausnimmt. Mit den 60 Scudi konnte Galilei übrigens leicht seinen Lebensunterhalt bestreiten; zum Vergleich sei erwähnt, daß er selbst den hochqualifizierten Handwerkern, die er später in seinen Werkstätten beschäftigte, nur ein Zehntel dieses Betrages als Jahresgehalt auszahlte, ganze sechs Scudi. Für den Lebenszuschnitt nobler Florentiner Patrizier, dem sich Galilei seiner Herkunft wegen verpflichtet fühlte, waren die ihm bewilligten Gehälter jedoch niemals ausreichend, allerdings weniger wegen seiner eigenen Bedürfnisse, sondern wegen manchmal exorbitanter familiärer Verpflichtungen, denen er sich nach dem Tode seines Vaters als der Erstgeborene gegenübersah.

Vorläufig war jedenfalls Galileis Leben durch die Professur in Pisa in sichere Geleise gelenkt worden, auch wenn die Anstellungsbedingungen nicht der später üblich gewordenen Professorenunabhängigkeit entsprachen. Der Kontrakt lief nur über drei Jahre, dann wollte sich der Großherzog eine Verlängerung vorbehalten; und damit die Herren auf den Kathedern ihre Lehrverpflichtungen auch ernst nahmen, wurde ihnen für jede ausgefallene Unterrichtsstunde der entsprechende Anteil ihres Gehalts einbehalten. Galilei hat in den drei Pisaner Jahren jedenfalls niemals die vollen 60 Scudi ausbezahlt erhalten; mal war eine Erkrankung der Mutter, mal eine Überschwemmung des Arno daran schuld, daß er Vorlesungen ausfallen und eine Einkommenskürzung hinnehmen mußte.

UNTER DEN TALAREN DER MUFF VON TAUSEND JAHREN – so reimten sich die Initiatoren der deutschen Studentenbewegung der ausgehenden sechziger Jahre ihren Zorn auf die traditionelle Universität von der Seele. Ganz ähnlich hatte aber auch schon der Professor Galilei den Talar als Symbol autoritätsgläubiger Rückständigkeit identifiziert und das ebenso einfältige wie pompöse Gebaren der meisten seiner Kollegen in einem burlesken Spottgedicht persifliert.

Der Umgang mit den Kollegen dürfte für den jungen Mathematiker in der Tat wenig inspirierend gewesen sein. Die Aristoteliker auf den Lehrstühlen für Naturphilosophie bemerkten bald, daß sich der sprichwörtliche Widerspruchsgeist des vormaligen Studenten Galilei eher noch verschlimmert hatte; mit seinen mechanischen Überlegungen wußten sie nichts anzufangen und er nichts mit deren endlo-

Amtstracht eines Rektors zur Zeit Galileis

sem Wiederkäuen peripatetischer Syllogismen. Lediglich zu einigen Medizinern entwickelten sich freundschaftliche Verhältnisse, vor allem aber zu Jacopo Mazzoni, einem erst kürzlich berufenen jungen Philosophen, der ebenso wie Galilei die toskanische Literatur über alles liebte und der über Dante eine gelehrte Abhandlung veröffentlicht hatte.

Weniger gelehrt denn deftig war Galileis eigener Beitrag zur Literatur, der *Capitolo contro il portar la toga*,[1] in dem er die Pflicht, stets und ständig den dem Universitätsamt entsprechenden Talar zu tragen, in satirischer Pseudologik auf die Spitze trieb. Das Gedicht *Gegen das Tragen des Talars* war im Stil des ungemein populären Francesco Berni gehalten, dessen aggressive Satiren in Florenz zu einer Art Volksliteratur geworden waren und dessen komisch verrenkte Terzinen Galilei jederzeit zum Zitieren parat hatte, wenn ihm eine Diskussion gar zu langweilig zu werden drohte.

In drolliger Überspitzung karikierte Galilei die Schwierigkeiten eines jungen und mäßig bezahlten Professors, nicht nur in der Universität, sondern auch auf der Straße akademische Würde durch das Tragen des üppigen und daher auch teuren Talars demonstrieren zu müssen. Wie beispielsweise soll er zum Stelldichein eilen, ohne in dieser jedem erkennbaren Kleidung sich selbst, die Universität und die Dame zu kompromittieren? Soll er nun seine Jugend auf dem Altar akademischer Würde opfern und wie seine älteren Kollegen außergewöhnlichen Sünden frönen, da ihm die gewöhnlichen verwehrt sind? Wird das Ansehen der gelehrten Welt nicht auch dadurch gemindert, daß unter dem Samt des Talars gar zu oft abgewetzte Alltagskleidung hervorlugt?

Diese und ähnliche Verwicklungen finden ihre befreiend-ironische Auflösung in der Erinnerung an jene wahrhaft paradiesische Zeit, als die Menschen noch nackt einhergingen und nicht der Schein der Kleidung den Wert des Menschen in falscher Münze auswies. Diese Pointe ist jedoch keine nostalgische Verklärung eines vermeintlichen Naturzustandes der Menschheit in der Unschuld des Paradieses, sondern vielmehr eine geistreiche Volte gegen die schlichte Verklärung der Natur, wie sie im Idiom überraffinierter Städter in Gestalt der Schäferspiele damals in Mode kam.

Galilei beschränkte sich freilich nicht darauf, Terzinen »contro il portar la toga« abzufassen, er schrieb vor allem »contra Aristotelem«, in seinem Traktat *De motu*, in dem Galilei erstmals das Problem der Bewegung in unkonventioneller Manier zu behandeln versuchte.

Wie wird man ein grosser Naturforscher? Neben der Liebe der Götter scheint dazu auch ein Initiationserlebnis zu gehören, eine Beobachtung oder eine Erfahrung von solcher Durchschlagskraft, daß dem jungen suchenden Geist wenn nicht der Weg, so doch die Probleme vorgezeichnet erscheinen, die seiner fortwährenden Beschäftigung harren. So wurde Johannes Kepler durch den großen Kometen von 1578 geprägt, den die Mutter Katharina dem sechsjährigen Knaben in vielen Nächten gezeigt hatte. Isaac Newtons Gedanken wurden durch einen vom Baum fallenden Apfel auf die Universalität der Schwere gelenkt, und Albert Einstein meditierte als Knabe über das höchst abstrakte Puzzle, wie sich wohl einem auf einer Lichtwelle reitenden Beobachter die Welt darbieten würde.

Alle drei Knaben sind auf fruchtbare Probleme gestoßen, denn aus ihnen entstanden Planetengesetze, Gravitationstheorie und spezielle Relativitätstheorie.

Auch für Galilei scheint es eine derartige Initiation gegeben zu haben; allerdings schrieb er davon nur ein einziges Mal und das nur an einer entlegenen Stelle. Als Siebzigjähriger hatte Galilei eine schriftliche Auseinandersetzung mit einem zwar gutmütigen, aber erzaristotelischen Philosophen namens Antonio Rocco; diesen Korrespondenten versuchte er durch die Erzählung eines Jugenderlebnisses in seiner Aristoteles-Gläubigkeit zu erschüttern:

»Als ich mich mit dem Text des Aristoteles beschäftigte, in dem er seine Behauptungen (über die Fallbewegung) erläutert, fühlte ich plötzlich einen großen intellektuellen Widerwillen gegen die Proposition, daß ein Körper, der zehn- oder zwanzigmal schwerer ist als ein anderer, auch mit der zehn- oder zwanzigfachen Geschwindigkeit fallen müsse; und ich erinnerte mich, in einem Gewitter gesehen zu haben, wie kleine Hagelkörner vermischt mit mittleren und zehn- oder mehreremal größeren herunterfielen und daß diese letzteren nicht früher auf der Erde ankamen; eher konnte man glauben, daß die kleinen sich ein wenig schneller bewegt haben als die großen. Von dieser und anderen Überlegungen ausgehend, bildete ich mir ein Axiom, das im Zweifelsfalle niemals aufgegeben werden soll, und ich nahm an, daß jeder beliebige fallende Körper den gleichen Grad der Geschwindigkeit hat, von der Natur begrenzt und in vorgeschriebener Weise.«[2]

Woraus man ersehen kann, was Gewitter für unterschiedliche Folgen haben können: Martin Luther entschloß sich, sein Leben Gott zu widmen, Galilei wandte sich dem Problem des Fallens schwerer Körper zu.

Physik ist ein Unternehmen ohne das Bewusstsein seiner Geschichte, wenigstens für die Praktizierenden der Zunft. Die Allgemeingültigkeit der Naturgesetze läßt erst gar kein Bedürfnis nach dem historischen Kontext ihrer Formulierung aufkommen; im aktuellen Forschungsbetrieb reicht das historische Gedächtnis kaum für die gerade vergangene Dekade aus, geschweige denn für die Quellen in grauer Vorzeit. Werden sie doch einmal herbeizitiert, dann geschieht etwas einer exakten Wissenschaft Unwürdiges. So wird in einem weit verbreiteten Hochschullehrbuch kurzerhand notiert:

»Zwei gleich große Kugeln aus Aluminium und Blei, die also sehr verschiedenes Gewicht haben, lassen wir gleichzeitig aus derselben Höhe zu Boden fallen. Wir stellen fest, daß sie zur gleichen Zeit am Boden aufschlagen, wie bereits Galilei 1590 durch Fallversuche am Schiefen Turm zu Pisa festgestellt hat.«[3]

Galilei hatte freilich etwas völlig anderes geschrieben, ziemlich genau das Gegenteil, wobei allerdings das Aluminium durch Holz ersetzt ist:

»Es ist schon wahr, daß Holz zu Beginn der Bewegung schneller ist als Blei; aber ein wenig später ist die Bewegung des Bleis derart beschleunigt, daß es das Holz zurückläßt. Und wenn man beide von einem hohen Turm fallen läßt, bewegt sich das Blei weit voraus. Das habe ich oft nachgeprüft.«[4]

Diese wunderliche Bemerkung in dem Traktat *De motu* aus dem Jahre 1590 läßt die Experimente vom Schiefen Turm in Pisa in einem merkwürdigen Licht erscheinen. Dabei gehört diese Geschichte zum dauerhaften Bestand der Galilei-Mythologie, und sogar die italienische Zentralbank gedenkt ihrer auf der 2000-Lire-Note, die den geneigten Campanile auf der Rückseite zeigt. Älteste Quelle und damit vermutlich auch Urheber dieser Darstellung ist auch hier wieder der unermüdliche Vincenzio Viviani, dessen *Historische Erzählung* trotz ihrer Fragwürdigkeit lesenswert bleibt:

»Zu dieser Zeit erschien es ihm als notwendig, daß die Erforschung natürlicher Wirkungen eine wahre Kenntnis der Natur der Bewegung erfordert, entsprechend dem philosophischen und populären Axiom ›Ignorato motu ignoratur natura‹, und so gab er sich ganz dem Nachdenken über dieses Problem hin; und dann erwiesen sich, zum großen Mißvergnügen aller Philosophen, durch Erfahrungen, strenge Beweise und Argumente, viele der Schlußfolgerungen des Aristoteles über die Bewegung als falsch, die bis dahin als überaus klar und unbezweifelbar gegolten hatten, unter anderem die, daß die Bewegungsgeschwindigkeit von Körpern der gleichen Materie, aber verschiedener Schwere, wenn diese sich durch dasselbe Medium bewegen, nicht dem Verhältnis ihrer Schwere entspricht, wie Aristoteles behauptet, sondern daß sich vielmehr alle mit der gleichen Geschwindigkeit bewegen, und das demonstrierte er durch wiederholte Experimente (esperienze), die von der Höhe des Campanile von Pisa in Anwesenheit der übrigen Dozenten, Philosophen und der ganzen Studentenschaft ausgeführt wurden.«[5]

Die Ereignisse um den Schiefen Turm von Pisa haben eine eigenständige exegetische Literatur hervorgebracht; meistens wird die Zuverlässigkeit von Vivianis Erzählung in Frage gestellt oder gar als schlichte Erfindung entlarvt.[6] Gegen Vivianis Darstellung spricht immerhin das schwergewichtige Argument, daß nirgendwo sonst diese theatralisch effektvollen Experimente erwähnt wurden, nicht einmal der Freund Jacopo Mazzoni hat in seinem nur wenige Jahre später erschienenen Werk über Naturphilosophie ihrer gedacht. Und Galileis dunkle Bemerkung in dem Traktat *De motu* über die unterschiedlichen Fallgeschwindigkeiten von Blei und Holz weisen ihn eher als vollmundigen Rhetoriker aus denn als sorgfältigen Experimentator, wie überhaupt der Satz »Das habe ich oft nachgeprüft« beim jungen Galilei eher als literarischer Effekt denn als Tatsachenbehauptung zu werten ist.

Den Wahrheitsgehalt von Vivianis zur populären Legende erhöhtem Bericht werden auch wir nicht dingfest machen können; gleichwohl soll aber der physikalische Hintergrund ein wenig ausgeleuchtet werden. Viviani erwähnt an dieser Stelle keine Fallgesetze, er spricht nicht einmal von Experimenten in jenem Sinne, der später in Galileis Physik üblich geworden ist. Genaugenommen beschreibt er wiederholte Erfahrungen in Hinblick auf die Fallbewegung, und die auch nur in dem eingeschränkten Sinne, daß Körper aus identischem Material, aber verschiedenen Gewichts, eine bestimmte Höhe in der gleichen Zeit durchfallen. Wenn Galilei überhaupt jemals den Schiefen Turm mit einem Sack voller Kugeln unterm Arm bestiegen hat, dann gewiß nicht, um diese Tatsache durch Experimente als Fragen an die Natur herauszufinden, sondern um etwas zu demonstrieren, das ihm zuvor als zwingend und notwendig erschienen war, denn gerade zu den gleichen Fallzeiten verschieden schwerer Körper aus identischem Material verfügte er über ein herrliches Argument, das er sein ganzes Leben hindurch gern benutzt und in

De motu erstmals formuliert hatte, ein Argument, das seinen Zeitgenossen zudem viel einleuchtender erschienen sein dürfte als jede Demonstration, von welcher Höhe auch immer.

Schöner als in dem Jugendwerk *De motu* formuliert Galilei dieses Argument in den ein halbes Jahrhundert später verfaßten *Discorsi*, in denen sein Alter ego Salviati dem Aristoteliker Simplicio folgendermaßen zur rechten Einsicht verhilft:

»Salviati: Wenn wir zwei Körper haben, deren natürliche Geschwindigkeit verschieden sei, so ist es klar, daß bei der Vereinigung des langsameren mit dem schnelleren dieser letztere von jenem verzögert werden müßte, und der langsamere müßte vom schnelleren beschleunigt werden. Seid Ihr hierin mit mir einverstanden?

Simplicio: Mir scheint die Folgerung völlig richtig.

Salviati: Aber wenn dieses richtig ist, und wenn es wahr wäre, daß ein großer Stein sich zum Beispiel mit acht Einheiten der Geschwindigkeit bewegt und ein kleinerer Stein mit deren vier, so würden beide vereinigt eine Geschwindigkeit von weniger als acht Einheiten haben müssen; aber beide Steine zusammen sind doch größer als jener Stein mit den acht Geschwindigkeitseinheiten; somit würde sich nun der größere langsamer bewegen als der kleinere, was gegen Eure Voraussetzung wäre. Ihr seht also, wie aus der Annahme, ein größerer Körper habe eine größere Geschwindigkeit als ein kleinerer Körper, ich Euch weiter folgern lassen konnte, daß ein größerer Körper sich langsamer bewege als ein kleinerer.«[7]

Erfunden hatte Galilei dieses Argument freilich nicht. In einer etwas anderen Form war es schon 1585 von dem Virtuoso Giovanni Battista Benedetti in Venedig veröffentlicht worden. Benedetti bedachte die Fallbewegung von zwei gleich schweren Körpern, die mal getrennt, mal durch einen Strick zusammengebunden immer die gleiche Geschwindigkeit haben müssen, ein Resultat, das er durch einen Appell an das Einsichtsvermögen plausibel machte.

Galilei betrachtete hingegen verschieden schwere Körper und erhielt für sein Argument somit einen größeren Grad an Allgemeinheit. Vor allem aber konstruierte er aus der aristotelischen Grundannahme der von der Schwere abhängigen unterschiedlichen Fallgeschwindigkeiten einen Widerspruch, und diese funkelnde Pointe hatte der junge Professor in Pisa wohl selbst ersonnen. Dabei erscheint es merkwürdig, wie ein physikalischer Sachverhalt nicht etwa beobachtet oder gemessen wird, sondern nach logischen Regeln aus dem Satz vom Widerspruch herausdestilliert wird.

Unter dem Seziermesser moderner Wissenschaftstheorie würden denn auch schnell die Schwächen des Galileischen Arguments bloßgelegt werden. Gar zu viele versteckte Annahmen gehen in die Beweisführung ein, das Resultat wirkt irgendwie erschlichen. Zum Beispiel wird der vom Volumen und somit auch von der Schwere abhängige Widerstand des Mediums – und Galilei spricht immer von der Fallbewegung in einem Medium wie Luft – einfach unterschlagen. Würde man ihn einbeziehen, wäre Galileis schöne Pointe hinfällig oder allenfalls als erste Näherung akzeptabel.

Gegenüber der Brillanz der Galileischen Gedankenführung mögen diese Einwände freilich ein wenig beckmesserisch wirken. Seinen Zeitgenossen dürfte sie jedenfalls in ihrer logischen Stringenz zwingender erschienen sein als eine alle Randbedingungen einbeziehende Diskussion oder gar eine Messung. Für sein pädagogisches Ziel, die Autorität des Aristoteles zu unterminieren, war diese eher logisch denn physikalisch orientierte Argumentationsweise gewiß das geeignete Mittel.

. . . IN QUO CONTRA ARISTOTELEM CONCLUDITUR beginnen sechs Kapitel des Traktats über die Bewegung, eine Ungeheuerlichkeit für jene Zeit, in der nur um die rechte Auslegung des Aristoteles, nicht jedoch gegen ihn gestritten wurde. Im Text wird Galilei noch deutlicher und erklärt, daß Aristoteles hinsichtlich der Bewegung praktisch immer »das Gegenteil der Wahrheit« geschrieben habe. Als Grund für diese Fehler identifiziert er den Mangel an mathematischer Bildung bei dem Philosophen: »Aristoteles war nicht nur in Unkenntnis der profunden Entdeckungen in der Geometrie, sondern sogar in der der elementarsten Prinzipien dieser Wissenschaft.« Und wortreich entschuldigt er sich, so viele Worte gebrauchen zu müssen, um die kindischen Argumente und untauglichen Subtilitäten des Aristoteles zu widerlegen.

Das Instrument zum Aushebeln der philosophischen Irrtümer ist für Galilei natürlich Archimedes, der »Göttliche, dessen Namen ich niemals ohne die Empfindung von Ehrfurcht erwähne«. Mit den technischen Vertracktheiten des Traktats, insbesondere den Versuchen, die archimedischen Hebelgesetze der Statik nun für eine kinematische Analyse nutzbar zu machen, wollen wir uns nicht aufhalten. Galilei selbst scheint das Gefühl gehabt zu haben, daß viele seiner Gedanken noch nicht ausgereift waren, er ließ den Traktat nicht drucken, sondern nur als Manuskript zirkulieren.

Mit den Invektiven gegen Aristoteles hatte sich der junge Mathematikprofessor allerdings zwischen alle in Pisa verfügbaren Stühle gesetzt. Zudem hatte sich Galilei durch archimedischen Vorwitz auch noch die Gunst der Medici verscherzt wegen des Streits über ein angewandtes mechanisches Problem. Ein »natürlicher«, also unehelicher Sohn des Großherzogs hatte nämlich für den Hafen von Livorno eine Drainagemaschine, eine Art Naßbagger zur Beseitigung des Schwemmsandes, konzipiert. Galilei behauptete nun, gestützt auf seine Kenntnis der Hebelgesetze, daß dieser Apparat umkippen müsse, und erregte so allerhöchstes Mißfallen. Unter diesen Umständen war eine Verlängerung des dreijährigen Vertrags in Pisa kaum zu erwarten, so daß Galilei selbst um seinen Abschied bat und erneut die Beziehungen seiner Gönner zur Universität Padua mobilisierte, wo er sich mit nun dreijähriger Lehrerfahrung mit größeren Erfolgsaussichten für den immer noch unbesetzten Lehrstuhl für Mathematik bewerben wollte.

Erneut stellungslos, sah sich Galilei alsbald schwierigen familiären Problemen gegenüber. Am 2. Juli 1592 war sein Vater gestorben und hatte seinem Sohn nur ein schmales Vermögen, dafür aber enorme Verpflichtungen hinterlassen. Die oft zänkische und übellaunige Mutter Giulia mochte sich mit den beschränkten finanziellen Verhältnissen nicht arrangieren; der jüngere Bruder Michelangelo hatte zwar vom Vater eine vorzügliche musikalische Ausbildung genossen, konnte zum Familieneinkommen aber nichts beisteuern, sondern brauchte erst einmal selbst Geld zum Beginn einer Karriere; und dann gab es noch die beiden jüngeren Schwestern Livia und Lena, die auf absehbare Zeit ohne Aussicht auf eine standesgemäße Heirat waren, da es an den Mitteln für die entsprechende Mitgift fehlte.

Die älteste Schwester Virginia war schon ein halbes Jahr vor dem

Tode des Vaters verheiratet worden, aber gerade das erwies sich als das schlimmste finanzielle Verhängnis. Um ihre Hand hatte nämlich ein Benedetto Landucci angehalten, Sohn des toskanischen Gesandten beim Vatikan und Sproß einer der edelsten Florentiner Familien; das hatte die Mitgift in Höhen getrieben, die von den Galilei nur auf Raten abgestottert werden konnten. Da beim Tode Vincenzios erst kleine Anzahlungen geleistet waren, wurde Galileo Galilei nunmehr als Erstgeborener zugleich Erbe und Adressat der Ansprüche des Schwagers; Landucci ließ bei der Eintreibung seiner Forderungen keinerlei familiäre Rücksichten walten, drohte dem zahlungsunfähigen Galilei gar mit dem Schuldturm und ließ ihn jahrelang nicht aus der finanziellen Klemme kommen.

Der einzige Lichtblick in dieser betrüblichen Situation war eine Nachricht des Guidobaldo del Monte, daß die Regenten der Universität Padua einer Anstellung des Florentiners nicht mehr abgeneigt seien. Mit schmeichelhaften Empfehlungsschreiben dieses ebenso kompetenten wie einflußreichen Gönners, der einst selbst in Padua studiert hatte, wohl versehen, brach Galilei Ende August 1592 zur entscheidenden Reise in die Republik Venedig auf. In Padua hinterließ er einen guten Eindruck, so daß er glaubte, sich in Venedig frohen Mutes den für die Verwaltung der Universität zuständigen Riformatori präsentieren zu können. Dort hatte jedoch schon jener Giovanni Magini einen Fuß in der Tür, der Galilei vier Jahre zuvor bei der Bewerbung in Bologna ausgestochen hatte und sich zu verändern wünschte. Es folgten drei Wochen Intrigen und Kabalen, bis Galileis Gönner die Oberhand behielten. Am 26. September wurde die Bestallungsurkunde ausgefertigt und unterzeichnet, ein für den eben Achtundzwanzigjährigen schmeichelhaftes Dokument, in dem sich wohl eher die Wertschätzung seiner Freunde denn sein tatsächlicher beruflicher Erfolg widerspiegelt:

»Wegen des Todes von Signor Moletti, dem früheren Professor für Mathematik in Padua, ist dieser Lehrstuhl schon seit langer Zeit vakant; da er sehr bedeutsam ist, wurde die Wahl eines Nachfolgers so lange hinausgeschoben, bis ein geeigneter und ausgewiesener Kandidat zur Verfügung stand. Nun ist Signor Galileo Galilei gefunden worden, der in Pisa mit Ehre und Erfolg gelesen hat und der

Erste in seiner Profession genannt werden kann; und da er sogleich zu unserer besagten Universität kommen und die besagten Vorlesungen halten kann, ist seine Anstellung folgerichtig. Daher bestellen wir hiermit besagten Signor Galileo Galilei als Lektor für Mathematik an unserer Universität, für vier Jahre mit Sicherheit und weitere zwei Jahre nach Unserer Signoria Belieben, mit einem jährlichen Gehalt von 180 Florentiner Dukaten.«[8]

Zum Zeitpunkt der Ausfertigung dieser Urkunde war Galilei schon wieder in Florenz, um seine Familienangelegenheiten zu regeln und, vor allem, um den Großherzog um Erlaubnis zu bitten, in fremde Dienste treten zu dürfen, die ihm gnädig gewährt wurde.

II

Die achtzehn besten Jahre

Im Palast zum Ochsen – Professor in Padua

PADUA WURDE ZUM GLÜCKSFALL FÜR GALILEI, denn die Bedeutung dieser Universität für die Entfaltung seiner Begabungen und Interessen wird man kaum überschätzen können. Hier befand er sich in einem der intellektuellen Zentren Europas, in dem sich auf vielen Gebieten das herauskristallisierte, was man später die naturwissenschaftliche Revolution nennen und in ihrer reifen Ausformung vor allem Galilei zuschreiben wird.

Schon die Gründung der nach italienischem Brauch bescheiden Studio genannten Universität war einst ein Bekenntnis zu geistiger Unabhängigkeit gewesen. Professoren und Studenten der Universität Bologna hatten sich in ihrer akademischen Freiheit durch die Obrigkeit beeinträchtigt gefühlt, waren daher zur Gründung eines ihren Ansprüchen gerecht werdenden Konkurrenzunternehmens nach Padua gezogen und hatten hier im Jahre 1222 vom Stauferkönig Friedrich II. die Privilegien für ihre neue Hochschule erhalten. Wohl zur nachträglichen Rechtfertigung der Sezession waren die Paduaner Professoren stets darauf bedacht, ein wenig origineller, vielleicht auch progressiver zu erscheinen als die Kollegen in Bologna, ganz ähnlich wie in England, in dem das ebenfalls durch einen Exodus entstandene Cambridge meistens für neue Gedanken aufgeschlossener war als das orthodoxe Oxford.

Ihre wahre Blüte erlebte die Universität Padua seit dem 15. Jahrhundert, denn 1405 war das politisch zerrüttete Gemeinwesen der Stadt von den Venezianern erobert und der Repubblica Serenissima einverleibt worden. Das geriet der Universität nur zum Vorteil, denn die Venezianer förderten umsichtig die einzige Hochschule ihres Staatswesens und sorgten dank der traditionellen Liberalität einer Handelsmacht für eine Atmosphäre geistiger Aufgeschlossenheit und Toleranz, die nirgends in Europa ihresgleichen hatte und entscheidend dazu beitrug, daß Padua im 16. Jahrhundert zur berühmtesten Universität ganz Europas geworden war.

Genaugenommen waren es sogar zwei Universitäten, die in Padua unterhalten wurden, eine der Juristen und eine weitere der sogenannten Artisten, beide mit eigenen Privilegien, über die je ein Rektor eifersüchtig wachte, und beide lange Zeit in getrennten Gebäuden. Fünf Jahre vor Galileis Ankunft war endlich ein wundervoller Palazzo als Heimstätte beider Universitäten fertiggestellt worden, auf dem Gelände einer vormaligen Herberge, dem Hospitium bovis, die den Ochsen im Wappenschild führte und dem neuen Gebäude zu seinem für eine Universität ungewöhnlichen Namen Palazzo del Bo' verhalf.

Die Professoren von Padua waren beinahe von Amts wegen gefragte Autoritäten, deren Rat oft gesucht und deren Auffassungen weithin beachtet wurden. Die Juristen wurden oft zum Schlichten dynastischer Streitigkeiten mit weitreichenden politischen und staatsrechtlichen Konsequenzen herangezogen, und von den Artisten hatten sich besonders die Mediziner den Ruf erworben, die ersten ihres Faches zu sein. Ein wenig von diesem Glanz kam auch dem kaum bekannten Galilei zugute. Quasi über Nacht wurde er als Professor des Studio zu Padua in den Kreis der in Europa maßgeblichen Gelehrten aufgenommen, gewissermaßen zum Mitglied des »unsichtbaren Kollegiums«; darunter ist ein lose geknüpftes Netz von über ganz Europa verstreuten Männern zu verstehen, deren meist für die Öffentlichkeit bestimmte Korrespondenz die Bemühungen um die neue Wissenschaft zum Inhalt hatte. Und eine Drehscheibe dieser epistolaren Diskussion war ohne Zweifel Padua, allerdings nicht nur die Universität, sondern auch das Haus so manchen an den Wissenschaften interessierten Bürgers. Längst war Padua über seine ursprüngliche Rolle einer Ausbildungsstätte für venezianische Patrizier hinausgewachsen, denn das spezielle intellektuelle Fluidum der Padovanità war so attraktiv, daß jeder, der in Europa auf sich hielt und es sich leisten konnte, darum bemüht war, seiner Bildung durch einen Aufenthalt in Padua den letzten Schliff zu geben, vor allem auch im Hinblick auf eine verfeinerte Lebensart.

Das Haus eines Mäzens wurde Galileis erste Heimstatt, in der er sich sogleich wohl gefühlt haben muß. Schon bei seinen Anstel-

Der Palazzo del Bo', seit 1587 Heimstatt der Universität zu Padua

lungsbemühungen hatte er diesen einflußreichen Mann namens Giovanni Vincenzio Pinelli aufgesucht und erfolgreich um Unterstützung bei der venezianischen Signoria gebeten. Pinelli war ein sehr vermögender Kaufmann aus Genua gewesen, der es sich leisten konnte, den Gelderwerb an den Nagel zu hängen und in Padua seinen Interessen zu leben. Statt der Dukaten hatte er Bücher aufgehäuft – eine Bibliothek von achtzigtausend Bänden –, wissenschaftliche Instrumente, Landkarten und Kunstwerke. Der Polyhistor war der führende Kopf der literarischen und wissenschaftlichen Zirkel Paduas und zugleich eine Art Postamt für den wissenschaftlichen Schriftverkehr. Kein Wunder, daß diesem außergewöhnlichen, hinsichtlich der Empfänglichkeit für die neue Wissenschaft beim aufgeklärten Bürgertum jedoch auch typischen Mann eine Biographie gewidmet wurde, der wir folgende reizvolle Schilderung der Padovanità verdanken:

»Zwei bevorzugte Kolonien haben die Trojaner nach Italien verpflanzt, Rom und Padua, beide von Fremden in großer Zahl besucht, aber aus ungleichem und fast entgegengesetztem Grunde.

Denn jenes ist der Ort für die strebsamen Leute, die nach Ehren und Reichtum verlangen, dieser für solche Liebhaber der Wissenschaften, die ›sicheren Friedens sich freun und der Muße des glücklichen Lebens‹. Denn nirgends – wo immer man in Europa suchen möge – findet man eine Akademie, in der in gleicher Weise der Musen Freundin, die Ruhe, die Männer der Wissenschaft zum Verweilen einlädt. Da ist niemand, der neugierig zu erforschen sucht, wie der Fremde lebt; ob er sich dem Wohlleben hingibt, ob er's vom Munde sich abdarbt – niemand kümmert sich darum. Von wie weit her die Fremden auch kommen, so leben sie doch ganz so, als ob sie in der Heimat wären, Deutsche, Franzosen, Polen behalten ihre Lebensweise bei, an die sie zu Hause gewöhnt waren – nirgends sonst sieht man dergleichen. Denn an anderen Orten ist es üblich, daß die Ausländer die Sitten der Eingeborenen annehmen und denen der Heimat sich entfremden. So werden – um nicht weit zu gehen – in Bologna Deutsche, Franzosen, Spanier ganz zu Italienern und bequemen sich den Gewohnheiten der Einheimischen an; nicht so in Padua. Ursachen dieser Eigentümlichkeit mögen sein, daß nach der Weise der Venezianer die Paduaner sich an diese vornehme Duldsamkeit, die jeden nach seinem Belieben leben läßt, gewöhnt haben oder daß hier die große Zahl der Fremden sich nicht anders als unter vorteilhaften Bedingungen sozusagen ins Bürgerrecht aufnehmen ließ. Gern laufen deshalb hier, wie in einem Hafen, die Fremden ein, die das Leben der Gelehrten lieben, mögen sie auf das eigene Interesse in zurückgezogenem Studium oder auf das der andern im Amt des öffentlichen Lehrers bedacht sein. Und neben dem übrigen liegt es zu nicht geringem Teile an der Milde der Luft, die alle, die von auswärts kommen, unter welchem Himmel sie geboren seien, heimisch anweht, so daß, wer hier eine Zeitlang gelebt hat, wie hoch er an Ehren und Würden im Vaterlande und anderswo sich erhebe, nach Paduas Freiheit seufzt, solange er denken kann.«[1]

Galileis Antrittsvorlesung war auf den 7. Dezember 1592 angesetzt worden, obwohl das Studienjahr schon am 1. November begonnen hatte. Man ließ ihm also reichlich Zeit, einen dem Ereignis angemessenen Vortrag auszuarbeiten, eine Aufgabe, der er sich in Pinellis reichhaltiger Bibliothek mit Vergnügen unterzog. Der Text der Vorlesung ist nicht erhalten, und die einzige Spur, die die Vorlesung hinterlassen zu haben scheint, ist der Bericht eines Augenzeugen an den großen dänischen Astronomen Tycho Brahe, der die vielen Zuhörer im Großen Hörsaal und den glänzenden Stil des Redners erwähnenswert fand.

Galilei war als Mathematiker selbstverständlich Professor der Università degli artisti, in der praktisch alle Disziplinen vertreten waren mit Ausnahme der Rechtsgelehrsamkeit, die in Padua in der eigenständigen Università dei giuristi repräsentiert war. In der Artistenuniversität wurde also alles unterrichtet, von der Theologie über die Philosophie bis zu Medizin und Mathematik. Das rund fünfundzwanzig Professoren umfassende Kollegium war nicht, wie nördlich der Alpen üblich, nach Fakultäten organisiert, sondern verwaltete die Angelegenheiten der Universität gemeinsam, freilich unter der strengen Herrschaft des Rektors und dreier Riformatori, die eine Art Ausschuß der venezianischen Signoria für die Universität darstellten.

Die meisten Fächer waren doppelt besetzt, eine Paduaner Spezialität zur Belebung des geistigen Wettstreits durch organisierte Konkurrenz. Historisch mag diese Tradition irgendwann im 15. Jahrhundert entstanden sein, als die Venezianer der ewigen Streitereien der beiden hauptsächlichen Schulen der Aristoteliker überdrüssig waren. Als praktisch veranlagte Männer erfanden sie den akademischen Proporz, um so den subtilen Haarspaltereien der Philosophen zu entgehen. Fortan besetzten sie in jeder Disziplin den ersten Lehrstuhl mit einem Vertreter der realistischen Interpretation des Aristoteles, die in dem bedeutendsten Kommentator, dem heiligen Thomas von Aquin, personifiziert war, während ein zweiter Lehrstuhl einem von vornherein als Antagonisten bezeichneten Vertreter der nominalistischen, sich auf Duns Scotus berufenden Schule zugesprochen wurde.

In aller Strenge wurde der Proporz freilich nur in der Theologie und in der Metaphysik durchgehalten. Das Verfahren hatte sich aber offenbar bewährt, so daß auch die allgemeine Philosophie und sogar die meisten medizinischen Fächer in Konkurrenz unterrichtet wurden, wobei die Herren Professoren allerdings nur als »in primo loco« oder »in secundo loco« befindlich ausgewiesen wurden.

Mathematik war eine der wenigen Disziplinen ohne einen Antagonisten, und Galilei war ihr alleiniger Vertreter. Allerdings waren sein Fach und damit auch seine Stellung in der Universität zunächst nicht gerade die bedeutendsten: Er hatte wie schon in Pisa über die Sphäre zu unterrichten – wobei von ihm keine über den Standardtext von Sacrobosco hinausgehende Anstrengung erwartet wurde – und daneben interessierte Adepten in die Geometrie des Euklid einzuführen. Das kostete ihn nur zwei Vorlesungsstunden in der Woche, und besondere Vorbereitungen wird er nicht mehr nötig gehabt haben; es war aber auch wenig prestigeträchtig und nicht gerade mit einem üppigen Gehalt verbunden. Die Herren auf den philosophischen Kathedern verdienten, je nach Ruhm und Ansehen, bis zu zehnmal soviel wie der junge Mathematiker, konnten ein großes Haus führen und fuhren sechsspännig durch die Stadt oder in den Hof des Palastes zum Ochsen, wenn sie ihre weithin berühmten Vorlesungen zelebrierten.

Mit einigen dieser tonangebenden Herren befreundete sich der junge Mathematiker sogar. Dies wurde ihm dadurch erleichtert, daß sie zwar felsenfest auf ihrer Überzeugung beharrten, alles Wesentliche sei bereits von Aristoteles gesagt worden, ansonsten aber recht beweglichen Geistes waren. Einige Philosophen hielten insbesondere das Andenken von Pietro Pomponazzi in Ehren, der um 1500 in Padua eine eigene Schule der Aristoteles-Auslegung begründet hatte;[2] diese insistierte darauf, daß in den Texten des Meisters von der Unsterblichkeit der Seele leider nicht die Rede sei. Ihr Herold war zu Galileis Zeiten Cesare Cremonini, gegen den die Inquisition mehrfach ein Verfahren begann; sie scheiterte allerdings daran, daß ihre Macht an den Grenzen der Republik Venedig zu Ende war. Mit diesem Cremonini verband Galilei eine jahrzehntelange Freundschaft bei allen Unterschieden in den Methoden der Wahrheitsfindung.

Das Verzeichnis der Professoren der Universität Padua aus dem Jahre 1593; während die meisten philosophischen Fächer gemäß einem Proporz doppelt besetzt waren, gab es für Mathematik nur Galileis Lehrstuhl

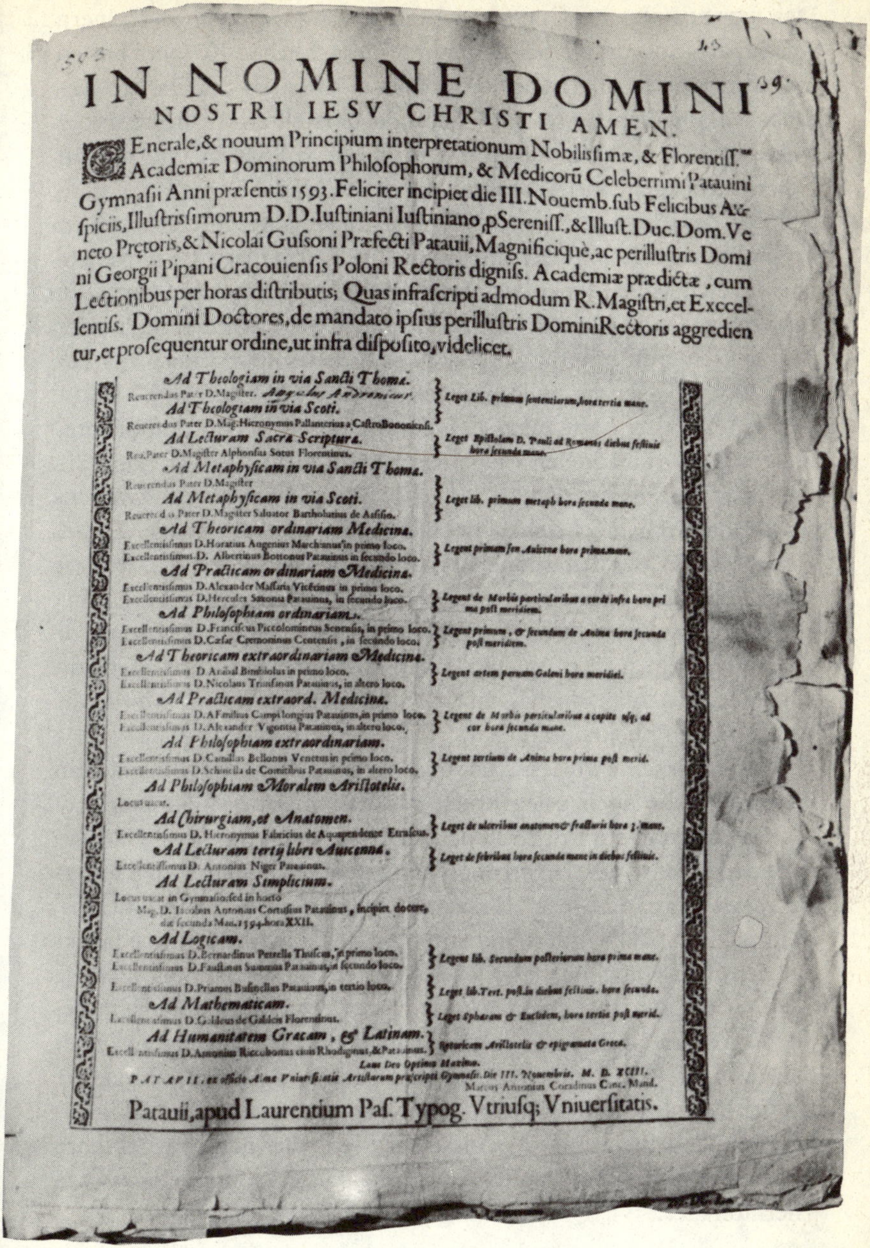

IN NOMINE DOMINI NOSTRI IESV CHRISTI AMEN.

Generale, & nouum Principium interpretationum Nobilissimæ, & Florentiss.[me] Academiæ Dominorum Philosophorum, & Medicorũ Celeberrimi Patauini Gymnasii Anni præsentis 1593. Feliciter incipiet die III. Nouemb. sub Felicibus Auspiciis, Illustrissimorum D.D. Iustiniani Iustiniano p Sereniss., & Illust. Duc. Dom. Veneto Prętoris, & Nicolai Gussoni Præfecti Patauii, Magnificique, ac perillustris Domini Georgii Pipani Cracouiensis Poloni Rectoris digniss. Academiæ prædictæ, cum Lectionibus per horas distributis; Quas infrascripti admodum R. Magistri, et Excellentiss. Domini Doctores, de mandato ipsius perillustris Domini Rectoris aggredientur, et prosequentur ordine, ut infra disposito, videlicet.

Ad Theologiam in via Sancti Thomæ.
Reuerendus Pater D. Magister.
Ad Theologiam in via Scoti.
Reuerendus Pater D. Mag. Hieronymus Pallantierius a Castro Bononiensi.
} *Leget Lib. primum sententiarum, hora tertia mane.*

Ad Lecturam Sacræ Scripturæ.
Reu. Pater D. Magister Alphonsus Sotus Florentinus.
} *Leget Epistolam D. Pauli ad Romanos diebus festiuis hora secunda mane.*

Ad Metaphysicam in via Sancti Thomæ.
Reuerendus Pater D. Magister
Ad Metaphysicam in via Scoti.
Reuerendus Pater D. Magister Saluator Bartholutius de Assisio.
} *Leget lib. primum metaph hora secunda mane.*

Ad Theoricam ordinariam Medicinæ.
Excellentissimus D. Horatius Augenius Marchianus in primo loco.
Excellentissimus D. Albertinus Bottonus Patauinus in secundo loco.
} *Legent primam fen Auicenæ hora prima mane.*

Ad Practicam ordinariam Medicinæ.
Excellentissimus D. Alexander Massaria Vicētinus in primo loco.
Excellentissimus D. Hercules Saxonia Patauinus, in secundo loco.
} *Legent de Morbis particularibus a corde infra hora prima post meridiem.*

Ad Philosophiam ordinariam.
Excellentissimus D. Franciscus Piccolomineus Senensis, in primo loco.
Excellentissimus D. Cæsar Cremoninus Centensis, in secundo loco.
} *Legent primum, & secundum de Anima hora secunda post meridiem.*

Ad Theoricam extraordinariam Medicinæ.
Excellentissimus D. Anibal Bimbiolus in primo loco.
Excellentissimus D. Nicolaus Trinsinus Patauinus, in altero loco.
} *Legent artem paruam Galeni hora meridiei.*

Ad Practicam extraord. Medicinæ.
Excellentissimus D. Aemilius Campilongius Patauinus, in primo loco.
Excellentissimus D. Alexander Vigontia Patauinus, in altero loco.
} *Legent de Morbis particularibus a capite usq; ad cor hora secunda mane.*

Ad Philosophiam extraordinariam.
Excellentissimus D. Camillus Bellonus Venetus in primo loco.
Excellentissimus D. Schincila de Comitibus Patauinus, in altero loco.
} *Legent tertium de Anima hora prima post merid.*

Ad Philosophiam Moralem Aristotelis.
Locus uacat.

Ad Chirurgiam, et Anatomen.
Excellentissimus D. Hieronymus Fabricius de Aquapendente Etruscus.
} *Leget de ulceribus anatomen & fracturis hora 3. mane.*

Ad Lecturam tertij libri Auicennæ.
Excellentissimus D. Antonius Niger Patauinus.
} *Leget de febribus hora secunda mane in diebus festiuis.*

Ad Lecturam Simplicium.
Locus uacat in Gymnasio sed in horto
Mag. D. Iacobus Antonius Cortusius Patauinus, incipiet docere, die secunda Mar. 1594. hora XXII.

Ad Logicam.
Excellentissimus D. Bernardinus Petrella Thuscus, in primo loco.
Excellentissimus D. Faustinus Summus Patauinus, in secundo loco.
} *Legent lib. Secundum posteriorum hora prima mane.*

Excellentissimus D. Priamus Bufinellus Patauinus, in tertio loco.
} *Leget lib. Tert. post. in diebus festiuis. hora secunda.*

Ad Mathematicam.
Excellentissimus D. Galileus de Galileis Florentinus.
} *Leget Sphæram & Euclidem, hora tertia post merid.*

Ad Humanitatem Græcam, & Latinam.
Excellentissimus D. Antonius Riccobonus ciuis Rhodiginus, & Patauinus.
} *Rhetoricam Aristotelis & epigrammata Græca.*

Laus Deo Optimo Maximo.

PATAVII, ex officio Almæ Vniuersitatis Artistarum præscripti Gymnasii. Die III. Nouembris. M. D. XCIII.

Marcus Antonius Coradinus Canc. Mand.

Patauii, apud Laurentium Pas. Typog. Vtriusq; Vniuersitatis.

Der experimentelle Geist wurde am ehesten von den Medizinern verkörpert. Sorgfältige Sektionen des menschlichen Körpers hatten in Padua eine lange Tradition, in der die Arbeiten des Flamen Andreas Vesalius einen ersten Höhepunkt darstellten. Er hatte in der Mitte des 16. Jahrhunderts das Ungeheure vollbracht und die auf Galen zurückgehende Anatomie, die in der Medizin eine Rolle ähnlich der des Aristoteles in der Philosophie spielte, kurzerhand für irrelevant erklärt und den menschlichen Körper neu beschrieben. Dieser revolutionäre Akt des Vesalius wurde in Padua zur sorgfältig gepflegten Tradition erhoben, und manch Körperteil trägt in der medizinischen Terminologie den Namen eines Entdeckers aus Padua, zum Beispiel die Fallopischen Tuben, die Eileiter.

Der Seziereifer hatte auch eine durchaus heroische Komponente. Erstens war es eine in den Augen der Kirche anrüchige Tätigkeit, die in Venedig freilich nicht verboten werden konnte, und zweitens waren dadurch die Leichen noch knapper als heutzutage. Dieses Uraltproblem der Anatomie linderten die Professoren, indem sie ihren Leichnam zu eben dem Zweck testamentarisch zur Verfügung stellten, dem sie zu Lebzeiten obgelegen hatten. Zum Lohn wurde ihren Schädeln im Kollegiensaal der Mediziner ein Ehrenplatz zugewiesen, wo man noch heute den Heroen der Anatomie in die Augenhöhlen blicken kann.

Als Galilei seine Vorlesungen im Palazzo del Bo' begann, mag ihn im ersten Jahr noch gelegentlich das Hämmern der Zimmerleute gestört haben, die im Auftrag des Professors für Anatomie Fabricio d'Aquapendente das Theatrum Anatomicum errichteten. Dieser erste spezielle anatomische Hörsaal in einer Ecke des Palazzo del Bo' konnte bis zu vierhundert Studenten aufnehmen, die, dichtgedrängt auf den Balustraden stehend, dem Meister bei der Sektion über die Schulter blicken konnten. Fabricio wurde ebenso wie manch anderer Mediziner einer der Freunde Galileis und darüber hinaus auch dessen Haus- und Leibarzt. In den folgenden achtzehn Jahren, die Galilei in Padua verbrachte, gingen seine experimentellen Fähigkeiten und die Erkenntnisbedürfnisse der Mediziner manch fruchtbare Symbiose ein, bei der Pendel eine Rolle spielen sollten ebenso wie Thermometer.

Der anatomische Hörsaal des Fabricio d'Aquapendente, in dem seit 1594 Sektionen demonstriert wurden

Akademische Freiheit und wissenschaftliche Vielfalt konnten freilich nur gedeihen dank des toleranten Klimas der Republik Venedig, die sich nicht nur darin von den anderen italienischen Staaten auf das vorteilhafteste unterschied. Natürlich waren die Handelsherren der Lagunenstadt gut katholisch und erkannten den Papst als ihr geistliches Oberhaupt an, weltliche Befugnisse mochten sie jedoch weder dem Vatikan noch den Orden zubilligen. Als Kaufleute und Herrscher über weite Teile des östlichen Mittelmeers hatten sie Byzantiner kennengelernt, Juden und sogar Mohammedaner. Über religiöse oder gar konfessionelle Kleinlichkeiten dünkten sie sich erhaben und bewahrten sich ihre stolze Unabhängigkeit auch gegenüber der sonst allmächtigen Kirche.

Die Inquisition zum Beispiel konnte auf venezianischem Territorium erst tätig werden, wenn zuvor die Erlaubnis der Signoria eingeholt worden war; die wurde aber kaum jemals erteilt. Eine unrühmliche Ausnahme ist der tragische Fall des Giordano Bruno, der 1592 an die Inquisition ausgeliefert und acht Jahre später, am 17. Februar 1600, auf dem Campo de Fiore in Rom verbrannt wurde. Allerdings war Bruno weder Venezianer, noch stand er in Diensten der Republik; er hatte sich inkognito in Venedig aufgehalten, war in eine Falle gelockt und denunziert worden und den Venezianern einen Streit mit der Kirche offenbar nicht wert.

Die Professoren in Padua jedenfalls waren im Schoße der Republik vor jeder kirchlichen Nachstellung sicher und konnten die zahlreichen Inquisitionsverfahren gelassen ignorieren. Ebenso gleichgültig konnten sie sich gegenüber den Bemühungen einiger der Lehre und dem Unterricht verpflichteter Orden verhalten, die in Venedig Fuß fassen und das Monopol der Universität in Padua brechen wollten. Galilei selbst erlebte schon im Jahr seiner Anstellung, daß die Signoria im Verein mit den freigeistigen Aristotelikern der Universität einen Versuch der Jesuiten vereitelte, in Padua eine höhere Lehranstalt zu begründen. Dabei half den Ordensleuten nicht einmal eine päpstliche Bulle, die jeden mit Exkommunikation bedrohte, der sich den Jesuiten und ihrem Lehrauftrag entgegenzustellen wagte.

In den Auseinandersetzungen zwischen Reformation und Gegenreformation wurden die Nischen für die geistige Freiheit zusehends schmaler. Die Universitäten von Paris und Bologna waren ebenso selbstverständlich katholisch wie Leipzig und Heidelberg protestantisch; den jeweils Andersgläubigen wurde der Zugang zu akademischen Würden verwehrt. Lediglich Padua bildete in der sich breitmachenden Kleingeistigkeit eine rühmenswerte Ausnahme, eine Insel der konfessionellen Toleranz. Protestanten konnten hier ebenso studieren und akademische Grade erwerben wie Katholiken. Sogar das Recht zum öffentlichen Bekenntnis ihres Glaubens wurde den Protestanten zugestanden, erwartet wurden lediglich dezente Zurückhaltung und der Verzicht auf missionarischen Eifer.

Wie groß die Anziehungskraft dieser wahrlich einmaligen Universität auf die Jugend Europas war, zeigt sich noch in den nüchternen Matrikeln: In dem knappen Jahrhundert von 1546 bis 1630 haben 10 536 junge Deutsche in Padua studiert und stellten somit die stärkste der nichtitalienischen »Nationes«, gefolgt von Engländern, Franzosen, Polen und unzähligen anderen. Diese Scholaren belebten nicht nur das Bild der Stadt und des Palazzo del Bo', sondern sorgten als Absolventen auf dem Wege der Diffusion für eine Verbreitung des Paduaner Denkstils über ganz Europa. Beispielsweise nennen die Hamburger ihre naturwissenschaftliche Gesellschaft nach Joachim Jungius, einem geborenen Lübecker, der im 17. Jahrhundert die Gelehrsamkeit an der Elbe heimisch machte. Jungius aber hatte, wie könnte es anders sein, in Padua studiert.

Die Entdeckung des Blutkreislaufs, zweifellos eine der Großtaten der jungen experimentellen Naturforschung, war dem Engländer William Harvey im Jahre 1628 in London geglückt, aber gerade diese Entdeckung zeigt die Vielfältigkeit der Ausstrahlungen Paduas als Dreh- und Angelpunkt der neuen Wissenschaft. Schon Harveys erste Ausbildungsstätte, das Gonville and Caius College in Cambridge, wäre ohne das italienische Vorbild nicht denkbar gewesen. Das ehemals etwas heruntergekommene Gonville College wurde nämlich 1557 durch John Caius, den Leibarzt der Königin Elisabeth I., reformiert und zu einer hervorragenden medizinischen Lehranstalt ausgebaut, die ihren Ruf als Gonville and Caius College bis auf den heutigen Tag festigen konnte. Wie man das aber macht, hatte Caius Jahrzehnte zuvor als Student des großen Vesalius in Padua gelernt. So erwirkte Caius das königliche Privileg für sein College, jedes Jahr vom Scharfrichter mit zwei Leichen zum Zwecke des anatomischen Unterrichts beliefert zu werden.

Dem Vorbild Caius' folgend, zog auch Harvey nach Padua, wo er 1602 den Doktorgrad erwarb. Von d'Aquapendente wurde er in die Anatomie der Venenklappen eingeführt und mit dem schon vorher von Realdo Colombo entdeckten sogenannten kleinen Kreislauf bekannt gemacht, der das Blut von der rechten Herzkammer durch die Lungen treibt. Auf diesen in Padua vorgezeichneten Wegen weiterforschend, gelang Harvey dann die krönende Synthese einer zuverlässigen Beschreibung der Blutzirkulation.

Scholaren von Stand war es in Padua vergönnt, sich mit ihren Wappen in den Säulengängen des Innenhofs oder gar in der Großen

Aula des Palazzo del Bo' verewigen zu dürfen. Neben Harvey haben das unzählige Studenten aus aller Herren Länder getan, darunter so manche, die den Fortschritt der Wissenschaften vorangetrieben haben. Diese charmante wissenschaftsgeschichtliche Heraldik ist freilich nicht älter als der Palazzo del Bo', sonst hätte der junge Professor Galilei vielleicht auch die Wappen jener beiden Männer in Augenschein nehmen können, die für sein späteres Schicksal entscheidend wurden: des Nikolaus Kopernikus aus dem Ermland, der hier knapp hundert Jahre zuvor Medizin studiert hatte, und des Jesuiten Roberto Bellarmin, der schon Kardinal war und später als Generalinquisitor zu zweifelhaftem Ruhm gelangte.

Von den Konflikten späterer Jahrzehnte zeichnete sich noch nicht die geringste Spur ab. Galilei hielt sich in seinen Vorlesungen brav ans Hergebrachte und fiel weniger durch revolutionäre Inhalte denn durch brillanten Stil des Vortrags auf. Jahr um Jahr ging er die Bücher des Euklid durch, und auf die erste Vorlesungsreihe über die Sphäre des Himmels folgte im zweiten Jahr eine über die Bewegung der Planeten, mathematisch aufwendiger als vormals in Pisa, aber voll und ganz in der Tradition des Ptolemäus. Lediglich einmal, im Jahre 1598, unterbrach er diesen Zyklus und las über die *Mechanischen Probleme* – ein apokryphes Werk aus der Schule des Aristoteles –, hat diese Abschweifung aber nie wiederholt. Die tieferen Fragen der Bewegungslehre waren ohnehin die Domäne der Philosophen, von einem Mathematiker wurde selbst in Padua in dieser Hinsicht nichts erwartet. Dafür eröffnete sich aber dem Mathematiker außerhalb des Palazzo del Bo' ein überaus reiches Betätigungsfeld.

Die Schule der Praxis – Technische Quellen der Galileischen Wissenschaft

TECHNISCHE PROBLEME waren in den ersten Jahren in Padua bestimmend für die Interessen Galileis; die eher naturphilosophisch getönten Fragen, die er in seinem Traktat *De motu* in Pisa angerissen hatte, traten offenbar völlig in den Hintergrund. Vielleicht war der junge Heißsporn schon ein wenig weise geworden und hatte erkannt, daß temperamentvolle Schriften contra Aristotelem nur unnötige Konflikte mit den etablierten Philosophen heraufbeschwören würden; vielleicht hatte er aber auch erkannt, daß seine Mittel und Möglichkeiten zu einer neuen, mathematischen Behandlung der Bewegung noch nicht ausreichend waren.

Da traf es sich günstig, daß sich in Padua und Venedig mancherlei Betätigungsmöglichkeiten außerhalb der Universität eröffneten. Unter den Scholaren war so mancher Adlige, der in der Kunst des Festungsbaus oder der Artillerie Unterweisungen suchte, die in der Universität nicht angeboten wurden und die Galilei fortan privat und gegen zusätzliches Honorar zu unterrichten pflegte. Zudem sahen die Herren der Signoria in dem Mathematiker ihrer Universität so etwas wie einen technischen Berater, denn kaum hatte Galilei mit seinen Vorlesungen begonnen, wurde er auch schon von einem Mitglied der Regierung mit einer praktischen Angelegenheit betraut, die seinem an Archimedes geschulten Verstand ein Vergnügen gewesen sein dürfte. Es ging nämlich um die Frage der günstigsten Drehpunkte für die mächtigen Ruder in den Galeeren, mit denen die Venezianer das Mittelmeer beherrschten und deren hohe Geschwindigkeit in mancher Seeschlacht für den Sieg ausschlaggebend gewesen war. Dieses auf die Hebelgesetze zurückführbare Problem verschaffte Galilei schon bald Einblick ins Allerheiligste von Venedig – seine legendären Schiffswerften.

DIE ARSENALE VENEDIGS waren eigentlich kaum einem Auswärtigen zugänglich. Trotz aller Geheimhaltung – oder vielleicht gerade deswegen – standen die gewaltigen Schiffswerften und Waffenschmieden der Seerepublik im Ruf eines Weltwunders. Gegründet waren sie schon in dunklen Vorzeiten der Lagunenstadt, ihr Name wurde dem Arabischen entlehnt: »darsena'a« bedeutet »Haus des Fleißes«. Und diesem Namen machten die Venezianer alle Ehre. Schon 1104 wurden riesige Mauern um die Arsenale errichtet, die wegen ständiger Erweiterungen freilich oft wieder eingerissen und neu gebaut werden mußten. Im 14. Jahrhundert schon arbeiteten hier 16 000 Menschen, also beinahe jeder dritte der arbeitsfähigen Einwohner der Stadt.

Ihre lärmende Geschäftigkeit inspirierte Dante, der 1307 einen Blick in die Arsenale hatte werfen dürfen, zu einer seiner grausigen Phantasmagorien im Inferno, dem ersten Teil der *Göttlichen Komödie*. Im 21. Gesang schildert Dante den fünften Graben des achten Kreises, Ort der Strafe für die bestechlichen Beamten, die in einem Pfuhl aus siedendem Pech geschmort und gesotten werden:

> »So wie im Arsenal der Venezianer
> im Winter zähes Pech zu sieden pflegt,
> um schlecht gewordene Schiffe zu kalfatern,
> die nicht mehr fahren können, und der eine
> ein neues Fahrzeug baut, indes der andere
> des vielgereisten lecke Flanken ausstopft
> – der pocht am Schnabel, jener nächst dem Steuer,
> der schneidet Ruder, jener windet Taue,
> der flickt am Besan-, der am Hauptmastsegel –,
> so kochte dort, doch, statt durch Feuersgluten
> durch Gottes Wunderkräfte, dickes Pech,
> das beide Ufer klebrig überzog.«

Auch auf Galilei machten die Arsenale den allergrößten Eindruck. Hier sah er hautnah die fortgeschrittenste Technologie der damaligen Zeit, bewundernswert in ihrer handwerklichen Kunstfertigkeit, doch in Ermangelung eines rechten theoretischen Fundaments. Anders als für seine Kollegen auf den Universitätskathedern war die mechanische Geschäftigkeit ganz nach dem Geschmack des Mathematikers, oft besuchte er die Arsenale und verdankte ihnen manche Anregung. Dieser Schule des tätigen Lebens huldigte er noch in

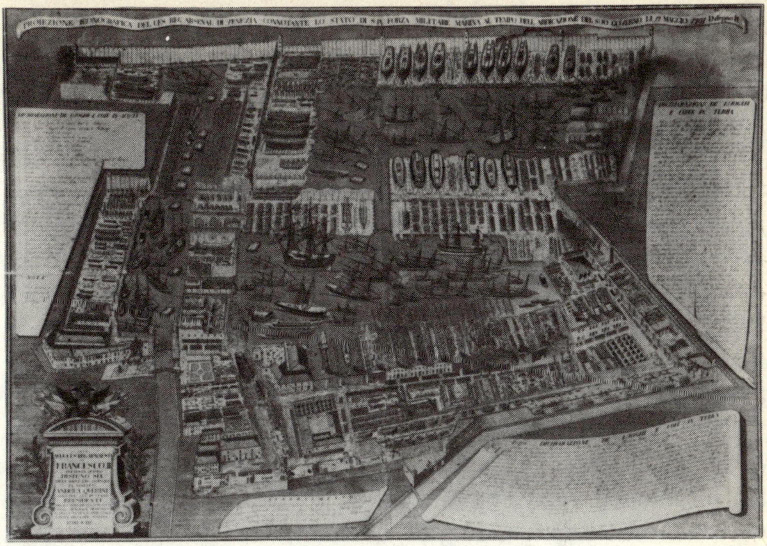

Die Schiffswerften von Venedig, die berühmten Arsenale

seinem letzten Werk: In den *Discorsi* läßt er den Florentiner Filippo Salviati mit einem Lobpreis der Werften folgendermaßen anheben:

»Die unerschöpfliche Tätigkeit Eures berühmten Arsenals, Ihr meine Herren Venezianer, scheint mir den Denkern ein weites Feld der Spekulation darzubieten, besonders im Gebiete der Mechanik: da fortwährend Maschinen und Apparate von vielen Künstlern ausgeführt werden, unter welch letzteren sich Männer von umfassender Kenntnis und bedeutendem Scharfsinn befinden.«

Der Venezianer Giovanfrancesco Sagredo kann nicht umhin, das Lob für zutreffend zu halten und den Gedanken folgendermaßen fortzuspinnen:

»Sie haben vollkommen recht, mein Herr; und ich, der ich von Natur aus wißbegierig bin, komme häufiger hierher, und die Erfahrungen derer, die wir wegen ihrer hervorragenden Meisterschaft die ersten nennen, hat meinem Verständnis oft den Wirkungszusammenhang wunderbarer Erscheinungen eröffnet, die zuvor für unerklärbar und unglaublich gehalten wurden.«[1]

Der Wirkungszusammenhang wunderbarer Erscheinungen, von dem Galilei in der ihm eigenen barocken Wortgewalt schwärmte, entpuppt sich bei näherer Betrachtung freilich als eine sehr nüchterne Angelegenheit. Wir würden es heute als Elemente der Maschinenlehre bezeichnen. Galilei hatte alsbald eine kleine Arbeit fertiggestellt, die unter dem Titel *Le Mecaniche* als Manuskript zirkulierte, mehrere Male überarbeitet und erweitert wurde, jedoch in Italien nie als gedrucktes Buch erschien. Wenn er zu diesem Werk auch durch die Arsenale inspiriert worden sein mag, geschrieben hat er es vornehmlich zu einem handfesten Zweck: als Grundlage für den Privatunterricht, den er zahlungskräftigen Schülern immer häufiger erteilte.

Das Ziel der Unterweisung war offensichtlich das Verständnis der einfachen Maschinen, aus denen die komplexeren Gerätschaften zusammengesetzt sind und auf die sie sich reduzieren lassen. In den einzelnen Kapiteln ging es also um die Funktionsweisen von Hebeln, Rädern, Winden, schiefen Ebenen und Schrauben der unterschiedlichsten Art. Gleichwohl ist dieses Werk, das erst 1637 in Gestalt einer französischen Übersetzung gedruckt und somit einem größeren Publikum zugänglich wurde, von beachtlichem Interesse. Galilei gelang nämlich die Zurückführung aller elementaren Maschinen auf eine einzige, den Hebel, aus dessen Verständnis sich somit alles Weitere beinahe zwangsläufig ergibt. Die für das Gleichgewicht geltenden Hebelgesetze – vom Studium des göttlichen Archimedes bestens bekannt – wurden geschickt für die Verhältnisse sich bewegender Körper wie der Rolle adaptiert. Vor allem aber formulierte Galilei als erster die grundlegende Erkenntnis, daß einfache Maschinen keine Arbeit erzeugen können, sondern lediglich die Erscheinungsformen ändern. In der Zusammenfassung des Kapitels über Waage und Hebel formulierte Galilei so etwas wie ein mechanisches Prinzip der Energieerhaltung:

»Der aus der Länge des Hebelarms gewonnene Vorteil ist weiter nichts als das Vermögen, jenen schweren Körper auf einmal zu bewegen, der mit der gleichen Kraft in der gleichen Zeit ohne die Erleichterung des Hebels nur stückweise bewegt werden kann.«[2]

Die Mechanik hatte somit dank Galilei erstmals eine rationale Grundlage erhalten, wenn auch nur auf dem Gebiet der Maschinenelemente. Daß man mit Hilfe eines Hebels auch sehr große Gewichte durch kleine Kraftanstrengungen heben kann, war eine alltägliche Erfahrung und ein Gemeinplatz seit der Antike, andererseits aber erschien es auch noch vielen Zeitgenossen Galileis als eine simple Form der Magie, als etwas, das nicht mit rechten Dingen zugehen könne. Die Folge waren irrwitzige Bemühungen zur Konstruktion von Maschinen, die wahre Wunder bewirken sollten. Selbst Galileis Kollegen waren nicht davor gefeit, durch Maschinen die Natur überlisten zu wollen.

Diese Haltung entsprach zudem völlig der aristotelischen Naturphilosophie, die in ihrer fundamentalen Unterscheidung von natürlichen Bewegungen einerseits und erzwungenen Bewegungen andererseits die Wirkungsweise von Maschinen selbstverständlich als eine Überlistung der Natur zu interpretieren geneigt war. Der italienische Sprachgebrauch, bei dem »macchina« und »macchinazione«, also Maschine und listenreiche Machenschaft, dicht beieinander liegen, drückt auch heute noch etwas von dieser okkult anmutenden Auffassung der Maschinen aus, der freilich Galilei gründlich den Boden entzogen hat. Schon in dem frühen Werk über Mechanik findet sich implizite die Auffassung, daß es nicht nur unsinnig, sondern schlechthin unmöglich sei, die Natur zu überlisten. In späteren Überarbeitungen wetterte er gegen Scharlatane, die wundersame Maschinen von der Art eines Perpetuum mobile feilboten und so die Wissenschaft von der Mechanik in Mißkredit gebracht hätten. Für Galilei kam es statt dessen darauf an, die Natur zu erkennen und ihren eigenen Regeln gemäß zu verfahren, wenn man etwas Brauchbares zustande bringen will.

Das Thermoskop zur Beobachtung der Wärme war Galileis Beitrag zur wissenschaftlichen Erschließung eines Bereichs der Naturphänomene, der über die Beschreibung menschlicher Empfindungen von warm und kalt nicht hinausgelangt war. Die Chronisten sind sich nicht einig, ob ihm die Entdeckung des Thermoskops schon im zweiten Jahr seines Aufenthalts in Padua geglückt ist – wie Viviani behauptet – oder erst zehn Jahre später, wofür eine Reihe beachtenswerter Indizien sprechen, zum Beispiel die Erinnerungen von Benedetto Castelli, einem Schüler und treuen Gefolgsmann Galileis, der im Jahre 1638 auf lange zurückliegende Ereignisse einging:

»Ich erinnere mich an eine Demonstration unseres Signor Galileo, der ich vor mehr als fünfunddreißig Jahren beiwohnen konnte und die eine Glasflasche von ungefähr der Größe eines Hühnereis zum Gegenstand hatte, deren Hals eine Länge von zwei Handbreiten aufwies und so dünn war wie ein Weizenhalm; die Flasche wurde durch die Handflächen gut erwärmt und dann mit ihrem Hals in eine Vase gesteckt, die ein wenig Wasser enthielt; wenn dann die warmen Hände von der Flasche zurückgezogen wurden, begann das Wasser sogleich, im Hals der Flasche aufzusteigen, und übertraf die Wasserebene in der Vase schließlich um eine volle Handbreit. Signor Galileo benutzte diesen Effekt für die Konstruktion eines Instruments zur Untersuchung der Abstufungen von Wärme und Kälte.«[3]

Wann immer diese Demonstration stattgefunden haben mag, für die weitere Entwicklung der Temperaturmessung war es für Galilei gewiß von Vorteil, daß er auf die hochentwickelte venezianische Glasbläserkunst zurückgreifen konnte. Nur eine knappe Seemeile von den Arsenalen entfernt wurde dieses Handwerk auf der Insel Murano in zünftlerischer Geheimhaltung betrieben, die beinahe so strikt war wie auf den Schiffswerften. Feine Gläser und kostbare Lüster wurden in einer Schönheit und Qualität gefertigt, die nirgends sonst auch nur annähernd erreicht wurden. Für Galilei traf es sich günstig, daß unter den vielen venezianischen Patriziern, mit denen er sich angefreundet hatte, auch ein Girolamo Magagnati war, ein angesehener Fabrikant feiner Glaswaren und ein fröhlicher Poet dazu. Diese Bekanntschaft verhalf Galilei zu Einblicken in die Glasherstellung und -bearbeitung, die ihm von großem Nutzen waren: später bei der Linsenschleiferei für seine Fernrohre, zunächst aber für das Thermoskop, dessen Hals immer länger und dünner ausgezogen wurde zur Verbesserung der Beobachtungsmöglichkeiten.

Eine präzise Temperaturmessung war mit Galileis Instrumenten freilich nicht möglich. Weder waren die verwendeten Flüssigkeiten – zunächst Wasser, dann Weingeist – dazu geeignet, noch hatte Galilei die Bedeutung des Vakuums für die korrekte Messung erkannt. So dienten die Instrumente in der Tat eher der Beobachtung von Wärme und Kälte und reagierten dabei zugleich auf den schwankenden Luftdruck. Die Präzisierung des Temperaturbegriffs und die erste verläßliche Realisierung eines wirklichen Thermometers blieben Galileis Schüler Evangelista Torricelli und den Mitgliedern der Accademia del Cimento in Florenz vorbehalten, die sich bei ihren Arbeiten freilich immer bewußt waren, daß die Grundlagen dazu von ihrem verehrten Signor Galilei gelegt worden waren.

Zum medizinischen Instrument wurde das Thermoskop ziemlich bald nach seiner Erfindung. Während Galilei sich um sein Produkt nicht weiter gekümmert zu haben scheint – er selbst hat sie übrigens nicht ein einziges Mal schriftlich erwähnt, seine Priorität ist nur aus der Korrespondenz seiner Schüler und Kollegen zu erschließen –, erkannte sogleich der Mediziner Santorio Santorio die vielfältigen Möglichkeiten dieses Instruments in der Heilkunst. Santorio hatte in Padua studiert und sich auch während seiner erfolgreichen Tätigkeit als Arzt in Venedig ein ursprüngliches Interesse an neuen Gedanken bewahrt. Später, als Galilei wieder in Florenz weilte, wurde Santorio der angesehenste und am höchsten bezahlte Professor in Padua. In seinem Werk *De Medicina Statica* beschrieb er eines der heroischsten Experimente der Medizingeschichte: Tage, ja Wochen hatte der wackere Mann auf einer riesigen Waage verbracht und neben der ständigen Beobachtung seines Körpergewichts alles gewogen, was in ihn hinein- und auch wieder aus ihm herausging. Die ermittelte Differenz führte er dann folgerichtig auf etwas zurück, das er »unsichtbares Schwitzen« nannte. Bei diesem Experiment, das zum Vorbild der modernen Stoffwechselforschung wurde, soll auch Galilei einige Tage seines Lebens als Versuchsperson auf der Waage seines Freundes Santorio im Dienste der Wissenschaft geopfert haben.

Dank dieser experimentellen Leidenschaft war Santorio der geeignete Mann, das Thermoskop für seine Verwendung zur Messung von Körpertemperaturen auszuprobieren. Die unhandlichen Apparate Galileis waren dazu nur bedingt tauglich, so daß sich der Arzt verschieden geformte Versionen anfertigen ließ, mal zur Messung im Mund und mal in der Hand. Meistens allerdings beobachtete er die Atemluft und ihre Wärme, die nach der damals gängigen Lehre direkten Aufschluß über die Temperatur des Herzens verschaffen sollte.

Santorio erdachte übrigens auch eine Skalierung und berichtet in einem seiner Werke von der Festlegung erstaunlich weitgespannter Fixpunkte: Der untere wurde durch die Temperatur von Schnee geliefert, während der obere der Hitze einer Kerzenflamme entsprechen sollte. Ob und wie gut das alles funktioniert hat, ist heute nicht mehr nachzuprüfen, da die zerbrechlichen Instrumente die Zeitläufte nicht überstanden haben.

Durch Galilei wurde er darauf gebracht, ein weiteres zu tun und das Pendel für die Pulszählung zu verwenden. Da die Schwingungsdauer eines Pendels nur von dessen Länge abhängt, konnte Santorio durch ein Pendel mit variabel einstellbarer Länge verläßliche Angaben über die Pulsfrequenz bei Gesunden und Fiebernden erhalten. Zusammen mit dem Thermoskop war das Pulsilogium wahrscheinlich ein ziemlich brauchbarer Indikator für den Temperaturzustand eines Patienten.

Beide Instrumente waren freilich kaum ein Jahrhundert lang in Gebrauch. Das Galileische Thermoskop wurde derart verbessert, daß seine Ursprünge kaum noch zu ahnen sind, und das Pulsilogium wurde durch wesentlich handlichere mechanische Uhren ersetzt. Gleichwohl zeigen sie, wie Galileis technische Erfindungsgabe der Naturforschung zugleich neue Erkenntnisquellen und praktische Anwendungen erschloß.

Der Geometrische und Militärische Kompass war für die Zeitgenossen zweifellos die spektakulärste Tat des jungen Professors für Mathematik. Galilei beliebte dieses Rechengerät als seine ureigenste Erfindung auszugeben und machte sich dadurch unter seinen Konkurrenten nicht nur Freunde, denn Vorformen gab es in Europa unzählige.[4] In beinahe jedem Land wurde die Idee verfolgt, arithmetische oder geometrische Relationen mechanisch darzustellen, um so zu eleganten und mühelosen Lösungen mathematischer Standardprobleme zu gelangen. Vorläufer waren zum Beispiel mit eingravierten Skalen versehene rechtwinklige Triangulationsinstrumente zur Vermessung oder auch Tartaglias »squadra«, versehen mit einem Kreissektor zur Bestimmung der artilleristischen Rohrerhöhung der Kanone für die gewünschte Schußweite.[5]

Galilei hatte solche Instrumente bei seinem Gönner del Monte kennen und schätzen gelernt, aber auch ihre Beschränkung auf wenige Spezialfälle bemängelt. In Padua machte er sich daran, ein für damalige Begriffe wirklich universelles Gerät zu entwickeln, mit dem praktisch jedes der damals interessanten Probleme behandelt werden konnte. Feine Linien auf den metallenen Armen stellten die einfachen Proportionen oder die Quadratwurzeln dar und waren eigentlich nichts Neues.

Galilei steigerte aber in einem zuvor ungeahnten Ausmaß das Raffinement weiterer Skalenkombinationen. Spezifische Gewichte von Metallen wurden aufgetragen und komplizierte geometrische Beziehungen, die die Flächenberechnung von Polygonen oder die Volumenbestimmung unregelmäßig geformter Körper gestatteten, und das alles mit einer Genauigkeit, die im ungünstigsten Fall eine Abweichung von einem Prozent bedeutete, im günstigsten aber nur noch ein Zehntel davon, die auf jeden Fall aber für damalige Bedürfnisse mehr als ausreichend war.

In einer schriftlichen Gebrauchsanweisung stellte Galilei die vielfältigsten Anwendungsmöglichkeiten zusammen, und nach der Ex-

Der Geometrische und Militärische Kompaß, den Galilei in seiner Werkstatt anfertigen ließ; dieser »Analogrechner« wurde in ganz Europa vertrieben

position des Problems begann er seine Instruktionen zum rechten Gebrauch des Gerätes regelmäßig mit der Floskel: »Aber für diejenigen, denen der Umgang mit Zahlen nicht leichtfällt, können wir das gleiche Resultat auf dem Instrument in folgender Weise finden...«

Ein sozusagen klassisches Problem, dessen Lösung erst mit Galileis Kompaß in vertretbarer Zeit gelöst werden konnte, war das des Kalibers. Darunter verbirgt sich folgende Aufgabe: Gegeben seien eine Kanone bekannter Bohrung mit einer Kugel aus einem bestimmten Material sowie die Pulverladung für einen Schuß der gewünschten Reichweite. Wie groß muß nun die Pulvermenge für eine andere Kanone unterschiedlicher Bohrung mit einer Kugel aus unterschiedlichem Material gewählt werden? Eine derartige Berechnung galt als ziemlich schwierig, erforderte sie doch die Behandlung kubischer Gleichungen und die Kenntnis der unterschiedlichen spezifischen Gewichte. Oft genug wurde von den Kanonieren nach Faustregeln verfahren, die bei einer zu großen Pulverladung die Kanone zerfetzen ließen. Mit Galileis Gerät konnte auch ein mathematisch Ungeübter dieses vertrackte Problem jedoch im Handumdrehen lösen.

Derartige Rechenhilfen blieben bis ins 19. Jahrhundert im Gebrauch, als sie allmählich von den Rechenschiebern verdrängt wurden. Galileis Version war zweifellos die ausgefeilteste, und sie war so gesucht, daß er durch den Kompaß zum Fabrikanten und Unternehmer wurde, mit einer kleinen Werkstatt und weltweitem Vertrieb für diesen – in heutiger Sprache – universellen Analogrechner.

Bei aller Wertschätzung der Praxis hat Galilei sein Betätigungsfeld offenbar nicht in der Ingenieurkunst gesehen. Der unermüdlich rühmende Viviani schrieb zwar von der »Erfindung vieler Maschinen im Dienste der Republik, die ihm zu allergrößtem Ruhm und Vorteil gereichten, wie die zahlreichen erteilten Privilegien belegen«. Diese Bemerkung veranlaßte so manchen Galilei-Forscher, in den venezianischen Staatsarchiven nach den Privilegien zu suchen, doch blieb die Ausbeute mager. Lediglich ein Patent wurde zutage gefördert, beantragt in einem Brief an den Dogen vom Dezember 1593:

»Ich, Galileo Galilei, habe eine Vorrichtung zur Hebung von

Wasser und zur Bewässerung des Bodens erfunden, die sehr einfach, billig und bequem ist, insofern die Bewegung eines einzigen Pferdes ausreicht für zwanzig Brunnen, so daß, wer sich ihrer bedient, einen ständigen Gewinn einstreichen wird.«

Da ihm diese Erfindung »große Anstrengung und viele Kosten« bereitet habe, bat er um ein Patent für die Dauer von vierzig Jahren.

Ein knappes Jahr später wurde Galilei das Privileg gewährt, allerdings nur für die Hälfte der beantragten Zeitdauer. Der vielversprechende Apparat basierte auf der Verwendung eines exzentrisch gelagerten Drehkreuzes, dessen Arme vermöge von Hebelkonstruktionen mehrere Pumpenschwengel zugleich antreiben konnten. Die Vorrichtung wurde im Garten des Paduaner Hauses der Patrizierfamilie Contarini ausprobiert und danach nicht weiter verfolgt. Sie überlebte nur als Modell, das sich spätere Verehrer Galileis haben bauen lassen.

Gar zu intensiv hat sich Galilei mit den praktischen Aspekten der Mechanik und des Ingenieurwesens wohl nicht befaßt; gewiß liebte er Werkstätten, und das, was er dort lernen konnte, war sicher auch oft in der Lage, auf Grund seiner theoretischen Kenntnisse selbst erfahrenen Ingenieuren nützliche Winke zu geben; sein eigentliches Trachten war jedoch auf eher prinzipielle Fragen gerichtet. Sogar eine schöne Entdeckung wie das Thermoskop interessierte ihn bald nicht mehr, er überließ die Nutzanwendungen anderen, da an eine theoretische Analyse der Wärme überhaupt noch nicht zu denken war. Und auf dem Feld der Mechanik war er zweifellos von den Maschinen begeistert, mehr noch aber faszinierten ihn die theoretischen Fragen einer mathematischen Behandlung und das Verständnis der Phänomene der Bewegung. In dieser Anstrengung einer begrifflichen Durchdringung der Praxis war Galilei einzig, und einzigartig war die Erkenntnisexplosion, die sich in seinem Kopf vorbereitete.

Padre incerto – Der Professor als Hauslehrer und Liebhaber

Der persönliche Lebenszuschnitt Galileis blieb in Padua zunächst recht bescheiden. Die ersten Monate genoß er Gastrecht im Hause des Giovanni Vincenzio Pinelli, mußte sich aber schließlich eine eigene Behausung suchen und mietete sich eine kleine Wohnung im Sprengel der Kirche Santa Giustina, ganz in der Nähe des Prato della Valle, eines großzügig angelegten Platzes, der einst den Paduanern für Festlichkeiten und Spektakel aller Art diente und im 19. Jahrhundert mit siebenundachtzig Statuen berühmter Männer geschmückt wurde, die das Ansehen von Padua gemehrt haben, darunter selbstverständlich auch Galilei.

Das notwendigste Mobiliar für die erste Wohnung stellte übrigens ein Geistlicher von Santa Giustina leihweise zur Verfügung, denn Galilei brauchte alles Geld, um die Familie in Florenz zu ernähren und die Forderungen des Schwagers Landucci zu erfüllen. Der war auf seine Mitgift so versessen, daß er – wie Mutter Giulia nach Padua berichtete – den Bruder seiner Frau aufforderte, nur mit üppig gefülltem Geldbeutel nach Florenz zu kommen, da er ihn sonst in den Schuldturm werfen lasse. Zur Linderung dieser finanziellen Kalamitäten entfaltete Galilei eine immer umfangreicher werdende private Lehrtätigkeit, mal als Einzelunterricht, immer öfter aber als organisierte Kurse für mehrere Teilnehmer, die er im Palazzo del Bo' oder in den Räumlichkeiten einer Taverne abhielt.

Der eben dreißigjährige Professor war als Lehrer offenbar sehr geschätzt, und mit nicht wenigen seiner Studenten schloß er Freundschaft. Seine Talente als Redner konnte er vor allem im Privatunterricht glänzen lassen, den er – im Kontrast zu den lateinisch gehaltenen offiziellen Vorlesungen im Palazzo del Bo' – in italienischer Sprache abhielt, und mancher Scholar soll bei Galilei Stunden genommen haben weniger wegen seines Wissensdurstes in Sachen Mechanik oder Festungsbau, sondern wegen der Gelegenheit, das schönste Toskanisch zu hören, das in Padua gesprochen wurde.

Rhetorische Gewandtheit und sprachlicher Stil Galileis haben dazu beigetragen, daß sich der unbemittelte Mathematiker alsbald in der venezianischen Gesellschaft akzeptiert fühlen konnte. Schon im Hause Pinellis machte er die ersten wichtigen Bekanntschaften mit Angehörigen jener Familien, aus denen sich Dogen und hohe Beamte zu rekrutieren pflegten. Einladungen ins fünfunddreißig Kilometer entfernte Venedig akzeptierte er gern und war in den Palazzi der Morosini, Contarini oder Venier ein beliebter Gast. Besonders bei den Morosini traf Galilei auf viele Gleichgesinnte, denn deren Palazzo war der Treffpunkt aller an den Wissenschaften interessierten Venezianer. Hier lernte er den gescheiten Arzt Santorio Santorio kennen und auch den Mönch Paolo Sarpi, die intellektuell bedeutsamste Erscheinung der Republik Venedig, universell gebildet und bewandert auf allen Gebieten und zudem im Rufe stehend, der »Machiavelli von Venedig« zu sein, da er der Signoria als theologischer Berater die stärksten Argumente für die Behauptung der Selbständigkeit Venedigs gegenüber dem Papsttum lieferte. Galilei schätzte den klugen Kleriker vor allem als Mathematiker, er erkannte sogar neidlos dessen Überlegenheit in dieser Disziplin an: »Ohne Übertreibung kann ich sagen, daß in Europa niemand ihn in der Kenntnis dieser Wissenschaft übertrifft.«[1] Die tiefsinnigsten Gedanken zur Formulierung einer mathematischen Bewegungslehre finden sich denn auch zuerst in der Korrespondenz zwischen Galilei und Fra Paolo Sarpi.

Auf seine venezianischen Freunde konnte Galilei zurückgreifen, als es nach Ablauf der ersten sechs Jahre um einen neuen Anstellungsvertrag ging. Die venezianische Signoria hüllte sich zunächst in Schweigen, nicht etwa, weil sie Galilei loswerden wollte, sondern weil sie die fällige Gehaltserhöhung hinausschieben oder am liebsten ganz vermeiden wollte. Galilei unterrichtete zunächst ein ganzes Studienjahr im vertragslosen Zustand, bevor er die notwendigen Schritte unternahm. Unterstützt von Pinelli sowie Mitgliedern der Familien Morosini und Sagredo, verlangte er eine üppige Gehaltserhöhung und berief sich auf die wesentlich höheren Bezüge seines Konkurrenten Magini in Bologna.

Solche Vorwitzigkeit schätzten die drei für die Universität zuständigen Riformatori überhaupt nicht; die illustren Signori Zaccaria Contarini, Matteo Zane und Leonardo Donato reagierten unwillig auf dieses Ansinnen Galileis und die Vorstellungen seiner Freunde. »Mit dem Eindruck allergrößter Unzufriedenheit« berichtete Giovanfrancesco Sagredo über den Fortgang der Verhandlungen und zählte in einem Brief die Einwände Contarinis auf, beginnend mit einem Verweis auf Galileis Vorgänger:

»Moletti habe nie mehr als 300 Dukaten erhalten; das Beispiel von Bologna sei für unser Studio nicht angebracht, da wir kein Geld haben; nur vom Katheder leben zu wollen sei unmöglich, und zur Bestreitung der Kosten seien eben Privatlektionen nötig.«[2]

Dem Insistieren der Freunde auf einer ehrenvolleren Behandlung Galileis war schließlich doch Erfolg beschieden, denn in der Vertragsurkunde vom 28. Oktober 1599 wurde ihm unter Hinweis auf die Tatsache, daß er »zum großen Nutzen der Scholaren und zu seinem eigenen Ruhm« gewirkt habe, eine Gehaltserhöhung von 140 Dukaten bewilligt, insgesamt also 320 Dukaten, und das sogar rückwirkend. Man gab Galilei aber zugleich zu verstehen, daß für alle Zukunft mehr nicht zu erwarten sei. Der stand aber gerade im Begriff, seine Lebensführung der hochbezahlter Professoren der Medizin oder Philosophie anzupassen.

Ein schönes Haus mit grossem Garten hatte sich Galilei schon vor Abschluß der mühsamen Vertragsverhandlungen gemietet. Es lag im Borgo dei Vignali, in der heutigen Via Galilei, auf halbem Wege zwischen dem Palazzo del Bo' und der Basilika des heiligen Antonius, von den Paduanern kurz Il Santo genannt. Das Haus hatte den Vorteil, daß er hier seinen Privatunterricht erteilen konnte. Zudem bot er auswärtigen Studenten in den vielen Räumlichkeiten Kost und Logis, und dies nicht nur zur Linderung des Kostendrucks, sondern auch zur Entfaltung gelehrter Geselligkeit, worin sich Galilei bald eines ausgezeichneten Rufs erfreute.

Wie es im Hause Galileis zuging, läßt sich einigermaßen zuverlässig rekonstruieren, denn der um seine Finanzen besorgte Haushaltungsvorstand begann sogleich nach dem Einzug mit der Führung eines minuziösen Tagebuches, in dem sich allerlei Anekdotisches um das feste Gerippe der Einnahmen und Ausgaben rankt. Praktisch

Galileis Haus in Padua von der Gartenseite

jedes Jahr gab es Privatkurse über Festungsbau und den Gebrauch des Kompasses mit je vier bis sechs Studenten. In einigen Jahren unterrichtete er auch die an der Universität gelesenen Fächer wie euklidische Geometrie oder die Beschreibung des Kosmos, und vereinzelt gab es noch Kurse in Arithmetik, Optik, Mechanik und Vermessungswesen. Die Privatschüler kamen zu etwa einem Drittel aus Deutschland, kleinere Kontingente kamen aus Polen und Frankreich, gefolgt von Italienern und vereinzelten Vertretern exotischer Nationen wie Kroaten oder gar Türken. Die Liste derer, die Galileis private Unterweisung wünschten, verzeichnet so illustre Persönlichkeiten wie den Erzherzog Ferdinand von Österreich, den Landgrafen Philipp von Hessen, den Prinzen Johann Friedrich von Holstein und den Herzog von Mantua.

Die Atmosphäre in Galileis Haus wurde zudem von einem knappen Dutzend Logiergästen geprägt, zu deren Beköstigung er eigens eine Haushälterin engagierte, deren Einkäufe und vor allem Ausgaben er persönlich überwachte. Endlich hatte er auch die Möglichkeit, sich eine Werkstatt einzurichten – schließlich gab es derartiges nicht an der Universität. Erholung fand Galilei bei der Gartenarbeit, wobei es ihm besonders die Weinreben angetan hatten. Er begann hier mit seiner Gewohnheit, den eigenen Wein zu keltern, und wenn er seinen Gästen einschenkte, erklärte er den Wein zu »im Tau eingefangenem Sonnenlicht«.

Zur Beschreibung des Fluidums geselliger Gelehrsamkeit – oder gelehrsamer Geselligkeit, ganz wie man will – greifen wir auf Antonio Favaro zurück, der im 19. Jahrhundert Jahrzehnte seines Lebens der Rekonstruktion von Galileis Jahren in Padua gewidmet hat:

»Wir sehen ihn wandeln unter Laubengängen, die seine eigene Hand hergerichtet, im Kreise seiner Freunde und Schüler über die Natur sprechen, denen jedes Wort von seinen Lippen wie eine Kostbarkeit erschien, und diese geistreichen und instruktiven Unterredungen wurden unterbrochen nur, wenn er bei festlich gedeckter Tafel zum Vergnügen aller zur Laute griff, die er mit unvergleichlicher Meisterschaft spielte. Oh, welche Erinnerungen an glückliche Abende, verbracht mit Galileo in einem angenehmen Garten unter unserem glanzvollen Himmelszelt, mögen sich dem Gedächtnis der jungen Männer aus Frankreich, England, Deutschland und Polen eingeprägt haben, die hierher kamen, unserem göttlichen Meister zu lauschen.«[3]

Solche Kraft zur Stilisierung erscheint uns heute – hundert Jahre nach Entstehung dieser Eloge – verdächtig, ihr Resultat abgeschmackt – hätte man Galilei göttlich genannt, hätte er schallend gelacht; gleichwohl mag demjenigen, der auf dem Wege vom Palazzo del Bo' zum Santo im Garten Galileis einkehren kann, der Gedanke kommen, daß es so hätte sein können.

Giovanfrancesco Sagredo war gewiß einer derjenigen, die sich oft bei Galilei einfanden. Zu dem sieben Jahre jüngeren Venezianer hatte Galilei eine ganz besondere Zuneigung gefaßt. Sagredo hatte in Padua studiert und eine derartige Leidenschaft für die Naturkunde entwickelt, daß er den prächtigen Palazzo seiner Familie in eine venezianische Ausgabe der Arche Noah verwandelt haben soll. Als knapp Dreißigjähriger kehrte Sagredo oft nach Padua zurück, nahm Unterricht bei Galilei und wurde sein Lieblingsschüler. Obwohl

Sagredo in die ihm angemessenen hohen Staatsämter hineinwuchs, blieb er ein aktiver Amateur und Connoisseur der Wissenschaften. Er las viel, sammelte noch mehr und experimentierte mit Leidenschaft und Geschick, zum Beispiel mit Galileis Thermoskop, mit Magneten oder optischen Geräten wie Linsen und Prismen. Obwohl ihn der Staatsdienst bald als Konsul in ferne Besitzungen Venedigs führte, blieb er Galilei bis an sein Lebensende durch eine rege, inhaltsreiche und herzliche Korrespondenz verbunden.

Galilei setzte Sagredo ein bleibendes literarisches Denkmal, das schönste, dessen er fähig war. Als Schauplatz des *Dialogs* und der *Discorsi* wählte er den Palazzo der Sagredos, und den verstorbenen Freund verewigte er als den Repräsentanten eines ebenso intelligenten wie wißbegierigen Liebhabers der Wissenschaft.

Filippo Salviati, jener Gesprächspartner, der in den beiden Hauptwerken Galileis als Alter ego des Autors den ganzen Scharfsinn der »nuova scienza«, der neuen Wissenschaft, verkörpert, ist ebenfalls ein Freund aus den glücklichen Paduaner Zeiten. Salviati entstammte einer ruhmreichen Florentiner Patrizierfamilie, wurde zum Studium aber nicht nach Pisa, sondern nach Padua geschickt und wurde ein weiterer Lieblingsschüler seines Landsmannes Galilei. Er hatte eine Karriere als Militäringenieur ins Auge gefaßt, mußte diesen Plan wegen gefährdeter Gesundheit aber aufgeben und widmete sich gelehrten Studien. Wirklich fruchtbar wurde die Beziehung zwischen Salviati und Galilei erst nach deren Zusammentreffen in Florenz, gleichwohl hat ein späterer Angehöriger der Familie, der Kardinal Gregorio Salviati, dafür gesorgt, daß Filippo ebenso wie Galilei eine Statue im Prato della Valle von Padua erhielt, die ihn als »des großen Galilei ersten Schüler« ausweist, eine vernachlässigbare Würdigung verglichen mit derjenigen, die ihm Galilei in seinen Schriften erwies.

Die Werkstatt im Hause Galileis wurde schon bald nach dem Einzug zu einer kleinen Fabrikationsstätte, für die eigens ein Handwerker eingestellt wurde. Am 5. Juli 1599 notierte Galilei in seinem Haushaltsbuch, daß fortan Marcantonio Mazzoleni bei ihm wohnen und mathematische Instrumente herstellen werde. Dafür solle er sechs Dukaten Jahreslohn erhalten, zusätzlich zu Kost und Logis für Mazzoleni, seine Frau und seine Puttina, ein kleines Mädchen.[4]

Mazzoleni hatte schon früher die ersten Versionen des Compasso Geometrico e Militare für Galilei gebaut, aber jetzt sollte das auf kommerzieller Basis und in Serie geschehen. Der fleißige Handwerksmann stellte im Verlauf der nächsten zehn Jahre weit über hundert der fein ziselierten Bronzeinstrumente her, und für hochgestellte Persönlichkeiten wie den Landgrafen von Hessen und den Großherzog der Toskana wurden selbstverständlich Ausführungen in Silber und Gold gefertigt. Der Bedarf übertraf offenbar das Leistungsvermögen Mazzolenis, so daß Galilei zusätzliche Instrumente in Lizenz fertigen ließ und dazu Werkstätten in Florenz, Urbino und wahrscheinlich sogar in Deutschland beschäftigte.

Die Instrumente wurden regelmäßig für 35 Lire verkauft, ein relativ geringer Betrag, der etwa fünf Dukaten entsprach und Galilei nicht gar zuviel Gewinn übrigließ. Wesentlich einträglicher waren die Unterweisungen im Gebrauch des Kompasses, für die 15 Dukaten berechnet wurden. Im Preis eingeschlossen war eine schriftliche Handreichung, die immer wieder kopiert wurde, bis Galilei sich im Jahre 1606 eine eigene Druckerpresse ins Haus holte und die Gebrauchsanweisung als Buch herausgab. Es war die erste gedruckte Schrift des schon zweiundvierzig Jahre alten Professors.

Galilei beschäftigte sich so lange mit dem Rechengerät, bis das Fernrohr seine Interessen okkupierte und den Kompaß auch aus der Werkstatt verdrängte. Noch im März 1610, also mitten in der Phase aufregendster astronomischer Entdeckungen, schrieb er:

»Ich bin genötigt, die Schrift zum Gebrauch des Geometrischen Kompasses nachzudrucken, da mir keine Exemplare verblieben sind, und wir fahren in der Herstellung dieses meines Kompasses stetig fort, von dem nun schon mehr als dreihundert Exemplare durch meine Hände gegangen sind und für den ich viele Anfragen habe.«[5]

In finanzieller Hinsicht hätte Galilei nun sorgenfrei in die Zukunft blicken können, denn das Geschäft mit dem Kompaß und der Privatunterricht florierten so gut, daß schon im Jahre 1602 die hiermit verbundenen Einkünfte das Universitätsgehalt übertrafen, und mit mehr als 600 Dukaten Jahreseinkommen wäre Galilei schon ein reicher Mann geworden, wäre da nicht die Familie gewesen, für die er als Erstgeborener zu sorgen hatte. Da war zunächst der musizierende Bruder Michelangelo, für den sich in Florenz keine passende Stelle finden wollte und den Galilei für eine Reise ins ferne Polen ausstatten mußte. Ein halbes Jahr später war Michelangelo wieder in Padua, denn die Anstellungspläne hatten sich zerschlagen, und für eine zweite Reise, dieses Mal nach Krakau und mit Erfolg, mußte der ältere Bruder noch einmal 200 Dukaten vorstrecken.

Das größte Unglück nahte jedoch in Gestalt des Heiratswillens der jüngeren Schwester Livia, was eine neue Mitgift bedeutete. Livia war zweiundzwanzig Jahre alt geworden und hatte das Leben in einem Kloster, in dem höhere Töchter in Pension gegeben wurden, gründlich satt. Mutter Giulia hatte bereits eine Verbindung arrangiert und schrieb bezüglich der Mitgift an ihren ältesten Sohn. Der reagierte erschrocken und faßte in einem Brief vom 25. August 1600 seine Bedenken und Einwände zusammen: Sein ganzes Geld sei für Michelangelo draufgegangen, und der auserwählte zukünftige Gemahl schien zwar ein guter Mensch zu sein, aber mit nur 100 Dukaten Jahreseinkommen sei ein standesgemäßer Haushalt nicht zu bestreiten.

»Daher sollte die Angelegenheit aufgeschoben werden, wenn irgend möglich. Michelangelo wird mir zweifellos gutes Geld schikken, sobald seine Angelegenheiten geklärt sind, und mit dem, was ich zusammenbringen kann, können wir dann Maßnahmen für die Ausstattung des Kindes ergreifen, denn auch sie soll in die Welt treten und an ihrem Elend teilhaben. Inzwischen kannst Du sie ja aus San Giuliano herausnehmen und in einem anderen Kloster unterbringen, bis ihre Zeit gekommen ist, und überzeuge sie davon, daß sie durch Warten nichts verliert. Sage ihr, daß schon Königinnen und große Damen mit dem Heiraten gewartet haben, bis sie ihre eigene Mutter hätten sein können.«[6]

Mit solchen Ratschlägen war Schwester Livia jedoch nicht einverstanden, so daß Galilei nichts weiter tun konnte, als wenigstens eine in seinen Augen passende Partie zu arrangieren. Der künftige Schwager und Ehegemahl war in Gestalt eines vornehmen Pisaners namens Taddeo Galetti schnell gefunden, und schon am Neujahrstag des Jahres 1601 wurde in Venedig im Palazzo der Contarini der Ehekontrakt unterzeichnet. Galilei hatte, im Vertrauen auf die Zahlungswilligkeit seines Bruders, in eine Mitgift von 1800 Dukaten eingewilligt, von denen 800 sogleich fällig wurden und die restlichen 1000 binnen fünf Jahren zu zahlen waren. Da Michelangelo aber keine Anstalten machte, seinen Teil der Mitgift zu übernehmen, sah sich Galilei finanziellen Verpflichtungen gegenüber, die beinahe sechs Jahresgehälter verschlangen. Ihm blieb nichts anderes übrig, als Schulden zu machen; mehrmals mußte er die Signoria um Kredite in Höhe eines Jahresgehaltes bitten, die ihm auch bewilligt wurden, im Jahre 1608 allerdings nur noch gegen eine Bürgschaft, die der Philosophieprofessor Cesare Cremonini bereitwillig übernahm. Die finanziellen Kalamitäten führten zu juristischen Auseinandersetzungen mit Schwager Taddeo ebenso wie zuvor mit Schwager Landucci.

Nur der Bruder Michelangelo, nunmehr in München wohlbestallter Musikmeister am Hofe, blieb kühl und lehnte noch 1608 alle Zahlungen unter Hinweis auf seine eigene Verheiratung ab:

»Ich weiß, daß Du denkst, ich hätte warten und an unsere Schwestern denken sollen, bevor ich mir selbst eine Frau nahm. Aber, guter Himmel!, soll ich mich mein ganzes Leben lang plagen, nur um ein paar Dukaten für die Schwestern abzuzweigen? Dieses Joch wäre denn doch zu schwer und zu bitter ... Unseren Schwestern hättest Du eine Mitgift bewilligen sollen, die nicht nur Deinen Vorstellungen des Rechten und Passenden entspricht, sondern die auch die Größe meines Geldbeutels in Betracht gezogen hätte.«[7]

Andererseits sah Michelangelo es jederzeit als selbstverständlich an, den älteren Bruder um Unterstützung zu bitten, wann immer er in Bedrängnis war. Der ausgeprägte florentinische Familiensinn kam Galilei als Erstgeborenen teuer zu stehen, denn jahrelang beeinträchtigten die Verpflichtungen seinen Seelenfrieden und sein Privatleben. Ob Galilei selbst jemals ans Heiraten gedacht hat, ist nicht in Erfahrung zu bringen; nach seinen eigenen Maßstäben finanzieller Sekurität wäre es aber auch gar nicht möglich gewesen, da er wegen seiner vielen Schulden eine gar zu schlechte Partie abgegeben hätte. Es langte allenfalls zu einem Konkubinat.

Die Venezianerin Marina Gamba war die einzige Frau, die in Galileis Leben eine bedeutsamere Rolle gespielt hat, und doch ist über sie kaum etwas in Erfahrung zu bringen. Das etwa zwölfjährige Konkubinat hat – außer drei Kindern – so gut wie keine Spuren hinterlassen. Die ältesten Biographen wie Viviani und Gherardi hüllen sich in Schweigen, und selbst der dieser Beziehung entsprossene Vincenzio Galilei erwähnt in den historischen Notizen über das Leben seines berühmten Vaters die Mutter mit keinem Wort.

So wissen wir nicht einmal, wie alt Marina Gamba war, als Galilei sie – vermutlich bei einem seiner Aufenthalte in Venedig – im Jahre 1599 kennenlernte, wohl als Bedienstete einer der Patrizierfamilien, bei denen er zu Gast war. Marina Gamba zog bald nach Padua, wo schon am 13. August 1600 eine Tochter geboren wurde, die auf den Namen von Galileis ältester Schwester Virginia getauft wurde. Einige Biographen haben diesen Sündenfall ihres Helden damit zu erklären versucht, daß die lebenslustige Marina ihre rötlichblonden Haare in einer Weise zu flechten wußte, von der sie herausgefunden hatte, daß Galilei sie wegen gewisser Reminiszenzen an eine schöne Florentinerin unwiderstehlich fand.[8] Die Geschichte ist wahrscheinlich aber genauso apokryph wie jene, daß Galilei von mißgünstigen Kollegen bei der Signoria wegen seines Lebenswandels angeschwärzt wurde, um die anstehende Gehaltserhöhung zu hintertreiben, woraufhin die lebenskundigen Ratsherren erklärten, daß, wer eine Mätresse unterhalte, folgerichtig mehr Geld brauche.

Wenn Marina Gamba überhaupt in Galileis Haus im Borgo dei Vignali gewohnt hat, kann es nicht von langer Dauer gewesen sein, denn die Kinder wurden alle in anderen Kirchsprengeln getauft: die 1601 geborene Livia in San Laurentio und der 1606 geborene Sohn Vincenzio in Santa Catterina. Die Eintragungen des Erzeugers in den Taufregistern der jeweiligen Kirchen weisen amüsante Unterschiede auf: Virginia wurde als »nata di fornicazione«, also als in Unzucht geboren, registriert, bei Livia wurden für den Vater dezente Pünktchen eingesetzt, und bei Vincenzio galt der Vater als »incerto«, als unbekannt. Galilei hatte sich allerdings immer zu diesen Kindern bekannt, angefangen mit den Taufnamen in Galileischer

Familientradition, die an die jüngere Schwester und den verstorbenen Vater erinnerten, bis hin zur späteren Adoption.

Einer Eheschließung mit Marina Gamba standen weniger finanzielle Hindernisse im Wege als vielmehr Gründe der Familienetikette, die dem Edlen Florentiner Galilei viel bedeutet haben. Trotzdem bleibt unverständlich, warum er Marina Gamba nicht in seinen Haushalt aufgenommen hat, warum er also nicht Tisch und Bett mit ihr geteilt hat, sondern nur gelegentlich das letztere. Schuld daran hatte wahrscheinlich die zänkische Mutter Giulia, die oft aus Florenz nach Padua zu Besuch kam und die aus schlichten Verhältnissen stammende Konkubine nicht in der Nähe ihres Sohnes wissen wollte.

Als Galilei 1610 wieder nach Florenz zurückkehrte, nahm er die beiden Töchter mit und ließ den erst vierjährigen Sohn zunächst bei dessen Mutter. Das geschah in gutem Einvernehmen mit Marina und ihrem Ehegemahl, denn nach der Abreise ihres langjährigen Liebhabers heiratete sie – nicht ohne Galileis Zutun – einen gewissen Giovanni Bartoluzzi aus der Bedienstetenschar der Patrizierfamilie Dolfin. Mit diesem neuen Gefährten von Marina wechselte Galilei noch einige Briefe, in denen die Begleichung der Lebenshaltungskosten und die Erziehung des kleinen Vincenzio die hauptsächlichen Themen waren. Dann holte Galilei zwei Jahre später den sechsjährigen Vincenzio nach Florenz, Briefe wurden keine mehr gewechselt, Galilei und seine Freundin von zwölf Jahren verloren sich aus den Augen.

Diese Seite von Galileis Privatleben hat vielen Gelehrten erhebliche Schwierigkeiten bereitet. Am einfachsten machten es sich noch manche katholischen Schriftsteller, denen das illegitime Verhältnis wie gerufen kam, um daraus allgemeine Schlüsse auf Galileis nicht eben edlen Charakter herzuleiten.[9] Ein offenbar hochmoralischer und mit den Bräuchen des 16. Jahrhunderts wenig vertrauter Popularautor eines katholischen Verlags hat sich noch im Jahre 1967 so viel Unmoral einfach nicht vorstellen können und Marina Gamba kurzerhand zur Ehefrau Galileis ernannt.[10]

Aber auch Antonio Favaro stand dem Phänomen Marina Gamba ratlos gegenüber, und das nicht nur deshalb, weil seine Jahrzehnte währenden Nachforschungen in allen erdenklichen Archiven nur wenig erbracht hatten, was über dürre Fakten wie Taufurkunden hinausging. Er rettete sich vor diesem seine Begriffe bürgerlicher Wohlanständigkeit strapazierenden Thema in die entschuldigend gemeinte Bemerkung, Marina Gamba habe »seinen Sinnen nähergestanden als seinem Herzen«. Galilei hätte dem wohl kaum widersprochen, sich aber über die moralinsauren Untertöne nicht wenig gewundert.

Wie immer dem auch gewesen sei, keine Frau hat Galilei so nahegestanden wie Marina Gamba, seinen Sinnen und seinem Herzen. Das mag nicht eben sehr nahe gewesen sein, aber eine unsterbliche Geliebte nach dem Vorbild von Dantes Beatrice oder eine die Schöpferkraft beflügelnde Muse ist schließlich ein Privileg der Dichter, das bei einem Mathematiker nur irritieren würde.

Von kräftiger Statur und mittlerer Grösse war Galilei nach den Beschreibungen derer, die ihn gekannt hatten. Als arrivierter Professor ließ er sich in Padua von ortsansässigen Kleinmeistern der Porträtkunst in Öl malen; diese Bilder sind jedoch verschollen, und lediglich nach ihrem Vorbild gefertigte Kupferstiche sind erhalten geblieben. Galilei präsentiert sich in diesen ältesten und ersten Porträts als stolzer Mann in den besten Jahren, die Kleidung ist gediegen mit einem Hauch von Luxus, die Haare sind kurzgeschoren, und das Gesicht ist von einem üppigen gepflegten Bart eingefaßt, dessen rötlichblonde Farbe seinem Antlitz bacchantische Züge verlieh, wenn er den Freuden der Tafel und des Weines zugesprochen hatte. Auf den Kupferstichen blicken die Augen jedoch ernst und selbstbewußt, vielleicht ein wenig skeptisch und arrogant mit einer kleinen Prise mürrischen Mißmuts. Die Ohren sind edler geformt als die vom Vater geerbte Nase, deren an eine Knolle gemahnende Ausuferung von den Porträtisten nur mühsam kaschiert wurde.

Dieser stattliche, wohl auch ein wenig korpulent geratene Mann schien urgesund gewesen zu sein; wenigstens bis zum Jahre 1603 werden in seiner Korrespondenz keinerlei Krankheiten erwähnt. Das änderte sich jedoch schlagartig durch ein Ereignis, dessen Schilderung wir Viviani verdanken:

»Länger als achtundvierzig Jahre, bis zu seinem Lebensende, litt er unter starken Schmerzen und Stichen, die ihm in verschiedenen

Körperteilen bei Änderungen des Wetters schwer zu schaffen machten. Diese rühren her von einem Besuch mit zwei vornehmen Freunden in einer Villa bei Padua in der gleißenden Hitze des Sommers; um den unangenehmsten Stunden zu entgehen, begaben sie sich in einem kühlen Raum zur Ruhe. Als alle schliefen, öffnete ein Diener gedankenlos die Klappe einer Röhre, durch die ein ständiger künstlicher Luftzug hereinströmte, der von einem in der Nähe des Hauses befindlichen Wasserfall erzeugt wurde. Diese sehr kühle und feuchte Luft strich während der zwei Stunden dauernden Ruhe über ihre leicht bekleideten Körper und rief in ihren Gliedern so schlimme Veränderungen hervor, daß nach dem Erwachen der eine an Starre und Schüttelfrost und der andere an schweren Kopfschmerzen neben anderen Übeln litt; alle wurden schwerkrank, und einer von ihnen starb nach ein paar Tagen, der zweite verlor sein Gehör und überlebte nicht lange, und Galilei zog sich das eingangs erwähnte Leiden zu, von dem er sich nie wieder befreien konnte.«[11]

Als Ort dieses unwahrscheinlich klingenden Geschehens wurde von Favaro die Ortschaft Costozzo unweit von Padua ausfindig gemacht, in der noch Ende des 19. Jahrhunderts alte Villen existierten mit einigen Zimmern, die ähnlich dem von Viviani beschriebenen Verfahren mit kühler Luft aus Felskavernen versorgt wurden. Die Röhren waren allerdings schon vor einiger Zeit endgültig verschlossen worden, da offenbar Galilei und seine Freunde nicht die einzigen geblieben waren, die sich in dem feuchtkalten Luftstrom ein übles Leiden zugezogen hatten.

Galilei wurde zeitlebens von einer rheumatisch-arthritischen Erkrankung geplagt, die ihm so lästig war, daß sie fortan ständiges Thema seiner Korrespondenz wurde. Luft und Wetter wurden so intensiv in ihren Auswirkungen auf seine wetterfühlige Befindlichkeit diskutiert, daß man geneigt war, hypochondrische Züge zu diagnostizieren. Allerdings waren die rheumatischen Attacken so stark, daß sie auch objektive Spuren hinterlassen haben. Galileis Handschrift schwankt je nach der Geschmeidigkeit seiner Hand- und Fingergelenke zwischen schwungvollem Ausdruck und mühseliger Krakelei, dadurch den Gelehrten späterer Zeiten ein zusätzliches Mittel zur Datierung der handschriftlichen Notizen und Arbeitspapiere liefernd.

Der getreue Untertan oder Sehnsucht nach Florenz

Bei aller Liebe zu Venedig wurde Galilei doch kein Republikaner, die oligarchische Staatsform der Repubblica Serenissima blieb ihm merkwürdig fremd und gleichgültig. Weltläufige Intellektualität und religiöse Toleranz mögen ihm als angenehme Selbstverständlichkeiten erschienen sein, von denen er jedoch kein besonderes Aufheben machte. Niemals auch äußerte der Edle Florentiner Galilei Sehnsucht nach der einstigen Größe des Bürgertums seiner Heimatstadt und dessen früherer republikanischer Regierung, er war und blieb ein an den Angelegenheiten der Res publica wenig interessierter Untertan des Großherzogs der Toskana. Dem Mathematiker Galilei, der in seinen literarischen, musikalischen und künstlerischen Interessen mehr als nur auf der Höhe der Zeit stand und durchaus noch an das überkommene Renaissanceideal des allseits gebildeten Gentiluomo erinnerte, war die politische Dimension abhanden gekommen oder darauf reduziert, daß er über die zugeknöpften Taschen der Signoria maulte. Nicht einmal das Erlebnis bewegter Zeiten aus nächster Nähe und die Freundschaft mit den politisch führenden Köpfen Venedigs wie Fra Paolo Sarpi vermochten daran etwas zu ändern.

Im Jahre 1606 waren wieder Verhandlungen über Vertragsverlängerung und Gehaltserhöhung überfällig. Wie zuvor spannte Galilei seine Freunde ein und erreichte dieses Mal sogar, daß sich der Großherzog für seinen Untertanen verwendete. Wochenlang hielt sich Galilei in Venedig auf und antichambrierte bei einer Regierung, die gerade den dramatischsten Konflikt in den ohnehin gespannten Beziehungen mit dem Vatikan auszufechten hatte.

Der Streit hatte sich an der Ausübung von Souveränitätsrechten entzündet, bei denen die Venezianer dem Vatikan keinerlei Mitsprache oder gar Entscheidungsbefugnisse einräumen wollten. Papst Paul V. verlangte nämlich die Freilassung von zwei Mönchen, die wegen Mordes und Ehebruchs vor ein weltliches Gericht gestellt werden sollten, und überdies bestand er auf der Aufhebung eines Gesetzes, das in der durch ihre insulare Lage beengten Stadt den Kirchenbau von der Genehmigung durch die Signoria abhängig machte.

Da die Venezianer die Befehle aus Rom nicht beachteten, griff der Papst zu den schärfsten ihm zur Verfügung stehenden Mitteln: Er exkommunizierte den Dogen und die Mitglieder der Regierung und verhängte über Venedig das Interdikt, einen Bann, der allen Priestern verbot, den Unbotmäßigen die religiösen Segnungen zu spenden. Die Venezianer erklärten ihrerseits das Interdikt für null und nichtig und verwiesen alle Kleriker des Landes, die dem Papst gehorchen und nicht länger die Messe lesen wollten.

Der rhetorische Wortführer der Venezianer in diesem Streit war Galileis Freund Fra Paolo Sarpi als theologischer Consultor der Regierung. In klaren, geistreich formulierten Streitschriften wollte er die Macht des Papstes auf religiöse Dinge beschränkt wissen und skizzierte eine moderne Theorie des säkularen Staates. Sarpi stärkte nicht nur den Widerstandsgeist der Venezianer, sondern gewann der Sache seines Landes viele Anhänger in Europa.

Der Papst wollte den Konflikt schließlich militärisch lösen – durch ein Bündnis des Vatikanstaates mit Spanien –, wobei zugleich eine kleinere Auseinandersetzung um die Unabhängigkeit des Fürstentums Ferrara erledigt werden sollte. Die Venezianer brachten daraufhin ein Bündnis mit Frankreich zustande, dessen König Heinrich IV. nach einigen Monaten einen für die stolzen Venezianer akzeptablen Kompromißfrieden aushandelte. Das Interdikt löste sich in Rauch auf.

In diesen turbulenten Monaten war Galilei hauptsächlich mit seinen Vertrags- und Gehaltsfragen beschäftigt. Im August 1606 waren die Riformatori der Universität endlich bereit, mit fast zweijähriger Verzögerung einen neuen Vertrag auszufertigen und das Jahresgehalt um 200 Dukaten auf nunmehr 520 Dukaten aufzubessern. Der mutige und risikoreiche Kampf der Venezianer unter der intellektuellen Führung seines Freundes Sarpi scheint ihn jedoch nicht weiter beeindruckt zu haben.

Wenn auch seine Sympathien auf der Seite seiner Dienstherren gewesen sein mögen, fanden diese für die Verteidigung der Gedankenfreiheit vor klerikaler Vormundschaft bedeutsamen Ereignisse in seiner Korrespondenz keinen Niederschlag. Die einzige Ausnahme ist in einem Brief an den Bruder Michelangelo die spöttische Beschreibung der Vertreibung der Jesuiten, die dem päpstlichen Gebot und nicht der Signoria gefolgt waren. Galilei hatte diesen Exodus in Venedig miterlebt und beendet seine Schilderung mit der Vermutung, daß die Jesuiten aus dem ganzen Staatsgebiet ausgezogen seien »zum großen Schmerz und Jammer der vielen Damen, die ihnen ergeben sind«.[1]

Freund Sarpi wurde übrigens nach Rom zitiert, vor die Heilige Inquisition; da er diese Aufforderung ignorierte, blieb er bis zu seinem Tode exkommuniziert, las aber dennoch die Messe und blieb, trotz der Ächtung durch die Kurie, ein getreuer Katholik. 1607 wurde in den Straßen Venedigs ein Anschlag auf sein Leben verübt; die Narben der Wunden trug er voller Stolz als venezianischer Held und schrieb sie dem »stilo dei gesuiti« zu, also gleichermaßen dem Stil und der Handschrift der Jesuiten wie dem Stilett.

Galilei, der freilich noch nicht ahnte, daß auch er einmal in Konflikte mit der Kurie verwickelt sein könnte, sah in Venedig wohl weniger eine Insel der Gedankenfreiheit denn ein übles Beispiel für die Knauserigkeit von Republikanern. Schon einmal, im Jahre 1604, hatte er einem Fürsten seine Dienste angetragen, aber der Herzog von Mantua vermochte Galileis Wünsche nach Reichtum und Muße ebensowenig zu erfüllen wie die Signoria. Nun konzentrierte Galilei sein ganzes Interesse auf den großherzoglichen Hof in Florenz.

Die Verbindungen zur Heimat hatte Galilei nie ganz abreißen lassen. Regelmäßig korrespondierte er mit vormaligen Kollegen der Universität Pisa wie Girolamo Mercuriale und Jacopo Mazzoni, und als Schwager Benedetto Landucci nicht mehr mit dem Schuldturm drohte, verbrachte er manches Mal die Sommerferien im heimatlichen Florenz. Mercuriale hatte auch eine neue Möglichkeit eingefädelt, die Verbindungen zum großherzoglichen Hof zu festigen: Schon 1601 riet er Galilei, im kommenden Sommer den dann zwölfjährigen Kronprinzen Cosimo zu unterrichten, der als ältester

Sohn von Ferdinand I. und seiner Gemahlin Christine von Lothringen irgendwann einmal der Herrscher der Toskana werden würde.

Ob Galilei diesem Ratschlag sogleich gefolgt ist, kann nicht mehr ausfindig gemacht werden. Mit Sicherheit akzeptierte er aber die Einladung für den Spätsommer des Jahres 1605, die der Majordomus des Großherzogs, Giovanni del Maestro, am 15. August in der Sommerresidenz Pratolino fünfzehn Kilometer nördlich von Florenz zu Papier gebracht hatte:

»Ihre Durchlauchtigste Hoheit wünschen, daß Sie hierherkommen, nicht nur wegen der kompetenten Instruktion des Prinzen, sondern auch zu Eurer Genesung. Hoheit hoffen, daß die vorzügliche Luft auf dem Hügel von Pratolino Ihnen wohltun wird. Angenehme Räume, gutes Essen, ein bequemes Bett und ein herzliches Willkommen werden Sie erwarten.«[2]

Dieser Offerte konnte Galilei nicht widerstehen; den zu erwartenden Zustupf konnte er immer gut gebrauchen, und zudem hatte er jetzt einen Schüler, auf den er glaubte seine Zukunft bauen zu können. Der Unterricht wird auch für den Lehrer eine angenehme Erfahrung gewesen sein, denn Cosimo war ein überaus lernbegieriger Knabe, der schon mehrere Sprachen beherrschte und sich für Philosophie, Musik und Naturwissenschaften interessierte. Auch Galileis mittlerweile berühmter Kompaß war Gegenstand des Unterrichts, und Galileis Widmung der gedruckten Gebrauchsanleitung aus dem Jahre 1606 war sicher nicht nur die übliche Schmeichelei, sondern dürfte auch mehr als nur ein Körnchen Wahrheit enthalten haben:

»Ich habe keinen Zweifel, daß diese kleine Gabe gnädig von Euch aufgenommen werden wird, und das nicht nur, weil ich von Eurer unendlichen natürlichen Vornehmheit überzeugt bin, sondern auch wegen meiner Gewißheit, daß diese Lektüre Euren königlichen Beschäftigungen angemessen ist, und außerdem hat mich die Erfahrung darin bestätigt, indem Sie so gütig waren, im vergangenen Sommer meinen mündlichen Erläuterungen zum Gebrauch dieses Instruments zu lauschen. Möge Eure Hoheit an diesem meinem mathematischen Spielzeug Vergnügen finden, das Euren edlen jugendlichen Studien entspricht. Und mit fortschreitender Erfahrung in diesen wahrhaft königlichen Disziplinen mögen Sie von meinem bescheidenen Geiste mehr jener reifen Früchte erwarten, die zu ernten göttliche Gnade mir vergönnt hat.«[3]

Mit dieser Schrift im Gepäck reiste Galilei wiederum in die zauberhafte Villa in Pratolino, dieses Mal schon in der Hoffnung auf eine dauerhafte Anstellung. Im folgenden Jahr 1607 wurde er in Venedig aufgehalten; der Grund war eine widerwärtige Plagiatsaffäre. Ein Baldassare Capra hatte die Schrift über den Kompaß auf Latein paraphrasiert und nicht nur als sein geistiges Eigentum ausgegeben, sondern sogar ein Plagiat Galileis angedeutet. Der geriet in überaus heftigen Zorn, strengte einen Prozeß an, bei dem Freunde wie Paolo Sarpi für die Originalität von Galileis Werk bürgten, und erreichte, daß die Schrift des kopierenden Konkurrenten verbrannt werden mußte. Galilei ruhte jedoch nicht eher, bis Capra Venedig verlassen hatte, und schickte ihm dann noch eine überaus derb formulierte Schmähschrift hinterdrein.

Im folgenden Jahr weilte Galilei wiederum bei Hofe, dieses Mal jedoch nicht in Pratolino, sondern in der nicht minder schönen Villa der Medici in Artimino an den Hängen des Arnotals. Mit seinem durchlauchtigsten Schüler besprach er bereits eigene Weiterentwicklungen der archimedischen Theorie über das Schwimmen, Schweben und Sinken schwerer Körper in Wasser. Daß Cosimo sich mit derartigen Themen befaßte, ist ein wenig überraschend, denn eigentlich hatte er sich auf den Ehestand vorzubereiten. Obwohl er sich aus Damen nichts machte – oder vielleicht gerade deshalb –, sollte er schon als Achtzehnjähriger mit der Habsburgerin Maria Magdalena, einer Tochter des Erzherzogs Karl, vermählt werden. Galilei war Gast der Feierlichkeiten in Florenz und kehrte erst im Oktober nach Padua zurück.

Während der Großherzog Ferdinand und sein Sohn Cosimo ihren Untertanen Galilei als einen ungewöhnlich fähigen Mathematiker schätzten, setzte die Großherzogin Christine große Hoffnungen in dessen astrologische Kunstfertigkeiten. Gleich zu Beginn des Jahres 1609 erreichte Galilei in Padua die Bitte der Großherzogin, sich doch einmal das Horoskop ihres schwer erkrankten Ehegemahls genauer anzusehen. Am 16. Januar brachte Galilei seine revidierte Fassung auf den Weg nach Florenz, in der er dem Großherzog noch viele Lebensjahre in Aussicht stellte.[4] Der starb jedoch schon nach drei Wochen, und dem Astrologen Galilei blieb nichts anderes übrig, als sich durch den Hinweis auf die mangelhafte Kenntnis der Geburtsstunde des Verstorbenen herauszureden.

Diese peinliche Pleite hatte für Galilei jedoch auch eine gute Seite, denn nun konnte er ernsthaft darauf hoffen, in dem neuen Großherzog, seinem Schüler Cosimo, einen fürstlichen Gönner gefunden zu haben, der ihn von der Fron des Unterrichts befreien und ihm die ehrenvolle Rückkehr nach Florenz ermöglichen werde. Aber auch Cosimo wollte die Staatskasse schonen und zögerte mit einer Zusage. Als er sie schließlich doch im Frühjahr 1610 erteilte, war Galilei urplötzlich ein hoch- und weltberühmter Mann geworden. Erreicht hat dies das Fernrohr, das Galilei auf den Himmel gerichtet hatte. Was sich dort seinen Augen offenbarte, revolutionierte das Bild des Kosmos in dramatischer Weise, und ebenso dramatisch veränderte es das Leben Galileis.

Der Disput um die Mitte – Astronomiegeschichtliches Intermezzo

Die kopernikanische Revolution wurde in der ersten Hälfte des 16. Jahrhunderts zunächst als eine mathematische Revision der Grundlagen der Astronomie in Gang gesetzt, als eine Angelegenheit für Spezialisten. Der Titel des 1543 erschienenen Buches von Nikolaus Kopernikus *De revolutionibus orbium coelestium* ist noch ganz schlicht wörtlich zu übersetzen als *Über die Umdrehungen der Himmelskreise,* er hat aber wesentlich dazu beigetragen, daß die »revolutiones« ihre Bedeutung wandelten zu jenem historischen Verständnis von Revolution, unter dem das Werk des Kopernikus als eines der herausragendsten Beispiele geführt wird. Weit über die eigentlich astronomische Bedeutung hinausreichend, geriet die sonnenzentrierte Planetentheorie des Kopernikus den Nachgeborenen zur grandiosen Metapher der Menschheitsgeschichte und zur Signatur der Neuzeit.

Über die »Scheidung der ältern und der neuern Zeit«, also den Anbruch der Moderne und den damit verbundenen tiefgreifenden Bewußtseinswandel, schrieb Goethe in einem Exkurs seiner *Geschichte der Farbenlehre*:

»Doch unter allen Entdeckungen und Überzeugungen möchte nichts eine größere Wirkung auf den menschlichen Geist hervorgebracht haben, als die Lehre des Kopernikus. Kaum war die Welt als rund anerkannt und in sich selbst abgeschlossen, so sollte sie auf das ungeheure Vorrecht Verzicht tun, der Mittelpunkt des Weltalls zu sein. Vielleicht ist noch nie eine größere Forderung an die Menschheit geschehen: denn was ging nicht alles durch diese Anerkennung in Dunst und Rauch auf: ein zweites Paradies, eine Welt der Unschuld, Dichtkunst und Frömmigkeit, das Zeugnis der Sinne, die Überzeugung eines poetisch-religiösen Glaubens; kein Wunder, daß man dies alles nicht wollte fahren lassen, daß man sich auf alle Weise einer solchen Lehre entgegensetzte, die denjenigen, der sie annahm, zu einer bisher unbekannten, ja ungeahnten Denkfreiheit und Großheit der Gesinnungen berechtigte und aufforderte.«[1]

Galilei war der erste, der von der »ungeahnten Denkfreiheit« leidenschaftlichen und zugleich wissenschaftlich disziplinierten Gebrauch machte, er wurde zum Propagandisten der kopernikanischen Lehre und damit nicht nur zum Begründer der mathematisch-experimentellen Wissenschaft, sondern zum personifizierten Mythos der kopernikanischen Revolution und ihrer Folgen.

Die großen schöpferischen Wissenschaftler konnten sich aber vor allem in den Geburtswehen der Neuzeit nicht darauf beschränken, den Aufbau des Neuen voranzubringen, sie mußten ebenso den Abbruch des Alten betreiben, wenn sie neuen Gedanken zum Durchbruch verhelfen wollten. Galilei war sozusagen als Abbruchspezialist ein großer Virtuose, und wenn wir seine Leistung annähernd verstehen wollen, kommen wir nicht umhin, das Gebäude, das er zum Einsturz brachte, wenigstens in Umrissen zu skizzieren.

In der Astronomie folgte Galilei der Tradition länger als etwa in der Mechanik, am Althergebrachten wußte er nichts auszusetzen und verspürte offenbar kein Bedürfnis nach revolutionären neuen Anfängen wie in der Lehre von der Bewegung. Die mittelalterliche Synthese von Himmel und Erde hatte er schon in seiner frühen Jugend durch das Studium des vergötterten Dante kennengelernt, und als Professor unterrichtete er brav den Aufbau der Welt gemäß der Kosmologie des Aristoteles. In der gleichen traditionellen Manier brachte er seinen Studenten die Elemente der Planetentheorie nach dem System des Ptolemäus bei, der ebenso wie Aristoteles von einer im Zentrum der Welt ruhenden Erde ausging. Von alternativen Möglichkeiten der Beschreibung der Himmelserscheinungen hatte er zweifellos schon als junger Mann in Pisa gehört, von dunklen Andeutungen der Pythagoreer, die alle Himmelskörper um ein unsichtbares Zentralfeuer kreisen lassen wollten, oder gar von einem heliozentrischen System, wie es im 3. Jahrhundert v. Chr. von Aristarch von Samos vorgeschlagen worden war.

Von Aristarch ist ein Werk *Über die Größen und Entfernungen von Sonne und Mond* erhalten geblieben, das seinen Verfasser als einen ungewöhnlich kompetenten Mathematiker ausweist. Um so bedauerlicher wird man daher unsere mangelhafte Kenntnis seines Planetensystems empfinden, das nur in knappen Andeutungen anderer Autoren überliefert worden ist.

Am ausführlichsten ist noch Archimedes in seinem *Sandrechner*; in dieser Studie mit dem kurios anmutenden Titel geht es um die Frage, ob die Menge der Sandkörner, die den Kosmos ausfüllen würde, noch durch eine Zahl darstellbar ist und ob diese gewiß sehr große Zahl durch andere, noch größere Zahlen übertroffen werden kann. Dabei spielt natürlich das Volumen der Welt und somit ihre Konfiguration eine große Rolle:

»Du bist darüber unterrichtet, daß von den meisten Astronomen als Kosmos diejenige Kugel bezeichnet wird, deren Zentrum der Mittelpunkt der Erde und deren Radius die Verbindungslinie der Mittelpunkte der Erde und der Sonne ist. Dies nämlich hast du aus den Abhandlungen der Astronomen gehört. Aristarch von Samos jedoch gab eine Erörterung gewisser Hypothesen heraus, in welchen aus den gemachten Voraussetzungen geschlossen wird, daß der Kosmos ein Vielfaches der von mir angegebenen Größe sei. Es wird nämlich von ihm angenommen, daß die Fixsterne und die Sonne unbeweglich seien, die Erde sich um die Sonne, die in der Mitte der Erdbahn liege, in einem Kreis bewege, die Fixsternsphäre aber, deren Mittelpunkt im Mittelpunkt der Sonne liege, so groß sei, daß die Peripherie der Erdbahn sich zum Abstand der Fixsterne verhalte wie der Mittelpunkt der Kugel zu ihrer Oberfläche.«[2]

Diese Darstellung seines geliebten Archimedes hatte Galilei gewiß gelesen, sie scheint jedoch keine nachweisbaren Sympathien für ein heliozentrisches System bei ihm erweckt zu haben. Vielleicht lag das auch daran, daß Archimedes seine Erläuterung der Ideen des Aristarch mit der knappen Bemerkung beschließt: »Es ist klar, daß dies unmöglich ist.«

Von Kopernikus wird Galilei wohl ebenfalls gehört haben, aber es ist sehr unwahrscheinlich, ob er dessen Werk *De revolutionibus* überhaupt in Händen gehalten, geschweige denn sorgfältig studiert hat. Dieses Buch war zwar schon zwei Jahrzehnte vor Galileis Geburt erschienen, aber im 16. Jahrhundert war es noch längst nicht Allgemeingut geworden. Erst in Padua wurde Galilei auf die Vorzüge der Astronomie des Kopernikus aufmerksam, wahrscheinlich durch eine Anregung von seinem Freund Paolo Sarpi. Die kopernikanische Revolution war offenbar ein eher langsamer Prozeß, gar zu sehr hielt die aristotelisch-ptolemäische Synthese die Geister gefangen. Dabei gingen von Anbeginn an durch das traditionelle Weltbild tiefe Risse, die freilich erst bei genauerem Hinsehen sichtbar wurden. Die großartige Kosmologie der Spätantike und des Mittelalters stand nämlich auf zwei sehr unterschiedlichen Beinen, die eigentlich gar nicht recht zueinander passen wollten.

Der aristotelische Kosmos präsentierte sich als eine wohlabgestufte Hierarchie des Seienden nach der Rangfolge der Vollkommenheit. Die Elemente der Materie folgten natürlichen Bewegungen, die schweren wie Erde und Wasser nach unten in Richtung auf den Weltmittelpunkt als ihren natürlichen Ort, der so zugleich zum Erdmittelpunkt wurde, und die leichten Elemente Feuer und Luft nach oben, in Richtung auf die Sphären. Die erste dieser Sphären, die des Mondes, schied die Welt in zwei grundverschiedene Bereiche, den irdischen und den himmlischen. Während im irdischen Veränderungen der mannigfaltigsten Art sich ereigneten, zum Beispiel gemäß den unterschiedlichen Mischungsverhältnissen der Elemente, war ab der Sphäre des Mondes nur göttliche Vollkommenheit und Beständigkeit anzutreffen. Eine fünfte Substanz, die »quinta essentia«, von ätherischer, schwereloser Beschaffenheit, kannte nur eine Veränderung, nämlich die Bewegung auf Kreisen, den einzigen Bahnen, die für die Griechen aus fast religiös zu nennenden Gründen den Anspruch eben dieser göttlichen Vollkommenheit zu erfüllen vermochten.

Diese kosmologische Konstruktion ist für einen irdischen Betrachter des Himmels ein durchaus vernünftiger Ausgangspunkt, denn die Himmelskugel scheint sich einmal am Tag um die Erde zu drehen. Freilich kann sie das nicht als Ganzes, denn sieben Himmelskörper gehen eigene Wege relativ zum Fixsternhimmel, die so verschlungen sind, daß die Griechen sie Planeten nannten, irrende Sterne. Der Mond, abweichend vom heutigen Sprachgebrauch für die Griechen ein Planet ebenso wie die Sonne, wandert binnen siebenundzwanzig Tagen um die Himmelskugel, die Sonne braucht dazu jenen Zeitraum, den wir ein Jahr nennen. Die anderen fünf

Planeten sehen zwar den Sternen ähnlich, ihre Bewegungen sind jedoch von deren Kreisförmigkeit noch weiter entfernt als die von Sonne und Mond. Zwar folgen sie ziemlich genau dem Tierkreis der Himmelskugel, aber mit sehr unterschiedlichen Geschwindigkeiten und in verwirrenden Schleifen: Sie werden langsamer, halten an, scheinen in einer Schleife sogar rückwärts zu laufen und folgen erst nach Vollendung einer Schleife wieder ihrer Bahn. Eine wundersame Ordnung scheint die Sonne in diesem kosmischen Ballett zu stiften, denn die sogenannten äußeren Planeten Mars, Jupiter und Saturn ziehen ihre Schleife einmal im Jahr immer dann, wenn sie der Sonne gegenüberstehen, während die unteren Planeten Merkur und Venus von der Sonne gleichsam eingefangen bleiben; deshalb ist die Venus zum Beispiel niemals um Mitternacht zu sehen, sondern nur als Abend- oder Morgenstern. Daß diese beiden Erscheinungen des Abend- und Morgensterns ein und derselbe Himmelskörper sind, war eine der ersten großen Entdeckungen der Astronomie schon der Babylonier.

Aus den aristotelischen Prinzipien und den Beobachtungen am Himmelszelt resultierte eine Struktur des Kosmos, die dem Aufbau einer Zwiebel ähnelt: Das Zentrum, die Erde, umgeben von konzentrischen Sphären der Planeten, und schließlich die Schale der Fixsterne; eingehüllt wurde dieser Kosmos von der Sphäre des Ersten Bewegers, der das himmlische Räderwerk in Gang zu halten hatte. Allerdings reichten für die Planeten wegen ihrer erratischen Wege einfache Schalen nicht aus, so daß Aristoteles auf eine von Eudoxos konzipierte Theorie mehrerer ineinandergreifender Sphären zurückgriff.

Im zwölften Buch der *Metaphysik* skizzierte der Philosoph ein System aus insgesamt fünfundfünfzig Sphären, aber auch diese unter metaphysischen Gesichtspunkten unschöne Komplexität konnte nichts daran ändern, daß diese Konstruktion sich vor dem Prüfstein aller Astronomie, der korrekten Vorhersage von Himmelserscheinungen, nur mangelhaft bewährte. Daher wurden die technischen Details ziemlich bald vergessen, aber die grundlegenden Prinzipien der »quinta essentia«, der Kreisbewegung und des Ersten Bewegers bestimmten das astronomische Denken für beinahe zweitausend Jahre. In der mittelalterlichen Synthese der Scholastik war es den

Philosophen ein leichtes, den abstrakten Ersten Beweger des Aristoteles mit dem Schöpfergott des Christentums zu identifizieren, während in volkstümlichen Darstellungen sogar die himmlischen Heerscharen der Engel als Antriebskräfte für die Sphären bemüht wurden.

Die antike Astronomie verdankte ihre schönsten Leistungen weniger der philosophischen Vertiefung der aristotelischen Kosmologie, sondern vielmehr der weisen Beschränkung auf eine möglichst exakte Beschreibung der Beobachtungen mit den Mitteln der Mathematik. Die Erörterung der wahren Struktur des Kosmos oder der Ursachen der Bewegung wurde zurückgestellt zugunsten einer geometrischen »Rettung der Phänomene«, wie dieses Vorgehen im Sinne einer positivistisch anmutenden Modellkonstruktion damals genannt wurde. Praktiziert wurde es vor allem in der Gelehrtenschule des Musaion in Alexandria, und sein größter Triumph war das System des Ptolemäus.

Die Himmelsgeometrie des Ptolemäus war ein Meisterwerk mathematischer Virtuosität. Seine Grundlage waren die sorgfältigen Beobachtungen, die Hipparch im 2. Jahrhundert v. Chr. angestellt hatte. Dreihundert Jahre später, also im 2. Jahrhundert n. Chr., schuf Claudius Ptolemäus sein »Großes astronomisches System«, das im europäischen Mittelalter nach der arabischen Übersetzung als Almagest bekannt wurde. Darin versuchte Ptolemäus nicht einmal, die wahren Bahnen der Planeten zu beschreiben; wie die wirklich aussehen mögen, ließ er sozusagen in den Sternen stehen. Sein Ziel war einzig die »Rettung der Phänomene«, darin bestehend, eine richtige Voraussage der Planetenörter vor dem Hintergrund des Fixsternhimmels zu liefern, wie sie sich einem auf der als ruhend angenommenen Erde befindlichen Beobachter darbieten.

In einigen Grundannahmen stimmte Ptolemäus mit der Kosmologie des Aristoteles überein: Die ruhende Erde war das Zentrum der Himmelskugel, und die einzig zulässige geometrische Figur war der Kreis. Die Beschreibung der Planetenbahnen gelang jedoch nur durch willkürlich anmutende, aber sehr intelligent gewählte Hilfskonstruktionen, die frei von jeder Rücksicht auf das kosmologische Modell waren: die Exzenter, Epizykeln und Äquanten.

Die Mittelpunkte der planetaren Kreise wurden aus der Erd- und Weltmitte herausgerückt und exzentrisch angenommen, wodurch sie in erster Näherung die unterschiedlichen Geschwindigkeiten und Helligkeitsabstufungen wiedergaben, die sich dem sorgfältigen Beobachter zeigten. Die eigenartige Schleifenbewegung konnte durch einen weiteren, auf dem ersten Kreis umlaufenden kleineren Kreis simuliert werden, den Epizykel, der sich auf dem exzentrischen Deferenten dreht. Zur Rettung der gleichförmigen mathematischen Geschwindigkeit in dem Modell wurde noch der Äquant bemüht, ein Punkt, um den sich der Planet mit konstanter Winkelgeschwindigkeit dreht, der aber weder mit dem Erdmittelpunkt noch mit dem des Deferenten zusammenfällt. Durch eine entsprechend große Anzahl von Epizykeln ließ sich im Prinzip eine beliebige Genauigkeit bei der Darstellung der Planetenbewegung erreichen.

Für die mit der Kenntnis der Fourier-Analyse ausgerüsteten Mathematiker des 19. und 20. Jahrhunderts wäre das nicht überraschend gewesen, für Ptolemäus, der sich auf die Mittel der Geometrie des Euklid beschränken mußte, war diese Konzeption aber eine großartige Tour de force, an deren Resultaten die Nachfolger lange nur Details zu verbessern fanden. Zwei Nachteile freilich dürften auch schon den Zeitgenossen des großen Griechen aufgefallen sein: Ein Räderwerk mit knapp einhundert Hilfskonstruktionen war erstens mit dem Odium des Willkürlichen behaftet selbst dann, wenn es ausdrücklich nicht als Abbild der Realität, sondern nur als mathematische Prozedur verstanden werden wollte. Und zweitens hatte Ptolemäus eigentlich gar kein System geliefert, sondern ein allgemeines mathematisches Verfahren, nach dem jeder der Planeten einzeln behandelt wurde, ohne jeden Zusammenhang mit den anderen. Insbesondere gab es im Almagest keine Theorie zur Reihenfolge der Planeten, jedes Arrangement wäre gleich gut gewesen, und daß sich Ptolemäus der überlieferten Abfolge anschloß, war nichts als eine Konvention.

Trotz aller mathematischen Komplikationen war die Versuchung doch zu groß, die verschachtelten Kreise des Ptolemäus wieder mit der Kosmologie des Aristoteles in Einklang zu bringen. Jeder Planet wurde als in einen Epizykel eingebettet gedacht, der zwischen zwei kristallenen Sphären abgerollt wurde – von einem Ersten Beweger oder einem Engel. Diese sozusagen realistische Interpretation des ptolemäischen Systems setzte sich im Mittelalter durch und wurde mit der Autorität der Tradition gestützt. Das bereits erwähnte Büchlein des Johannes de Sacrobosco aus dem 13. Jahrhundert war der schulmäßige Triumph der Synthese aus aristotelischer Naturphilosophie und ptolemäischer Astronomie, und in dieser Form hatte noch Galilei Astronomie gelernt und auch zwei Jahrzehnte lang unterrichtet.

Für tiefsinnige Geister erschien diese Synthese jedoch eher wie eine Klitterung aus miteinander unverträglichen Elementen, an der zum Beispiel der als Philosoph und Aristoteles-Kommentator weithin gerühmte Averroes schier verzweifelte:

»In meiner Jugend hatte ich gehofft, meine Forschungen in der Astronomie zu einem erfolgreichen Abschluß zu bringen. Nun, in meinem Alter, habe ich diese Hoffnung aufgegeben, da zu viele Hindernisse im Wege stehen. Aber was ich darüber zu sagen habe, wird vielleicht die Aufmerksamkeit späterer Forscher erregen. Die astronomische Wissenschaft unserer Tage bietet nichts, aus dem man eine existierende Realität herleiten könnte. Das Modell wurde in Zeiten entwickelt, in denen Übereinstimmung mit den Berechnungen angestrebt wurde, nicht jedoch mit der Existenz.«[3]

Aber selbst als mathematisches Modell wurde der Almagest nicht allseits geschätzt. Ein Beispiel hierfür ist der kastilische König Alfons X., der im 13. Jahrhundert durch fünfzig Gelehrte die obsolet gewordenen Tafeln der Planetenörter des Ptolemäus neu berechnen ließ. Durch die Alfonsinischen Tafeln ging er in die Geschichte der Astronomie ein, aber auch durch eine frivole Bemerkung über das vertrackte Räderwerk des Ptolemäus: »Wenn mich Gott bei der Erschaffung der Welt zu Rate gezogen hätte, so würde ich ihm größere Einfachheit empfohlen haben.«

Astronomische Alternativen wurden bereits in der Antike diskutiert, denn schon den Pythagoreern war klar, daß eine täglich sich drehende Erde oder ein sich drehender Himmel hinsichtlich der Erscheinungen auf das gleiche hinausläuft. Allerdings scheint kein derartiger Vorschlag ernsthaft ausgearbeitet worden zu sein; sogar von dem System des Aristarch von Samos kennen wir nicht mehr als die schon erwähnte Bemerkung aus dem *Sandrechner* des Archimedes. Immerhin scheinen die Alternativen die Geister derart beschäftigt zu haben, daß Ptolemäus seine Entscheidung für eine ruhende Erde nicht einfach voraussetzte, sondern ausführlich begründete, und zwar hauptsächlich mit Argumenten aus der Physik.

Die Griechen hatten eine ziemlich gute Vorstellung von der Größe der Erde und konnten daher leicht ausrechnen, daß sich bei einer täglichen Rotation die Erdoberfläche in den geographischen Breiten des Mittelmeerraumes mit etwa dreihundert Metern pro Sekunde bewegen müßte. Von dieser wahnwitzigen Geschwindigkeit war aber nichts zu bemerken, weder spürt man einen orkanartigen Fahrtwind der Luft, noch haben die Vögel Schwierigkeiten, sich an einem Ort in der Luft zu halten. Auch mechanische Probleme konnten als Prüfsteine herangezogen werden, zum Beispiel der von einem Bogen abgeschossene Pfeil, der in Richtung der Erddrehung, also nach Osten, einen wesentlich kürzeren Weg auf der Erdoberfläche zurücklegen müßte als bei gleichem Abschuß gen Westen, da sich die Erde unter ihm hindurchdreht. Ptolemäus verwies auch darauf, daß aus dem nämlichen Grunde ein von einem Turm senkrecht herabfallender Stein westlich von der Senkrechten auftreffen müßte, da sich ja in der Fallzeit die Erde nach Osten weitergedreht hat. Derartiges war auch nicht im entferntesten zu beobachten, die Einwände gegen eine drehende Erde also vor allem nach den Kriterien der aristotelischen Physik überwältigend, die ruhende Erde eine feststehende Tatsache. Das bedeutete freilich, daß sich die weit entfernte Himmelskugel in ihrer täglichen Umdrehung mit einer Geschwindigkeit bewegen mußte, die alle menschliche Vorstellungskraft überstieg und bei der jeder irdische Körper zerfetzt worden wäre. Dieser Einwand, wenn er denn jemals erhoben wurde, konnte flugs zum Argument für die völlig andersartige, ja göttliche Natur der Himmelskörper umgedreht werden, wie es ja der kluge Aristoteles für die »quinta essentia« postuliert hatte.

Die Einwände gegen eine sich drehende Erde konnten erst durch die Einführung des Begriffs der Trägheit in die Lehre von der Ortsbewegung ausgeräumt werden, also erst durch die von Galilei geschaffene neue Physik. Über das System der Welt wurde also nicht nur durch die Beobachtungen der Himmelserscheinungen entschieden, sondern eher noch durch eine zunächst nur für irdische Vorgänge konzipierte Theorie der Bewegung. Galilei hatte daher, wie wir noch sehen werden, einen großen Teil seiner Überzeugungsarbeit auf die Entkräftung der traditionellen Argumente gegen eine sich drehende Erde zu verwenden. Vor allem in dieser Hinsicht wurde er zum großen Abbruchspezialisten, und indem er der Überlieferung die Fundamente entzog, konnte er damit zwar das kopernikanische System noch nicht beweisen, aber immerhin für seine Zeitgenossen als eine mögliche Alternative annehmbar machen.

Nikolaus Kopernikus wurde 1473 in Thorn geboren, einer Hansestadt östlich der Weichsel, an der Peripherie des christlichen Abendlandes. Ein Onkel, der das Amt des Bischofs von Ermland innehatte, ermöglichte Kopernikus eine ebenso lange wie vorzügliche Ausbildung, zunächst fünf Jahre an der Universität Krakau und ab 1496 in Bologna. Die Jahrhundertwende verbrachte er in Rom, beobachtete eine Mondfinsternis und hielt Vorträge über astronomische Themen, die einiges Aufsehen erregt haben sollen. In der Zwischenzeit hatte ihm sein bischöflicher Onkel die Pfründe eines Kanonikus im Domkapitel zu Frauenburg verschafft, mit der ein komfortables Einkommen bei geringen Pflichten verbunden war, so daß Kopernikus erneut nach Italien reisen konnte, dieses Mal nach Padua. Seinen Doktorgrad im kanonischen Recht erwarb er jedoch an der benachbarten unbedeutenden Universität von Ferrara; vermutlich wollte er sich einem in Padua üblichen kostspieligen Brauch zur Abrundung des Promotionsverfahrens entziehen, dem zufolge jeder neue Dottore die ganze Universität bei opulenten Gelagen freizuhalten hatte. Nach diesen italienischen Exkursionen kehrte Kopernikus nach Frauenburg zurück, verbrachte die ihm verbleibenden vier Jahrzehnte seines Lebens als Kanonikus und huldigte beinahe im Verborgenen seiner Leidenschaft zur Astronomie.

Die Grundzüge seines neuen Planetensystems legte er 1514 in einem kleinen Abriß nieder, den er nur als Handschrift unter wenigen Freunden zirkulieren ließ. Selbstbewußt verkündete er in diesem *Commentariolus*: »Wir drehen uns um die Sonne wie jeder andere Planet.« Drucken lassen wollte Kopernikus diese kühne These freilich nicht, aber trotzdem wurde der *Commentariolus* weiter verbreitet, als seinem Verfasser lieb war. Die Aufnahme der kühnen Konzeption war durchaus zweischneidig: Einerseits entstand das Gerücht, daß hoch im Norden in den wolkenverhangenen prutenischen Sümpfen ein neuer Ptolemäus am Werke sei, andererseits wurde der Verfasser verspottet, beschimpft und mit dem Buchstaben der Bibel konfrontiert. Den hatten die Protestanten gerade zur Grundlage ihres Glaubens und ihrer Abgrenzung gegenüber allem Papistischen erhoben. Entsprechend heftig polterte daher Martin Luther in einem seiner Tischgespräche:

»Aber es gehet itzt also: wer da will klug sein, der soll ihm nichts gefallen lassen, was andere machen, er muß ihm ein Eigens machen, das muß das Allerbeste sein, wie ers machet. Der Narr will die ganze Kunst Astronomiae umbkehren. Aber wie die heilige Schrift anzeiget, so hieß Josua die Sonne still stehen, und nicht das Erdreich.«[4]

Luther berief sich hier auf einen für den christlichen Glauben nicht eben zentralen Text aus dem Buche Josua (10,13): »Sonne, stehe still zu Gibeon, und Mond im Tal von Ajalon.« Dieser Satz der Bibel gewann eine ihm wahrlich nicht angemessene Bedeutung, indem er den ersten Platz in der Reihenfolge der gegen die neue Astronomie ins Feld geführten Bibelzitate einnahm. Kopernikus hat zwar niemals bei dem Reformator zu Tisch gesessen, aber er kannte die feindselige Stimmung unter vielen seiner Zeitgenossen, und er fürchtete sie. So konnte erst der Wittenberger Professor Rheticus seinem verehrten Lehrer die Einwilligung zur Veröffentlichung von *De revolutionibus* abringen. Gedruckt wurde das Buch 1542 in Nürnberg, mit einer Widmung an Papst Paul III. und der Bitte um dessen Schutz:

»Damit aber Gelehrte und Ungelehrte gleicherweise sehen, daß ich durchaus niemandes Urteil scheue, so wollte ich diese meine Nachtarbeit lieber Deiner Heiligkeit als irgendeinem andern widmen, weil Du auch in diesem sehr entlegenen Winkel der Erde, in welchem ich wirke, an Würde des Ranges und an Liebe zu allen Wissenschaften und zur Mathematik für den erhabensten gehalten wirst; so daß Du durch Dein Ansehen und Urteil die Bisse der Verleumder leicht unterdrücken kannst, obgleich das Sprichwort sagt, daß es dagegen kein Mittel gebe.«[5]

Der besorgte Autor brauchte den Schutz des Papstes nicht mehr in Anspruch zu nehmen. Als im Februar 1543 das erste druckfrische Exemplar in Frauenburg eintraf, lag der siebzigjährige Kanonikus im Sterben. Der Legende zufolge legte man ihm sein Buch auf das Bett, damit er es wenigstens anfassen könne; gelesen hat er es mit Sicherheit nicht mehr. Er wäre bei der Lektüre gewiß entsetzt gewesen, denn dem Buch ging ein Vorwort voran, das seine Absichten ins Gegenteil zu kehren versuchte.

Ein riesiger Etikettenschwindel von philosophischer Bedeutung war in Nürnberg produziert worden. Kopernikus hatte ein reales System beschrieben, die Sonne sollte wirklich im Mittelpunkt der Planetenbahnen stehen, die Erde sollte sich wirklich einmal im Jahr um die Sonne und einmal am Tag um sich selbst drehen. Kopernikus hatte deutlich den Anspruch erhoben, die Realität mathematisch beschrieben und nicht nur ein mathematisches Modell zur Rettung der Phänomene geliefert zu haben. In dem anonym hinzugefügten Vorwort wurde jedoch die modelltheoretische Beliebigkeit der Hypothesenbildung gepriesen:

»Es ist nämlich nicht erforderlich, daß diese Hypothesen wahr, ja nicht einmal, daß sie wahrscheinlich sind, sondern es reicht schon allein hin, wenn sie eine mit der Beobachtung übereinstimmende Rechnung ergeben ... Da aber für ein und dieselbe Bewegung sich zuweilen verschiedene Hypothesen darbieten, wie bei der Bewegung der Sonne die Exzentrizität und der Epizyklus, so wird der Astronom diejenige am liebsten annehmen, welche dem Verständnis am leichtesten ist. Der Philosoph wird vielleicht mehr Wahrscheinlichkeit verlangen, keiner von beiden wird jedoch etwas Gewisses erreichen oder lehren, wenn es ihm nicht durch göttliche Eingebung enthüllt worden ist. Gestatten wir daher auch diesen Hypothesen, unter den durch nichts wahrscheinlicheren alten bekannt zu werden, zumal da sie gleich bewunderungswürdig und leicht sind und einen ungeheuren Schatz der gelehrtesten Beobachtungen mit sich bringen.

Möge niemand in betreff der Hypothesen etwas Gewisses von der Astronomie erwarten, da sie nichts dergleichen leisten kann, damit er nicht, wenn er das zu anderen Zwecken Erdachte für Wahrheit nimmt, törichter aus dieser Lehre hervorgehe, als er gekommen ist. Lebe wohl. –«[6]

Erst 1609 deckte Johannes Kepler auf, daß dieses Vorwort nicht von Kopernikus, sondern von dem protestantischen Theologen Andreas Osiander geschrieben worden war, der in Nürnberg den Druck überwacht hatte. Zwar hatte er dem Kopernikus Gewalt angetan, aber zugleich auch einen guten Dienst erwiesen: Der in der nominalistischen Tradition gepflegte Verzicht auf Wahrheitsbehauptungen im Zusammenhang mit Hypothesen war genau jene Nische der Gedankenfreiheit, die die Kirche zu tolerieren bereit war. So ist es vermutlich dem vorsichtigen Osiander zu danken, daß die Lehre des Kopernikus erst 1616 auf den Index gesetzt wurde, als Galilei ihren Wahrheitsgehalt behauptet und durch eine Vielzahl astronomischer Entdeckungen untermauert hatte.

Konservativ war Kopernikus in der Wahl der mathematischen Mittel. Den Almagest des Ptolemäus hatte er gründlich studiert, und über weite Strecken wirkt *De revolutionibus* wie eine Neufassung des Klassikers unter dem Vorzeichen einer geometrischen Transformation des Zentrums. Da aber auch schon Ptolemäus die Planetenörter relativ zur Sonne angegeben hatte, da sie so am einfachsten dargestellt werden konnten, waren die mathematisch-technischen Unterschiede der beiden Systeme nicht groß. Auch Kopernikus hielt an dem Dogma der Kreisbahnen fest und benutzte Exzenter und Epizykeln, nur den ptolemäischen Äquanten verwarf er als zu wenig systemkonform.

Die kulturgeschichtliche Metapher von der kopernikanischen Wende suggerierte zugleich eine größere Einfachheit, Schönheit und Harmonie des kopernikanischen Systems gegenüber dem ptolemäischen, so als habe der Kanonikus den gordischen Knoten des verwickelten Räderwerks der alten Astronomie mit einem Schlage durchgehauen. Davon kann hinsichtlich der Einfachheit allerdings keine Rede sein. Kopernikus benötigte ebenso wie sein griechischer Vorgänger knapp hundert jener artifiziellen Hilfskonstruktionen aus Exzentern und Epizykeln, die von ihm zweifellos angestrebte größere Einfachheit war nicht erreicht worden. Sorgfältige vergleichende Analysen kompetenter Wissenschaftshistoriker haben folgende ernüchternde Beurteilung zutage gefördert:

»Der allgemeine Glaube, daß das heliozentrische System des Kopernikus eine wesentliche Vereinfachung des ptolemäischen Systems bedeutete, ist offensichtlich falsch. Die Wahl des betreffenden Systems hat keinerlei Wirkung auf die Struktur des Modells, und die kopernikanischen Modelle selber erfordern doppelt so viele Kreise wie die ptolemäischen; außerdem sind sie weit weniger elegant und anpaßbar.«[7]

In Schönheit und Harmonie allerdings übertraf das kopernikanische System die alte Astronomie jedoch bei weitem, es war sogar die erste Konstruktion, die überhaupt den Namen System zu Recht trug. Im Almagest war die Anordnung der Planeten pure Willkür oder reine Konvention, Ptolemäus handelte strenggenommen überhaupt nicht von Planetenabständen, sondern nur von Winkelveränderungen der Planeten. Kopernikus dagegen konnte schon im Vorwort stolz verkünden, daß »die Gesetze und Größen der Gestirne und all ihrer Bahnen und der Himmel selbst so zusammenhängen, daß in keinem seiner Teile, ohne Verwirrung der übrigen Teile und des ganzen Universums, irgend etwas verändert werden könnte«. Die relativen Entfernungen der Planeten von der Sonne konnten aus den Beobachtungsparametern zwingend hergeleitet werden; dies war das wohl ausschlaggebende Argument für die größere Kohärenz und Harmonie des kopernikanischen Systems gegenüber der ptolemäischen reinen Himmelsgeometrie.

Schön war natürlich auch die einfache Erklärung der rückläufigen Schleifenbewegung, die sich im kopernikanischen System gleichsam von selbst ergab: Wenn die Erde schneller als zum Beispiel der Mars unter diesem hindurchläuft, wird der Planet für einen irdischen Beobachter einen Moment stillzustehen scheinen und seine Bewegungsrichtung ändern. In technischer Hinsicht waren gewiß einige Probleme im kopernikanischen System einfacher zu behandeln, andere dafür noch verzwickter als im Almagest. Am schwierigsten war natürlich das Problem der Erdrotation, über das sich Kopernikus mit Argumenten hinwegmogelte, von denen er wohl selber wußte, daß sie nicht stichhaltig waren. Daß er aber entgegen

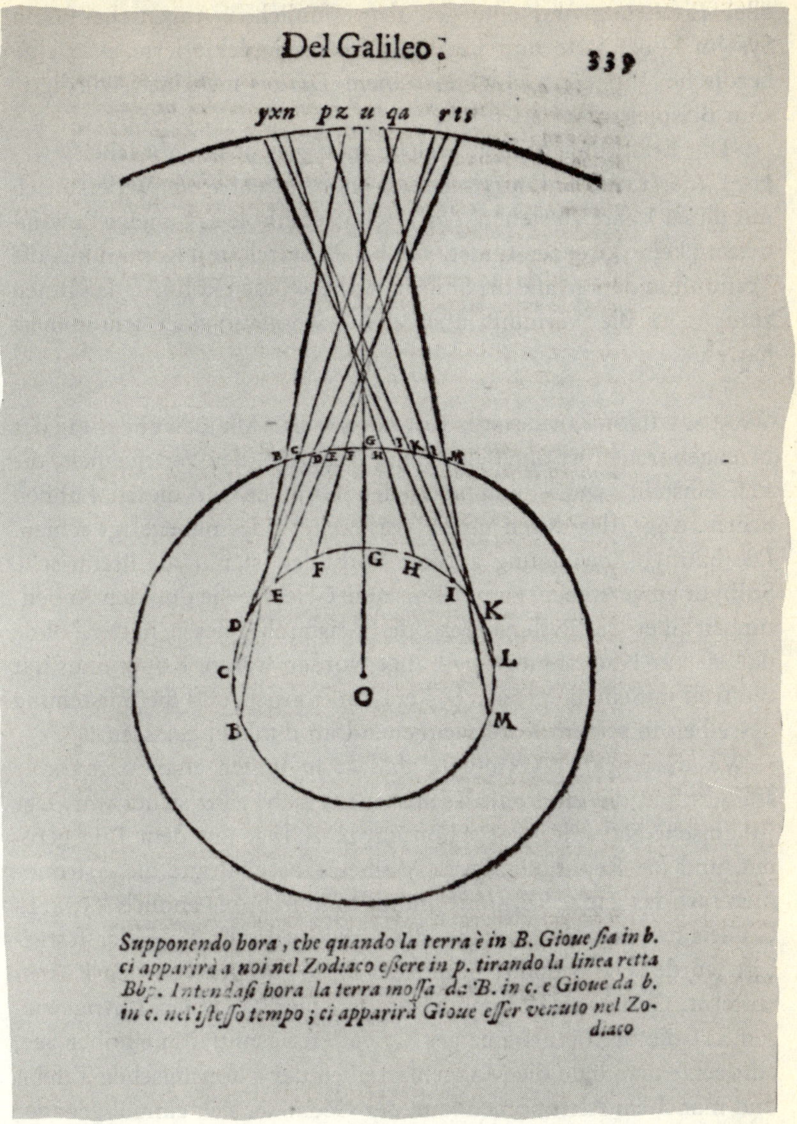
Del Galileo. 339

Supponendo hora, che quando la terra è in B. Gioue sia in b. ci apparirà a noi nel Zodiaco essere in p. tirando la linea retta Bbp. Intendasi hora la terra mossa da B. in c. e Gioue da b. in c. nell'istesso tempo; ci apparirà Gioue esser venuto nel Zodiaco

Die elegante Erklärung der Schleifenbewegungen der äußeren Planeten, wie sie Galilei in seinem »Dialog« im Anschluß an Kopernikus präsentiert; im ptolemäischen System wäre dazu ein großer Epizykel als geometrische Hilfskonstruktion erforderlich

aller Erfahrung und entgegen dem sinnlichen Augenschein sein System konzipierte und sogar als Wahrheit deklarierte, war eine heroische Tat, die Galilei in seinem *Dialog* mehrfach würdigte, zum Beispiel so:

»Die Erfahrungen aber, welche man gegen die jährliche Bewegung (der Erde) anführt, scheinen in so offenbarem Widerspruch mit dieser Lehre zu stehen, daß – ich wiederhole es – meine Bewunderung keine Grenzen findet, wie bei Aristarch und Kopernikus die Vernunft in dem Maße die Sinne hat überwinden können, daß ihnen zum Trotz die Vernunft über die Leichtgläubigkeit triumphiert hat.«[8]

WARUM WURDE KOPERNIKUS KOPERNIKANER? Alle Bewunderung der Nachgeborenen ist auch ein wenig Ausdruck der Verlegenheit, die sich einstellt, wenn man nach den Gründen für diesen kühnen Schritt fragt, der durch nichts vorbereitet oder nahegelegt schien. Die häufige Erwähnung antiker Vorbilder ist nur als literarische Stilfigur zu verstehen, zumal Tausende Gelehrte die dunklen Andeutungen über die Pythagoreer oder Aristarch gelesen hatten, ohne daß sie zur Nachahmung gedrängt worden wären. Kopernikus hat die Welt mit einem fertigen System konfrontiert und die Entstehung desselben in seinem Kopf weitgehend im dunkeln gelassen.

Wir dürfen aber vermuten, daß er in Italien eine Astronomie studiert hat, die ihrer Sache selbst nicht mehr ganz sicher war. Der Julianische Kalender war schon um zehn Tage aus dem Takt geraten, und die Reparatur dieses Malheurs beschäftigte die Astronomen fast das ganze 16. Jahrhundert hindurch, bis endlich 1584, in Galileis zweitem Studienjahr, der Gregorianische Kalender festgelegt wurde. Die Seefahrt hatte sich immer weiter von den Küsten entfernt, Christoph Kolumbus gerade Amerika entdeckt. Angewiesen auf die Sterne als einziges Orientierungsmittel auf hoher See, entdeckte man bald die Mangelhaftigkeit der Alfonsinischen Tafeln, und manchem Astronomen kam der Gedanke, sich einmal genauer die Grundlagen anzusehen. Dabei wäre nicht nur Kopernikus aufgefallen, daß im ptolemäischen System der Sonne eine ganz besondere, man ist beinahe versucht zu sagen eine zentrale Bedeutung zukommt, weil sie das Ballett der Schleifenbewegungen zu dirigieren scheint. Als mathematische Hypothese lag das kopernikanische System schon in der Antike gleichsam in der Luft.

Der Zweifel am ptolemäischen System wurde jedoch noch aus einer ganz anders gearteten Quelle gespeist. In den intellektuellen Gärungen des Renaissance-Humanismus entstand so etwas wie eine Sonnenanbetung, eine mystische Überhöhung des Sonnenlichts, das den Humanisten die Natur Gottes zu offenbaren schien. Kopernikus hatte in Bologna bei einem solchen Sonnenverehrer studiert, dem Domenico Novaro, der als Übersetzer der okkulten Schriften des Hermes Trismegistos zu Ruhm gelangt war. Diese Texte waren wahrscheinlich im 2. Jahrhundert n. Chr. in einer der vielen neuplatonischen Akademien entstanden und als Fälschung in die Welt gesetzt worden, denn der »dreimal größte Hermes« wurde als Künder der Weisheit aus mosaischer Zeit ausgegeben. Gleichwohl faszinierte der in ihnen enthaltene Sonnenkult die Geister der Renaissance, und vermutlich bezog Kopernikus aus dieser Quelle sein Urvertrauen in die physisch reale Zentralstellung der Sonne, mehr jedenfalls als aus aller Astronomie.

So steht auch in *De revolutionibus* ein Hymnus an die Sonne, der sich an der Wiege der modernen Naturwissenschaft ziemlich überraschend ausnimmt:

»Denn wer möchte in diesem schönsten Tempel diese Leuchte an einen anderen oder besseren Ort setzen, als von wo aus sie das Ganze zugleich erleuchten kann, wenn anders nicht unpassend einige sie die Leuchte der Welt, andere die Seele, noch andere den Regenten nennen? Hermes Trismegistos nennt sie den sichtbaren Gott, Elektra bei Sophokles die alles Sehende. So lenkt in der Tat die Sonne, auf dem königlichen Throne sitzend, die sie umkreisende Familie der Gestirne ... Und die Erde empfängt von der Sonne und wird schwanger mit jährlicher Geburt.«[9]

Das Zentrum der Welt hat Kopernikus bewusst unbestimmt gelassen, denn die Sonne auf ihrem Thron lenkt nur »die sie umkreisende Familie der Gestirne«, also die Planeten. Die Grenzen des Universums betrachtete er als unbekannt und unerkennbar, und folgerichtig zog er es vor, »die Frage, ob das Universum endlich oder unendlich ist, der Diskussion der Naturphilosophen zu überlassen«. Trotzdem haben viele den Kopernikanismus mit der Sonne im Mittelpunkt der Welt in Verbindung gebracht, von den Qualifikatoren der Heiligen Inquisition bis zu populären Darstellungen unserer Tage, und Verteidiger der römischen Verdammung des Kopernikanismus meinen, aus diesem Fehler noch einen Vorteil ziehen zu sollen, da sich diese These in der Tat als falsch herausgestellt habe.

Gewiß hätte Kopernikus die »Leuchte der Welt« gern in der Mitte des Kosmos gesehen; das wäre aber nur bei der Annahme einer endlich großen Himmelskugel möglich gewesen. Ein unendlicher Kosmos kann aber seiner Natur nach kein Zentrum haben, so daß Kopernikus der Verzicht auf die erste Möglichkeit schwergefallen sein dürfte. Andererseits hätte man im kopernikanischen System dann aber unbedingt eine Parallaxe finden müssen, eine winzige Verschiebung der Sternpositionen beim jährlichen Umlauf der Erde um die Sonne. Da solches aber nicht zu beobachten war, ließ Kopernikus die Frage nach den Grenzen der Welt und damit auch nach ihrem Zentrum offen. Andere Astronomen lehnten vor allem wegen der nicht auffindbaren Parallaxe das kopernikanische System ab, darunter vor allem diejenigen, die wirklich Wert auf Beobachtungen legten, was damals eher die Ausnahme denn die Regel war. Eine ganz besondere Ausnahme war Tycho Brahe.

DER DÄNISCHE EDELMANN TYCHO BRAHE machte die Astronomie zu dem, was sie eigentlich immer hätte sein sollen und nur in der Antike bei Hipparch wenigstens zeitweilig war, einer hauptsächlich beobachtenden Disziplin. Drei Jahre nach dem Tode von Kopernikus geboren, studierte er lange und reiste viel durch Europa. Fasziniert war er von der Astronomie und noch mehr von der Astrologie, die für ihn die größten Weltgeheimnisse in sich barg. Für Tycho kam jedoch vor der Sternendeuterei erst die Sternvermessung, um dieses Geschäft auf eine sichere Grundlage zu stellen. So wurde er zu einem Mystiker der Genauigkeit. Länger als zwei Jahrzehnte betrieb er auf der Insel Hven im Sund seine Uranienburg, eine Sternwarte mit gewaltigen, sorgfältig gearbeiteten Instrumenten, mit denen er die Beobachtungsgenauigkeit auf Bruchteile einer Bogenminute steigern konnte. Besessen von seinem Ziel, den Schleier der Astrologie zu lüften, vermaß er jede Nacht die Örter der Sterne und Planeten; nur Wolken am Himmel konnten ihm Nachtruhe verschaffen.

Die erste Sensation produzierte Tycho anläßlich der Beobachtung einer Nova, eines neuen Sterns, der urplötzlich am 11. November 1572 im Sternbild der Kassiopeia aufgetaucht war. Durch präzise Messungen demonstrierte er, daß dieses neue Objekt sich keinesfalls unterhalb der Mondbahn befinden konnte, sondern der Fixsternsphäre angehören mußte. Dort aber war Veränderlichkeit jeder Art, auch die Entstehung eines neuen Sterns, ein Skandal in den Augen jedes ehrenwerten Aristotelikers.

Den nächsten Streich führte er durch die Vermessung des Kometen von 1577; solche Gebilde galten als Ausdünstungen der Erde, Tycho demonstrierte jedoch wiederum eindeutig, daß der Komet oberhalb des Mondes seine Bahn zog und offenbar ungehindert alle kristallenen Sphären des aristotelischen Kosmos durchschlug. Der lag nun für Tycho und manchen anderen Astronomen in Scherben, die kopernikanische Alternative fand Tycho jedoch keinesfalls akzeptabel, denn er konnte keine Parallaxe feststellen, die jährliche Umdrehung der Erde um die Sonne schied also aus.

Tycho entwarf daher ein drittes System mit der ruhenden Erde im Zentrum, umkreist von der Sonne, um die wiederum alle Planeten ihre Bahnen ziehen. Dieses System erwies sich als ziemlich elastisch und anpassungsfähig, auch an die Beobachtungen, die Galilei machen sollte. Als die scharfsinnigen jesuitischen Astronomen im Collegio Romano die Unhaltbarkeit der ptolemäischen Astronomie erkannt hatten, wandten sie sich begeistert dem System des Tycho Brahe zu, das den unschätzbaren Vorteil hatte, sowohl mit der aristotelischen Physik als auch mit einer gewissen Stelle im Buch Josua in Einklang zu sein. Die Erde war wieder zur Ruhe gekommen, und der Disput um die Mitte brauchte neue Argumente.

Der geheime Kopernikaner oder »Was hat Philosophie mit dem Messen zu tun?«

Galileis kopernikanische Wende ist nicht präzise zu datieren, ihre Darstellung bleibt fragmentarisch. Die erste Äußerung zugunsten der heliozentrischen Astronomie taucht urplötzlich in einem Brief vom 30. Mai 1597 auf, in dem er auf ein Buch seines früheren Pisaner Kollegen Jacopo Mazzoni einging. Der hatte in einer Vergleichung der Philosophie von Aristoteles und Platon ein fehlerhaftes Argument gegen das kopernikanische System angeführt, dessen detaillierte Darstellung hier zu weit führen würde. In einem unglaublich langen Brief von zehn Druckseiten rückt Galilei die falschen Schlüsse des Freundes zurecht, nachdem er ihm gleich zu Anfang erklärt hat:

»Zuerst war ich sehr verwirrt und erschüttert, Eure Exzellenz so energisch und direkt die Meinungen der Pythagoreer und Kopernikaner über die Bewegung und Stellung der Erde angreifen zu sehen, die ich für viel wahrscheinlicher halte als die anderen Auffassungen von Aristoteles und Ptolemäus; dadurch wurde ich veranlaßt, mich Eurem Argument zuzuwenden, da ich darüber (und über andere damit zusammenhängende Fragen) einige Gedanken habe.«[1]

Galilei erläuterte diese Gedanken aber nicht, sondern beschränkte sich auf die Richtigstellung von Mazzonis Fehler.

Zwei Monate später kam ein Deutscher namens Paul Hamberger nach Padua. Im Gepäck führte er zwei Exemplare des eben erschienenen *Mysterium cosmographicum* von Johannes Kepler mit sich, die er Galilei überreichen sollte. Offenbar war ein Professor zu Padua, auch wenn er jung an Jahren und ohne herausragende Leistungen war, einfach kraft seines Amtes an dieser Universität eine Autorität, deren Gunst zu erwerben für einen unbekannten Novizen der Wissenschaft, der Kepler damals war, erstrebenswert sein mochte. Galilei bedankte sich in einem Brief, den er dem noch am selben Tag nach Deutschland zurückkehrenden Hamberger mitgab. Schon beim Überfliegen des Vorwortes hatte Galilei erkannt, daß

Kepler zur kleinen Zunft der Kopernikaner gehörte. Darauf reagierte Galilei in überschwenglichen Worten. Er beglückwünschte sich, »in der Erforschung der Wahrheit einen Genossen zu haben, der ein Freund der Wahrheit ist. Denn es ist ein Jammer, daß diejenigen so selten sind, die nach Wahrheit streben und sich nicht einer verkehrten Weise des Philosophierens hingeben.«

Galilei versprach, das Buch in Ruhe zu lesen, und wollte das um so freudiger tun, »als ich mir vor vielen Jahren die Lehre des Kopernikus zu eigen gemacht habe und von diesem Standpunkt aus die Ursachen vieler Naturerscheinungen entdecken konnte, die nach den landläufigen Hypothesen gewiß unerklärlich bleiben. Ich habe viele Beweisgründe dafür niedergeschrieben und Widerlegungen des gegenteiligen Standpunkts, die ich jedoch nicht ans Licht der Öffentlichkeit zu bringen vorzog, denn mich schreckt das Schicksal des Kopernikus, unseres Lehrers, der sich zwar bei einigen unsterblichen Ruhm erworben hat, bei unendlich vielen – denn so groß ist die Zahl der Unverständigen – als ein Mensch gilt, den man verlachen und auszischen muß. Ich würde meine Gedanken wohl zu veröffentlichen wagen, wenn es Euresgleichen mehrere gäbe; da dem aber nicht so ist, werde ich davon Abstand nehmen.«[2]

Als Galilei sein Versprechen eingelöst und das Buch gelesen hatte, war die Begeisterung jedoch verflogen, denn den Argumenten konnte er überhaupt keinen Geschmack abgewinnen.

Johannes Kepler hatte in Tübingen studiert und dort durch den Professor Michael Mästlin, einen der wenigen Anhänger des Kopernikus auf den Kathedern, die neuartige Astronomie kennengelernt, sie in Disputationen sogar öffentlich verteidigt und manche Gründe metaphysisch-physikalischer Art zur Unterstützung der heliozentrischen Hypothese ersonnen. Das angestrebte Pfarramt gab er auf und wurde statt dessen Mathematiker der protestantischen Stände der Steiermark und Lehrer am Gymnasium zu Graz. Hier schrieb er als Sechsundzwanzigjähriger das *Mysterium cosmographicum,* eine eigenwillige Mischung aus mystischer Weltschau, euklidisch-platonischer Geometrie und der kopernikanischen Hypothese. Letztere glaubte er durch »Beweise a priori aus den Ursachen, aus der Idee der Schöpfung abgeleitet« zu haben. Dabei waren die fünf regelmäßigen platonischen Körper sein Konstruktionsprinzip des Weltenbaues: In wundersamer Weise fügten sich die Planetenbahnen in die ineinandergeschachtelten regelmäßigen geometrischen Figuren.

Das freilich war für Galilei eher Mystik denn eine Beschreibung des Kosmos und der Planeten, die Keplerschen Spekulationen hatten mit der Galileischen Art des Philosophierens nur den nackten Kern der kopernikanischen Hypothese gemein. Davon wußte Kepler nichts; durch Galileis begeisterten Brief fühlte er sich zu der Aufforderung ermuntert, gemeinsam dem Kopernikanismus zum Siege zu verhelfen:

»Mut gefaßt, mein Galilei, vorwärts geschritten! Täusche ich mich nicht, so werden wenige von den ersten Mathematikern Europas sich von uns trennen wollen: so groß ist die Macht der Wahrheit. Wenn Dir Italien nicht zur Veröffentlichung geeignet ist und Du dort Hindernisse findest, wird vielleicht Deutschland uns diese Freiheit gewähren. Willst Du aber nicht öffentlich reden, so teile mir wenigstens schriftlich mit, was Du zugunsten des Kopernikus gefunden hast.«[3]

Auf diese Aufforderung reagierte Galilei nicht mehr, denn Keplers Verständnis von Wissenschaft war, wie schon erwähnt, nicht das seine. Die Beziehung zwischen Galilei und Kepler, aus der im Rückblick vielleicht die großartigste Zusammenarbeit der Wissenschaftsgeschichte sich hätte ergeben können, blieb für zwölf Jahre unterbrochen.

Über die Beweisgründe zugunsten der kopernikanischen Lehre, die Galilei in seinem Brief an Kepler erwähnt hatte, ist viel gerätselt worden. In seinen Aufzeichnungen aus jener Zeit ist, außer der Widerlegung des von Mazzoni gebrauchten Arguments, nichts aufzufinden, und neue astronomische Fakten, auf die Galilei sich hätte berufen können, sind gegen Ende des 16. Jahrhunderts nicht bekannt geworden.

Des Rätsels Lösung fand sich schließlich in den Notizbüchern des Freundes Paolo Sarpi. Im Jahre 1595 referierte Sarpi in einigen knappen Paragraphen eine mechanische Theorie von Ebbe und Flut, die als Folgen der zweifachen Erddrehung erklärt wurden, der jährlichen Rotation um die Sonne und der täglichen Drehung um die Erdachse. Da Sarpi keinen Anspruch auf Urheberschaft an dieser Theorie erkennen ließ, sich vielmehr auf einen trockenen Referatsstil beschränkte und sich zudem der kopernikanischen Frage gegenüber indifferent verhielt, ist es zumindest sehr wahrscheinlich, daß Sarpi hier Gedanken festgehalten hat, die ihm von Galilei in einer ihrer zahlreichen Unterredungen mitgeteilt worden sind.[4]

Aristoteles hatte die Gezeiten in seiner Naturphilosophie nicht behandelt; er war auch berechtigt, dieses Phänomen zu übergehen, da es im Mittelmeer keine große Rolle spielt. Mit der Ausweitung der Seefahrt auf den Atlantik konnte es in der Renaissance nicht länger ignoriert werden, es wurde erklärungsbedürftig. Für die aristotelische Physik mit ihrer Annahme einer ruhenden Erde blieben Ebbe und Flut jedoch ein Stein des Anstoßes, es fand sich keine brauchbare rationale Begründung für das Hin- und Herschwappen des Wassers in den Meeren. Galilei selbst hatte als Student in Pisa verfolgen können, wie sich sein Professor Girolamo Borro in seinem Traktat über den *Flusso e reflusso di mare* vergeblich damit abgemüht hat.

Galileis Erklärung war eine rein mechanische im Rahmen des kopernikanischen Systems. Die tägliche Drehung der Erde führt nämlich durch Überlagerung mit der jährlichen Drehung um die Sonne dazu, daß auf der Erde in den Extremen zwei Oberflächengeschwindigkeiten auftreten: Auf der Nachtseite addieren sich die Geschwindigkeiten, während sie auf der Tagseite gegenläufig sind, also voneinander subtrahiert werden müssen. Da man aber in jedem Gefäß beobachten kann, wie das Wasser auf Bewegungsänderungen durch Hin- und Herschwappen reagiert, lag die Analogie zu Ebbe und Flut für Galilei auf der Hand. Er hat diese Theorie erst 1616 veröffentlicht und sie dann noch einmal in seinem großen *Dialog* als Höhepunkt für die Beweissicherung zugunsten des kopernikanischen Systems ausführlich erörtert, so daß wir bei diesen Gelegenheiten auf sie noch einmal zurückkommen müssen. Hier sei nur so viel gesagt, daß dieses physikalisch-mechanische Argument für eine zweifache Drehung der Erde ihm beinahe noch wichtiger war als alle astronomischen Entdeckungen, die er später anführen konnte. Letztere ließen sich durch einiges Geschick nämlich in das bizarre

System des Tycho Brahe einpassen, so daß die irdische Physik von Ebbe und Flut Galileis eigentlicher Prüfstein für die Drehung der Erde war.

Das Schicksal des Kopernikus fürchtete auch Galilei, seine Sache war es nicht, sich »auslachen und auszischen« zu lassen. Daher diskutierte er die heliozentrische Astronomie und damit zusammenhängende Fragen wohl nur im Kreise getreuer Freunde und hielt sich in seinem Unterricht in dieser Frage zurück, sowohl in Vorlesungen im Palazzo del Bo' als auch in den privaten Lektionen. So blieb er mindestens fünfzehn Jahre lang ein geheimer Kopernikaner.

Einige Autoren wollen in dieser Vorsicht unbedingt ein Indiz moralischer Schwäche, ja mangelnder Wahrhaftigkeit erkennen, zumal die Kirche gegen eine Behandlung des kopernikanischen Systems nichts einzuwenden gehabt habe.[5] Dies galt freilich unter dem Vorbehalt der Hypothesendiskussion als einem geometrischen Rechenmodell, und genau das war Galileis Interesse nicht, er war von der physischen Realität des kopernikanischen Systems ebenso überzeugt wie sein Erfinder. Aber auch unabhängig von solchen methodologischen Subtilitäten dürfte das Klima für eine offene Diskussion sogar in Padua nicht günstig gewesen sein. Im Zweiten Tag des *Dialogs* läßt Galilei den Sagredo erzählen:

»Ich war noch recht jung und hatte kaum den Kursus der Philosophie durchgemacht, welche ich nachher liegenließ, um mich anderen Beschäftigungen zu widmen, da geschah es, daß ein gewisser Nordländer aus Rostock, namens Christian Wursteisen, wenn ich nicht irre, ein Anhänger der kopernikanischen Meinungen, in diese Gegend kam. Er hielt in einer Akademie zwei oder drei Vorlesungen über diesen Gegenstand unter großem Zulauf von Zuhörern, wahrscheinlich mehr wegen der Neuheit der Sache als aus sonst einem Grunde. Ich blieb jedoch weg, denn ich hatte die bestimmte Empfindung, daß eine derartige Ansicht ein barer Unsinn sein müsse. Als ich nachher etliche danach fragte, die dabeigewesen waren, hörte ich sie alle darüber spotten mit Ausnahme eines einzigen, der mir sagte, die Sache sei ganz und gar nicht lächerlich. Da ich diesen nun für einen intelligenten und umsichtigen Menschen hielt, tat es mir leid, nicht hingegangen zu sein.«[6]

Lange wurde diese Erzählung des Sagredo als Reminiszenz an Galileis eigene Bekanntschaft mit dem Kopernikanismus angesehen. Viel Mühe wurde darauf verwendet zu trennen, was hier Dichtung und was Wahrheit sei. So gab es zwar einen Christian Wursteisen, nur hatte der in Basel gelebt und war niemals nach Padua gekommen. Wie dem auch immer sein mag, klar dürfte sein, daß Galilei sich selbst hier als den »intelligenten und umsichtigen Menschen« darstellt, den einzigen, der die Sache nicht lächerlich fand. Und wie der Vortragende verspottet zu werden entsprach durchaus nicht Galileis Stolz und Selbstwertgefühl. Also blieb er geheimer Kopernikaner und ignorierte Keplers Vorschlag, gemeinsam in die Arena der öffentlichen Auseinandersetzungen zu treten, zumal ihm der Mathematiker aus Graz mit den mystischen Neigungen nicht den rechten Gebrauch von der Mathematik zu machen schien.

Der Engländer William Gilbert war hingegen ein Kopernikaner ganz nach Galileis Geschmack. Im Jahre 1600 hatte er in London ein Buch über den Magneten veröffentlicht, in dem Galilei über weite Strecken ein Musterbeispiel der von ihm selbst praktizierten experimentellen Vorgehensweise erkennen konnte, zudem auf einem Gebiet, das sich in der Renaissance fest in der Hand von Okkultisten und Magiern befunden hatte und dem Galilei wohl aus diesem Grunde aus dem Weg gegangen war.

Einen späten und besonders produktiven Vertreter hatte Galilei in Padua im intellektuellen Salon des Giovanni Vincenzio Pinelli in Gestalt des Giovanni Battista Della Porta kennengelernt. Dieses in allen Bereichen der Naturlehre bewanderte Universalgenie mit einem starken Hang zur Magie und zur Taschenspielerei hatte gerade eine auf zwanzig Bände erweiterte Neuausgabe seiner *Magiae naturalis* herausgebracht. Die magnetische Anziehung inspirierte Della Porta wie viele seiner Zeitgenossen zu mancherlei erotischen Analogien nebst praktischen Anwendungen wie der Überprüfung weiblicher Keuschheit durch einen Magnetstein. Noch zweihundert Jahre später zeugt Mozarts Oper *Così fan tutte* von der engen Nachbarschaft von Magnet und Magie in der Heilkunst, deren mesmerististische Variante in dem Mummenschanz eines Doktor Eisenbart gleich doppelt persifliert wird.

Auch Gilbert war vermutlich als Mediziner auf den Magnetismus aufmerksam geworden, und zu einem nicht geringen Teil hatte er auch die okkulte Tradition in seinem Buch aufzuarbeiten. Andererseits war der Magnet als Kompaß schon um das Jahr 1200 aus China nach Europa gelangt und mit der Ausweitung der Seefahrt immer wichtiger geworden, so daß der Arzt ein weites und nützliches Betätigungsfeld in seinen magnetischen Studien vorfand. Entsprechend ausführlich geriet der Titel: *Vom Magneten, auch von magnetischen Körpern und dem großen Magneten der Erde; eine neue Physiologie, mit vielen Beweisen und Experimenten demonstriert*. Deutlicher noch wird der neue Forschungsstil im Vorwort zum Programm erhoben, gerichtet an den »wohlmeinenden Leser, bemüht um die magnetische Philosophie«:

»Was die Entdeckung von Geheimnissen und die Erforschung der verborgenen Ursachen der Dinge angeht, so bilden zuverlässige Experimente und Demonstrationen klarere Beweise als die Mutmaßungen und Ansichten der Professoren der Philosophie: Deshalb schlagen wir vor, damit der edle Stoff dieses großen Magneten, unserer gemeinsamen Mutter Erde, der bis jetzt ganz unbekannt war, und die außerordentlichen und erhabenen Kräfte unseres Globus besser verstanden werden können, zu beginnen mit dem gewöhnlichen magnetischen Material, Stein und Eisen, mit magnetischen Körpern und den in unserer Nähe befindlichen Teilen der Erde, die wir mit den Händen fassen und den Sinnen wahrnehmen können, dann fortzufahren mit demonstrierbaren magnetischen Experimenten und so zum erstenmal in das Innerste der Erde vorzudringen.«[7]

Galilei hatte Gilberts Buch über den Magneten vermutlich von seinem Kollegen Cesare Cremonini erhalten – im *Dialog* deutet er an, daß es ihm ein hochberühmter Peripatetiker zum Geschenk gemacht habe, »vermutlich um seine Bibliothek vor dem Ansteckungsstoff zu hüten« – und sich nach dem ersten Studium sogleich magnetische Minerale beschafft. Mit viel Vergnügen hat er die Experimente Gilberts nachgemacht, wenigstens läßt die ausführliche Erzählung im Dritten Tag des *Dialogs*, drei Jahrzehnte später geschrieben, etwas von der Bewunderung ahnen, die Galilei für diesen

»grandissimo filosofo« empfunden hat, obwohl er auch einen Mangel feststellen mußte: »... er hätte etwas mehr Mathematiker und namentlich in der Geometrie gut beschlagen sein sollen.«[8]

Die Beziehungen zwischen magnetischen Phänomenen einerseits und dem kopernikanischen System andererseits mögen auf den ersten Blick etwas weitläufig erscheinen; Gilbert sah jedoch nicht nur in der Erde, sondern auch in der Sonne und den Planeten große Magnete und deutete so erstmals eine physikalische Ursache für die Wechselwirkung unter den Himmelskörpern an. In Keplers Astronomie wurde die zentrale Kraft der Sonne hauptsächlich in Analogie zum Magnetismus verstanden, und wenn diese Auffassung sich auch als falsch erwiesen hat, so war sie doch ein fruchtbares Durchgangsstadium auf dem Wege zum Konzept der universellen Gravitation, wie es Isaac Newton schließlich formulierte. Mit diesen planetaren Auswirkungen des Magnetismus konnte und wollte Galilei jedoch nichts anfangen, er suchte rein mechanische Erklärungen. Dafür übernahm er aber Gilberts Argumente zugunsten der Erdrotation und insbesondere der Konstanz der Rotationsachse in ihrer Neigung zum Fixsternhimmel. Allerdings führt Galilei sie nur als zusätzliche Stütze zu einem schon vorher gebrachten rein mechanischen Argument an, das im wesentlichen die Erhaltung des Drehmoments beinhaltet und sich als richtig bewährt hat.

Die Wertschätzung des Magnetismus sogar in einem ganz wörtlichen, das heißt finanziellen Sinne wird in kuriosen Briefen deutlich, die im Jahre 1608 zwischen dem großherzoglichen Hof in Florenz und Galilei in Padua gewechselt wurden.[9] Prinz Cosimo hatte den Wunsch geäußert, einen kräftigen Magnetstein zu besitzen, und Galilei dünkte einzig der ganz exquisite Magnet seines Freundes Sagredo gut genug für seinen Schüler. Sagredo hatte aber schon von einem deutschen Juwelier im Auftrag des Kaisers 200 Scudi geboten bekommen. Aber Sagredo wollte seinen kostbaren Magneten nur für die Menge Goldes hergeben, die der Magnet an einem Eisenanker zu tragen vermag. Das waren mehr als 400 Scudi, jedenfalls zuviel für den Florentiner Hof, und Galilei mußte seine ganze Beredsamkeit in die Waagschale werfen, damit der Magnet schließlich für den zuvor genannten Preis von 200 Scudi von Venedig nach Florenz wechseln konnte. Dort erhielt er einen Ehrenplatz in den großherzoglichen Sammlungen, und heute ist er im Museum für die Geschichte der Wissenschaften ausgestellt.

Der Briefwechsel ging natürlich nicht ohne die durch den Gegenstand nahegelegte magnetische Metaphorik vonstatten. »Euer Wert ist ein Magnet, der mich zwingt, Euch zu lieben und zu dienen«, schreibt der Staatssekretär Belisario Vinta an Galilei, und der übertrifft alle Allegorien, indem er seinen Schüler Cosimo mit der mehrdeutigen Münzinschrift »Magnus Magnes Cosmos« zu preisen vorschlägt, so daß der Kronprinz Cosimo sich als das Attraktionszentrum des Kosmos empfinden mochte.

Ein neuer Stern, der im Oktober des Jahres 1604 am Himmel aufleuchtete, lenkte Galileis Interesse zum erstenmal auf die eigentlich beobachtende Astronomie. Tycho Brahes neuer Stern vom Jahre 1572 hatte die Aristoteliker in arge Verlegenheit gebracht, da durch Tychos präzise Bestimmung der Parallaxe – oder vielmehr ihrer Abwesenheit – die Lehre von der vollkommenen, unwandelbaren Fixsternsphäre als ein philosophisches Märchen enttarnt worden war. Nun erhoffte sich Galilei ähnliches von der neuen Himmelserscheinung, vielleicht sogar ein Argument zugunsten des kopernikanischen Systems.

Bei beiden neuen Sternen, dem von 1572 und dem von 1604, handelte es sich übrigens nach dem heutigen Sprachgebrauch der Astrophysiker um eine Supernova. Dies ist die dramatische letzte Phase im Verglühen eines alten Sterns, dessen Materie sich zum größten Teil in Strahlung umwandelt. Bei diesem Prozeß bleibt ein Neutronenstern zurück, vielleicht auch eines der mysteriösen Schwarzen Löcher. Bei einer solchen Explosion emittiert die Supernova für ein paar Monate mehr Licht als alle Sterne des Milchstraßensystems zusammengenommen, und für den irdischen Beobachter erscheint sie als leuchtend heller Stern, vergleichbar der Venus wie 1604 oder gar noch einige Größenklassen heller. Es ist übrigens eine eigenartige Koinzidenz, daß solche himmlischen Explosionen genau zur Vorbereitung des großen Umbruchs der Astronomie sichtbar wurden; seither ist eine Supernova nicht mehr mit bloßem Auge beobachtet worden.

Eindrucksvolle Supernovae muß es übrigens ebenfalls zweimal im 11. Jahrhundert gegeben haben; die vom Jahre 1054 soll nach chinesischen Quellen sogar am Tag zu sehen gewesen sein mit einer dem Mond vergleichbaren Leuchtkraft. Die arabischen Astronomen, in jener Zeit Hüter der wissenschaftlichen Tradition der Antike, hatten davon jedoch nichts wahrgenommen; ihr Glaube an den aristotelischen Kosmos machte sie offenbar blind für Veränderungen am Fixsternhimmel. Allein der Umstand, daß die beiden späteren Supernovae wahrgenommen und darüber hinaus heftig diskutiert wurden, wird daher gern als ein Indiz für einen »Gestaltwandel« am Anbruch der Neuzeit angeführt, als eine von traditionellen Vorurteilen nicht mehr beschwerte Wahrnehmung der Natur.

Galilei reagierte auf den neuen Stern mit hektischer Aktivität, sogleich vermaß er die Position im Sternbild des Schlangenträgers nahe beim Schützen; dann schrieb er an Sternenkundige und forderte sie auf, das gleiche zu tun. Besonders intensiv wurden mit einem Minoritenpater namens Ilario Altobelli in Verona Informationen ausgetauscht, auf Grund derer Galilei schnell den Schluß ziehen konnte, daß die veränderliche Erscheinung deutlich oberhalb der Mondbahn anzusiedeln ist, wo sie nach aristotelischer Auffassung gar nichts zu suchen hatte.

Da der neue Stern nicht nur Astronomen und Astrologen, sondern auch das größere Publikum faszinierte, hielt Galilei zu diesem Thema drei große öffentliche Vorlesungen in der Großen Aula des Palazzo del Bo', die jeweils tausend Zuhörer angezogen haben sollen.[10] Von diesen Vorlesungen sind leider nur wenige Bruchstücke erhalten, aus denen immerhin hervorgeht, daß Galilei seinen Hörern die Prinzipien der parallaktischen Messung erklärte und ihnen an Hand dieser Prinzipien demonstrierte, daß der neue Stern sich in den angeblich unwandelbaren Sphären befinden mußte. Weitergehende Schlüsse, etwa zugunsten des kopernikanischen Systems, hielt er wohl auch dieses Mal nicht für angezeigt; sie wären vielleicht auch übertrieben erschienen, denn ein neuer Fixstern hat nur auf weiten Umwegen über ganze Weltbilder mit dem Planetensystem zu tun.

Die mathematisch präzisen Ausführungen Galileis waren für seine Kollegen auf den philosophischen Kathedern eine Ungeheuerlichkeit. Der Freund Cesare Cremonini verteidigte den allwissenden Aristoteles genauso erbittert gegen die Mathematiker und Astronomen wie bei anderer Gelegenheit gegen die Theologen. Der neue Stern war noch nicht verblaßt, da erschien in Padua schon ein Pamphlet eines Antonio Lorenzini, in dem den Mathematikern schlichtweg das Recht abgesprochen wurde, ihre Geometrie auch noch bei so großen Entfernungen für richtig zu halten. Galilei scheint jedoch an einer intellektuellen Rauferei nicht interessiert gewesen zu sein, sondern er reagierte literarisch und anonym. Seinen Ärger schrieb er sich in einem kleinen Dialog von der Seele, den er unter dem Namen eines nicht existiert habenden Cecco di Ronchitti im Februar des Jahres 1605 drucken ließ.

Der Dialog über den neuen Stern ist ein kleines Meisterwerk literarisch-wissenschaftlicher Satire.[11] Galilei schrieb ihn in einem bäuerischen Idiom der Paduaner Gegend im Stil des Volksdichters Ruzzante. Was den Philosophieprofessoren nicht in den Kopf wollte, setzen hier zwei Bauern in ihrer derben, anschaulichen Sprache auseinander. Zur Demonstration des geometrischen Verfahrens der parallaktischen Messung läßt der Bauer Matteo seinen Nachbarn Natale in einem Feld umherlaufen, die Positionen wechseln und die Änderungen der scheinbaren Positionen von Bäumen untereinander beschreiben. Lorenzinis Pamphlet wird durch den Hinweis auf dessen berufliche Unzuständigkeit erledigt:

»Philosoph ist er? Was hat seine Philosophie mit dem Messen zu tun? Den Mathematikern muß man glauben; denn sie sind Meßkünstler in der Luft, so wie auch ich die Felder messe und deshalb sagen kann, wie lang und breit sie sind, und so können sie es auch.«

Gegen alle Einwände der Philosophen, daß am Himmel nicht sein kann, was nicht sein darf, wird in ruhiger Selbstverständlichkeit der Vorrang des Messens verteidigt:

»Was kümmert es die Mathematiker, ob der neue Stern entstehen kann oder nicht, da sie sich doch nur mit dem Messen beschäftigen? Und wenn er aus Polenta wäre – könnten sie ihn darum mehr oder weniger aufs Korn nehmen?«

Die Erwähnung des traditionellen Maisgerichts der Poebene im

Das Katheder in der Universität Padua, von dem Galilei seine Vorlesungen über den neuen Stern von 1604 gehalten hat

Zusammenhang mit göttlichen Gestirnen dürfte in den Ohren des Freundes Cremonini einfach lästerlich geklungen haben. Die hieraus sprechende Gleichgültigkeit gegenüber den aristotelischen Substanzen, Essenzen oder sogar der Frage nach den Ursachen charakterisiert jedoch genau die Forschungsrichtung, der sich Galilei mittlerweile verpflichtet fühlte: den Vorrang der Messung vor jeder Philosophie.

Die Wahrheit der schiefen Ebene oder Die Grundgesetze der Bewegung

Messung, Experiment und mathematische Analyse wurden für Galilei die entscheidenden Instrumente der Erkenntnis; diese Einsicht muß sich um die Jahrhundertwende gefestigt haben, denn schon in den ersten Jahren des neuen Jahrhunderts hat er sich mit diesen Instrumenten einen völlig neuen Zugang zu einem alten Problem verschafft. Die Ursachen von Bewegung und Ruhe hatten schon seit Platon und Aristoteles im Zentrum der Naturphilosophie gestanden und waren auf das gründlichste erörtert worden, bis in der aristotelischen Tradition, der Galileis Kollegen huldigten, die Argumente sich erschöpft hatten und die Probleme definitiv ausdiskutiert waren.

In dieser Situation riskierte Galilei einen radikalen Neuanfang, der an Kühnheit der Tat des Kopernikus in nichts nachsteht. Messung und Mathematik waren legitime Bestandteile der Astronomie, die aber von vollkommenen himmlischen Dingen handelte und nicht von Vorgängen auf der Erde; daneben war die Mathematik noch eher in der Musiktheorie zugelassen als in der Untersuchung der Bewegung, denn es galt als selbstverständlich, daß mathematische Sätze nicht zur Darstellung wirklicher Prozesse irdischer Materie taugen. Galileis Freund und Kollegen Cesare Cremonini dürfte die Anwendung von Messung und Mathematik auf Naturvorgänge wie die Fallbewegung ebenso befremdlich erschienen sein wie uns die mathematischen Jugendexerzitien Galileis, in denen er die Topographie der Hölle in Dantes Inferno nach den Regeln der Geometrie aufs präziseste ermittelt hatte.

Man wird den Aristotelikern freilich zugute halten müssen, daß die Welt der Erscheinungen in ihrer überwältigenden Vielfalt nicht von vornherein dafür geeignet scheint, in das dürre Prokrustesbett der Mathematik gezwängt zu werden. Zudem war die Genauigkeit der Zeitmessung noch sehr beschränkt und weit von dem Präzisionsstandard der Längenmessung entfernt; da man aber zur messenden Untersuchung der Bewegung die Kenntnis beider Größen braucht, wäre ein naiv empirisches Vorgehen schon aus Gründen mangelnder Meßgenauigkeit zum Scheitern verurteilt gewesen.

Vergegenwärtigen wir uns daher noch einmal die von Legenden umrankten Fallexperimente am Schiefen Turm zu Pisa, die Galilei schon in seiner Jugend zum Fallgesetz geführt haben sollen. Es dauert nicht einmal dreieinhalb Sekunden, bis ein auf der obersten Plattform in gut fünfzig Metern Höhe losgelassener Stein auf dem Erdboden aufschlägt. Selbst mit einer modernen Stoppuhr hätte ein Experimentator große Mühe, aus seinen Messungen eine Ahnung davon zu erhalten, daß die Fallstrecke dem Quadrat der Fallzeit proportional ist. Für Galilei, der höchstens auf schnellaufende Sanduhren hätte zurückgreifen können, wäre dies wohl völlig ausgeschlossen gewesen.

Die Vermessung von Naturvorgängen, so wie sie sich dem naiven Beobachter darbieten, hätte schon aus Gründen der Genauigkeit kaum zu Gesetzen und damit zur modernen Naturwissenschaft führen können; aber selbst wenn diese Schwierigkeiten zu überwinden gewesen wären, hätte ein solches Vorgehen auch nicht das Niveau der mathematisch angereicherten Empirie der Virtuosi überschreiten können.

Erst Galileis geniale Konzeption des Experiments als eine Herstellung kontrollierter und der wiederholten Messung zugänglicher Bedingungen zur Überprüfung mathematisch formulierter Hypothesen erhob die Messung in den Rang eines Instruments der wissenschaftlichen Erkenntnis.

Die Rolle des Experiments in Galileis Wissenschaft wurde keineswegs eindeutig beurteilt, sondern war und ist teilweise noch heute Gegenstand einer bis in konträre Extreme ausufernden Debatte. Im 19. Jahrhundert wurde Galilei vor allem als der große Experimentator gefeiert, der als erster die Wahrheit in gemessenen Tatsachen und nur in ihnen gesucht habe.

Im Gegenzug wurde Jahrzehnte später – vor allem in den ebenso tiefgründigen wie groß angelegten Studien von Alexandre Koyré[1] – der Vorrang des theoretischen Denkens vor aller Erfahrung herausgearbeitet. Nach dieser Lesart verdankte Galilei seine Konzeption des Naturgesetzes vor allem dem Platonismus der Renaissance, der ihm den Weg durch das Labyrinth der Erscheinungen zur idealen Wahrheit mathematischer Gesetze hinter der Oberfläche der Tatsachen gewiesen habe.

Während bei den Physikern im allgemeinen das Bild vom experimentierfreudigen Galilei fortlebt, sein Name sogar als Synonym für die experimentelle Haltung gilt, hat sich unter Wissenschaftshistorikern und Philosophen die Vorstellung von dem Platoniker Galilei in einem Maße durchgesetzt, daß schließlich durchweg behauptet wurde, Galilei habe überhaupt nicht experimentiert und seine Beschreibungen seien als illustrative Ausschmückungen von »Gedankenexperimenten« zu verstehen. So schrieb zum Beispiel der Wissenschaftshistoriker A. Rupert Hall:

»Viele von Galileis Experimenten, oder richtiger Berufungen auf Erfahrungen, waren rhetorisch; es waren keine Berichte von Ereignissen, die auf eine genaue Art und Weise in Gang gebracht worden waren ... das berühmteste und entscheidendste Experiment in seinem Gesamtwerk – das Herabrollenlassen einer Kugel auf einer Ebene von verschiedener Neigung – ist in Ausdrücken beschrieben, die unmöglich zutreffend sein können.«[2]

In einem philosophischen Essay wird »jenes Mäuschen mit historischem Interesse« bemüht, »das Galileis Forschertreiben aus seinem versteckten Winkel hätte beobachten können«; es »wäre wohl sehr enttäuscht gewesen, was der hundertfachen Nachprüfung, die Galilei für sein Fallgesetz zugesichert, an Realität entsprach, wie spärlich das Datenmaterial war und wie weit es tatsächlich infolge des Ungenügens der Versuchsbedingungen und der Meßmethoden die angenommenen Gesetzlichkeiten in seinen Toleranzen versteckte«.[3]

Während hier wenigstens noch die Existenz spärlichen Datenmaterials zugestanden wird, dekretiert eine neuere Enzyklopädie »Philosophie und Wissenschaftsgeschichte« apodiktisch: »Um 1604 entdeckte Galilei über eine Kette von Gedankenexperimenten das Fallgesetz.«[4]

Diese in einer beliebig fortführbaren Auswahl präsentierte Lehrmeinung ist freilich ein eigenwilliges Mißverständnis, das einer genaueren Nachprüfung nicht standhält. Es mag vielleicht – neben der

These vom Platoniker Galilei – durch das Bemühen veranlaßt worden sein, nie wieder auf eine Legende wie die vom Schiefen Turm hereinzufallen. Trotzdem bleibt schwer verständlich, warum eine Beurteilung, die für die Jugendschrift *De motu* noch angemessen sein mag, auch für die großen Hauptwerke fortgeschrieben wird, die Galilei erst in hohem Alter veröffentlicht hat. Der methodisch strenge und mathematische Aufbau der *Discorsi* aus dem Jahre 1638 läßt gewiß nicht mehr die experimentelle Anstrengung der Jahre in Padua in jeder Einzelheit erkennen, noch viel weniger die diskursiv-literarische Schilderung im sechs Jahre zuvor veröffentlichten *Dialog*. Daß die Beschreibungen der Experimente aber »unmöglich zutreffend sein können«, gehört zu den kuriosesten Mythen einer Wissenschaftsgeschichtsschreibung, die sich auf Entmythologisierung auch des Galilei-Mythos einiges zugute hält.

Das zeitgenössische »Mäuschen mit historischem Interesse« hätte sich nur in die Biblioteca Nazionale zu Florenz begeben müssen; der 72. Band der dort aufbewahrten Sammlung Galileischer Manuskripte enthält nämlich knapp zweihundert Blätter, die mit detaillierten Protokollen von Experimenten mit der schiefen Ebene angefüllt sind, wie sie Galilei im Jahre 1602 begonnen hatte.[5]

Die schiefe Ebene war Galilei schon in seiner Jugendschrift *De motu* ein Kapitel wert gewesen, und voller Stolz hatte er darauf hingewiesen, daß niemand zuvor sich mit dieser Thematik befaßt hatte. So mag es nur natürlich erscheinen, daß er später die schiefe Ebene dazu nutzte, die Fallbewegung in ihrem Verlauf so zu dehnen, daß sie der Messung zugänglich wurde. Wie fruchtbar dieses Vorgehen wurde, ist in Galileis eigener Handschrift so eindeutig belegt, daß wir getrost die Schilderungen aus den *Discorsi* der späten Jahre als bare Münze nehmen können. Demnach hat sich in Galileis Haus in Padua jahrelang ungefähr folgendes zugetragen:

»Auf einem Lineal, oder sagen wir auf einem Holzbrett von zwölf Ellen Länge, bei einer halben Elle Breite und drei Zoll Dicke, war auf dieser letzten schmalen Seite eine Rinne von etwas mehr als einem Zoll Breite eingegraben. Dieselbe war sehr gerade gezogen, und um die Fläche recht glatt zu haben, war inwendig ein sehr glattes und reines Pergament aufgeklebt; in dieser Rinne ließ man eine sehr harte, völlig runde und glattpolierte Messingkugel laufen. Nach Aufstellung des Brettes wurde dasselbe auf einer Seite angehoben, bald eine, bald zwei Ellen hoch; dann ließ man die Kugel durch den Kanal fallen und verzeichnete in sogleich zu beschreibender Weise die Fallzeit für die ganze Strecke: Häufig wiederholten wir den einzelnen Versuch zur genaueren Ermittlung der Zeit und fanden gar keine Unterschiede, auch nicht einmal von einem zehnten Teil eines Pulsschlags. Darauf ließen wir die Kugel nur durch ein Viertel der Strecke laufen und fanden stets genau die halbe Fallzeit gegen früher. Dann wählten wir andere Strecken und verglichen die gemessene Fallzeit mit der zuletzt erhaltenen und mit denen von zwei Dritteln oder drei Vierteln oder irgend anderen Bruchteilen; bei wohl hundertfacher Wiederholung fanden wir stets, daß die Strecken sich verhielten wie die Quadrate der Zeiten, und dieses für jede Neigung der Ebene, das heißt des Kanals, in dem die Kugel lief.«[6]

Die ersten Notizen aus dem Jahre 1602, in dem Galilei in seiner Werkstatt mit diesen Experimenten begonnen hatte, vermitteln noch einen recht verworrenen Eindruck. Aber schon im nächsten Jahr hatte er Zahlenkolonnen niedergeschrieben, aus denen er die Proportionalität von Fallstrecken und Quadraten der Fallzeiten hätte erschließen können und es wahrscheinlich auch getan hat.

Allerdings fehlte einer solchen empirisch fundierten Erkenntnis noch die Weihe einer theoretischen Herleitung aus ersten Prinzipien. Diesen Mangel hatte Galilei mehrfach mit seinem Freunde Paolo Sarpi in Venedig erörtert, aber am 16. Oktober 1604 konnte er Sarpi mitteilen, daß er einen solchen Beweis gefunden habe. Unmittelbar nach der Grußformel kam Galilei zur Sache:

»Nachdenkend über die Probleme der Bewegung, für die ich zum Beweis der von mir beobachteten Erscheinungen ein völlig unbezweifelbares Prinzip als Axiom benötigte, kam ich auf eine Proposition, die sehr natürlich und evident ist; diese voraussetzend, bewies ich dann alles übrige, daß nämlich die in der natürlichen Bewegung durchlaufenen Strecken in Proportion zu den Quadraten der Zeiten sind und daß demzufolge die in gleichen aufeinanderfolgenden Zeitabschnitten durchlaufenen Strecken den ungeraden Zahlen ab der Eins entsprechen, und noch andere Dinge.«[7]

Der Brief an Sarpi stellt die erste Formulierung eines mathematischen Gesetzes der Bewegung dar, gültig für alle Zeiten und nur in der Darstellungsweise dem 17. Jahrhundert verhaftet. Galilei benutzte noch die Proportionen der euklidischen Geometrie, schrieb also nur $s_1 : s_2 = t_1^2 : t_2^2$ und nicht die später gebräuchlich gewordene funktionale Beziehung $s = \frac{g}{2}t^2$; schon die Vermengung sogenannter Dimensionen – auf der einen Seite der Gleichung eine Länge, auf der anderen eine quadrierte Zeit, was durch die Konstante g für die Fallbeschleunigung wieder in Ordnung gebracht werden muß – hätte seinem an der Geometrie geschulten Empfinden für mathematische Ästhetik widersprochen. Die im letzten Satz erwähnten »ungeraden Zahlen« rühren einfach daher, daß die Differenzen aufeinanderfolgender Quadratzahlen, 1, 4, 9, 16 usw., gerade die Folge der ungeraden Zahlen ergibt.

Wenn man also einen Geburtstag der exakten Naturwissenschaft postulieren will, dann wäre der 16. Oktober 1604 sicher das geeignete Datum, jener Tag, an dem Galilei das erstemal ein Naturgesetz niederschrieb. Der Brief an Sarpi zeigt aber nicht nur den Triumph, sondern auch die Geburtswehen, denn das von Galilei erwähnte Prinzip, aus dem er das Fallgesetz hergeleitet haben will, ist leider – falsch. Galilei schrieb: »Und das Prinzip ist dieses: daß der natürlich bewegte Körper seine Geschwindigkeit steigern wird in Proportion seiner Entfernung vom Ausgangspunkt der Bewegung.« Oder in heute verständlicheren Worten: Die Fallgeschwindigkeit nimmt mit der Fallstrecke linear zu.

Erst vier Jahre später bemerkte Galilei den Irrtum und entdeckte den richtigen Zusammenhang, daß nämlich die Geschwindigkeit nicht mit dem Weg, sondern mit der Zeit anwächst. Beim Beweis der »beobachteten Erscheinungen« durch das »völlig unbezweifelbare Prinzip« kann es also nicht mit rechten Dingen zugegangen sein: Das Prinzip war eindeutig falsch, das »bewiesene« Fallgesetz eindeutig richtig: Ex falso quodlibet!

Bei der Reparatur dieses Fehlers dürfte Galilei die theoretische Einsicht zu Hilfe gekommen sein, daß er nicht mehr die Veränderung der Bewegung untersuchte, sondern die »Veränderung der Veränderung«, also nicht mehr die Geschwindigkeit, sondern den Zuwachs an Geschwindigkeit, den er als Beschleunigung erkannte.

Und hier war es naheliegend, es einmal mit der Annahme konstanter Geschwindigkeitszunahme zu versuchen, da »die Natur alles möglichst einfach einrichtet«, und in diesem Fall führte das metaphysische erkenntnisleitende Prinzip dann sogar zum richtigen Ergebnis. Daß im Brief an Sarpi aber schon das richtige Fallgesetz angeführt wird, hat wohl eher mit korrekten Experimenten zu tun denn mit Gedankenexperimenten: Diese waren eindeutig falsch.

Für die Zeitmessung hatte Galilei einige höchst originelle Verfahren ersonnen, die ihm über den Mangel an genauen Uhren hinweghalfen. Allerdings hatte er seine Experimente so angelegt, daß es auf einen präzisen absoluten Zeitstandard wie die Sekunde auch gar nicht ankam, denn er hatte nicht einzelne Zeitintervalle zu ermitteln, sondern lediglich deren Verhältnisse. Eine Standardprozedur beschrieb er in den *Discorsi*:

»Zur Ausmessung der Zeit stellten wir einen Eimer voll Wasser auf, in dessen Boden ein enger Kanal angebracht war, durch den sich ein feiner Wasserstrahl ergoß, der während einer jeden beobachteten Fallzeit aufgefangen wurde: Das in dieser Art aufgefangene Wasser wurde auf einer sehr genauen Waage gewogen; aus den Differenzen der Wägungen erhielten wir die Verhältnisse der Gewichte und damit die Verhältnisse der Zeiten, und zwar mit solcher Genauigkeit, daß die zahlreichen Beobachtungen niemals merklich voneinander abwichen.«[8]

Diese in den *Discorsi* geschilderten Experimente mit der schiefen Ebene einschließlich der durch Wägung in der Präzision verbesserten Wasseruhr wurden 1960 von dem amerikanischen Wissenschaftshistoriker Thomas B. Settle rekonstruiert; sie funktionierten prächtig und bestätigten Galileis Ausführungen in den *Discorsi*.[9]

Ein Stein des Anstoßes blieb freilich Galileis Behauptung, er habe bei der genaueren Ermittlung der Zeit gar keine Unterschiede gefunden, »nicht einmal von einem zehnten Teil eines Pulsschlags«. War das nun eine literarische Übertreibung, oder hatte Galilei über nicht veröffentlichte technische Kniffe verfügt, die ihm die wiederholte Messung eines Zeitintervalls innerhalb einer Fehlergrenze von weniger als einer zehntel Sekunde ermöglicht hatte?

Des Rätsels Lösung wurde schließlich in einer äußerst scharfsinnigen Analyse einiger Aufzeichnungen von Galilei gefunden[10] – und in seinem musikalischen Hintergrund. Sie läuft auf die ebenso überraschende wie hübsche Wendung hinaus, daß Galilei das Fallgesetz entdeckt oder zumindest experimentell präzise bestätigt hatte, indem er beim Herabrollen der Kugel auf der schiefen Ebene eine Catena gesungen oder eine Correnta auf der Laute gespielt hat.

Der musikalische Rhythmus ist das wohl genaueste natürliche Mittel zur gleichmäßigen Einteilung der Zeit; professionelle Musiker entwickeln dafür eine Sensibilität, die an die Präzision moderner mechanischer Instrumente wie des Metronoms heranreicht. Ein um eine Zweiunddreißigstelnote verfehlter Einsatz zum Beispiel würde nicht nur von Musikern als extrem störend empfunden, sondern auch vom Publikum mit Überraschung wahrgenommen werden, obwohl es sich hier nur um eine Differenz von wenigen hundertstel Sekunden handelt.

Galilei, dessen Fähigkeiten im Lautenspiel durchaus professionellem Standard entsprochen haben, nutzte diese seine musikalischen Fähigkeiten zur Einteilung der Fallzeit in bis zu acht identische Zeitintervalle. Aus seinen Aufzeichnungen läßt sich erschließen, daß er eine zwei Meter lange schiefe Ebene mit einem kleinen Neigungswinkel von 1,7° verwendete, auf der seine Kugel in fünf Sekunden herunterrollte.

Die schiefe Ebene wurde zu einer Art Metronom, indem Galilei das Holzbrett mit Darmsaiten derart umwickelte, daß die in der Rinne laufende Kugel die Saiten noch eben berührte und einen Ton erzeugte. Wenn nun die Kugel ihren Weg bei einer »schweren« Note beginnt, läßt sich die Folge der von der Kugel produzierten Töne mit dem Rhythmus von Musik vergleichen und durch Probieren und Verändern der Lage der Saiten schließlich in Übereinstimmung bringen. Wenn perfekte Resonanz zwischen der Musik und den Tönen der schiefen Ebene hergestellt ist, können die Streckenzuwächse für konstante Zeitintervalle ausgemessen und analysiert werden.

Mit dieser musikalischen Zeitmessung erhielt Galilei Daten, aus denen sich das Quadratgesetz der Fallbewegung mit einem unwahrscheinlich anmutenden Grad von Genauigkeit ergab. Allerdings sind weder in seinen Briefen noch in seinen Büchern Mitteilungen über diese Meßtechnik zu finden, denn er hätte damit weniger seine Leser überzeugt als sich in ihren Augen lächerlich gemacht. Die Behauptung, er habe eine immer gültige Proportionalität gefunden und überprüft, indem er eine Kugel rollen ließ und gleichzeitig ein Lied dazu sang, wäre seinen Zeitgenossen wohl noch abstruser erschienen als zum Beispiel die Erklärung, daß sich die Erde täglich um ihre Achse drehe.

Für seine Bücher wählte er also aus gutem Grunde eine seriösere Darstellungsweise der in Padua ausgeführten Experimente, verschleierte dadurch aber den wohl reizvollsten Aspekt der Geburt der experimentellen Methode: daß an ihrer Wiege Musik erklungen ist.

Die Wurfparabel als klassisches Problem der Kanoniere wird in den *Discorsi* nicht experimentell demonstriert, sondern mathematisch hergeleitet, indem die gleichförmige Bewegung in der Horizontalen mit der gleichförmig beschleunigten Fallbewegung in der Vertikalen kombiniert wird. Aber auch hier haben am Anfang Experimente gestanden, wie die Manuskripte in der Florentiner Nationalbibliothek zeigen. Spätestens im Jahre 1608 waren seine Experimente so weit gediehen, daß er die parabolische Bahn erkennen konnte, und im darauffolgenden Jahr skizzierte er jenen Beweis, den er erst dreißig Jahre später veröffentlichte.

Auch zur Untersuchung der Wurfbewegung bediente sich Galilei der schiefen Ebene, um seinen Kugeln eine definierte Geschwindigkeit zu verleihen; dann ließ er sie weiter bis an den Rand seines Tisches rollen und schließlich herunterfallen, wobei die Punkte des Aufschlags auf dem Boden markiert und dann vermessen wurden.

So schön dieses Resultat sowohl als Experiment als auch in seiner mathematischen Herleitung auch sein mag, als von ungleich größerer Tragweite erwies sich das Konzept der Trägheitsbewegung, das sich in dem Wechselspiel von Experiment, Mathematik und schöpferischer Spekulation herauskristallisiert hatte und schon beim Beweis der Wurfparabel benutzt worden war.

Das Trägheitsgesetz wurde zur Grundlage von Galileis Mechanik und auch seiner Kosmologie des Planetensystems; in gewissem Sinne steht es auch im Zentrum seiner Überlegungen zur Naturforschung, die wir heute als Erkenntnistheorie bezeichnen würden. Er hatte erkannt, daß eine mit konstanter Geschwindigkeit auf einer horizontalen Ebene rollende Kugel diese Geschwindigkeit nicht ändert, sondern in ihrer Bewegung ohne erkennbare Ursache fortfährt.

Die Aristoteliker hatten für jede Art der Bewegung eine Ursache anzugeben versucht, mal war es eine dem Körper erteilte und dann eingeprägte Kraft, mal war es die Wirkung des den Körper umgebenden Mediums, die für den Fortgang der Bewegung verantwortlich gemacht wurde. Galilei hatte das Nutzlose dieser aristotelischen Ursachenforschung zur Genüge kennengelernt und sich entschlossen, auf die Erörterung solcher Fragen zu verzichten. Statt dem »Warum?« der Bewegung nachzugrübeln, zog er es vor, das »Wie?« messend zu ergründen und mathematisch zu formulieren.

In einer für diesen Wandel in der Erkenntnishaltung charakteristischen Stelle des *Dialogs* kommen die Gesprächspartner auf die Ursachen der Fallbewegung zu sprechen. Für den Aristoteliker Simplicio ist die Sache sonnenklar, denn »jedermann weiß, daß es die Schwere ist«. Darauf aber läßt Galilei sein Alter ego Salviati erwidern:

»Ihr irrt, Signor Simplicio; Ihr solltet sagen, jedermann weiß, daß man sie Schwere nennt. Ich frage Euch aber nicht nach dem Namen, sondern nach dem Wesen der Sache. Über dieses Wesen wißt Ihr nicht im geringsten mehr, als Ihr über das Wesen des bewegenden Prinzips der Sterne wißt, ausgenommen den Namen, welchen man jenem gegeben hat und der einem geläufig und vertraut ist durch die oft wiederholte Erfahrung, die man tausendfältig den Tag über macht. In der Tat aber haben wir ebensowenig ein Verständnis für das Prinzip und die Kraft, welche den Stein nach unten treibt, als wir begreifen, was ihn nach oben bewegt, nachdem er die Hand des Schleudernden verlassen, oder was den Mond in seiner Kreisbahn hält, abgesehen, wie gesagt, von dem Namen Schwere, welchen wir für diesen besonderen und eigenartigen Zweck gewählt haben, während wir sonst mit allgemeinerem Ausdruck bald von eingeprägter Kraft reden, bald eine informierende oder assistierende Intelligenz annehmen, und bei unendlich vielen anderen Bewegungen als Ursache die Natur bezeichnen.«[11]

Es wäre gewiß reizvoll, den philosophiegeschichtlichen Hintergründen dieser bewußten Ignorierung der Ursachen in der nominalistischen Tradition der Scholastik nachzuspüren, die von einigen Professoren der Universität Padua noch einmal zu einer späten Blüte geführt worden war und die Galilei gewiß kennengelernt hatte. Zur Charakterisierung seines Vorgehens als Forscher würde das aber ebensowenig taugen wie die Erörterung der Frage, inwieweit er ein Aristoteliker oder Platoniker war.

Er war wohl von allem ein wenig: Aristoteliker in seiner Insistenz auf den »Sinneserfahrungen«, Platoniker in seiner Überzeugung von den »notwendigen Beweisführungen« mit den Mitteln der Mathematik und auch Nominalist durch die Konzentration auf das »Wie?« der Bewegungsvorgänge. Vor allem aber war er ein messender, mathematisierender und spekulierender Physiker, der sich seine Argumente dort suchte, wo er sie finden konnte, und daraus etwas völlig Neues in Gestalt der exakten Naturwissenschaften schuf.

Albert Einstein, der gewiß nicht zu den »unphilosophischen Physikern« gezählt werden kann, relativierte alle schulphilosophischen Diskussionen durch die Bemerkung, daß es dem Wissenschaftler nicht erlaubt sei, »sich bei der Konstruktion seiner Begriffswelt allzusehr durch Festhalten an einem erkenntnistheoretischen System beschränken zu lassen. Er muß dann dem systematischen Erkenntnistheoretiker als eine Art skrupelloser Opportunist erscheinen.«[12]

Galilei war auch darin der Begründer der Physik, daß er diesem »erkenntnistheoretischen Opportunismus« gehuldigt und ihn in fröhlicher Unbekümmertheit in einer später kaum wieder erreichten Vollkommenheit praktiziert hat.

Die kopernikanische Frage hat auf den ersten Blick nicht viel mit der schiefen Ebene zu tun, und doch dürfte der neben der Fallrinne die Laute spielende Galilei mehr an die Planeten als an Kanonenkugeln gedacht haben. Gewiß hat er die Mechanik als eine eigenständige Wissenschaft aus originärem Interesse vorangetrieben, ebenso gewiß ist aber auch, daß er in der Mechanik auch die einzige

Möglichkeit erkannte, die klassischen Einwände gegen das kopernikanische System zu widerlegen oder gar die »pythagoreische Lehre«, wie er sie zu nennen pflegte, als wahr zu erweisen.

Die Trägheitsbewegung sollte nur in kleinen Abmessungen entlang einer geometrischen Horizontalen verlaufen, solange sich nicht der Unterschied einer Ebene zur gekrümmten Oberfläche der Erde bemerkbar macht. Im Großen allerdings verstand sie Galilei als kreisförmig, wodurch er gleich zwei Ziele erreichen wollte: Erstens wurde ihm durch diese Annahme plausibel, warum man auf einer rotierenden Erde von der Drehung nichts bemerken kann, und zweitens konnte er die Planetenbewegung als eine natürliche Trägheitsbewegung auffassen, die den »Ersten Beweger« oder ähnliche Konstruktionen der aristotelischen Kosmologie überflüssig erscheinen ließ. Und vielleicht ließ sich gar aus dem Phänomen von Ebbe und Flut ein positiver Beweis für die Erdrotation herleiten.

Allerdings war die Mechanik der Paduaner Jahre noch ein Fragment ohne die axiomatische Geschlossenheit, in der sie drei Jahrzehnte später in den *Discorsi* präsentiert wurde. Mehr als ein Gefühl für die Richtigkeit des kopernikanischen Systems hatte Galilei seinen Überlegungen zur Bewegung wohl kaum entnehmen können, aber sein Physikerinstinkt wird ihn zugleich davon überzeugt haben, daß er auf der richtigen Spur war. Da erstand ihm urplötzlich ein neues Werkzeug, das seinen Gesichtskreis um ungeahnte Dimensionen erweiterte: das Fernrohr.

III

Das turbulente Jahr 1610

Des Fernrohrs Adoptivvater

»VOR UNGEFÄHR ZEHN MONATEN kam mir ein Gerücht zu Ohren, von einem gewissen Belgier sei ein Augenglas entwickelt worden, durch dessen Hilfe man sichtbare Gegenstände, mochten sie auch weit vom Auge des Betrachters entfernt sein, so deutlich wahrnahm, als sähe man sie aus der Nähe. Von dieser wahrhaft erstaunlichen Wirkung kursierten etliche Erfahrungsberichte, denen einige Glauben schenkten, andere nicht. Dasselbe wurde mir wenige Tage später in einem Brief von dem französischen Edelmann Jacques Badouère aus Paris bestätigt. Das war schließlich der Anlaß, daß ich mich ganz der Aufgabe widmete, ein Prinzip zu erforschen sowie Mittel zu ersinnen, durch die ich zur Erfindung eines ähnlichen Gerätes gelangen könnte. Sie gelang mir wenig später, nachdem ich mich in die Lehre von der Brechung des Lichts vertieft hatte: Ich bereitete mir zunächst ein Bleirohr und paßte in seine Enden zwei Glaslinsen ein, die auf der einen Seite beide plan waren. Auf der anderen Seite war die eine konvex, die andere konkav. Dann legte ich das Auge an die konkave Linse und sah die Gegenstände ziemlich groß und nahe; denn sie erschienen dreimal näher und neunmal größer, als wenn man sie nur mit bloßem Auge betrachtete. Danach bastelte ich mir ein anderes, genaueres Rohr, das die Gegenstände mehr als sechzigmal vergrößerte. Schließlich ist mir, nachdem ich weder Mühen noch Kosten gescheut habe, der Bau eines so vorzüglichen Gerätes gelungen, daß die Gegenstände, wenn man hindurchblickt, ungefähr tausendmal größer und mehr als dreißigmal näher erscheinen, als wenn man sie nur mit dem natürlichen Sehvermögen betrachtet. Es wäre völlig überflüssig, wollte ich die vielen und großen Vorteile herzählen, die dieses Instrument ebenso bei Verrichtungen auf dem Lande wie für die Seefahrt bietet.«[1]

In diesen Worten rekonstruierte Galilei in seinem im März 1610 veröffentlichten *Sternenboten* die Ereignisse des Frühsommers des

Vorjahres, die seinem Leben eine überraschende Wende gaben. Galilei war nun schon fünfundvierzig Jahre alt, ein geschätzter Professor an einer ruhmreichen Universität, aber selbst doch alles andere als berühmt. Veröffentlicht hatte er bis dahin eher Belanglosigkeiten, jedenfalls war kein Buch darunter, das in der gelehrten Welt großen Eindruck gemacht hätte. Wäre er jetzt von der Bühne abgetreten, so hätte er es in den wissenschaftsgeschichtlichen Darstellungen unseres Jahrhunderts vielleicht zum Range einer Fußnote gebracht. Dies änderte sich aber schlagartig mit dem Fernrohr.

DAS FERNROHR GILT ALS HOLLÄNDISCHE ERFINDUNG, denn der erste Anspruch auf ein Patent wurde von einem Brillenmacher namens Johann Lippershey aus Middelburg am 25. Oktober 1608 bei den holländischen Generalständen angemeldet. Diesem Begehren konnte jedoch nicht entsprochen werden, da sich etwa zur gleichen Zeit noch eine Reihe weiterer Erfinder mit dem nämlichen Anspruch meldeten. Rasch verbreitete sich die Kunde von diesem erstaunlichen neuen Instrument durch Europa, und schon im Januar des darauffolgenden Jahres erwähnte Paolo Sarpi in seiner Korrespondenz, daß er von diesen Occhialini bereits gehört habe.

Von Sarpi dürfte auch Galilei die erste Nachricht von dem Fernrohr erhalten haben. Der später im *Sternenboten* erwähnte Brief von Badouère war jedenfalls nicht an Galilei, sondern an Sarpi gerichtet worden. Wenn man den Zeitangaben in Galileis Erzählung Glauben schenken will, muß er schon im Mai begonnen haben, mit Linsen zu experimentieren, um hinter das Geheimnis des Fernrohrs zu kommen, jedoch offenbar ohne durchschlagenden Erfolg. Die Angelegenheit wurde aber plötzlich sehr eilig, als Anfang August ein Franzose in Venedig eintraf und der Signoria ein solches Instrument zu dem sagenhaften Preis von 1000 Zecchini zum Kauf anbot. Allerdings duldete er weder eine gründliche Inspektion des Instruments, noch wollte er die Konstruktionsprinzipien offenlegen, denn der exorbitante Preis war weniger durch das Material denn durch das »Geheimnis« der Erfindung zu rechtfertigen. Vermutlich hat der Anbieter es nicht einmal zum Probesehen aus der Hand gegeben.

Die unschlüssigen Herren der Signoria folgten daher wohl dem Rat Sarpis, erst einmal den Fortgang von Galileis Bemühungen abzuwarten, der sich mit all seiner Kraft auf den Nachbau des Fernrohrs gestürzt habe. Der gab zu erkennen, daß er dem Geheimnis auf der Spur sei, woraufhin die Signoria den Ankauf des ausländischen Instruments ablehnte und auf Galileis Erzeugnis wartete.

Galilei präsentierte sein Fernrohr am 20. August in Venedig, und am nächsten Tag bestieg er in einer denkwürdigen Prozession gemeinsam mit acht Edlen Herren der Signoria den Campanile von San Marco. Antonio Priuli, der Procurator des Campanile und zugleich damals einer der drei für die Aufsicht über die Universität in Padua zuständigen Riformatori war, legte in einer Aktennotiz »von den Wundern und einzigartigen Wirkungen des Rohrs dieses besagten Gallileo« beredtes Zeugnis ab:

»Hielt man das Rohr an das eine Auge und schloß das andere, so sah ein jeder von uns deutlich über Liza Fusina und Marghera hinaus, auch noch bis Chioza, Trevis und Conegliano, und den Campanile, die Kuppeln und die Fassaden der Kirche von Santa Giustina in Padua; man erkannte die Besucher der Kirche von San Giacomo in Muran ... und viele andere wahrlich bewunderungswürdige Einzelheiten in der Lagune und in der Stadt.«[2]

Das Instrument war nach Priulis Beschreibung knapp eine Elle, also etwa sechzig Zentimeter, lang und hatte ungefähr den gleichen Durchmesser wie ein Scudo, also etwa vier Zentimeter. Außen war das Rohr mit karmesinrotem Stoff überzogen.

Drei Tage später hatte Galilei einen großartigen Auftritt vor der versammelten Signoria, der er sein Cannochiale, sein Augenrohr, zum Geschenk machte. In einem Begleitschreiben an den Dogen rückte er seine Leistung und vor allem ihre Nutzanwendung ins rechte Licht:

»Auf den Meeren werden wir die Fahrzeuge und Segel des Feindes zwei Stunden früher entdecken, bevor er unserer ansichtig wird; indem wir auf diese Weise die Zahl und Art seiner Schiffe unterscheiden, können wir seine Stärke beurteilen, um uns zur Verfolgung, zum Kampf oder zur Flucht zu entschließen; ebenso lassen sich auf dem Lande die Lager und Verschanzungen des Feindes innerhalb ihrer festen Plätze von entfernten hochgelegenen Stellen aus beobachten und auch auf offenem Felde zum eigenen Vorteil jede seiner Bewegungen und Vorbereitungen sehen und im einzelnen unterscheiden.«[3]

Natürlich ergriff er diese Gelegenheit, um in devoten Floskeln auf die nicht eben glänzende Ausstattung seiner Professur hinzuweisen, deutete aber trotzdem den Wunsch an, den Rest seines Lebens im Dienste der venezianischen Republik zu verbringen.

Die Ratsherren verstanden die Winke und bewilligten am darauffolgenden Tag Priulis Antrag, Galilei eine lebenslange Anstellung mit dem Gehalt von 1000 Dukaten zu gewähren. Achtundneunzig Anwesende stimmten für den Antrag, dreißig enthielten sich der Stimme, und die elf Opponenten setzten immerhin noch den Zusatz durch, daß dies nun die endgültig letzte Gehaltserhöhung für den Mathematiker gewesen sei. Von einigen wurde wohl auch die Verdoppelung des Gehalts als übertrieben empfunden, da es sich beim Fernrohr nicht um eine originäre Erfindung Galileis gehandelt hatte und somit niemand wissen konnte, wie lange es dauern würde, bis auch die Feinde die von Galilei so beredt gerühmten Vorzüge des Augenrohrs zur Verfügung haben würden.

Dem Triumph folgte schnell das Satyrspiel. Die Skeptiker sahen sich schon nach ein paar Wochen bestätigt, als in vielen Geschäften Venedigs Fernrohre angeboten wurden; das teuer bezahlte Geheimnis war eine höchst öffentliche Angelegenheit geworden. So schrieb zum Beispiel Giovanni Bartoli, der im Auftrage des toskanischen Hofes die Szene in Venedig als Agent beobachtete, schon Anfang Oktober nach Florenz:

»Was das Geheimnis oder das Rohr zum Weitsehen betrifft, so muß ich sagen, daß es in der Tat an vielen Stellen verkauft wird, und jeder Brillenmacher behauptet, es erfunden zu haben, macht es und verkauft es, und besonders ein Franzose, der sie in geheimgehaltener Weise macht, verkauft sie zu drei und vier Zechinen und auch zu zweien, und manchmal zu noch weniger, je nach der Vollkommenheit, denn es gibt solche von Bergkristall, die viel kosten, allein die Gläser zehn bis zwölf Scudi, solche aus Kristallglas aus Murano und aus gewöhnlichem Glas, und dieser behauptet, daß seins das wahre Geheimnis sei, ähnlich dem des Galilei oder besser.«

Immerhin, Galileis Fernrohr wird in diesen Bemerkungen noch

als Qualitätsmaßstab angesehen, aber allzu vielen drängte sich der Verdacht auf, der gerissene Professor aus Padua habe die Signoria hereingelegt und sich seine opulente Belohnung ergaunert, und dieser Verdacht ist bis in unsere Tage lebendig geblieben.

Galilei wäre es jedoch völlig unmöglich gewesen, die Venezianer hinters Licht zu führen. Die holländische Erfindung war in Venedig bekanntgeworden, sogar durch den erwähnten reisenden Franzosen zum Kauf feilgeboten worden. Galilei hat in allen erhalten gebliebenen Darstellungen die »Gerüchte von einem Belgier« an erster Stelle erwähnt und vor diesem Hintergrund seine eigenständige Leistung erläutert. Geirrt hatte er sich vielleicht in der Einschätzung der Lebensdauer des »Geheimnisses«, von dem weder er noch die Signoria annahmen, daß es so schnell die Märkte überschwemmen würde.

In der Qualität hielt Galilei immerhin für viele Jahre in Europa die unangefochtene Spitzenstellung, seine stärksten Fernrohre waren gesuchte Kostbarkeiten. Insofern hatte wohl der Jesuit Orazio Grassi nicht ganz unrecht, als er zwölf Jahre später das Fernrohr als Galileis Zögling und nicht als sein Kind bezeichnet wissen wollte. Das war Galilei denn doch zuwenig der Ehre, und da er im Jahre 1624 die *Goldwaage* als Replik auf eine polemische Streitschrift Grassis drucken ließ, erzählte er noch einmal die Geschichte von der Erfindung des Fernrohrs und verteidigte dasjenige, was er als seine Vaterschaft empfunden haben mochte:

»Ich sage, daß die Hilfe jener Nachricht darin bestand, meinen Willen und Geist dieser Sache zuzuwenden, an die ich sonst vielleicht niemals gedacht hätte, aber ich glaube nicht, daß mir die Nachricht die weitere Arbeit bei der Erfindung erleichtert hat. Ich behaupte vielmehr, daß die Entdeckung der Lösung eines vorgegebenen Problems viel mehr Einfallsreichtum erfordert als die Behandlung eines undefinierten Problems, an dessen Lösung noch niemand gedacht hat, denn in letzterem mag Glück eine große Rolle spielen, während das erste eine ausgesprochene Leistung der Vernunft ist. Wir wissen alle, daß der Erfinder des Teleskops ein schlichter Brillenmacher war, der mit Linsen aller Art hantierte, dabei einmal durch zwei zugleich hindurchsah, eine konkave und eine konvexe in unterschiedlichem Abstand vom Auge. Auf diese

Weise wurde er auf die Wirkungen aufmerksam und entdeckte das Instrument. Aber ich, durch die erwähnten Nachrichten angeregt, entdeckte die nämliche Sache durch vernünftige Überlegung.«

So hat denn der Mathematiker die intellektuelle Differenz zum bloß probierenden Handwerker wiederhergestellt.

Die vernünftigen Überlegungen bei der Konstruktion des Fernrohrs können nicht sehr weit gereicht haben. Im *Sternenboten* erwähnte Galilei die Lehre von der Brechung des Lichts, in der Eingabe an den Dogen die Lehre von der Perspektive, ohne jedoch anzudeuten, wie sie ihn zum Fernrohr und zu seiner Vergrößerungswirkung geleitet haben könnten. In der *Goldwaage* schließlich führt er ein paar Überlegungen an, die zeigen sollen, daß nur die Kombination einer konvexen mit einer konkaven Linse das gewünschte Resultat bewirkt. Die sind aber so dürftig, daß sie auch einem Brillenmacher hätten einfallen können, und zudem übersah Galilei den Keplerschen Vorschlag aus dem Jahre 1611, daß nämlich zwei konvexe Linsen ebenfalls zu einem Fernrohr zusammengefügt werden können, das sich für astronomische Zwecke sogar besser eignet als die Galileische Konstruktion.

In der Optik war Galilei, anders als in der Mechanik, weniger ein Theoretiker denn ein ausgefuchster Praktiker. Schon im Spätsommer des Jahres 1609 drehte sich alles in seiner Werkstatt um das Fernrohr. Wahrscheinlich nur durch Herumprobieren und durch besonders sorgfältiges Arbeiten konnte er Monat für Monat die Qualität verbessern. Das der Signoria überreichte Instrument holte das Abbild der Gegenstände auf ein Drittel seiner wahren Entfernung heran und vergrößerte die linearen Dimensionen um das Neunfache; noch lange übertraf seine Leistung die der später auftauchenden Konkurrenzprodukte. Mit wachsender Erfahrung erreichte Galilei gegen Jahresende eine Steigerung der Vergrößerung auf das Zwanzigfache, und ein paar Wochen später glückte sogar ein Instrument mit dreißigfacher Vergrößerung. Das blieb für viele Jahre eine Spitzenleistung, zumal Galileis Fernrohre sich auch noch durch eine verzerrungsärmere Abbildung auszeichneten gegenüber denen der anderen Anbieter.

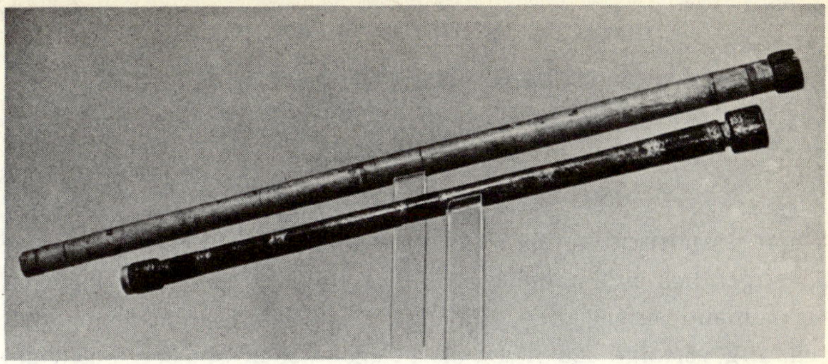

Von Galilei hergestellte Fernrohre im Museum für Wissenschaftsgeschichte in Florenz

Galilei bezog die Linsenrohlinge zunächst aus Murano, und als es dort zu Produktionsengpässen bei hochwertigem Kristallglas kam, ließ er in Florenz nach seinen Anweisungen arbeiten. In seiner Werkstatt wurden die Rohlinge dann zurechtgeschliffen und poliert, wobei ihm der geschickte Handwerker Alessandro Piersanti half, der zusätzlich zu dem schon zehn Jahre bei Galilei arbeitenden Mechaniker Mazzoleni in den Haushalt aufgenommen worden war. In der kleinen Werkstatt ging es immer geschäftiger zu, denn die Nachfrage war groß: Zuerst waren ein Dutzend Fernrohre für die venezianische Signoria anzufertigen, dann wollte auch der Großherzog Cosimo sogleich eins haben, und in seinem Gefolge stellten sich weitere Interessenten ein, denn Galileis Fernrohre standen, allen gehässigen Gerüchten zum Trotz, in dem Ruf, die besten zu sein. Im März 1610 explodierte die Nachfrage förmlich im Gefolge eines kleinen Büchleins, in dem Galilei die ersten Ergebnisse eines ungewöhnlichen Gebrauchs des Fernrohrs dargestellt hatte: des *Sternenboten*. Darin zeigte sich Galilei als ein guter und vor allem origineller Adoptivvater seines Zöglings, des Fernrohrs.

Sidereus Nuncius – Bote oder Botschaft von den Sternen?

Die Besichtigung der Himmelskörper mit dem Fernrohr dürfte eigentlich eine naheliegende Idee gewesen sein, und doch hat sie niemand aufgegriffen, und auch Galilei hat sie zunächst eher beiläufig verfolgt. Zu mehr als gelegentlichen Spaziergängen am Himmel scheint es bis in den Oktober hinein nicht gekommen zu sein. In diesem Monat war er in Florenz, um dem Großherzog Cosimo das eigens für ihn gefertigte Instrument zu präsentieren, und bei dieser Gelegenheit hat er mit seinem vormaligen Schüler den Mond durch das Fernrohr betrachtet. Das nächste Zeugnis astronomischer Aktivitäten ist ein Brief vom 7. Januar 1610 an Antonio de' Medici, einen der vielen »natürlichen« Söhne aus dem Umkreis der Fürstenfamilie, der noch intensiver als sein Halbneffe Cosimo wissenschaftlichen Interessen nachging.

In aufgeregten und begeisterten Worten erging sich Galilei in diesem Brief in Andeutungen über die Ähnlichkeit des Mondes mit der Erde, die sich ihm durch das Fernrohr offenbart hatte, und erwähnte drei kleine Sterne in der Nähe des Jupiters. Er schilderte aber auch schon im Ton eines sachkundigen Routiniers die Probleme, die beim Gebrauch des Fernrohrs zu beachten waren:

»Das Instrument muß ruhig bleiben, und zur Vermeidung des Zitterns der Hände, das von den Bewegungen der Arterien und der Atmung erzeugt wird, wäre es klug gehandelt, das Rohr an einem geeigneten Gegenstand zu fixieren. Die Linsen müssen mit einem Tuch klar und sauber gehalten werden, auch frei von dunstigen Niederschlägen, die vom Atem, von feuchter Luft und Nebel und sogar von den Ausdünstungen des Auges selbst herrühren. Das Rohr sollte ein wenig verlängert und verkürzt werden können, so um drei bis vier Zoll, denn ich habe gefunden, daß man nahe Gegenstände mit einem längeren Rohr deutlicher sieht, weit entfernte dagegen mit einem kürzeren. Außerdem sollte man die konvexe Linse, die vom Auge am weitesten entfernt ist, teilweise abdecken,

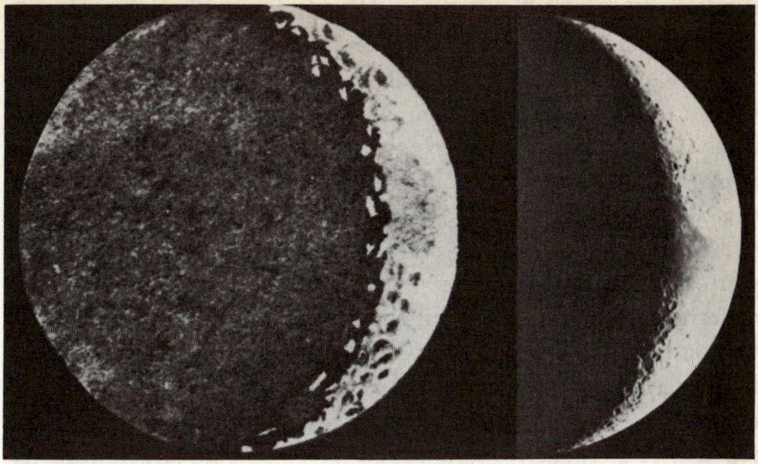

Durch Vergleich mit modernen Mondphotographien lassen sich Galileis Zeichnungen rückwirkend datieren: Diese wurde am frühen Abend des 30. November 1609 angefertigt

und die Öffnung sollte eine ovale Form haben, denn in dieser Weise kann man die Objekte am deutlichsten erkennen.«[1]

Wegen mangelnder Nachrichten wurde lange angenommen, Galilei habe erst kurz vor diesem 7. Januar mit gezielten Beobachtungen begonnen. Erst in den letzten Jahren ist es Astronomen in einem hübschen Puzzle gelungen, die Lücke auszufüllen.[2] Aus dem Vergleich der Zeichnungen, die Galilei vom Mond angefertigt hat, der im *Sternenboten* abgedruckten und auch der nicht veröffentlichten, mit modernen Mondphotographien und unter allem Einsatz astronomischer Rechenkunst wurde nachgewiesen, daß Galilei schon Ende November ein sehr fleißiger, aber auch ein heimlicher Beobachter war, der sich über seine nächtlichen Aktivitäten in Schweigen gehüllt hatte. Die Skizze der Sichel kurz nach Neumond, die er in den *Sternenboten* aufnahm, ist demnach am 30. November kurz nach Sonnenuntergang gemacht worden. Dabei hat er vermutlich noch ein Fernrohr mit neunfacher Vergrößerung benutzt, aber im Laufe des Dezembers konnte er zu einem mehr als doppelt so starken Instrument übergehen. An dem berühmt gewordenen 7. Januar 1610 war ihm endlich ein Fernrohr mit der dreißigfachen Vergrößerung geglückt, das überraschende Dinge offenbarte:

»Als ich also um die erste Stunde der auf den 7. Januar des laufenden Jahres 1610 folgenden Nacht die Gestirne des Himmels durch das Fernrohr betrachtete, geriet mir der Jupiter ins Bild, und da ich mir ein sehr vorzügliches Instrument gebastelt hatte, erkannte ich (was vorher wegen der Schwäche des anderen Gerätes nie gelungen war), daß bei ihm drei Sternchen standen, die zwar klein, aber sehr hell waren. Sie versetzten mich, obgleich ich sie zu den Fixsternen zählte, dennoch in einiges Erstaunen, weil sie auf einer vollkommen geraden Linie parallel zur Ekliptik liegen und heller als die übrigen Sterne gleicher Größe zu glänzen schienen ... Als ich aber am 8., von einem rätselhaften Schicksal geführt, die gleiche Beobachtung erneut vornahm, fand ich eine völlig andere Konstellation vor. Alle drei Sternchen standen nämlich westlich vom Jupiter und näher aneinander als in der vorhergehenden Nacht.«[3]

Das machte den Astronomen denn doch stutzig, und zunächst nahm er das Naheliegendste an, daß Jupiter von der berechneten Bewegung abgewichen sei. Die zur Aufklärung dieses Rätsels sehnlichst erwartete nächste Nacht war enttäuschend, denn der Himmel über Padua war wolkenverhangen, und der Professor konnte zu Bett gehen. In der folgenden Nacht mit guten Sichtverhältnissen sah Galilei nur zwei der Sternchen, und beide östlich vom Jupiter.

»Da wandelte sich mein Zweifel in Erstaunen, und es wurde mir zur Gewißheit, daß die sich zeigenden Veränderungen nicht im Jupiter, sondern in den beobachteten Sternen begründet seien.«

Am 13. Januar fand Galilei noch ein viertes Sternchen beim Jupiter, und nachdem er wegen der Wolken am 14. noch einmal ausschlafen konnte, wurde ihm am 15. Januar plötzlich klar, daß die vier Sternchen Trabanten des Jupiters sein könnten. Mitten in der Nacht wechselte er in seinen Aufzeichnungen von der italienischen Sprache in das lateinische Idiom der Gelehrten, denn sogleich hatte er eine Veröffentlichung im Sinn, die ihn in ganz Europa berühmt machen sollte.

Von hektischer Aktivität waren die nächsten acht Wochen erfüllt. Jede Nacht, in der der Wettergott ihm gnädig war, verbrachte er am

Fernrohr und verfolgte die Trabanten des Jupiters bei ihren Umläufen um den Planeten. Zusätzlich nahm er den Mond ins Visier, um seine bisherigen Beobachtungen zu überprüfen und schöne Zeichnungen für das geplante Buch anzufertigen. Und schließlich inspizierte er die Fixsterne, von denen er nun unendlich viel mehr sah, als zuvor mit bloßem Auge registriert werden konnte. Vom Schwert und Gürtel des Orion sowie vom Siebengestirn der Plejaden verfertigte er Sternkarten, die einen kleinen Eindruck von der Fülle des Gesehenen vermitteln sollten. Das helle Band der Milchstraße hatte sich unter dem Fernrohr zudem als eine Ansammlung unzähliger Sterne erwiesen.

Das alles wurde nachts am Fernrohr noch einmal überprüft und am Tage, in den Pausen zwischen den Unterrichtsstunden, zu Papier gebracht. Die Hoffnung, genaue Perioden der Jupitertrabanten ermitteln zu können, hat sich so rasch nicht erfüllen lassen, so daß sich Galilei am 2. März entschloß, die Beobachtungen zu unterbrechen und die Veröffentlichung voranzutreiben. Am 1. März hatte der Rat der Zehn von Padua die Druckgenehmigung erteilt, und Galilei brachte seine vielen losen Blätter noch einmal in Reinschrift für den Drucker in Venedig. Dort verfaßte er rasch eine byzantinistische Widmung an den Großherzog Cosimo, dem er nicht nur das Buch, sondern auch die Jupitertrabanten in nicht ganz uneigennütziger Manier zueignen wollte: als Mediceische Sterne.

Am 13. März war Galilei wieder in Venedig, der Druck war beendet, die Blätter noch feucht und ungebunden. Sogleich schickte er ein Vorausexemplar an den toskanischen Staatssekretär Belisario Vinta, und am 19. März folgte endlich das exquisit gebundene Exemplar für Cosimo.

Wie ein Lauffeuer verbreitete sich die Nachricht von den neuen Sternen des Signor Galilei aus Padua durch Europa. Galilei hatte die Kurierdienste der toskanischen Diplomatie eingesetzt, um Exemplare seines Büchleins nach Prag an den Hof des Kaisers und nach Paris zu schicken, wo die beschriebenen Entdeckungen teils begeistert, teils skeptisch aufgenommen, in jedem Fall aber heftig diskutiert wurden. In Italien waren der Professor Magini in Bologna und Pater Clavius in Rom die wichtigsten Adressaten, denen Galilei sein Werk übersandte; deren Reaktionen waren zunächst abwartend. Trotzdem war die erste Auflage von 550 Exemplaren in Windeseile ausverkauft, und zwei Monate später wurde eine zweite Auflage herausgebracht. Galilei war nun, im Alter von sechsundvierzig Jahren, eine Berühmtheit geworden und genoß diese neue Erfahrung sichtlich bei aller Arbeitslast, die mit ihr einherging.

Mehrmals hatte Galilei in seinem Buch auf die Voraussetzung eines guten Fernrohrs von mindestens zwanzigfacher Vergrößerung für alle diejenigen hingewiesen, die seine Beobachtungen mit eigenen Augen wiederholen wollten. Da derartige Instrumente aber nur in Galileis Werkstatt in Padua gefertigt wurden, häuften sich die Anfragen, denen er allerdings nur in den Fällen hochgestellter Persönlichkeiten entsprechen konnte:

»Die höchst exquisiten Fernrohre, die sich zur Demonstration der Beobachtungen eignen, sind sehr selten, und von den mehr als sechzig, die ich mit größten Mühen und Kosten konstruiert habe, konnte ich nur die kleinste Anzahl auswählen, und diese wenigen wollte ich großen Fürsten und im besonderen den Verwandten des Großherzogs senden; und ich habe auch schon Anfragen vom Herzog von Bayern, vom Kurfürsten zu Köln und vom Kardinal del Monte, und diesen will ich sie bei der ersten Gelegenheit zusammen mit der Abhandlung schicken.«[4]

»SIDEREUS NUNCIUS« war der Titel, den Galilei seiner Abhandlung mit auf den Weg gab, eine hübsche Doppelbödigkeit von typisch

Die Titelseite des »Sternenboten«, die in ihrer Ausführlichkeit einem Inhaltsverzeichnis gleicht: »Sternenbote, welcher große und höchst wunderbare Erscheinungen offenbart und für jedermann, insbesondere aber für die Philosophen und Astronomen, zum Beschauen darbietet, wie sie von Galileo Galileo, florentinischem Patrizier, mit Hilfe des kürzlich von ihm erfundenen Perspicills beobachtet worden sind am Antlitz des Mondes, an unzähligen Fixsternen der Milchstraße, den Nebelsternen, insbesondere aber an vier den Jupiter in ungleichen Abständen und Perioden mit wunderbarer Geschwindigkeit umkreisenden, von niemandem bis auf diesen Tag gekannten Planeten, welche der Autor vor kurzem als erster entdeckt und Mediceische Sterne zu nennen beschlossen hat«

SIDEREVS NVNCIVS

MAGNA, LONGEQVE ADMIRABILIA
Spectacula pandens, suspiciendaque proponens
vnicuique, præsertim verò

PHILOSOPHIS, atq; ASTRONOMIS, quæ à

GALILEO GALILEO
PATRITIO FLORENTINO
Patauini Gymnasij Publico Mathematico

PERSPICILLI

Nuper à se reperti beneficio sunt obseruata in LVNÆ FACIE, FIXIS INNVMERIS, LACTEO CIRCVLO, STELLIS NEBVLOSIS,
Apprime verò in

QVATVOR PLANETIS
Circa IOVIS Stellam disparibus interuallis, atque periodis, celeritate mirabili circumuolutis; quos, nemini in hanc vsque diem cognitos, nouissimè Author depræhendit primus; atque

MEDICEA SIDERA
NVNCVPANDOS DECREVIT.

VENETIIS, Apud Thomam Baglionum. M DC X.

Superiorum Permissu, & Priuilegio.

Galileischer Manier enthaltend. Jeder seiner Leser wird das als *Sternenboten* verstanden haben, und auch wir haben uns diesem Brauch angeschlossen. Als ihm später das Lästerliche in dieser Anmaßung vorgehalten wird, sich selbst als einen Abgesandten der himmlischen Sphären deklariert zu haben, kann sich Galilei darauf beschränken, das Latein seiner Gegner zurechtzurücken: Der Titel bedeute auch »Botschaft von den Sternen«, und so sei er von jedem Vernünftigen zu verstehen. Aber jeder, der Galilei ein wenig kennengelernt hat, weiß, daß ihm die erste Lesart wohl als die schönere gegolten haben mag.

Gleichwohl ist der *Sternenbote* nicht durchweg ein stilistisches Meisterwerk von jenem unstreitigen literarischen Rang späterer Schriften. Man merkt diesem heterogenen Werk förmlich den Zeitdruck an, unter dem es zustande gebracht wurde. Einzelne schön formulierte Passagen verströmen ein ruhiges, selbstbewußtes Pathos von der Größe der hier mitgeteilten »für alle Zeiten unerhörten Neuigkeit«, andere sind berichtender oder erzählender Natur, und über weite Strecken wird sogar die Langeweile eines astronomischen Logbuchs verbreitet.

»Ein sehr schöner und erfreulicher Anblick ist es, den Mondkörper, der etwa sechzig Erdhalbmesser von uns entfernt ist, so aus der Nähe zu betrachten, als wäre er nur zwei solcher Längen entfernt. Man erkennt dann auf Grund sinnlicher Gewißheit, daß der Mond keineswegs eine sanfte und glatte, sondern eine rauhe und unebene Oberfläche besitzt und daß er, ebenso wie das Antlitz der Erde selbst, mit ungeheuren Schwellungen, tiefen Mulden und Krümmungen überall dicht bedeckt ist.«[5]

Schon in diesen einleitenden Sätzen ist die Pointe vorgezeichnet, auf die die Beschreibung der Mondbeobachtungen zusteuert: eine enge Verwandtschaft von Erde und Mond und damit die Demontage der aristotelischen Trennung einer irdischen Region des Vergänglichen von den ewigen kristallinen Sphären. Nachgewiesen wird, daß der Mond genausowenig wie die Erde aus eigener Kraft leuchtet, sondern sein Licht von der Sonne empfängt und es reflektiert. In seinem Eifer übertreibt Galilei sogar, wenn er dem Mond Wasserflächen und eine Atmosphäre zuschreibt. Richtig beurteilt er hinge-

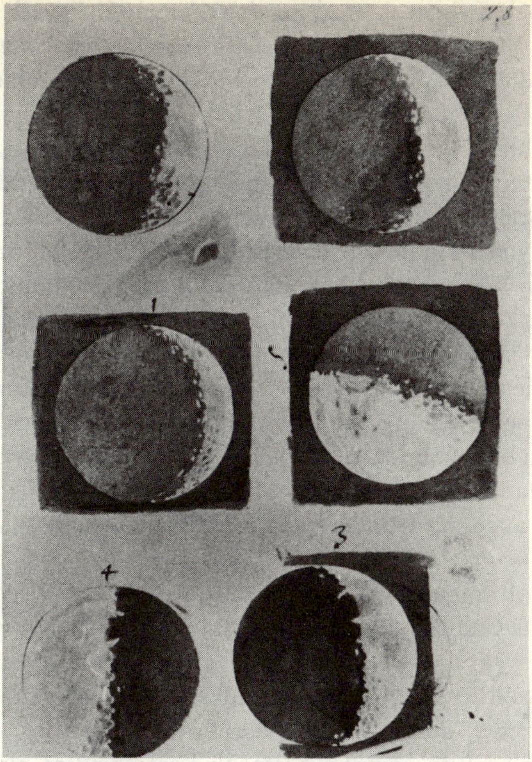

Galileis Handzeichnungen vom Mond, die als Vorlagen für den Abdruck im »Sternenboten« dienten

gen das Restlicht der dunklen Teile des Mondes, das mit bloßem Auge kaum, mit dem Fernrohr jedoch zuverlässig wahrgenommen werden kann.

»Da also ein derart sekundärer Glanz weder ein angestammtes Eigenlicht des Mondes noch von irgendwelchen Sternen, noch von der Sonne geborgt ist und da in der Weite des Weltalls kein anderer Körper mehr übrig ist außer nur noch der Erde – was, bitt' ich, müssen wir da vermuten? Was müssen wir vorbringen? Doch nicht etwa, daß der Mondkörper selbst oder irgendein anderes überschattetes Ding von der Erde Licht empfängt? Was ist daran verwunderlich? Jawohl: In gerechtem und dankbarem Austausch zahlt die Erde dem Mond eine gleiche Beleuchtung zurück, wie sie auch selbst fast die ganze Zeit über vom Mond im tiefsten Nachtdunkel empfängt.«[6]

Diese Schlußfolgerung wurde durch einen fiktiven Standortwechsel vorbereitet, eine imaginäre Besichtigung der Erde durch einen auf dem Mond positionierten Betrachter, dem sich die Erde in einer Weise darbieten müßte wie dem Erdbewohner der Mond. In einer großartigen Wendung erhebt Galilei die Erde auf Grund der gezeigten Ähnlichkeiten mit dem Mond in den noblen Rang der Gestirne, entgegen denjenigen, »die unentwegt behaupten, man müsse die Erde aus dem Reigen der Sterne fernhalten, vornehmlich deshalb, weil sie ohne Bewegung und Licht sei. Ich werde nämlich beweisen, daß sie sich bewegt und daß sie den Mond an Glanz übertrifft, nicht aber eine Jauche aus Schmutz und Bodensatz der Welt ist, und ich werde das auch mit Hunderten von Gründen aus der Natur untermauern.«[7]

Dieses soll in einem Buch über das »System der Welt« geleistet werden, das Galilei seinem Publikum hiermit angekündigt hat.

Seit Hipparch ist die Menschheit und auch die Astronomie mit den tausend Sternen ausgekommen, die dieser große Alexandriner in seinen Katalog aufgenommen hatte. Nun entscheidet Galilei mit der Gelassenheit des Augenzeugen den alten Streit über das Wesen der Milchstraße:

»Auf welchen ihrer Abschnitte man das Fernrohr auch richten mag, sogleich zeigt sich dem Blick eine ungeheure Menge von Sternen, von denen mehrere ziemlich groß und sehr auffallend sind; die Anzahl der kleinen jedoch ist schlechthin unerforschlich.«[8]

Hier ist am aufschlußreichsten, was Galilei alles unerwähnt beiseite läßt: keine kosmologische Erörterung der Frage unendlich vieler Welten, wie sie Nikolaus von Cusa vorausgedacht und der zehn Jahre zuvor verbrannte Giordano Bruno in dichterischer Überinterpretation des kopernikanischen Systems zu einer pantheistischen Vision ausgeweitet hat; auch kein vorweggenommenes Argument gegen den teleologisch fundierten Einwand, der für jeden Peripatetiker auf der Hand lag, warum sich wohl Gott die Mühe gemacht haben soll, so viele Sterne zu schaffen, die allen Propheten und Heiligen verborgen geblieben waren und nur mit dem Instrument eines Signor Galilei zu erblicken sind. Galilei beschränkt sich auf reine Deskription, aber die Philosophen werden ihn an die Sprengkraft seiner Beobachtungen noch erinnern. Sogar originär astronomische Implikationen läßt er in der Eile außer acht. Richtig beschreibt er, daß die Fixsterne durch das Fernrohr kaum vergrößert werden, sich vielmehr als punktähnliche Gebilde darbieten, beraubt ihres »Haarkranzes«. Seine Kollegen, vor allem auch der große Tycho Brahe, hatten aus der Größe der Sterne, wie sie sich dem Auge zeigen, und dem Vergleich mit der Sonne Entfernungen für die Fixsternsphäre abgeschätzt, die viel zu gering ausgefallen waren. Nun hätte Galilei zeigen können, daß dieser Irrtum auf einer Überschätzung der Sterngrößen beruht, die durch das irrlichternde Flakkern beim Betrachten mit dem bloßen Auge notwendig eintreten muß. Das Fernrohr rückte somit die Sterne in weit größere Entfernungen als vordem geschätzt und hätte den Nachweis einer parallaktischen Verschiebung als Voraussetzung für das kopernikanische System weit weniger dringlich erscheinen lassen. Aber Galilei greift dieses sicher erfolgversprechende Problem überhaupt nicht auf, denn sichtbar fühlt er sich vorwärtsgedrängt zu dem, was ihm am wichtigsten ist.

»Was aber alles Erstaunen weit übertrifft und was mich hauptsächlich veranlaßt hat, alle Astronomen und Philosophen zu unterrichten, ist die Tatsache, daß ich nämlich vier Wandelsterne gefunden habe, die keinem unserer Vorfahren bekannt gewesen und von keinem beobachtet worden sind. Sie kreisen um einen bestimmten auffallenden Stern aus der Zahl der bekannten, wie Venus und Merkur um die Sonne, und laufen ihm bald vor, bald nach, wobei sie sich nie über bestimmte Grenzen hinaus von ihm entfernen.«[9]

Hinsichtlich dieser vier Wandelsterne empfand Galilei wohl die größte Verpflichtung eines sorgfältig dokumentierten Beweises. Allein schon wegen der Zueignung dieser neuen Himmelskörper an den Großherzog als Mediceische Sterne durfte ihm hier kein Irrtum unterlaufen, die Folgen einer Blamage wären kaum abzusehen gewesen. Aber auch bei aller Selbstsicherheit Galileis kam es doch darauf an, die Kollegen auf den Kathedern von diesem Skandalon zu überzeugen. Entsprechend sorgfältig dokumentiert deshalb Galilei seine Observationen, die Konstellationen einer jeden Nacht zwischen dem 7. Januar und dem 2. März werden in ermüdender Monotonie beschrieben, einzig zu dem Zweck, den Fachkundigen die gleichen Schlußfolgerungen aufzudrängen, die er selbst gezogen hatte. Erst gegen Ende dieses Observationstagebuchs wird der Leser mit einer kühnen Schlußfolgerung konfrontiert, die weit über das Beobachtete hinausweist:

»Wir haben jetzt ein ausgezeichnetes und durchschlagendes Argument, um denjenigen ihre Bedenken zu nehmen, die zwar das Kreisen der Planeten um die Sonne im kopernikanischen System noch ruhig hinnehmen, aber von der einzigen Ausnahme, daß der Mond sich um die Erde dreht, während beide eine jährliche Kreisbahn um die Sonne vollenden, sich so verwirren lassen, daß sie dieses Weltbild als unmöglich verbannen zu müssen glauben: Denn jetzt haben wir nicht nur einen Planeten, der sich um einen anderen dreht, während beide eine jährliche Kreisbahn um die Sonne durchlaufen, sondern unsere Sinneswahrnehmung zeigt uns vier Sterne, die um den Jupiter kreisen wie der Mond um die Erde, während alle gleichzeitig mit dem Jupiter in einem Zeitraum von zwölf Jahren eine große Kreisbahn um die Sonne beschreiben.«[10]

Dies ist gewiß kein Beweis des kopernikanischen Systems, aber doch ein »ausgezeichnetes und durchschlagendes Argument« zur Demontage der Einwände gegen dasselbe. Eine ausführliche Darstellung dieser und anderer Probleme versprach er mehrmals in seinem »System der Welt« zu liefern: »Der geneigte Leser mag in Kürze mehr darüber erwarten« ist denn auch der letzte Satz des *Sternenboten*, der weniger den Schluß des Buches denn den Beginn einer neuen Forschung anzuzeigen scheint. Es sollte jedoch noch zweiundzwanzig Jahre dauern, bis Galilei sein Versprechen einlösen konnte.

Ouvertüre zum Sternenstreit oder »Vom Fernrohr wird mir ganz schwindlig!«

Der »Sternenbote« fand geteilte Aufnahme, denn wie kaum ein anderes Buch hatte er schon unmittelbar bei seinem Erscheinen die unterschiedlichsten Reaktionen hervorgerufen. Die Traditionalisten brauchten nicht lange, um zu erkennen, daß in diesen fünfzig Seiten die geheiligten Grundsätze des Denkens der letzten beiden Jahrtausende mit einem an Arroganz grenzenden Gleichmut beiseite gelegt worden waren. Bei dem an der neuen Wissenschaft interessierten Teil des Publikums fand Galilei enthusiastische Zustimmung, die sich oft genug in jener Überschwenglichkeit äußerte, die der Entdecker und Autor sich versagt hatte. Schon im März 1610 schrieb zum Beispiel Giambattista Manso, der in Neapel zum Kreis um della Porta gehörte, nach Padua:

»Ja, ich habe die feste Hoffnung, daß, wie das verflossene Jahrhundert zu Recht sich rühmt, neue und zuvor unbekannte Welten entdeckt zu haben, es sich dieses gegenwärtige zum Ruhme anrechnen wird, neue und zuvor nicht geahnte Himmel aufgefunden zu haben, und künftige Zeitalter werden staunend uns beneiden, daß wir in diesen glücklichen Zeiten geboren wurden und so seltene und göttliche Geister gekannt haben.«[1]

In Prag wandte sich Kaiser Rudolf II. an seinen Hofmathematiker Johannes Kepler, der dieses Amt als Schüler und Testamentsvollstrecker des großen Tycho Brahe erhalten hatte. Kepler zögerte nicht mit der Erklärung, daß er gewiß sei, alle Dinge, von denen Galilei geschrieben habe, bald mit eigenen Augen sehen zu können. Aus Paris meldete sich gar ein Angehöriger des Hofes von Heinrich IV., um die nächste schöne Entdeckung für seinen König reservieren zu lassen. Etwas verblüfft ob der in ihn gesetzten Erwartungen berichtete Galilei dem Florentiner Hofbeamten Vincenzio Giugni, daß er das nächste schöne Gestirn nach »dem großen Stern von Frankreich, dem leuchtendsten der ganzen Erde« mit dem Namen Henri bezeichnen solle. »Durch solche Aufmerksamkeit«, so habe der Höfling Galilei wissen lassen, »werde er sich und seinem Hause Reichtum und Macht für immer gewinnen; mit dem König werde er sich eine große und kriegerische Nation verpflichten und in allem, was ihm begegnen möge, zu seinem Schutz bereit finden.«[2]

Diese Begeisterung artikulierte sich sozusagen auf Kredit, denn nur das Büchlein, nicht jedoch ein geeignetes Fernrohr hatte diesen Enthusiasten zur Verfügung gestanden. Von Anfragen nach diesen Instrumenten wurde Galilei derart überrannt, daß er in einem seiner Briefe durchblicken ließ, ihm werde der ganze Trubel zuviel. Das Interesse war aber keineswegs auf die Hoheiten beschränkt. Einem Florentiner widerfuhr die bezeichnende Geschichte, daß er Ende März, also zwei Wochen nach Erscheinen des *Sternenboten,* ein Paket aus Venedig zugestellt erhielt, in dem Nachbarn und Freunde ein Galileisches Fernrohr vermuteten. Als statt dessen ein Exemplar des ungemein berühmten Buches zum Vorschein kam, wurde der glückliche Eigentümer sogleich verpflichtet, am Abend den Bericht über die Entdeckung der Mediceischen Sterne vorzulesen.[3]

DER GROSSHERZOG hatte es natürlich besser, zu ihm kam der Entdecker persönlich über die Osterferien nach Pisa, wo der toskanische Hof einige Monate im Jahr aus Rücksicht auf die patriotischen Empfindlichkeiten der Pisaner zu residieren pflegte. Galilei hatte sein bestes Fernrohr mitgebracht und demonstrierte dem Großherzog, daß es mit der Widmung der Mediceischen Sterne seine Richtigkeit habe. Cosimo war entzückt, schenkte Galilei eine Goldkette mit einem Medaillon, deren Wert mit 400 Dukaten vermerkt wurde, und gab vor allem zu erkennen, daß er sich freuen würde, seinen vormaligen Lehrer ständig in seiner Nähe zu wissen.

Zugleich war Cosimo aber auch sehr irritiert von dem Lärm, der sich an vielen Orten erhoben hatte, sogar unter seinen Augen an der Universität Pisa. Schon vor Galileis Ankunft hatte der Professor Giulio Libri dem Großherzog auseinandergesetzt, daß es die ihm gewidmeten Sterne schon aus Gründen der Logik nicht geben könne, und in Bologna wurden Vorlesungen angekündigt mit dem einzigen Ziel, den *Sternenboten* Punkt für Punkt zu widerlegen. Der um seine Reputation besorgte Cosimo hatte in seiner Unsicherheit Briefe an alle Welt schreiben lassen, um gutachterliche Stellungnahmen zu den Galileischen Entdeckungen einzuholen, bislang jedoch ohne jeden positiven Erfolg. Daher zögerte er auch, sein Vorzimmer mit einer schon fertiggestellten bildlichen Darstellung des Jupiters und seiner Trabanten zu schmücken.

Galilei wird, wie später in Briefen so auch jetzt schon, mündlich Cosimo darauf hingewiesen haben, daß die Kritiker ja alle noch nicht in der Lage waren, mit eigenen Augen das zu überprüfen, was sie gemeinsam gesehen hatten. Sinnliche Erfahrung müsse die Opponenten überzeugen und selbst Dummheit, Neid und Bosheit bezwingen.

In die Höhle des Löwen begab sich Galilei schon auf der Rückreise von Pisa, bei der er einen kleinen Umweg einlegte und in Bologna im Hause des Professors Magini einkehrte. Der Anlaß dieses Besuchs bei seinem alten Konkurrenten, der sich in dem Rufe sonnte, nach dem schon greisen Pater Clavius in Rom Italiens berühmtester Astronom zu sein, war selbstverständlich eine astronomische Demonstration mit dem Fernrohr, um die in Bologna schon üppig sprudelnde Quelle der Verleumdung zum Versiegen zu bringen. Magini hatte ein festliches Gastmahl arrangiert, zu dem sich mehr als zwanzig Professoren eingefunden hatten, danach schritt man in einer würdigen Prozession zur Beobachtung. Die Herren in den Talaren hatten jedoch große Schwierigkeiten, das von Galilei Behauptete durch sein Fernrohr wahrzunehmen.

Da die Chronisten dieses denkwürdigen Abends alle von mächtigen Vorurteilen gegenüber Galileis Entdeckungen geprägt waren und Galileis spätere Erwähnungen dieser Veranstaltung eher Wutausbrüchen denn Beschreibungen glichen, sind wir auf Vermutungen über die Schwierigkeiten beim Umgang mit dem Fernrohr angewiesen. Zugunsten der Bologneser Professoren mag man anführen, daß sogar perfekte optische Instrumente eine gewisse Akkomodation erfordern, viel mehr noch der erste Blick durch Galileis Fernrohr. So war es wohl den Teilnehmern dieses Abends ein leichtes, das wenige, das sie gesehen hatten, in aller subjektiven Ehrlichkeit als optische Illusion hinwegzudisputieren. Vielleicht blieb dem einzelnen Beobachter auch gar nichts anderes übrig, als unter dem suggestiven Druck der Kollegen unter Anführung des hochberühmten Magini zu erklären, er habe nichts gesehen.

Der eifrigste Verbreiter dieses Debakels war ein Böhme namens Martin Horky, der sogleich den kaiserlichen Hofmathematiker Kepler ins Bild setzte:

»Nichts hat Galilei ausrichten können, denn mehr als zwanzig hochgelehrte Männer waren zugegen, aber keiner hat die neuen Planeten deutlich gesehen; schwerlich wird er sie aufrechterhalten können ... Alle haben erklärt, daß das Instrument täusche; darüber ist Galilei verstummt, und am 26. (April 1610) ist er traurig in aller Frühe davongegangen und hat, in Gedanken versunken, weil er ein Märchen feilgeboten, für das ehrenvolle und köstliche Gastmahl, das ihm der Herr Magini ausgerichtet hatte, nicht einmal Dank gesagt.«[4]

Ein Intrigenspiel der übelsten Sorte war die Folge von Galileis Besuch in Bologna. Im Zentrum der Vielschreiber Horky, mit freundlicher Duldung, ja Unterstützung Maginis aller Welt die Niederlage Galileis mitteilend, daneben Magini selbst, der sich vorsichtiger ausdrückte, und an der Peripherie der ahnungslose Kepler und die Astronomen des Collegio Romano, dessen Pater Clavius zu scherzen beliebte, daß man den Streit durch die Herstellung eines Glases beilegen könne, das die Sterne erzeuge. Horky fabrizierte eine Schmähschrift, die den *Sternenboten* vernichten sollte; dabei berief er sich auf Kepler, hatte aber gar nicht mitbekommen, daß dieser trotz mancher kritischen Einwände nach wie vor zu Galileis Darstellungen stand. Magini wurde die Sache zu bunt, er versuchte, Horkys Schrift zu unterdrücken, und die ganze Intrige endete wie in der Commedia dell'arte, indem der Intrigant aus der Stadt gejagt wurde. Magini ließ ein Schreiben zirkulieren, das man als vornehmzurückhaltende Entschuldigung interpretieren mag, Galilei aber verkürzte den Namen Horkys bei künftiger Erwähnung um den ersten Buchstaben, damit denselben für immer in den Orkus wünschend.

Noch konsequentere Opposition fand Galilei in Padua nach seiner Rückkehr vor: Einige der Herren Philosophen wollten gar nicht erst den Versuch machen, durch das Fernrohr zu blicken, darunter auch der Freund und Bürge Cesare Cremonini. Galilei mag daher mit gemischten Gefühlen an die Vorbereitung der drei Vorlesungen über den Inhalt des *Sternenboten* gegangen sein, die er vor seiner Reise nach Pisa angekündigt hatte. Das Resultat kann nicht gar so übel gewesen sein, wenn wir Galileis Brief an den toskanischen Staatssekretär Belisario Vinta vom 7. Mai folgen:

»Wie ich Ihnen schon in meinem letzten Brief geschrieben hatte, hielt ich drei öffentliche Vorlesungen über die Mediceischen Planeten und meine anderen Beobachtungen. Die ganze Universität war zugegen, und ich überzeugte alle in einem Maße, daß zu guter Letzt diejenigen, die meine schärfsten Kritiker waren und stur allem widersprachen, was ich geschrieben hatte, ihre Sache auf die Verliererstraße geraten, ja verlorengehen sehend, öffentlich erklärten, daß sie nicht nur überzeugt worden seien, sondern sogar meine Lehren gegen jeden Philosophen verteidigen wollten, der sich erdreisten sollte, sie anzugreifen. So werden sich die angedrohten Schriften in nichts auflösen, wie auch die ganzen Vorstellungen dieser Brüder, die gedacht haben, ich würde überwältigt von ihrer Autorität oder erschreckt von der Übermacht ihrer Anhänger mich in eine Ecke verkriechen und mich dort einmauern. Nun haben sich die Dinge ganz entgegengesetzt entwickelt; und es war in der Tat auch erforderlich, daß die Wahrheit die Oberhand behalten sollte.«[5]

Dieser Bericht sollte natürlich die in der Umgebung des Großherzogs grassierenden Zweifel ausräumen oder wenigstens beruhigen, völlig den Tatsachen kann er jedoch unmöglich entsprochen haben. Die Paduaner Kollegen werden ihren Mathematiker sicher mit der ihm gebührenden Höflichkeit behandelt haben, durchs Fernrohr geblickt haben aber gerade die Mächtigsten und Einflußreichsten unter ihnen deshalb noch lange nicht.

Johannes Kepler akzeptierte Galileis Entdeckungen einschließlich der Mediceischen Planeten allerdings schon auf Treu und Glauben, denn in Prag hatte er nur ein mäßiges Fernrohr holländischer Herkunft zur Verfügung, mit dem sich Galileis Behauptungen nicht überprüfen ließen. Die Erregung, die ihn bei der Lektüre des *Sternenboten* überfallen hatte, setzte er unmittelbar in eine Abhandlung um; diese im Stil einer Rezension gehaltene Schrift ließ er nebst einer Vorrede an den Leser im Mai unter dem Titel *Dissertatio cum Nuncio Sidereo* drucken, als Unterredung mit dem Sternenboten. Zuvor hatte Kepler eine Abschrift nach Padua geschickt, so daß Galilei sich glücklich schätzen konnte, wenigstens über einen kompetenten Zeugen aus der Zunft der Astronomen zu verfügen, wie zum Beispiel gegenüber dem Staatssekretär Vinta:

»Eure Exzellenz und durch Euch auch seine Hoheit sollen wissen, daß ich einen Brief oder besser eine achtseitige Abhandlung vom kaiserlichen Hofmathematiker erhalten habe, die jedes Detail meines Buches billigt und nicht den geringsten Zweifel oder Widerspruch erkennen läßt.«[6]

Kepler war von den sorgfältigen Dokumentationen im *Sternenboten* dermaßen beeindruckt, daß er jedem Verdacht, Galilei sei hier Trugbildern nachgejagt, die ihm das mysteriöse Rohr zum Weitsehen vorgegaukelt habe, energisch widersprach; keinen Augenblick zögerte er, Galilei seine Unterstützung anzubieten »gegen die griesgrämigen Kritiker alles Neuen, denen das Unbekannte unglaubhaft und alles, was jenseits der gewohnten Grenzpfähle des Aristoteles liegt, schädlich und gar frevelhaft vorkommt«.

Kepler hatte aber nicht nur gelobt, sondern akribisch den *Sternenboten* daraufhin abgeklopft, was denn nun wirklich neu sei. Unstreitig war das natürlich bei den Mediceischen Sternen und der Unzahl neuer Sterne, deren Kenntnis nur Galileis geschicktem Gebrauch des Fernrohrs zu verdanken war. Was den Mond aber betreffe, so erinnerte Kepler daran, daß viele Gedanken schon von ihm selbst oder seinem Lehrer Michael Mästlin geäußert worden seien, zum Beispiel die Natur des schwachen Restlichts der dunklen Seite des Mondes als Widerschein der sonnenbestrahlten Erde. Auch steuerte er dank seiner profunden Belesenheit ein neues Argument zu dem eigentlich müßigen Streit um die Erfindung des Fernrohrs bei, indem er daran erinnerte, daß eine Art Konstruktionsanleitung für das Instrument schon im 17. Band der *Magiae Naturalis* von della Porta enthalten gewesen sei.

Durch solche Passagen war der Wirrkopf Horky in Bologna veranlaßt worden, sich in seinen Attacken gegen Galilei ausgerechnet auf Kepler als Kronzeugen zu berufen. Das mußte von Kepler in barschen Briefen an Horky und den eigentlichen Drahtzieher Magini sowie in einer freundlich-erklärenden Entschuldigung an Galilei wieder zurechtgerückt werden, zumal die dramatischen Schilderungen Horkys von jenem denkwürdigen Abend in Bologna, als mehr als zwanzig Professoren ergebnislos durch das Fernrohr geblickt hatten, schon den Kaiser nervös machte, der sich fragte, ob sein Hofmathematiker wohl die richtige Partei ergriffen hätte. Kepler wandte sich daher in seiner Bedrängnis mit der Bitte an Galilei, ihm schnellstens ein taugliches Fernrohr zu schicken oder doch wenigstens Zeugen zu benennen.

Galilei war bisher einer Korrespondenz mit Kepler aus dem Wege gegangen, obwohl er die Dissertatio des kaiserlichen Hofmathematikers gern für seine Sache reklamiert hatte. Den Mindestanforderungen der Höflichkeit glaubte Galilei schon dadurch genügt zu haben, daß er durch den toskanischen Gesandten beim kaiserlichen Hof, Giuliano de' Medici, seinen Dank und seine Anerkennung für den gezeigten Mut ausrichten ließ. Dieses Mal schrieb Galilei direkt an Kepler, und es wird ihm nicht leichtgefallen sein, denn er war vier Monate nach der Veröffentlichung des *Sternenboten* immer noch in der fatalen Lage, keine Zeugen aufbieten zu können, die auf Kepler oder den Kaiser Eindruck gemacht hätten:

»In Pisa, in Florenz, Bologna, Venedig und in Padua haben sehr viele durch mein Fernrohr gesehen, aber sie alle schweigen und zögern, denn die meisten sind nicht imstande, den Jupiter oder Mars, sogar kaum den Mond als Planeten zu unterscheiden.«[7]

Als einzigen Zeugen konnte er also nur sich selbst und den Großherzog anbieten. Leider waren ihm zudem die guten Fernrohre ausgegangen, so daß er Kepler auch in dieser Hinsicht nicht helfen konnte.

Allerdings war Kepler in den Tagen, als Galilei seinen zerknirschten Brief nach Prag schickte, durch eine glückliche Fügung schon beim Beobachten. Der Kurfürst von Köln hatte zum Fürstentag jenes Fernrohr mitgebracht, das er im Mai von Galilei erhalten hatte. Kurfürst Ernst war so gütig, das kostbare Instrument an insgesamt elf Nächten an den Hofmathematiker auszuleihen, so daß Kepler nun endlich selbst in Augenschein nehmen konnte, was er so lange eifrig als richtig verteidigt hatte.

Anfang September waren die zur Ausschaltung von Beobachtungsfehlern sehr sorgfältig geplanten Untersuchungen beendet, und Kepler schrieb unverzüglich unter dem Eindruck des Gesehenen und Berechneten einen Bericht, der zwar erst im nächsten Jahr in Frankfurt gedruckt wurde, Galilei aber wie üblich in einer Abschrift vorab zugänglich gemacht wurde. Kepler hatte übrigens im Titel seiner Schrift die Mediceischen Sterne erstmals als Satelliten des Jupiters bezeichnet und sie dadurch auch terminologisch von den originären Wandelsternen, den sozusagen klassischen Planeten, unterschieden.

Auch den Schlachtruf der Anhänger des Galilei im Sternenstreit hatte Kepler geprägt, allerdings eher spontan, als er in der Erregung der nächtlichen Observationen ausrief: »Du hast gesiegt, Galilei!« Das lateinische »vicisti Galilaee« war als geflügeltes Wort im Umlauf, zugeschrieben dem Kaiser Julian, der auf diese Weise in seiner Todesstunde den Sieg des Jesus Christus aus Nazareth in Galiläa anerkannt haben soll. Nun zitierte es der in Prag lebende Schotte Thomas Segeth in einem seiner lateinischen Epigramme, die den Sieg der neuen Astronomie verkündeten:

»Du hast gesiegt, Galilei, Orkus und Schatten beben,
Jenen vernichtet Jupiter, der junge Morgen diesen.«[8]

Nun hatte Galilei endlich den Kronzeugen für seine Entdeckung der Jupitersatelliten, den kompetentesten und vertrauenswürdigsten, den er sich hätte wünschen können. Auch Segeth' Epigramme, die dem Keplerschen Bericht in einem Anhang beigefügt wurden, fanden seine Zustimmung; er hätte sie gerne in eine freilich nie zustande gekommene italienische Ausgabe des *Sternenboten* aufgenommen. Zu einem ordentlichen Dankesbrief an den kaiserlichen Mathematiker konnte sich Galilei allerdings nicht durchringen; er verfiel wieder in seine alte Praxis, Kepler gelegentlich ein paar Nachrichten durch Giuliano de' Medici übermitteln zu lassen. Durch dieses auf Distanz bedachte Verhalten ging er den Angeboten Keplers zu einem intensiveren Gedankenaustausch aus dem Wege. Was die fruchtbarste Zusammenarbeit der Wissenschaftsgeschichte hätte werden und die eindrucksvollsten Resultate hätte zeitigen können, verlief sich bald wieder im Sande. Dabei hätte Galilei die-

sen tüchtigen und angesehenen Bundesgenossen sehr wohl gebrauchen können, denn das »vicisti Galilaee« wurde nur in einem sehr kleinen Kreis der Gelehrten gehört, geschweige denn akzeptiert.

Der Widerstand der Philosophen hatte Galilei nicht überraschen können; schon Kopernikus hatte ihn gefürchtet, und Galilei selbst hatte etwa fünfzehn Jahre lang nicht gewagt, seine Sympathien für das kopernikanische System öffentlich zu bekunden. Der *Sternenbote* war in dieser Hinsicht eher vorsichtig formuliert, und seinem Temperament zuwiderhandelnd, zwang sich Galilei in den ersten Kontroversen wie der Horky-Affäre zur Zurückhaltung, denn er hoffte noch immer auf die Macht der Sinneserfahrung, die eine neue Debatte unausweichlich machen würde. Diese Hoffnung hatte jedoch getrogen. Am 19. August hatte er zugleich enttäuscht und verbittert an Kepler geschrieben:

»Was sagt Ihr zu den hier tonangebenden Philosophen, denen ich mehr als tausendmal angeboten habe, ihnen meine Entdeckungen zu zeigen, die aber, mit der müden Trägheit einer vollgefressenen Schlange, nie bereit waren, durch das Fernrohr den Mond oder die Planeten anzusehen? Wahrhaftig, wie die Schlange keine Ohren, so haben diese Männer keine Augen für das Licht der Wahrheit. Für sie ist die Philosophie ein Buch, wie die Äneis oder die Odyssee, in dem die Wahrheit gesucht werden muß, nicht dagegen im Universum oder in der Natur, sondern – und hier gebrauche ich ihre eigenen Worte – durch Vergleiche von Texten. Wie würdet Ihr lachen, wenn Ihr hören könntet, welche Argumente der erste Philosoph der Fakultät von Pisa in der Gegenwart des Großherzogs gegen mich vorgebracht hat. Er versuchte verzweifelt durch logische Schlußfolgerungen, so als wären sie Zaubersprüche, die neuen Planeten aus dem Himmel hinauszudisputieren.«[9]

Dieser erste Philosoph war Giulio Libri, und als er noch im Dezember desselben Jahres gestorben war, ohne sein Auge jemals dem Okular eines Fernrohrs genähert zu haben, machte sich Galilei in einem Brief durch die Bemerkung Luft, daß dieser Philosoph, der sich auf Erden geweigert habe, die neuen Sterne durch das Fernrohr zu betrachten, sie wohl jetzt auf seinem Weg in den Himmel wahrnehmen könne.

In Florenz meldete sich ein Astronom namens Francesco Sizzi zu Wort, der in kabbalistischem Eifer die geheiligte Siebenzahl verteidigte. In einer *Dianoia Astronomica* betitelten Schrift bemühte er die sieben Öffnungen des menschlichen Kopfes – er rechnete auch die Augen dazu – und die ehrwürdige Tradition der sieben Wochentage zu dem Nachweis, daß es auch nur sieben Planeten geben könne; da sonst das ganze schöne Gebäude einstürzen würde, könnten die Mediceischen Sterne also nicht existieren. Zudem seien sie ohnehin unsichtbar für das nackte Auge, übten daher keinen Einfluß auf die Erde aus und wären daher nutzlos, also nicht existent.

Solche Argumente entsprachen freilich nicht ganz dem Niveau der klügeren unter den Philosophen. Von denen drehten einige den Spieß um und behaupteten, ihr Aristoteles habe natürlich auch schon das Fernrohr gekannt. Im Zweiten Tag des *Dialogs* erinnerte sich Galilei:

»Ich kenne einige Edle, noch heute frisch und gesund, welche zugegen waren, als ein Doktor an einer berühmten Hochschule, als er das von ihm noch nicht gesehene Fernrohr beschreiben hörte, sagte, die Erfindung sei dem Aristoteles entnommen. Als er sich einen Text hatte bringen lassen, suchte er eine gewisse Stelle auf, wo die Gründe abgehandelt werden, infolge derer vom Boden eines sehr tiefen Brunnens die Sterne bei Tag am Himmel gesehen werden können. Er sagte zu den Umstehenden: Hier habt ihr den Brunnen, er ist das Rohr; hier die dichten Dämpfe, ihnen ist die Erfindung der Linsen nachgebildet; hier habt ihr endlich die Verstärkung der Sehkraft beim Durchgang der Strahlen durch ein dichteres, dunkles und undurchsichtiges Mittel.«[10]

Das war freilich alles andere als eine Ehrenrettung für den astronomischen Gebrauch des Fernrohrs; für die Beobachtung irdischer Gegenstände mochte es ja noch taugen, da Aristoteles aber die grundsätzliche Wesensverschiedenheit der himmlischen »quinta essentia« nicht nur behauptet, sondern auch bewiesen habe, konnte es als ausgemacht gelten, daß ein Fernrohr hier nichts Neues zutage fördern konnte außer optischen Illusionen.

Auch Galileis guter Freund Cremonini reagierte nicht anders als »die ganze Bande der Peripatetiker«, wie Galilei sich zu schimpfen

angewöhnt hatte. Cremoninis Freundschaft zu Galilei einerseits und seine Distanz zu dessen astronomischen Extravaganzen andererseits sind in einem Brief des gemeinsamen Bekannten Paolo Gualdo wiedergegeben, des Oberpriesters der Kathedrale vom heiligen Antonius:

»Als ich ihn auf der Straße traf, sagte ich ihm: ›Signor Galilei ist über die Maßen betrübt, daß Ihr ein dickes Buch über den Himmel geschrieben habt, obwohl Ihr Euch geweigert habt, seine Sterne zu betrachten!‹ Darauf antwortete er: ›Ich glaube einfach nicht, daß irgend jemand außer ihm selbst diese Sterne gesehen hat, und außerdem wird mir vom Fernrohr ganz schwindlig. Genug, davon will ich nichts mehr hören. Aber welch ein Jammer, daß Signor Galilei sich diesen Schaustellerkünsten hingibt und unsere Gesellschaft und seinen sicheren Zufluchtsort aufgegeben hat. Er wird das noch bedauern.«[11]

Und Cremonini, der das aufmerksamste Interesse der Inquisition zu spüren bekommen hatte, wußte nur zu gut, was im Konfliktsfall der sichere Zufluchtsort wert war, für einen orthodoxen Aristoteliker ebenso wie für einen Mathematiker und Astronomen.

Die Heimkehr oder »Ich kann nur einem Fürsten dienen«

GALILEIS RÜCKKEHR NACH FLORENZ war nun in greifbare Nähe gerückt. Großherzog Cosimo hatte schon in jenen Osterwochen, in denen Galilei ihm die Mediceischen Sterne demonstriert hatte, seinen Staatssekretär Belisario Vinta beauftragt, eine die Hofschatulle schonende Möglichkeit für die Anstellung Galileis zu erkunden. Am 7. Mai erläuterte Galilei in einem ausführlichen Brief an Vinta noch einmal, warum er Padua verlassen wollte und welche Erwartungen er an die Übersiedelung nach Florenz knüpfte, und zugleich skizzierte er sein zukünftiges Arbeitsprogramm im Dienste des Großherzogs:

»Wenn ich ins Land meiner Geburt heimkehre, so wünsche ich mir nichts mehr als die Absicht Seiner Hoheit, mir Zeit und Muße zur Vollendung meiner Werke zu geben, ohne eine Verpflichtung zum Unterricht.

Seine Hoheit sollte dadurch aber nicht den Eindruck gewinnen, daß meine Arbeiten dadurch für meine Kollegen weniger nützlich wären; vielmehr wäre das Gegenteil der Fall, denn in meinen Vorlesungen kann ich nur jene Anfangsgründe unterrichten, die von der Mehrzahl verstanden werden, und solch Unterricht ist nur ein Hindernis und keine Hilfe bei der Vollendung meiner Werke, welche nach meinem Dafürhalten nicht gerade den geringsten Rang beanspruchen dürfen. Wie es mir die größte Ehre ist, Prinzen zu unterrichten, so möchte ich bei anderen doch gerne darauf verzichten. Statt dessen sollen meine Bücher (immer unserem Herrscher gewidmet) meine zusätzliche Einkommensquelle sein ebenso wie meine Erfindungen, derer ich viele gemacht habe und bei passender Gelegenheit noch mehr finden werde. Hinsichtlich dieser Erfindungen, zu denen ich mich berufen fühle, soll Seine Hoheit versichert sein, daß Er sein Geld damit nicht vergeuden wird, wie es Ihm vielleicht oft schon widerfahren ist ... Spezielle Geheimnisse, so nützlich wie kurios und bewundernswert, habe ich eine große Menge. Große und bemerkenswerte Dinge sind mein, aber ich kann nur einem Fürsten dienen (oder sie von ihm ins Werk setzen lassen), denn Fürsten sind es, die Kriege führen und Festungen bauen und die zu ihrem königlichen Vergnügen Ausgaben tätigen, die weder ich noch sonst ein Privatmann aufbringen kann.

Die Werke, die ich fertigstellen will, sind diese: Zwei Bücher über Aufbau und Beschaffenheit des Universums – ein Riesenentwurf voller Philosophie, Astronomie und Geometrie. Drei Bücher über die Ortsbewegung – eine vollkommen neue Wissenschaft, in der niemand sonst, weder in der Antike noch in der Moderne, irgendeines der höchst bemerkenswerten Gesetze entdeckt hat, deren Existenz ich sowohl für die natürliche wie die erzwungene Bewegung beweisen werde; daher erlaube ich mir, dies eine neue Wissenschaft zu nennen, die von ihren Grundlagen angefangen von mir entdeckt worden ist. Drei Bücher über Mechanik, zwei davon sich auf die Demonstration ihrer Prinzipien beziehend und ein drittes von Problemlösungen handelnd; und obwohl andere Männer über diesen Gegenstand geschrieben haben, so haben sie doch nicht ein Viertel von dem zustande gebracht, was ich schreiben werde. Ich habe auch kleinere Arbeiten über physikalische Themen, so Abhandlungen über Ton und Stimme, über das Sehen und die Farben, über die Gezeiten des Meeres, über das mathematische Kontinuum, über die Bewegungen der Tiere und noch andere Arbeiten. Ich denke auch daran, einige Bücher über militärische Angelegenheiten zu schreiben, diese aber nicht nur theoretisch zu behandeln, sondern durch elegante Regeln alles zu vertiefen, was in dieser Disziplin mit Mathematik zu tun hat, wie die Praxis des Festungsbaus, das Geschützwesen, Angriff und Belagerung, die Schätzung von Entfernungen, die Artillerie und den Gebrauch verschiedener Instrumente. Ich muß auch die Instruktionen zum Gebrauch des Militärischen Kompasses neu herausgeben, da keine Exemplare mehr vorhanden sind, und dieses Instrument ist in der Welt so geschätzt, daß andere Versionen nicht mehr hergestellt werden, während ich Tausende angefertigt habe.

Ich will Euch meine Vorhaben hinsichtlich der Beobachtungen und Forschungen im Zusammenhang mit den vier neuen Planeten nicht ausführlich darstellen, denn diese Angelegenheit wird immer schwieriger, je mehr ich darüber nachdenke, denn man kann sie nur selten wirklich auseinanderhalten, da ihre Größen und Farben einander so ähnlich sind. Daher muß ich mich der ablenkenden Gedanken entledigen können, die meine Studien zurückwerfen, ganz besonders jener, derer sich andere genausogut annehmen können wie ich. Daher bitte ich Euch, diese Betrachtungen Seiner Hoheit zu unterbreiten (und sie selbst abzuwägen), und laßt mich die Entscheidung wissen.

Hinsichtlich des Gehalts will ich mit dem zufrieden sein, was Ihr in Pisa angedeutet habt, denn es ist eine Ehre, einem solchen Fürsten zu dienen; und wie ich es damit genug sein lassen will, schicke ich mich in die Güte Seiner Hoheit, die mir nicht vorenthalten wird, was für andere üblich ist, die es weniger nötig haben als ich. Was aber den Titel angeht, so erbitte ich mir, daß Seine Hoheit zu dem Titel ›Mathematiker‹ den des ›Philosophen‹ hinzufügen möge; denn ich kann mich darauf berufen, mehr Jahre mit dem Studium der Philosophie als Monate mit dem der Mathematik verbracht zu haben.«[1]

Das Bewerbungsschreiben Galileis zeigt in jenen Passagen, die die militärisch relevanten Arbeiten ankündigen, mit welcher Selbstverständlichkeit die Wissenschaft schon in ihren Kinderschuhen dem Kriegshandwerk dienstbar gemacht wurde und zugleich von ihm profitierte. Diese Problematik hat freilich spätestens mit Archimedes begonnen – er war nicht nur wegen seines Einfalls in der Badewanne berühmt, sondern ebenso wegen seiner Kunstfertigkeit im Entwerfen furchterregender Steinschleudern –, und sie reicht bis in unser Jahrhundert, in dem sie ihre eigentliche Brisanz in Gestalt der Nuklearwaffen entfaltet hat. Wissenschaftler, die durch die Ambivalenz von Erkenntnisgewinn und Nutzen einerseits und der Potenzierung destruktiver Gewalt andererseits nachdenklich wurden, waren immer die Ausnahmen, zu Galileis Zeit noch mehr als heute. Damals hatte es immerhin schon den anrührenden »Stotterer« Tartaglia gegeben, der seine Untersuchungen über die Bahnen von Kanonenkugeln zunächst geheimhalten wollte, um nicht am Tode Unschuldiger schuldig zu werden; als es aber gegen die Türken ging, mußte auch dieser grundgütige Mann die Pflichten eines Christen-

Die Medici machten auch aus der Förderung der Wissenschaften einen fürstlichen Luxus, wie aus diesem kostbaren, mit Blattgold belegten ptolemäischen Modell der Sphären zu ersehen ist

menschen erkennen, und fortan schossen Venedigs Kanoniere nach den Tafeln des Tartaglia.

Im Duktus ist Galileis Anpreisung seiner militärisch bedeutsamen Fähigkeiten jenem Brief zum Verwechseln ähnlich, in dem einst Leonardo da Vinci seine Dienste dem Herzog von Mailand angeboten hatte; die Einzelheiten illustrieren aber auch die radikale Änderung der Perspektive in den dazwischenliegenden einhundertzwanzig Jahren. Hatte Leonardo noch einzelne Kriegsmaschinen angepriesen, Trabuken oder Bombarden, »mit denen man Steine gleich einem Ungewitter schleudern kann«,[2] so erbot sich Galilei zur Vertiefung alles Mathematischen in der Kriegskunst. Die Fertigkeiten der einstigen Virtuosi, zu deren Großen auch Leonardo gezählt hatte, wurden wissenschaftlich-mathematisch fundiert, aus Technik war Technologie geworden.

Das Martialische an Galileis Brief ist zumindest teilweise weniger der Ausdruck seiner wahren Absichten denn eine rhetorische Stilfigur, ebenso wie die Prahlereien ob der Geheimnisse und Erfindungen. Galilei wollte weder der oberste Militäringenieur der Toskana werden noch seine Zeit mit dem Austüfteln wundersamer Apparate verbringen. Was er sich erhoffte, waren Zeit und Unabhängigkeit; auch mag er erwartet haben, daß die Unantastbarkeit eines absolutistischen Herrschers sich auch auf dessen Hofmathematiker erstrecken und ihm dadurch Schutz vor den Angriffen der akademischen Kamarilla bieten würde. Mehr noch als der Wunsch nach dem doppelten Titel eines Mathematikers und Philosophen verdeutlichte die Liste der geplanten Bücher, welches Ziel Galilei mit seiner Übersiedelung nach Florenz verfolgte: die systematische Ausarbeitung der in Padua herangereiften Gedanken und Erkenntnisse.

Übermächtiges Heimweh mag eine andere, nicht minder gewichtige Erklärung für Galileis Bestrebungen gewesen sein. Der Campanilismo, die Bindung an die Region im Umkreis der heimatlichen Glockentürme, war in den italienischen Stadt- und Kleinstaaten stärker ausgeprägt als anderswo in Europa, und Galilei war und blieb mit ganzem Herzen Florentiner. Anstatt in Padua wegen seiner wunderschönen toskanischen Redeweise bestaunt zu werden, zog er es vor, die Sprache seiner Heimat auch auf den Märkten und in den Straßen zu vernehmen. Und wer einmal an dem munteren Treiben auf den Treppen von Santa Maria del Fiore in Florenz teilhatte, der wird die byzantinische Schwermut von Il Santo in Padua zwar eindrucksvoll empfinden, ihr aber keine Heimatgefühle abgewinnen können.

Galileis Wünsche gingen dieses Mal in Erfüllung. Vinta hatte durchgesetzt, daß der Hofmathematiker aus dem Etat für die Universität in Pisa bezahlt werden sollte, allerdings ohne Lehr- oder auch nur Anwesenheitsverpflichtung. Am 10. Juli wurde Galilei zum Primario Matematico dello Studio di Pisa e Primario Matematico e Filosofo del Granduca di Toscana offiziell ernannt, drei Tage später traf die Urkunde in Padua ein. Das Gehalt war auf 1000 Scudi festgesetzt worden, geringfügig mehr als die gleiche Anzahl der Dukaten, die ihm die Venezianer bewilligt hatten. Galilei ersuchte um den Vorschuß von zwei Jahresgehältern, um seine Schulden in Padua zu begleichen, und kündigte seine Abreise für Anfang September an.

Der Handwerker Mazzoleni und dessen Familie sollten ihn nach Florenz begleiten und auch dort in seinem Haushalt leben; leider fehlte der Linsenschleifer Alessandro Piersanti, er war zu Galileis großem Kummer noch kurz vor der Abreise gestorben. In der Nacht auf den 7. September beobachtete Galilei noch einmal von seinem Garten aus die Jupitertrabanten bis zum Sonnenaufgang, dann bestieg er mit seinem kleinen Anhang die Kutsche in Richtung Florenz. Den Boden der Republik Venedig hat er nie wieder betreten, und erst dreißig Jahre später gestand er in einem Brief ein, daß er hier »die achtzehn besten Jahre« seines Lebens verbracht hatte.

Ein Haus in Florenz war nicht sogleich zu mieten, denn die Laufzeiten der Mietverträge pflegten an Allerheiligen zu beginnen. Galilei wohnte zunächst bei seinem Schwager Landucci, was allerlei Probleme mit sich brachte. So konnte er Giuliano de' Medici, dem Gesandten in Prag, nicht das zugesagte Fernrohr liefern:

»Ich habe noch kein Haus bezogen und werde auch bis Allerheiligen keins beziehen, weil das in Florenz so der Brauch ist. Deshalb konnte ich auch noch nicht meine Maschinen zum Linsenschleifen aufstellen, denn einige Teile müssen fest im Mauerwerk verankert werden; möge Eure Hoheit daher über die Verzögerung in der Zustellung des Fernrohrs nicht überrascht sein, aber ich will mein Bestes tun, damit der Verzug durch die Qualität des Instruments kompensiert wird. Ich müßte die Arbeit ohnehin aufschieben, da es hier an Glas fehlt.«[3]

Auch die astronomischen Beobachtungen mußten wegen der ungünstigen Lage von Landuccis Haus unterbrochen werden, aber das gemietete Haus war natürlich unter den entsprechenden Aspekten ausgesucht worden, wie Galilei in dem Brief an Giuliano de' Medici zu erzählen fortfuhr:

»Aber das Haus, in das ich an Allerheiligen einziehen werde, hat ein hohes terrassenartiges Dach, von dem der ganze Himmel sichtbar ist, so daß ich mich ohne Schwierigkeiten wieder meinen Beobachtungen widmen kann.«

Mit Galilei und seinen Bediensteten zogen auch die Mutter Giulia und die beiden Töchter Virginia und Livia in dieses Haus ein; es lag vermutlich am Südufer des Arno, aber seine genaue Adresse ist nicht mehr feststellbar, obwohl Galilei es sechs Jahre lang bewohnt hatte.

Die venezianische Signoria war über den Weggang Galileis sehr ungnädig gestimmt. Die lebenslange Anstellung war eigentlich für beide Seiten als unkündbar zu verstehen gewesen, so daß Galilei des Vertragsbruchs bezichtigt wurde. Antonio Priuli, der sich erst ein Jahr zuvor für diese ungewöhnliche Gunst einer lebenslangen Anstellung und der Gehaltsverdoppelung verwendet hatte, war so verärgert, daß er den Namen des ehemaligen Mathematikprofessors in seiner Nähe nicht mehr genannt hören wollte.

Die Freunde waren teils enttäuscht, teils betrübt; natürlich konnten sie wie alle Venezianer nicht verstehen, daß jemand ihre bevorzugte Stadt überhaupt freiwillig verlassen konnte, noch weniger konnten sie aber begreifen, welchen Risiken Galilei sich sehenden Auges aussetzte. Beispielhaft drückte diese Bedenken der Freund Sagredo aus, der in Staatsgeschäften unterwegs gewesen war und nach seiner Rückkehr einen sehr schönen und sehr langen Brief nach Florenz schickte:

»Ich habe zu meiner Freude viele Städte gesehen, denn ich beobachte gern die Gebäude und Gebräuche der Ausländer im Vergleich mit denen in unseren Städten, und wahrlich scheint es mir, als sei ich durch Gott sehr begünstigt worden, indem ich in dieser Stadt geboren worden bin, die sich in ihrer Schönheit von allen anderen unterscheidet ... Hier scheinen mir Freiheit und Lebensweise einer jeden Schicht oder einer jeden Person die bewundernswürdigsten Errungenschaften, vielleicht einzig in der Welt dastehend. Und während ich diese Dinge bedenke, hat sich mein Geist schon mit Euch und Eurer Abreise beschäftigt, und meine Überlegungen sollen um meine Interessen kreisen und um die Eurigen.

Was mich betrifft, so finde ich keinen Trost, denn zu tief ist der Abgrund zwischen An- und Abwesenheit ... Ich kann mir wohl meinen Galileo in der Vorstellung herbeirufen, ich kann die Erinnerungen an seine höchst erfreulichen Unterredungen wachhalten, aber wie sollte es möglich sein, die vielen immer willkommen gewesenen Neuigkeiten zu erfahren, die ich aus der direkten Unterredung mit Euch gewinnen konnte? Kann das durch eine wöchentliche Korrespondenz aufgewogen werden, die ich mit Vergnügen lesen werde, die Euch aber vielleicht nur Unannehmlichkeiten bereitet? Was meine Interessen angeht, so hinterläßt Eure Abreise ein untröstliches Unglück, dem nicht geholfen werden kann.

Hinsichtlich Eurer Interessen beuge ich mich Eurem Urteil – oder eher Euern Gefühlen. Hier waren doch Euer Gehalt und die anderen Annehmlichkeiten nicht ganz ohne Wert; Eure Ausgaben waren gering und standen ganz in Eurem Belieben, und gewiß war es nicht die Not, die Euch einen Wechsel ins Auge fassen ließ, einen vielleicht sehr ungünstigen und zweifelhaften Wechsel. Wo wollt Ihr die Freiheit und Unabhängigkeit finden, die Ihr in Venedig genossen habt? Die Zustimmung, derer Ihr Euch erfreuen konntet, wuchs jeden Tag mit Eurem Alter und Eurer Autorität. Nun seid Ihr in Eurem edlen Vaterland, aber ebenso wahr ist auch, daß Ihr von einem Ort geschieden seid, dem Ihr nur Gutes verdankt. Ihr dient jetzt Eurem angestammten Fürsten, einem großartigen Manne, trefflich, jung und vielversprechend, aber hier hattet Ihr zu gebieten über Männer, die anderen befehlen, und Ihr hattet niemandem zu dienen als Euch selbst; Ihr wart wie der Herrscher des Universums. Die Macht und die Edelmütigkeit Eures Fürsten rechtfertigen die Hoffnung, daß Euer Eifer und Euer Verdienst geschätzt und belohnt werden; aber wer kann auf dem stürmischen Meer des Hofes sicher sein, daß er in den tobenden Winden der Eifersucht und des Neids, ich will nicht sagen den Untergang findet, aber doch herumgestoßen und umgetrieben wird? ...

Ich will nicht tiefer in Eure Interessen eindringen, denn ich wollte von vornherein Eure Entscheidung und Eure Wünsche akzeptieren. Andere Eurer Freunde reden da ganz anders; einer, der zu Euren teuersten gehörte, erklärte mir wahrlich, er würde mir die Freundschaft aufkündigen, wenn ich in der Euren fortfahren sollte; und da man das Verlorene nicht wiedergewinnen kann, neige ich dem Glauben zu, das Gewonnene zu bewahren. Aber ich bin sehr in Sorge, daß Ihr an einem Orte seid, wo die Autorität der Freunde Berlinzones am meisten zählt.«[4]

Mit dieser Anspielung auf die Macht der Jesuiten in allen anderen italienischen Staaten deutete Sagredo an, daß Galileis Wissenschaft in Konflikt mit der Kirche geraten würde. Diese Gefahr haben alle seiner venezianischen Freunde heraufziehen sehen, der sture Aristoteliker Cremonini ebenso wie der weltgewandte, liberale Patrizier Sagredo; nur Galilei selbst wollte diese Gefahr lange nicht wahrhaben, denn er glaubte an die Vernunft und die durchschlagende Kraft seiner Demonstrationen und Beweise.

Dahinter sollte sich eine Tatsache verbergen, »aus der sich die Entscheidung der größten Streitfrage der Astronomie ergibt und die insbesondere ein durchschlagendes Argument für die kopernikanische und pythagoreische Anordnung der Welt enthält«. Wieder knobelte Kepler verzweifelt an dem dunklen Satz herum, schickte allerlei Lösungsentwürfe nach Florenz, darunter auch einen, der von der Rotation eines roten Flecks im Jupiter spricht, und er flehte Galilei an, ihm die Lösung nicht länger vorzuenthalten, »denn Ihr seht, daß Ihr es mit ehrlichen Deutschen zu tun habt«.

Die Auflösung des Anagramms war in diesem Falle allerdings schon unterwegs, wie üblich in einem Brief an Giuliano de' Medici, der am Neujahrstage 1611 geschrieben worden war:

Cynthiae figuras aemulatur mater amorum.

Der moderne Leser müßte nicht nur Latein, sondern auch ein wenig von der Mythologie der Gestirne verstehen, um diesem Satz einen Sinn zu geben: »Die Mutter der Liebe – die Venus – eifert den Gestalten der Cynthia – des Mondes – nach.«

Der Planet Venus zeigte im Fernrohr also die gleichen Veränderungen seiner Gestalt wie der Mond, von einer vollen Kreisscheibe über einen Halbkreis zu einer schmalen Sichel, für die sich schon vorher in theoretischen Überlegungen die plastische Bezeichnung als Hörner eingebürgert hatte.

Die Hörner der Venus waren keine überraschende Entdeckung wie die Jupitertrabanten, sondern vielmehr eine Bestätigung dessen, was ein eingeschworener Kopernikaner gar nicht anders erwartet hatte. So hatte Galilei noch in Padua seine Beobachtungen der Venus begonnen in der Hoffnung, »mit dem leiblichen Auge das zu sehen, was der Verstand nicht bezweifelt hatte«. Noch am 2. August hatte er seinem Schüler Benedetto Castelli angedeutet, daß er »am Himmel eine weitere großartige Neuigkeit« beobachtet habe, und der hatte keine Schwierigkeit, das Geheimnis zu erraten:

»Ich denke mir, daß bei der kopernikanischen Anordnung der Welt – wie ich sie im vollsten Maße für wahr halte – Venus in gleichen Abständen von der Sonne bald gehörnt, bald nicht gehörnt erscheinen muß, je nachdem, wie sie zur Sonne steht, daß aber in

Die gehörnte Venus oder Weitere Nachrichten von den Sternen

Galileis Beobachtungsprogramm der auf die Veröffentlichung des *Sternenboten* folgenden Monate war durch die Jupitertrabanten nahegelegt worden. War diese Entdeckung nach Galileis eigenem Bericht noch eher dem Zufall zu verdanken gewesen, so suchte er noch in Padua die anderen Wandelsterne nach ähnlichen Erscheinungen ab. Die ersten systematischen Beobachtungen ergaben jedoch nichts Neues, aber diese Enttäuschung wußte er noch ins Positive zu wenden, indem er den Großherzog wissen ließ, daß das mediceische Namenspatronat über neue Sterne nicht wiederholbar sei und daher ein exklusives bleibe.

Wenige Wochen später war diese Behauptung hinfällig geworden, denn am 25. Juli schon hatte er eine merkwürdige Dreiteilung des Saturns feststellen können und dieses neue außerordentliche Wunder sogleich dem Staatssekretär Vinta übermittelt, allerdings mit der Bitte um absolute Verschwiegenheit. Die Geheimhaltung besorgte Galilei in seinem Brief an Giuliano de' Medici gleich selbst, indem er sie in die verschlüsselte Form eines Kryptogramms kleidete, in eine Folge von siebenunddreißig Buchstaben, deren Umstellung die Nachricht von einer weiteren wunderbaren Entdeckung ergäbe:[1]

Smaismrmilmepoetaleumibunenugttauiras.

Der toskanische Gesandte beim kaiserlichen Hof war chiffrierte Post als Routinesache gewöhnt, allerdings in seinem diplomatischen Briefverkehr und nicht in wissenschaftlichen Mitteilungen. Sein Chiffrierbeamter knobelte vergeblich an der Auflösung des Kryptogramms herum, und auch Kepler, der brennend an der astronomischen Neuigkeit interessiert war, erging es nicht besser, da er nur mehr oder weniger barbarische lateinische Verse astronomisch fragwürdigen Inhalts produzierte. Erst im November schickte Galilei die Auflösung des Rätsels:

Altissimum planetam tergeminum observavi – Den obersten Planeten habe ich dreigestaltig beobachtet.

Der Saturn also hatte sich im Fernrohr als dreigeteilt gezeigt, in der Mitte ein großer Zentralkörper und ihn beinahe berührend zwei kleine Gebilde in unveränderlicher Stellung. Mehr vermochte Galilei mit seinem Fernrohr nicht zu erkennen. Erst ein halbes Jahrhundert später konnte der Holländer Christian Huygens diese merkwürdige Erscheinung als einen großen Ring um den Saturn identifizieren.

DIE CHIFFRIERKUNST hatte sich im Italien der Renaissance zu einer soliden Wissenschaft entwickelt, deren Nutzen und Notwendigkeit angesichts der durch ständige Intrigen und Kriege zerrütteten Nachbarschaftsverhältnisse der vielen Kleinstaaten außer Frage stand. In den Kanzleistuben Venedigs, des Vatikans oder der Toskana wurden professionelle Kryptologen beschäftigt, die mit großer Mühe die Korrespondenz ihrer Dienstherren verschlüsselten, oft aber auch mit erstaunlichem Scharfsinn die Geheimschriften der Konkurrenz lesbar machen konnten.

Diese Schwarze Kunst war trotz ihrer nüchtern-professionellen Aspekte wie geschaffen für magische Spekulationen. Giambattista della Porta,[2] der schon mehrmals Galileis Lebensweg gekreuzt hatte, war einer jener produktiven Kryptologen, die sich auch in der mystischen Überhöhung ihrer Kunst hervortaten, denen die ganze Welt als eine Chiffre erschien und die Natur als eine Geheimschrift, deren Entschlüsselung den Weg zu den Quellen der Weisheit versprach.

Galilei machte von dieser Kunst den denkbar nüchternsten Gebrauch: Er verwendete sie zur Sicherung seiner Prioritätsansprüche. Auch in diesem sozialen Charakteristikum des Wissenschaftsbetriebs war Galilei für seine Nachfolger das Vorbild.

In der Scholastik war ja weniger das Neue gefragt, sondern die stimmige Deduktion einer jeden Behauptung aus den autoritativen Texten des Aristoteles oder der Kirchenväter. Noch in den Zeiten des Umbruchs haben es Kopernikus oder auch Galileis Vater nicht versäumt, ihre revolutionären Neuerungen durch die Zurückführung auf antike Vorbilder zu adeln. Der Sohn Galileo Galilei verkörpert aber schon den gewandelten Typus des modernen Forschers, der gerade auf das Neue aus ist.

Dinge zu entdecken, die nie zuvor jemand gesehen oder ged hatte, wurde fortan zur eigentlichen Rechtfertigung wissensch chen Strebens, und damit ging die Sorge um die Wahrung des I geburtsrechts einher, denn in der Forschung ist der zweite oft ein der Vergessenheit anheimfallender Zuspätgekommener. D wird die Priorität gehütet wie sonst nur von einem Geizhals Geldsack, und die Wahrung der Prioritätsansprüche gerät zu e der wichtigsten Präokkupationen moderner Wissenschaftler, n selten das Bemühen um die Wahrheitsfindung überwuchernd.[3]

Galilei war spätestens bei der Plagiatsaffäre um seinen Geom schen Kompaß prioritätsbewußt geworden, denn wie ein tobsüc ger Berserker hatte er monatelang seine ganzen intellektuellen E gien auf die Verfolgung des Übeltäters Baldassare Capra kon triert. Das Gezänk um die Vaterschaft des Fernrohrs und auch K lers Zurechtweisung, daß schon andere vor ihm das Restlicht Mondes mit bloßem Auge wahrgenommen hätten, mögen wes lich zur Schärfung dieses Bewußtseins beigetragen haben. A schon die Hektik jener acht Wochen von der ersten Wahrnehm der Jupitertrabanten bis zur Veröffentlichung des *Sternenboten* vor allem durch die Angst vor dem Verlust der Priorität bestim

Die Kryptogramme waren in dieser Situation ein genialer Sch zug. Galilei konnte sich durch die Verwendung einer Chiffre Entdeckung zugleich reservieren lassen und sie einstweilen geheimhalten. Dadurch gewann er Zeit für weitere Forschunge zu einer definitiven Mitteilung. Wäre ihm aber ein Konkurre der Zwischenzeit in die Quere gekommen, hätte er ihn durch weis auf das Kryptogramm leicht ausstechen und seine Pri beanspruchen können.

EINE ZWEITE CHIFFRE wurde von Galilei schon am 11. De 1610 auf den Weg nach Prag gebracht. Dieses Mal handelte um ein Anagramm, also um einen Satz aus richtigen Wörte dem durch Umstellung der Buchstaben die Mitteilung errat den kann:[4]

Haec immatura a me jam frustra leguntur o y. – Diese Dinge suche ich nun vergeblich. (Die separaten Buchstaben sind für die Lösung zusätzlich zu dem angegebenen Satz

früheren Jahrhunderten es unmöglich gewesen ist, derartiges zu beobachten. Nun aber, da Ihr durch Eure unsterblichen Erfindungen so viele andere Wunder am Himmel beobachtet habt, die mit gewöhnlichen Fähigkeiten unsichtbar sind, wünsche ich mir zu wissen, ob Ihr in dieser Hinsicht eine Beobachtung gemacht habt und ob meine Vermutung wahr ist.«[5]

Galilei hatte bis zum Oktober warten müssen, bis die Venus wieder als Abendstern in vollem Glanze am Himmel erschienen war, im November sah er das Abnehmen der Kreisform, und zur Jahreswende entwickelte sich aus dem Halbkreis schon die Sichel. Galilei war bereits in diesem Beobachtungsstadium von dem weiteren Verlauf der Venusphasen so überzeugt, daß er seinem nach Prag geschickten Kryptogramm den Klartext folgen ließ und zugleich die Konsequenzen aufführte:

»Venus läuft um die Sonne, genauso, wie es Merkur und die anderen Planeten auch tun, wie es die Pythagoreer, Kopernikus, Kepler und ich selbst geglaubt haben, aber nicht vernünftig beweisen konnten, wie es jetzt bei der Venus gelungen ist, weshalb Kepler und die anderen Kopernikaner sich ihres Glaubens und ihres guten Philosophierens rühmen können, obwohl dies nur ein Vorspiel ist und noch lange eins bleiben wird für unseren Leumund bei den Buchstabengelehrten als Männer von geringem Verstand, ja als Narren.«[6]

In den Kontroversen, die Galilei heraufziehen sah, waren die Venusphasen von zentraler Bedeutung, wichtiger als Jupitertrabanten und neue Fixsterne, die sich mit einiger Raffinesse noch in die überlieferte Kosmologie hätten integrieren lassen. Die Hörner der Venus widerlegten aber sowohl die ptolemäische Geometrie des Himmels als auch die aristotelische Naturphilosophie, in der den Planeten ebenso wie den Fixsternen ein eigenes himmlisches Feuer zugeschrieben wurde, eine jener göttlichen Eigenschaften der »quinta essentia«, die den Kosmos oberhalb der Mondbahn grundsätzlich von der irdischen Sphäre unterschied. Auch Kopernikus hatte nichts anderes annehmen können als die eigene Leuchtkraft der Planeten und sich dadurch den im Vorwort des Osiander erhobenen Vorwurf zugezogen, daß sein System schon deshalb keinen Anspruch auf Wahrheit erheben könne, weil in ihm die Planeten weitaus größere Unterschiede in ihrer Helligkeit aufweisen müßten, als tatsächlich beobachtet wurde.

Nun war nachgewiesen, daß die Venus aus dunkler Materie bestand und ihre Leuchtkraft der Reflexion des Sonnenlichts verdankt; eine andere Erklärung für den Gestaltwandel der »Mutter der Liebe« war nicht denkbar, und ein selbstleuchtender Himmelskörper hätte aus jeder Position für den irdischen Beobachter wie eine Kreisscheibe aussehen müssen. Zugleich wurde damit auch Osianders – damals durchaus berechtigter – Einwand entkräftet, denn die durch die wechselnden Entfernungen von der Erde bedingten Schwankungen in der wahrgenommenen Helligkeit der Venus wurden in erster Näherung gerade durch die Veränderung der Größe der wahrgenommenen sonnenbeschienenen Fläche des Planeten kompensiert: Wenn die Venus als volle Kreisscheibe zu sehen ist, steht sie in der größten Entfernung von der Erde, als Sichel ihr jedoch am nächsten.

Bestand die Venus aber aus dem gleichen Stoff wie die Erde, dann war die ganze, seit Tychos Supernova ohnehin schon fragwürdige aristotelische Kosmologie nicht länger aufrechtzuerhalten. Aus der in Sphären des Vergänglichen und der göttlichen Unwandelbarkeit geteilten Welt wurde das eine Universum, bestehend aus ein und derselben Materie, die am Himmel den gleichen Gesetzen unterworfen war wie auf der Erde.

Die Astronomen des Collegio Romano des Jesuitenordens in Rom bereiteten Galilei noch vor Ablauf des Jahres 1610 die Freude, die im *Sternenboten* aufgeführten Entdeckungen zu bestätigen. Anders als die aristotelischen Professoren weigerten sie sich nicht, durch das Fernrohr zu blicken, sondern waren nachgerade versessen darauf, es dem Galilei gleichzutun. Der Pater Giovanni Lembo machte sich sogleich an die Konstruktion eines Instruments, brachte aber erst nach langen Mühen eines zustande, mit dem wenigstens die Beobachtung des Mondes lohnte; von den Jupitertrabanten war allerdings nichts zu erkennen. Daß sie vorsichtiger waren als Kepler und erst den eigenen Augenschein abwarten wollten, bevor sie zu diesem Problem Stellung nahmen, wird man ihnen nicht verübeln können.

Die gehörnte Venus oder Weitere Nachrichten von den Sternen

Galileis Beobachtungsprogramm der auf die Veröffentlichung des *Sternenboten* folgenden Monate war durch die Jupitertrabanten nahegelegt worden. War diese Entdeckung nach Galileis eigenem Bericht noch eher dem Zufall zu verdanken gewesen, so suchte er noch in Padua die anderen Wandelsterne nach ähnlichen Erscheinungen ab. Die ersten systematischen Beobachtungen ergaben jedoch nichts Neues, aber diese Enttäuschung wußte er noch ins Positive zu wenden, indem er den Großherzog wissen ließ, daß das mediceische Namenspatronat über neue Sterne nicht wiederholbar sei und daher ein exklusives bleibe.

Wenige Wochen später war diese Behauptung hinfällig geworden, denn am 25. Juli schon hatte er eine merkwürdige Dreiteilung des Saturns feststellen können und dieses neue außerordentliche Wunder sogleich dem Staatssekretär Vinta übermittelt, allerdings mit der Bitte um absolute Verschwiegenheit. Die Geheimhaltung besorgte Galilei in seinem Brief an Giuliano de' Medici gleich selbst, indem er sie in die verschlüsselte Form eines Kryptogramms kleidete, in eine Folge von siebenunddreißig Buchstaben, deren Umstellung die Nachricht von einer weiteren wunderbaren Entdeckung ergäbe:[1]

Smaismrmilmepoetaleumibunenugttauiras.

Der toskanische Gesandte beim kaiserlichen Hof war chiffrierte Post als Routinesache gewöhnt, allerdings in seinem diplomatischen Briefverkehr und nicht in wissenschaftlichen Mitteilungen. Sein Chiffrierbeamter knobelte vergeblich an der Auflösung des Kryptogramms herum, und auch Kepler, der brennend an der astronomischen Neuigkeit interessiert war, erging es nicht besser, da er nur mehr oder weniger barbarische lateinische Verse astronomisch fragwürdigen Inhalts produzierte. Erst im November schickte Galilei die Auflösung des Rätsels:

Altissimum planetam tergeminum observavi – Den obersten Planeten habe ich dreigestaltig beobachtet.

Der Saturn also hatte sich im Fernrohr als dreigeteilt gezeigt, in der Mitte ein großer Zentralkörper und ihn beinahe berührend zwei kleine Gebilde in unveränderlicher Stellung. Mehr vermochte Galilei mit seinem Fernrohr nicht zu erkennen. Erst ein halbes Jahrhundert später konnte der Holländer Christian Huygens diese merkwürdige Erscheinung als einen großen Ring um den Saturn identifizieren.

Die Chiffrierkunst hatte sich im Italien der Renaissance zu einer soliden Wissenschaft entwickelt, deren Nutzen und Notwendigkeit angesichts der durch ständige Intrigen und Kriege zerrütteten Nachbarschaftsverhältnisse der vielen Kleinstaaten außer Frage stand. In den Kanzleistuben Venedigs, des Vatikans oder der Toskana wurden professionelle Kryptologen beschäftigt, die mit großer Mühe die Korrespondenz ihrer Dienstherren verschlüsselten, oft aber auch mit erstaunlichem Scharfsinn die Geheimschriften der Konkurrenz lesbar machen konnten.

Diese Schwarze Kunst war trotz ihrer nüchtern-professionellen Aspekte wie geschaffen für magische Spekulationen. Giambattista della Porta,[2] der schon mehrmals Galileis Lebensweg gekreuzt hatte, war einer jener produktiven Kryptologen, die sich auch in der mystischen Überhöhung ihrer Kunst hervortaten, denen die ganze Welt als eine Chiffre erschien und die Natur als eine Geheimschrift, deren Entschlüsselung den Weg zu den Quellen der Weisheit versprach.

Galilei machte von dieser Kunst den denkbar nüchternsten Gebrauch: Er verwendete sie zur Sicherung seiner Prioritätsansprüche. Auch in diesem sozialen Charakteristikum des Wissenschaftsbetriebs war Galilei für seine Nachfolger das Vorbild.

In der Scholastik war ja weniger das Neue gefragt, sondern die stimmige Deduktion einer jeden Behauptung aus den autoritativen Texten des Aristoteles oder der Kirchenväter. Noch in den Zeiten des Umbruchs haben es Kopernikus oder auch Galileis Vater nicht versäumt, ihre revolutionären Neuerungen durch die Zurückführung auf antike Vorbilder zu adeln. Der Sohn Galileo Galilei verkörpert aber schon den gewandelten Typus des modernen Forschers, der gerade auf das Neue aus ist.

Dinge zu entdecken, die nie zuvor jemand gesehen oder gedacht hatte, wurde fortan zur eigentlichen Rechtfertigung wissenschaftlichen Strebens, und damit ging die Sorge um die Wahrung des Erstgeburtsrechts einher, denn in der Forschung ist der zweite oft nur ein der Vergessenheit anheimfallender Zuspätgekommener. Daher wird die Priorität gehütet wie sonst nur von einem Geizhals der Geldsack, und die Wahrung der Prioritätsansprüche gerät zu einer der wichtigsten Präokkupationen moderner Wissenschaftler, nicht selten das Bemühen um die Wahrheitsfindung überwuchernd.[3]

Galilei war spätestens bei der Plagiatsaffäre um seinen Geometrischen Kompaß prioritätsbewußt geworden, denn wie ein tobsüchtiger Berserker hatte er monatelang seine ganzen intellektuellen Energien auf die Verfolgung des Übeltäters Baldassare Capra konzentriert. Das Gezänk um die Vaterschaft des Fernrohrs und auch Keplers Zurechtweisung, daß schon andere vor ihm das Restlicht des Mondes mit bloßem Auge wahrgenommen hätten, mögen wesentlich zur Schärfung dieses Bewußtseins beigetragen haben. Aber schon die Hektik jener acht Wochen von der ersten Wahrnehmung der Jupitertrabanten bis zur Veröffentlichung des *Sternenboten* war vor allem durch die Angst vor dem Verlust der Priorität bestimmt.

Die Kryptogramme waren in dieser Situation ein genialer Schachzug. Galilei konnte sich durch die Verwendung einer Chiffre eine Entdeckung zugleich reservieren lassen und sie einstweilen noch geheimhalten. Dadurch gewann er Zeit für weitere Forschungen bis zu einer definitiven Mitteilung. Wäre ihm aber ein Konkurrent in der Zwischenzeit in die Quere gekommen, hätte er ihn durch Verweis auf das Kryptogramm leicht ausstechen und seine Priorität beanspruchen können.

Eine zweite Chiffre wurde von Galilei schon am 11. Dezember 1610 auf den Weg nach Prag gebracht. Dieses Mal handelte es sich um ein Anagramm, also um einen Satz aus richtigen Wörtern, aus dem durch Umstellung der Buchstaben die Mitteilung erraten werden kann:[4]

Haec immatura a me jam frustra leguntur o y. – Diese unreifen Dinge suche ich nun vergeblich. (Die separaten Buchstaben o und y sind für die Lösung zusätzlich zu dem angegebenen Satz nötig.)

Dahinter sollte sich eine Tatsache verbergen, »aus der sich die Entscheidung der größten Streitfrage der Astronomie ergibt und die insbesondere ein durchschlagendes Argument für die kopernikanische und pythagoreische Anordnung der Welt enthält«. Wieder knobelte Kepler verzweifelt an dem dunklen Satz herum, schickte allerlei Lösungsentwürfe nach Florenz, darunter auch einen, der von der Rotation eines roten Flecks im Jupiter spricht, und er flehte Galilei an, ihm die Lösung nicht länger vorzuenthalten, »denn Ihr seht, daß Ihr es mit ehrlichen Deutschen zu tun habt«.

Die Auflösung des Anagramms war in diesem Falle allerdings schon unterwegs, wie üblich in einem Brief an Giuliano de' Medici, der am Neujahrstage 1611 geschrieben worden war:

Cynthiae figuras aemulatur mater amorum.

Der moderne Leser müßte nicht nur Latein, sondern auch ein wenig von der Mythologie der Gestirne verstehen, um diesem Satz einen Sinn zu geben: »Die Mutter der Liebe – die Venus – eifert den Gestalten der Cynthia – des Mondes – nach.«

Der Planet Venus zeigte im Fernrohr also die gleichen Veränderungen seiner Gestalt wie der Mond, von einer vollen Kreisscheibe über einen Halbkreis zu einer schmalen Sichel, für die sich schon vorher in theoretischen Überlegungen die plastische Bezeichnung als Hörner eingebürgert hatte.

Die Hörner der Venus waren keine überraschende Entdeckung wie die Jupitertrabanten, sondern vielmehr eine Bestätigung dessen, was ein eingeschworener Kopernikaner gar nicht anders erwartet hatte. So hatte Galilei noch in Padua seine Beobachtungen der Venus begonnen in der Hoffnung, »mit dem leiblichen Auge das zu sehen, was der Verstand nicht bezweifelt hatte«. Noch am 22. August hatte er seinem Schüler Benedetto Castelli angedeutet, daß er »am Himmel eine weitere großartige Neuigkeit« beobachtet habe, und der hatte keine Schwierigkeit, das Geheimnis zu erraten:

»Ich denke mir, daß bei der kopernikanischen Anordnung der Welt – wie ich sie im vollsten Maße für wahr halte – Venus in gleichen Abständen von der Sonne bald gehörnt, bald nicht gehörnt erscheinen muß, je nachdem, wie sie zur Sonne steht, daß aber in früheren Jahrhunderten es unmöglich gewesen ist, derartiges zu beobachten. Nun aber, da Ihr durch Eure unsterblichen Erfindungen so viele andere Wunder am Himmel beobachtet habt, die mit gewöhnlichen Fähigkeiten unsichtbar sind, wünsche ich mir zu wissen, ob Ihr in dieser Hinsicht eine Beobachtung gemacht habt und ob meine Vermutung wahr ist.«[5]

Galilei hatte bis zum Oktober warten müssen, bis die Venus wieder als Abendstern in vollem Glanze am Himmel erschienen war, im November sah er das Abnehmen der Kreisform, und zur Jahreswende entwickelte sich aus dem Halbkreis schon die Sichel. Galilei war bereits in diesem Beobachtungsstadium von dem weiteren Verlauf der Venusphasen so überzeugt, daß er seinem nach Prag geschickten Kryptogramm den Klartext folgen ließ und zugleich die Konsequenzen aufführte:

»Venus läuft um die Sonne, genauso, wie es Merkur und die anderen Planeten auch tun, wie es die Pythagoreer, Kopernikus, Kepler und ich selbst geglaubt haben, aber nicht vernünftig beweisen konnten, wie es jetzt bei der Venus gelungen ist, weshalb Kepler und die anderen Kopernikaner sich ihres Glaubens und ihres guten Philosophierens rühmen können, obwohl dies nur ein Vorspiel ist und noch lange eins bleiben wird für unseren Leumund bei den Buchstabengelehrten als Männer von geringem Verstand, ja als Narren.«[6]

In den Kontroversen, die Galilei heraufziehen sah, waren die Venusphasen von zentraler Bedeutung, wichtiger als Jupitertrabanten und neue Fixsterne, die sich mit einiger Raffinesse noch in die überlieferte Kosmologie hätten integrieren lassen. Die Hörner der Venus widerlegten aber sowohl die ptolemäische Geometrie des Himmels als auch die aristotelische Naturphilosophie, in der den Planeten ebenso wie den Fixsternen ein eigenes himmlisches Feuer zugeschrieben wurde, eine jener göttlichen Eigenschaften der »quinta essentia«, die den Kosmos oberhalb der Mondbahn grundsätzlich von der irdischen Sphäre unterschied. Auch Kopernikus hatte nichts anderes annehmen können als die eigene Leuchtkraft der Planeten und sich dadurch den im Vorwort des Osiander erhobenen Vorwurf zugezogen, daß sein System schon deshalb keinen Anspruch auf Wahrheit erheben könne, weil in ihm die Planeten weitaus größere Unterschiede in ihrer Helligkeit aufweisen müßten, als tatsächlich beobachtet wurde.

Nun war nachgewiesen, daß die Venus aus dunkler Materie bestand und ihre Leuchtkraft der Reflexion des Sonnenlichts verdankt; eine andere Erklärung für den Gestaltwandel der »Mutter der Liebe« war nicht denkbar, und ein selbstleuchtender Himmelskörper hätte aus jeder Position für den irdischen Beobachter wie eine Kreisscheibe aussehen müssen. Zugleich wurde damit auch Osianders – damals durchaus berechtigter – Einwand entkräftet, denn die durch die wechselnden Entfernungen von der Erde bedingten Schwankungen in der wahrgenommenen Helligkeit der Venus wurden in erster Näherung gerade durch die Veränderung der Größe der wahrgenommenen sonnenbeschienenen Fläche des Planeten kompensiert: Wenn die Venus als volle Kreisscheibe zu sehen ist, steht sie in der größten Entfernung von der Erde, als Sichel ihr jedoch am nächsten.

Bestand die Venus aber aus dem gleichen Stoff wie die Erde, dann war die ganze, seit Tychos Supernova ohnehin schon fragwürdige aristotelische Kosmologie nicht länger aufrechtzuerhalten. Aus der in Sphären des Vergänglichen und der göttlichen Unwandelbarkeit geteilten Welt wurde das eine Universum, bestehend aus ein und derselben Materie, die am Himmel den gleichen Gesetzen unterworfen war wie auf der Erde.

DIE ASTRONOMEN DES COLLEGIO ROMANO des Jesuitenordens in Rom bereiteten Galilei noch vor Ablauf des Jahres 1610 die Freude, die im *Sternenboten* aufgeführten Entdeckungen zu bestätigen. Anders als die aristotelischen Professoren weigerten sie sich nicht, durch das Fernrohr zu blicken, sondern waren nachgerade versessen darauf, es dem Galilei gleichzutun. Der Pater Giovanni Lembo machte sich sogleich an die Konstruktion eines Instruments, brachte aber erst nach langen Mühen eines zustande, mit dem wenigstens die Beobachtung des Mondes lohnte; von den Jupitertrabanten war allerdings nichts zu erkennen. Daß sie vorsichtiger waren als Kepler und erst den eigenen Augenschein abwarten wollten, bevor sie zu diesem Problem Stellung nahmen, wird man ihnen nicht verübeln können.

Mit einem verbesserten Instrument ließen sich immerhin schon die von Galilei beschriebenen neuen Fixsterne im Orion oder in den Plejaden ausmachen, auch die Milchstraße konnte als Sternenansammlung gesehen werden, nur die Jupitertrabanten waren immer noch verborgen, was Pater Clavius zu seinem viel kolportierten Scherz verleitete, sie müßten wohl ein Erzeugnis von Galileis Gläsern sein. Erst im November hatten die Patres ein ausreichendes Fernrohr zur Verfügung – ob aus eigener oder venezianischer Produktion, ist nicht mehr eindeutig zu entscheiden –, mit dem sie zunächst die Existenz von vier Sternen in der Nähe des Jupiters bestätigen und nach ein paar Wochen auch ihren planetaren Charakter feststellen konnten. Am 17. Dezember bescheinigte Clavius in einem Brief Galilei »großes Lob als der erste, der dieses beobachtet hat«.

Wiederum einige Monate später hatten die Patres auch die Venusphasen bestätigt und kamen genau wie Galilei zu dem Schluß, daß das überlieferte System des Ptolemäus nicht mehr zu retten sei, und Pater Clavius schrieb: »Da dies sich so verhält, mögen die Astronomen sehen, wie die Himmelskreise einzurichten sind, damit diese Erscheinungen gerettet werden können.«

Die professionellen Astronomen der Jesuiten wurden deshalb aber noch keine Kopernikaner, sie richteten ihre Himmelskreise vielmehr in einer Weise ein, daß auch die im Zentrum der Welt ruhende Erde als allerwichtigste Erscheinung »gerettet« wurde, wobei sie auf den Vorschlag des 1601 verstorbenen Tycho Brahe zurückgriffen.

Das tychonische System war ein geschickt gewählter Kompromiß, der aus den beiden Forderungen resultierte, zum einen die schon für Tycho unrettbar verlorene aristotelisch-ptolemäische Astronomie aufzugeben und zum anderen die aristotelische Physik zu erhalten. So übernahm Tycho mit den üblichen traditionellen Begründungen die ptolemäische Lehre von der unbewegten Erde, die Planeten ließ er aber wie Kopernikus um die Sonne kreisen, und dieses System aus Sonne und Planeten ließ er als Ganzes um die Erde rotieren. Im Rahmen der damaligen Astronomie, die als eine Art angewandter Geometrie zur korrekten Beschreibung der Himmelserscheinungen verstanden wurde, war dieser Kompromiß eine durchaus legitime Hypothese, der Kirche konnte sie genauso lieb und teuer oder auch gleichgültig sein wie die ptolemäische, wo doch sogar das kopernikanische System als Hilfsmittel für astronomische Berechnungen durchaus zulässig war.

Auf den ersten Blick mag sich die Erfindung des Tycho Brahe von den beiden konkurrierenden Systemen sehr unterscheiden, eine mathematische Analyse zeigt jedoch sehr schnell seine enge geometrische Verwandtschaft mit dem kopernikanischen: Technisch gesprochen sind beide durch eine einfache Koordinatentransformation ineinander überführbar. Es war nachgerade überhaupt keine Erscheinung denkbar, durch die zwischen den beiden Systemen rein geometrisch unterschieden werden könnte, denn auch die Venusphasen fanden im tychonischen System ihre selbstverständliche Erklärung. Es ist daher nur verständlich, daß die Jesuiten und in ihrer Nachfolge alle katholisch gebundenen Astronomen dem System des Tycho Brahe, das in den ersten beiden Jahrzehnten seit seiner Erfindung kaum beachtet worden war, zu einer unerwarteten Bedeutung verhalfen. Für zwei Jahrhunderte katholischer Astronomie hatte der protestantische Däne den Weg zur Rettung der Erscheinungen vorgezeichnet.

Galilei hatte zu Tycho zu Beginn seiner Karriere in Padua einmal eine Verbindung herstellen wollen und sich dazu der Vermittlung seines Gönners Pinelli bedient. Der berühmte Astronom ignorierte dieses Ersuchen und erinnerte sich erst im Jahre 1600 wieder an den Mathematikprofessor zu Padua, lud ihn schriftlich zur Zusammenarbeit ein und schickte gar einen seiner vielen Assistenten in Padua vorbei. Galilei hatte aber schon jedes Interesse an Tycho verloren und würdigte auch später dessen System nicht einmal einer detaillierten Widerlegung. Galilei ging es nämlich nicht mehr um das

Zweihundert Jahre katholischer Astronomie: Das überlieferte ptolemäische System mußte aufgegeben werden und liegt rechts unten in der Ecke; auf der Waage der Argumente setzt sich das System des Tycho durch, während das kopernikanische System für zu leicht befunden wird. – Nach dem Titelkupfer des »Almagestum Novum« von Riccioli, 1651

Videbo Cælos tuos, opera digitor tuor
Ponderibus librata suis

astronomische Puzzlespiel geometrischer Hypothesen zur Rettung der Erscheinungen, sondern um eine realistische Interpretation des Planetensystems auf mechanischer Grundlage, und unter diesem Gesichtspunkt mußte die Konstruktion des Tycho Brahe in den Augen Galileis wie eine monströse Mißgeburt erscheinen.

Da von den Verteidigern des wenige Jahre später erfolgten Verbots der Wahrheitsbehauptung des kopernikanischen Systems gern die Unwiderlegbarkeit des mit der Bibel verträglichen tychonischen Systems als sogar wissenschaftliche Rechtfertigung für die Haltung der Kirche angeführt wird,[7] sei die Situation noch einmal unter jenen Aspekten beschrieben, auf die allein es Galilei ankam.

Die Unwiderlegbarkeit des tychonischen Systems kann nämlich nur in der Einschränkung auf die reine Geometrie behauptet werden. Aber spätestens die Venusphasen hatten plausibel gemacht, daß auch die Planeten aus der gleichen Materie bestehen wie die Erde. Zudem hatte Galilei im Gegensatz zu Tycho dank des Fernrohrs wesentlich bessere Abschätzungen für die Größen der Planeten – und auch der hier allerdings nicht relevanten Fixsterne – durchführen können. Die tychonische Konzeption hätte nun bei der neuen Erkenntnislage bedeutet, daß das riesige Sonnensystem mit den gewaltigen Planeten wie Jupiter und Mars um die vergleichsweise kleine Erde sich hätte drehen müssen. Unter der Annahme einer dem Himmel eigenen fünften Substanz, der »quinta essentia« mit ihren unphysikalischen Eigenschaften, hätte man diese Merkwürdigkeit vielleicht akzeptieren und sogar als ein weiteres Argument für die Göttlichkeit der himmlischen Substanz interpretieren können. Nun hatten aber Mondbeobachtungen und Venusphasen eindeutig bewiesen, daß die Planeten nicht aus eigener Kraft leuchten und daher nichts mit der aristotelischen fünften Substanz zu tun haben konnten; daher blieb nur noch der Schluß übrig, auch den Planeten die eine irdische Materie zuzuschreiben.

In diesem einheitlichen Universum ist das tychonische System ein Ding der Unmöglichkeit, ein eklatanter Verstoß gegen jede Physik, die aristotelische übrigens genauso wie die galileische. Wenn sich schon der große Jupiter um die Sonne dreht, dann ist unter keinen denkbaren physikalischen Prinzipien einzusehen, wie das ganze Sonnensystem um die tausendmal kleinere Erde rotieren kann.

Die jesuitischen Astronomen waren bei aller Anpassungsfähigkeit an die neuen Beobachtungsdaten entschiedene Traditionalisten, indem sie nach wie vor Astronomie als angewandte Geometrie betrieben und physikalische Argumente nur für die Erde gelten lassen wollten. Diese Prämisse erlaubte zwar eine »Rettung der Phänomene« im Einklang mit der aristotelischen Physik und einigen peripheren Bibelstellen, sie bedeutete aber zugleich einen Verzicht nicht nur auf Wahrheitsbehauptungen in der Astronomie, sondern auch auf eine Physik des Himmels.

Galilei aber war der astronomischen Hypothesen überdrüssig, ihn faszinierte sozusagen eine Astronomie ohne Hypothesen, eine wahre Theorie des einen Universums auf physikalischer Grundlage. Weil aber das tychonische System einer physikalischen Interpretation überhaupt nicht fähig war, konnte Galilei es zu Recht ignorieren. Deshalb waren es auch die über die rein geometrische Astronomie hinausgehenden Implikationen, die ihm die Hörner der Venus so kostbar machten.

IV

Das Buch der Natur und das Buch der Bücher

»Eine Säule auf dem Kapitol« oder Zweischneidiger Triumph in Rom

Eine Reise nach Rom war für Galilei ein überaus verlockender Gedanke, seit er jenen freundlichen Brief des Pater Clavius mit der Bestätigung der Jupitertrabanten erhalten hatte. In die professionelle Integrität der Astronomen des Collegio Romano setzte Galilei nunmehr so große Hoffnungen, daß er meinte, sie würden den Weg zur Erneuerung der Wissenschaften gemeinsam mit ihm beschreiten, als mächtige Verbündete in den Auseinandersetzungen mit den verstockten Aristotelikern auf den Universitätskathedern. Dem Großherzog wurde die Notwendigkeit einer Romreise seines Hofmathematikers schon wenige Monate nach dessen Anstellung durch einen Hinweis auf die vorteilhaften Auswirkungen auf den Glanz des Hauses Medici nahegebracht, die von einer offiziellen Anerkennung der Mediceischen Sterne durch römische Instanzen, vielleicht gar von einer lobenden Erwähnung dieser Entdeckung in Gegenwart des Papstes unzweifelhaft ausgehen müßten. Für solche Argumente war der etwas zur Eitelkeit neigende Cosimo immer empfänglich, so daß er nicht nur den erbetenen Urlaub bewilligte, sondern auch die Reisekosten übernahm.

Am 23. März 1611 verließ Galilei Florenz in einer großherzoglichen Sänfte. Kostbarster Bestandteil des Gepäcks war sein Fernrohr, mit dem er in Rom die Wunder des Himmels vorführen wollte, aber auch die Beobachtungen der Jupitertrabanten zur genauen Ermittlung der Umlaufzeiten fortzusetzen gedachte. Schon auf der Reise ging er nicht zu Bett, ohne dieser nächtlichen Routinepflicht genügt zu haben, und an Hand seiner astronomischen Aufzeichnungen[1] läßt sich der Weg nach Rom über San Casciano, Siena, San Quirico, Aquapendente, Viterbo und Alonterosi verfolgen, bis zur Ankunft in der Ewigen Stadt am 29. März. Cosimo hatte angeordnet, daß sein Mathematiker in der Villa Medici auf dem Monte Pincio wohnen sollte, einem Juwel florentinischer Baukunst aus den Zeiten der Spätrenaissance. Von hier aus konnte Galilei die ganze

Stadt überblicken bis hinüber zur Kuppel von Sankt Peter auf der anderen Seite des Tiber – auch sie wie so vieles andere in Rom das Werk eines Florentiners, des göttlichen Michelangelo, und dessen Neffe, der gleichfalls den berühmten Namen Michelangelo Buonarroti trug, hatte Galilei ein Empfehlungsschreiben an Maffeo Barberini mitgegeben, einen der mächtigsten Kardinäle – ebenfalls ein Florentiner.

Der Stadt war von den heillosen Verwüstungen im legendären »sacco di Roma« im Jahre 1527 durch die Truppen Kaiser Karls V. kaum noch etwas anzumerken. Gigantische Bauprogramme gegen Ende des 16. Jahrhunderts, vor allem unter Papst Sixtus V. und seinem Architekten Domenico Fontana, hatten Rom auch im Stadtbild als ein glänzendes kosmopolitisches Zentrum der Christenheit wiedererstehen lassen. Überall begegnete man reger Tätigkeit, Plätze und Straßen wurden angelegt, Obelisken aufgestellt, Kirchen erneuert und Brücken über den Tiber gebaut. Gewiß waren der an Verruchtheit grenzende Luxus der Renaissancepäpste und die damals sprichwörtliche römische Sittenlosigkeit im Zeichen der Gegenreformation strengeren Bräuchen gewichen, aber in der Prachtentfaltung konnte sich Rom mit jeder italienischen Stadt messen.

Die Bevölkerung war wieder auf 100 000 Einwohner angewachsen und wäre somit der von Venedig oder Florenz vergleichbar gewesen, hätten in Rom nicht eindeutig die Kleriker das Stadtbild bestimmt. In den Kanzleien des Vatikans, der Kurienkardinäle und der Gesandtschaften war jener faszinierende Typus des intellektuellen Bürokraten geprägt worden, der sich auf dem glatten Parkett der von Tratsch und Intrigen durchwirkten Kirchendiplomatie zu behaupten wußte. Auf diesem diffizilen Terrain die Erneuerung der Wissenschaft voranzutreiben muß Galilei als eine ungemein reizvolle Aufgabe erschienen sein.

Das Collegio Romano der Jesuiten war Galileis erstes Ziel. Schon am zweiten Tag seines Aufenthalts in Rom begab er sich in das düstere Gebäude der Universität des Jesuitenordens unten in der Stadt. Neben dem aus Bamberg stammenden Pater Clavius arbeiteten hier noch drei weitere hochqualifizierte Astronomen: der Deutsche Christopher Grienberger, der Flame Odo van Maelcote und der Italiener Giovanni Lembo, der sich erfolgreich als Konstrukteur von Fernrohren betätigt hatte.

Galilei traf die vier Patres gerade bei der Lektüre der *Dianoia Astronomica* des Francesco Sizzi an; von dessen dummdreisten Widerlegungen der Galileischen Entdeckungen waren die Jesuiten so erheitert, daß Galilei sich beinahe versucht fühlte, aus patriotischer Loyalität seinen Landsmann Sizzi in Schutz zu nehmen.[2] Indem man solchermaßen herzliches Einvernehmen hergestellt hatte, wandte man sich den ernsthaften astronomischen Geschäften zu, nämlich der Vergleichung der Beobachtungsdaten der Jupitertrabanten für die letzten beiden Monate. Die florentinischen und die römischen Daten zeigten völlige Übereinstimmung wie auch die Angaben über die eigenartige Dreiteilung des Saturns und die Hörner der Venus, Galileis Lieblingsentdeckung.

Die vier Patres waren jederzeit auch zur öffentlichen Bekundung dieser Übereinstimmung bereit. Die erste Gelegenheit ergab sich durch eine Anfrage des Kardinals Roberto Bellarmin,[3] des einflußreichsten katholischen Theologen, der als Mitglied des Kardinalskollegiums des Heiligen Offiziums zugleich der obersten Inquisitionsbehörde angehörte und dabei auch noch Zeit fand, gelegentlich seinen astronomischen Liebhabereien nachzugehen. Er hatte sogar selbst schon einmal durch ein Fernrohr geblickt und wollte nun von seinen Ordensbrüdern im Collegio Romano hören, was er von dem Lärm um die neuen Sterne halten sollte.

Am 24. April, nur fünf Tage nach der Anfrage des Kardinalinquisitors, hatten alle vier Patres ein für Galilei sehr schmeichelhaftes Gutachten unterzeichnet.[4] Allerdings beschränkten sich die vorsichtigen Jesuiten auf die reine Beschreibung der optischen Sinneseindrücke und vermieden jede Schlußfolgerung wie zum Beispiel die, daß wegen der Phasen die Venus um die Sonne kreisen müsse.

Das heisse Eisen kopernikanischer Konklusionen hatte Galilei in seinen Gesprächen mit den Jesuiten wahrscheinlich ausgeklammert und sich zunächst ganz auf die Bestätigung seiner Entdeckungen konzentriert. Darum hatten ihn der Großherzog Cosimo und sein Staatssekretär Vinta gebeten, und der Gesandte Pietro Guicciardini hatte stets ein wachsames Auge auf seinem Gast, um dessen

Temperament zu zügeln, wann immer das erforderlich wurde. Galilei begründete seine Zurückhaltung auch mit den Geboten der Höflichkeit gegenüber dem schon vierundsiebzigjährigen und kränklichen Pater Clavius:

»Es wäre mir ein leichtes gewesen, ihn zu überzeugen und zu meiner Meinung zu bekehren, wenn sein hohes Alter und sein ständiges Unwohlsein erlaubt hätten, daß wir über diese Dinge gesprochen und gemeinsam die nötigen Beobachtungen angestellt hätten, aber beinahe frevelhaft wäre es gewesen, mit solchen Erörterungen und Beobachtungen einen durch Alter, Gelehrsamkeit und Güte verehrungswürdigen Greis zu ermüden und zu belästigen.«[5]

Deshalb war es auch nicht der hochberühmte Clavius, sondern sein jüngerer Kollege Maelcote, der auf einem Bankett zu Ehren Galileis die Rede auf den Ehrengast zu halten hatte. Der Einladung ins Collegio Romano waren neben einer Anzahl hochwürdiger Monsignori auch einige Mitglieder der angesehensten adeligen Familien Roms sowie drei Kardinäle gefolgt. In dieser illustren Versammlung pries Maelcote den *Sternenboten* über alle Maßen, damit das Büchlein und zugleich den Autor als den glücklichsten aller Astronomen meinend, und bestätigte als zweiter Bote von den Sternen alle Nachrichten Galileis. Er diskutierte sogar kurz einige der atemberaubenden Konsequenzen, wollte in solchen Dingen aber nicht die Rolle eines Schiedsrichters übernehmen, sondern sich nur auf den Bericht des *Sternenboten* beschränken. Gewiß hätte Galilei gern eine deutlichere Stellungnahme gehört, er konnte aber auch so zufrieden sein, denn größere Anerkennung war ihm noch nie zuteil geworden.[6]

Mit dem Kardinal Bellarmin hatte Galilei eine Unterredung, von der nichts weiter überliefert ist als die Tatsache, daß sie stattgefunden hat; es ist aber anzunehmen, daß auch hier die unangenehmeren Themen hinsichtlich des kopernikanischen Systems vermieden wurden. Noch viel mehr gilt diese Vermutung für die Audienz, die Papst Paul V. am 22. April Galilei gewährte. Dieser Papst war an astronomischen Dingen nicht sonderlich interessiert, behandelte den berühmten Entdecker aber mit huldvoller Güte, was Galilei sogleich nach Florenz berichtete.

Himmelfahrt Mariä, Fresko von Ludovico Cigoli, um 1612, Santa Maria Maggiore, Rom

DER MALER LUDOVICO CIGOLI ging unterdessen daran, die neuen astronomischen Entdeckungen in der Kuppel der Paulinischen Kapelle von Santa Maria Maggiore zu verewigen, einer jener vier großen Kirchen, die auf die antik-römische Frühzeit des Christentums zurückgehen und dem Papst direkt unterstehen. Cigoli war Florentiner, etwas älter als Galilei und schon ein anerkannter Maler, als sich die beiden in ihrer Jugend im Umkreis der Accademia del Disegno kennen und schätzen gelernt hatten.[7] In Rom wurde die Freundschaft erneuert, Cigoli wurde in den beiden Jahren bis zu seinem Tode 1613 einer der eifrigsten Statthalter Galileis in Rom. Ihr Briefwechsel handelt aber nicht nur von astronomischen Dingen, sondern er weist Galilei zudem als einen eigenständigen, schöpferischen Denker auf dem Gebiete der Ästhetik aus.[8]

In den Jahren 1611 und 1612 nun stand Cigoli in Santa Maria Maggiore auf dem Gerüst, in der einen Hand den Pinsel, in der anderen den *Sternenboten*, dessen erste Abbildung der Mondsichel ihm als Vorlage für die ungewöhnlichste Darstellung der Himmelfahrt Marias diente. Cigoli malte die Madonna leichtfüßig über jenem Mond schwebend, dessen gezackter Rand mit seinen kleinen Kratern als Indiz für seine erdverwandte Natur empfunden wurde, während das Haupt der Maria von den Sternen des Gürtels des Orions umkränzt ist – auch sie gemalt in der Weise, wie sie sich im Fernrohr zeigen. Es ist nicht überliefert, was Papst Paul V. bei dieser Gestaltung seiner Kapelle empfunden hat, und spätere Betrachter der Madonna von Cigoli mögen sich fragen, ob hier noch der unerschütterte Glaube an die eine Wahrheit der Bibel und der Wissenschaft seinen allegorischen Ausdruck gefunden hat oder doch schon die Unvereinbarkeit der neuen Wissenschaft mit naiv verstandener wörtlicher Dogmatik des Christentums.

Galilei wurde zu einer römischen Zelebrität, und immer häufiger sah man ihn die Villa Medici verlassen mit einem Diener im Gefolge, der das Fernrohr trug, mit dem in den Palazzi der Kardinäle und Fürsten die unerhörten Neuigkeiten demonstriert wurden. Galilei war von diesem Treiben sehr angetan, nicht nur wegen des wissenschaftlichen Erfolges, sondern auch wegen der erfreulichen gesellschaftlichen Begleitumstände. An den Florentiner Freund Filippo Salviati schrieb er:

»Ich bin von vielen der illustren Kardinäle, Prälaten und Fürsten dieser Stadt festlich bewirtet worden, die zu sehen wünschten, was ich beobachtet habe, und alle sind sehr zufrieden gewesen, genau wie es mir ergangen ist in der Betrachtung all ihrer herrlichen Besitztümer an Statuen, Gemälden, mit Fresken ausgemalten Räumlichkeiten, Palästen und Gärten.«[9]

Kardinal Bandini hatte Galilei in den Quirinalspalast eingeladen, den sich Gregor XIII. als Sommerresidenz hatte errichten lassen, und Prinz Cesi gab ein rauschendes Bankett nach dem anderen, freilich immer unter astronomischen Auspizien, und das bedeutete oft bis in den Morgen hinein. Denn in jenen Monaten war zwar der Jupiter in den Abendstunden zu sehen, wer aber die gehörnte Venus oder den dreigeteilten Saturn beobachten wollte, mußte bis weit nach Mitternacht ausharren. Bei Tageslicht demonstrierte Galilei seinem Publikum die Sonnenflecken, die er kürzlich entdeckt hatte, ohne recht zu wissen, ob sie mehr als eine Kuriosität wären, aber die illustren Signori fanden ein noch viel größeres Vergnügen darin, mit dem Fernrohr die Fenster entfernter Palazzi zu inspizieren.

Ein Monsignore Piero Dini, der in Florenz schon einmal Konsul der Accademia Fiorentina gewesen war und jetzt zum Gefolge Bandinis gehörte, wußte überhaupt nicht, wie er das öffentliche Spektakel des Signor Galilei in einem Brief in Worte fassen konnte:

»Um anzufangen und mich kurz zu fassen, kann ich Euch sagen, daß er von den Ungläubigen einen nach dem anderen bekehrt; aber es gibt immer noch einige wenige kastrierte Gockel, die, um ja nichts von den Jupitertrabanten zu erfahren, sich weigern hindurchzusehen; und wenn ich einen von ihnen treffe, dann fordere ich ihn auf hindurchzusehen, und dann muß er mir sagen, daß er nichts sieht, denn für solche Leute gibt es keinerlei Beweise. Der Kardinal Bellarmin hat die Jesuiten nach ihrer Meinung über Galilei gefragt, und die gelehrten Patres haben den vorteilhaftesten Brief geschrieben, den Ihr Euch vorstellen könnt, und sie sind seine großen Freunde.«[10]

Der Kardinal Francesco Maria del Monte, den Medici verbunden, weil er einst an ihrem Hofe gedient und ihnen seinen Kardinalspurpur zu verdanken hatte, verfaßte am 31. Mai, wenige Tage vor Galileis geplanter Heimreise, einen Bericht, für den er Vorbilder aus dem antiken Rom bemühen mußte, so beeindruckt war er von dem Wirken des Hofmathematikers:

»Galilei ist während seines Aufenthalts hier in Rom jede Genugtuung widerfahren, und ich denke, daß er das auch so empfunden hat, denn er hatte die hervorragendsten Möglichkeiten zur Demonstration seiner Entdeckungen, so daß alle klugen und gelehrten Männer hier sie ebenso wahr und wohlbegründet wie über die Maßen erstaunlich gefunden haben. Lebten wir immer noch in der alten römischen Republik, so würde ich wahrhaftig glauben, daß auf dem Kapitol ihm zu Ehren eine Säule errichtet würde.«[11]

Die Bestimmung der Umlaufsperioden der Jupitertrabanten, seine oft beklagte »Atlasarbeit«, ließ er auch in dem römischen Trubel niemals aus den Augen. Jede Nacht vermaß er die Bahnparameter, und wenn ihm am Tage Zeit blieb, stellte er Berechnungen an. Seit der denkwürdigen Nacht des 7. Januar 1610 in Padua hatte er nun in dreihundert Nächten Daten gesammelt. Die Pirouetten der vier nicht immer leicht auseinanderzuhaltenden Trabanten ließen sich nur mit großer Mühe entwirren, aber gegen Ende seines Aufenthalts in Rom hatte er die Umlaufzeiten aller vier Trabanten berechnet, so daß er nun zur Freude des Großherzogs und zum Triumph der Wissenschaft voraussagen konnte, wann welche Konstellationen im Ballett der Mediceischen Gestirne zu erwarten wären. Später brauchte er seine Angaben nur um wenige Minuten zu korrigieren; da er aber noch nicht wissen konnte, daß er den wahren Resultaten bis auf etwa ein Tausendstel nahegekommen war, hieß es, weiter zu beobachten, auch auf der Rückreise, die am 4. Juni angetreten wurde.

Die Ausklammerung der kopernikanischen Frage war allerdings die Voraussetzung für Galileis Triumph in der Ewigen Stadt gewesen. Schon vor seiner Ankunft in Florenz war hierher die Kunde gelangt, der Pater Clavius wolle zum Beispiel die vollkommene Kugelgestalt des Mondes dadurch retten, daß er die Erscheinungen, die Galilei als Berge und Krater interpretiere, auch durch die unterschiedliche Dichte der Mondmaterie erklären könne, die sich innerhalb einer glasklaren, absolut runden Kristallkugel befände. Briefe gingen hin und her, und Cigoli berichtete Galilei am 11. August über den alten Clavius:

»Er scheint diese Art der Erklärung wirklich zu glauben, und ich finde keine Entschuldigung dafür außer vielleicht derjenigen, daß ein Mathematiker, wie groß er auch immer sein mag, ohne die Hilfe eines guten Bildes nicht nur ein halber Mathematiker ist, sondern auch ein Mann ohne Augen.«[12]

Aber auch Cigolis Bild in Santa Maria Maggiore wird dem Astronomen die Augen nicht mehr geöffnet haben; Clavius wurde immer kränker und starb schließlich im Februar 1612.

In Florenz hatte der Philosoph Lodovico delle Colombe die Claviussche These aufgegriffen und kündigte eine durchschlagende Widerlegung des Galilei an. Was der von solchen Erfindungen hielt, brachte er sehr deutlich in einem Brief zum Ausdruck:

»Wenn wir jedem erlauben wollen, sich Dinge nach seinem Belieben vorzustellen, und wenn dann jemand sagt, der Mond sei von einer transparenten, unsichtbaren Kristallkugel eingehüllt, dann will ich ihm das gerne zugestehen – vorausgesetzt, daß mir mit der gleichen Großzügigkeit erlaubt wird zu behaupten, dieser Kristall habe auf seiner Oberfläche eine große Zahl riesiger Berge, dreißigmal so hoch wie die irdischen, die aber, von durchscheinender Substanz seiend, nicht gesehen werden können; und so kann ich mir einen Mond ausdenken, der zehnmal so gebirgig ist, wie ich zuvor gesagt habe ... Die Hypothese ist hübsch, nur ist sie nicht demonstriert worden und ist auch gar nicht demonstrierbar. Wer sieht denn nicht, daß dieses eine vollkommen willkürliche Erfindung ist, die ein Nichts als existent hinstellt.«[13]

Die Sinnlosigkeit aristotelischer Argumente demonstriert Galilei noch einmal, indem er die Atmosphäre in die Definition der Erde einbezieht und so auch für die Erde eine Kugelgestalt erhält – für die Peripatetiker ebenso ein Skandalon wie die Bestreitung der Kugelgestalt des Mondes.

Der Brief mit diesen provokanten Ausführungen war an Gallanzone Gallanzoni gerichtet, den Sekretär des Kardinals Joyeuse, aber der eigentliche Adressat waren natürlich der Kardinal selbst und die anderen Würdenträger, insbesondere Bellarmin. Der Kardinalinquisitor wird bei der Lektüre dieses hochmütigen Schriftstücks seine Befürchtungen, daß es mit diesem Galilei noch Ärger geben würde, bestätigt gefunden haben. Vorsichtshalber hatte er schon die Generalkongregation der Heiligen Inquisition auf diesen Mathematiker aufmerksam gemacht. Im Sitzungsprotokoll vom 17. Mai, als Galilei in Rom seine schönsten Erfolge genoß, findet sich die Eintragung:

»Es soll nachgesehen werden, ob im Prozeß des Doktor Cesare Cremonini der Professor der Philosophie und Mathematik Galilei genannt wird.«

Galileo Linceo oder
Die Erfindung der Akademie

Die Entstehung der ersten naturwissenschaftlichen Akademie war das wohl folgenreichste Resultat von Galileis zweimonatigem Besuch in Rom, wenn man von seinem Aufstieg zur weithin bekannten Zelebrität einmal absieht. Durch die Akademie schuf er der neuen Wissenschaft einen von den Universitäten unabhängigen Rahmen, in dem sie sich außerhalb der Tradition als organisierte soziale Aktivität etablieren konnte.

In den zwei Jahrzehnten seiner Lehrtätigkeit als Professor hatte Galilei immer wieder erfahren müssen, daß seine wissenschaftliche Denkweise und seine Erkenntnisse bei den für die Naturphilosophie zuständigen Aristotelikern auf den Universitätskathedern kein Verständnis finden würden; im günstigsten Fall traf er auf gleichgültiges Desinteresse, zum Beispiel beim Gebrauch der Mathematik für die Beschreibung der Bewegung, meistens mußte er jedoch mit bitterer Feindschaft rechnen, wenn er etwa in der Kosmologie den harten Kern der aristotelischen Naturlehre berührte. In Venedig hatte er bei seinen Freunden, insbesondere bei Sarpi und Sagredo, jene Resonanz gefunden, die er im Kollegenkreise entbehren mußte, aber die Freunde waren doch eher Genießer denn harte Arbeiter im Garten der Wissenschaft, ihr Urteil galt wenig oder nichts in jenen Kreisen, die sich damals für die fachlich kompetenten hielten, und zudem war durch Galileis Übersiedelung nach Florenz der Gedankenaustausch auf Briefe beschränkt.

Galilei war aber nicht der Mann, der die Erneuerung, ja Umwälzung der Wissenschaft als ein intellektueller Eremit hätte voranbringen wollen, dem es wie Johannes Kepler gleichgültig gewesen wäre, ob er bei den Zeitgenossen oder der Nachwelt Anerkennung finden würde. Kepler schrieb in seiner *Harmonie der Welt* – und dies hat er gewiß nicht als rhetorische Demutsfloskel gemeint –, sein Buch könne auch »hundert Jahre auf einen Leser warten, hat Gott doch sechstausend Jahre auf einen Zeugen der Schöpfung gewartet«.

So viel Geduld mochte Galilei nie aufbringen, denn sein ganz diesseitiges Temperament dürstete nach Anerkennung schon bei den Zeitgenossen, und geprägt von der zur Heroisierung neigenden Atmosphäre seiner Heimat Florenz war ihm das Streben nach Ruhm und öffentlicher Wirksamkeit so selbstverständlich wie die Luft zum Atmen.

In Rom ging Galilei daran, sich jene Plattform zu schaffen, die er zur Beförderung der Wissenschaft und nicht zuletzt auch seines eigenen Ruhms benötigte: Er erfand die moderne naturwissenschaftliche Akademie. Dabei konnte er sich allerdings auf die Accademia dei Lincei stützen, die Akademie der Luchse, einen eher dem Okkulten zuneigenden geheimniskrämerischen Bund von vier Männern, den der Prinz Federico Cesi ins Leben gerufen hatte. Wie Galilei diese eher obskure Vereinigung gemeinsam mit dem Prinzen Cesi in eine moderne Forschungsorganisation verwandelte und damit das Vorbild der ein halbes Jahrhundert später gegründeten Akademien in England und Frankreich gestaltete, war eine strategische Meisterleistung für die Etablierung der bis dahin fast nur in Galileis Kopf existierenden neuen Wissenschaft.

Die Accademia dei Lincei ging auf einen Pakt zurück, den im Jahre 1603 der damals achtzehnjährige Prinz Cesi mit drei nicht viel älteren Freunden geschlossen hatte. Cesi war der Sohn des Fürsten von Aquasparta, Erbe der kleineren Fürstentümer von Sant Agnese und San Polo, und schon als Knabe durfte er sich mit dem Titel eines Marquis de Monticelli schmücken. Die ersten Mitglieder seiner Akademie waren der Graf Anastasio de Filiis aus dem Verwandtenkreis der Cesi-Familie, der Arzt Jan Heck aus Deventer, der wegen seines katholischen Glaubens Holland hatte verlassen müssen, und der Italiener Francesco Stelluti.

Die vier trafen sich regelmäßig im römischen Palazzo der Cesi in der Via della Maschera d'Oro nahe der Piazza Navona. Ihr Ziel war – in Cesis eigenen Worten –, »Weisheit durch göttliche Liebe« zu erlangen, was konkret bedeutete, daß sich naturkundliche Interessen mit einer mystischen pseudoreligiösen Aura im Gefolge der pythagoreischen Tradition vereinten.

Als Wappentier hatte Cesi den Luchs gewählt, dem seit der Antike ein Blick nachgesagt wurde, der »in das Innere der Dinge vorzudringen vermag«, darin Vorbild für die Mitglieder der Akademie, die Lincei, die die »verborgenen Ursachen der Naturvorgänge« ergründen wollten. Dem Betrachter eines Porträts des Prinzen Cesi, das zu den Reliquien der heutigen Accademia Nazionale dei Lincei in Rom gehört, wird sich allerdings der Eindruck aufdrängen, daß die Erhebung des Luchses zum Wappentier der Akademie auch eine Anspielung auf den skeptisch-durchdringenden Blick aus den scharf geschnittenen Augen des Gründers gewesen sein könnte.

Cesi war es auch, der die Prinzipien der Lincealità formulierte, den Kodex des eines Linceo würdigen Verhaltens, der freilich ständig überarbeitet und weiterentwickelt wurde, eine Aufgabe, der sich der Prinz mit großem Ernst und Eifer widmete. Schon in der ersten Fassung war die Lincealità auf die Erweiterung des Wissens abgestellt, insofern jedes Mitglied bestimmte Studienaufgaben zugewiesen erhielt und seinen Genossen darüber zu berichten hatte. Ansonsten trug die Lincealità aber alle Insignien eines mystisch-romantischen Geheimbundes. Jeder erhielt einen allegorischen Luchsnamen: Cesi war als Celivago der Himmelsfahrer und der kluge Arzt Heck als Illuminato der Erleuchtete, während der Graf de Filiis sich mit dem Titel eines Eclissato zufriedengeben mußte, eines Verdunkelten, da er kaum die lateinische Gelehrtensprache beherrschte. Geheimschriften zur Wahrung der Exklusivität der Korrespondenz wurden verabredet, und wie damals üblich knüpften sich an die kryptologischen Beschäftigungen auch mancherlei Erwartungen hinsichtlich der Entzifferung der Chiffren des Kosmos und der Natur. Die Lebensführung sollte der alter griechischer Philosophenschulen entsprechen, und damit das Studium nicht durch Ablenkungen gestört würde, gehörte dazu auch zölibatäre Enthaltsamkeit.

Der Fürst von Aquasparta war von diesem Treiben seines Sohnes wenig begeistert; um ihn von seinen merkwürdigen Passionen zu kurieren, schickte er ihn auf eine Reise und erreichte damit eher das Gegenteil, denn in Neapel traf der Prinz mit Giovanni Battista della Porta zusammen, dem Haupt der Accademia dei Otiosi, der Akademie der Müßiggänger, die ähnliche Ziele verfolgte wie Cesis römische Gründung. Die Herren Müßiggänger waren zwar schon älter an Jahren als die römischen Luchse, und unter della Portas in jeder

Das Siegel der Accademia dei Lincei

Hinsicht imaginativer Anleitung waren sie wohl auch produktiver, aber auch sie huldigten der magisch-mystisch inspirierten Suche nach Weisheit eher denn der nüchternen Suche nach wissenschaftlicher Wahrheit. Della Porta bestärkte den Prinzen Cesi dahin, auch gegen den Willen seines Vaters an seiner Akademie festzuhalten; die beiden diskutierten sogar die Gründung weiterer Akademien mit ähnlichen Interessenlagen, die Italien wie ein Netz von Studienzentren überziehen sollten. 1608, als Graf de Filiis gestorben war, wurde della Porta zur Vervollständigung der Vierzahl Mitglied bei den Luchsen.

Von dieser Vereinigung hatte Galilei niemals etwas gehört, als er zu seinem Besuch nach Rom kam; nur della Porta war er verschiedentlich in den intellektuellen Salons von Padua begegnet, wird aber bei der Lektüre von dessen zwanzigbändiger *Magiae Naturalis* nicht weit vorgedrungen sein, sondern wie in ähnlichen Fällen bald festgestellt haben, daß dieses nicht seine Art des Philosophierens sei, und nie wieder in eines von dessen vielen Büchern geblickt haben.

Ein Bankett zu Ehren Galileis wurde von den Lincei schon zwei Wochen nach dem Eintreffen des berühmten Gelehrten ausgerichtet. Prinz Cesi hatte zu diesem Anlaß viele an der Wissenschaft interessierte Persönlichkeiten in seinen Palazzo eingeladen und hielt eine begeisterte Rede auf seinen Gast. An diesem Abend wurde das Fernrohr erstmals mit einer dem Griechischen entlehnten Wortbildung als Teleskop bezeichnet, und vermutlich wurde auch die Idee einer streng naturwissenschaftlichen Ausrichtung und Umgestaltung der Accademia dei Lincei geboren. Wenig später besiegelten Galilei, Prinz Cesi und einige Freunde den neuen Bund durch ein »Philosophisches Nachtmahl« im Geiste eines platonischen Symposions, das auf dem Gianicolo-Hügel ausgerichtet wurde, und am 25. April trug sich Galilei an fünfter Stelle in das Mitgliederverzeichnis der Accademia dei Lincei ein, gefolgt von weiteren fünf neuen Mitgliedern, die alle schon beim ersten Bankett zugegen gewesen waren.

Von Stund an war Galilei das intellektuelle Haupt der Akademie, die magisch-mystischen Ursprünge wurden rasch vergessen und wichen der Rationalität Galileischer Wissenschaft. Prinz Cesi wurde zum leidenschaftlichen Verehrer Galileis und widmete wie zuvor seine ganze Arbeitskraft der Akademie. Er stellte seinen Palazzo für die Zusammenkünfte der Akademiker zur Verfügung, war ihr zentrales Korrespondenzbüro, organisierte die Arbeitsprojekte und half mit Geld aus, wann immer es notwendig wurde. Cesi präsidierte der römischen Zentrale der Akademie, dem »princeps Lynceorum«, während Galilei selbst die Leitung einer Außenstelle in Florenz übernahm und della Porta in Neapel mit der gleichen Aufgabe betraut wurde.

Im folgenden Jahr wurden zehn weitere Mitglieder aufgenommen, darunter der Bürgermeister von Augsburg Markus Welser und der Franzose Nicole Fabri de Peiresc aus Aix-en-Provence, der über eine berühmte Bibliothek verfügte, mit unzähligen Gelehrten korrespondierte und selbst ein intelligenter Astronom war. Ausgeschlossen blieben jedoch die Professoren, nicht einer von ihnen wurde der Zugehörigkeit für würdig befunden; hingegen wurden in späteren Jahren manche Kleriker aufgenommen und sogar Kardinäle, bei denen eher unkonventionelle wissenschaftliche Interessen zu ver-

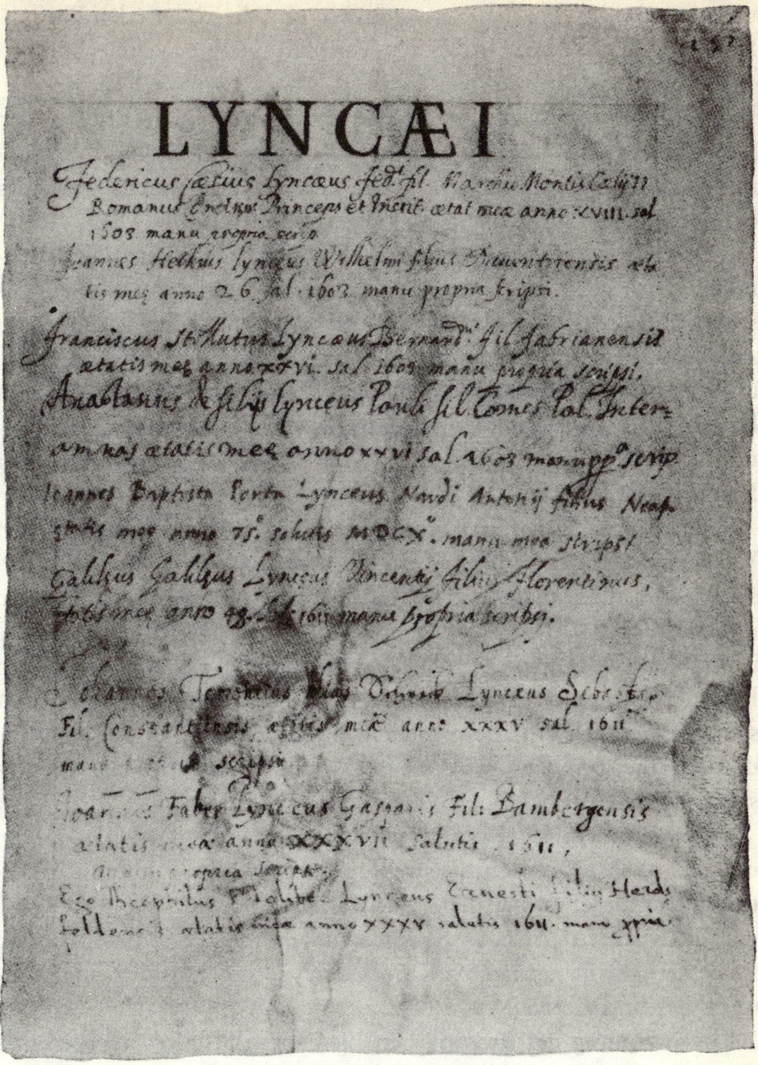

LYNCÆI

Federicus Caesius Lynceus Fed. fil. Marchio Montiscaelii
Romanus Ordinis Princeps et Instit. aetat. meae anno XVIII sal.
1603 manu propria scrip.

Joannes Heckius Lynceus Wilhelmi filius Daventriensis aeta-
tis meae anno 26 sal. 1603 manu propria scripsi.

Franciscus Stelliutus Lynceus Bernardi fil. Fabrianensis
aetatis meae anno XXVI. sal. 1603 manu propria scripsi.

Anastasius de Filiis Lynceus Pauli fil. Comes Pal. Inter-
amnas aetatis meae anno XXVI sal. 1603 manu pp.a scrip.

Ioannes Baptista Porta Lynceus Nardi Antonij filius Neap.
aetatis meae anno 75. salutis MDCX. manu mea scripsi

Galileus Galileus Lynceus Vincentij filius Florentinus,
aetatis meae anno 48. sal. 1611 manu propria scripsi.

Joannes Terrentius Lynceus Sebast.
Fil. Constantiensis aetatis meae anno XXXV sal. 1611
manu propria scripsi

Joannes Faber Lynceus Gasparis Fil. Bambergensis
aetatis meae anno XXXVII salutis 1611,
manu propria scripsi.

Ego Theophilus Molitor Lynceus Ernesti filius Heidel-
bergensis aetatis meae anno XXXV salutis 1611. manu propria

Galileis Eintragung in das Mitgliederverzeichnis der Accademia dei Lincei

muten waren als bei den Aristotelikern und die zudem den Einflußbereich der Akademie bis in den Vatikan hinein erweitern sollten.

DEN ZWECK DER AKADEMIE erläuterte Galilei in einem Brief an den Sekretär des Großherzogs Cosimo, in dem er um die Druckerlaubnis für einen Thesaurus mexikanischer Pflanzen nachsuchte, der eines der ersten großen Projekte der Lincei darstellte:

»Die Lincei sind eine Gesellschaft von Akademikern dieses Namens, begründet von dem Prinzen Cesi, der ihnen auch jetzt vorsteht, und das Ziel dieser Mitglieder ist das Studium vernünftiger sachbezogener Schriften und im besonderen der Philosophie und anderer damit zusammenhängender Wissenschaften, und darüber hinaus wollen die Kundigeren unter ihnen die Ergebnisse ihrer Bemühungen niederschreiben und veröffentlichen, zum Nutzen der Republik des Geistes.«[1]

Durch diese nüchtern formulierte Zielsetzung der öffentlichen Wissensvermehrung zum Nutzen der »Republik des Geistes« unterschied sich die Accademia dei Lincei von den unzähligen anderen italienischen Akademien vornehmlich literarischen Charakters, die in Galileis Worten nicht mehr hervorbrachten als die »lieblichen Blüten der Rhetorik, denen keine Früchte folgen«. Daß der literarische Geschmack trotzdem nicht gleichgültig war, ergibt sich aus den »praescriptiones« des Prinzen Cesi, die er 1624 als eine Grundsatzerklärung drucken ließ:

»Die Accademia dei Lincei wünscht als Mitglieder Philosophen, die nach wahrer Erkenntnis streben und sich dem Studium der Natur, insbesondere auch dem der Mathematik widmen; dabei sind die Ornamente der eleganten Literatur und der Philologie nicht zu vergessen, die den gesamten Körper der Wissenschaft wie ein anmutiges Gewand zieren ...«

Die Betonung des literarischen Elements illustriert noch einmal die auf die Öffentlichkeit gerichteten Absichten der Akademie, ebenso wie Galileis Erläuterung der »Veröffentlichung zum Nutzen der Republik des Geistes«. Zugleich enthält die Satzung des Prinzen Cesi aber auch das Prinzip politischer Abstinenz der Wissenschaft:

»Die Lincei werden alle politischen Kontroversen, jeden Streit und wortreichen Disput mit Schweigen übergehen ... da sie Frieden wünschen und ihre Studien von Belästigungen und Störungen aller Art frei halten wollen. Falls aber jemand durch seine Dienstherrschaft oder irgendeine andere Notwendigkeit gehalten ist, sich auf solche Angelegenheiten einzulassen, mögen sie ohne Erwähnung des Namens Linceo gedruckt werden, denn sie sind den physikalischen und mathematischen Wissenschaften und damit den Zielen der Akademie fremd.«[2]

Diese Sätze wurden nach dem 1616 erfolgten Verbot des Kopernikanismus durch ein Dekret der Indexkongregation geschrieben und enthalten daher gewiß ein taktisches Element, zusätzlich zu dem originären Wunsch eines jeden Forschers nach Muße und ruhiger Arbeitsatmosphäre. Gleichwohl illustrieren sie aber auch, daß die moderne Wissenschaft schon in der Phase ihrer Entstehung den politischen Problemen aus dem Weg zu gehen suchte und ihr Gedeihen in der politikfernen Enklave des Spezialistentums voranzubringen suchte. Auch darin wurden Galilei und die Accademia dei Lincei zum Vorbild, dem zum Beispiel Robert Hooke in seinem Entwurf für die Charta der 1662 gegründeten Royal Society in London gefolgt ist:

»Es obliegt der Royal Society, das Wissen um die Dinge in der Natur zu vervollkommnen und alle nützlichen Künste, Herstellungsweisen, mechanischen Verfahren, Maschinen und Erfindungen durch Experimente zu verbessern – und sich nicht in Theologie, Metaphysik, Morallehre, Politik, Grammatik, Rhetorik oder Logik einzumischen.«[3]

Diese Enthaltsamkeitskataloge der Geburtsurkunden der jungen Naturwissenschaft als organisatorischer Kraft, seien sie nun von dem römischen Prinzen Cesi oder dem englischen Bürger Hooke formuliert, versuchen die Forschung durch die Begrenzung auf die Bereiche des Theoretischen oder Instrumentellen zu legitimieren und den politischen Auseinandersetzungen zu entziehen. Man wird den Gründervätern diese politische Abstinenz nicht vorwerfen können, denn dieser Geburtsfehler ist erst Jahrhunderte später zu einem virulenten Problem geworden.

Seine intellektuelle Heimat hatte Galilei nun in der Accademia dei Lincei gefunden, die er sich freilich nach seinen ureigensten

Bedürfnissen selbst gestaltet hat. Den mit der Mitgliedschaft einhergehenden Titel eines Linceo benutzte er voller Stolz und Dankbarkeit gegenüber den Gleichgesinnten vorrangig vor dem eindrucksvollen Titel eines Hofmathematikers und dem ehrwürdigen eines Edlen Florentiners. Daß Wissenschaft nur als gemeinschaftliches Unternehmen gedeihen kann, wußte er nicht schöner zu illustrieren als durch die Autorangabe für alle zukünftigen Bücher: Galileo Galilei Linceo.

Florentinische Ablenkungen I oder »Warum schwimmt Eis?«

Die Verwirklichung des Arbeitsprogramms, das Galilei in seinem Brief an den Staatssekretär Vinta so hochgemut und tatendurstig entworfen hatte, wollte freilich auch nach der Übersiedelung in die Heimat nicht recht vorankommen. Um die Bilanz vorwegzunehmen: Die meisten der angekündigten Bücher wurden niemals geschrieben, lediglich zwei Werke wurden erst nach Jahrzehnten fertiggestellt, allerdings die bedeutsamsten über den Aufbau der Welt und die Physik der Bewegung.

Galilei wird wohl selbst bald geahnt haben, daß die theoretische Grundlegung der Mechanik und der Astronomie in seinem Denken noch nicht jene Reife und Klarheit angenommen hatte, die eine Darstellung zugelassen hätte, welche seinen an Euklid geschulten Ansprüchen an logische Strenge entsprechen konnte. Freilich war Galilei nicht der Mann, sich das Vorläufige seiner neuen Wissenschaft einzugestehen und etwa in Briefen zu diskutieren. Viel lieber berief er sich darauf, daß er auch in Florenz der ersehnten Muße entbehren mußte, die er sich von der privilegierten Stellung eines von Lehrverpflichtungen befreiten Hofmathematikers erhofft hatte.

Ablenkungen und Irritationen gab es mehr als genug: Immer wieder wurde er als Familienoberhaupt in die Pflicht genommen, akademische und höfische Intrigen beanspruchten seine Aufmerksamkeit in einem der Arbeit abträglichen Maße, und überdies hatte seine Gesundheit arg gelitten. Als typisch für die regelmäßig wiederkehrenden Schilderungen seiner jämmerlichen Verfassung mag ein Brief an Paolo Sarpi gelten, in dem Galilei noch vor der Reise nach Rom das Elend der ersten Monate in der Heimat beschrieb:

»Ich habe leider nichts Erfreuliches zu berichten, denn nach so langer Abwesenheit von Florenz begegnete mir hier die dünne Luft als ein grausamer Feind meines Kopfes und der übrigen Körperteile. Erkältungen, Blutverluste und Konstipationen haben mich in den letzten drei Monaten in einen derartigen Zustand der Schwäche,

Niedergeschlagenheit und Mutlosigkeit versetzt, daß ich praktisch auf mein Haus beschränkt war, oder eher auf mein Bett, ohne jedoch die Gnade des Schlafes oder der Ruhe zu finden. Erst kürzlich, als der Hof in Pisa residierte und ich drei Wochen mit Filippo Salviati, einem Edelmann von klugem Verstande, in einer seiner benachbarten Villen verbrachte, habe ich mich zum ersten Mal wieder wohl gefühlt. Die gute Luft dort war mir Beweis genug für die Tatsache, daß die Stadtluft der Gesundheit abträglich ist. Ich werde mich zum Bewohner der Berge wandeln müssen, soll meine Behausung nicht bald inmitten der Gräber sein.«[1]

Vermutlich hatten die ausgedehnten Beobachtungen in kühlen Winternächten die arthritisch-rheumatischen Entzündungen wieder aufflammen lassen, und es wäre auch nicht verwunderlich, wenn die ständige Überarbeitung dem robusten Körper Galileis arg zugesetzt hätte. Der Großherzog hatte ein Einsehen mit seinem fortdauernd kränkelnden Hofmathematiker und stellte ihm anheim, eine der auf den Anhöhen um Florenz liegenden Villen der Medici aufzusuchen, wann immer ihm die dünne Stadtluft zuwider sei. Galilei machte von dieser generösen Offerte des Fürsten allerdings nur wenig Gebrauch; er zog die Villa seines vormaligen Studenten Salviati vor.

Die Villa delle Selve des Filippo Salviati liegt etwa fünfzehn Kilometer von Florenz entfernt auf einem malerischen, von Oliven und Wein bewachsenen Hügel oberhalb des vom Arno durchflossenen Tals. Wann immer Galilei in den nächsten Jahren wegen seiner Gesundheit oder der sich in der Stadt zusammenbrauenden Intrigen Ruhe suchte, zog er sich in dieses Schmuckstück seines Freundes zurück, der ihn vielleicht am ehesten an den Venezianer Sagredo erinnert haben mag. Salviati war ein ebenso reicher wie stolzer Patrizier, dessen Familie in Florenz ein renommiertes Bankgeschäft betrieb und sich in der Umgebung große Ländereien zusammengekauft hatte. Die Villa delle Selve – das Wäldchen – hatte sich Salviati nach eigenen Entwürfen bauen lassen; sie diente ihm teils als Gutsverwaltung, teils als repräsentativer Landsitz der Familie, der keinen Vergleich mit den Villen des Fürstenhauses zu scheuen brauchte. Hier schrieb Galilei seine nächsten wissenschaftlichen

Florenz zur Zeit Galileis

Galilei im Alter von 38 Jahren; Kupferstich nach einem verlorengegangenen Porträt

Galilei im Alter von 60 Jahren; Kupferstich von Ottavio Leoni

Porträt des Prinzen Cesi in der Accademia Nazionale dei Lincei

Galileis Tochter Suor Maria Celeste

Roberto Kardinal Bellarmin, Generalinquisitor und theologische Autoritä in dem Verfahren von 1616, das zum Verbot der kopernikanischen Lehr führte

Maffeo Kardinal Barberini, ab 1623 Papst Urban VIII.

Galilei im Alter von 71 Jahren; ein Porträt des Florentiner Hofmalers Justus Sustermans, Uffizien, Florenz

Abhandlungen und nutzte die Terrassen der Villa für seine Beobachtungen, die sich immer mehr auf die Sonnenflecken konzentrierten. In seinem Gastgeber hatte er einen kongenialen Gesprächspartner, mit dem er Ideen ausprobieren, weiterentwickeln und vertiefen konnte.

Diese produktive Idylle fand jedoch schon nach wenigen Jahren ein für Florenz nicht untypisches plötzliches Ende. Einer der »natürlichen« Söhne des Hauses Medici hatte auf den Treppen der Basilika von Santa Croce den Vortritt vor dem Patrizier Salviati gefordert, der aber in einer Anwandlung alten Bürgerstolzes nicht weichen wollte. Die Degen wurden gezogen, auf den Stufen der Kirche gab es ein dramatisches Gefecht und anschließend einen handfesten Skandal, der nur dadurch beigelegt werden konnte, daß Salviati eine Reise von unbestimmter Dauer antrat. In Barcelona erkrankte er an Malaria und verstarb dort am 22. März 1614. Galilei hatte mit seinem teuren Freund auch sein Refugium verloren und war nun wieder auf die Villen der Medici angewiesen, bis er sich selbst einen hübschen Landsitz mieten konnte.

Galileis Familiensinn wurde auch nach der Rückkehr in die Heimat auf manche harte Probe gestellt. Zwar hatten sich nach der vollständigen Bezahlung der Mitgift die Beziehungen zum Schwager Landucci und der Schwester Virginia immer erfreulicher gestaltet und sich wieder dem in Italien besonders hochgehaltenen Ideal familiärer Herzlichkeit angenähert, dafür wurde aber die Mutter Giulia, die nun ständig bei ihrem Sohn lebte, zu einer schweren Belastung für den Hausfrieden.

Ihre merkwürdigen Charakterzüge fanden ihren deutlichsten Niederschlag in einem Brief, den sie zu Beginn des Jahres 1610 nach Padua geschickt hatte, und zwar nicht an ihren Sohn, sondern an dessen Linsenschleifer Alessandro Piersanti. Von der unerhörten Neuigkeit des Fernrohrs wollte sie offenbar ihren Anteil dadurch erhalten, daß sie Piersanti aufforderte, Galilei einige Objektivlinsen zu stehlen und in einem Schächtelchen nach Florenz zu schicken, wo schon Abnehmer darauf warteten.[2]

Obwohl Galilei durch dieses Ansinnen an seinen getreuen Linsenschleifer in seinen Empfindungen der Mutter gegenüber nicht gerade bestärkt worden war, konnte er sich doch als Erstgeborener nicht der Verpflichtung entziehen, sie in seinem Hause aufzunehmen. Über ihren im Alter immer schrulliger und bösartiger gewordenen Charakter muß er in einer Weise geklagt haben, daß sich sein Bruder Michelangelo schließlich zu der Tröstung hinreißen ließ, ihr Alter werde dem ewigen Gezänk hoffentlich bald ein Ende bereiten. Sie starb erst 1620 in ihrem 82. Lebensjahr.

Die Töchter unter den Schleier zu bringen war für Galilei ein Problem, dem er sich beinahe so eifrig widmete wie den Beobachtungen und Berechnungen der Jupitermonde. Geplagt von schrecklichen Erinnerungen an die Mitgiftforderungen seiner Schwäger wollte er einer Wiederholung derartiger finanzieller Aderlässe durch die Heirat seiner Töchter um jeden Preis entgehen, und am sichersten ließ sich dies Ziel dadurch erreichen, daß sie hinter Klostermauern verbracht und so dem Heiratsmarkt entzogen wurden.

Allerdings waren damals so viele mit Töchtern gesegnete Väter auf diese Idee gekommen, daß die Kirche wenige Jahre zuvor dekretiert hatte, junge Frauen dürften erst nach Erreichen des kanonischen Alters von sechzehn Jahren das Gelübde ablegen. Galilei versuchte, durch ihm gewogene kirchliche Würdenträger eine Ausnahmegenehmigung zu erlangen, konnte dabei aber nicht auf Erfolg rechnen, wie ihm der Kardinal del Monte aus Rom mitteilte:

»Was die Aufnahme Eurer Töchter in ein Kloster angeht, so habe ich sehr wohl verstanden, daß Ihr davon Abstand genommen habt, daß sie unverzüglich den Schleier nehmen, sondern daß sie unter der Voraussetzung in ein Kloster aufgenommen werden sollen, daß sie erst nach Erreichen des kanonischen Alters den religiösen Lebensweg beschreiten. Aber wie ich Euch schon zuvor geschrieben habe, ist auch dieses nicht erlaubt, und zwar aus vielen Gründen, besonders aber wegen der Besorgnis unzulässiger Einwirkungen derjenigen, die aus eigenen Gründen wünschen, daß die jungen Menschen den Schleier nehmen. Diese Regel wird niemals durchbrochen, und sie wird auch in Zukunft von der Heiligen Kongregation strikt eingehalten werden.«[3]

Galilei aber ließ sich nicht entmutigen; er schaltete den Kardinal Bandini ein, und der konnte jenen Dispens erwirken, den del Monte zuvor für völlig unmöglich gehalten hatte. Im Oktober 1613 hatte Galilei sein Ziel erreicht: Beide Töchter wurden als Novizinnen in das Kloster San Matteo in Arcetri unweit von Florenz aufgenommen, obwohl sie noch einige Jahre von dem kanonischen Alter entfernt waren. Die Äbtissin war eine Schwester des Staatssekretärs Belisario Vinta, die sich voller Güte der jungen Töchter des Hofmathematikers annahm und sie auf das Gelübde vorbereitete. Am 4. Oktober 1616 wurde aus Virginia Galilei die Nonne Maria Celeste, und ein Jahr später folgte ihr Livia unter dem Namen Arcangela.

Der rabiate Eifer, mit dem Galilei seine Töchter noch im Kindesalter hinter Klostermauern verbringen wollte, kann auf uns kaum anders als abstoßend wirken; allerdings hatte er nur getan, was damals gang und gäbe war, darin freilich energischer und schließlich dank bester Beziehungen auch erfolgreicher als andere Väter. Immerhin entwickelte er sich gegenüber den beiden Nonnen zu einem liebevollen, anhänglichen Vater. Im Fall von Livia ist ihm das nicht ganz leichtgefallen, denn die Suor Arcangela wurde im Kloster alsbald wunderlich und neigte zu depressiven Reaktionen. Zur Suor Maria Celeste, seiner älteren Tochter, entstand jedoch eine Beziehung, die man sich rührender und inniger nicht denken könnte. Vor allem ihretwegen mietete sich Galilei später eine Villa in Arcetri, um sie möglichst oft in San Matteo besuchen zu können, und in den schweren Zeiten kirchlicher Verfolgung wurde sie zur mitfühlenden Trösterin ihres Vaters, obwohl sie die Mauern von San Matteo niemals verlassen durfte.

Eine Schrift über schwimmende Körper und die Theorie der Hydrostatik war in Galileis umfangreichem Arbeitsprogramm nicht aufgeführt gewesen; daß er trotzdem in seinem ersten, nach dem *Sternenboten* gedruckten Buch diese Thematik ausführlich abhandelte, lag an einer bizarren Kontroverse mit einigen peripatetischen Professoren. Die überschäumenden Wogen dieses Streits verliefen sich erst nach vier Jahren und ebenso vielen Kampfschriften gegen Galilei im Sande, als theologische Argumente sich zu den peripatetischen gesellten und es nicht mehr nur um die einzig richtige Philosophie, sondern vor allem um den einzig wahren Glauben ging.

Der Streit begann bei einer abendlichen Unterredung im Hause von Salviati bei einer jener geselligen Veranstaltungen, bei denen die Genüsse der Tafel noch durch ein geistreiches Gespräch übertroffen werden sollten. Da die beiden Pisaner Philosophieprofessoren Vincenzio di Grazia und Giorgio Coresio anwesend waren, bewegte sich das Gespräch bald in den Geleisen aristotelischer Orthodoxie. In Galileis eigener Darstellung, dem *Diskurs über Dinge, die auf dem Wasser schwimmen oder sich in Wasser bewegen,* den er für den Großherzog später verfaßt hatte, wird der Stein des Anstoßes folgendermaßen beschrieben:

»In der Diskussion wurde behauptet, daß Verdichtung eine Eigenschaft des Kalten sei, und als Beispiel wurde Eis erwähnt. Ich sagte darauf, daß mir Eis eher als verdünntes Wasser erschiene denn als verdichtetes, denn Verdichtung geht mit Verminderung des Volumens und Zunahme der Schwere einher, Verdünnung dagegen mit größerer Leichte und Zuwachs der Menge; Eis ist demnach leichter als Wasser, denn es schwimmt darauf.«[4]

Das war, kurz gefaßt und populär ausgedrückt, eine archimedische Deduktion, für Galilei seit seinen Jugendjahren eine evidente Selbstverständlichkeit. Für die Philosophen war es jedoch ebenso evident, daß der Hofmathematiker hier unfaßbaren Unsinn geredet hatte. Schließlich kannten sie sich in den zentralen Thesen aristotelischer Naturphilosophie bestens aus, und nach der Lehre von den vier Elementen und deren Veränderungen unter dem Einfluß der vier Qualitäten konnte Eis nichts anderes als verdichtetes Wasser sein. Natürlich bestritten sie als gute Empiriker nicht, daß Eis auf Wasser schwimmt, schrieben das aber der Form des Eises und dem Widerstand des Wassers gegen eine Bewegung zu. Die Widerlegung dieses Arguments bereitete Galilei wiederum keinerlei Schwierigkeiten:

»Ich antwortete, daß jedes Eisstück beliebiger Form auf Wasser schwimmt, ein klares Indiz dafür, daß auch die flachste oder breiteste Form keine Rolle beim Schwimmen spielt; und ich fügte hinzu, daß ein klares Argument zugunsten dieser Interpretation darin zu sehen ist, daß ein flaches Stück Eis, welches auf den Boden des Wassers gedrückt wird, unmittelbar nach dem Loslassen aufsteigt und schwimmt, was aber völlig unmöglich wäre, wenn es schwerer als Wasser sei und seine Schwimmfähigkeit von einer Form herrührte, die den Widerstand des Wassers nicht zu überwinden vermöchte. Daraus folgerte ich, daß die Form in keiner Weise eine Ursache für Schwimmen oder Versinken sei, sondern die Ursache in der größeren oder geringeren Schwere im Vergleich mit der des Wassers zu finden ist.«[5]

Die Philosophen wollten diesen Angriff auf Aristoteles nicht unwidersprochen hinnehmen und beschlossen, den in ihren Augen ebenso dummen wie uneinsichtigen Hofmathematiker in öffentlichen Disputationen bloßzustellen. Da wir heute Aristoteles nicht gerade als Hydrostatiker schätzen – zu diesem Thema hat er kaum etwas geschrieben –, mag uns dieses Engagement an der Peripherie der Naturphilosophie als übertrieben oder gar abwegig erscheinen. Die subtile Kohärenz des spätscholastischen Aristotelismus konnte jedoch keine Ausnahme zulassen, und bei schärferer Betrachtung würde zudem deutlich werden, daß in der Tat zentrale Thesen der aristotelischen Bewegungslehre auf dem Spiel standen, wenn der vorwitzige Hofmathematiker recht behalten sollte.

So wurde in Florenz über die Frage, warum Eis schwimmt, bald mit einer Leidenschaft gestritten, die sonst nur Ehrenhändeln vorbehalten war. Daß im Sommer überhaupt kein Eis zur direkten Überprüfung der Thesen zur Verfügung stand, tat der Hitze des rhetorischen Kampfes keinen Abbruch. Am energischsten forderte ein Lodovico delle Colombe, von dem nicht viel mehr bekannt ist als seine Führungsrolle in einer sich bald formierenden Liga der Anti-Galileisten, den Hofmathematiker zum öffentlichen Disput heraus, wobei er sich ebenso wie Galilei auf die Erfahrung berief und ein Experiment zur Grundlage der Auseinandersetzungen machen wollte.

Colombe zeigte nämlich jedermann in Florenz, daß ein Kügelchen aus Ebenholz in Wasser untergeht, während ein dünnes Plättchen aus dem gleichen Material schwimmt, wenn man es nur geschickt auf die Oberfläche des Wassers praktiziert. War damit nicht die Allwissenheit des Aristoteles aufs glänzendste gerettet, da doch eindeutig die Form das Entscheidende in dieser Demonstration ist?

Ob es jemals zu einem öffentlichen Wettstreit zwischen Galilei und Colombe gekommen ist, läßt sich heute nicht mehr feststellen. Einige Berichte zeihen Galilei der Feigheit, andere sagen seinem Kontrahenten Colombe nach, daß er nie zu den vereinbarten Terminen erschienen sei, und dann sind noch Gerüchte überliefert worden, nach denen es nicht nur eine Disputation, sondern auch ein höchst unakademisches Handgemenge zwischen den beiden gegeben habe.

An rhetorischen Turnieren hatte, wie alle Florentiner, auch Großherzog Cosimo seine Freude, und so wurde die heiß umkämpfte Thematik des schwimmenden Eises mehrfach an seiner Tafel erörtert, einmal sogar in Gegenwart zweier mächtiger römischer Kirchenfürsten, der Kardinäle Ferdinando Gonzaga und Maffeo Barberini, die auf der Durchreise Gäste des Großherzogs waren. Barberini war ein unkonventionell denkender Mann, in hydrostatischen Problemen zudem nicht ganz unbewandert, da er in jungen Jahren große Kanalisierungsarbeiten im Vatikanstaat zu beaufsichtigen gehabt hatte. Er scherte sich wenig um die Reputation des Aristotelismus und akzeptierte Galileis Argumente, während Gonzaga auf den traditionellen Auffassungen der Peripatetiker beharrte.

Der Lärm auf den Marktplätzen ob der ungewöhnlichen Gedanken des Hofmathematikers wurde dem Großherzog jedoch allmählich zuviel; er forderte Galilei auf, sich der seiner Reputation abträglichen öffentlichen Kontroversen zu enthalten und statt dessen in einer schriftlichen Ausarbeitung seine Gedanken in einer Form darzulegen, die der Würde seines Amtes entsprach. Galilei zog sich im Herbst in die Villa delle Selve zurück und verfaßte in der Form eines Briefes an seinen Dienstherrn einen Traktat, der zunächst als Manuskript in Florenz von Hand zu Hand ging.

Die Kontroversen wollten freilich noch lange kein Ende nehmen. Zudem hatte Galilei an den archimedischen Problemstellungen seiner jugendlichen Studien erneut Feuer gefangen, so daß er sie mit dem inzwischen erworbenen mathematischen und methodischen Rüstzeug zu erweitern und als Buch zu veröffentlichen gedachte – eine Unternehmung, die sich bis zum Mai des nächsten Jahres hinzog.

Der »Traktat über schwimmende Körper« war Galileis erste in strengerem Sinne physikalisch zu nennende gedruckte Arbeit. Anders als der *Sternenbote*, der der Kosmologie neue Horizonte eröffnet hatte, handelte der *Traktat* von bekannten Dingen, freilich mit neuen Methoden, die denen des ehrwürdigen archimedischen Fragments weit überlegen waren. Als leidenschaftlicher Physiker hielt sich Galilei allerdings nicht damit auf, sein Vorgehen in abstrakten metatheoretischen Erörterungen zu begründen, sondern er demonstrierte konkret am Beispiel der Hydrostatik, wie eine physikalische Theorie beschaffen sein muß, wenn sie vor der Erfahrung Bestand haben soll.

Ausgangspunkt der Untersuchung sind klare Definitionen, in diesem Fall des spezifischen Gewichts oder des Moments, denn nur auf der Grundlage präziser Begriffsbildungen lassen sich aussagekräftige Experimente entwerfen und zwingende Schlüsse folgern, die wiederum zu neuen Experimenten herausfordern. So rekonstruierte Galilei auf höherem Niveau die archimedischen Grundlagen der Hydrostatik, behandelte in ruhiger Gelassenheit erstmals die berühmten hydrostatischen Paradoxien in kommunizierenden Gefäßen, und eher beiläufig erledigte er abwegige Thesen der Aristoteliker, vor allem die seines vormaligen Lehrers Buonamici aus dessen *Zehn Büchern über die Bewegung*, die in Pisa noch immer als der Weisheit letzter Schluß galten.

Neu dürfte für Galilei einzig die Beschäftigung mit den Ebenholzplättchen des Signor Colombe gewesen sein, die auf dem Wasser schwimmen, obwohl das spezifische Gewicht dieser Holzart größer als die des Wassers ist. Dieser Stein des Anstoßes forderte Galileis ganzen Scharfsinn heraus, denn korrekt wurde dieses Phänomen erst durch die Physiker des ausgehenden 18. Jahrhunderts erklärt, indem sie dem Wasser eine Oberflächenspannung zuschrieben, die später durch eine molekulare Interpretation untermauert wurde. Galilei stand dieses Konzept selbstverständlich nicht zur Verfügung, er hätte es wahrscheinlich auch gar nicht erfinden mögen, da es ihn zu sehr an die okkulten Qualitäten der Aristoteliker erinnert hätte.

Galilei ersann aber auch für dieses vertrackte Problem eine ungemein raffinierte Interpretation innerhalb des Rahmens seiner Theorie, die im nachhinein durchaus noch als genial bewundert werden kann, obwohl sie den klügeren Nachgeborenen als ein fragwürdiger Triumph methodischer Strenge über die vielbeschworene Erfahrung erscheinen mag. Sieht man von dieser, historisch freilich mehr als nur entschuldbaren, Extravaganz einmal ab, so ist der *Traktat* die erste definitive Darstellung eines Teilbereichs der Physik, die noch heute und für alle Zukunft Anspruch auf Gültigkeit erheben kann. Die theoretischen Konzepte enthielten sogar eine weit in die Zukunft reichende, über den konkreten Anlaß hinausweisende Bedeutung, wie das hier erstmals formulierte Prinzip der virtuellen Verrückungen, das erst in den Händen der großen Mechaniker des 18. und 19. Jahrhunderts seine volle Fruchtbarkeit in der Grundlegung dieser Wissenschaft entfalten konnte.

Das trockene Thema der Hydrostatik war nicht wie der *Sternenbote* dazu prädestiniert, das Interesse der Zeitgenossen zu erregen, und trotzdem machte das italienisch geschriebene Buch sogleich bei seinem Erscheinen so viel Furore, daß schon wenige Wochen später eine zweite, erweiterte Auflage fällig wurde. Markus Welser sandte aus Augsburg ein in überschwenglichen Worten formuliertes Lob für die theoretisch zwingende Argumentation, das noch in Galileis Antwort vom 1. Dezember nachklingt:

»Eure Exzellenz bemerken, daß Ihnen bei der ersten Lektüre mein Traktat über schwimmende Körper paradox erschienen sei, daß am Ende sich aber alle Schlußfolgerungen als wahr und deutlich demonstriert erwiesen haben. Es wird Sie freuen zu hören, daß es auch hier vielen Personen so erging, denen ein gutes Urteil und eine gesunde Verstandeskraft nachgesagt werden, während einige sture Verteidiger auch noch des winzigsten Details der peripatetischen Lehre in Opposition zu meinem Werk verharren. Soweit ich sehen kann, bestand ihre Erziehung darin, daß sie von Jugend an in der Meinung aufgezogen wurden, Philosophieren könne nichts anderes sein als die erschöpfende Kenntnis der Texte des Aristoteles, damit sie aus den unterschiedlichsten Stellen flink eine Lösung zu jedem vorgelegten Problem hervorzaubern können. Niemals wünschen sie ihre Augen von diesen Texten zu erheben – als wäre das große Buch des Universums geschrieben worden, um von niemand anderem denn Aristoteles gelesen zu werden ... Einige dieser Leute

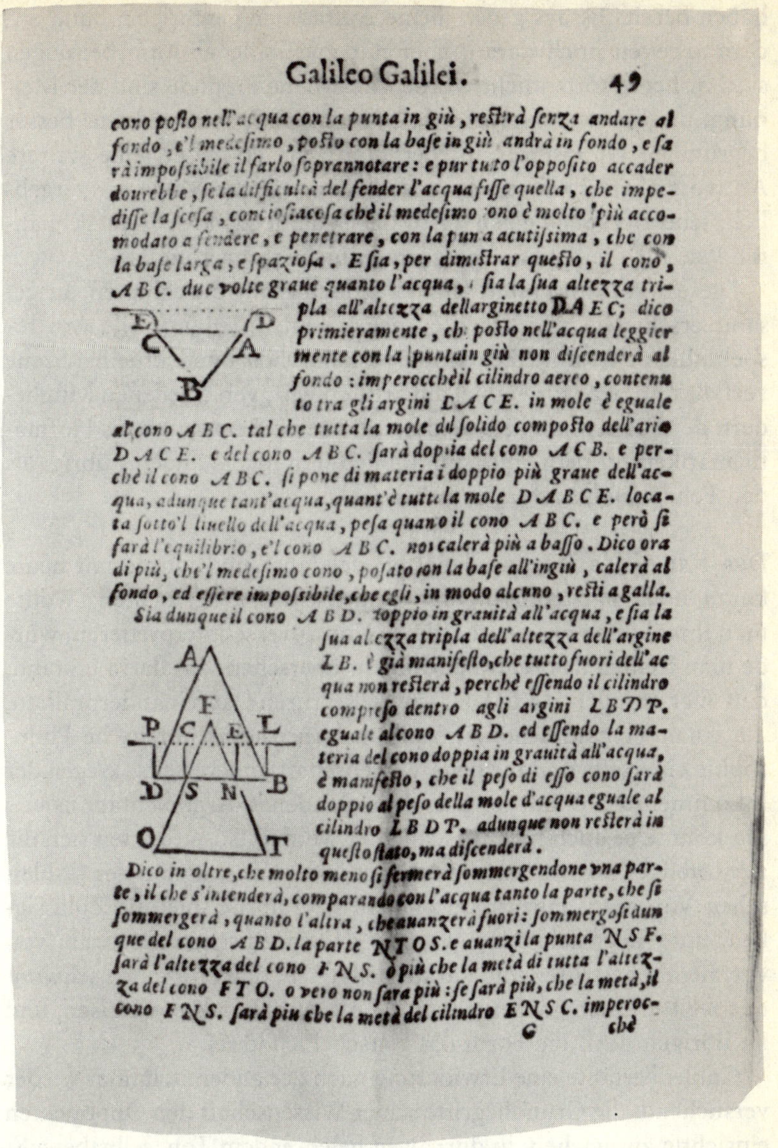

Galileo Galilei. 49

cono posto nell'acqua con la punta in giù, resterà senza andare al fondo, e'l medesimo, posto con la base in giù andrà in fondo, e sarà impossibile il farlo soprannotare: e pur tuto l'opposito accader dourebbe, se la difficultà del fender l'acqua fusse quella, che impedisse la scesa, conciosiacosa chè il medesimo cono è molto più accomodato a fendere, e penetrare, con la punta acutissima, che con la base larga, e spaziosa. E sia, per dimostrar questo, il cono, A B C. due volte graue quanto l'acqua, e sia la sua altezza tripla all'altezza dell'arginetto D A E C; dico primieramente, che posto nell'acqua leggiermente con la punta in giù non discenderà al fondo: imperocchè il cilindro aereo, contenuto tra gli argini E A C E. in mole è eguale al cono A B C. tal che tutta la mole del solido composto dell'aria D A C E. e del cono A B C. sarà doppia del cono A C B. e perchè il cono A B C. si pone di materia doppio più graue dell'acqua, adunque tant'acqua, quant'è tutta la mole D A B C E. locata sotto'l liuello dell'acqua, pesa quanto il cono A B C. e però si farà l'equilibrio, e'l cono A B C. non calerà più a basso. Dico ora di più, che'l medesimo cono, posato con la base all'ingiù, calerà al fondo, ed essere impossibile, che egli, in modo alcuno, resti a galla.

Sia dunque il cono A B D. doppio in grauità all'acqua, e sia la sua altezza tripla dell'altezza dell'argine L B. è già manifesto, che tutto fuori dell'acqua non resterà, perchè essendo il cilindro compreso dentro agli argini L B D P. eguale al cono A B D. ed essendo la materia del cono doppia in grauità all'acqua, è manifesto, che il peso di esso cono sarà doppio al peso della mole d'acqua eguale al cilindro L B D P. adunque non resterà in questo stato, ma discenderà.

Dico in oltre, che molto meno si fermerà sommergendone vna parte, il che s'intenderà, comparando con l'acqua tanto la parte, che si sommergerà, quanto l'altra, che auanzerà fuori: sommergasi dunque del cono A B D. la parte N T O S. e auanzi la punta N S F. sarà l'altezza del cono F N S. o più che la metà di tutta l'altezza del cono F T O. o vero non sarà più: se sarà più, che la metà, il cono F N S. sarà più che la metà del cilindro E N S C. imperocchè

G chè

Eine Seite aus dem »Traktat über schwimmende Körper«, in der Galilei zu zeigen versucht, daß ein Ebenholzplättchen schwimmt, da man die über ihm befindliche Luft in das Gewicht mit einbeziehen müsse

haben bereits Essays gegen meine Auffassung geschrieben, und andere arbeiten noch daran, aber nur zwei solcher Ausarbeitungen sind bisher veröffentlicht worden ... Meine Freunde sind der Meinung, und ich widerspreche ihnen nicht, daß, solange keine besser begründete Opposition auf der Bildfläche erscheint, eine weitere Antwort überflüssig sei, denn sie halten jegliche Mühe für vergeblich, jene zum Schweigen zu bringen, die jetzt noch lärmen, während sie für die bereits Überzeugten nicht mehr nötig ist.«[6]

Diesen Vorsatz konnte Galilei jedoch nicht durchhalten. Insgesamt erschienen vier Schriften gegen seinen *Traktat*, alle von respektablen Persönlichkeiten der toskanischen intellektuellen Szene verfaßt und, was für Galilei am ärgsten war, verschiedenen Mitgliedern der Fürstenfamilie gewidmet. Da seine Reputation als Hofmathematiker auf dem Spiel stand, blieb ihm nichts anderes übrig, als den Fehdehandschuh aufzuheben.

Der Krieg der Bücher dauerte zwei Jahre und wurde mit heute kaum noch nachvollziehbarer Leidenschaft ausgefochten. Wollte man ihn als eine wissenschaftliche Kontroverse interpretieren, würde man freilich das zentrale Moment übersehen, das darin bestand, daß hier in aller Heftigkeit »zwei Kulturen« aufeinanderprallten, die einander gar nichts zu sagen hatten: die aristotelische Philosophie einerseits und die neue Wissenschaft andererseits. Wegen der Inkommensurabilität der grundverschiedenen Argumentationsweisen konnte er auch nicht geschlichtet werden. So weigerten sich die Aristoteliker konsequent, überhaupt in eine Diskussion des Galileischen Vorgehens einzutreten, indem sie zum Beispiel die Zulässigkeit einer Begriffsbildung wie der des spezifischen Gewichts von vornherein bestritten und darauf beharrten, daß Holz eben schwimme, weil es einen größeren Anteil Luft enthalte als etwa Eisen, und im übrigen doch die Form das Entscheidende sei.

Galilei verfaßte eine Erwiderung nach der anderen, immer wieder versuchend, die Grundbegriffe seiner Wissenschaft den Opponenten einsichtig zu machen, in durchweg belehrendem Ton, selbstbewußt und seiner Sache sicher, aber niemals unfreundlich oder grob polemisch. Die sich selbst verordneten Zügel ließ er freilich in mancherlei nicht gedruckten Entwürfen oder Anmerkungen zu den Schriften seiner Gegner wieder schleifen, dadurch sich von dem aufgestauten Zorn Entlastung schaffend:

»Wie kann man wohl die Dummköpfe zähmen, einen noch größeren Unsinn vorzubringen, während man gerade eine ihrer Dummheiten bestreitet.«[7]

Galilei konnte das nicht, und nach Jahren vergeblicher Mühen brechen die Textentwürfe ab, erschöpft und angewidert fügt er sich in die Unbelehrbarkeit seiner Opponenten, die inzwischen in wichtigeren Fragen schon zu seinen Feinden geworden waren:

»So weit war ich mit unsagbarem Widerwillen gekommen, und wie von Reue ergriffen über mein Tun erkannte ich, wie unfruchtbar ich Mühe und Zeit verwandt hatte.«[8]

Die Sonnenflecken oder Die verstimmte Orgel der Philosophie

Zu Beginn des Jahres 1612 wurde Galilei durch einen Brief von Markus Welser aus Augsburg daran erinnert, daß die Arbeit an astronomischen Fragen interessanter und wichtiger sei als der Streit über schwimmende Körper. Dem Brief war nämlich eine lateinisch abgefaßte Abhandlung über Sonnenflecken beigefügt, die Galilei einerseits zum Widerspruch herausforderte, ihm andererseits aber auch verdeutlicht haben dürfte, daß die Sonnenflecken wesentlich mehr sind als nur Kuriositäten zur Demonstration der Leistungsfähigkeit des Fernrohrs bei Tageslicht.

Der Autor der aus Augsburg übersandten Abhandlung verbarg sich hinter dem Pseudonym »Apelles latens post tabulam«, das auf den Hofmaler von Alexander dem Großen zurückgeht. Dieser Apelles pflegte sich hinter seinen Bildern zu verstecken und der unbeeinflußten Beurteilung der Betrachter zu lauschen; einem Schuster hatte er einmal für kritische Bemerkungen zu der Darstellung des Schuhwerks überschwenglich gedankt, sich auf andere Teile des Bildes erstreckende Kritik jedoch mit den seither geflügelten Worten zurückgewiesen, daß der Schuster bei seinem Leisten bleiben solle.

Galilei erfuhr erst nach mehr als einem Jahr, daß sich hinter dem astronomischen Apelles der Ingolstädter Professor Christoph Scheiner verborgen hatte, ein Jesuit, dem von seinen Oberen zu dieser Vorsichtsmaßnahme geraten worden war, solange man sich über die Bedeutung dieser Erscheinungen noch nicht sicher sein konnte. Galilei wußte aber, daß er nun ernst zu nehmende Konkurrenten bei der Beobachtung des Himmels zu gewärtigen hatte, und beeilte sich daher, den gerade zum Druck vorbereiteten *Traktat über schwimmende Körper* auch zur Anmeldung astronomischer Prioritätsansprüche zu verwenden, auch wenn solche Themenvermengung als Stilbruch empfunden worden sein mag. So begann er diesen Traktat mit der Veröffentlichung der berechneten Umlaufszeiten der Jupitertrabanten und schloß daran eine Bemerkung über die Sonnenflecken an:

»Ich erwähne ferner die Beobachtung einiger am Sonnenkörper wahrnehmbarer dunkler Flecken, welche durch die Veränderung ihrer Lage sehr wahrscheinlich machen, daß entweder die Sonne sich um sich selbst dreht oder daß vielleicht andere Sterne, ähnlich wie Venus und Merkur, sich um sie bewegen, die zu anderen Zeiten unsichtbar bleiben, weil sie sich noch weniger als Merkur von der Sonne entfernen und nur dann sichtbar werden, wenn sie zwischen die Sonne und unsere Augen treten – oder vielleicht deuten die Flecken auf beides hin. Gewißheit in solchen Fragen sollte weder geringgeschätzt noch im dunkeln belassen werden.«[1]

Apelles hatte sich für die erste der von Galilei diskutierten Alternativen entschieden, daß die Sonnenflecken durch kleine sonnennahe Sterne hervorgerufen würden; diese Annahme hatte den unter Traditionalisten unschätzbaren Vorteil, die makellose Unwandelbarkeit dieses Himmelskörpers zu »retten«. Galilei dagegen hatte sich durch sorgfältige Beobachtungen, für die er die Terrassen der Villa delle Selve als ideales Observatorium nutzen konnte, davon überzeugt, daß es sich nicht um Verdunkelungen durch vorüberziehende Planeten handeln könne, sondern wirklich um Flecken auf der Sonne. Schon als der *Traktat über schwimmende Körper* unter der Druckerpresse war, hatte er in dieser Frage die angestrebte Gewißheit erlangt und setzte sie ausführlich in einem Brief auseinander, den er am 4. Mai von der Villa delle Selve an den Mittelsmann Welser auf den Weg nach Augsburg brachte. Es war der Anfang einer Korrespondenz, die sich bis zum Ende des Jahres hinzog; Galileis insgesamt drei Briefe zum Thema der Sonnenflecken gerieten derart umfangreich und waren von so grundsätzlicher Bedeutung, daß sie im darauffolgenden Jahr von den Lincei in Rom als Buch herausgegeben wurden.

GALILEIS BRIEFE waren seit dem Ruhm, den er sich durch den *Sternenboten* erworben hatte, nicht länger nur persönliche Mitteilungen; besonders die großen Briefe wissenschaftlichen Inhalts wie die über die Sonnenflecken waren von vornherein nicht nur an den Adressaten gerichtet, sondern an die in den Statuten der Accademia dei Lincei beschworene »Republik des Geistes«. Trotz ihrer Privates suggerierenden Bezeichnung als Briefe waren sie eher Manifestationen des öffentlichen Charakters der neuen Wissenschaft.

Abschriften ließ schon Galilei anfertigen und an andere Interessenten versenden, und das gleiche erwartete er auch von den Empfängern. So erhielt Prinz Cesi in Rom sogleich Kopien der Briefe über die Sonnenflecken, um sie in den maßgeblichen römischen Kreisen zirkulieren zu lassen. Aber auch der venezianische Freund Sagredo, der Galileis für Deutschland bestimmte Korrespondenz in der Lagunenstadt der Thurn & Taxisschen Post übergeben sollte, zeigte sie erst begeisterten Adepten der Wissenschaft und hielt sie manchmal wochenlang zurück, bis sie kopiert waren.

So waren viele von Galileis Briefen auf Öffentlichkeit angelegt, teils als Bestandteile des Kommunikationssystems der neuen Wissenschaft vor Erfindung wissenschaftlicher Zeitschriften, teils als Streitschriften zur Verteidigung des Rechts, das »Buch der Natur« unabhängig von theologischer Zensur studieren zu können, und manchmal auch als scharfzüngige Polemiken gegen uneinsichtige Gegner.

Im ersten Brief über die Sonnenflecken grüßte Galilei den Apelles zwar als einen »freien und nicht servilen Geist«, widerlegte aber Punkt für Punkt die Argumentationen des Unbekannten hinsichtlich des stellaren Charakters dieser Erscheinung:

»Mir scheint, daß keine der wichtigen Eigenschaften der Sterne in irgendeiner Weise auf diese Flecken passen wollen, während ich andererseits nichts in ihnen finden kann, das nicht an unsere Wolken erinnert. Dies kann folgendermaßen durch Argumentation einsichtig gemacht werden.

Sonnenflecken entstehen und vergehen in längeren und kürzeren Perioden; einige verdichten sich, und andere expandieren von Tag zu Tag; sie ändern ihre Gestalten, und einige derselben sind höchst irregulär; hier ist ihre Dunkelheit größer und dort kleiner. Sie müssen gewaltig sein und sich entweder auf der Sonne oder nahe bei ihr befinden ... und manchmal werden viele Flecken erzeugt, manchmal wenige und manchmal gar keine.«[2]

In einer kühnen Analogie vergleicht Galilei diese Erscheinungen mit den Wolken auf der Erde, darin eine Schlußweise aus dem *Ster-*

nenboten wiederholend, als er nicht zögerte, den Mond als erdähnlich zu beschreiben – entgegen aller wohlbegründeten Naturphilosophie:

»Von allen uns bekannten Dingen sind es nur die Wolken, die ähnlich weit und groß sind, die in kurzen Zeiten entstehen und sich auflösen, größer und kleiner werden, leicht ihre Gestalt ändern und an einigen Stellen dichter und undurchsichtiger sind als an anderen ... Darüber hinaus gibt es keinen Zweifel, daß, wenn die Erde mit eigenem Licht und nicht mit dem der Sonne leuchten würde, sie jedem entfernten Betrachter die nämlichen Erscheinungen darbieten würde.«[3]

Dies war aber noch nicht alles an schockierenden Behauptungen, denn Galilei steuerte in seiner Argumentation zielstrebig auf die Rotation der Sonne um ihre eigene Achse zu, woraus er zwar keinen Beweis zugunsten des kopernikanischen Systems herleiten, aber immerhin die traditionelle Kosmologie desavouieren konnte. Zusammenfassend formulierte er:

»Ich würde sagen, daß die Sonnenflecken auf der Oberfläche der Sonne erzeugt werden und wieder vergehen und unmittelbar an sie angrenzen, während die Sonne, sich um ihre Achse in ungefähr einem lunaren Monat drehend, sie entlangführt und dabei einige zurückbringt, deren Lebensdauer einen Monat übersteigt, die dann aber in Form und Gestalt so verändert sind, daß es schwer ist, sie wiederzuerkennen. So weit will ich gegenwärtig eine Vermutung riskieren.«[4]

Galilei war sich durchaus darüber im klaren, daß zur Untermauerung dieser Vermutungen noch erhebliche Anstrengungen nötig waren, die er aber bereitwillig auf sich zu nehmen versprach, da sie endgültig die aristotelische Kosmologie in die Rumpelkammer der Naturforschung verweisen sollten:

»Ich hoffe wahrhaftig, daß mir diese neue Sache trefflich dazu dienen wird, eine Pfeife an der großen verstimmten Orgel unserer Philosophie zu stimmen – einem Instrument, an dem sich, wie mir scheint, viele Organisten vergeblich abmühen, das Ganze in vollkommene Harmonie zu bringen. Vergeblich, weil sie drei oder vier der Hauptpfeifen verstimmt lassen, mit denen die anderen unmöglich in vollkommenen Gleichklang zu bringen sind.«[5]

Noch deutlicher als in dieser Passage aus dem Brief an Markus Welser wurde Galilei in einem Brief, den er mit der Abschrift seiner Abhandlung über die Sonnenflecken an den Prinzen Cesi sandte:

»Diese neuen Entdeckungen werden das Grabgeläut oder vielmehr das Jüngste Gericht der Pseudophilosophie sein; denn schon sind Zeichen gesehen an den Sternen, am Mond und an der Sonne. Ich sehe nicht, wie die Unveränderlichkeit der Himmel noch Rettung und Zuflucht finden soll, wenn besonders die Sonne so sichtbarlich und unverkennbar Wandel und Wechsel zeigt. Die Berge auf dem Mond, so hoffe ich, werden für unsere Gelehrten nur ein Scherz sein gegen die Geißel dieser Wolken, dieser Dünste und Dämpfe, die an der Sonnenoberfläche sich bilden, sich bewegen und wieder auflösen ohne Unterlaß.«[6]

Die Vermutung wurde zur Gewissheit, als Galilei sorgfältige Zeichnungen der Sonnenflecken anfertigte; sein Verfahren beschrieb er in dem zweiten Brief über die Sonnenflecken, den er ein Vierteljahr nach dem ersten Brief am 14. August abgeschlossen hatte:

»Man richte das Teleskop auf die Sonne, als wollte man diesen Himmelskörper beobachten. Nachdem es fokussiert und ausgerichtet ist, halte man ein Blatt weißes Papier ungefähr eine Elle von der konkaven Linse entfernt; darauf wird dann ein rundes Bild der Sonnenscheibe fallen, mit all den Flecken darauf in der gleichen Symmetrie angeordnet wie auf der Sonne. Je weiter das Papier von der Röhre entfernt wird, desto größer werden das Bild und die Abbildung der Flecken. So können alle Flecken ohne Schaden für die Augen wahrgenommen werden, sogar die kleinsten – die, wenn man sie direkt durch das Teleskop beobachten will, kaum zu sehen sind, und dies auch nur um den Preis der Ermüdung und Beschädigung der Augen.«[7]

An Hand dieser Tag um Tag erstellten Zeichnungen wiederholte Galilei noch einmal alle Argumente aus seinem ersten Brief, nur mittlerweile mit dem Anspruch auf die einzig richtige Interpretation als Flecken auf der Sonnenoberfläche. Erstmals konnte er auch das in der modernen Wissenschaftstheorie als »intersubjektive Reproduzierbarkeit« bezeichnete Kriterium anführen, denn in Rom hatte der Maler Ludovico Cigoli und in Brüssel ein Daniello Antonioni einige Zeichnungen von den Sonnenflecken angefertigt und Galilei geschickt, der beglückt eine Übereinstimmung »bis aufs Haar« feststellen konnte.

Um die unvermeidliche Opposition der Aristoteliker zu unterlaufen, rief er Aristoteles selbst als Zeugen an, der wohl die Wandelbarkeit der himmlischen Substanzen zugestanden hätte, »wenn sein Wissen unsere gegenwärtige sinnliche Evidenz eingeschlossen hätte, denn er gestattete nicht nur die Erfahrung als Erkenntnismittel über physikalische Probleme, sondern setzte sie sogar an die erste Stelle«.[8] Galilei fühlte sich sogar als der bessere Aristoteliker im Vergleich zu den Kathederphilosophen:

»Wenn ich die himmlische Materie als wandelbar ansehe, widerspreche ich den Lehren des Aristoteles weit weniger als diejenigen, die den Himmel als unveränderlich erhalten wollen; denn ich bin gewiß, daß er die Unwandelbarkeit niemals als so sicher angenommen hatte wie die Tatsache, daß alle Vernunft der Erfahrung folgen muß. Somit philosophieren diejenigen besser, die ihre Behauptungen auf manifeste Erfahrungen stützen, als diejenigen, die Meinungen aufrechterhalten wollen, obwohl sie den Sinnen widersprechen und nur durch wahrscheinliche Vernunftgründe unterstützt werden.«[9]

Dieses Argument verfing freilich nicht bei den Verwaltern der aristotelischen Lehre im 17. Jahrhundert, und sooft es Galilei auch in den unterschiedlichsten literarischen Ausschmückungen später gebrauchte, so wirkungslos blieb es auch.

Manna vom Himmel waren die Briefe Galileis in den Augen von Markus Welser, der inzwischen Anfang September ebenfalls ein »Luchs« geworden war und fortan stolz als »Linceo« unterzeichnete. Auch die Lincei in Rom reagierten enthusiastisch; Prinz Cesi regte an, die Briefe als erstes Buch unter dem Siegel der Accademia dei Lincei herauszubringen, zumal sie in italienischer Sprache abgefaßt waren und somit auch in literarischer Hinsicht den Absichten der Lincei entsprachen.

Daß durch die Abkehr vom überall verstandenen Latein die Kommunikation mit den »Transmontanen« erschwert wurde, nahm man in Kauf. Galilei entschuldigte sich in seinem dritten Brief wegen der Umstände, die er dem immer noch unbekannten Apelles dadurch bereitet hatte, und führte eine Reihe von Gründen für die Verwendung des »florentinischen Dialekts« an:

»Einer davon ist mein Wunsch, nicht den Reichtum und die Vollkommenheit dieser Sprache zuschanden werden zu lassen, denn sie vermag die Konzepte jeder Wissenschaft zu behandeln und auszudrücken. Deshalb gefallen unseren Akademikern (und auch jedem anderen in der Stadt) Essays in diesem Idiom besser als in jedem anderen. Aber zusätzlich habe ich noch das ganz eigennützige Interesse, die Antworten Eurer Exzellenz in der gleichen Sprache zu empfangen. Meine Freunde und ich sehen sie mit ungleich größerem Entzücken, als wenn sie in dem reineren lateinischen Stil abgefaßt wären, und wenn wir Briefe von so preisenswürdiger Ausdruckskraft lesen wie die Eurigen, scheinen uns die Grenzen und sogar die Stadtmauern von Florenz bis nach Augsburg zu reichen.«[10]

DER HINTER DEM BILDE VERBORGENE APELLES war unterdes nicht untätig geblieben; er hatte ebenfalls an Markus Welser drei lateinische Abhandlungen geschickt, die in Augsburg als *Genauere Untersuchungen über die Sonnenflecken und die Sterne, die um den Jupiter wandeln* gedruckt worden waren. Apelles hatte einige Monate auf die Übersetzung des ersten Galileischen Briefs warten müssen, so daß er nur in der dritten Abhandlung auf Galileis Theorie der Sonnenflecken eingehen konnte.

Der war nicht wenig überrascht, mit welchen Finten Apelles an der stellaren Interpretation festhalten wollte; die Veränderlichkeit der Flecken mußte er als guter Observator zugestehen, erklärte sie aber aus sich ständig wandelnden Überlagerungen vieler kleiner Sterne, die um die Sonne kreisen sollten. Galilei hatte inzwischen gehört, daß auch die Astronomen des Collegio Romano die Umgebung der Sonne mit ganzen Wolken kleiner Sterne bevölkert hatten, deren schwankende Überdeckungen die Erscheinung der Sonnenflecken hervorrufen sollten. So konnte Galilei wenigstens vermuten, daß es sich auch bei Apelles um einen Angehörigen der Gesellschaft Jesu handeln müsse.

Aber auch andere Verteidiger der astronomischen Tradition griffen begierig diese These der Jesuiten auf, um so die Makellosigkeit der Sonne zu retten. So sah sich Galilei der verwunderlichen Situation gegenüber, daß Leute, die zwei Jahre zuvor noch seine Jupitertrabanten als aller guten Philosophie widersprechend nicht hatten zur Kenntnis nehmen wollen, sich nun eifrig darin überboten, Myriaden neuer Himmelskörper einzig zur Erklärung der Sonnenflekken zu erfinden. In Galileis Bild zogen sie lieber noch eine verstimmte Pfeife in die Orgel der Philosophie ein, als durch eine radikale Revision der Kosmologie dieses Instrument wieder in Gleichklang mit der Erfahrung zu bringen.

Also schrieb Galilei gegen Ende des Jahres einen dritten Brief über die Sonnenflecken, setzte noch einmal sorgfältig auseinander, was aus den Beobachtungen folgt, und garnierte das Ganze mit polemischen Sentenzen, gemünzt auf jene Philosophen, »die die neuen Entdeckungen ableugnen oder über sie spotten, indem sie sie als Illusionen bezeichnen. Es wird nun Zeit für uns, diesen Männern ihren Spott zurückzugeben und zu sagen, sie selbst seien in der nämlichen Weise unsichtbar und unhörbar geworden.«[11]

Nebenbei mußte Galilei dem Apelles noch die Entdeckung eines fünften Jupitertrabanten ausreden, auf die dieser besonders stolz war, die sich aber schnell als ein Beobachtungsfehler entpuppte. In dieser Frage war Galilei absolut sicher, denn nach wie vor hatte er regelmäßig den Jupiter ins Visier genommen und die Positionen der Trabanten neuerdings sogar durch die Verwendung eines von ihm erfundenen Mikrometers besonders präzise vermessen.

Dabei hatte er ein überaus praktisches Ziel im Auge: Das Jupitersystem wollte er als genaue Uhr nutzbar machen und dadurch den Seefahrern eine Methode zur Bestimmung der geographischen Länge an die Hand geben. Dieses Problem beschäftigte ihn praktisch bis zu seinem Tode, so daß wir es an anderer Stelle ausführlich darstellen wollen.

Bei der überaus sorgfältigen Ausmessung des Umfeldes des Jupiters registrierte Galilei kurz vor Jahresende, am 28. Dezember, erstmals ein Objekt, das er zwar über etwa vier Wochen verfolgte, aber als einen Fixstern nicht weiter beachtete. In einer wissenschaftshistorischen Detektivarbeit wurde dieses Objekt kürzlich unter Zuhilfenahme moderner Rechenmethoden der Himmelsmechanik als der Planet Neptun identifiziert.[12]

Erst 1846 wurde dieser Planet entdeckt, als man nach Gründen für Störungen in der Bahn des 1781 entdeckten Planeten Uranus suchte. Wegen der langen Umlaufzeit des Neptuns von 165 Jahren erschien er Galilei praktisch stationär, so daß er ihn ohne Bedenken als Fixstern ansah und wieder aus den Augen verlor. Da Neptun seit seiner Entdeckung noch nicht einmal einen Umlauf um die Sonne vollendet hat, sind seine Bahnparameter immer noch nicht mit der wünschenswerten Genauigkeit bekannt und sollen jetzt unter Berücksichtigung von Galileis Beobachtungen verbessert werden.

Nicht entgangen war Galilei freilich der eigentümliche Gestaltwandel des Saturns, der sich nicht mehr dreigeteilt präsentierte wie zwei Jahre zuvor, sondern als runder Stern zu sehen war. Das lag daran, daß die erst später erkannten Ringe sich in die Ebene der Ekliptik gedreht hatten und wegen ihrer geringen Dicke nicht mehr mit Galileis Fernrohren zu erkennen waren.

Galilei faßte diese Veränderung am Saturn ebenfalls als ein neues Beispiel für den Wandel am Himmel auf und verwendete es in seinem dritten Brief an Welser als ein weiteres Argument für eine grundsätzliche Revision von Astronomie und Kosmologie:

»Und vielleicht wird dieser Planet nicht weniger als die gehörnte Venus in bewundernswerter Weise mit dem großen kopernikanischen System harmonieren, dem uns aus allen Richtungen wehende günstig gestimmte Winde so kraftvoll entgegenführen, daß kaum Wolken oder Gegenwinde zu befürchten sind.«[13]

Die Drucklegung der Briefe über die Sonnenflecken wurde im April 1613 abgeschlossen; Prinz Cesi hatte sie finanziert und für eine würdige Ausstattung des Buches mit einem Porträt des Autors gesorgt, das freilich etwas zähnefletschend geraten war. Die Widmung ging an Filippo Salviati, in dessen Villa Galilei den größten Teil des Jahres 1612 verbracht hatte und der an der Ausformulierung der in den Briefen niedergelegten Gedanken sicher nicht ganz unbeteiligt gewesen war. Angelo de Filiis, der Bibliothekar der Lincei, eröffnete das Buch mit einer Galilei rühmenden Einleitung, der noch lateinische Epigramme und ein italienisches Sonett folgten,

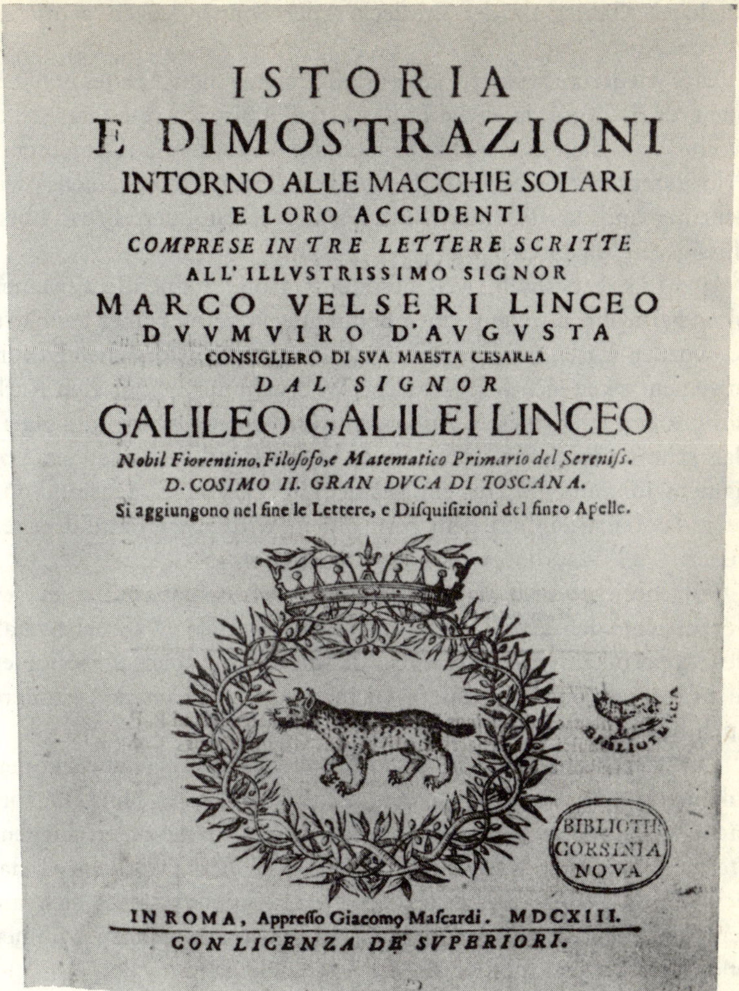

ISTORIA
E DIMOSTRAZIONI
INTORNO ALLE MACCHIE SOLARI
E LORO ACCIDENTI
COMPRESE IN TRE LETTERE SCRITTE
ALL' ILLVSTRISSIMO SIGNOR
MARCO VELSERI LINCEO
DVVMVIRO D'AVGVSTA
CONSIGLIERO DI SVA MAESTA CESAREA
DAL SIGNOR
GALILEO GALILEI LINCEO
Nobil Fiorentino, Filosofo, e Matematico Primario del Sereniss.
D. COSIMO II. GRAN DVCA DI TOSCANA.
Si aggiungono nel fine le Lettere, e Disquisizioni del finto Apelle.

IN ROMA, Appresso Giacomo Mascardi. MDCXIII.
CON LICENZA DE' SVPERIORI.

Titelblatt der »Briefe über die Sonnenflecken«, die 1613 von der Accademia dei Lincei als ihr erstes Buch herausgegeben wurde in denen Galilei als der Entdecker der Sonnenflecken gepriesen wurde.

Dies wiederum versetzte Christoph Scheiner alias Apelles in überaus großen Zorn, da er die Entdeckerrolle für sich reserviert sehen wollte. Aus diesem Konflikt entstand ein erbittert ausgefochtener Prioritätenstreit zwischen Galilei und den Lincei auf der einen sowie Scheiner und den Jesuiten auf der anderen Seite, der ebenso überflüssig wie folgenreich war.

Überflüssig deshalb, weil besonders große Sonnenflecken auch ohne Fernrohr unter günstigen Bedingungen schon früher beobachtet worden waren – Galilei selbst hatte in einem historischen Exkurs in seinem zweiten Brief auf solche Wahrnehmungen zur Zeit Karls des Großen hingewiesen. Außerdem war beiden Lagern entgangen, daß schon zwei Jahre zuvor ein in Ostfriesland beheimateter Arzt namens Johann Fabricius ein Büchlein über diesen Gegenstand und seine Beobachtung mit dem Fernrohr in Wittenberg hatte drucken lassen.

Folgenreich wurde das sinnlose Prioritätenpalaver aber in den heraufziehenden Auseinandersetzungen um den Wahrheitsgehalt des kopernikanischen Systems, da die jesuitischen Astronomen nicht nur auf immer größere Distanz zu Galilei gingen, sondern auch bösartig gegen ihn intrigierten.

Oft werden die *Briefe über die Sonnenflecken* als Galileis kopernikanisches Manifest bezeichnet, sie sind in dieser Hinsicht aber nicht viel schärfer formuliert als der drei Jahre zuvor erschienene *Sternenbote.* Allerdings hatte sich wohl in der Zwischenzeit das Bewußtsein dafür geschärft, daß dieser Galileo Galilei sich anschickte, die ganze Orgel der Naturphilosophie neu zu stimmen und, wenn es sein mußte, die der Theologie dazu.

Galileis Credo oder
Die andere Offenbarung

Die theologische Kontroverse um das kopernikanische System hatte zunächst im Flüsterton begonnen, ohne daß Galilei ihrer überhaupt gewahr geworden wäre. Schon bei seinem Besuch in Rom hatte er skeptische oder warnende Reaktionen ignoriert, die dagegen von anderen Beobachtern wie seinem Gastgeber, dem florentinischen Gesandten, aufmerksam registriert worden waren. Galilei war berauscht von der Anerkennung, die er sich durch seine Entdeckungen und seine Disputationskunst auch bei mächtigen Kardinälen erworben hatte. Die Veröffentlichung der *Briefe über die Sonnenflecken* wurde in diesen Kreisen keineswegs als anstößig empfunden, im Gegenteil, die Kardinäle Maffeo Barberini und Federigo Borromeo dankten Galilei in enthusiastischen Briefen für die amüsante Lektüre und die erfreuliche Belehrung.

In diesem Gefühl der Sicherheit kümmerte sich Galilei zunächst überhaupt nicht um eine Gruppe von Klerikern, die schon Ende 1611 im Palazzo des Erzbischofs von Florenz ihre Köpfe zusammengesteckt hatten und Pläne schmiedeten, die gottlose Lehre von der Kanzel als ein Werk des Teufels zu denunzieren. Vorläufig wurden sie an der Verfolgung solcher Absichten jedoch durch Galileis Stellung bei Hofe gehindert, vielleicht aber auch durch einen mäßigenden Einfluß des Erzbischofs Alessandro Marzimedici, der große Sympathien für Galilei gehegt haben mag, denn Viviani führt den höchsten Kirchenfürsten von Florenz ausdrücklich unter den Schülern Galileis auf.

Als Galilei schließlich doch die ersten theologisch inspirierten Intrigen zu Ohren kamen, stellte er einen Dominikaner aus dem Kloster San Marco namens Lorini zur Rede und erhielt von diesem einige Tage später eine schriftliche wachsweiche Entschuldigung. Während Prinz Cesi in Rom schon Unheil von den Verteidigern orthodoxer Rechtgläubigkeit heraufziehen sah, schilderte ihm Galilei die Situation in Florenz in eher amüsiertem Ton:

»Auch hier ruht man nicht beim Ränkeschmieden, und dies um so weniger, als der Feind so nahe bei der Hand ist. Aber da sie wenige sind und zu jener ›Liga‹ gehören (wie sie sich selbst untereinander bezeichnen), die Eurer Exzellenz durch ihre Schriften bestens bekannt ist, lache ich nur über sie. Hier in Florenz ist auch ein ungehobelter Redner aufgetreten, der in wilder Entschlossenheit die Beweglichkeit der Erde als verabscheuungswürdig erklärt, aber dieser gute Mann ist mit dem Autor dieser Lehre so wenig vertraut, daß er ihn ›Ipernikus‹ nennt. Da sieht man, wie und durch wen die arme Philosophie zum Gegenstand einer Erpressung gemacht werden soll.«[1]

Die von Galilei erwähnte Liga war jener verschworene peripatetische Bund, der sich im Streit über schwimmende Körper zur bedingungslosen Verteidigung der aristotelischen Lehre formiert hatte. Sein Anführer Lodovico delle Colombe hatte sich im Kampf gegen den Anti-Aristoteles Galilei selbst zum Anti-Galilei ernannt, woraufhin Galileis Anhänger den Spieß umdrehten, sich fortan stolz »Galileisten« nannten und diesen Ehrentitel als Ausweis für das einzig vernünftige Denken betrachtet sehen wollten, während sie in Anspielung auf den Namen des Anführers der Liga, der zu deutsch »Taube« hieß, und zugleich auf die sprichwörtliche Einfalt dieser Vögel ihre Gegner als »Tauben« belächelten.

Naturgemäß erweiterte sich der Streit zwischen Galileisten einerseits und der »Tauben-Liga« andererseits alsbald auch auf kosmologische Fragen, was Galilei aber nicht weiter bekümmerte. Er wußte, daß er aus der traditionalistischen Ecke der Naturphilosophie nichts als bornierten Widerstand zu gewärtigen hatte, und meinte zudem, diese Opposition nicht ernst nehmen zu müssen.

Der Benediktinermönch Benedetto Castelli war der wohl treueste und klügste unter den Galileisten. Zwölf Jahre jünger als Galilei, war er einst dessen Lieblingsschüler in Padua gewesen und hatte später seine Versetzung in ein Benediktinerkloster in der Nähe von Florenz durchgesetzt, damit er seinem Meister nahe sein konnte. Der Mönch ging nun Galilei bei der Fertigstellung seiner Streitschriften gegen die Liga zur Hand und ließ sie sogar unter seinem Namen erscheinen, damit Galilei nicht gar zu sehr in die Schußlinie geriet. Galilei seinerseits sorgte dafür, daß dieser tüchtige Schüler, der sich längst zum gleichberechtigten Mitarbeiter entwickelt hatte, alsbald in Pisa jenen Lehrstuhl für Mathematik erhielt, den Galilei selbst zwanzig Jahre zuvor innegehabt hatte.

Als Castelli seinen Dienst antrat, wurde er vom Rektor Arturo d'Elci, der sich durch eine anonyme Streitschrift an der Kampagne der Liga beteiligt hatte, eigens ermahnt, die Bewegung der Erde in seinem Unterricht nicht zu erwähnen, sie nicht einmal als Randbemerkung zu diskutieren. Castelli war über so viel Besorgnis zwar verwundert, beugte sich aber dem Gebot, hatte es doch sein Lehrer Galilei in den zwei Jahrzehnten auf dem Katheder ebenso gehalten. Allerdings war früher wenigstens die hypothetische Erörterung der kopernikanischen Lehre nebst ihrer obligaten Widerlegung erlaubt gewesen; daß der Rektor jetzt diese Denkübungen verbot, lag an der veränderten neuen Situation, in der die Bewegung der Erde ernst genommen wurde, und zwar zugleich als wissenschaftliche Theorie und als Bedrohung der traditionellen Synthese von Naturphilosophie und theologischem Bibelverständnis.

Aber schon nach einigen Wochen war Castelli in eine Situation geraten, in der er der Diskussion der kopernikanischen Frage trotz aller Verbote seines Rektors unmöglich hätte ausweichen können. Für Galilei hatte dieser Vorfall die denkbar größte Bedeutung, obwohl er überhaupt nicht anwesend war, denn er bildete den Ausgangspunkt der sich später dramatisch zuspitzenden theologischen Kontroversen.

Der toskanische Hof residierte zum Ende des Jahres 1613 wieder einmal in Pisa, und Castelli war gemeinsam mit dem Professor für Philosophie Cosimo Boscaglia von Großherzog Cosimo zum Abendessen bestellt worden. Die Tischrunde wurde von Madama Christine von Lothringen angeführt, der Mutter Cosimos, einer geschwätzigen, zur Frömmelei neigenden alten Dame, die auch im Witwenstande den Titel einer Großherzogin beanspruchte.

Nach der Erörterung von Universitätsangelegenheiten kam der Großherzog auf Castellis Teleskop und die Mediceischen Planeten zu sprechen – ob sie reale Objekte seien oder doch nur optische Illusionen. Das Gespräch nahm eine entscheidende Wendung, als

Professor Boscaglia der Madama Christina seine Auffassung auseinandersetzte, die Castelli in seinem Bericht an Galilei so wiedergab:

»Als wahr zugebend alle neuen Dinge, die Ihr am Himmel entdeckt habt, sagte er, daß nur die Bewegung der Erde etwas Unglaubliches an sich habe und gar nicht stattfinden könne, im besonderen deshalb nicht, weil die Heilige Schrift dieser Auffassung eindeutig widerspricht.«[2]

Als nach dem vielstündigen opulenten Nachtmahl Castelli den Palazzo der Medici verlassen hatte, wurde er von einem Diener der Madama Christina zur Rückkehr aufgefordert. In ihren Gemächern waren noch der Großherzog und seine Gemahlin, die Erzherzogin Maria Magdalena von Österreich, zugegen, ferner Don Antonio de' Medici, der zu den Randzonen der Familie gehörte, da er einst von der prominentesten Kurtisane von Florenz Cosimos Großvater als dessen Sohn präsentiert worden war; in wissenschaftlichen Dingen war er der Klügste unter den Medici und wurde in solchen Angelegenheiten trotz seiner zweifelhaften Abkunft als Autorität akzeptiert. Vervollständigt wurde die Runde von Don Paolo aus der mächtigen römischen Sippe der Orsini und von Professor Boscaglia. Castelli faßte für Galilei die Diskussion zusammen:

»Madama begann, nachdem sie einige Fragen über mich gestellt hatte, die Heilige Schrift gegen mich anzuführen. Darauf entschloß ich mich, nach einigen erklärenden Dementis, den Theologen zu spielen, und tat das mit solcher Überzeugungskraft und Würde, daß Ihr Euer Vergnügen an mir gehabt hättet. Don Antonio unterstützte mich und stärkte mein Herz dermaßen, daß ich, anstatt von der Majestät ihrer Hoheiten eingeschüchtert zu sein, die Diskussion wie ein Paladin vorantrieb. Beinahe hatte ich den Großherzog und seine Erzherzogin auf meine Seite gebracht, zumal mir Don Paolo mit einem treffenden Zitat aus der Bibel zu Hilfe gekommen war. Nur Madama Christina verharrte in Ablehnung, aber aus ihrem Verhalten schloß ich, daß sie es vermutlich nur tat, um meine Antworten zu hören. Professor Boscaglia sagte kein einziges Wort.«[3]

Galilei muss die Zornesader gewaltig angeschwollen sein, als er diesen Bericht von Castelli in Händen hielt. Obwohl die Diskussion in den Gemächern der Madama Christina eigentlich für ihn und seine Sache nicht ungünstig ausgegangen war, packte ihn das blanke Entsetzen ob der Impertinenz peripatetischer Professoren, nun auch die Bibel gegen Kopernikus und ihn selbst ins Feld zu führen. Zum einen fand er die Vermengung von Religion und Wissenschaft einfach dumm, zum anderen erregte ihn die Unverschämtheit, mit der nun seine katholische Gläubigkeit in Zweifel gezogen wurde, die ihm ebenso teuer war wie einst auch dem Kanonikus Kopernikus.

Gewiß war auch Galilei nicht entgangen, daß Giordano Bruno im Jahre 1600 auf dem Campo de Fiore in Rom als Ketzer verbrannt worden war, aber dessen magisch-pantheistische Spekulationen über ein durchgängig beseeltes unendliches Weltall hatten Galilei nie interessiert – mit seiner Wissenschaft jedenfalls konnten sie nichts gemeinsam haben; und schließlich war Bruno auf dem Scheiterhaufen gelandet, weil er seine Zweifel an der Trinität nicht hatte widerrufen wollen, was Galilei niemals auch nur in den Sinn gekommen wäre. Und überhaupt: was hat die Trinität mit der Frage zu tun, ob die Erde sich bewegt?

Freilich hatte Galilei nicht völlig ignorieren können, daß die orthodoxen Peripatetiker auch theologische Argumente in die Debatte einbringen würden. Als vorsichtiger Mann hatte er sich daher schon im Sommer des Jahres 1612 bei dem Kardinal Conti erkundigt, inwiefern die Heilige Schrift die aristotelische Philosophie unterstütze und welche Einwände aus der Bibel gegen das kopernikanische System angeführt werden könnten.

Conti hatte geantwortet, daß die Bibel der peripatetischen Lehre der Ewigkeit und Unveränderlichkeit des Himmels widerspreche. Hinsichtlich des kopernikanischen Systems war er sich weniger sicher, denn in der Bibel wird nur der Sonne und den Sternen eine Bewegung zugesprochen, so daß eine Bewegung der Erde wohl nur behauptet werden könne unter der Einschränkung, daß die Heilige Schrift sich einer volkstümlichen Ausdrucksweise bediene, die von allen verstanden werden solle, aber nicht notwendig die Tatsachen wiedergibt.

Diese Verteidigungslinie baute Galilei nun in seinem berühmten Brief an Castelli aus, mit dem er der gefährlichen Vermengung von

Bibel und Wissenschaft ein für allemal den Boden entziehen wollte. Für diese Abhandlung ließ er alles stehen und liegen, arbeitete in fieberhafter Eile und schickte eine Woche nach dem Vorfall am toskanischen Hof seine Antwort nach Pisa. Der Brief enthält die erste ausführliche Darstellung der Beziehung zwischen Glauben und Bibel einerseits und der Naturwissenschaft andererseits; später hat Galilei diese Auffassung nicht mehr geändert, obwohl die theologische Opposition immer mächtiger wurde und gerade in diesem Brief an Castelli genügend Ansatzpunkte ihrer Verdammungsurteile zu finden meinte. Deshalb sollen die zentralen Passagen dieses Galileischen Credo im Zusammenhang wiedergegeben werden.

»Was Ihr berichtet habt, gibt mir die Gelegenheit, noch einmal einige allgemeine Dinge zu erörtern, die sich auf das Hereintragen der Heiligen Schrift in Dispute über physikalische Schlußfolgerungen beziehen, und einige besondere Dinge über die Stelle in Josua, die Euch von der Großherzoginmutter und der allerdurchlauchtigsten Erzherzogin entgegengehalten worden sind. Was die erste allgemeine Frage von Madama Christina betrifft, so scheint mir, daß sie Euch sehr klug vorgetragen und von Euch zugestanden und begründet worden ist, daß nämlich die Heilige Schrift weder lügen noch irren kann, sondern daß ihre Aussagen von absoluter und unverbrüchlicher Wahrheit sind. Ich hätte nur hinzugefügt, daß, obwohl die Schrift niemals irren kann, ihre Interpreten und Ausleger nichtsdestoweniger manchmal auf die verschiedenste Weise irren können, deren eine sehr ernst ist und ziemlich häufig auftritt, wenn sie sich nämlich auf die wörtliche Bedeutung der Worte stützen. Denn dann würden in der Bibel nicht nur verschiedene Widersprüche auftreten, sondern sogar schwere Häresien und Blasphemien, weil es dann nötig wäre, Gott Füße und Hände und Augen zuzusprechen und ebenso menschliche Gefühle wie Zorn, Trauer und Haß, oder manchmal sogar Vergeßlichkeit vergangener Dinge oder Unkenntnis der Zukunft. Somit enthält die Schrift viele Sätze, die nach ihrem nackten Wortsinn in ihrer Erscheinung von der Wahrheit abweichen, aber so formuliert wurden, um dem Fassungsvermögen des gemeinen Volkes entgegenzukommen, so daß für die wenigen, die es wert sind, von der Herde getrennt betrachtet zu werden, es notwendig ist, daß weise Ausleger den wahren Sinn herausfinden und Gründe anführen sollten, warum er in jenen Worten niedergelegt wurde.

Die Schrift ist daher an vielen Stellen nicht nur zugänglich für Auslegungen, sondern erfordert notwendigerweise solche, die sich von der oberflächlichen Bedeutung der Worte unterscheiden, und daher scheint mir, daß ihr in physikalischen Disputen der letzte Platz zugewiesen werden sollte, da die Heilige Schrift und die Natur gleichermaßen dem göttlichen Wort entspringen, jene als diktiert vom Heiligen Geist, diese als getreue Vollstreckerin der Anordnungen Gottes. In der Schrift war es zudem notwendig, damit sie dem allgemeinen Verständnis zugänglich ist, die Dinge in ihrer Erscheinung und in der Bedeutung der Worte sehr unterschieden von der absoluten Wahrheit zu formulieren; andererseits überschreitet die Natur, unerbittlich und unveränderlich und sich nicht darum kümmernd, ob die verborgenen Gründe ihrer Verfahrensweise der Fassungskraft der Menschen einsichtig sind, niemals die Grenzen der ihr gesetzten Ordnung. Daher sollten physikalische Wirkungen, die durch Sinneserfahrung vor unsere Augen gestellt oder durch notwendige Beweisführungen erschlossen werden, unter keinen Umständen durch Stellen in den Schriften in Zweifel gezogen werden, die wörtlich verstanden anders erscheinen, denn nicht alles in der Schrift unterliegt so strikten Notwendigkeiten wie jede physikalische Wirkung. Es ist vielmehr so, daß in dieser Hinsicht allein (um sich der Fassungskraft roher und undisziplinierter Völker anzupassen) die Schrift nicht darauf verzichtet hat, ihre hauptsächlichen Lehren so darzustellen, daß sie Gott Eigenschaften zuschreibt, die von seinem wahren Wesen weit entfernt sind; wer wird daher, die obigen Betrachtungen ignorierend, starr daran festhalten wollen, daß die Schrift strikt innerhalb der Grenzen und Beschränkungen der wörtlichen Bedeutung aufgefaßt werden muß, wenn sie gelegentlich von der Erde oder der Sonne oder anderen geschaffenen Dingen spricht? Besonders, wenn sie sich über Dinge äußert, die von dem ursprünglichen Zweck der Heiligen Schrift weit entfernt sind, zumal sie, wenn sie gepredigt und gehört werden als die nackte und offenbarte Wahrheit, eher den ursprünglichen Zweck hintertreiben, indem sie die Leute zugleich halsstarrig in ihren Überzeugungen hinsichtlich der Aussagen über ihr Seelenheil werden ließen.

Da dieses so ist, und weil darüber hinaus klar ist, daß zwei Wahrheiten sich niemals widersprechen können, ist es das Amt weiser Ausleger, sich zu bemühen, die wahren Bedeutungen der Bibelstellen herauszufinden und in Übereinstimmung zu bringen mit denjenigen physikalischen Folgerungen, die uns vermöge der Sinne oder durch notwendige Schlußfolgerungen als sicher und gewiß gelten. Wenn man aber zugesteht, was ich gesagt habe, daß nämlich die Schrift, obwohl sie vom Heiligen Geist diktiert ist, aus den angeführten Gründen Auslegungen zuläßt, die an manchen Stellen weit vom wörtlichen Klang entfernt sind, und da wir weiterhin unmöglich mit Gewißheit behaupten können, daß alle Interpretatoren aus göttlicher Inspiration sprechen, würde ich es für klug halten, wenn es niemandem erlaubt wäre, die Schrift zu nötigen und sie in gewisser Weise zu zwingen, physikalische Schlußfolgerungen als wahr aufrechtzuerhalten, von denen uns die Sinne und demonstrierte und notwendige Gründe das Gegenteil zeigen. Und wer will dem menschlichen Verstand Grenzen setzen? Wer will behaupten, daß alles, was gewußt werden kann, bereits gewußt wird? Somit wäre es – abgesehen von den das Seelenheil betreffenden Artikeln und der Grundlegung des Glaubens, für die wegen ihrer Festigkeit keine Gefahr besteht, daß irgend jemand eine gültigere oder wirksamere Lehre wird anführen können – der beste Rat, niemals Glaubensartikel ohne Notwendigkeit hinzuzufügen. Wieviel größere Unordnung würde entstehen, wenn man Dinge hinzufügen würde entsprechend der Forderung von Leuten, die, abgesehen davon, daß wir nicht wissen, ob sie durch die göttliche Macht inspiriert reden, deutlich zu erkennen geben, daß es ihnen völlig an der Kenntnis fehlt, die erforderlich wäre, ich will nicht sagen, um zu widerlegen, sondern um die Verfahren überhaupt zu verstehen, mit der die scharfsinnigsten Wissenschaften bei der Bestätigung einiger ihrer Schlußfolgerungen vorgehen.

Ich möchte annehmen, daß die Autorität der Heiligen Schrift einzig das Ziel hat, die Menschen von denjenigen Artikeln und Aussagen zu überzeugen, die, notwendig für das Seelenheil und alle menschliche Vernunft übersteigend, durch keine andere Wissenschaft einsichtig gemacht werden könnte, es sei denn durch den Mund des Heiligen Geistes selbst. Aber ich denke nicht, daß es notwendig ist zu glauben, daß derselbe Gott, der uns unsere Sinne, Vernunft und Intelligenz gegeben hat, wünschen könnte, daß wir davon keinen Gebrauch machen, indem er uns auf anderem Wege diejenige Kenntnis zuteil werden ließe, die wir durch sie erlangen können – und besonders in Angelegenheiten, von denen man nur einen geringen Teil und nur sehr wenige Schlußfolgerungen in der Bibel lesen kann, denn solcherart ist die Astronomie, deren Anteil so gering ist, daß nicht einmal die Planeten benannt werden. Falls die ursprünglichen heiligen Autoren die Absicht gehabt hätten, die Leute über die Konstellationen und Bewegungen der Himmelskörper zu belehren, hätten sie diese nicht so spärlich behandelt, daß es nichts ist im Vergleich mit den unendlich vielen erhabenen und wunderbaren Schlußfolgerungen, die diese Wissenschaft ausmachen.

So seht Ihr, wenn ich mich nicht irre, wie verwirrend sie in nicht direkt Glaubensfragen betreffenden Dingen vorgehen, indem sie Stellen der Bibel für bare Münze nehmen, die sie selbst kaum verstanden haben. Und falls sie wirklich glauben, sie hätten den wahren Sinn einer besonderen Stelle der Schrift erfaßt, und demzufolge gewiß sind, daß sie die wahre Antwort des in Rede stehenden Problems hätten, so sollen sie mir geradewegs sagen, ob sie den großen Vorteil derjenigen zu schätzen wissen, die in einem physikalischen Disput die Wahrheit verteidigen – ich meine hier den Vorteil über die anderen, die das Falsche verteidigen. Ich weiß, daß sie dies bejahen werden, daß der die wahren Aussagen Verteidigende tausend Erfahrungen und tausend notwendige Schlußfolgerungen auf seiner Seite anführen kann, während die andere Seite nichts als Sophismen, Paralogismen und Fehlschlüsse vorbringen kann. Aber wenn in unserer Beschränkung auf die Natur sie keine anderen Waffen ins Feld führen als die der Philosophie und sich dabei dem Gegner so überlegen dünken, warum sollten sie dann im Kampf unverzüglich zu einer so scharfen und fürchterlichen Waffe greifen, daß auch der erfahrenste und kühnste Streiter bei ihrem bloßen Anblick erbleichen müßte? Ich glaube, daß diejenigen als erste aufgeben, die sich den feindlichen Angriffen nicht gewachsen fühlen und daher nach Auswegen suchen. Da aber, wie ich bereits gesagt habe, der die Wahrheit auf seiner Seite Habende einen großen, sogar den größten Vorteil über seine Gegner hat, und da es unmöglich ist, daß es zwei gegenteilige Wahrheiten gibt, brauchen wir nicht die Angriffe von irgend jemandem, dem es so gefällt, zu fürchten – vorausgesetzt, daß auch uns das Recht gewährt wird, von verständigen Personen gehört zu werden, die nicht in übertriebener Weise von ihren Leidenschaften und Interessen bestimmt sind.«[4]

Das Wunder Josuas, welches schon Martin Luther gegen Kopernikus angeführt hatte – »Der Narr will die ganze Kunst Astronomiae umbkehren« –, ist auch Benedetto Castelli von der Großherzoginmutter Christine und auch der Erzherzogin vorgehalten worden. Deshalb wohl beschloß Galilei seinen Brief an Castelli mit einer interessanten Interpretation jener berühmten Stelle, nach der Josua den Herrn um die Verlängerung des Tages gebeten hatte, damit die Israeliten den Amoriten in der Schlacht den Garaus bereiten konnten:

»Sonne, stehe still zu Gibeon, und Mond im Tal von Ajalon! Da stand die Sonne still, und der Mond blieb stehen, bis das Volk Rache genommen an seinen Feinden.«[5]

Galilei bezog in dieser Frage überraschenderweise den Standpunkt seiner theologischen Gegner, wollte also diese Stelle in ihrem strikten Wortsinne verstanden wissen. Unter dieser Prämisse glaubte er zeigen zu können, »daß diese Stelle die Falschheit und Unmöglichkeit der aristotelischen und ptolemäischen Weltsysteme manifest erweist und andererseits sehr gut mit dem kopernikanischen übereinstimmt«.[6] Seine Argumentationskette, deren Details wir hier übergehen wollen, lief letztlich darauf hinaus, daß ein Stillstand von Sonne und Mond das ptolemäische System in heillose Unordnung gestürzt hätte, während es im kopernikanischen lediglich ein Anhalten der Erdrotation ohne Konsequenzen für die Struktur des Systems bedeuten würde.

Man würde gewiß gern in Erfahrung bringen, ob Galilei diese Ausführungen für wahr gehalten und unter seine »notwendigen Beweisführungen« eingereiht hätte oder ob er nur argumentativ seine Gegner mit ihren eigenen Waffen hatte schlagen wollen. Wenn diese Frage auch ungeklärt bleiben muß, läßt sich immerhin vermuten, daß Galilei dieses Argument nicht erfunden hat, sondern sich auf Überlegungen von Nikolaus Oresme, einem nominalistischen Naturphilosophen des 14. Jahrhunderts, stützte.

Oresme hatte die Möglichkeit einer täglichen Drehung der Erde deshalb ins Auge gefaßt, weil in seiner Vorstellung Gott nichts Überflüssiges tut und so eine einfachere Welt geschaffen hätte. Auch das Wunder Josuas hätte Gott unter größter Sparsamkeit bewerkstelligt, wenn er nur die Erde eine Weile angehalten hätte.[7] Oresmes Überlegungen führten jedoch in die Sackgasse der Resignation, da er dieses Problem für wissenschaftlich nicht entscheidbar hielt und deshalb doch der traditionellen Lehre von der ruhenden Erde treu blieb.

Galilei hatte diese kühnen Gedankenspiele mit Sicherheit durch die nominalistischen Philosophen in Padua kennengelernt, jedoch die Überzeugung erlangt, daß für ihn die Frage sehr wohl wissenschaftlich entscheidbar sei.

Der theologischen Opposition hatte Galilei durch den Brief an Castelli ein für allemal den Boden entziehen wollen. Für ein knappes Jahr ist ihm das auch gelungen; von ernsthaften Angriffen war nichts zu hören, bis dann doch der Sturm losbrach, dem er nicht mehr gewachsen war. Zugleich markiert der Brief an Castelli auch einen vorläufigen Abschluß in Galileis intellektueller Entwicklung von der Entdeckung der Möglichkeit einer Wissenschaft von der Natur über die großen astronomischen Entdeckungen bis hin zu seinem theologischen Manifest, das noch völlig ungetrübt von taktischen Rücksichten oder gar Befürchtungen den Anspruch der neuen Wissenschaft auf ihre Autonomie verkündet hatte.

Die bald in aller Schärfe aufbrechende theologische Kontroverse wird nur dann als Wendepunkt in der abendländischen Kultur kenntlich gemacht werden können, wenn wir uns noch einmal vergegenwärtigen, unter welchem Anspruch die neue Wissenschaft angetreten war und was Galilei zur Durchsetzung dieses Anspruchs geleistet hatte.

Wissenschaft im Freien – Galilei als Aufklärer

Die Grundvoraussetzung der Galileischen Wissenschaft, daß nämlich mathematisch formuliertes sicheres Wissen über die Natur überhaupt möglich sei, mag uns heute nach einer atemberaubenden Kette von wissenschaftlichen Erfolgen beinahe als Tautologie erscheinen, für Galileis Zeitgenossen oder wenigstens die Mehrzahl von ihnen stellte gerade dieser Weg zur Wahrheit nicht nur eine radikale Neuerung dar, sondern vor allem eine ungeheure Provokation, die allen Konflikten als tiefere Ursache zugrunde lag.

Nicht, daß die Aristoteliker geglaubt hätten, in ihren Büchern nur eine Traumwelt zu beschreiben; gerade sie fühlten sich im Besitz der Wahrheit, konnten aber genau deshalb nicht einmal Galileis Wiederbelebung und Weiterentwicklung der archimedischen Hydrostatik akzeptieren. Hätte man aber den Streit über die Frage, warum Eis schwimmt, noch als einen innerwissenschaftlichen Disput ansehen können, bei dem als höchstes Gut die Reputation der Beteiligten auf dem Spiele stand, so war der öffentliche Skandal schließlich wohl unvermeidlich durch Galileis Insistenz, daß es auch eine astronomische Wahrheit gebe.

Er wollte nicht länger nur »Erscheinungen retten« und die Astronomie auf Rechenhypothesen reduziert sehen, sondern er redete und schrieb von einer Astronomie als wahrer Beschreibung des Kosmos, von einer Astronomie ohne Hypothesen. Der »philosophische Astronom«, als den er sich selbst gelegentlich bezeichnete, »sucht die wahre Konstitution des Universums zu erforschen – das wichtigste und das bewunderungswürdigste Problem, das es gibt. Denn solch eine Konstitution existiert; sie ist einzig, wahr, wirklich und könnte unmöglich anders sein; und die Größe und Würde dieses Problems berechtigen dazu, ihm den ersten Rang unter den theoretisch lösbaren Fragen einzuräumen.«[1]

Diese Auffassung kollidierte aber nicht nur mit Jahrhunderten astronomisch-kosmologischer Tradition, sie verstieß auch eklatant gegen den in der Theologie wohlbegründeten Allmachtsanspruch Gottes und führte so geradewegs »in die Sakristei«, in die theologische Kontroverse – entgegen Galileis Absichten und entgegen seinem Glauben.

Galileis Verwurzelung in der katholischen Kirche steht selbst für diejenigen Autoren außer Zweifel, die sonst an ihm kein gutes Haar lassen mögen. So schrieb zum Beispiel der Jesuit Adolph Müller, der zu Anfang unseres Jahrhunderts der Specola Vaticana, dem Observatorium des Vatikans, vorstand:

»Galilei hatte immer im Herzen einen guten Bestand religiösen Glaubens bewahrt. An seiner katholischen Gesinnung, trotz seiner vielen Fehltritte und der vielen Schattenseiten seines reizbaren, ehrgeizigen Temperaments, darf man nicht zweifeln.«[2]

Diese Charakterisierung bezieht sich keineswegs nur auf Galileis Überzeugung von der Natur als der »anderen Offenbarung Gottes«, sondern zunächst auf seinen schlichten konventionellen katholischen Glauben, der für ihn so selbstverständlich war wie die Luft zum Atmen. Wenn er auch in den Glaubenswahrheiten der katholischen Kirche erzogen worden war und zeitlebens an ihren Grundsätzen festhielt, so hinderte ihn das doch nicht an einer distanzierten Betrachtung der konkreten Erscheinungsformen kirchlichen Lebens. Wie die meisten der toskanischen und venezianischen Freigeister erging er sich in manchmal derben Scherzen über eitle, dumme und heuchlerische Kleriker, darin seinen Lieblingsschriftstellern Francesco Berni und Ruzzante sowie einer fest etablierten Tradition antiklerikaler Aufmüpfigkeit unter Florentiner Intellektuellen folgend. Trotz der Attitüde spöttischer Unabhängigkeit gegenüber den »kastrierten Gockeln«, wie er und seine Freunde die feisten Mönche zu nennen beliebten, hielt er jedoch an der römischen Kirche als Hüterin des Glaubens unerschütterlich fest. Der Haltung seines Freundes Paolo Sarpi etwa, der sich bei aller Festigkeit im Glauben zu antirömischen Konsequenzen gezwungen sah, konnte Galilei nichts abgewinnen.

So wollte Galilei denn auch keineswegs gegen seine Kirche ankämpfen, sondern sie vielmehr nur vor Irrtümern bewahren, die ihre Autorität herabsetzen und die Verbindlichkeit der zentralen

Glaubenswahrheiten gefährden mußten. Nur aus dieser Grundhaltung werden seine späteren Verhaltensweisen in den Prozessen der folgenden Jahre verständlich, denn niemals glaubte er gegen zentrale Glaubenswahrheiten verstoßen zu haben, obwohl seine Wissenschaft nicht nur im Hinblick auf das Wunder Josuas von der offiziellen Theologie schwerlich akzeptiert werden konnte.

Wandel und Veränderung galten in Philosophie und Theologie gleichermaßen als Makel des irdischen Jammertals, in dem der sterbliche Mensch seiner Erlösung harrt, während die göttlichen Sphären der Himmel von diesem Makel rein waren. Oft wird die Galileische Provokation darin gesehen, daß er die Erde aus dem Zentrum der Welt gerückt und damit in ihrer zentralen Stellung entwertet habe. Galilei erblickte in seiner Wissenschaft jedoch das genaue Gegenteil, nämlich eine Erhöhung der Erde zum Rang der Gestirne, womit auch eine neue Bewertung von Wandel und Veränderung einherging.

Schon im *Sternenboten* hatte er gegen die traditionelle Lehre Protest angemeldet und für die Erde den Beweis angekündigt, »daß sie sich bewegt und daß sie den Mond an Glanz übertrifft, nicht aber eine Jauche aus Schmutz und Bodensatz der Welt ist«.[3] Im dritten der *Briefe über die Sonnenflecken* ging Galilei ausführlicher auf diese Problematik ein, um die Unsinnigkeit des Bemühens der Peripatetiker zu erweisen, die um jeden Preis die Makellosigkeit der Sonne »retten« wollten:

»Jeder, der aufrechtzuerhalten wünscht, daß die Flecken Ansammlungen winziger Sterne wären, müßte im Himmel unzählige Bewegungen annehmen, turbulent, unausgeglichen und ohne Regelmäßigkeit. Aber das harmoniert nicht mit irgendeiner plausiblen Philosophie. Und zu welchem Zweck würde es getan? Nur um die Himmel von der kleinsten stofflichen Veränderung freizuhalten. Nun, wenn die Veränderung Zerstörung wäre, hätten die Peripatetiker einigen Grund zur Besorgnis; aber da es nichts ist als ein Wandel, gibt es keinen Grund für eine so bittere Feindschaft ihr gegenüber. Mir scheint es unvernünftig, einen Vorgang im Ei ›Vergehen‹ zu nennen, aus dem ein Küken entsteht. Und außerdem, wenn ›Vergehen‹ und ›Entstehen‹ im Mond entdeckt werden, warum sollen wir sie dem Himmel vorenthalten? Wenn die kleinen Veränderungen auf der Erde ihre Existenz nicht bedrohen (wenn sie nämlich eher eine Zierde denn ein Makel sind), warum sollen wir die anderen Planeten ihrer berauben? Warum sollen wir uns vor der Zerstörung des Himmels fürchten wegen Veränderungen, die nicht nachteiliger sind als diese?«[4]

Im Lobpreis der in ständiger Veränderung begriffenen Welt, sei es nun die Zierde der Erde oder des Himmels, hat Galilei die Sehnsucht des Mittelalters nach Ruhe und Beharrung weit hinter sich gelassen. Selbst um den Preis der Sterblichkeit hielt er an der Veränderlichkeit als einem Positivum fest:

»Warum sollten wir denn wünschen, weniger veränderlich zu werden? Wir würden dabei doch nur das durch den Kopf der Medusa vorgezeichnete Schicksal erleiden, indem wir in Marmor verwandelt werden und dadurch unsere Sinne und Empfänglichkeiten für Eigenschaften einbüßen, die es ohne körperliche Veränderungen nicht geben könnte.«[5]

In dieser Wertschätzung des irdischen Lebens in seiner Veränderlichkeit und seiner Vergänglichkeit war sich Galilei sicher einig mit manchen nach Neuem suchenden Geistern, nur hatte es niemand zuvor so deutlich ausgesprochen.

Die Grundlagen der Astrologie waren durch die neuen Entdekkungen ebenso erschüttert worden wie die der Astronomie, so daß sich auch die Vertreter der uralten Zunft der Sternendeuter anschickten, die neuen Lehren zu bekämpfen. In diesem Falle gelang es jedoch Galilei, ernsthafteren Kontroversen aus dem Wege zu gehen, da er zu diesen Fragen wohl eine Meinung hatte, sie aber offenbar nicht für so wichtig hielt, daß er sich in Streitereien hätte hineinziehen lassen wollen.

Die Astrologie war im Mittelalter zu großer Popularität gelangt und hatte davon zu Galileis Zeit noch nichts eingebüßt. Für manche großen Gestalten der Wissenschaftsgeschichte stellte sie sogar das entscheidende erkenntnisleitende Interesse dar, so für Tycho Brahe, der seine jahrzehntelangen Observationen vor allem deshalb angestellt hatte, weil ihm für die Erarbeitung von Horoskopen eine größere Genauigkeit in den Planetenpositionen nötig zu sein schien.

Auch Kepler betrieb die Sternendeuterei nicht nur als bitter notwendigen Broterwerb, sondern zugleich auch auf sozusagen höherem Niveau als Suche nach dem allumfassenden Geheimnis des Kosmos.

Auch Galilei war praktizierender Astrologe, weil das einfach zum Berufsbild des Mathematikers und Astronomen in damaliger Zeit gehörte. Als Professor hatte er seine Studenten auch in den Anfangsgründen dieser Kunst zu unterrichten, die zum Beispiel zum Standardrepertoire der Mediziner gehörte. Vor allem von den Damen der Fürstenfamilie Medici wurde sein Rat eher in der Astrologie denn in naturwissenschaftlichen Fragen gesucht, und auch viele seiner Freunde wie Sagredo bestellten bei ihm Horoskope, wie Galilei selbst die Geburt seiner Kinder zum Anlaß nahm, die Sterne zu befragen.

Allerdings hat er die Astrologie, ganz im Gegensatz zu Kepler und den meisten seiner Zeitgenossen, wohl eher spielerisch als ein Zugeständnis an gesellschaftliche Konventionen betrieben. In seinen wissenschaftlichen Schriften spielt sie praktisch keine Rolle und ist ihm nicht einmal den Versuch einer Widerlegung wert; nur ganz selten werden ihre Verfahrensweisen als Beispiele für fehlerhaftes Schließen angeführt.[6]

Nur ein einziges Mal, in einem Brief an den Freund Piero Dini,[7] ging Galilei ausführlicher auf die Beziehungen zwischen Astrologie und Astronomie ein. Dini war Florentiner, im Jahre 1605 Konsul der Accademia Fiorentina, in späteren Jahren jedoch Inhaber hoher Ämter im Vatikan, bevor er Erzbischof von Fermo wurde. Diesem Anhänger der Astrologie setzte Galilei behutsam auseinander, worauf es in der Naturwissenschaft und Astronomie ankommt, ohne die Astrologie direkt anzugreifen. Anders jedoch als in dem Brief an Castelli, in dem es Galilei um die zwei Wahrheiten der Bibel und der Natur ging, wird in diesem Brief an Dini unter der Maske verschmitzter Ironie jedoch deutlich, daß es in der Sternenkunde nur eine Wahrheit geben könne – die der astronomischen Wissenschaft. Die Astrologie dagegen hat Galilei als einen unausrottbaren Bestandteil der intellektuellen Folklore hingenommen und ihr selbst seinen eher beiläufigen Tribut entrichtet, ohne daß er ihr jedoch einen wie auch immer gearteten Erkenntniswert zugesprochen hätte.

Der Renaissance-Platonismus und die mit ihm eng verbundene magisch-hermetische Tradition hatten Galilei ebenso gleichgültig gelassen wie die Astrologie, obwohl sie in Florenz im 15. Jahrhundert in der platonischen Akademie des Marsilio Ficino zu höchster Blüte geführt worden waren und seither zu den populärsten Bestandteilen des Florentiner geistigen Lebens gehörten, und dies gerade unter denjenigen, die sich auf ihre intellektuelle Unabhängigkeit einiges zugute hielten.

Die mythologisch begründete hohe Einschätzung der Sonne als Spenderin des Lichts hatte in der Astronomie die denkbar bedeutendsten Konsequenzen, denn sie dürfte die ausschlaggebende Inspiration des Nikolaus Kopernikus gewesen sein, die ihn zu seiner Wende ermutigte. Und noch Keplers Schriften sind durchzogen von diesem Gedankengut, das sich an der Wiege der neuzeitlichen Naturwissenschaft wie ein merkwürdig irrationaler Fremdkörper ausnimmt.

Vielleicht ist sogar Galilei in seiner Jugend durch dieses geistige Klima veranlaßt worden, das kopernikanische System ernst zu nehmen und nicht nur als mathematische Fiktion anzusehen; wenn dem so gewesen war, so hat er sich diese Zusammenhänge jedoch niemals bewußt gemacht. Wenn der Renaissance-Platonismus und die magische Naturerfahrung für die Entstehung eines neuen Denkens bedeutsam waren, dem sich die göttlichen Geheimnisse auch in der Natur offenbaren sollten, so mag man auch Galilei mit seiner theologischen These vom Buch der Natur als der anderen Offenbarung Gottes noch zu dieser Tradition rechnen, aber anders als seine Zeitgenossen Giordano Bruno, Giambattista della Porta oder auch Johannes Kepler hat er dieses Denken von seinen irrationalen Zügen befreit und den genuin wissenschaftlichen Zugang zur Natur eröffnet, in dem kein Platz mehr für mystische Spekulationen war, selbst wenn sie sich auf Zahlen bezogen.

So reagierte Francesco Sizzi auf die Entdeckung der vier Jupitertrabanten mit einem Aufschrei des Entsetzens einfach deshalb, weil Gott niemals habe zulassen können, daß die Wandelsterne die heilige Siebenzahl der Pythagoreer übertreffen könnten, ein Argument, mit dem Galilei nun überhaupt nichts anfangen konnte.[8] Ebenso verständnislos reagierte er aber auch auf die begeisterten Lobpreisungen eines Monsignore Agucchi, der gerade in der Vierzahl der Jupitertrabanten einen neuerlichen Beweis für die Weisheit des Schöpfers erkennen wollte, da sie auf wunderbare Weise der Tetrade der Wesenheiten Gottes entspreche.

Dieser Wust kabbalistischer Numerologie ließ Galilei völlig gleichgültig, übrigens ganz unabhängig davon, ob er zu seinen Gunsten ausfiel oder gegen ihn ins Feld geführt wurde, ob er nun pythagoreischer, hermetischer oder biblischer Herkunft war. Galilei hatte die Jupitertrabanten gezählt und ihre Bahnen vermessen; dabei hätte er jede Anzahl gleichermaßen akzeptiert, denn für ihn war in dieser Frage allein die Beobachtung das Kriterium der Wahrheit.

KEPLERS HANG ZUM MYSTIZISMUS war daher auch die entscheidende Barriere, die Galilei von dem kaiserlichen Hofmathematiker in Prag trennte. Bei aller Sympathie zu den kopernikanischen Überzeugungen Keplers und bei aller Bedeutung, die Galilei zunächst der Bestätigung seiner Entdeckungen durch die Autorität Keplers beigemessen hatte, konnte er doch wohl nicht anders als den Kopf schütteln, als er in der *Dissertatio cum Nuncio Sidereo*, der die Leistungen Galileis preisenden *Unterredung mit dem Sternenboten* aus dem Jahre 1610, folgende Sätze lesen mußte:

»Ich begann sogleich darüber nachzudenken, wie eine Vermehrung der Planeten möglich sei, ohne mein vor dreizehn Jahren veröffentlichtes Mysterium Cosmographicum aus den Angeln zu heben, demgemäß die fünf regulären Euklidischen Körper nicht mehr als sechs Planeten um die Sonne herum zulassen. Ich bin aber so weit entfernt davon, nicht an die Existenz der vier den Jupiter umkreisenden Planeten zu glauben, daß ich mir ein Fernrohr wünsche, um Euch, wenn möglich, die Entdeckungen vorwegnehmend von zwei den Mars umkreisenden (wie die Proportion es zu erfordern scheint), sechs oder acht um den Saturn und vielleicht einen um die Venus und den Merkur.«[9]

Galileis Abneigungen gegen diesen mathematischen Mystizismus ließ ihn aber auch die großen und fruchtbaren Leistungen Keplers übersehen, die er im Jahre 1609 in der *Astronomia Nova* veröffentlicht hatte. Kepler hatte als Nachfolger Tycho Brahes den kostbaren Schatz von dessen Beobachtungsdaten geerbt, Resultate der Vermessung der Planetenbahnen mit nie zuvor erreichter Präzision und Vollständigkeit. Lange mühte sich Kepler vergeblich damit ab, die Daten der Marsbahn mit der traditionellen Astronomie in Einklang zu bringen, bis er schließlich von seinem Ethos der Genauigkeit zur Aufgabe der zentralen Dogmen in Gestalt der Kreisbahn und der gleichförmigen Winkelgeschwindigkeit gezwungen wurde. Nach einer Odyssee durch die Abgründe der Geometrie, bei der alle möglichen ovalen oder eiförmigen Bahnen ausprobiert und wieder verworfen wurden, gelang Kepler der Nachweis, daß die Bahn eines Planeten kein Kreis ist, sondern eine Ellipse, in deren einem Brennpunkt die Sonne steht.

Auf dem Wege zu dieser großartigen Entdeckung, die später als das Erste Keplersche Gesetz in die Astronomie einging, hatte er bereits jene Tatsache hergeleitet, die als das Zweite Keplersche Gesetz bezeichnet wird: Der zwischen dem Brennpunkt der Ellipse und dem Planeten gezogene Strahl überstreicht in gleichen Zeiten gleiche Flächen, die Bewegung ist also nicht gleichförmig, sondern in Sonnennähe schneller als im größten Abstand von der Sonne.

Beide Gesetze waren in der *Astronomia Nova* allerdings unter einem Wust metaphysischer, beinahe okkult zu nennender Spekulationen in der hermetischen Tradition verborgen und zudem noch von einer liebevoll-umständlichen Rekonstruktion des eigenen Forschungsprozesses überlagert. Galilei war von Kepler über ein kollegiales Urteil gebeten worden, hatte aber wohl schon beim Durchblättern dieses Buches wie zwölf Jahre zuvor beim *Mysterium Cosmographicum* erkannt, daß dieses nicht seine Art des Philosophierens sei, und die mühsame Lektüre vorzeitig beendet.

Ähnlich gleichgültig verhielt sich Galilei später gegenüber der 1618 erschienenen *Harmonie der Welt*, der intensivsten Darstellung der Träume Keplers vom Bild des Universums als einer allumfassenden Synthese aus Mathematik, Musik, Astronomie und Astrologie sowie dem, was Kepler für Philosophie hielt. So verglich Kepler die Verhältnisse der verschiedenen Elemente der Planetenbahnen mit den Zahlenverhältnissen musikalischer Harmonien und gelangte durch diese eigenwillig und unphysikalisch anmutende Methode zur Darstellung der »Sphärenmusik«, die schon im Titel von der *Harmonie der Welt* programmatisch anklang.

Mehr als ein Dutzend Mal hatte Kepler dabei den *Dialogo della musica antica e moderna* von Vincenzio Galilei erwähnt, auch für den Sohn Galileo Galilei einige rühmende Worte gefunden, der war aber nur erstaunt über den Mißbrauch der Gedanken seines Vaters in den dunklen, mystischen Spekulationen dieses deutschen Astronomen, so daß ihm erneut ein Juwel exakter Astronomie entging, das Dritte Keplersche Gesetz, das die Umlaufzeiten je zweier Planeten zu ihren mittleren Abständen von der Sonne in Beziehung setzt.

Daß Galilei diese großartigen Leistungen Keplers nicht beachtet hat, ist einerseits erstaunlich, waren sie doch ein starkes Argument zugunsten des kopernikanischen Systems, da die Keplerschen Gesetze nur in einer sonnenzentrierten Darstellung der Planetenbahnen überhaupt einen Sinn machen, sich aber nicht durch geometrische Transformationen in die geozentrischen Systeme des Ptolemäus oder des Tycho Brahe überführen lassen. So wunderten sich denn auch viele Autoren darüber, daß in Galileis Lebenswerk die Keplerschen Entdeckungen keine Spuren hinterlassen haben; Albert Einstein sah darin »ein groteskes Beispiel dafür, daß schöpferische Menschen oft nicht rezeptiv orientiert sind«.[10]

Andererseits ist der Galileische Mangel an Rezeptivität nicht gar so erstaunlich, da es für Galileis Auffassung der Planetenmechanik kaum einen Unterschied bedeutet, ob die Bahnen nun exakt Kreise sind oder wenig exzentrische Ellipsen. Vollends verständlich wird Galileis Desinteresse an Keplers Werken jedoch, wenn man Galileis Abneigung gegen alle magisch-animistischen Spekulationen berücksichtigt, von denen Keplers Werke in einem Maße durchdrungen sind, daß nicht nur Galilei, sondern praktisch alle Naturforscher in der ersten Hälfte des 17. Jahrhunderts die Juwelen übersehen haben und erst nach Jahrzehnten die Spreu vom Weizen gesondert war.

Überdies hielt Galilei den kaiserlichen Mathematiker nicht nur für einen schwer verständlichen, sondern auch recht problematischen Bundesgenossen in der Debatte um das kopernikanische System. »Ich schätze Kepler immer wegen seines scharfsinnigen frei schweifenden Geistes (vielleicht allzu frei), aber meine Philosophie unterscheidet sich sehr von der seinen«,[11] faßte Galilei seine Meinung zu Kepler zusammen, und nach dessen Tod stellte er fest, daß einige Gedanken Keplers »mehr zur Herabsetzung als zur Stützung der Lehre des Kopernikus beitragen, da ich den Eindruck habe, daß diese (wie man gemeinhin sagt) zuviel von ihr verlangt haben«.[12]

Daß diese beiden Riesen am Beginn der modernen Naturwissenschaft sich nicht näherkamen, hat seinen Grund wohl in den unterschiedlichen Denkstilen, die man sich weiter voneinander entfernt kaum vorstellen kann: Kepler schwelgte in Mystizismen, wo Galilei nach Klarheit strebte.

Galileis Rationalität kommt am deutlichsten in seiner Insistenz auf einer klaren und scharfen Trennung von Wünschen und Werten einerseits und wissenschaftlicher Erkenntnis andererseits zum Ausdruck. Während Glauben und Wissen, Wollen und Können für die Zeitgenossen noch eine innig verbundene Gemengelage darstellten, bestand Galilei auf der Unterscheidung von Wissenschaft und Religion, Philosophie oder auch magischer Spekulation. Der Buchstabengelehrsamkeit der Peripatetiker, der ungezügelten Schwärmerei der Hermetiker und der Orthodoxie der Theologen hatte er nichts als seinen beinahe untrüglichen Instinkt für das Wesentliche entgegengesetzt und sich in einer gigantischen kritischen Anstrengung eine völlig modern anmutende Freiheit des Denkens erkämpft, gestützt nur auf die immer wieder als Wahrheitskriterien beschworenen »Sinneserfahrungen und notwendigen Beweisführungen«.

Daß die Natur nicht in das Prokrustesbett menschlicher Vorstellungen und Wünsche gezwängt werden kann, sondern einer Erforschung gemäß den ihr eigenen Kriterien wert und würdig ist, hat er seinen Lesern und Briefpartnern ständig ins Gedächtnis gerufen. Über seine Opponenten schrieb er in den *Briefen über die Sonnenflecken:* »Diese Männer werden zu ihren seltsamen Wahngebilden gezwungen, weil sie versuchen, an das Universum ihre eigenen winzigen Maßstäbe anzulegen.«[13] Den Prinzen Cesi erinnerte er daran, »daß wir von der Natur nicht verlangen dürfen, sich dem anzubequemen, was wir für die beste Ordnung und Wesensart halten mögen, sondern wir müssen unseren Intellekt an ihren Hervorbringungen ausrichten«.[14]

Galileis Abneigung gegen metaphysische Höhenflüge entsprach eine naive Freude am Lösen handfester, wohldefinierter und überschaubarer Probleme. Gerade die vermeintlich einfachen Fragestellungen, für deren Erörterung die Naturphilosophen sich zu schade waren, bereiteten ihm sichtliches intellektuelles Vergnügen, hatten sie doch den unschätzbaren Vorteil, entscheidbar zu sein.

Inmitten des Streits über schwimmende Körper notierte sich Galilei: »Ich schätze es höher, eine einfache Wahrheit zu finden, als das lange Herumstreiten in den höchsten Fragen, ohne irgendeine Wahrheit zu erreichen.«[15] Die schiefe Ebene und das Pendel waren ihm wichtiger als Dispute über die vier Ursachen der Bewegung, die Vermessung der Bahnen der Jupitertrabanten verschafften ihm bei aller Mühe einen größeren Genuß als eine tiefsinnige Analyse des Wesens der fünften Substanz.

Dieser Erkenntnishaltung korrespondiert das Eingeständnis, nicht alles wissen zu können, eigentlich eine Selbstverständlichkeit, aber in einer Umgebung von allwissend sich gerierenden Doktoren und Professoren eine höchst unzeitgemäße Kühnheit. In seinen für die Öffentlichkeit bestimmten Schriften stand Galilei selbst noch unter dem Zwang, sich keine Blöße geben zu dürfen, so daß er sich gelegentlich sogar zu Begründungsversuchen verführen ließ, die er in einer entspannteren Atmosphäre wohl als vergeblich durchschaut hätte, während er in den anekdotisch überlieferten Gesprächen mit seinen Schülern bereitwillig eingestand, daß selbst »ein Leben von tausend Jahren zuwenig sei für das Verständnis der Natur eines einzigen Himmelskörpers«. Und Viviani berichtete, daß Galilei in vielen Fällen erklärt habe, »das ist eines der vielen Dinge, die ich nicht verstehe«.[16]

Das schrittweise Vorgehen im Kleinarbeiten der Probleme bei einem sicheren Gespür für die Tragweite und die Grenzen der Argumentation sind eines der Charakteristika wissenschaftlichen Vorgehens, denen es seine Fruchtbarkeit verdankt. Wenn heute Überspezialisierung und Fachidiotentum als beinahe unvermeidliche Folgen dieser Erkenntnishaltung beklagt, zugleich aber als Preis für die Leistungsfähigkeit der ausdifferenzierten Einzeldisziplinen bereitwillig entrichtet werden, wird man Galilei für diesen Aspekt der wissenschaftlichen Entwicklung nicht haftbar machen können.

Denn wie kaum einem späteren Naturforscher galt ihm die Wissenschaft als ein auf Öffentlichkeit angewiesenes Unternehmen, das ohne Einbettung in die geistige Kultur zu jener esoterischen Sterilität verdammt wäre, die er an den Universitäten im Übermaß kennengelernt hatte. Deshalb wandte er sich an ein anderes Publikum, an die Repräsentanten des »buon naturale«, des unverbildeten, zur Vernunfteinsicht fähigen »gesunden Menschenverstandes«. Zugunsten dieser Adressaten gab er nach dem *Sternenboten* das Latein der Gelehrten auf und schrieb im Volgare, der toskanischen Sprache seiner Heimat, und das nicht nur, weil er sie über alles liebte, sondern in durchaus programmatischer Absicht.

DIE VERWENDUNG DER VOLKSSPRACHE auch für die wissenschaftlich gebildete Literatur war in Florenz ein guter, vor allem durch die Accademia Fiorentina gepflegter Brauch. Der Florentiner Amerigo Vespucci, dem Amerika seinen Namen verdankt, hatte in seiner toskanischen Muttersprache geschrieben, ebenso wie Niccolò Machiavelli oder Galileis Vater. Wenn Galilei nun in seinem dritten *Brief über die Sonnenflecken* vom Reichtum und von der Vollkommenheit dieser Sprache gemeint hatte, »sie vermag die Konzepte jeder Wissenschaft zu behandeln und auszudrücken«, hatte er sich damit bewußt in eine volksbildnerisch zu nennende Tradition seiner Heimatstadt eingereiht, die sich neben der »latrinischen« Gelehrsamkeit etabliert hatte.

Die Hinwendung zur Volkssprache war allerdings nicht auf Italien beschränkt, sondern hatte im Gefolge der Reformation auch die nordeuropäischen Länder erfaßt, manchmal allerdings mit der kuriosen Konsequenz, daß schon der neu entdeckten Sprache ein besonderer Erkenntniswert zugesprochen wurde. So sah der Holländer Simon Stevin, als rationaler Mathematiker und Mechaniker ein Vertreter der neuen Wissenschaft par excellence, den Fortschritt der Wissenschaft aufs engste mit dem Gebrauch des Niederländischen verknüpft:

»Die Griechen waren die intelligentesten Menschen, die die Natur hervorgebracht hat, aber ihnen fehlte ein gutes Werkzeug, nämlich die holländische Sprache, ohne die man in tiefgründigen Angelegenheiten so wenig erreichen kann wie ein Zimmermann ohne gut gehärtete Werkzeuge.«[17]

Das wäre Galilei als unzulässige Überhöhung des Werkzeugcharakters der Sprache erschienen, die ihm vor allem ein Mittel der Darstellung war, bei dem es ihm auf Klarheit und Eleganz ebenso ankam wie auf Verständlichkeit bei sonst von der höheren Bildung ausgeschlossenen Bürgern, wie er in einem Brief an seinen Freund Paolo Gualdo in Padua schrieb:

»Signor Welser hat mir geantwortet, daß mein Brief eingetroffen und sehr willkommen sei, aber daß Apelles ihn nicht sogleich lesen konnte, weil er die Sprache nicht versteht. Ich schrieb aber in der Volkssprache, weil ich will, daß jedermann ihn lesen kann, und aus dem gleichen Grunde habe ich mein letztes Buch (über schwimmende Körper) in dieser Sprache geschrieben. Ich fühle mich dazu veranlaßt, weil ich sehe, wie junge Männer ganz willkürlich zu den Universitäten geschickt werden, damit sie Ärzte oder Philosophen oder dergleichen werden; so müssen viele von ihnen Berufe ausüben, für die sie nicht geeignet sind, während andere, die sehr wohl geeignet wären, in Familienangelegenheiten oder andere Beschäftigungen eingebunden sind, die mit der lateinischen Literatur nichts zu tun haben. Die letzteren sind aber, wie Ruzzante sagen würde, mit ›Pferdesinn‹ begabt, aber weil sie nicht lesen können, ›was ihnen Griechisch ist‹, sind sie davon überzeugt, daß ›in diesen dicken Büchern viele große neue Dinge von Logik und Philosophie stehen und noch mehr, was über ihren Kopf weit hinausgeht‹. Ich möchte sie gewahr werden lassen, daß ebenso, wie die Natur ihnen genau wie den Philosophen Augen gegeben hat, um ihre Werke zu sehen, die Natur sie auch mit dem Verstand ausgestattet hat, der in sie eindringen und sie verstehen kann.«[18]

Daß Galilei die Bühne der neuen Wissenschaft im Freien errichtet hatte, war für die Hüter der theologischen Wahrheit freilich nur ein Grund mehr, gegen diesen Aufklärer vorzugehen.

V

»Sonne, stehe still . . .«

»Ihr galiläischen Männer ...« oder Die theologische Opposition

Die Bombe explodierte in Florenz am vierten Adventssonntag des Jahres 1614. In Santa Maria Novella, einer der großen Basiliken der Stadt, war die Predigt einem Angehörigen des Ordens der Dominikaner namens Tommaso Caccini aus dem Kloster von San Marco übertragen worden, dessen Patres schon seit geraumer Zeit das Treiben des Hofmathematikers mit äußerster Skepsis beobachtet hatten. Inzwischen waren sie zum theologischen Arm der antigalileischen Liga geworden und trachteten danach, der vom Hofmathematiker ausgehenden Gefahr der Ketzerei mit allen Mitteln zu wehren.

Für den Frontalangriff von der Kanzel herab war Caccini ausersehen worden, da er nicht nur vom heiligen Eifer für die Verteidigung des Glaubens durchdrungen war, sondern trotz seiner vierzig Jahre die Sache mit dem Temperament eines heißblütigen Feuerkopfes anzugehen versprach. Wie zuvor Luther und vielen anderen diente auch ihm das Wunder Josuas als Ausgangspunkt seiner Verdammungspredigt, in deren Verlauf er die kopernikanische Lehre als der Religion widersprechend denunzierte und gegen Galilei im besonderen sowie die Mathematiker im allgemeinen wetterte, die man als Ketzer aus allen christlich gesinnten Staaten vertreiben müsse.

Seine Predigt soll Caccini mit den Worten aus der Apostelgeschichte begonnen haben: »Viri Galilei, quid statis adspicientes in coelum?« – »Ihr galiläischen Männer, was stehet ihr und sehet gen Himmel?« (1,11) An diesem Wortspiel mit seinem Namen hätte Galilei in weniger verfänglicher Situation gewiß sein Vergnügen gehabt, so war aber, wenn die freilich nicht belegbare Überlieferung überhaupt der Wahrheit entspricht, diese Anspielung gewiß der einzige geistreiche Gedanke in diesem Mißbrauch der Kanzel von Santa Maria Novella.

Wie ein Lauffeuer verbreitete sich die Nachricht von Caccinis Attacken auf den Hofmathematiker. Alle Florentiner, die bisher den intellektuellen Gefechten zwischen der Liga und den Galileisten teils amüsiert, teils engagiert Partei ergreifend zugesehen hatten, wußten nun, daß aus dem Streit bitterer Ernst werden konnte, denn mit der Macht der Mönche von San Marco war nicht zu spaßen, standen sie doch als »Domini canes«, als »Spürhunde Gottes«, in engster Verbindung mit der Inquisition. Noch am Silvestertag schrieb der Benediktiner Castelli an seinen Lehrer voller Zorn:

»Ich weiß nicht, was ich über diese Taschendiebe und Straßenräuber sagen soll, die da den Mathematikern auflauern. Soweit ich höre, äußert Pater Lorini (der hier in Pisa ist) sein Bedauern darüber, daß Euer feiner Priester so weit gegangen ist ... Ich bin sehr unglücklich, daß die Ignoranz in einigen Männern solche Höhen erklimmt, daß sie Wissenschaften verdammen, von denen sie nichts verstehen, und dabei diesen Wissenschaften Eigenschaften zuschreiben, die sie unmöglich haben können. Selbst der dümmste Student weiß, daß nichts weiter entfernt ist von Eigennutz und unfrommen Reden als die Mathematik. Aber Geduld; diese Unverschämtheiten sind nicht die ersten, und sie werden nicht die letzten gewesen sein.«[1]

Dieser Trost hat Galilei gewiß aufgerichtet, nur reichte die Loyalität der Getreuen nicht aus, den einmal angezettelten Streit um die Rechtgläubigkeit der Mathematiker wieder zum Schweigen zu bringen. Gerüchte, Tratsch und Intrigen, für die Florenz immer ein guter Nährboden war, trieben üppige Blüten. Eine der dramatischeren Szenen schilderte Galilei seinem Gewährsmann Piero Dini in Rom:

» ... in ihren ersten Angriffen auf diese (kopernikanische) Auffassung stellten sie einige meiner Feinde als mein eigenes Werk dar, ohne zu erwähnen, daß sie bereits vor siebzig Jahren gedruckt worden war; und andere Leute fahren in diesem Stil fort und sind dabei, mich in ein überaus finsteres Licht rückend, so erfolgreich, daß vor ein paar Tagen Monsignore Gherardini, der Bischof von Fiesole, mit seinem Gefolge in die Stadt kam, wo sie einige meiner Freunde angriffen, und er fiel mit großer Leidenschaft über mich her und zeigte sich sehr verärgert, indem er sagte, daß ein großer Disput unter ihren allerdurchlauchtigsten Hoheiten entstanden sei, weil

Die Kanzel von Santa Maria Novella in Florenz, Ausgangspunkt der theologischen Angriffe auf Galilei

meine extravaganten und irrtümlichen Auffassungen in Rom viel Anlaß zu Gerede wären. Aber vielleicht wird er jetzt das Rechte tun, wenn er sich nicht schon beruhigt hat, da er taktvoll darauf hingewiesen wurde, daß der Autor dieser Lehre nicht ein lebender Florentiner, sondern ein toter Deutscher ist, der sein Buch vor siebzig Jahren gedruckt und es dem Heiligen Vater gewidmet hat.«[2]

Das Gerede in Rom wurde von Galilei am meisten gefürchtet. Daher hatte er zu Beginn des Jahres 1615 alle dortigen Freunde und Gewährsmänner mobilisiert, die Meinungen der einflußreichsten Kurienkardinäle zu erkunden und Verleumdungen entgegenzutreten. Als Castelli berichtete, der Erzbischof von Pisa spräche schon davon, daß die ketzerische Lehre in Rom verboten werden würde, bat Galilei den Monsignore Dini sogar, »an die Tür der jesuitischen Patres zu klopfen, denn sie wissen am besten über die Angelegenheiten der Mönche Bescheid«.[3]

Da Galilei zudem Verdacht schöpfte, die Mönche von San Marco würden den ein Jahr zuvor verfaßten Brief an Castelli gegen »das Hereintragen der Heiligen Schrift in Dispute über physikalische Schlußfolgerungen« für ihre Intrigen ausschlachten, schickte er eine Kopie an Dini, damit in Rom wenigstens der authentische Text vorläge.

Die Antworten und Ratschläge der römischen Korrespondenten fielen höchst unterschiedlich aus. Prinz Cesi warnte aus seiner Heimatstadt Aquasparta, daß Kardinal Bellarmin nach wie vor an der Meinung festhielt, das kopernikanische System sei vielleicht eine mathematisch interessante Hypothese, stünde aber eindeutig im Gegensatz zur Heiligen Schrift. Deshalb empfahl er Galilei Zurückhaltung und erinnerte ihn taktvoll daran, daß die angekündigten Werke über das »System der Welt« noch nicht sehr weit gediehen waren:

»Jene Feinde des Wissens, die sich dazu herbeilassen, Euch bei Euren heroischen und überaus nützlichen Entdeckungen und Schriften zu stören, sind dermaßen hinterlistig und fanatisch, daß sie niemals Ruhe geben können, und die beste Methode, sie allesamt zu vernichten, ist, sie gar nicht zu beachten und sich um Eure Gesundheit zu bekümmern, damit Ihr alle Bücher vollenden und trotz ihrer Quertreiberei der Welt übergeben könnt.«[4]

Piero Dini hatte mit Bellarmin persönlich über die Fragen des kopernikanischen Systems sprechen können und meinte, Galilei mit der Mitteilung trösten zu können, daß Bellarmin ein Verbot des Buches von Kopernikus für ausgeschlossen halte; allenfalls sei eine Ergänzung denkbar, die den Charakter dieses Systems als eine Hypothese zur »Rettung der Erscheinungen« noch einmal unterstreiche.[5]

Warum die Kurie aber auf dieser traditionellen Auffassung des Kopernikus auch weiterhin bestehen würde, erfuhr Galilei in einem Brief des Monsignore Giovanni Ciampoli, der als Sekretär des Kardinals Maffeo Barberini ein intimer Kenner der Gedankengänge seines Dienstherrn war:

»Kardinal Barberini, der, wie Ihr wißt, Euch gegenüber immer die größte Wertschätzung gehegt hat, sagte mir gestern abend, daß er sich hinsichtlich dieser Meinungen größere Vorsicht wünsche, indem man nicht über die von Ptolemäus und Kopernikus benutzten Argumente hinausgehen und innerhalb der Grenzen von Physik und Mathematik bleiben solle. Denn die Auslegung der Schrift wird von den Theologen als ihr ureigenstes Feld beansprucht, und wenn neue Dinge eingebracht werden, selbst von einem bewunderungswürdigen Geist, ist nicht jeder in der Lage, sie so aufzufassen, wie sie gesagt wurden. Der eine verstärkt sie, der nächste ändert sie, und was von dem Munde des Autors kam, wird in der Verbreitung so verändert, daß er es nicht länger als sein Eigenes wiedererkennen kann. Und ich weiß, wovon er spricht. Eure Meinung über die hellen und dunklen Flecken auf dem Mond stellt eine gewisse Ähnlichkeit zwischen dem Mondkörper und der Erde her; jemand erweitert das und sagt, Ihr hättet dem Mond menschliche Bewohner zugesprochen; und der nächste beginnt zu fragen, wie diese von Adam abstammen können, oder ob sie in der Arche Noahs waren, und viele Extravaganzen mehr, von denen Ihr in Euern kühnsten Träumen nichts ahnen könnt.«[6]

Wenn man es recht bedenkt, hatte der weltläufige und kluge Kardinal besser als Galilei die gefährliche Sprengkraft der Galileischen Wissenschaft und der in dem Brief an Castelli postulierten Rangordnung erkannt, gemäß der der Bibel »in physikalischen Disputen der letzte Platz zugewiesen werden sollte«. Die Auslegung der Bibel nach den Erkenntnissen der Wissenschaft würde wohl nicht auf ein paar Stellen wie das Wunder von Josua beschränkt bleiben können, sondern sich wie ein Flächenbrand über die gesamten geheiligten Texte ausdehnen, und niemand konnte sagen, wo das Auslegen und Uminterpretieren ein Ende finden könnte. Daher hielt Kardinal Barberini schon bei den noch vermeintlich harmlosen Anfängen der Astronomie größte Vorsicht und Zurückhaltung für geboten.

Das Heilige Offizium als oberste Behörde der Inquisition war inzwischen schon darangegangen, sich mit Galilei und der kopernikanischen Lehre zu befassen. Galilei konnte darüber nur Vermutungen anstellen, denn absolute Verschwiegenheit gehörte zu den ehernen Grundsätzen der Inquisition; Ausplaudereien wurden strengstens geahndet, so daß Galileis römische Korrespondenten, selbst wenn sie von diesem Verfahren gewußt hätten, niemals riskieren konnten, ihre Kenntnisse in Briefen zu verbreiten.

Der Anlaß dazu wurde wieder von den Mönchen von San Marco geliefert. Pater Lorini, der mittlerweile wohl gelernt hatte, wie man »Kopernikus« buchstabiert, hatte sich in Pisa eine Abschrift des Briefes an Castelli verschafft, war damit nach Florenz geeilt und hatte mit seinen Brüdern von San Marco ein großes Gezeter über die Gottlosigkeit dieses Schriftstücks ertönen lassen. Schließlich kamen die Mönche überein, Galilei bei der Inquisition formell anzuzeigen. Am 7. Februar schickten sie einen langen denunziatorischen Brief nebst einer Abschrift des Briefes an Castelli an den Kardinal Sfrondrato, einen der Generalinquisitoren der Kongregation des Heiligen Offiziums. Der übergab den Brief an Castelli einem der Inquisitoren zur Beurteilung, der in seinem Bericht zu dem für Galilei vorteilhaften Schluß kam, daß »er von der katholischen Ausdrucksweise nicht abweicht«.[7]

Im März hatte Caccini seine Versetzung an das Kloster von Santa Maria sopra Minerva in Rom erreicht, um an Ort und Stelle das Verfahren gegen Galilei zu beschleunigen. Am 20. März erschien er bei dem Generalkommissar der Inquisition und gab zu Protokoll:

»Ich bringe dem Heiligen Offizium zur Anzeige, daß das öffentliche Gerücht geht, daß Galilei die folgenden beiden Sätze für wahr hält:

– die Erde bewegt sich als Ganzes in bezug auf sich selbst auch in täglicher Bewegung,

– die Sonne ist unbeweglich,

Sätze, die nach meinem Gewissen und Verstand mit den göttlichen Schriften, wie sie von den heiligen Vätern ausgelegt sind, im Widerspruch stehen und demgemäß dem Glauben widersprechen, der uns lehrt, daß wir als wahr anzunehmen haben, was in der Schrift enthalten ist.«[8]

Caccinis Formulierung der kopernikanischen Lehre läßt übrigens nicht erkennen, daß er verstanden hat, wogegen er Anzeige erstattet, und trotzdem sind diese dunklen Sätze die Grundlage aller späteren Verdammungsurteile, in denen sie in Abwandlungen wiederkehren.

In weiteren Verhören brachte Caccini noch mancherlei Verdächtigungen gegen Galilei vor: daß er mit dem berüchtigten Servitenmönch Paolo Sarpi in Venedig befreundet gewesen sei und noch immer mit ihm Briefe austausche, daß er mit Deutschen – also Protestanten – in Verbindung stehe und daß er nicht an Wunder glaube.

Die gesamten bisher aufgelaufenen Protokolle wurden in einer Sitzung der Generalkongregation des Heiligen Offiziums am 2. April in Gegenwart des Papstes verlesen, der die Einschaltung des Florentiner Inquisitors und die Vernehmung weiterer Zeugen anordnete.

Inzwischen hatte Galilei einen Bundesgenossen bekommen, einen theologisch bestens ausgewiesenen zumal: Der Karmelitermönch Paolo Antonio Foscarini aus Neapel hatte in einem kleinen Büchlein *Über die Meinung der Pythagoreer und des Kopernikus* das heliozentrische System gegen die theologisch motivierten Angriffe verteidigt. In italienischer Sprache ging Foscarini Punkt für Punkt die relevanten Bibelstellen durch und kam zu dem Schluß, daß entgegen landläufiger Meinung das kopernikanische System sehr wohl mit der Bibel verträglich sei.

Galilei wurde durch diese Schrift nur in seiner Überzeugung bestätigt, daß es absurd sei, die kopernikanische Lehre als ketzerisch denunzieren zu wollen, und Castelli berichtete aus Pisa, der dortige Erzbischof sei von dem mit Kruzifixen üppig geschmückten Titelblatt so beeindruckt gewesen, daß er nunmehr geneigt sei, den Kopernikus und seine Anhänger für achtbare Katholiken zu halten.

Foscarini hatte auch den Kardinal Bellarmin mit einem Exemplar bedacht und diesen Meister der Kontroverstheologie um sein Urteil gebeten. Hätte Foscarini die Folgen geahnt, wäre diese Anfrage wohl unterblieben, denn Bellarmin nutzte unverzüglich am 12. April die Gelegenheit, in einem Brief an Foscarini, der zugleich auch als offiziöse Stellungnahme der Kurie zu gelten hatte, die Neuerungssucht einiger Astronomen und nun sogar Theologen in die Schranken zu weisen:

»Es war mir eine Freude, Euren italienischen Brief und die lateinische Abhandlung, die Euer Hochwürden mir zugesandt habt, zu lesen, und ich danke Euch für beides, bekennend, daß sie voller Kenntnisse und Gelehrsamkeit sind. Aber da Ihr mich um meine Meinung gefragt habt, will ich sie Euch kurz mitteilen, da Ihr wenig Zeit zum Lesen und ich wenig zum Schreiben habe.

Erstens. Es scheint mir, daß Ihr und Signor Galilei klug tut, wenn Ihr Euch damit begnügt, nicht absolut, sondern ex suppositione (also hypothetisch) zu sprechen, wie es, wie ich immer geglaubt habe, Kopernikus getan hat. Denn wenn man sagt: unter der Voraussetzung, daß die Erde sich bewege und die Sonne stillstehe, lassen sich alle Erscheinungen besser erklären als durch die Annahme der exzentrischen Kreise und Epizykel, so ist das sehr gut gesagt und hat keine Gefahr, und das genügt dem Mathematiker. Wenn man aber behaupten will, die Sonne stehe wirklich im Mittelpunkt der Welt und bewege sich nur um sich selbst, ohne von Osten nach Westen zu laufen, und die Erde stehe am dritten Himmel und bewege sich mit der größten Schnelligkeit um die Sonne, so läuft man damit große Gefahr, nicht nur alle Philosophen und scholastischen Theologen zu reizen, sondern auch unseren heiligen Glauben zu beleidigen, indem man die Heilige Schrift eines Fehlers überführt. Denn Euer Hochwürden haben in der Tat viele Wege zur Auslegung der Bibel gewiesen, aber Ihr habt sie nicht spezifisch angewandt, und zweifellos hättet Ihr Euch großen Schwierigkeiten gegenüber gesehen, wenn Ihr versucht hättet, alle von Euch zitierten Stellen zu erklären.

Zweitens. Ich sage, daß, wie Ihr wißt, das Konzil (von Trient) verbietet, die Bibel gegen die allgemeine Übereinstimmung der Väter auszulegen, und wenn Ihr nicht nur die Väter, sondern auch die modernen Kommentare über Genesis, die Psalmen, den Prediger, das Buch Josua lesen wollt, werdet Ihr finden, daß sie alle übereinstimmend die Stellen, sie wörtlich auffassend, dahin erklären, daß die Sonne am Himmel ist und sich mit der größten Schnelligkeit um die Erde bewegt und daß die Erde vom Himmel sehr weit entfernt ist und unbeweglich im Mittelpunkt der Welt steht. Nun bedenkt, ob in all ihrer Weisheit die Kirche dazu ermutigen kann, der Schrift einen den heiligen Vätern und allen lateinischen und griechischen Kommentatoren zuwiderlaufenden Sinn zu verleihen. Auch darf man nicht einwenden, daß dieses keine Angelegenheit des Glaubens sei, denn falls es nicht eine Sache des Glaubens ex parte obiecti ist – also gemäß den Tatsachen –, so ist es doch eine ex parte dicentis – also gemäß derer, die gesprochen haben. Es wäre genauso häretisch zu bestreiten, daß Abraham zwei Söhne hatte und Jakob zwölf, wie es die Leugnung der Jungfrauengeburt Christi wäre, denn beides ist vom Heiligen Geist durch die Münder der Propheten und Apostel so erklärt worden.

Drittens. Ich sage, daß, wenn ein wirklicher Beweis dafür vorhanden wäre, daß die Sonne im Mittelpunkt der Welt stehe und die Erde am dritten Himmel und daß nicht die Sonne um die Erde, sondern die Erde um die Sonne gehe, man dann bei der Erklärung der Bibelstellen, welche das Gegenteil zu sagen scheinen, mit großer Vorsicht vorgehen müßte und eher sagen sollte, wir verständen dieselben nicht, als, das sei falsch, was bewiesen wird. Aber ich werde nicht eher glauben, daß ein solcher Beweis geliefert sei, bis er mir vorgelegt wird. Es ist nicht die gleiche Sache, zu zeigen, daß die Erscheinungen durch die Annahme gerettet werden, die Sonne sei im Zentrum und die Erde in den Himmeln, als darzulegen, daß die Sonne wirklich im Zentrum ist und die Erde in den Himmeln. Ich glaube, daß der erste Beweis existieren mag, aber ich habe schwerste Bedenken, was den zweiten betrifft, und im Zweifelsfalle soll man von der Auslegung der Schrift durch die Väter nicht abgehen. Ich füge noch hinzu, daß derjenige, welcher geschrieben hat: die Sonne geht auf, und sie geht unter und kehrt zu ihrem Ort zurück, Salomo ist, der nicht nur von Gott inspiriert sprach, sondern auch der weiseste unter allen Menschen und sehr gelehrt in allen menschlichen Wissenschaften und in der Kenntnis der geschaffenen Dinge war und all diese Weisheit von Gott hatte, weshalb es nicht wahrscheinlich ist, daß er etwas behauptet haben sollte, was im Widerspruch stände zu etwas, was als wahr erwiesen ist oder erwiesen werden könnte. Und wenn man einwendet, Salomo spreche nach dem Anschein, weil es uns so scheine, als ob die Sonne sich bewege, während die Erde sich bewegt – geradeso wie es dem, welcher vom Ufer sich entfernt, so scheine, als ob sich das Ufer vom Schiffe entfernt –, so antworte ich: wenn es dem, welcher vom Ufer sich entfernt, auch so scheint, als entferne sich das Ufer von ihm, so erkennt er doch, daß dieses ein Irrtum ist, und er berichtigt ihn, da er deutlich sieht, daß das Schiff sich bewegt und nicht das Ufer. Was aber die Sonne und die Erde betrifft, so braucht kein Gelehrter den Irrtum zu berichtigen, da er durch augenscheinliche Erfahrung weiß, daß die Erde stillsteht und daß das Auge sich nicht täuscht, wenn es urteilt, daß die Sonne sich bewegt, wie es sich auch nicht täuscht, wenn es urteilt, daß die Sterne sich bewegen. Und das soll jetzt genug sein. Ich grüße Euer Hochwürden und bitte Gott, Euch alles Glück zu schenken.«[9]

Der Brief des Kardinals Bellarmin war es wert, trotz mancher in ihm enthaltenen Wiederholungen in voller Länge zitiert zu werden, nicht nur, weil er die sich als definitiv abzeichnende Haltung der Kirche gegenüber der neuen Astronomie zusammenfaßt, sondern vor allem, weil er durch selektives Zitieren den fragwürdigsten Interpretationsversuchen dienstbar gemacht wurde.

So hat Arthur Koestler durch Unterschlagung der theologisch problematischen Passagen den Eindruck zu erwecken versucht, als sei der Kardinal ein überaus aufgeklärter, modern anmutender Wissenschaftstheoretiker gewesen, der Galilei lediglich an seine Beweispflicht erinnert habe; da Galilei aber keinen Beweis habe beibringen können, hätte er als heißblütiger Propagandist einer unhaltbaren These sich selbst und die Kirche ins Unglück gestürzt. Daß Koestler dabei aber die Berufung auf Salomo und die maßlose Ausweitung des Bereichs der Glaubenswahrheiten durch Bellarmin nicht erwähnt, ist nur einer jener unzähligen »nachtwandlerischen« Taschenspielertricks, die Koestler Galilei nachweisen will und dabei selbst im Übermaß vorführt.[10] – Betrachten wir also die theologischen Argumente des Meisters der Kontroverstheologie und Generalinquisitors Bellarmin.

Im zweiten Absatz seines Briefes berief sich Bellarmin auf das Konzil von Trient, das freilich nur dann Abweichungen von den Lehren der Kirchenväter verboten hatte, wenn die Väter alle einer einheitlichen Meinung waren und die Lehre den Glauben und die Sitten betraf. Mag man für die Annahme einer ruhenden Erde noch eine Mehrheit unter den Kirchenvätern feststellen können – obwohl den meisten von ihnen diese Frage herzlich gleichgültig war –, so gibt es in der Kirchengeschichte überhaupt keine Unterstützung für den zweiten Teil der Behauptung Bellarmins: Kein einziger Kirchenvater ist nachweisbar, der die Unbeweglichkeit der Erde und die Bewegung der Himmel zu einer Frage des Glaubens oder der Sitten erklärt hätte.

Noch willkürlicher ist die anschließende Hypostasierung der Bibel zu einer durchgängigen Sache des Glaubens, wenn nicht gemäß den Tatsachen, dann gemäß der Autorität der Propheten und Apostel, die vom Heiligen Geist inspiriert gewesen seien und allein deshalb nichts als die Wahrheit gesagt haben können.

Das letztere ist von niemandem, auch nicht von Galilei, bestritten worden. Allerdings war es sozusagen ständige Lehrmeinung der Kirchenväter und auch der großen Theologen des Mittelalters, daß die Worte der Bibel zwar ausnahmslos wahr sind, aber doch noch herauszufinden bleibt, was sie wirklich meinen, ein interpretativer Spielraum also nicht nur verfügbar, sondern sogar notwendig war.

Schließlich hätte Bellarmin noch bedenken sollen, daß weder die Kirchenväter noch Albertus Magnus oder Thomas von Aquin die Bibel als ein wissenschaftliches Lehrbuch verstanden wissen wollten. »Die Absicht des Heiligen Geistes ist es, uns den Weg in den Himmel zu zeigen und nicht den Weg des Himmels«,[11] hatte Galilei von Kardinal Baronius gelernt und diesen Aphorismus wahrscheinlich zum ersten Mal gehört, als Baronius gemeinsam mit Bellarmin in Padua zu Besuch war.

Das aber war vermutlich im Jahre 1598 gewesen, und inzwischen hatte die amtliche Theologie jede Elastizität, jeden Elan und auch die Züge der Menschlichkeit verloren. In der permanenten Auseinandersetzung mit der Reformation und dem Anspruch der Protestanten, die Bibel nach ihrem ureigenen Verständnis auslegen zu wollen, geriet die römisch-katholische Theologie in eine Festungsmentalität intellektueller Erstarrung. Als ein Rückfall ins Mittelalter wäre diese Entwicklung gründlich mißverstanden, denn im Vergleich mit dem 17. Jahrhundert zeichnete sich gerade diese oft verkannte Epoche durch große Beweglichkeit in theologischen Dingen aus. Dagegen erscheint Bellarmins biblischer Fundamentalismus, der auch noch die nebensächlichsten Sätze der Bibel zu Glaubenssachen erklärt und den geringsten Zweifel an ihnen als Häresie denunziert, als die erste Ausprägung des modernen geistigen Totalitarismus, der jeden Gedanken unter die Kontrolle seiner Macht zwingen will.

So viel hinkende Theologie, wie Kardinal Bellarmin sie präsentiert hatte, war für Galilei kein hinreichender Grund, der Empfehlung Bellarmins folgend sich in der Nische astronomisch-mathematischer Glasperlenspielereien zur »Rettung der Erscheinungen« einzurichten. Wollte er aber seine Freiheit, als »philosophischer Astronom« von der wahren Konstitution des Universums zu reden, verteidigen, war er von Bellarmin gezwungen worden, sich »in die Sakristei« zu begeben, also dem Kardinal und der Kurie ein wenig Theologie beizubringen, wohl wissend, daß er auf von den Theologen als ihrem alleinigen Besitz reklamierten Terrain zu argumentieren hatte. Dabei war Galilei stets überzeugt, daß er sich nicht in einem Gegensatz zur Kirche befand, sondern ihr vielmehr einen Dienst erweisen würde, wenn er sie vor intellektueller Verunstaltung bewahren würde.

Wie aber verhielt es sich in dieser Auseinandersetzung mit der Beweislast? Konnte Galilei wirklich nicht den von Bellarmin geforderten Beweis erbringen? Und warum hatte der Kardinal die »schwersten Zweifel«, daß ein solcher Beweis jemals geführt werden könne?

In diesen Fragen zeigt sich deutlicher als in jedem empirischen Einzelfall, was die neue Wissenschaft von der verhärteten Denkweise der Tradition unterschied.

Die Wahrheit der Natur und die Natur der Wahrheit – Ein erkenntnistheoretisches Intermezzo

Ein Verbot des Kopernikus sei nicht mehr zu befürchten, hatten die römischen Freunde Galilei zu beruhigen versucht. Von den verleumderischen Gerüchten sei kaum noch etwas zu vernehmen, und geplant sei allenfalls eine Erinnerung an den hypothetischen Charakter dieser Lehre. Was aber dem Monsignore Piero Dini oder sogar dem Prinzen Cesi als günstige Zeichen für eine Beruhigung erschienen, versetzte Galilei in helle Aufregung, denn er wollte nicht die »Erscheinungen«, sondern seine Freiheit als »philosophischer Astronom« retten.

Zudem schienen ihm die Gerüchte und Intrigen in Florenz keineswegs im Abklingen begriffen zu sein, und er machte dieses Mal nicht die schlechte Luft in Florenz, sondern das intellektuelle Klima dafür verantwortlich, »daß ich mich zwischen Ärzten und Arzneien befinde, an Körper und Geist gleichermaßen zerrüttet wegen vieler Dinge, besonders aber, weil ich kein Ende dieser gegen mich ohne einen Grund meinerseits in die Welt gesetzten Gerüchte sehe, zumal sie anscheinend sogar von den Obrigkeiten akzeptiert werden, als wäre ich der Urheber dieser Sachen. Aber soweit es mich betrifft, hätte man jede Diskussion der Heiligen Schrift für immer ruhen lassen können; kein Astronom oder Wissenschaftler, der seine Grenzen kennt, hätte sich jemals auf solche Dinge eingelassen. Aber während ich den Lehren eines von der Kirche akzeptierten Buches folge, erheben gegen mich Philosophen ihre Stimme, die von diesen Lehren keine Ahnung haben, und erzählen mir, daß sie dem Glauben zuwiderlaufende Aussagen enthalten. Soweit möglich würde ich ihnen gerne zeigen, daß sie sich hier irren, aber ich bin zum Schweigen gezwungen und darf mich nicht in die Schrift einmischen. Das läuft darauf hinaus zu sagen, das von der Kirche akzeptierte Buch des Kopernikus enthalte Häresien, und jeder, dem es beliebt, kann dagegen predigen, während es jedem anderen verbo-

ist, die Kontroverse aufzunehmen und zu zeigen, daß es nicht im Gegensatz zur Schrift steht.«[1]

Trotzdem hatte Galilei den Fehdehandschuh aufgenommen und seinen Standpunkt in Briefen an Monsignore Dini dargelegt, die bestimmt waren, den Kardinälen in Rom zur Kenntnis gebracht zu werden. Zugleich arbeitete er in einem Zustand nahe der Erschöpfung an der Fertigstellung seiner Erwiderungen in der Kontroverse über die schwimmenden Körper – und an einer grundsätzlichen theologischen und wissenschaftstheoretischen Abhandlung, die in die Form eines Briefes an die Großherzogin Christine gekleidet wurde, um des Ausgangspunkts der Kontroverse in den Gemächern dieser alten Dame vor mehr als einem Jahr zu gedenken. Dieser Brief an die Großherzogin Christine geriet weit umfangreicher als damals der rasch geschriebene Brief an Castelli; bis in den Frühsommer hinein feilte er an den Formulierungen dieses Essays, mit dem er sich gegen die Verleumdungen verteidigen wollte, er sei vom katholischen Glauben abgefallen, mit dem er aber auch die Kirche vor einer übereilten und falschen Entscheidung gegen das kopernikanische System bewahren wollte.

»Über den Gebrauch biblischer Zitate in Angelegenheiten der Wissenschaft« lautete der Untertitel dieser vollendet durchkomponierten Streitschrift. Eifrig hatte Galilei die Kirchenväter studiert, und virtuos wußte er – wie nur ein hochgelehrter Theologe – Zitate der Autoritäten an den rechten Stellen seiner Argumentation zu plazieren. Gleich zu Beginn beruft er sich auf den Rat des heiligen Augustin aus dem Kommentar zu den Büchern Genesis, »wir sollten in zweifelhaften Fragen nicht leichtfertig glauben, damit wir nicht durch die Wertschätzung unseres Irrtums zu einem Vorurteil in Angelegenheiten verführt werden, die sich hernach als durchaus nicht im Gegensatz zu den heiligen Büchern des Alten oder Neuen Testaments erweisen«.[2]

Auch sei die Bibel kein astronomisches Lehrbuch, denn über die Gestalt des Himmels schrieb Augustin, »daß unsere Autoren sehr wohl die Wahrheit gekannt haben, aber der Heilige Geist wünschte nicht, daß die Menschen Dinge lernen, die für niemandes Seelenheil nützlich sind«.[3] Dementsprechend vorsichtig solle man daher beim

Gebrauch von Bibelstellen hinsichtlich der Naturerkenntnis verfahren, für die der große Kirchenlehrer folgende Richtlinien niedergeschrieben hatte:

»Wenn wir beim Lesen der Heiligen Schrift auf Punkte stoßen, die dunkel und unserem Verständnis unklar erscheinen, die im Lichte des Glaubens, von dem wir ganz durchdrungen sind, auf verschiedene Weise gedeutet werden können, dann dürfen wir uns nicht so eigensinnig an eine bestimmte Auslegung klammern, daß, wenn vielleicht eines Tages die Wahrheit gründlicher erforscht ist, diese Auslegung mit Recht zu Fall kommt und wir mit ihr. Denn dann hätten wir in der Tat nicht nach dem Sinn der göttlichen Schrift gestrebt, sondern nach unseren eigenen Vorstellungen, indem wir diese zum Sinn der Schrift gemacht haben, wo wir doch den wahren Sinn der Schrift uns zu eigen machen sollen.«

Eine Fülle solcher Zitate, nicht nur von Augustin, sondern auch von Tertullian, dem heiligen Thomas und anderen, hätte auch dem engstirnigsten Theologen klarmachen müssen, daß die Kirchenväter in Fragen der Naturerkenntnis einen weiten Spielraum gelassen und keinesfalls jenen totalitären Wahrheitsanspruch begründet hatten, den der Cheftheologe Bellarmin für die Kirche reklamierte.

ALS MEISTER SCHOLASTISCHER QUOTATOLOGIE zeigte sich Galilei auch in der Verteidigung dessen, was man heute die Freiheit der Forschung nennen würde, sich dabei auf den nämlichen Salomo berufend, den Bellarmin gegen ihn angeführt hatte:

»Wer wollte der Intelligenz und Erfindungsgabe des Menschen Grenzen vorschreiben? Wer wollte behaupten, daß alles, was in der Welt erfahrbar und erkennbar ist, bereits entdeckt und erkannt sei? Vielleicht jene, die bei anderer Gelegenheit zu Recht bekennen, daß ›die Dinge, die wir wissen, wenige sind im Vergleich mit denen, die wir nicht wissen‹? Aus dem Munde des Heiligen Geistes selbst ist uns kundgetan, daß ›Gott ihnen die Welt zum Streitgespräch gab, so daß der Mensch herausfinde, was Gott vom Anfang bis zum Ende bewirkt hat‹. Wir dürfen, meine ich, einem solchen Anspruch nicht widersprechen und damit das freie Philosophieren über Dinge der Welt und der Natur abbrechen, als ob sie alle schon gefunden und klar erkannt wären.«[4]

Dabei ist Galilei sehr wohl bereit, neben der Heiligen Schrift und der Autorität der Kirchenväter sogar die Theologie als Königin der Wissenschaften zu akzeptieren, freilich nicht in Bereichen, in denen theologische Argumente irrelevant sind, denn das schadet nicht nur den betroffenen Wissensgebieten, sondern ist auch der Autorität der Theologie abträglich:

»Wenn nun die Theologie, sich nur mit den höchsten göttlichen Problemen beschäftigend, aus Würde auf ihrem königlichen Throne verbleibt, der ihr vermöge ihrer hohen Autorität zukommt, und nicht zu den niederen Wissenschaften herabsteigt, vielmehr dieselben, als die Seligkeit nicht betreffend, unbeachtet läßt, so sollten auch nicht die Professoren der Theologie sich die Autorität anmaßen, Dekrete und Verordnungen in Fächern zu erlassen, die sie nicht betrieben und studiert haben. Denn dies wäre, als wenn ein absoluter Fürst, welcher weiß, daß er frei befehlen und sich Gehorsam verschaffen kann, ohne Arzt oder Architekt zu sein, verlangen würde, daß man nach seinen Anordnungen sich kurieren oder Gebäude aufführen solle, bei größter Lebensgefahr für die armen Kranken und offensichtlichem Ruin der Baulichkeiten.«[5]

Bellarmin hatte das Werk des Kopernikus offenbar nicht richtig verstanden; wahrscheinlich hatte er nur Osianders Vorwort gelesen und daraus geschlossen, daß Kopernikus eine Hypothese und sonst nichts vorgetragen hätte. Galilei, der den Kardinal freilich nicht offen zurechtweisen, ihn nicht einmal erwähnen konnte, gab sich deshalb besondere Mühe, noch einmal ausführlich auseinanderzusetzen, daß Kopernikus eine realistische Beschreibung des Planetensystems geliefert habe, das anonyme Vorwort eine verquere Dreingabe sei und man daher auch schon den Kopernikus verbieten müsse, wenn man eine »philosophische Astronomie« nicht ertragen könne.

Galilei wußte sehr wohl, daß ein Verbot der Kirche nicht leichtfallen konnte, hatte sie das Buch doch nun schon länger als siebzig Jahre toleriert und sogar bei der Kalenderreform des Jahres 1582 mit Gewinn herangezogen. Trotzdem beharrte Bellarmin darauf, daß jede andere als die hypothetische Rede vom kopernikanischen System als häretisch zu gelten habe, es sei denn, es würde jener

»zwingende Beweis« vorgelegt, an dessen Möglichkeit er jedoch »schwerste Zweifel« hegte.

Daß der Kardinal auf einem Beweis beharrte, bevor er die Notwendigkeit einer diffizilen Neuinterpretation einiger Bibelstellen ins Auge faßte, wirkt auf den ersten Blick als theologisch gerechtfertigt und zudem wissenschaftstheoretisch weise. So wird er denn auch von der katholischen Kirche verpflichteten Apologeten nicht nur als besorgter Hüter des Glaubens hingestellt, sondern sogar als Bewahrer guter Methoden in der Wissenschaft, während Galilei in die Rolle eines ehrgeizigen Propagandisten einer unhaltbaren Sache gezwängt wird, denn einen »zwingenden Beweis« konnte er nicht beibringen, jedenfalls keinen, der die Kirche beeindruckt hätte.

Nun hatte Galilei aber niemals gefordert, die Kirche solle das kopernikanische System offiziell sanktionieren; alles, was er verlangt hatte, war die Unabhängigkeit von theologischer Einmischung, sei es das Gebot der hypothetischen Redeweise oder gar ein Verbot. Da er aber mit dem mächtigen Kardinal nur nach dessen Prämissen argumentieren konnte, klingen manche seiner späteren Stellungnahmen so, als wollte er die Kirche zum Kopernikanismus bekehren, und ebenso ließ er sich von Bellarmin auf das problematische Feld des »zwingenden Beweises« locken, nicht bedenkend, daß es Bellarmin war, der festlegte, was ein Beweis ist und was nicht.

Die Beweislast hatte Bellarmin eindeutig Galilei aufgebürdet, und der hatte wiederum ein hübsches Zitat des heiligen Augustin parat, mit dem er den Spieß umdrehte: »Eine Sache ist so lange nicht unvereinbar mit dem Glauben, bis sie nicht mit der allergrößten Wahrheit widerlegt worden ist.«[6] Wenn also die Kirche schon den Kopernikanismus verbieten wolle, dann müsse sie ihn zuvor mit absoluter Sicherheit als falsch nachweisen. Aber unabhängig von dieser Zitatenplänkelei um die Zuschiebung der Beweislast war Galilei davon überzeugt, er könne jeder Beweisforderung genügen, wenn man nur hören wolle. So schrieb er an Dini am 12. Mai 1615:

»Für mich gäbe es keinen einfacheren und sichereren Weg darzulegen, daß die Auffassung des Kopernikus nicht der Schrift zuwiderläuft, als durch tausend Beweise zu zeigen, daß sie wahr ist und daß die entgegenstehende Lehre unter keinen Umständen aufrechterhalten werden kann. Wie aber soll ich dazu imstande sein, und wie soll nicht all meine Mühe vergeblich bleiben, wenn die Peripatetiker, die es zu überzeugen gilt, sich unfähig zeigen, selbst die einfachsten und leichtesten Gründe zu fassen, und dagegen auf wertlose Behauptungen das größte Gewicht legen?«[7]

Galilei also sprach von »tausend Beweisen«, während Bellarmin auf den einen »zwingenden Beweis« wartete. Hinter diesem Unterschied verbirgt sich die radikale Differenz der Erkenntnishaltung der neuen Wissenschaft einerseits und der scholastischen Philosophie andererseits. Die Debatte wurde nicht nur um die Wahrheit der Natur geführt, sondern vor allem um die Natur der Wahrheit.

Galileis »tausend Beweise« zugunsten des kopernikanischen Systems waren von unterschiedlicher Stringenz. Eindeutig widerlegt war die ptolemäische Astronomie durch die »gehörnte Venus«, die Phasen der sonnennahen Planeten, während Mars und Jupiter von »Hörnern« frei blieben. Darin waren ihm auch die Patres des Collegio Romano gefolgt, die aber an der Reservelösung des tychonischen Systems herumbastelten, um die »Erscheinungen zu retten« und dabei die Erde unbewegt zu lassen. Als mathematisches Glasperlenspiel war das sicher eine reizvolle Übung, mit der Erforschung der wahren Konstitution des Planetensystems hatte sie jedoch nicht viel zu tun.

Als beobachtender und »philosophischer« Astronom hatte Galilei immer wieder die Wahrheit des kopernikanischen Systems gesehen. In den Jupitermonden zeigte sich ihm ein solches System en miniature, mit der gleichen Regelmäßigkeit der Anordnung und der Umlaufgeschwindigkeiten, wie sie auch für das Planetensystem gelten. Sonne und Mond zeigten sich ihm im Fernrohr erdverwandt, so daß die irdische Mechanik an den Himmel projiziert und einiges zur Beschreibung der Bewegungen beitragen konnte. Und ebenso war es die Mechanik, die ihm ein Mittel an die Hand gegeben hatte, die Einwände gegen die tägliche Drehung der Erde auszuräumen.

Methodisch war Galileis Vorgehen eine damals ungewöhnliche Kombination, die induktive Elemente der Beobachtung mit mathematisch-deduktiven Schlußweisen genial verknüpfte, und inhaltlich huldigte Galilei einem bedingungslosen Realismus, der an eine Welt objektiver Tatsachen und Gesetze glaubte, die durch »Sinneserfahrungen und notwendige Beweisführungen« zu entdecken sind.

Dieses produktiver Naturwissenschaft eigentümliche Verfahren, das man am ehesten noch durch Albert Einsteins Bemerkung vom »erkenntnistheoretischen Opportunismus« charakterisieren könnte, hat immer wieder seine ungeheure Fruchtbarkeit erwiesen, so daß es durchaus kein Zufall war, daß Galilei recht hatte und die Kirche sich in einen bodenlosen Irrtum verrannte. Nur eben, ein »zwingender Beweis« nach den Regeln scholastischer Logik waren Galileis »tausend Beweise« deshalb noch lange nicht.

Gerade Galileis Orientierung an der Sinneserfahrung, also der empirisch-induktive Gehalt der neuen Wissenschaft und ihre Überprüfung an den Tatsachen, war in den Augen der scholastischen Philosophen nichts als schlampiges Denken, unfähig, einen »zwingenden Beweis« hervorzubringen. Im Mittelalter war in subtilen Untersuchungen herausgearbeitet worden, daß Hypothesen oder Theorien nicht durch Einzeltatsachen festgelegt und eindeutig bestimmt werden können. Wenn nämlich aus angenommenen Ursachen ein Phänomen hergeleitet wird, darf man diesen Schluß nicht einfach umkehren und bei empirischer Bestätigung des Phänomens schon die angenommenen Ursachen für erwiesen halten.

So ist es nach den Kriterien der Logik zwar korrekt zu sagen: »wenn das Planetensystem kopernikanisch ist, zeigt die Venus Phasen«. Die Umkehrung aber: »wenn die Venus Phasen zeigt, ist das Planetensystem kopernikanisch« ist nichts weiter als ein elementarer Fehlschluß,[7] denn die Venusphasen können auch auf andere Weisen zustande kommen, über die man mit den Mitteln der Logik nichts ausmachen kann. Diese Grundsätze richtigen Schließens waren damals in einem Maße kollektives Allgemeingut, daß Bellarmin nicht eigens auf sie hinweisen mußte. Galilei hatte sie gewiß schon in der Klosterschule von Vallombrosa eingetrichtert bekommen und ihre subtilen Ausprägungen in Padua bestens kennengelernt.

Vor diesen logischen Kriterien war es nun ziemlich gleichgültig, ob Galilei nur eine oder viele Einzeltatsachen anführen konnte; letzteres mochte vielleicht die Wahrscheinlichkeit erhöhen, ein »zwingender Beweis« waren seine »tausend Beweise« eben nicht, sondern nur eine Aneinanderreihung immer derselben logischen Fehler. Deshalb auch hegte Bellarmin die »schwersten Zweifel« daran, daß jemals ein solcher Beweis geführt werden könne, denn aus der Aufsummierung von Einzeltatsachen kann niemals eine Hypothese bewiesen oder sonst eine über das Partikulare hinausgehende sichere Erkenntnis gewonnen werden.

Deshalb blieben die römischen Autoritäten auch völlig ungerührt, als Galilei einen seiner vielen Beweise nach dem anderen herbeischaffte. Nirgendwo finden sich Anzeichen dafür, daß man sich auf eine wissenschaftliche Überprüfung oder Diskussion eingelassen hätte. Auch die Berufung auf die Keplerschen Ellipsenbahnen, die Galilei freilich als starkes Argument zugunsten des kopernikanischen Systems nicht erkannt hatte, hätte nichts genützt, und ebensowenig hat Galilei geschadet, daß die Herleitung von Ebbe und Flut aus der zweifachen Erdrotation eher den Triumph einer genialen Theorie über die Tatsachen darstellte denn eine richtige Beschreibung derselben. Vor der Inquisition waren derartige Anstrengungen so vergeblich, daß man darauf gar nicht einzugehen brauchte, wie übrigens auch das tychonische System als wenigstens geometrisch denkbare Alternative zum kopernikanischen in den Überlegungen der Inquisitoren keine Rolle gespielt hat, denn es stand ebenfalls unter dem Vorbehalt, eine nicht beweisbare Hypothese zu sein.

Als bewiesen galt den Inquisitoren schließlich nur, daß die Erde im Mittelpunkt der Welt ruht, und dazu brauchten sie keine Naturwissenschaft, sondern sie entnahmen diese Erkenntnis der Bibel.

Vor den Beweisregeln der Scholastik würde freilich auch heute jede Naturwissenschaft schmählich versagen, was nun aber nicht der Wissenschaft anzulasten wäre, sondern dem Umstand, daß diese Logik den naturwissenschaftlichen Erkenntnisprozeß auch nicht annähernd vollständig zu erfassen vermag. Auch Newtons Synthese aus Mechanik und Gravitationstheorie als Vollendung der neuen Wissenschaft wäre diesem logischen Seziermesser zum Opfer gefallen, wenn es diktatorisch gehandhabt worden wäre, viel mehr noch die modernen, von der Alltagserfahrung sich immer weiter entfernenden Begriffsbildungen der Physik.

Im Mittelalter hatten die scharfsinnigen Untersuchungen über die Vermeidung logischer Fehlschlüsse nicht wenig dazu beigetragen, daß in dieser geistig lebendigen, innovationsfreudigen Epoche der mit der Aneignung der griechischen Philosophie und Wissenschaft eingeleitete Erkenntnisschub letztlich in der Sackgasse resignativer Denkverbote endete, da in den Naturwissenschaften doch letztlich nichts zu beweisen war. Erst Galileis produktiver Dreiklang von Sinneserfahrungen, mathematischer Spekulation und experimenteller Überprüfung befreite die Naturforschung aus diesem Dilemma und eröffnete den Weg zur wissenschaftlichen Wahrheit nach den ihr eigentümlichen Kriterien. Daß diese nicht mehr viel mit der scholastischen Logik gemein hatten, war gerade eine der Bedingungen für die Geburt der Naturforschung als exakter Wissenschaft.

Aber sogar für den Fall, daß der unkonventionell denkende Galilei schließlich doch ein Argument beigebracht hätte, dem man auch nach scholastischen Kriterien den Charakter eines Beweises so leicht nicht hätte absprechen können, war durch eine unüberwindliche theologische Verteidigungslinie der Neuerungssucht ein Riegel vorgeschoben. Die Theologen hatten sich hinter der für jeden Christen unbeschränkten Allmacht Gottes verschanzt.

Der theologische Allmachtsvorbehalt, wie wir dieses Argument nennen wollen, wurde Galilei von Maffeo Kardinal Barberini in einem Gespräch entgegengehalten, das gegen Ende des Jahres 1615 in Rom stattfand und von einem Chronisten aufgezeichnet wurde.

»Glaubt Ihr«, fragte nach diesem Bericht der Kardinal, »daß Gott auch in anderer Weise (als im Sinne der kopernikanischen Lehre) die Sphären oder die Gestirne so anzuordnen und zu bewegen vermocht oder verstanden hätte, daß alles, was am Himmel in Erscheinung tritt oder was in betreff der Bewegungen, der Reihenfolge, Lage, Entfernung und Anordnung der Gestirne behauptet wird, sich in genügender Weise erklären ließe? Sagt Ihr: nein! so müßt Ihr beweisen, daß das Zustandekommen der Erscheinungen auf anderem Wege, als Ihr ihn ersonnen, einen Widerspruch einschließe. Denn Gott in seiner unendlichen Macht kann alles, was nicht einen Widerspruch einschließt, und da Gottes Wissen seiner Macht nicht nachsteht, so müssen wir, wenn wir einräumen, er habe es gekonnt, auch anerkennen, daß er das Wie gewußt habe. Hat aber Gott die Dinge in anderer Weise anzuordnen vermocht und gewußt, als man es sich ausgedacht, um die Gesamtheit der Erscheinungen erklären zu können, so dürfen wir nicht die göttliche Macht und Weisheit an diese eine Weise binden.«

So viel Scharfsinn verschlug Galilei die Sprache, wie der Chronist berichtet: »Als Galilei diese Worte gehört, da schwieg der hochgelehrte Mann, und wert des Lobes erschien deshalb wie seines Geistes Schärfe seine fromme Gesinnung.«[8]

Galilei war also mit dem Postulat konfrontiert worden, daß Gott in seiner Allmacht die Erscheinungen auf beliebige andere Weisen hervorbringen könne als die von den Naturforschern herausgefundenen; zu behaupten, die von Kopernikus oder Galilei entdeckte Konstitution der Welt sei die einzig mögliche und wahre, hieße die Allmacht Gottes einschränken und roch daher verdächtig nach Ketzerei.

Dieser Allmachtsvorbehalt war Barberinis Lieblingsargument, aber er hatte es nicht erfunden, sondern wie vieles in der Debatte gegen den Kopernikanismus war es ein ehrwürdiger Klassiker aus dem Mittelalter. Im Jahre 1277 waren an der Universität Paris auf Betreiben der Theologen durch den dortigen Bischof mit nachträglicher Billigung des Papstes 219 philosophische Thesen als ketzerisch verboten worden, darunter unter Punkt 34 die Behauptung, »daß die erste Ursache (also Gott) nicht mehrere Welten schaffen kann«. Für die Lahmlegung der Naturwissenschaft eignete sich auch die unter Punkt 21 aufgeführte und somit verbotene These, »daß nichts zufällig geschieht, sondern alles zwangsläufig eintritt, und daß alles, was in Zukunft sein wird, notwendigerweise sein wird, und was nicht sein wird, unmöglich sein kann«.[9]

Wer immer sich erkühnte, einen der angeführten Sätze zu verteidigen, wurde exkommuniziert und hatte eine Anklage wegen Häresie zu gewärtigen. Die Theologen hatten damit die gerade von aristotelischen Philosophen angenommenen Einschränkungen der Allmacht Gottes durch Ergebnisse menschlichen Forschens und Nachdenkens zurückgewiesen, Gott die Fähigkeit zugesprochen, nach seinem Belieben zu handeln, und dadurch Philosophie und Naturforschung unter ihre despotische Fuchtel gebracht. Dieses etwas überlebte Argument, nach dem es eitel und sinnlos sei, die Natur erforschen zu wollen, da Gott doch alles auch anders einrichten kann, wieder belebt und aktualisiert zu haben, wird man dem sonst so klugen Kardinal Barberini nicht als intellektuelle Großtat zurechnen können, denn hätte er die Macht gehabt, diese Auffassung nicht nur gegenüber Galilei durchzusetzen, wäre die exakte Naturwissenschaft schon im Keime erstickt worden.

Dem despotischen Skeptizismus der Theologen hatte Galilei schon in seinem Essay *Über den Gebrauch biblischer Zitate in den Angelegenheiten der Wissenschaft* eine Sentenz des Tertullian entgegengesetzt:

»Wir schließen, daß Gott erkannt wird erstens durch die Natur, und dann im besonderen durch die Lehre; durch die Natur in Seinen Werken, und durch die Lehre in Seinem geoffenbarten Wort.«[10]

In unzähligen Variationen unterstrich Galilei immer wieder seine Überzeugung, daß Gott dem Menschen Verstand gegeben habe, damit er sich seiner zur Erkenntnis der göttlichen Schöpfung bediene. Als eingeschworener philosophischer Realist glaubte er unerschütterlich daran, daß in der Natur objektive Gesetze zu entdecken wären, da das »Buch der Natur in der Sprache der Mathematik« abgefaßt sei; und daß Gott die Menschen zum Narren halten und nach regelloser Willkür die Erscheinungen vorgaukeln würde, erschien ihm bei seinem Vertrauen in die Erkennbarkeit der Natur und auch in seinem Zutrauen zur Güte Gottes undenkbar. Dieses Vertrauen in die grundsätzliche Erkennbarkeit der Natur gehört zu den stillschweigenden Voraussetzungen jeder Forschung, die Albert Einstein in die Worte gefaßt hat, daß der »Herrgott zwar raffiniert, aber nicht bösartig« sei.

Galilei verteidigte diesen seinen Weg der Naturforschung gegen Bellarmins extensive Auslegung der Bibel, gegen dessen scholastische Logik und gegen den despotischen Skeptizismus Barberinis. Dabei erwies er sich nicht nur als der bessere Naturforscher, sondern zugleich auch als der bessere und wohl auch humanere Theologe. Getäuscht hatte er sich freilich in der Einschätzung der Macht der Vernunft, in die er, ungebrochen von manchen trüben Erfahrungen, die größten Hoffnungen gesetzt hatte. Daher schrieb er schon im Mai 1615 an den Monsignore Dini:

»Ich würde vor der Überwindung all dieser Schwierigkeiten nicht verzagen, wenn ich an einem Ort wäre, wo ich meine Zunge gebrauchen könnte statt meiner Feder; und wenn ich jemals wieder gesunde, so daß ich nach Rom kommen kann, werde ich das in der Hoffnung tun, zumindest meine Liebe zur heiligen Kirche zu zeigen. Denn mein größter Wunsch in diesem Punkte ist, daß keine Entscheidung getroffen wird, die nicht wahrhaft gut ist.«[11]

Allerdings hatte Galilei übersehen, daß auch seine virtuose Beredsamkeit nichts daran ändern würde, daß die Beweiskriterien nicht von dem Hofmathematiker des Großherzogs der Toskana festgelegt werden, sondern von den Theologen der Inquisition, und spätestens hier ging es nicht mehr um die Macht der Vernunft, sondern nur noch um die Macht.

Nun ruht sie wieder – Das Dekret gegen die kopernikanische Lehre

An die Reise nach Rom konnte Galilei erst im November des Jahres 1615 denken, als sich sein Gesundheitszustand gebessert hatte und er nicht mehr »von Ärzten und Arzneien umgeben« war. Der toskanische Gesandte in der Heiligen Stadt, Pietro Guicciardini, der schon den zweischneidigen Triumph Galileis im Jahre 1611 eher skeptisch kommentiert hatte, war über die Aussichten, einen so kontroversen Gast in seiner Gesandtschaft beherbergen zu sollen, nicht gerade entzückt.

»Ich weiß nicht«, schrieb er am 5. Dezember an den florentinischen Staatssekretär Curzio Picchena, der die Nachfolge des verstorbenen Belisario Vinta angetreten hatte, »ob er sich in bezug auf Lehre und Temperament verändert hat, aber ich weiß, daß einige Brüder des heiligen Domenikus, die Anteil am Heiligen Offizium haben, und noch andere ihm übel gesinnt sind, und dies ist kein Land, um über den Mond zu disputieren oder namentlich in diesem Zeitalter neue Lehren vertreten und einführen zu wollen.«[1]

Als Guicciardini diese Warnung diktierte, hatte sich Galilei allerdings schon auf den Weg gemacht. Am 3. Dezember hatte er Florenz verlassen, mit Empfehlungsschreiben seines loyalen Großherzogs wohl versehen, die an die Kardinäle del Monte, Borghese und Orsini gerichtet waren. Nach vier beschwerlichen Reisetagen traf er in der Villa Medici ein, wo wiederum nach dem Willen des Großherzogs für einen Schreiber, einen Diener und einen Maulesel gesorgt war sowie für etwas mehr als die übliche Bequemlichkeit wegen des angegriffenen Gesundheitszustandes.

Bald nach seiner Ankunft muß er herausgefunden haben, daß die Anklagen des Dominikaners Caccini vor dem Heiligen Offizium nicht gerade mit Eifer verfolgt würden. Dadurch ermutigt, machte er »von seiner Zunge« überaus regen Gebrauch, suchte die Palazzi der Fürsten und Kardinäle auf und debattierte, wo er nur konnte, über das kopernikanische System und die Widersinnigkeit eines Verbots.

Zu den alten Freunden gewann er neue hinzu und war bei Tafeleien und Abendgesellschaften wegen seiner glänzenden Beredsamkeit ein allseits geschätzter Gast. In die Bewunderung mischte sich aber auch die amüsierte Attitüde von skeptischen Beobachtern, die wie einst in den römischen Zirkusarenen dem bizarren Kampf eines angeschlagenen Löwen zusahen:

»Wir haben hier den Signor Galilei, der oft in Versammlungen von Neugierigen die Geister durch die Meinung des Kopernikus verwirrt, die er für wahr hält. Ihr würdet an ihm großen Gefallen finden, wenn Ihr ihn reden hören könntet, wie es häufig geschieht, umringt von fünfzehn oder zwanzig Gästen, die ihn heftig attackieren, mal in diesem Hause und mal in jenem. Aber er ist so gefestigt, daß er sie alle verlacht; die Neuartigkeit seiner Meinung verhindert zwar, daß er sie alle bekehrt, aber dennoch beweist er die Wertlosigkeit der meisten Argumente, mit denen ihn seine Gegner zu Fall bringen wollen. Besonders am Montag hatte er im Hause des Signor Federico Ghisilieri wunderbare Proben seines Könnens vorgeführt, und was mir außerordentlich gefiel, war die Art und Weise, wie er, bevor er auf die gegnerischen Argumente antwortete, dieselben weiter ausführte und durch neue, scheinbar unwiderlegliche Gründe weiter bestärkte, so daß er, wenn er sie schließlich zunichte machte, seine Gegner um so mehr der Lächerlichkeit preisgab.«[2]

Diesen Eindruck verzeichnete der Monsignore Antonio Querengo, den Galilei aus Padua bestens kannte, wo er nach dem Tode von Giovanni Vincenzio Pinelli die Szene der intellektuellen Salons angeführt hatte, der jetzt aber in Rom als Sekretär des Kardinals von Modena Antonio d'Este wirkte. Der Monsignore und der Kardinal waren sich darin einig, daß die Bewegung der Erde etwas mit der Unruhe der Gehirne zu tun haben müsse. »Ihr seht, wie nahe Ihr daran seid, Euch mit der Erde in einem halben natürlichen Tage von Osten nach Westen zu drehen«, warnte Querengo in scherzhaftem Ton seinen Dienstherrn und fügte (Galilei betreffend) hinzu: »Auf einen der nächsten Tage habe ich ihn mit drei oder vier Gegnern zum Kampf inter pocula eingeladen, und dann werde ich Euch aus eigener Erfahrung berichten, wie es geht.«[3]

Der Ernst der Situation war freilich bei allem Spaß an hochkarätigen Disputen nicht zu übersehen. Der Gesandte Guicciardini kannte nicht nur seinen Galilei, sondern auch Papst Paul V. und dessen schlichte Auffassungsgabe, weshalb er eine Warnung nach der anderen an den florentinischen Hof sandte, zum Beispiel diese:

»Galileo ist ganz Feuer für seine Meinungen, er setzt die höchste Leidenschaft daran und wenig Kraft und Klugheit, sie zu beherrschen; dieser Himmel von Rom wird ihm noch sehr gefährlich, zumal in dieser Zeit, wo derjenige, der hier Fürst ist, die schönen Wissenschaften und die geistreichen Leute verabscheut und von solchen neuen Lehren und Spitzfindigkeiten nichts wissen will, wo jeder Kopf und Natur nach der des Herrn zu richten sucht, so daß auch diejenigen, die etwas wissen und lernbegierig sind, wenn sie Verstand haben, das Gegenteil zur Schau tragen, um sich nicht verdächtig zu machen und sich nicht Unannehmlichkeiten auszusetzen.«[4]

Auch Francesco Maria Kardinal del Monte, der Galilei seit seiner Jugend kannte, sich einst für die Vergabe der Pisaner Professur an Galilei verwendet hatte und ihm nach dem Besuch in Rom fünf Jahre zuvor eine Säule auf dem Kapitol zusprechen wollte, riet nunmehr Galilei, vorsichtig und zurückhaltend zu sein, wenn er am Ende nicht noch eine Beschimpfung davontragen wolle. Bellarmin hatte sich geweigert, den Störenfried überhaupt zu empfangen, und Barberini, freundlich wie immer, hatte seinen toskanischen Landsmann mit der schon diskutierten Allmachtsklausel abblitzen lassen.

Trotzdem hatte Galilei dank der Fürsprache seiner Gönner erreichen können, daß die gegen ihn persönlich gerichteten Verleumdungen als haltlos und unbegründet zurückgewiesen worden waren. Dies konnte er freilich nur als einen Teilerfolg empfinden, denn es wurde nach wie vor von einer Maßnahme gegen die kopernikanische Lehre gemunkelt. Anfang Februar sandte Galilei dem florentinischen Staatssekretär eine zusammenfassende Beschreibung dieser beiden Aspekte der Lage in Rom:

»Meine Angelegenheiten sind, sofern sie mich selbst betreffen, erledigt. All die hochgestellten Persönlichkeiten, die sich ihrer angenommen hatten, haben es mir deutlich und in der verbindlichsten Weise bestätigt, und sie haben mir versichert, daß man nunmehr vollständig von meiner Aufrichtigkeit und Ehrenhaftigkeit überzeugt sei und ebenso von der teuflischen Tücke und Ungerechtigkeit meiner Verfolger. Insofern könnte ich also unverzüglich nach Hause zurückkehren; aber da gibt es noch eine mit meinen Angelegenheiten verbundene Frage, die nicht nur mich betrifft, sondern alle diejenigen, die während der letzten achtzig Jahre, in gedruckten Büchern und persönlichen Briefen, in öffentlichen Vorträgen und privaten Unterredungen, eine gewisse Lehre befürwortet haben, die Eurer Exzellenz nicht unbekannt ist, über die ein Urteil gefällt werden soll. In der Hoffnung, daß in dieser Frage meine Hilfe, sofern es auf die Kenntnis derjenigen Wahrheiten ankommt, die von der Wissenschaft bewiesen werden, der ich mich selbst gewidmet habe, nützlich sein könnte, darf ich noch will ich als ein eifriger katholischer Christ diese Hilfe vorenthalten, die mein Wissen darstellen kann, und dieser Teil meiner Angelegenheiten hält mich ständig beschäftigt.«[5]

Im Interesse der Kirche und der Freiheit der Wissenschaft entschloß sich Galilei in der Beförderung dieses allgemeineren Teils seiner Angelegenheiten zu einem Schritt, der seinen diplomatischen Fähigkeiten nicht gerade das beste Zeugnis ausstellt. In Verkennung der diffizilen Situation überredete er den eben zweiundzwanzigjährigen Kardinal Orsini, beim Papst gegen das drohende Verbot der kopernikanischen Lehre zu intervenieren. Damit der junge Herr Kardinal nicht mit leeren Händen vor dem Oberhaupt der Kirche erscheinen mußte, brachte Galilei sein, wie er meinte, durchschlagendstes Argument zugunsten des kopernikanischen Systems zu Papier: In einem Brief an den »erlauchten und hochwürdigen Signor Kardinal Orsini« legte er seine Theorie über das Zustandekommen von Ebbe und Flut sowie der Passatwinde durch die zweifache Erddrehung dar.[6]

Die Folgen dieses ein wenig naiven Versuchs, den starrsinnigen Papst durch ein wissenschaftliches Argument zu beeindrucken, hat der Gesandte Guicciardini am 4. März in einer Depesche an den Staatssekretär Picchena geschildert:

»Der Kardinal sprach am letzten Mittwoch im Konsistorium, ich weiß nicht, mit welcher Bedachtsamkeit und Klugheit, also wegen des besagten Galileo zum Papst. Der Papst sagte ihm, es wäre gut, wenn er ihn dazu überreden könnte, diese Meinung aufzugeben. Daraufhin erwiderte Orsini irgend etwas, wobei er eindringlicher wurde; doch der Papst schnitt ihm das Wort ab und sagte ihm, er würde die ganze Angelegenheit dem Heiligen Offizium übergeben. Sobald Orsini gegangen war, ließ Seine Heiligkeit Bellarmin herbeirufen; und nach kurzer Unterredung entschieden sie, daß die Meinung irrig und häretisch sei; vor drei Tagen hatten sie, wie ich höre, in dieser Angelegenheit eine Kongregation, um sie als solche erklären zu lassen. Kopernikus und die anderen Autoren, die darüber geschrieben haben, sollen ergänzt, korrigiert oder verboten werden; ich glaube, daß Galileo persönlich nichts geschehen wird, denn er ist vernünftig und wird fühlen und wünschen, wie es die Heilige Kirche tut.«[7]

Dieser Bericht des toskanischen Gesandten scheint allerdings auf Informationen zurückzugehen, die Guicciardini aus dem innersten Zirkel der Kurie gezielt zugespielt worden waren; sie sollten offenbar den Eindruck erwecken, daß Galilei durch sein querulatorisches Verhalten und schließlich durch die dreiste Einschaltung des jungen Orsini die Kirche zu einer Entscheidung genötigt und sich daher die Folgen selbst zuzuschreiben habe. Bei Kenntnis der Aktenlage erweist sich diese Darstellung indes als ein kurialer Schachzug in einem düsteren Intrigenspiel, denn als der Papst dem Kardinal Orsini das Wort abschnitt, waren die Würfel längst gefallen.

UNTER DEM SIEGEL ABSOLUTER VERSCHWIEGENHEIT hatte das Heilige Offizium die kopernikanischen Angelegenheiten weiter verfolgt, darin vermutlich ständig bedrängt durch den Denunzianten Tommaso Caccini und neuerlich auch durch den Pater Lorini aus dem Kloster von San Marco, der im Januar nach Rom gekommen war, um seinen dominikanischen Ordensbrüdern im Kampf gegen die Galileisten und ihr Oberhaupt voranzugehen.

Dabei hatten die beiden Patres zu ihrem Leidwesen erfahren müssen, daß ihr Gegner sich noch immer der Protektion einiger hoher Würdenträger erfreute und alle Verdächtigungen hinsichtlich seiner christlichen Gesinnung in sich zusammengebrochen waren. Caccini suchte sogar Anfang Februar Galilei in der Villa Medici unter dem

Vorwand einer Entschuldigung auf, konnte dabei aber nicht verbergen, daß er eigentlich gekommen war, Galilei noch einmal über seine Haltung zum Kopernikanismus auszuhorchen: »Aber in allen seinen Äußerungen«, berichtete Galilei über diesen merkwürdigen Vorfall, »entdeckte ich eine große Dummheit, zudem einen Geist voller Gift und Mangel an Menschlichkeit; was dieser Mann und einige andere, die ihm folgen, inzwischen erreicht haben, zeigt mir, wie gefährlich es ist, mit solchen Leuten zu tun zu haben ...«[8]

Wenn alles Gift der Mönche nicht ausgereicht hatte, Galileis Katholizität in Zweifel zu ziehen, so verteidigte er doch immer noch sein Recht auf unkonventionelle Meinungen, und über die wurde binnen weniger Tage ein Urteil gefällt.

Die Generalkongregation des heiligen Offiziums hatte am Donnerstag, dem 18. Februar, unter dem Vorsitz des Papstes beschlossen, die Angelegenheit des besagten Galileo Galilei einer Entscheidung zuzuführen. Zu diesem Zweck wurden den theologischen Fachleuten des Heiligen Offiziums, die als Konsultoren und Qualifikatoren die Kardinäle zu beraten hatten, am darauffolgenden Tag zwei Sätze zur »Qualifikation« vorgelegt:

»Erstens: Die Sonne ist das Zentrum der Welt und in örtlicher Bewegung vollkommen unbeweglich.

Zweitens: Die Erde ist nicht das Zentrum der Welt und nicht unbeweglich, sondern sie bewegt sich als Ganzes in bezug auf sich selbst, auch in täglicher Bewegung.«[9]

Die elf Theologen des Heiligen Offiziums trafen sich vier Tage später, am 23. Februar, zur Vorbereitung der routinemäßigen Mittwochssitzung der Kardinäle und einigten sich auf folgende »Qualifikation« des ersten Satzes:

»Alle haben gesagt, daß genannte Proposition philosophisch töricht und formal häretisch ist, insofern sie ausdrücklich in Widerspruch zu Aussprüchen steht, welche die Heilige Schrift an vielen Stellen nach der Bedeutung der Worte und nach der üblichen Erklärung und Auslegung der Heiligen Väter und der Doktoren der Theologie macht.«

Nicht ganz so drakonisch wurde über den zweiten Satz geurteilt: »Alle haben gesagt, daß diese Proposition philosophisch das gleiche

Urteil erhält und daß sie, was die theologische Wahrheit betrifft, mindestens einen Irrtum im Glauben bedeutet.«[10]

Das »formal häretisch« in der Verurteilung des ersten Satzes bedeutet, daß die Behauptung, die Sonne sei das Zentrum der Welt und unbeweglich, der Glaubenslehre direkt widerspricht. Wer an solch einer Behauptung festhalten wollte, würde der Ketzerei angeklagt und, falls er nicht widerrufen würde, auf dem Scheiterhaufen enden. Indem die Qualifikatoren diese schärfste Waffe aus dem Katalog möglicher theologischer Verdikte ins Feld geführt hatten, waren sie der extensiven Auslegung des Wahrheitsanspruchs der Bibel gefolgt, wie sie der Generalinquisitor Roberto Kardinal Bellarmin durchgesetzt hatte. Dabei mußten die treuen Erfüllungsgehilfen ihres Herrn freilich nicht nur die Lehren des heiligen Augustin oder des Thomas von Aquin souverän ignorieren, auf die sich Galilei in der Verteidigung seiner Forschungs- und Denkfreiheit berufen hatte, sie mußten sogar das Kirchenrecht bis über die zulässigen Grenzen strapazieren, denn niemals zuvor waren astronomische Auffassungen durch ein Konzil oder einen ex cathedra sprechenden Papst zu Bestandteilen der Glaubenslehre erklärt worden.

Die mildere Beurteilung des zweiten Satzes lag vermutlich daran, daß die Bibel eine ruhende Erde als Selbstverständlichkeit voraussetzt und daher keine expliziten Formulierungen dieser Auffassung enthält. Somit verstieß der verurteilte Satz nach Meinung der Qualifikatoren wohl nur gegen eine abgeleitete Wahrheit und war daher nur ein »Irrtum im Glauben«. Für beide »Qualifikationen« gilt aber, daß sie theologisch unhaltbar waren und auch mit der Güte kirchenhistorischen Wohlwollens nicht als zeitbedingt verteidigt werden können.

Wissenschaftliche Argumente haben in dem Qualifikationsverfahren überhaupt keine Rolle gespielt. Die Akten enthalten keinen einzigen Hinweis auf die Frage nach möglichen Beweisen zugunsten der einen oder anderen Auffassung. Schon die kuriose Formulierung der verurteilten Sätze – »die Erde ... bewegt sich als Ganzes in bezug auf sich selbst, auch in täglicher Bewegung« – zeugt von der Gleichgültigkeit der Theologen gegenüber der astronomischen Wissenschaft, von der sie vermutlich kaum etwas verstanden hatten.

Der Bequemlichkeit halber waren diese Sätze einfach geringfügig geänderte Fortschreibungen aus der Denunziation Caccinis.

Der erste Satz wurde übrigens schon Kopernikus nicht gerecht, der sich nicht eindeutig darauf festlegen wollte, ob die Sonne das Zentrum nur des Planetensystems oder des ganzen Kosmos sei. Für Galilei, der mit seinem Fernrohr die Unendlichkeit der Milchstraße gesehen und eine andere als die aristotelische Physik entwickelt hatte, war diese Frage eindeutig als sinnlos entschieden:

»Das Problem oder die Frage nach dem Zentrum des Universums, und ob sich dort die Erde befindet, gehört zu den wertlosesten Betrachtungen in der gesamten Astronomie. Den größten Astronomen hat es genügt, daß der irdische Globus von unmerklicher Größe im Vergleich mit dem Sternenhimmel ist ... und diesem Raum, dessen Gestalt man weder kennt noch kennen kann (nicht einmal, ob er überhaupt eine Gestalt hat), ein Zentrum zuschreiben zu wollen, ist nach meiner Meinung ein überflüssiges und eitles Unterfangen. Zu glauben, daß die Erde in einem Zentrum lokalisiert sei, dessen Existenz im Universum unbekannt ist, muß in der Tat ein bedrückendes Unternehmen sein.«[11]

Und ebenso vergeblich wäre Galilei die von den Qualifikatoren verurteilte Behauptung erschienen, die Sonne solle nun an diesem Ort sein, der nicht existiert: In der aristotelischen Kosmologie und Physik war der Welt- und zugleich Erdmittelpunkt als Anziehungszentrum für die schwere Materie sogar mit physikalischen Wirkungen ausgestattet gewesen, wodurch zugleich die Kugelgestalt der Erde eine Erklärung fand; für Galileis Wissenschaft war es hingegen konstitutiv, daß dieses hypothetische Nichts eines wie immer besetzten Weltmittelpunktes keine Wirkung auf Materie auszuüben vermag und daher sowohl physikalisch als auch geometrisch unsinnig ist.

Die verurteilten Thesen waren also nicht einmal vertretbare Kurzformeln der galileischen Kosmologie, so daß die Theologen des Heiligen Offiziums strenggenommen über ihre eigenen Formulierungen oder diejenigen des Denunzianten Caccini das Urteil gesprochen hatten, nicht aber über Sätze Galileis. Deshalb ist der Versuch, für die administrativ-theologischen Entscheidungen der Qualifikatoren im Lichte späterer physikalischer Erkenntnisse um Verständnis zu werben, gleich in mehrfacher Hinsicht zum Scheitern verurteilt, obwohl er in einer gewissen katholisch inspirierten Tradition immer wieder unternommen wird.

»In der Tat war der erste Satz der kopernikanischen Lehre, um den es sich hier handelte, ganz sicher falsch«, schrieb zum Beispiel Werner Heisenberg, der unzweifelhaft einer der größten Nachfolger Galileis und zugleich eine Zierde der Päpstlichen Akademie der Wissenschaften war. »Auch die heutige Naturwissenschaft würde nicht sagen, daß die Sonne im Mittelpunkt der Welt steht und deshalb unbeweglich ist.«[12] Das ist sicher richtig, nur taugt das Argument eben nicht dazu, Galileis Position in Frage zu stellen, sondern nur die Formulierungskunst der Qualifikatoren.

Das ohnehin problematische Unterfangen, den damaligen Konflikt mit den Begriffsbildungen der modernen Physik zu beleuchten, wird hinsichtlich des zweiten Satzes, der von der sich drehenden Erde handelt, von Heisenberg noch weiter vorangetrieben: »Wenn man eingesehen hat, daß die Begriffe (»Ruhe« und »Bewegung«; Anm. d. A.) keine absolute Bedeutung besitzen, daß sie sich auf Relationen zwischen zwei Körpern beziehen, so ist es willkürlich, ob man Sonne oder Erde als ruhend oder bewegt ansieht. Dann besteht erst recht kein Grund, das alte Weltbild zu ändern.«[13]

Dieses Argument zur Rechtfertigung der Qualifikatoren soll sich auf die freie Wählbarkeit beliebiger Koordinatensysteme in der allgemeinen Relativitätstheorie von Albert Einstein beziehen; danach wäre es sinnlos, von absoluter Bewegung zu reden, und dies gelte auch für den Fall eines rotierenden Körpers. Galilei hätte demnach also für eine Behauptung gestritten, die sich bei Betrachtung von der hohen Warte begrifflich fortentwickelter moderner Physik als ein Pseudoproblem herausgestellt hätte.

Wenn dabei auch nicht ganz klar wird, warum die Heilige Inquisition, wäre sie nur im Besitz der Erkenntnismittel der modernen Physik gewesen, das Recht gehabt hätte, Auffassungen über die Rotation der Erde als »Irrtum im Glauben« zu verurteilen, hat dieses Argument zudem noch den Nachteil, daß es falsch ist. Denn auch im Rahmen der allgemeinen Relativitätstheorie ist es genauso sinnvoll, von einer sich drehenden Erde zu reden, wie es dies in der vorrelativistischen Physik Newtons oder Galileis war, ja sogar in der Physik des Aristoteles. Sie rotiert nämlich genau in dem Sinne, in dem ein Mühlstein oder eine Töpferscheibe sich dreht, nämlich in bezug auf jedes wählbare lokale Inertialsystem, wie es Karl Popper schon 1956 erläutert hat:

»Die Relativitätstheorie beschreibt das Sonnensystem tatsächlich in einer Weise, daß wir aus dieser Beschreibung herleiten können, daß jeder Beobachter, der sich auf einem hinreichend entfernten sich frei bewegenden physikalischen Körper befindet (wie unserem Mond, oder auf einem anderen Planeten oder einem Stern außerhalb des Systems), die Erde rotieren sehen würde, und von dieser Beobachtung könnte er herleiten, daß ihre Bewohner eine scheinbare tägliche Bewegung der Sonne wahrnehmen müssen. Aber es ist klar, daß genau dieser Sinn der Worte ›bewegt sich‹ zur Debatte stand; denn ein Teil dieser Debatte ging darum, ob das Sonnensystem ein System wie das des Jupiters und seiner Monde war, nur größer, und ob es bei der Betrachtung von außen wie dieses System aussehen würde. In all diesen Fragen unterstützt Einstein eindeutig Galileo.«[14]

Aber wenden wir uns nach diesen – leider notwendigen – Abschweifungen in die Subtilitäten der Relativitätstheorie wieder den Beratungen des Heiligen Offiziums zu, das ohnehin ohne solche Überlegungen auskommen mußte.

Im Tone normaler Geschäftsmässigkeit verzeichnen die Akten der Inquisition das weitere Vorgehen. Nachdem die Kardinäle des Heiligen Offiziums am Mittwoch, dem 24. Februar, die »Qualifikation« der beiden fraglichen Sätze kommentarlos entgegengenommen hatten, wurde dieser Punkt auf die Tagesordnung der nächsten Sitzung der Generalkongregation gesetzt, die wie jede Woche donnerstags unter dem Vorsitz des Papstes stattfand. Ohne weitere Beratung wurden die Urteile der Theologen akzeptiert, woraufhin der Papst noch das folgende anordnete:

»Seine Heiligkeit hat dem Kardinal Bellarmin aufgetragen, besagten Galileo vorzuladen und ihn zu ermahnen, daß er die besagte Meinung aufgebe; und wenn er sich weigere zu gehorchen, soll ihm der Kommissar vor einem Notar und Zeugen einen Befehl erteilen, sich endgültig zu enthalten, eine derartige Meinung und Lehre zu lehren oder zu verteidigen oder auf Erörterungen über dieselben sich einzulassen; und wenn er sich nicht darein schicke, solle man ihn ins Gefängnis werfen.«[15]

Für den folgenden Tag wurde Galilei in den Palast des Kardinals Bellarmin befohlen; in keiner Zeile seiner Briefe findet sich eine Andeutung, daß er geahnt hätte, was ihn im Palast des Generalinquisitors erwarten könnte, und ebensowenig hat er seine Empfindungen bei der peinlichen Prozedur dem Briefpapier anvertraut. Es unterliegt wohl keinem Zweifel, daß Galilei tief erschüttert war, als er beim Betreten des Kardinalspalastes auch des Generalkommissars des Heiligen Offiziums ansichtig wurde und erkennen mußte, daß seine Kirche dabei war, einen ihrer größten und gröbsten Irrtümer zu exekutieren. Ebenso gewiß ist aber auch, daß Galilei jederzeit bereit war, sich den Entscheidungen der Kirche zu fügen, deren treuer Sohn er war und bleiben wollte.

Einzig in den dürren Protokollen der Inquisition haben diese dramatischen Minuten der Vermahnung Galileis ihren Niederschlag gefunden, dies allerdings gleich in zwei Versionen, die erheblich voneinander abweichen. Die erste wurde in den Decreta der Kongregation des Heiligen Offiziums eine Woche nach dem Ereignis in der Sitzung vom 3. März festgehalten, gewissermaßen als Vorlauf zu den Anordnungen des Papstes über das Verbot des Kopernikanismus:

»Nachdem der durchlauchtigste Kardinal Bellarmin berichtet hatte, daß Galileo Galilei, Mathematiker, entsprechend der Verfügung der Heiligen Kongregation ermahnt worden war, die Meinung, die er bisher aufrechterhalten hatte, der zufolge die Sonne der Mittelpunkt der Sphären und unbeweglich sei und die Erde sich bewegt, aufzugeben, und darin eingewilligt hat ...«[16]

Demnach war es also nicht nötig gewesen, zu den am Vortage beschlossenen verschärften Maßnahmen zu greifen für den Fall, daß der Mathematiker sich uneinsichtig zeigen würde und sich weigere zu gehorchen: Galilei hat sich in das Unabänderliche gefügt und gehorcht.

Nach einem Protokoll in den Prozeßakten der Inquisition wäre es jedoch zum zweiten Grad der Ermahnung gekommen, dem amtlichen Befehl des Generalkommissars der Heiligen Inquisition in einer gegenüber der ersten Erklärung Bellarmins verschärften Formulierung:

»In dem Palast, der ständigen Residenz des zuvor erwähnten Kardinals Bellarmin, wurde besagter Galileo, herbeibefohlen und stehend vor Seiner Durchlaucht, in der Gegenwart des allerhochwürdigsten Paters Michael Antonio Seghizzi de Lauda vom Orden der Prediger und Generalkommissar des Heiligen Offiziums, durch den Kardinal über den Irrtum der erwähnten Auffassung ermahnt und daß er sie aufgeben solle; und dann in der Gegenwart meiner selbst, anderer Zeugen und des durchlauchtigsten Kardinals, der immer noch anwesend war, wurde dem besagten Galileo durch den Kommissar im Namen Seiner Heiligkeit des Papstes und der Kongregation des Heiligen Offiziums auferlegt und befohlen, die besagte Auffassung voll und ganz aufzugeben, daß nämlich die Sonne das Zentrum des Universums sei und unbeweglich und daß die Erde sich bewegt; noch sie zukünftig behaupten, lehren oder verteidigen in irgendeiner Weise, weder in Wort noch Schrift. Der besagte Galileo fügte sich in diese Entscheidung und versprach, ihr zu gehorchen.

Gegeben zu Rom, in dem oben erwähnten Palast, in der Gegenwart des Hochwürdigen Baldino Nores aus Nicosia im Königreich von Zypern, und Augustino Mongardo aus der Diözese von Montepulciano, beide Zeugen dem Haushalt besagten durchlauchtigsten Kardinals angehörend.«[17]

Nach diesem Protokoll war es Galilei also untersagt worden, die inkriminierte Lehre zu »behaupten, lehren oder verteidigen, in irgendeiner Weise weder in Wort noch in Schrift«, während das Dokument in den Decreta der Kongregation und auch andere Texte so zu verstehen waren, daß eine hypothetische Diskussion des kopernikanischen Systems im Sinne der »Rettung der Erscheinungen« erlaubt war und nur die Wahrheitsbehauptung dieses Systems zu unterbleiben hätte.

Freilich ist das Protokoll in den Prozeßakten in formaler Hinsicht mehr als nur fragwürdig: Es enthält keinerlei Unterschriften, weder die des Verfassers noch die der Zeugen, und stellt allein schon dadurch ein Unikat unter den Dokumenten der Inquisition dar, die sonst auf korrekte Aktenführung und notarielle Beglaubigung den allergrößten Wert legte. Wegen dieser und anderer Mängel wird seit mehr als einem Jahrhundert die Authentizität dieses Dokuments angezweifelt; weil es in dem späteren Prozeß gegen Galilei eine zentrale Rolle gespielt hat, wollen wir die Erörterung dieser Frage an späterer Stelle wiederaufnehmen.

Papst Paul V. hätte die kopernikanische Lehre am liebsten zur Häresie erklärt und damit, gestützt auf das Urteil der Qualifikatoren, den leidigen Sternenstreit ein für allemal beendet. Dagegen intervenierten allerdings einige Kardinäle, die nicht dem Heiligen Offizium angehörten und nicht so ohne weiteres bereit waren, alle Grundsätze der Theologie und des Kirchenrechts zu ignorieren. »Paul V. war der Meinung, den Kopernikus als dem Glauben zuwider erklären zu lassen«, trug ein Kleriker in seine Tagebücher ein, »aber die Kardinäle Caetani und Maffeo Barberini widerstanden ihm offen und hinderten ihn mit den guten Gründen, die sie gaben.«[18]

Der Kompromiß, der schließlich gefunden wurde, lief darauf hinaus, daß nicht das Heilige Offizium als Hüter des Glaubens, sondern die Kongregation für den Index der verbotenen Bücher ein Dekret erlassen sollte, in dem von Häresie nicht mehr die Rede war. Dieses Dekret erging am 5. März 1616 und behandelt gleichrangig mit dem Buch des Kopernikus einen völlig unbedeutenden Kommentar zum Buch Hiob sowie die Schrift von Foscarini:

»Da es der Kongregation zur Kenntnis gelangt ist, daß die falsche und der Heiligen Schrift ganz und gar zuwiderlaufende Lehre von der Bewegung der Erde und der Unbewegtheit der Sonne, welche Nikolaus Kopernikus in seinem Buch ›De revolutionibus orbium coelestium‹ und Diego de Zuniga zum ›Hiob‹ lehren, sich bereits verbreitet hat und von vielen angenommen wird, wie zu ersehen ist aus dem gedruckten Brief eines Karmelitermönchs mit dem Titel: Lettera del R. P. Maestro Paolo Antonio Foscarini ... in welchem der besagte Pater zu zeigen versucht, daß besagte Lehre von der Unbeweglichkeit der Sonne im Zentrum der Welt und der Beweglichkeit der Erde der Wahrheit gemäß sei und nicht der Heiligen Schrift widerspreche: Deshalb, damit diese Auffassung nicht zum

Verderben der katholischen Wahrheit sich weiter einschleiche, hat die Kongregation beschlossen, daß die Bücher des Kopernikus ›De revolutionibus orbium‹ und des Diego de Zuniga ›Über Hiob‹ bis zur Verbesserung zu suspendieren seien, das Buch des Karmeliterpaters Paolo Antonio Foscarini dagegen gänzlich zu verbieten und zu verdammen und alle anderen Bücher, die gleichermaßen dasselbe lehren, zu verbieten, wie sie durch gegenwärtiges Dekret sie insgesamt verbietet und verdammt beziehungsweise suspendiert. Zum Zeugnis dessen wurde dieses Dekret unterzeichnet und gesiegelt von der Hand und dem Siegel des Hoch- und Ehrwürdigen Kardinals von St. Cäcilia, Bischof von Albano, am fünften Tage des März, 1616.«[19]

Dieses Dekret wurde den Inquisitoren in der gesamten katholischen Welt unverzüglich mit dem Befehl zugestellt, es strikt anzuwenden und seine Einhaltung zu überwachen. Es wurde von den Kanzeln verkündet und in den Universitäten bekanntgemacht; Bücher wurden konfisziert und Besitzer der verbotenen Schriften aufgefordert, diese zur Vermeidung schwerer Strafen bei der Inquisition abzuliefern; und in Neapel wurde der Drucker des Buches von Foscarini ins Gefängnis geworfen.

Der graziöse Stilist Monsignore Antonio Querengo schrieb dem Kardinal d'Este: »Die Disputationen des Signor Galileo haben sich in alchemistischen Rauch aufgelöst, denn das Heilige Offizium hat erklärt, daß, wer diese Meinung vertritt, in offenkundiger Weise von den unfehlbaren Lehren der Kirche abweicht. So sind wir denn endlich versichert, daß, während man uns mit den Rädern des Gehirns draußen im Kreise laufen läßt, wir fest auf unserem Platz stehen können, ohne mit der Erde wie Ameisen auf einem Ball dahinzufliegen.«[20] – Roma locuta, causa finita.

Galileis Reaktionen auf das Dekret spiegeln das ganze Dilemma wider, in dem er sich als treuer Sohn seiner Kirche befand, die gerade, ohne ihn anzuhören, einen tragischen Fehler begangen hatte. Meistens spielte er den Gleichmütigen, so als ginge ihn die ganze Sache eigentlich gar nichts an. Er gefiel sich darin, zu unterstreichen, daß die Denunziationen der Mönche gegen ihn persönlich zurückgewiesen worden waren und er nach wie vor als Ehrenmann

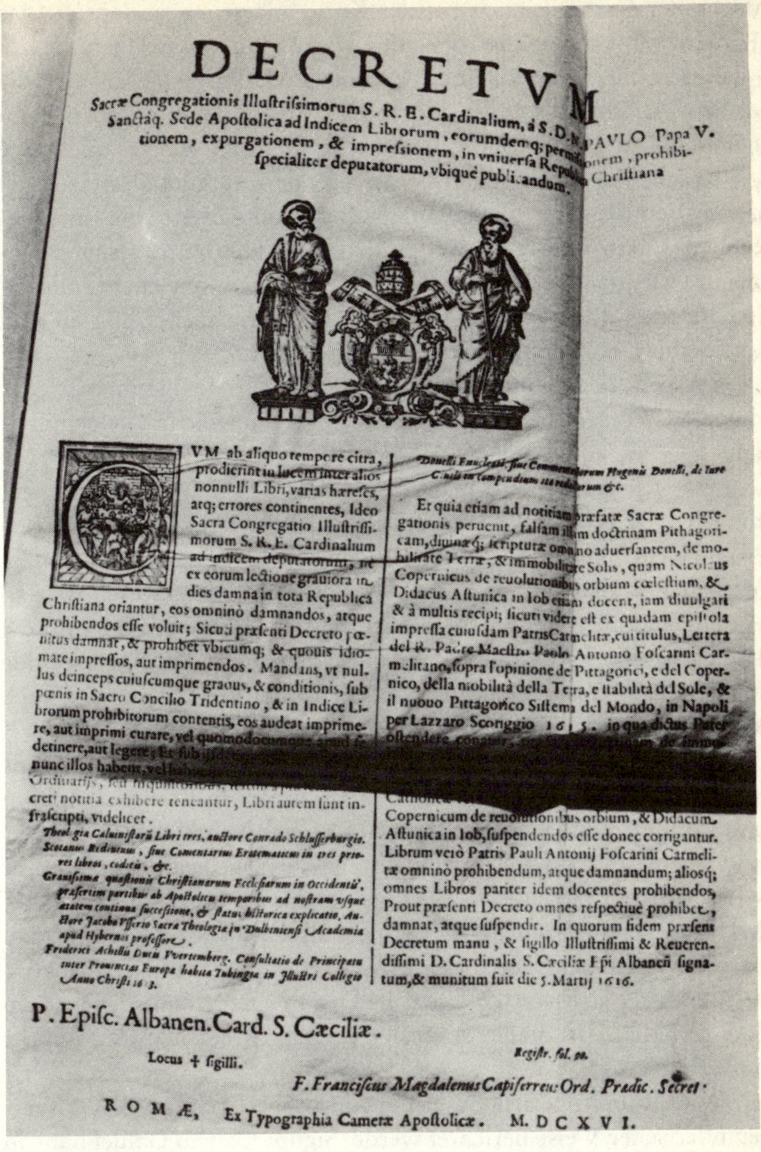

DECRETVM

Sacræ Congregationis Illustrissimorum S. R. E. Cardinalium, à S. D. N. PAVLO Papa V. Sanctâq. Sede Apostolica ad Indicem Librorum, eorumdemq; permissionem, prohibitionem, expurgationem, & impressionem, in vniuersa Republica Christiana specialiter deputatorum, vbique publicandum.

CVM ab aliquo tempore citra, prodierint in lucem inter alios nonnulli Libri, varias hæreses, atq; errores continentes, Ideo Sacra Congregatio Illustrissimorum S. R. E. Cardinalium ad Indicem deputatorum, ne ex eorum lectione grauiora in dies damna in tota Republica Christiana oriantur, eos omninò damnandos, atque prohibendos esse voluit; Sicuti præsenti Decreto pœnitus damnat, & prohibet vbicumq; & quouis idiomate impressos, aut imprimendos. Mandans, vt nullus deinceps cuiuscumque gradus, & conditionis, sub pœnis in Sacro Concilio Tridentino, & in Indice Librorum prohibitorum contentis, eos audeat imprimere, aut imprimi curare, vel quomodocumque apud se detinere, aut legere; Et sub [illegible] nunc illos habent, vel habe[illegible] Ordinarijs, seu Inquisitoribus, [illegible] creti notitia exhibere teneantur, Libri autem sunt infrascripti, videlicet.

Theologia Caluinistarũ Libri tres, auctore Conrado Schlusserburgio.

Scotanus Redivivus, siue Comentarius Erotematicus in tres priores libros, codicis, &c.

Grauissima quæstionis Christianarum Ecclesiarum in Occidentis, præsertim partibus ab Apostolicis temporibus ad nostram vsque ætatem continua successione, & statu historica explicatio, Auctore Iacobo Vsserio Sacræ Theologiæ in Dublinensi Academia apud Hybernos professore.

Friderici Achillis Ducis Vuertemberg. Consultatio de Principatu inter Prouincias Europæ habita Tubingæ in Illustri Collegio Anno Christi 1613.

Donelli Enucleati, siue Commentariorum Hugonis Donelli, de Iure Ciuili in compendium ita redactorum &c.

Et quia etiam ad notitiam præfatæ Sacræ Congregationis peruenit, falsam illam doctrinam Pithagoricam, diuinæq; scripturæ omnino aduersantem, de mobilitate Terræ, & immobilitate Solis, quam Nicolaus Copernicus de reuolutionibus orbium cœlestium, & Didacus Astunica in Iob etiam docent, iam diuulgari & à multis recipi; sicuti videre est ex quadam epistola impressa cuiusdam Patris Carmelitæ, cui titulus, Lettera del R. Padre Maestro Paolo Antonio Foscarini Carmelitano, sopra l'opinione de Pittagorici, e del Copernico, della mobilità della Terra, e stabilità del Sole, & il nuouo Pittagorico Sistema del Mondo, in Napoli per Lazzaro Scoriggio 1615. in qua dictus Pater ostendere conatur, [illegible] Catholicæ [illegible] Copernicum de reuolutionibus orbium, & Didacum Astunica in Iob, suspendendos esse donec corrigantur. Librum verò Patris Pauli Antonij Foscarini Carmelitæ omninò prohibendum, atque damnandum; aliosq; omnes Libros pariter idem docentes prohibendos, Prout præsenti Decreto omnes respectiuè prohibet, damnat, atque suspendit. In quorum fidem præsens Decretum manu, & sigillo Illustrissimi & Reuerendissimi D. Cardinalis S. Cæciliæ Epi Albanen. signatum, & munitum fuit die 5. Martij 1616.

P. Episc. Albanen. Card. S. Cæciliæ.

Locus ✝ sigilli.

Registr. fol. 90.

F. Franciscus Magdalenus Capiferreus Ord. Prædic. Secret.

ROMÆ, Ex Typographia Cameræ Apostolicæ. M.DCXVI.

Das Dekret gegen die kopernikanische Lehre; dieses Exemplar ist in die Akten des Galilei-Prozesses eingeheftet

und guter Katholik auch bei der Kurie angesehen sei, anstatt das Ende der freien wissenschaftlichen Diskussion zu beklagen.

Dies erscheint uns als eine erstaunliche Verdrängungsleistung, die er seinem Stolz als Edler Florentiner und seinem Ansehen beim heimatlichen Hofe wohl schuldig war; vielleicht war es auch eine psychische Ermattung nach den erregenden Auseinandersetzungen der letzten Monate, eine Schutzreaktion von der Art eines intellektuellen Totstellreflexes, in die er sich geflüchtet hatte, als er erkennen mußte, daß die Entscheidungsfindung nicht nur ein grundsätzlich falsches Resultat gezeitigt hatte, sondern auch völlig an ihm und seinen Argumenten vorbeigegangen war.

Nur gelegentlich überkommt ihn beim Briefeschreiben wieder das alte Temperament und verdrängt die künstliche Gleichgültigkeit:

»Was ich getan, wird man aus meinen Schriften sehen können, die ich zu dem Zweck bewahre, um der Böswilligkeit jederzeit den Mund verschließen zu können; denn ich kann zeigen, daß mein Vorgehen in dieser Angelegenheit von solcher Art gewesen ist, daß ein Heiliger nicht mit größerer Ehrfurcht und größerem Eifer für die heilige Kirche hätte handeln können, was vielleicht meine Feinde nicht getan haben, die weder Intrigen und Verleumdungen noch teuflische Einflüsterungen jeglicher Art gescheut haben.«[21]

Intrigen und böse Gerüchte fanden nach dem Dekret übrigens einen noch günstigeren Nährboden als zuvor: In Rom und bald in ganz Italien wurde kolportiert, Galilei habe abschwören müssen und sei bei der Kirche in Ungnade gefallen, gelegentlich nahm er selbst in Rom andeutungsweise wahr, daß er als ein gezeichneter Mann angesehen würde, dessen gesellschaftlichen Umgang man besser meiden solle. Um dieser Böswilligkeit entgegentreten zu können, erbat er sich von Kardinal Bellarmin ein Zeugnis des wahren Sachverhalts, das dieser auch bereitwillig in eigener Handschrift ausfertigte:

»Wir, Roberto Kardinal Bellarmin, haben gehört, daß in verleumderischer Weise berichtet werde, Signor Galileo Galilei habe in Unsere Hand abgeschworen und sei auch mit heilsamer Buße bestraft worden, und da Wir gebeten wurden, die Wahrheit in bezug darauf festzustellen, erklären Wir, daß der besagte Galileo keine von ihm behauptete Lehre abgeschworen hat, weder in Unsere Hände noch in die von irgend jemand anderem hier in Rom oder anderswo, soweit Wir wissen; auch wurde ihm keine heilsame Buße auferlegt; lediglich die vom Heiligen Vater abgegebene und von der Heiligen Indexkongregation veröffentlichte Erklärung wurde ihm bekannt gemacht, derzufolge die Lehre des Kopernikus, daß die Erde sich um die Sonne bewege und diese im Mittelpunkt der Welt stillstehe und sich nicht von Ost nach West bewege, im Widerspruch zur Heiligen Schrift stehe und weder verteidigt noch behauptet werden kann. Zum Zeugnis dessen Wir das Vorliegende geschrieben und mit eigener Hand unterzeichnet haben, am 26. Tage des Mai, 1616.«[22]

Da Galilei zuvor schon vom Papst in einer Audienz empfangen worden war und dort den Eindruck erhalten hatte, wegen seines Wohlverhaltens geschätzt zu sein, sah Galilei sein persönliches Verhältnis nicht nur zum Glauben, sondern auch zur Amtskirche in keiner Weise belastet.

Die Mitglieder der Accademia dei Lincei hatten ihrem Galileo während der Wintermonate in Rom die Treue gehalten, ihre Häuser zur Verfügung gestellt und ihre Verbindungen zu hochgestellten Persönlichkeiten mobilisiert, um ein Verbot des Kopernikanismus zu verhindern, und dies nicht etwa, weil sie alle überzeugte Kopernikaner waren. Schon im vergangenen Jahr, bei der Übersendung des Buches von Foscarini an Galilei, hatte Prinz Cesi diesen Punkt klargestellt:

»Der Autor betrachtet alle Lincei als Kopernikaner, obwohl dieses nicht der Fall ist, denn sie beanspruchen übereinstimmend nur die Freiheit, über die Natur zu philosophieren.«[23]

Nun, als es mit dieser Freiheit vorbei war, kam es auch in der Akademie zu einer kleinen Krise. Luca Valerio, ein tüchtiger Mathematiker, war durch das Dekret zu der Überzeugung gelangt, daß er aus der Akademie ausscheiden müsse, da die meisten ihrer Mitglieder und insbesondere Galilei Anhänger der verbotenen Lehre seien. Die Lincei akzeptierten Valerios Austritt zunächst nicht, aber nur, um ihn noch als Mitglied um so ernster rügen zu können, »weil er den Signor Galilei des Irrtums und des schweren Vergehens beschuldigt habe, während doch der Signor Galilei jene Lehre nur für eine Meinung halte und Valerio selbst sich ihm immer als Freund gezeigt hätte«.[24]

Die Zuflucht zu der offensichtlichen Notlüge, daß der »Signor Galilei jene Lehre nur für eine Meinung halte«, zeigt nur zu deutlich, wie stark die Freiheit des Philosophierens über die Natur durch das Dekret beeinträchtigt worden war, auch wenn der Papst schließlich darauf verzichtet hatte, die kopernikanische Lehre ex cathedra zur Häresie zu erklären, wie es die Qualifikatoren der Heiligen Inquisition zunächst vorgesehen hatten. Ebenso wie Galilei war es aber auch für die Lincei selbstverständlich, daß sie die Entscheidungen der Kirche hinzunehmen bereit waren, so daß sie fortan von jener verbotenen Lehre nur noch als Meinung zu sprechen wagten.

Trotz dieses Zwischenfalls, den Valerio in wenig loyaler Weise provoziert hatte, waren die Lincei vor allem nach dem Dekret Galileis geistige Heimat, in der er allmählich wieder das alte Selbstvertrauen zurückgewann. Er versuchte sich sogar erfolgreich als Ehestifter, als er den nach kurzer Ehe mit einer Colonna verwitweten Prinzen Cesi auf die Vorzüge der Schwester Isabella seines verstorbenen Freundes Filippo Salviati aufmerksam machte. Und allmählich kehrte auch die alte Lust am Streitgespräch wieder zurück.

Dies stürzte jedoch den Gesandten Guicciardini in die allergrößten Besorgnisse, nicht nur wegen der Gefahren, in die sich der temperamentvolle Galilei begeben würde, wenn er wie zuvor die Vorteile der unterschiedlichen Planetensysteme öffentlich erörtern würde, sondern vor allem wegen einer Belastung seiner diplomatischen Bemühungen. Seine Briefe nach Florenz wurden immer drängender in dem Ersuchen, den ungewöhnlichen Mann endlich nach Hause zu kommandieren.

»Ihr habt«, schrieb daraufhin Staatssekretär Picchena Ende Mai an Galilei, »die Verfolgungen der Mönche erprobt und wißt, wie sie schmecken; Ihre Hoheiten fürchten, daß Euer längeres Verweilen in Rom Euch Unannehmlichkeiten bereiten könnte, und würden es deshalb loben, da Ihr bis jetzt mit Ehren daraus hervorgegangen seid, daß Ihr den Hund nicht weiter stachelt, solange er schläft, und so bald als möglich nach hierher zurückkehrt, denn es gehen Gerüchte um, die nicht erwünscht sind, und die Mönche sind allmächtig.«[25]

Diesem verständnisvoll formulierten Befehl konnte sich Galilei nicht länger entziehen; Anfang Juni verließ er die Stätte seiner Niederlage, wohl wissend, daß sich seine Kirche in ein größeres Unglück gestürzt hatte, als er selbst es erlitten hatte.

VI

Last und List der Vernunft

Technik und Traum oder
Unter der Fuchtel des Dekrets

DIE »KLEINEN WAHRHEITEN« TECHNISCHER PROBLEME sollten Galileis Tröstungen der nächsten Jahre werden. Die Arbeit an den früher einmal angekündigten Büchern über das System der Welt, über Ebbe und Flut und auch über die Mechanik erschien ihm sinnlos, seit das Dekret der Indexkongregation gegen die kopernikanische Lehre ergangen war. Natürlich wußte er, daß die Korrekturen an dem Buch des Kopernikus, mit denen der Kardinal Caetani beauftragt worden war, gering ausfallen würden; nur ein paar Sätze sollten geändert werden, in denen die Erde als Stern bezeichnet wurde oder auf andere Art und Weise der heliozentrische Standpunkt zu deutlich sichtbar wurde. Aber die mathematische Astronomie der Hypothesen war seine Sprache nicht, so daß er sogar die theoretischen Grundlagen der Bewegung nicht weiter behandeln mochte, führten sie doch durch das Konzept der Trägheit schnurstracks wieder auf die tägliche Drehung der Erde und den Umlauf der Planeten um die Sonne.

Nun wurde Galilei als Hofmathematiker wirklich so etwas wie der Nachfolger seines vormaligen Lehrers Ostilio Ricci, indem er sich Problemen der angewandten Wissenschaft und des Ingenieurwesens zuwandte. Er kümmerte sich um die eine oder andere Flußregulierung und erteilte manch nützlichen Ratschlag in militärtechnischen Fragen. Mit der heftigsten Arbeitswut stürzte er sich jedoch auf das Problem, das System der Jupitermonde für die Bestimmung der geographischen Länge auf hoher See nutzbar zu machen.

SEIT DIE SEEFAHRT DIE KÜSTEN VERLASSEN HATTE und im 16. Jahrhundert die Überquerung der großen Ozeane allmählich zur Routineangelegenheit wurde, machte sich der Mangel einer guten Methode zur Längenbestimmung immer deutlicher bemerkbar. Von den zwei Koordinaten eines Schiffes auf hoher See konnten die Kapitäne nur die geographische Breite mit einiger Zuverlässigkeit durch astronomische Peilung bestimmen; die Länge dagegen wurde mit einem Verfahren ermittelt, für das sich in der englischen Sprache der treffende Ausdruck der »Todesschätzung« erhalten hat, da es wegen seiner Ungenauigkeit oft zur Desorientierung mit anschließendem Verlust von Schiff und Mannschaft führte.

Alle zwei Stunden etwa wurde ein schwimmender Gegenstand über Bord geworfen und die Zeit ermittelt, in der zwei feste Markierungen an Bug und Heck des Schiffes an dem Gegenstand vorbeistrichen. Als Zeiteinheit wurden übrigens bestimmte Verse, Gebete oder auch Lieder benutzt, also das gleiche Verfahren, das Galilei bei den Experimenten mit der schiefen Ebene über den Mangel an genauen Uhren hinweggeholfen hatte. Die ermittelten Geschwindigkeiten wurden dann für den Tag aufaddiert, aber die so erhaltenen Positionen waren natürlich nicht sehr zuverlässig, denn oft verloren Kapitäne die Orientierung; und daß Schiffe und Mannschaften verlorengingen, mußte in Kauf genommen werden, wollte man nicht wieder auf die Seefahrt verzichten. Diesem Dilemma hätte man leicht durch die Konstruktion einer stabilen, genauen Uhr entgehen können, die gewissermaßen die Zeit des Ausgangshafens zuverlässig über die Meere transportiert hätte. Die Differenz der gemessenen Mittagszeit beim höchsten Stand der Sonne auf hoher See einerseits und der mitgeführten Uhrzeit von Lissabon etwa andererseits hätte sofort in die geographische Länge umgerechnet werden können. Beim Stand der Uhrmacherkunst war zu Galileis Zeit an die technische Realisierung dieser einfachen Lösung freilich noch lange nicht zu denken. Erst hundertfünfzig Jahre später wurden von dem Engländer John Harrison die ersten brauchbaren Schiffschronometer konstruiert.

Kein Wunder also, daß König Philipp von Spanien, in dessen Reich die Sonne bekanntlich niemals unterging, schon 1598 einen opulenten Preis für den Erfinder einer zuverlässigen Methode zur Ermittlung der geographischen Länge ausgesetzt hatte: 6000 Dukaten in bar und eine lebenslange Pension von 2000 Dukaten jährlich, alles in Gold, versteht sich. Kein Wunder aber auch, daß diese Ausstattung des Preises die Aufmerksamkeit des Signor Galilei auf dieses Problem gelenkt hatte.

Die Verwendung der Jupitermonde als Himmelsuhr war eine großartige Idee, die Galilei schon früh bei der Vermessung der Bahnen der Jupitermonde eingefallen war. Bereits im Jahre 1612 hatte er durch den toskanischen Gesandten in Madrid die Nachricht überbringen lassen, daß er einer Lösung des preiswürdigen Problems mittels der Mediceischen Sterne auf der Spur sei, aber noch keine Einzelheiten mitgeteilt.

Nach jahrelangen Beobachtungen und Berechnungen festigte sich in Galilei die Überzeugung, daß sein Verfahren praktikabel sein müsse. Die scharf definierten Verdunkelungen der Monde im Schatten des großen Planeten, von denen im Jahr mehr als tausend auftreten, können als Zeitmarken gewählt und auf hoher See beobachtet werden. Ein Vergleich mit den für die Länge von Florenz berechneten Tafeln Galileis liefert den Zeitabstand und damit zugleich die Entfernung in Längengraden.

Inmitten der Kontroversen um die kopernikanische Lehre hatte Galilei bei seinem Aufenthalt in Rom immer wieder Zeit gefunden, den Kontakt zu Vertretern der spanischen Krone zu suchen und ihnen sein Verfahren zu erläutern. Er konferierte mit spanischen Kardinälen, suchte den spanischen Botschafter auf und wurde auch vom spanischen Vizekönig von Neapel empfangen. Großherzog Cosimo unterstützte Galileis Bemühungen, indem er seinen Gesandten in Madrid anwies, sich für Galileis Vorschlag beim spanischen Hof zu verwenden.

Wieder in Florenz, schrieb Galilei eine Unzahl Briefe, in denen er den Spaniern seine Methode erläuterte und sich bemühte, sie so einfach darzustellen, daß auch ein spanischer Grande sie verstehen müßte.[1] Als er mit dem Einwand konfrontiert wurde, daß es doch sehr viel leichter sei, Verdunkelungen der Jupitermonde von der festen Erde aus zu beobachten als von einem schwankenden Schiff, konstruierte Galilei sogleich ein Instrument, von dem weder Exemplare noch Entwurfsskizzen erhalten geblieben sind, von dem wir aber trotzdem sicher sagen dürfen, daß es abenteuerlich ausgesehen haben muß.

Er nannte es »testiera« oder »celatone«, da es ein weiterentwikkelter Helm war; wir mögen es uns vielleicht als einen Taucherhelm vorstellen, in dessen Öffnungen für die Augen zwei Fernrohre von zehnfacher Vergrößerung angebracht waren – bei der Länge der Fernrohre von etwa einem Meter gewiß ein furchterregender Anblick. Mit diesem binokularen Instrument, so hoffte Galilei, könne ein Beobachter auch auf schwankenden Schiffsplanken die Jupitermonde gut im Auge behalten.

Damit nicht genug, dachte sich Galilei auch noch eine auf Wasser schwimmend gelagerte Plattform aus und ließ sie in den toskanischen Arsenalen in Livorno anfertigen. Auf einem Schiff wurde also Platz geschaffen für einen riesigen Wasserbottich, in dem die Plattform schwamm, auf der wiederum der Beobachter mit seiner ungetümen Kopfbedeckung postiert wurde. Auf diese Weise hoffte Galilei, dem Beobachter auch im bewegten Wasser der Meere eine ruhige Unterlage für die zuverlässigen Observationen der Jupitermonde zu verschaffen.

DIE SPEKTAKULÄREN DEMONSTRATIONEN IM HAFEN VON LIVORNO beeindruckten Galileis Dienstherren über alle Maßen. Giovanni de' Medici, als Berufsoffizier und Condottiere der militärische Arm der Fürstenfamilie, mit dem Galilei vor mehr als zwanzig Jahren über technischen Problemen heftig aneinandergeraten war, verzieh dem Hofmathematiker nicht nur, sondern erklärte, daß diese Erfindungen die des Fernrohrs bei weitem übertreffen würden. Auch Erzherzog Leopold von Österreich, der 1618 seine Verwandten in Pisa besuchte, war von den militärischen und kartographischen Möglichkeiten der Galileischen Erfindungen begeistert.

Da Galilei von seiner Beschäftigung mit dem Geometrischen und Militärischen Kompaß nur zu gut wußte, daß Offiziere nicht gern in gedruckte Tabellen blicken und dann Berechnungen anstellen, konstruierte er jetzt zur Popularisierung seiner Methode ein ebenso wunderschönes wie raffiniertes Gerät, den »Giovilabio«. Dieser Analogrechner, wie wir ihn heute klassifizieren würden, stellte eine mechanische Realisierung der Ephemeridentafeln des Jupitersystems und einiger Rechenoperationen dar, so daß man nach der Beobachtung der Verfinsterung eines Jupitermondes nur durch Drehen an einer Kurbel die auf Florenz bezogene geographische Länge ablesen konnte.

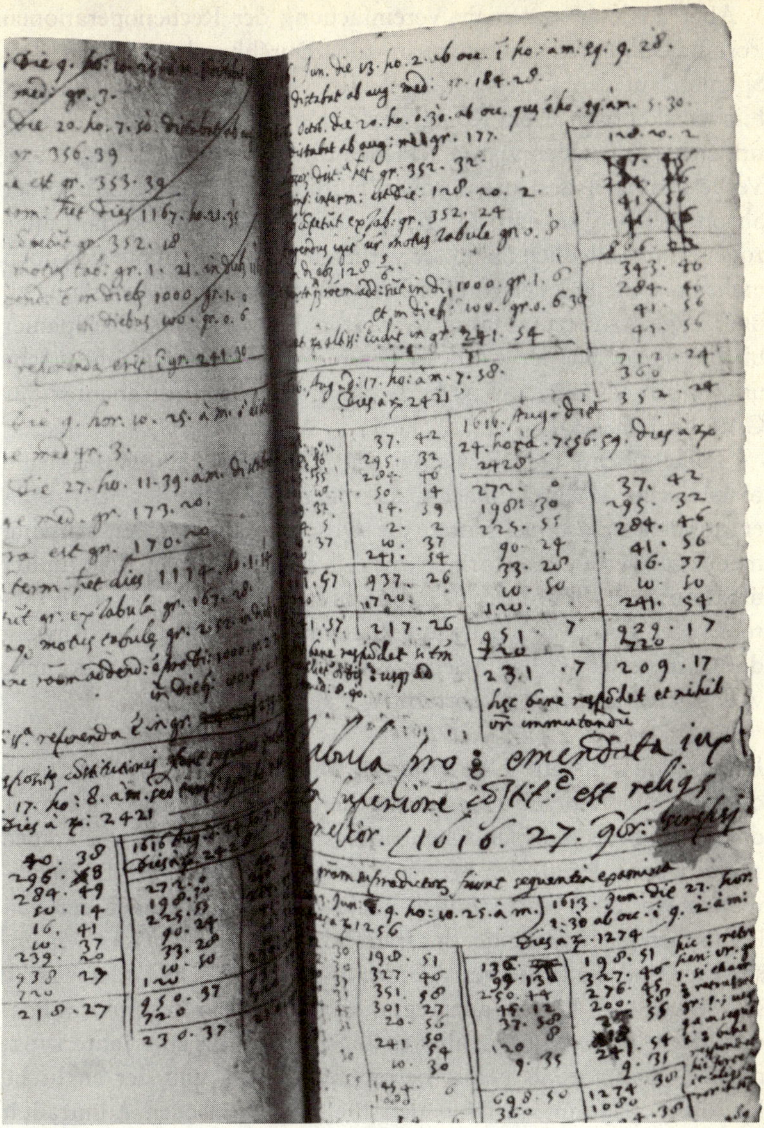

Galileis Aufzeichnungen über die Positionen der Jupitermonde aus dem Jahre 1616

Aber auch diese geniale Vereinfachung der Rechenoperationen konnte Galileis Erfindung nicht zum Durchbruch verhelfen. Die Spanier, auf deren Preisgeld es Galilei vor allem abgesehen hatte, blieben skeptisch. Dem König, der schon auf viele zweifelhafte Erfinder hereingefallen war, erschienen die Weiterentwicklungen und Verbesserungen des toskanischen Hofmathematikers wohl immer absonderlicher, so daß die Verhandlungen sich erst in die Länge zogen und schließlich im Sande verliefen. Galilei bemühte sich noch mehrmals, die Spanier von der Preiswürdigkeit seiner Erfindung zu überzeugen, zuletzt im Jahre 1632, jedoch ohne Erfolg. Die Spanier blieben lieber bei der »Todesschätzung« und einem ebenfalls sehr ungenauen Verfahren, das die Beobachtung des Erdtrabanten zur Grundlage hatte.

Galilei mochte die Übernahme seiner Erfindung durch die kleine toskanische Marine zunächst als einen immateriellen Trostpreis empfinden. Allerdings hatten die Observatoren auf den schwimmend gelagerten Plattformen die allergrößte Mühe, den Jupiter überhaupt im Visier ihrer Celatone zu halten, so daß dieses Verfahren wegen der großen Schwierigkeiten bei der praktischen Anwendung auf hoher See bald wieder aufgegeben und die Wasserbottiche wieder aus den Schiffen entfernt wurden.

Die geographische Längenbestimmung erwies sich langfristig doch als eine Aufgabe für Uhrmacher, und die wurden nicht nur durch den Preis des spanischen Königs beflügelt, sondern es kamen später wegen der großen Bedeutung dieses Problems für die seefahrenden Nationen noch ähnlich gut dotierte Auslobungen der holländischen Generalstände, der französischen Akademie der Wissenschaften und der britischen Admiralität hinzu. Auch Galilei wandte sich in späteren Jahren, angeregt durch den Isochronismus des Pendels, der Uhrmacherei zu, aber es dauerte noch bis zum Jahre 1761, daß die Aufgabe als gelöst betrachtet werden und der englische Handwerker John Harrison den Preis der britischen Admiralität beanspruchen konnte.

In diesem jahrhundertelangen Zusammenspiel von Bereichen menschlicher Tätigkeit, die auf den ersten Blick nicht gerade in enger Berührung miteinander zu stehen scheinen – der Seefahrt und

Der »Giovilabio«, Galileis Analogrechner zur Bestimmung der geographischen Länge durch die Jupitermonde

der Kartographie, Theorie und Praxis der Zeitmessung und der Astronomie –, manifestiert sich das innovative Potential der neuen Wissenschaft in überaus reizvoller Weise. Daß Galilei schon sehr früh im Zentrum dieser Entwicklung stand, wird man ihm zur Ehre anrechnen müssen, auch wenn seine Erfindungen in eine intellektuell überaus luxuriöse Sackgasse führten. Das Jupitersystem ist zwar eine ausgezeichnete, von der Natur gratis an den Himmel praktizierte Uhr, aber auf hoher See ließen sich leider die Zeiger nicht beobachten, trotz schwimmender Plattformen und bizarrer teleskopbewehrter Helme.

Das Gold des Königs von Spanien hätte Galilei gewiß mit Vergnügen entgegengenommen, eine wahrhaft diebische Freude hätte er aber empfunden, wenn sich die Schiffe Ihrer Allerchristlichsten Majestät auf den Weltmeeren nach einem Verfahren orientiert hätten, das zu einer von der Kirche verbotenen Lehre in einer gewissen Beziehung stand.

Das Schweigen über die kopernikanische Lehre konnte nicht lange andauern. Die Betäubung durch Arbeit an eher technischen Problemen zeigte bald keine Wirkung mehr, und schließlich konnte er nicht verleugnen, daß das Blut ehemals freier Patrizier in seinen Adern floß, die noch nicht alle gelernt hatten, sich totalitären Herrschaftsansprüchen zu beugen. Was er später unter der Überschrift »Über die Einführung von Neuerungen« in sein Arbeitsexemplar des *Dialogs* handschriftlich eintrug, wird er zweifellos gedacht haben, seit er mit dem Dekret der Indexkongregation konfrontiert worden war:

»Wie kann man zweifeln, daß es zu schweren Ärgernissen führen muß, wenn die von Gott frei geschaffenen Geister gezwungen werden sollen, sich sklavisch fremdem Willen zu fügen? Wenn man die Sinne verleugnen und sie fremder Willkür soll unterwerfen müssen? Wenn man Leute, die jeder Sachkenntnis ermangeln, zu Richtern über Fachmänner macht und ihnen die Autorität verleiht, vermöge deren sie diese nach ihrem Gutdünken behandeln? Das sind Neuerungen, welche den Ruin des Gemeinwesens, die Untergrabung des Staates herbeiführen können.«[2]

Nur langsam und unter Mühen gelang es ihm, sich in dieser absurd gewordenen Welt wieder zu orientieren, in der Fragen der Wissenschaft zu Glaubensangelegenheiten erklärt worden waren. »Ich trage eine Maske«, hatte Paolo Sarpi nach dem erbitterten Interdiktsstreit zehn Jahre zuvor geschrieben, »aber aus Notwendigkeit, denn ohne Maske kann niemand mehr in Italien leben.«

Galileis Maskerade war stilistischer Art; er schuf sich eine Sprache – für die er ohnehin beachtliche Talente hatte – voll zweideutiger Ironie, irritierender Anspielungen und nicht faßbarer Abschweifungen. Eine erste Kostprobe dieses schwebend-irrlichternden Idioms riskierte er im Jahre 1618 in einem Brief an den Erzherzog Leopold von Österreich, der nach der Vorführung der Celatone im Hafen von Livorno so beeindruckt war, daß er um etwas Schriftliches aus den Händen des Hofmathematikers gebeten hatte. Er erhielt eine Abschrift des 1616 in Rom verfaßten Traktats über Ebbe und Flut und dazu folgenden Brief:

»Hiermit schicke ich Euch einen Traktat über die Ursachen von Ebbe und Flut, den ich zu der Zeit niederschrieb, als die Theologen daran dachten, das Buch des Kopernikus und die darin dargestellte Lehre zu verbieten, die ich damals für wahr hielt, bis es diesen Herren beliebte, das Buch zu verbieten und die Auffassung als im Gegensatz zur Heiligen Schrift stehend zu erklären. Nun, wissend, wie ich es tue, daß es uns obliegt, den Entscheidungen der Autoritäten zu gehorchen und sie zu glauben, da sie von höherer Einsicht geführt werden, als sie mein demütiger Geist jemals erlangen könnte, betrachte ich diesen Traktat, den ich Euch schicke, nur als eine poetische Einbildung oder einen Traum, und ich wünsche, daß Eure Hoheit es ebenso halten mögen, insofern, als der Traktat auf der doppelten Bewegung der Erde basiert und in der Tat eines der Argumente enthält, die ich damals zu ihrer Bestätigung vorgebracht hatte.

Aber sogar Poeten schreiben manchmal der einen oder anderen ihrer Phantasien einen gewissen Wert zu, und in der nämlichen Weise messe ich diesem meinem Wahn einen Wert bei ... Was ich jetzt schicke, ist nur eine flüchtige Darstellung; sie wurde damals in Eile geschrieben und in der Hoffnung, das Werk des Kopernikus würde nicht achtzig Jahre nach seiner Veröffentlichung als irrtümlich verdammt werden. Aber eine Stimme vom Himmel erweckte mich, und meine konfusen und verwirrten Phantasien lösten sich in Dunst auf. Mögen Eure Hoheit es daher gnädig entgegennehmen, schlecht gearbeitet, wie es ist. Und wenn göttliche Gnade mich je wieder in eine Lage versetzt, in der ich mich etwas mehr verausgaben kann, dürfen Eure Hoheit etwas Solideres und Wirklicheres von mir erwarten.«[3]

Sogar aus dem letzten Satz kann man noch zweierlei herauslesen: einerseits die Hoffnung, wieder vom Krankenlager erlöst zu werden, wodurch er übrigens daran gehindert war, dem Erzherzog in Pisa persönlich seine Erfindungen zu präsentieren, und andererseits ein Fünkchen Hoffnung auf Aufhebung des Dekrets. Zugleich mit dem sich jeder Festlegung entziehenden doppelbödigen Stil deutet sich auch schon das salvatorische Vokabular an, unter dessen Deckmantel er später den großen *Dialog* geschrieben hat, in dem er seine

Auffassung von der Konstitution der Welt gegen Ende befehlsgemäß als »nichtige Chimäre« und »ungeheuerliches Paradoxon« wieder relativieren mußte. Obwohl Galilei die Flucht in die schwebende Ironie virtuos zu handhaben lernte, ging er doch zunächst lieber einfacheren Tagesgeschäften nach.

Worte auf der »Goldwaage« oder Der Krieg der Kometen

Die Villa L'Ombrellino auf dem Hügel von Bellosguardo wurde Galileis exklusives Refugium für die nächsten dreizehn Jahre. Eine Villa hatte er dringend benötigt, seit der Freund Filippo Salviati verstorben war und Galilei sich nicht mehr zum jederzeitigen Rückzug auf den idyllischen Landsitz dieser Familie berechtigt fühlte, wann immer es ihm beliebte oder die Stadtluft, die er »den grausamen Feind meines Kopfes und der übrigen Körperteile« nannte, ihm gar zu arg zusetzte. Gleich nach der Rückkehr aus Rom hatte er sich daher auf die Suche begeben, mußte aber über ein Jahr warten, bis er endlich das Passende gefunden hatte. Im August 1617 mietete er die Villa auf dem Aussichtsbalkon oberhalb der Stadt, mit einem dem Namen Bellosguardo völlig gerecht werdenden prachtvollen Blick über das Arnotal und die Dächer der Stadt bis hinüber nach Fiesole.

Das einzigartige Panorama wurde zudem durch die typischen Vorzüge toskanischer Landsitze vervollständigt: ein wohltuend proportioniertes Haus im Stil der Spätrenaissance, ein großzügiger Garten und Weinreben an den Hängen – und dazu ein ungetrübter Himmel für die astronomischen Beobachtungen. Auch die Lage der Villa L'Ombrellino hätte nicht idealer sein können: ein Fußweg von einer dreiviertel Stunde hinunter in die Stadt entlang hübscher Privatgärten und dann durch die prunkvollen Anlagen der Boboli-Gärten zum Palazzo Pitti, der großherzoglichen Residenz; und ebensolange dauerte der Weg über sanft geschwungene Hügel zum Kloster San Matteo in Arcetri, in dem die beiden Töchter lebten.

Für die Miete dieser ebenso schönen wie repräsentativen Villa hatte Galilei übrigens 100 Scudi jährlich zu entrichten; das war ein Zehntel des Gehalts, das ihm der Großherzog bewilligt hatte, und von den verbleibenden 900 Scudi konnte er die Kosten eines Lebens voll materieller Annehmlichkeiten leicht begleichen.

Mit ihm lebten in der Villa eine Haushälterin und ein Diener sowie ein Handwerker nebst Familie. Gäste kamen gern auf den Hügel von Bellosguardo, angelockt nicht nur von der guten Luft und der zauberhaften Aussicht, sondern auch von der immer gut gedeckten Tafel des Hofmathematikers. Zu Curzio Picchena, dem Staatssekretär des Großherzogs, der auf dem gegenüberliegenden Hügel seinen Landsitz hatte, stellten sich mehr als nur gut nachbarliche Beziehungen ein, und wenn Picchena mit dem Hof sich in Pisa aufhalten mußte, gab er seine Tochter bei Galilei in Obhut.

Den Sohn Vincenzio, der mittlerweile dreizehn Jahre alt geworden war, holte er nun endlich in seinen Haushalt; es scheint, daß die Mutter, die vormalige Marina Gamba, nunmehr verehelichte Bartoluzzi, ihn ohne Bedauern hat ziehen lassen, und auch der Vater hatte nicht nur eitel Freude an dem ein wenig fremd gewordenen Kind. Am 25. Juni 1619 wurde Vincenzio durch den Großherzog als ein echter Galilei legitimiert und so wie sein Vater zum Edlen Florentiner.

Im Alter von sechzehn Jahren wurde Vincenzio auf die Universität nach Pisa geschickt und dort der Obhut des Paters Benedetto Castelli anvertraut. Der gute Pater hatte meistens Klagen nach Florenz zu berichten, denn Vincenzio betrieb das Studium der Rechte nur nachlässig, aber nicht, weil er durch Euklid oder andere wissenschaftliche Interessen abgelenkt worden wäre, sondern er gab sich den üblichen Vergnügungen des Studentenlebens hin. Nach sechs Jahren des Studiums und viel Streit mit dem Vater wurde Vincenzio schließlich doch zum Dottore promoviert, was Galileo Galilei bekanntlich nicht vergönnt gewesen war.

Zur Karmeliterin Suor Maria Celeste, seiner ältesten Tochter, entwickelte Galilei in diesen Jahren eine innige väterliche Zuneigung, so daß es ihm zur Gewohnheit wurde, einmal in der Woche zu Fuß oder auf dem Rücken seines Maultiers das Kloster San Matteo in Arcetri aufzusuchen und dort in der Besucherzelle mit seiner Tochter zu plaudern, und alsbald fanden die beiden Freude daran, ihre Gespräche in schriftlichen Mitteilungen fortzusetzen. Leider sind Galileis Briefe an seine Tochter nicht erhalten geblieben – vermutlich wurden sie nach seiner Verurteilung im Jahre 1633 vernichtet; dieser Verlust ist um so schmerzlicher, als die über hundert Briefe der Maria Celeste, die sich in Galileis Nachlaß fanden, zu den anrührendsten Dokumenten aus seinem Leben zählen.[1]

Zwar wurden eher die Briefe zwischen Liebenden für wert befunden, in die Weltliteratur einzugehen, als die zwischen Vater und Tochter ausgetauschten, aber die überlieferten Fragmente des Briefwechsels zwischen Galilei und der Suor Maria Celeste laden zu der reizvollen Vermutung ein, daß in diesem Falle die Regel vielleicht durchbrochen worden wäre, hätten die verängstigten Nonnen des Klosters San Matteo die Briefe des Vaters nicht verbrannt.

Allerdings sucht man vergeblich in Galileis sonstigen Briefen nach einem Anzeichen des Bedauerns, daß er diese überaus bemerkenswerte Frau aus durchaus eigennützigen Motiven schon als Kind für den Schleier bestimmt hatte. Und seine Tochter bedauerte ihren Stand nur, wenn ihr Vater krank darnieder lag, weil sie ihm zu gern beigestanden hätte. Hatten die anderen Nonnen alle ihren Devoto, ihren speziellen Heiligen, mit dem sie ihre Sorgen im Gebet besprachen, so kam die Suor Maria Celeste ohne solchen Devoto aus, denn sie hatte ihren Vater, dem sie Hemdkragen nähte, eingemachte Früchte schickte und lange Briefe schrieb: anmutige Mischungen aus haushälterischem Kleinkram, Schilderungen der kleinen Welt im Kloster und Betrachtungen über die große Welt, in der ihr Vater lebte. Oft schickte sie den für auswärtige Gänge zuständigen Klosterdiener bei ihrem Vater mit kleinen Adressen vorbei, zum Beispiel dieser vom 24. März 1628:

»Nur in einem Punkte lastet das Klosterleben schwer auf mir, daß ich mich nämlich um Euch nicht persönlich kümmern kann. Meine Gedanken sind immer bei Euch, und ich wünschte mir täglich Nachrichten von Euch. Da der Klosterdiener Euch neulich nicht angetroffen hat, schicke ich ihn heute wieder mit diesen zwei kandierten Zitronen als Entschuldigung.«

Zum Konsul der Accademia Fiorentina wurde Galilei im Jahre 1621 gewählt. Die Laudatio von Michelangelo Buonarroti, dem Neffen des »göttlichen Michelangelo«, stand unter dem Leitsatz der »Anerkennung seiner bewunderungswürdigen Verdienste um die florentinische Literatur«,[2] denn durch den Gebrauch des Toskanischen hatte Galilei die besten Traditionen dieser Institution bürgerlicher Allgemeinbildung fortgeführt.

In diesen Jahren hatte sich Galilei intensiv mit dem in vollendeten Stanzen geschriebenen Epos *Orlando furioso* von Ludovico Ariosto beschäftigt. In den ebenmäßigen Versen dieses farbigen Gedichts aus der Welt des sich dem Ende zuneigenden Rittertums, das als Vollendung der Renaissanceliteratur gilt, fand Galilei die literarisch-ästhetische Entsprechung seines an der Geometrie orientierten Intellekts, an dem er fortan seine Ausdruckskraft schulte, während er in der dekorativen Gestaltung des ihm zeitlich näherstehenden Torquato Tasso, insbesondere in dessen *Befreitem Jerusalem*, den inhaltsarmen Selbstzweck der literarischen Ornamentik bemängelte, der ihn an die Worthülsen der peripatetischen Philosophen erinnerte.

In ungewöhnlich sorgfältigen Studien verglich er die beiden Dichter und begründete immer wieder seine Bevorzugung des Klassizisten Ariosto, was ihn freilich nicht daran hinderte, einige Stanzen für verbesserungswürdig zu halten und sie gleich selbst neu zu komponieren. Vieles an der sprachlichen Prägnanz seiner späteren Werke, seine Fähigkeit, auch nüchternste Überlegungen schön darzustellen, ohne sie unter poetischem Bombast zu vernebeln, hat er nach eigenem Bekunden der detaillierten Beschäftigung mit diesem Dichter zu verdanken.

Freilich schrieb Galilei nur gelegentlich in Versen, nicht gerade mit der linken Hand, aber doch nicht für ein Publikum, sondern eher zur Bestätigung des eigenen Geschmacks. Indem er die Klassizität des Ariosto aber in die Prosa des florentinischen Volgare einbrachte, entwickelte er einen Stil der Darstellung, in der sich Klarheit des Ausdrucks mit subtiler Ironie, abstrakte Exaktheit mit plastischer Anschaulichkeit und Einfachheit mit Schönheit zu einer neuen Vollkommenheit vereinigen. Auch darin verkörpert Galilei einen singulären Fall nicht nur der italienischen, sondern der europäischen Kultur:

»Zwischen Machiavelli und Manzoni ist Galilei der Meister der italienischen Prosa und der Schöpfer ihres klassischen Stils«, resümierte Leonardo Olschki. »Wer an den Urquell der neueren Kunstprosa Italiens gelangen will, muß ihn in Galileis Schriften suchen. Es ist in der Geschichte der Weltliteratur ein einzigartiges, fast paradox erscheinendes Phänomen, daß die Vollendung der Kunstformen einer Prosa auf dem Gebiete der Naturlehre und Wissenschaft erreicht wurde.«[3]

Paradox erscheint uns aber auch, daß sich dieser literarisch vollendete Stil zuerst in einer Streitschrift mit dem Titel *Il Saggiatore – Die Goldwaage* – manifestiert, die aus einer Kontroverse über die Natur der Kometen hervorging; obwohl der konkrete wissenschaftliche Gehalt dieser Schrift nur noch von historischem Interesse ist, da auch Galilei nicht zu einer brauchbaren Theorie dieser flüchtigen Himmelserscheinungen vordringen konnte, ist sie zugleich die schönste Darstellung von Galileis Erkenntnishaltung – und ein Stück Weltliteratur.

Drei Kometen waren im Herbst des Jahres 1618 in rascher Folge am Himmel erschienen, von denen der letzte zudem ungewöhnlich hell strahlte und bis zum Januar des nächsten Jahres sichtbar blieb. Von alters her galten die geschweiften Leuchtfeuer am Himmel als Boten des Unheils, und tatsächlich war in Böhmen ein Krieg ausgebrochen, der in den nächsten drei Jahrzehnten ganz Europa überzog. Katastrophenangst und Aberglaube sorgten für viel Aufregung ob dieser Kometen.

Die Himmelsfackeln stellten aber auch eine naturphilosophisch-wissenschaftliche Herausforderung dar, denn die überlieferte Auffassung, daß Kometen Ausdünstungen der Erde seien und unterhalb der Mondbahn ihr irrlichterndes Wesen trieben, war von Tycho Brahe durch die Parallaxenmessung des Kometen von 1577 eindeutig widerlegt worden, wobei zugleich die kristallenen Sphären der aristotelischen Kosmologie zu Bruch gegangen waren.

Galilei war in diesen Monaten, in denen alle Welt zum Himmel starrte, an systematischen Beobachtungen gehindert, da er wieder einmal schwer krank zu Bett lag; auch eine Pilgerreise, die er wenige Monate zuvor im Juni 1618 zur Madonna von Loreto unternommen hatte, war ohne lindernde Auswirkungen auf seine chronischen Leiden geblieben. Aber selbstverständlich waren die Kometen, auch wenn er sie kaum beobachten konnte, eines der ständigen Themen, die er mit seinen Freunden am Krankenlager diskutierte.

In diese Erörterungen platzte die Schrift eines Anonymus, die unter den Auspizien des Collegio Romano der Gesellschaft Jesu veröffentlicht worden war.[4] Als Autor konnte leicht der Pater Orazio Grassi identifiziert werden, denn dieser Mathematikprofessor am Collegio Romano hatte dort seine Thesen zuvor schon in Vorträgen unter die Leute gebracht. Zur kurzen Darstellung der sich anschließenden langen Kontroverse beschränken wir uns auf die Zusammenfassung, daß Grassi eine eigenwillige Verbindung aus tychonischer Astronomie und aristotelischer Kosmologie versucht hatte, die eigentlich in jedem System absurd war, aber den Vorzug hatte, den »Aristoteles zu retten«, dessen unbedingte Verteidigung den Mitgliedern der Compagnia del Gesù von ihrem General befohlen war.

Galilei mochte den allwissend-apodiktischen Ton, die antikopernikanische Tendenz und die vielen Fehler in dieser Schrift nicht unwidersprochen durchgehen lassen. Er formulierte zwei Vorträge, die sein Freund Mario Guiducci in der Accademia Fiorentina hielt und die später unter dem Namen Guiduccis gedruckt wurden. Die Attacken gegen die kopernikanische Lehre konnten Galilei/Guiducci nicht zurückweisen, denn das hätte gegen das Dekret aus dem Jahre 1616 im allgemeinen und Galileis Ermahnung im besonderen verstoßen. Er hatte auch keine Kometentheorie anzubieten, von der er hinreichend überzeugt gewesen wäre. Darum beschränkte er sich auf den Vorschlag, daß diese Himmelserscheinungen vielleicht durch die Annahme zufriedenstellend erklärt werden könnten, daß die Kometen Dämpfe irdischen Ursprungs seien, die sich geradlinig durch den Himmel bewegten und vermöge der Reflexion von Sonnenlicht leuchten.

»Aber ich behaupte nicht, daß ein Komet auf diese Weise gebildet wird, aber ich sage, daß es ebenso wie an dieser Vorstellung auch an den von anderen Autoren bemühten Erklärungen Zweifel gibt, und falls diese behaupten, ihre Auffassungen seien über jeden Zweifel erhaben, dann sind sie verpflichtet, diese und alle anderen Positionen als eitel und fehlerhaft nachzuweisen.«[5]

Die Vorläufigkeit aller Argumentation in Bereichen, in denen sicheres Wissen nicht – wir würden heute dazu neigen zu sagen:

noch nicht – möglich ist, war charakteristisch für Galileis experimentelle Intellektualität, blieb aber den traditionsorientierten, zur Allwissenheit gewissermaßen von Amts wegen verpflichteten Kontrahenten unverständlich und ein Ärgernis dazu. Konnte man bis hierhin die Kontroverse noch als eine zwischen Ehrenmännern ansehen, so kochte sie im nächsten Zuge über. Grassi konterte unter dem Anagramm Lothario Sarsi mit einer Schrift, die den Titel *Astronomische und Philosophische Waage* trug, womit er auf das Sternbild anspielte, in dem der helle Komet erschienen war, und zugleich auf die Leichtgewichtigkeit der Argumente Galileis und die Schwergewichtigkeit der eigenen hinwies.

Es war aber wiederum nur das alte Gebräu aus ein wenig Tycho und viel mißverstandenem Aristoteles, und schon in der Form lateinischer Quaestiones wurde dem Primat der Tradition gehuldigt. Da diese Schrift viel länger war als die erste, enthielt sie auch viel mehr Fehler – und eine Reihe ausgesprochener Gemeinheiten, wie zum Beispiel diese in bezug auf eine von Galilei erwähnte denkbare »weitere Ursache« für gewisse Eigentümlichkeiten der Kometenbahn:

»Was ist die plötzliche Furcht in einem offenen und nicht schüchternen Geist, die ihn davon abhält, das Wort auszusprechen, das er im Sinn hat? Ich kann es nicht erraten. Ist diese andere Bewegung, die alles erklären würde und die er nicht zu diskutieren wagt – ist sie eine Bewegung des Kometen oder etwas anderes? Eine Bewegung auf Kreisbahnen kann es nicht sein, denn für Galilei gibt es keine ptolemäischen Kreise. Ich glaube fast, ich höre eine leise Stimme geheimnisvoll in mein Ohr flüstern: die Bewegung der Erde. Aber weiche, du böses Wort, anstößig der Wahrheit und für fromme Ohren! ... Aber Galileo hatte gewiß keine solche Idee, denn ich habe ihn nie anders als fromm und religiös gekannt.«[6]

Gegen diese Niedertracht konnte sich Galilei nicht wehren, aber niemand konnte ihn daran hindern, den »caponi« – den kastrierten Gockeln unter den Talaren – eine Lektion zu erteilen. Wenn sie immer noch glaubten, Probleme der Natur könnten durch logisch-rhetorische Exerzitien nebst der passenden Zitatensammlung angemessen erörtert werden, so wollte er ihnen zeigen, auf welch ausgetretenem Holzweg sie waren.

»Die Goldwaage« setzte Galilei der grobschlächtigen »Waage« des Lothario Sarsi entgegen, jenes feine Instrument, mit dem Münzen auf ihr Gewicht überprüft wurden, und vermutlich hatte er dabei auch das Wort des Propheten im Sinn (Jesus Sirach 28,25): »Du wägest dein Silber und Gold, bevor du es aufbewahrst: warum wägest du nicht auch deine Worte auf der Goldwaage?«

In dieser Schrift argumentierte Galilei als Wissenschaftsphilosoph; dabei ging es ihm weniger um die Verteidigung einer eigenen Erkenntnis hinsichtlich der Kometen, denn er hatte keine, sondern vielmehr um die Destruktion der Tradition, die ihm unter der Hand zu einer glänzenden Darstellung der kritischen Erkenntnishaltung der neuen Wissenschaft als einem Abbruchunternehmen geriet.

Formal geschieht das in dreiundfünfzig knappen, funkelnd geschliffenen Kurzessays; wenn dieser pointillistisch anmutenden Essayistik der systematische Aufbau zu fehlen scheint, so liegt das daran, daß Galilei die »Waage« des Jesuiten Punkt für Punkt durchgeht und mit dem Seziermesser seines ebenso scharfen wie kritischen Verstandes die Schwachstellen der traditionellen Argumentationsweise bloßlegt. Die Einheit findet sich freilich im literarischen Stil und der skeptischen Erkenntnishaltung des Autors in einer Konsequenz bestätigt, die nicht nur in der wissenschaftlichen Literatur ihresgleichen sucht. Nicht anders als durch einige – zu wenige – Zitate läßt sich das illustrieren.

Selbstsicher spottet er über die traditionelle Kosmologie und ihre verspäteten Propagandisten, »die mit großem Aufwand an Worten untersuchen, ob die feste Höhlung der Mondsphäre (die nicht existiert) durch ihre rotierende Bewegung (die sie nie besaß) das Element des Feuers (von dem wir nicht wissen, ob es besteht) mit sich fortreißt und die Materie des Kometen entzündet, dessen Ort wir nicht kennen und von dem wir wissen, daß er nicht brennt«.[7]

Sarsi wußte dagegen genau, daß Kometen durch Reibungswärme entzündete brennende Objekte seien, hatte das doch schon Aristoteles geschrieben, dem er nun durch einen Verweis auf den obskuren griechischen Lexikographen Suidas zu Hilfe kommt, worauf Galilei mit dieser Preziose der Polemik entgegnet:

»Wenn Sarsi wünscht, ich solle mit Suidas glauben, die Babylonier hätten ihre Eier gekocht, indem sie sie in Schlingen durch die

Das erste Doppelblatt der im Jahre 1623 gedruckten und dem Papst Urban VIII. gewidmeten Streitschrift »Die Goldwaage«

Luft gewirbelt hätten, so werde ich das tun; nur war die Ursache dieser Wirkung sehr verschieden von derjenigen, die er annimmt. Um die wahre Ursache zu entdecken, schließe ich wie folgt: Wenn wir nicht die gleiche Wirkung erzielen, die andere vor uns erzielt haben, dann muß das daran liegen, daß unseren Verfahren etwas fehlt, was deren Erfolg bewirkt hat. Und wenn es uns nur an einer einzigen Ursache fehlt, dann kann allein sie der wahre Grund sein. Nun fehlt es uns nicht an Eiern noch an Schlingen, noch an kräftigen Burschen, die sie herumwirbeln; aber unsere Eier kochen nicht, sondern sie kühlen sich bloß schneller ab, wenn sie heiß gewesen sein sollten. Und da es uns an nichts weiter fehlt, als daß wir keine Babylonier sind, muß dieses Babylonier-Sein die Ursache für das Hartwerden der Eier sein und nicht die Reibung der Luft.«[8]

Und ebenso elegant erledigte er das Zitieren vieler großer und kleiner Autoritäten: »Wenn vernünftiges Schließen dasselbe wäre wie Säcke schleppen, dann würde ich wohl zustimmen, daß mehrere Denker mehr wert wären als einer, so wie viele Pferde mehr Kornsäcke schleppen können als eines. Aber vernünftiges Schließen ist wie ein Wettrennen und nicht wie Lastenschleppen, und ein arabisches Pferd kann vielen Ackergäulen davonlaufen. Wenn Sarsi also seine Unzahl von Autoren anführt, so scheint mir, daß er damit weniger seine Schlußfolgerung untermauert, sondern vielmehr unsere Sache adelt, indem er zeigt, daß wir viele Männer von großem Ansehen ›ausgeschlossen‹ haben.«[9]

Von der berühmten Analyse der Wärme und der daraus erwachsenden Konzeption der primären und sekundären Qualitäten hatten wir schon an früherer Stelle gehandelt, und ebenso von dem berühmten Satz, daß »das Buch der Natur in der Sprache der Mathematik« geschrieben sei, wie man überhaupt *Die Goldwaage* als ein Brevier goldener Worte der Wissenschaftsphilosophie lesen kann.

Der arg gezauste Jesuit Orazio Grassi und die Patres des Collegio Romano dachten natürlich ganz anders. Grassi setzte zwei Buchstaben vor den italienischen Titel Galileis und veränderte so »Il saggiatore« zu »Il assagiatore«, dem Weinverkoster, als der Galilei das Buch wohl mit umnebeltem Kopf geschrieben haben müsse,[10] und als drei Jahre nach Erscheinen der *Goldwaage* Grassi seine Replik fertig hatte, schrieb Galilei Bemerkungen an den Rand seines Exemplars, die einem toskanischen Schimpflexikon nahekommen:[11] Vom »alten Esel« über den »elenden Fälscher« und den »vernagelten Kopf« bis zum »blöden Vieh« war alles an verfügbaren Kraftausdrücken aufgeboten; geantwortet hat Galilei diesem »ingrantissimo villano« nicht mehr, denn Verständigungsmöglichkeiten zwischen der alten und der neuen Wissenschaft gab es nicht.

So endete denn die eigenartige Kontroverse, bei der einer der Kontrahenten um jeden Preis den Aristoteles verteidigen mußte, während der andere den Kopernikus bei Strafe der Exkommunikation nicht verteidigen durfte, in einer Sackgasse, und die Patres des Collegio Romano waren nun endgültig seine Feinde geworden.

Der Ruhm am Himmel und die päpstliche Liebe

Die Drucklegung der »Goldwaage« sollte von der Accademia dei Lincei in Rom betreut und vom Prinzen Cesi finanziert werden. Galilei und die römischen Freunde hatten sich darauf geeinigt, die Schrift als Brief an Virginio Cesarini firmieren zu lassen, denn dieser Linceo war zum Kammerherrn des 1621 inthronisierten Papstes Gregor XV. ernannt worden, so daß man sich von dieser Adresse einen gewissen Schutz vor den befürchteten Attacken der Jesuiten erhoffen durfte.

Entgegen manchen Besorgnissen wurde die Druckerlaubnis jedoch unverzüglich und ohne Auflagen erteilt. Zum Examinator war der Dominikaner Niccolò Riccardi bestimmt worden. Er hatte lange in Spanien gelebt und war dort wegen seines Leibes und seiner Gedanken Fülle vom König mit dem Beinamen »Pater Monstrum« bedacht worden, und obwohl er in Genua geboren war, entstammte er einer Florentiner Familie. Riccardi erlag dem Zauber der brillanten toskanischen Prosa Galileis in einem Maße, daß sich die Lincei kein schöneres Zeugnis vom Zensor hätten wünschen können:

»Ich habe auf Befehl des hochwürdigen Maestro del sacro Palazzo dieses Werk ›Il Saggiatore‹ gelesen: Nicht nur habe ich darin nichts bemerkt, was gegen die guten Sitten wäre oder von den Göttlichen Wahrheiten unserer Religion abwiche, sondern ich habe darin so viele schöne Betrachtungen über die Naturphilosophie gefunden, daß ich glaube, unser Jahrhundert wird sich dereinst nicht nur rühmen dürfen, der Erbe der Mühen früherer Philosophen gewesen zu sein, sondern daß es auch der Entdecker vieler Geheimnisse der Natur sei, die jene nicht durchdringen konnten, und das alles dank der scharfsinnigen und gediegenen Überlegungen des Autors, in dessen Zeit geboren zu sein ich mich glücklich schätze, da man das Gold der Wahrheit nicht mehr grob mit der Marktwaage wog, sondern mit der feinsten Goldwaage zu wiegen begann.«[1]

Dieser überaus günstigen Nachricht folgte kurz vor der Veröffentlichung der *Goldwaage* ein Ereignis, das die Lincei und Galilei mit großer Freude erfüllte und sie neue Hoffnungen schöpfen ließ: Maffeo Kardinal Barberini war als Nachfolger von Gregor XV., der nur zwei Jahre die Kirche, ohne besonderes Aufsehen zu erregen, regiert hatte, zum Papst gewählt worden und bestieg als Urban VIII. den Stuhl Petri.

Maffeo Barberinis Wahl zum Papst war der Abschluß der glänzenden Karriere eines auf Glanz bedachten Mannes, der ebenso wie Galilei als Edler Florentiner geboren worden war. Von den Jesuiten erzogen, hatte er zunächst am Collegio Romano Philosophie und danach in Pisa die Rechte studiert, allerdings in den Jahren zwischen Galileis Studenten- und Professorenzeit. Die Vielfältigkeit seiner Talente demonstrierte er durch die souveräne Bewältigung der Aufgabe, die Wasser des Trasimenischen Sees im Vatikanstaat zu regulieren und zu kanalisieren, und den dabei erworbenen Erfahrungen hatte es Galilei wohl zu verdanken, daß Barberini in der Kontroverse um schwimmende Körper die Auffassungen des Hofmathematikers unterstützte und nicht die der Aristoteliker.

1604 wurde Barberini als Nuntius zum Hof von Frankreich beordert und erwies sich dabei als so geschickter Diplomat, daß ihm zwei Jahre später die Kardinalswürde verliehen wurde. Als der Kardinal zum ersten Mal den Hofmathematiker empfing, mögen die beiden sich zumindest so sympathisch erschienen sein wie entfernte Verwandte: Ähnliche Herkunft und gleiche Sprache, das Vergnügen an intelligenten Disputen und die Freude an den Schönheiten und Genüssen dieser Welt waren Gemeinsamkeiten, die auch durch die beiderseits etwas zum Cholerischen neigenden Temperamente nicht gefährdet wurden.

Auch wenn der Kardinal wohl niemals verstanden hatte, warum seinem Landsmann die Wahrheit der kopernikanischen Lehre so wichtig war, hatte er doch immerhin verhindert, daß sie im Jahre 1616 zur Häresie erklärt worden war. In den folgenden Jahren wurden viele Briefe gewechselt, in denen sich die beiden ihrer wechselseitigen Wertschätzung versicherten. Als Galilei krank war, wünschte ihm Barberini ein langes Leben:

»Ich schreibe, weil Männer wie Ihr, die von großem Wert für das Allgemeinwohl sind, ein langes Leben verdienen, und ich bin dazu auch veranlaßt durch das besondere Interesse und die Zuneigung, die ich für Euch hege, und durch die beständige Wertschätzung Eurer Person und Eures Werks.«[2]

1620 hatte Barberini ein den Entdecker der Jupitertrabanten preisendes lateinisches Sonett gedichtet und mit der Begründung übersandt, daß »die Hochachtung, die ich immer für Euch wegen Eurer Ehren und Tugenden gehegt habe, die Grundlage für beiliegende Komposition« gewesen sei. Mehr noch als die anderen freisinnigeren Geister Italiens hatte Galilei gute Gründe, von diesem Papst eine tolerantere Haltung der Kirche zu erwarten.

Galilei hatte wohl nie die Hoffnung ganz aufgegeben, daß das Dekret von 1616 noch zu seinen Lebzeiten modifiziert oder ganz aufgehoben werden würde. Tatsächlich galt die Indizierung eines Buches in damaligen Zeiten meistens als ein administratives Mißgeschick, das auch mächtige und einflußreiche Männer aus den unterschiedlichsten Gründen ereilen konnte. Sogar des Papstes treuester Streiter Roberto Bellarmin war davon im Jahre 1590 getroffen worden: In seinen *Disputationes gegen die Häretiker dieser Zeit* hatte er den weltlichen Primat des Papstes gegenüber Königen und Fürsten so dilatorisch behandelt, daß der machthungrige Sixtus V. das Buch kurzerhand auf den Index setzen ließ.

»Suspendiert bis zur Korrektur« war eine Qualifikation, die viele Autoren mit Gelassenheit zu tragen wußten; waren die Korrekturen genehmigt, konnte das Buch wieder erscheinen. Auch *De revolutionibus* von Kopernikus war mit minimalen Korrekturen davongekommen, an denen der Kardinal Caetani allerdings bis 1620 getüftelt hatte. Im Falle der kopernikanischen Lehre war die Lage freilich durch das Dekret verschärft, in dem sie als der »Heiligen Schrift zuwider« charakterisiert und die Behauptung ihrer Wahrheit verdammt worden war.

Und dieses Dekret wurde rigoros durchgesetzt; als sich Galilei zum Beispiel im 1618 erschienenen ersten Band der *Epitome Astronomiae Copernicanae* von Johannes Kepler über dessen Kometentheorie informieren wollte, mußte er feststellen, daß dieses astronomisch-technische Buch, in dem keinerlei Bezug auf theologische Fragen enthalten war, in Italien verboten war.

Aber warum, mag Galilei gedacht haben, sollte sich nicht der gute alte Kamerad Barberini in seinem neuen Hohen Amte dazu bewegen lassen, das Dekret wieder aufzuheben, wie schon so viele Päpste die Entscheidungen ihrer Vorgänger für nichtig erklärt hatten, sofern sie nicht ex cathedra verkündet worden waren.

Die Widmung der »Goldwaage« an den neuen Papst war nicht nur ein Freundschaftsdienst Galileis und der Lincei, sondern auch ein strategischer Schachzug. Das schon fertig gestochene Titelblatt mußte noch einmal angefertigt werden, als der Papst die Widmung dankend akzeptiert hatte, und Virginio Cesarini verfaßte noch schnell eine Lobrede, in der Urban VIII. als Mäzen und Beschützer der Künste und Wissenschaften wortreich gefeiert wurde. Der Papst erwies sich als dieser Huldigung würdig, denn mehrere Korrespondenten berichteten Galilei, er habe sich die *Goldwaage* bei Tisch bis zum Ende vorlesen lassen und sei überaus entzückt gewesen.

Galilei hatte schon unmittelbar nach der Wahl Barberinis an eine Reise in die Heilige Stadt gedacht, aber die schlechte Gesundheit und die Angst vor widrigem Wetter ließen ihn die Reise bis zum nächsten Frühjahr aufschieben. Unterdessen erreichten ihn viele Briefe in Florenz, die ihm bestätigten, daß sein Besuch jederzeit willkommen sei.

»Ich schwöre Euch«, schrieb ihm der Freund Tommaso Rinuccini am 20. Oktober 1623, »daß nichts von allem, was ich sagte, unseren Herrn so erfreut hat wie die Erwähnung Eures Namens; als ich dann Eures Wunsches gedachte, erwiderte der Papst, es würde ihn sehr freuen, Euch zu empfangen, wenn es sich mit Eurer Gesundheit vereinbaren ließe, denn die großen Männer wie Ihr müssen in jeder Weise darauf bedacht sein, solange wie möglich zu leben.«[3]

Dieser Meinung war wohl auch Galilei, der sich erst Ende April auf den Weg machte; eine Tagesreise vor seinem Ziel kehrte er erst noch bei den Cesis in Aquasparta ein und verbrachte ein paar angenehme Tage in der Gesellschaft dieser von ihm zusammengeführten Eheleute. Der Prinz konnte ihm noch einmal bestätigen, daß der

Heilige Vater ihn sehnlichst erwarte, und Galilei richtete sich darauf ein, der Freiheit der Wissenschaft eine Bresche zu schlagen.

Um die römische Szene zu beeindrucken, hatte er auch wieder eine seiner hübschen Erfindungen im Gepäck, die er »occhialino« nannte, also ein kleines Rohr zum Sehen kleiner Dinge. Der Name Mikroskop wurde, wie schon zuvor der des Teleskops, von den Lincei in die wissenschaftliche Terminologie eingeführt, nachdem Galilei es dort im Kreise seiner Freunde präsentiert hatte.

Diese Erfindung zeugt von der immer noch rastlosen Tätigkeit des nun schon sechzigjährigen Galilei. In seiner Villa in Bellosguardo hatte er im Keller neben den Weinfässern, in denen er das »vom Tau eingefangene Licht« selbst kelterte, seine Maschinen zum Linsenschleifen installiert, und auch ein Dutzend Jahre nach den ersten Fernrohren konnte ihn in dieser Kunst kaum jemand übertreffen. Seine Linsen und Fernrohre waren in ganz Europa gefragt und wurden bis nach Antwerpen versandt. Die Bitte des Kardinals del Monte, ihm doch eine gute Lesehilfe anzufertigen, hatte Galilei vermutlich dazu gebracht, sich systematisch mit optischen Vergrößerungsinstrumenten zu befassen.

Im Falle des Mikroskops braucht man nicht wie beim Fernrohr lange zu erörtern, ob er nun der »Vater oder nur der Ziehvater« dieses Instruments sei: Er war einer von mehreren unabhängig voneinander dahinwerkelnden Erfindern, die zunächst über die Kuriositäten erfreut waren, die sie zu sehen bekamen, aber noch nicht die ungeahnten Möglichkeiten erkannten, die dieses Instrument späteren Forschergenerationen eröffnen würde.

Galilei hatte natürlich schon in Padua einmal verkehrt herum durch das eben entdeckte Fernrohr geblickt und die erstaunliche Vergrößerung nahe liegender Objekte bemerkt. Später in Florenz besuchte ihn ein auf dem Wege nach Rom befindlicher französischer Kanonikus namens Jean Tarde; die beiden plauderten am Krankenlager Galileis über eine Reihe wissenschaftlicher Probleme, und unter dem 12. November 1614 trug der Kanonikus in sein Reisetagebuch ein:

»Er erzählt mir, daß er mit seinem langen Rohr Fliegen gesehen habe, die so groß wie Lämmer aussehen, und er hat beobachtet, daß sie alle mit Haaren bedeckt sind und sehr scharfe Nägel haben, mit denen sie sich festhalten und auf Glas gehen können, sogar mit den Füßen nach oben.«[4]

Vermutlich im Jahre 1620 hat Galilei dann begonnen, eigens Instrumente für die Beobachtung der winzig kleinen Krabbeltiere zu konstruieren, wahrscheinlich einfache Geräte mit zwei konvexen Linsen. Für die Reise nach Rom hatte er jedenfalls einige leistungsfähige Exemplare fertiggestellt und machte damit großen Eindruck. So schrieb der Linceo Johann Faber an den Prinzen Cesi:

»Die letzte Nacht war ich mit unserem Signor Galileo zusammen ... Er übergab dem Kardinal Zollern ein ungewöhnlich schönes Occhialino für den Herzog von Bayern. Ich betrachtete eine Fliege, wozu Signor Galileo selbst mich aufgefordert hatte. Ich war erstaunt und sagte zu Signor Galileo, daß dieses Instrument wahrlich ein Schöpfer sei, denn es macht Gegenstände sichtbar, von denen bisher niemand wußte, daß sie geschaffen waren.«[5]

In diesen Worten wiederholt sich noch einmal die Irritation, die Galileis Zeitgenossen schon beim Fernrohr zu schaffen gemacht hatte, als durch ein Instrument neue Dimensionen der Wahrnehmung erschlossen wurden. Daß Gegenstände vom Schöpfer ohne Bezug auf die Wahrnehmung durch den Menschen geschaffen sein sollten, war eine tiefgreifende Erschütterung der teleologisch ausgerichteten anthropozentrischen Weltsicht, die auch einem Linceo noch zu schaffen machte.

Galilei spürte allerdings keine metaphysischen Irritationen, er wunderte sich als Naturforscher. In einem Brief an Cesi, mit dem er die Übersendung eines Occhialino begleitete, wies er zunächst auf Bedienungsprobleme des Instruments hin und fuhr fort:

»Ich habe sehr viele Tiere mit unendlicher Bewunderung beobachtet, unter denen der Floh am allerschrecklichsten war, der Moskito und die Motte waren dagegen sehr hübsch. Mit großer Befriedigung habe ich beobachtet, wie Fliegen und andere kleine Tiere auf Spiegelflächen laufen können, übrigens auch mit dem Kopf nach unten. Aber Eure Exzellenz werden Gelegenheit haben, Abertausende von Details zu beobachten, und von den merkwürdigsten bitte ich mir Mitteilung zu machen.«[6]

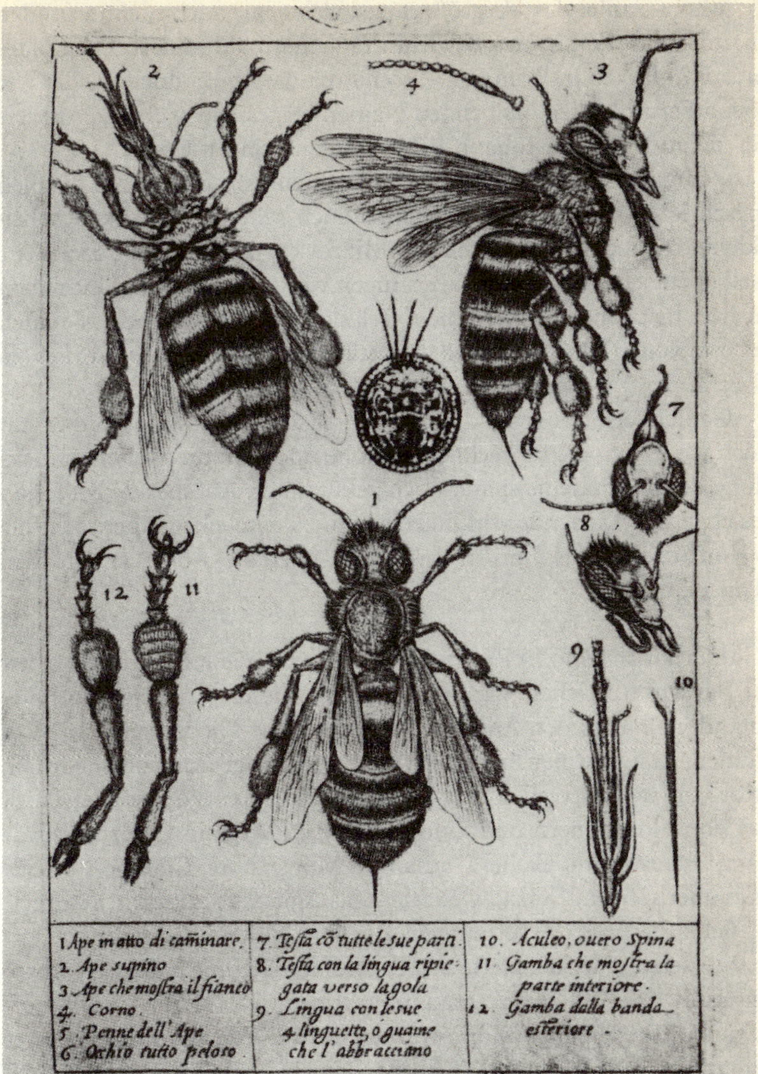

Die Bienen, wie sie Francesco Stelluti durch Galileis Mikroskop gesehen hat; dieser Holzschnitt von Mathias Greuter ist in einer 1625 von Stelluti veröffentlichten »Beschreibung der Bienen« enthalten, die von der Accademia dei Lincei Papst Urban VIII. gewidmet wurde, denn Bienen waren im Familienwappen der Barberinis enthalten

Wenn Galilei das Vergrößerungsinstrument auch nicht erfunden hatte – zur Zeit seines Besuches tauchten bald andere Exemplare aus Frankreich in Rom auf –, so hatten die Lincei doch wieder wie beim Fernrohr den bleibenden Namen beigesteuert, erstmals fixiert in einem Brief von Johann Faber an den Prinzen Cesi:

»Seht, was ich über die neuen Erfindungen des Signor Galileo geschrieben habe . . . Ich erwähne auch sein Occhiale zum Sehen kleiner Dinge und nenne es ein ›Mikroskop‹. Möge Eure Exzellenz selbst entscheiden, ob Ihr hinzufügen wollt, daß, da die Lincei dem ersten Instrument den Namen ›Teleskop‹ gegeben haben, sie auch dem zweiten einen passenden Namen geben wollen, und dies zu Recht, denn sie waren die ersten in Rom, die eines hatten.«[7]

Galilei verlor aber bald das Interesse am Mikroskop, und er hat sich weder um die schrecklichen Flöhe noch um die Weiterentwicklung des Instruments später noch gekümmert. Auf diesem Felde gab es eben nur Tausende von Einzelheiten zu entdecken, aber nicht die »Konstitution des Universums«, und über die wollte er mit dem Papst sprechen.

GALILEIS EMPFANG IN ROM WAR GLÄNZEND. Wie im Jahre 1611 war er bei einflußreichen Kardinälen ein gerngesehener Gast, und niemand, so hat es den Anschein, ließ ihn seine Niederlage von 1616 fühlen. Einige seiner Freunde waren in wichtige Positionen berufen worden, so daß Galilei den Eindruck gewinnen konnte, der Papst sei von Florentinern und Lincei umgeben. Virginio Cesarini wurde zum Maestro di Camera ernannt, Monsignore Ciampoli wurde Kammerherr und versah weiterhin das Amt des Segretario de Brevi.

Ganz besondere Hoffnungen konnte Galilei auf Francesco Barberini setzen, der als Neffe des Papstes am Tag nach dessen Inthronisation zum Kardinal ernannt worden war. Dieser sechsundzwanzigjährige junge Mann war gerade aus Pisa gekommen, wo er unter der Anleitung und Aufsicht Galileis beim Pater Castelli studiert hatte. Francesco Kardinal Barberini, dem man eine steile Karriere zutraute, folgte der Bitte der Lincei, Mitglied ihrer Akademie zu werden, so daß die gelehrte Gesellschaft nun auf einen Protektor in Purpur rechnen konnte. Der Sekretär des jungen Barberini, ein Cavaliere del Pozzo, war ohnehin schon ein Linceo.

Der Papst empfing Galilei zu sechs langen Audienzen, aber leider hat dieses Mal kein Chronist gelauscht und berichtet, was die beiden erörtert haben, und auch in Briefen oder Akten finden sich keine Anhaltspunkte. Aber mit einiger Wahrscheinlichkeit läßt sich wohl vermuten, worum die Gespräche in den Gärten des Vatikans oder in den Gemächern des Heiligen Vaters gekreist sein mögen.

Ohne Zweifel wird Galilei bald das Dekret der Indexkongregation zur Sprache gebracht und die Klagen über seine eigene Einschränkung in der Diskussion wissenschaftlicher Fragen mit dem häufig verwendeten Hinweis ergänzt haben, daß manche Protestanten von der Rückkehr in den Schoß der Kirche durch eben dieses Dekret abgehalten würden. Darauf könnte der Papst repliziert haben, daß man gerade wegen der Beliebtheit der kopernikanischen Lehre bei den Häretikern doppelt vorsichtig sein müsse, und im übrigen habe die Kirche dank seiner, des Kardinals Barberini, Intervention diese Lehre niemals für häretisch erklärt, und dabei werde es auch bleiben.

Von einer Aufhebung des Dekrets wollte Urban wahrscheinlich nichts wissen, zu viel Prestige war investiert worden, und was waren ein paar Vorschriften, die wissenschaftliche Diskussion betreffend, im Vergleich mit der Autorität der Kirche, die auch zu bedenken war. Und hätte nicht überhaupt Gott, der Allmächtige, die Welt so einrichten können, daß kein Mensch ihre wahre Konstitution erfahren oder erforschen kann?

Aber innerhalb der Grenzen des Dekrets sei doch ein weiter Spielraum, wird der Papst seinem Galilei erläutert haben, und bei Respektierung einer gewissen hypothetischen Rhetorik könne er doch schreiben, was er wolle. Auf Galileis Einwand, daß er sich bei Einhaltung dieser Grenzen nicht der verleumderischen Angriffe seiner Feinde erwehren könne, wird ihm der Papst seine allumfassende Unterstützung zugesagt haben. Denn daß Galilei weiterarbeiten solle, zum Ruhme von Florenz, Italien und der heiligen katholischen Kirche, war ein ausdrücklicher Wunsch des Papstes, der auch als Förderer der Wissenschaften in die Geschichte eingehen wollte.

Öffentlich waren die vielen Gunstbezeugungen, die Urban seinem Galilei gewährt hatte: zwei Gedenkmünzen, ein Gemälde und viele Agnus Dei, dazu eine Pfründe von 60 Scudi jährlich für den Sohn Vincenzio. Und zum Abschied ließ er ein Breve an den Großherzog der Toskana aufsetzen, in dem er seinen Gast überschwenglich lobte:

»Schon lange umfassen Wir diesen großen Mann, dessen Ruhm am Himmel leuchtet und über die Erde schreitet, mit väterlicher Liebe. Denn Wir kennen in ihm nicht nur den Glanz der Gelehrsamkeit, sondern auch den Eifer der Frömmigkeit, und er ist reich an solchem Wissen, durch das Unser päpstliches Wohlwollen leicht erworben wird. Nun aber, da er nach Rom gekommen, Uns zur päpstlichen Würde zu beglückwünschen, haben Wir ihn mit großer Liebe aufgenommen und haben ihn mit Freuden zu wiederholten Malen gehört, wie er den Glanz der Florentiner Beredsamkeit in gelehrten Disputationen mehrte. Nun aber wollen Wir nicht, daß er ohne eine reiche Mitgabe päpstlicher Liebe in die Heimat zurückkehre. Alles Gute, was Du, edler Fürst, ihm erweisest, würde Uns zur Genugtuung gereichen.«[8]

Die Freiheit der wissenschaftlichen Diskussion hatte Galilei nicht wiederherstellen können – bei aller florentinischen Beredsamkeit. Aber er hatte doch das Gefühl bestätigt bekommen, daß er nun die Grenzen der Freiräume ohne zu große Risiken ausprobieren und vielleicht sogar ausweiten konnte. Und in der Entschlossenheit, dieses in den noch verbleibenden Lebensjahren zu tun, verließ er im Juni nach zwei Monaten Rom und kehrte nach Florenz zurück.

Florentinische Ablenkungen II oder Schwierigkeiten beim Schreiben

Die rhetorische Geste der formalen Unterwerfung wurde Galileis Maskerade, unter der er doch noch an dem vorläufig unabänderlichen Dekret vorbei die Wahrheit unter die Leute zu bringen hoffte. Wahrscheinlich ist er bei den Diskussionen mit dem Papst auf die Idee gekommen, daß er alle inhaltlichen Aspekte des kopernikanischen Systems sogar in der Sprache des Realismus erörtern könne, wenn er nur an herausgehobenen Stellen des Textes, zum Beispiel in der Einleitung und am Schluß, zugestehen würde, daß seine Theorie die endgültige Wahrheit nicht sein könne, da Gottes Wege auch in der Schöpfung der Natur unerforschlich seien. Wir können uns leicht vorstellen, wie Galilei vermöge seiner florentinischen Beredsamkeit den Papst davon überzeugt hat, daß diese Maskerade durchaus im Einklang mit der antiquierten skeptischen Erkenntnistheorie des Heiligen Vaters stünde, und vielleicht war Urban sogar dankbar für diesen Ausweg aus dem Dilemma zwischen dem Glanz der italienischen Wissenschaft einerseits und dem Fortbestand des Dekrets andererseits.

Den Versuchsballon startete Galilei unmittelbar nach seiner Rückkehr aus Rom. Dazu bediente er sich eines Vorwandes, der schon acht Jahre zurücklag, aber nun bei seinem Aufenthalt in Rom wieder aktualisiert worden war.

Im Jahre 1616 hatte nämlich ein Advokat aus Ravenna namens Francesco Ignoli eine Widerlegung des kopernikanischen Systems verfaßt, die Galilei gern zurückgewiesen hätte, wenn er nicht durch das Dekret gezwungen gewesen wäre zu schweigen. Nun, acht Jahre später, war Ignoli Sekretär der Propagande Fidei in Rom, und seine haltlosen Ausführungen wurden inzwischen in gewissen Kreisen als eine große wissenschaftliche Leistung angesehen. Galilei schrieb jetzt also eine Widerlegung der Widerlegung Ignolis und begann sie mit der Schutzbehauptung, er führe die kopernikanischen Argumente nur an, um den Protestanten zu zeigen, daß die Kirche nicht etwa aus Unkenntnis oder Dummheit die kopernikanische Lehre verboten habe, sondern wegen der Verehrung der Heiligen Schrift und der Kirchenväter, deren Autorität höher steht als menschliche Vernunft.[1]

Solchermaßen salviert, belehrte Galilei den Advokaten über den Unterschied zwischen den Spitzfindigkeiten der Juristerei und Philosophie einerseits und der neuen Wissenschaft andererseits:

»In Angelegenheiten der Natur gilt die Autorität des Menschen nichts; Ihr zwar, als Rechtsgelehrter, scheint großes Gewicht darauf zu legen, aber die Natur, mein Herr, spottet der Anordnungen und Dekrete der Fürsten, Kaiser und Monarchen und würde auf ihren Befehl nicht ein Jota von ihrer Ordnung ändern. Aristoteles war ein Mensch, sah mit den Augen, hörte mit den Ohren, dachte mit dem Gehirn. Ich bin ein Mensch, sehe mit den Augen, und weit mehr als er; was das Denken betrifft, so glaube ich, daß er über mehr Dinge gedacht hat als ich; aber ob mehr oder besser als ich über die Dinge, die uns beiden Gegenstand des Denkens gewesen sind – das werden unsere Gründe und nicht unsere Autoritäten zeigen.«[2]

Dieser hübschen Polemik folgten ausführliche Widerlegungen der Argumente Ignolis, die freilich nur die traditionellen waren, und dabei wurde kurz ganz gefährliches Gelände gestreift:

»Diese und andere Argumente sind von Kopernikus sehr wohl gekannt und geprüft worden, und noch viel eingehender von mir, und ich erkenne, daß in ihnen allen entweder nichts enthalten ist, was für die eine oder andere Seite Beweiskraft hat, oder wenn doch der einen von ihnen Gewicht beizulegen ist, dies zugunsten der kopernikanischen Auffassung gelten muß; aber ich behaupte weiter, daß ich andere Tatsachen aus der Erfahrung kenne, die bis jetzt von niemandem beobachtet sind, aus denen – sofern wir in den Grenzen natürlicher und menschlicher Betrachtungen bleiben – mit Notwendigkeit die Richtigkeit des kopernikanischen Systems hervorgeht.«[3]

Das war eine riskante Sprache, die ihn unter dem Regiment von Paul V. Kopf und Kragen hätten kosten können; auch unter dem Barberini-Papst war derartiges nicht unbedingt für den Druck geeignet, aber wie üblich zirkulierten Kopien von Hand zu Hand. Der

Papst ließ sich den langen Brief vorlesen, was sicher mehr als zwei Stunden gedauert haben muß, und er war wiederum von der florentinischen Beredsamkeit Galileis hingerissen.

Im nächsten Jahr wurde Galilei zugetragen, daß eine Anzeige gegen die *Goldwaage* vom Heiligen Offizium zurückgewiesen sei; Pater Guevara, der General des Ordens der Theatiner, hatte das Werk begutachtet und sich nahezu ebenso begeistert geäußert wie zuvor der Zensor bei der Erteilung der Druckerlaubnis. Nunmehr fühlte sich Galilei wohl endgültig in seiner Absicht bestätigt, doch noch sein schon 1610 angekündigtes großes Buch über das System der Welt zu schreiben.

Über den Inhalt des Werkes war er sich vollkommen im klaren; die Argumente waren in unzähligen Diskussionen mit Freunden und Kontrahenten hin- und hergespielt worden, manches hatte er in seinen Büchern behandelt, anderes in seiner immer umfangreicher gewordenen privaten Korrespondenz auseinandergesetzt und die wichtigsten Argumente in seinen großen wissenschaftlichen »Briefen« behandelt: seine Theorie von Ebbe und Flut, die er für den geforderten »zwingenden Beweis« für die zweifache Drehung der Erde hielt, in seinem kurz vor dem Erlaß des Dekrets geschriebenen Brief an den Kardinal Orsini, und jetzt die Verteidigung der kopernikanischen Lehre in seinem Brief an Ignoli. Und trotzdem dauerte es fünf Jahre, bis endlich das Manuskript abgeschlossen war, denn zeitweilig mußte es den denkbar ungünstigsten Umständen und einem vom Tode bedrohten Körper abgerungen werden.

Ein schwerer Verlust war für Galilei der Tod seines Gönners und Beschützers, des Großherzogs Cosimo II., gewesen, der am 21. Februar 1621 im Alter von dreißig Jahren plötzlich gestorben war. Ihm folgte auf dem Thron sein Sohn Fedinand II., der mit seinen damals zehn Jahren zum Regieren freilich noch zu jung war, so daß bis zum Jahre 1627 die Regentschaft von seiner Mutter und seiner Großmutter gemeinsam ausgeübt wurde. Die beiden Damen, Erzherzogin Maria Magdalena von Österreich und die Großherzogin Christine von Lothringen, hatten zwar nichts gegen den Hofmathematiker einzuwenden, aber dessen Stellung wurde doch durch den bei Hofe zunehmenden Einfluß der Mönche untergraben. Wie es ihm einst von Sagredo nach seinem Weggang aus Venedig prophezeit worden war, deutete sich an, daß er »in den tobenden Winden des Neides und der Eifersucht ... herumgestoßen und umgetrieben« werden würde.

Tröstlich war für Galilei, daß der kleine Ferdinand die Interessen und Begabungen seines Vaters geerbt hatte, so daß er seinen Dienst als Lehrer des wißbegierigen Großherzogs nicht nur als zeitliche Belastung empfand, sondern ihn ausgesprochen gerne versah, und umgekehrt lernte der dankbare Schüler seinen Hofmathematiker zu schätzen und bezeugte ihm, wie zuvor sein Vater Cosimo, eine dankbare Loyalität.

Die wurde schon bald nach dem Regierungsantritt auf die erste Probe gestellt. Einige erzaristotelische Professoren der Universität Pisa hatten schon länger darüber gemurrt, daß der Etat ihres »Studio« mit dem üppigen Salär des Hofmathematikers belastet wurde, obwohl dieser zur akademischen Lehre nichts beitrug, und nun fragten sie immer energischer, ob das überhaupt rechtens sei. Gutachten von Theologen und Juristen wurden angefertigt, aber der junge Großherzog konnte durchsetzen, daß Galilei wie zu Cosimos Zeiten sein Gehalt bezog, allerdings nicht mehr als außerordentlicher Professor, sondern als Beamter der Universitätsverwaltung, freilich auch in dieser Stellung ohne Dienstpflichten in Pisa.

Diese Kontroverse um sein Gehalt innerhalb der höfischen Administration war wohl auch der Anlaß, daß Galilei mit besonderer Aufmerksamkeit die Auslobung eines Preises von 30 000 Golddukaten durch die niederländischen Generalstände registrierte, der demjenigen zuerkannt werden sollte, der das altbekannte Problem der geographischen Längenbestimmung lösen konnte. Galilei brachte sich und seine auf den Jupitermonden basierende Methode sogleich als Anwärter für den Preis bei den Holländern ins Gespräch. Zwar blieb ihm auch in diesem Falle wie zuvor schon beim spanischen König der durchschlagende Erfolg versagt, aber er wurde durch das große Interesse und die Sympathie, die die Holländer seinen wissenschaftlichen Arbeiten später entgegenbrachten, überaus reichlich entschädigt.

DER TOD HATTE IHM AUCH SEINE SCHWESTER VIRGINIA, verehelichte Landucci, im Jahre 1623 geraubt, die sich während seiner schweren Krankheiten aufopferungsvoll um ihn gekümmert hatte. Mehrere Male war sie in die Villa nach Bellosguardo heraufgekommen und so lange geblieben, bis sie ihren Bruder gesundgepflegt hatte.

Da er dieser Fürsorge nunmehr entraten mußte, ging er wohl vier Jahre später auf den Vorschlag seines Bruders Michelangelo ein, der wegen der Teuerung im Dreißigjährigen Krieg seine Familie in München nicht mehr ernähren konnte und daher anregte, daß seine Frau Anna Chiara die Haushaltsführung in Bellosguardo zum beiderseitigen Vorteil übernehmen könne.

»Dein Haus wäre gut und treulich bestellt«, schrieb der Bruder nach langen Jahren des Schweigens am 5. Mai 1627, »und ich wäre von Kosten erlöst, von denen ich nicht weiß, wie ich sie länger tragen kann, denn Chiara würde auch einige Kinder mitbringen, dir zur Freude und ihr zum Trost. Ich glaube nicht, daß es dir schwerfallen wird, ein oder zwei Münder zusätzlich zu ernähren, denn sie werden dich nicht mehr kosten, als die gegenwärtig um dich sind, die dir nicht so nahestehen und wahrscheinlich auch nicht so hilfsbedürftig sind.«[4]

Galilei wird nicht wenig überrascht gewesen sein, als statt der avisierten »ein oder zwei Münder« die Schwägerin Anna Chiara mit sechs Kindern und einer Gouvernante in Bellosguardo einzog. Einige der Kinder, insbesondere die älteren Neffen, bereiteten mehr Ärger als Freude. Den ältesten von ihnen mit dem Namen Vincenzio schickte Galilei zum Studium der Laute nach Rom und ließ ihm die Pfründe übertragen, die Urban dem Sohne Galileis zugedacht hatte, aber bald hörte er nur Klagen über diesen zwar talentierten, aber auch undisziplinierten Verwandten. Da ihm statt fürsorglicher Pflege durch die Schwägerin nur Ärger zuteil wurde, mußte er bei der nächsten Erkrankung sogar Bellosguardo verlassen, um Ruhe für erhoffte Genesung zu finden. Schwerkrank flüchtete er aus der Villa L'Ombrellino und zog in die Stadt zu einer Signora Barbara, von der wir mangels besserer Kenntnisse nur vermuten können, daß sie in jenen Jahren nicht nur Galileis Krankenpflegerin war. Dieses Mal kamen zu den üblichen rheumatischen Fiebern noch Nierenkoliken und wahrscheinlich auch ein Leistenbruch hinzu, was Galilei so zu schaffen machte, daß er sein Ende auf sich zukommen fühlte. Nach Monaten ärgster Schmerzen und totaler Erschöpfung siegte jedoch wieder seine robuste Natur und vielleicht auch die Pflege der Signora Barbara über den Tod. Seinen Bruder bat er nach der Genesung umgehend, ihn doch wieder von der lärmenden Familie zu befreien. Nach einer Korrespondenz voll brüderlichen Zwists, von der freilich nur Michelangelos eigentümlich intransigente Briefe erhalten geblieben sind, reiste der Musikmeister erst einmal durch Italien, bis er auf dem Rückweg von Rom in Bellosguardo vorbeikam und seine Familie wieder nach München mitnahm. Dort starben vermutlich alle Glieder dieses Zweiges der Galilei in der schrecklichen Pestepidemie des Jahres 1631.

Am Sohn Vincenzio hatte Galilei in den Jahren nach der für den Vater von Sorgen umwölkten Studentenzeit mehr Freude. Der Doktor der Rechte machte als Sekretär und Syndikus einer der großen Zünfte eine ansprechende, in Florenz sogar in hohem Ansehen stehende berufliche Karriere, ging seinem Vater bei mancherlei wissenschaftlichen Arbeiten zur Hand und spielte mit ihm der Familientradition folgend manches Duo auf der Laute.

Am 28. Januar 1629 heiratete Vincenzio die hübsche Sestilia Bocchineri aus der Florenz benachbarten Stadt Prato, deren Vater als Maestro del Palazzo eine hohe Stellung am toskanischen Hof bekleidete. Die Mitgift diente teilweise als Anzahlung für ein Haus an der Costa San Giorgio, einer Straße am Südufer des Arno unweit des Palazzo Pitti; Galilei übernahm die Abtragung der Hypotheken – zeitweilig war er aus diesem Grunde als Eigentümer im Grundbuch eingetragen – und erhielt wohl nicht nur deshalb das Recht eingeräumt, in diesem Haus zu wohnen, wenn ihn seine Geschäfte in der Stadt festhielten und ihm der Heimweg nach Bellosguardo zu weit wurde.

Noch im selben Jahr überraschten ihn die beiden jungen Leute, deren eheliche Verbindung er begrüßt und gefördert hatte, mit einem weiteren freudigen Ereignis: Galilei wurde am 5. Dezember 1629, im Alter von 65 Jahren, Großvater. Der Taufname des Enkels war, gemäß einer jahrhundertealten Familienübung, wieder Galileo Galilei.

Das Jahr 1629 nahm ein gutes Ende, denn Galilei war nicht nur stolzer Schwieger- und Großvater geworden, sondern auch die Arbeit an dem großen Buch war endlich in den letzten Monaten, nach Jahren der Frustrationen, der Ablenkungen und auch unendlicher körperlicher Qualen, endlich zügig vorangekommen. An Elia Diodati, einen in Paris lebenden Juristen, der in seiner weitläufigen Korrespondenz ein Knotenpunkt in den Informationsströmen des europäischen Geisteslebens war und mit dem Galilei schon seit einem Jahrzehnt in Verbindung stand, schrieb er Ende Oktober:

»Um Euch einige Neuigkeiten über meine Studien mitzuteilen, sollt Ihr erfahren, daß ich vor einem Monat wieder meinen Dialog über die Gezeiten aufgenommen habe, der für drei endlose Jahre zur Seite gelegt worden war, und dank der Gnade Gottes habe ich den richtigen Weg gefunden, so daß ich, wenn ich diesen Winter durchhalte, hoffen kann, dieses Werk beenden und unverzüglich veröffentlichen zu können. Darin werden, neben dem Material über die Gezeiten, viele andere Probleme enthalten sein, darunter eine umfassende Bestätigung des kopernikanischen Systems, indem ich die Nichtigkeit von allem zeige, was von Tycho und anderen dagegen angeführt wurde. Das Werk wird ziemlich dick und voller Novitäten sein, die ich aber dank der Freiheit der dialogischen Form ohne Plackerei und Künstelei unterbringen kann.«[5]

Dieses Mal machte die Arbeit aber so rasche Fortschritte, daß er nicht einmal den ganzen Winter benötigte. Am Tage des Heiligen Abend schrieb er dem Prinzen Cesi, daß er praktisch fertig sei:

»Ich muß nur noch die zeremonielle Einleitung und die Eröffnungsszene der Dialoge mit dem in Einklang bringen, was folgt; diese Dinge sind von eher rhetorischer und poetischer Art denn wissenschaftlich, obwohl ich wünsche, daß auch sie etwas Geist und Anmut haben sollen.«[6]

Cesi hatte es wiederum übernommen, den »Dialog über Ebbe und Flut« – dies war Galileis vorläufiger Titel – unter den Auspizien der Accademia dei Lincei in Rom drucken zu lassen. Anfang Januar wurde eine Abschrift mittels der florentinischen diplomatischen Kurierpost auf den Weg in die Heilige Stadt gebracht, und eine andere Abschrift wurde nach Pisa geschickt, wo sie im Hause des Kanonikus Niccolò Cini vorgelesen wurde. Diese Rezension muß viele

Abende in Anspruch genommen haben, denn es war, wie gesagt, »ein dickes Buch« geworden, aber Freunde berichteten Galilei, daß es den »unendlichen Beifall und die Bewunderung von jedermann«[7] gefunden habe. Das 1610 angekündigte Werk über das System der Welt war nun endlich nach zwei Jahrzehnten doch noch vollbracht, wenn auch in einer Form, die auf das Dekret von 1616 Rücksicht nahm, so daß in ihm nicht nur die Gedanken des Autors zum Ausdruck kommen, sondern auch die Bedingungen, unter denen er meinte sie verbreiten zu können.

Der »Dialog« – eine philosophische Komödie

Der »Dialog« ist ein Gespräch zwischen drei Männern, die Galilei dem »geneigten Leser« in der Vorrede vorstellt, zuerst die beiden Protagonisten seiner Auffassungen:

»Ich besuchte vor vielen Jahren des öfteren die wunderbare Stadt Venedig und verkehrte daselbst mit dem Signor Giovan Francesco Sagredo, einem Manne von vornehmster Abkunft und ausgezeichnetem Scharfsinn. Ebendahin kam aus Florenz Signor Filippo Salviati, dessen geringster Ruhm sein edles Blut und sein glänzender Reichtum waren; ein erhabener Geist, der nach keinem Genusse mehr trachtete als nach dem des Forschens und Denkens ... Mögen die Seelen jener beiden großen Männer, die meinem Herzen stets verehrungswürdig bleiben, das öffentliche Denkmal meiner nie ersterbenden Liebe hinnehmen; möge das Andenken an ihre Beredsamkeit mir behilflich sein, der Nachwelt die versprochenen Untersuchungen klar darzulegen.«[1]

Neben dem aufrichtigen Bedürfnis, den verstorbenen Freunden ein literarisches Denkmal zu errichten, war ihr Auftreten zugleich ein Programm, denn sie repräsentierten in vollkommener Weise das Publikum, von dem sich Galilei eine günstige und verständige Aufnahme seiner Darlegungen erhoffen konnte: gebildete, aber nicht akademisch verbildete Bürger, weltläufig und sprachlich gewandt, vernünftigen Argumenten nicht nur zugänglich, sondern sie genießend.

Salviati vertritt in den Gesprächen die Position Galileis, auf den er sich manchmal ausdrücklich beruft, indem er »unseren Akademiker« als vierte Person in die Gespräche einführt, womit er auf den Linceo anspielt und nicht etwa auf einen Vertreter der Büchergelehrsamkeit. Salviati/Galilei ist der Überlegene, der die Gespräche lenkt und leitet und dabei die Erörterung der schwierigeren und neueren Aspekte zugewiesen erhält, wobei er die der Dialogform angemessene sokratische Hebammenkunst praktiziert, indem er seine Gesprächspartner von Gedanken zu entbinden weiß, die diese eigentlich als vernünftige Menschen schon immer gewußt haben.

Während der historische Salviati wohl nicht so klug gewesen war wie sein literarisches Denkmal, ist die Figur des Sagredo ein ziemlich lebensechtes Porträt dieses Venezianers: der Wissenschaft ergeben nicht aus Profession, sondern als Amateur und Connoisseur, dies aber auf einem so hohen Niveau, daß er oft die Gespräche durch eigene Überlegungen voranbringen kann.

Die Tradition ist in dem dritten Gesprächspartner personifiziert, einem »peripatetischen Philosophen, dem scheinbar nichts so sehr die Erkenntnis der Wahrheit erschwerte als der Ruhm, den er durch die Auslegungen des Aristoteles erworben hatte ... wegen seiner übermäßigen Vorliebe für die Kommentare des Simplicio schien es passend, unter Verschweigung seines wahren Namens ihm den seines Lieblingsautors zu belassen«. Daß dieser Name eines berühmten Peripatetikers aus dem 6. Jahrhundert freilich auch schlicht »Simpel« bedeutete, wird wohl der eigentliche Grund für diese Wahl aus dem reichhaltigen Arsenal der Aristoteles-Kommentatoren gewesen sein; aber so hübsch diese typisch Galileische Doppeldeutigkeit auch sein mag, in diesem Falle hat sie, wie wir noch sehen werden, böse Folgen gezeitigt.

An vier Tagen haben sich die drei Männer im Palast des Sagredo zusammengefunden, »um unter Ausschluß jedes anderen Geschäftes in geordneter Weise der Betrachtung und Verehrung der himmlischen und irdischen Wunderwerke Gottes zu obliegen«. Dieser szenische Rahmen leuchtet jeweils nur kurz gegen Anfang und Ende der einzelnen »Tage« auf, die die Gliederung des Buches darstellen, denn so groß ist der Wissensdurst der drei Männer, daß sie ohne literarische Schnörkel unverzüglich zur Sache kommen: dem Wettstreit der neuen Wissenschaft mit derjenigen der Tradition.

Die Form des Gesprächs zur Darstellung auch komplizierter Sachverhalte war seit der Wiederentdeckung Platons in der Renaissance eine beliebte Literaturgattung, die sich von inhaltlichen Verpflichtungen hinsichtlich der platonischen Philosophie befreit hatte. Galilei wählte diese Form wohl weniger aus Gründen der Platon-Verehrung, sondern wegen der vielfältigen Möglichkeiten, die Vorzüge der neuen Wissenschaft ohne »Plackerei und Künstelei«, wie er an Diodati geschrieben hatte, ins rechte Licht zu rücken, die Beweisgründe vorzuführen und abzuwägen sowie die Festungen der peripatetischen Philosophie zu schleifen.

Zudem war die dialogische Darstellung ein vorzügliches Mittel, das Dekret von 1616 durch eine literarische Maskerade zu unterlaufen; der Autor konnte sich hinter seinen Figuren verbergen und zusätzlich darauf berufen, daß sein Sprachrohr Salviati schon 1614 verstorben war, so daß die Gespräche vor dem Dekret stattgefunden haben, als die Behauptung und Verteidigung der kopernikanischen Lehre noch nicht verboten war. Diesem Dekret wird ein eigentümlicher intellektueller Mummenschanz dargebracht, etwa in dieser salvatorischen Bemerkung Salviatis im »Zweiten Tag«:

»Bevor wir fortfahren, muß ich Signor Sagredo darauf aufmerksam machen, daß ich bei unseren Unterredungen die Rolle des Kopernikaners spiele und mir gewissermaßen seine Maske vorhalte; wie es aber in meinem Innern unter der Wirkung dieser Gründe aussieht, die ich zu seinen Gunsten vorbringe, bitte ich, mich nicht nach meinen Worten beurteilen zu wollen, solange wir uns in der Hitze des Komödienspiels befinden, sondern erst, wenn ich die Verkleidung abgelegt haben werde, denn dann werdet Ihr mich anders finden, als Ihr mich auf der Bühne gesehen habt.«[2]

Die Widerlegung aristotelischer Argumente wurde von den Vertretern der Kirche zwar nicht gern gesehen, und den Jesuiten war durch ihren General sogar befohlen worden, Aristoteles gegen jeden Angriff zu verteidigen, aber ein Dekret oder eine ähnliche alle Katholiken bindende Maßnahme war nicht ergangen. Von dieser Freiheit machte Galilei überaus großzügigen Gebrauch. Lange Passagen des *Dialogs* bestehen aus brillanten Polemiken gegen die Kathederweisheit der Professoren, und der wacker kämpfende Simplicio muß ein um das andere Mal erdulden, daß seine schulmäßig vorgetragenen Begründungen unbarmherzig seziert und mit dem Florett der Ironie der Lächerlichkeit preisgegeben werden.

Im *Dialog* wird jedoch ständig die Fiktion eines höflichen Gesprächs unter Edlen Herren aufrechterhalten, so daß gegenüber früheren Polemiken, etwa der *Goldwaage*, in der Galilei seinen Gegner mit schneidender Schärfe abqualifiziert hatte, die Ironie in einem milderen Lichte erscheint. Dazu gehört auch, daß Simplicio nicht einfach als Dummkopf gezeichnet wird, denn das hätte der Dramatik der Gespräche Abbruch getan und den Sieg der neuen Wissenschaft wohl zu billig erscheinen lassen. Von Ferne erinnert der Philosoph zwar an den populären literarischen Typus des Pedanten der Renaissanceliteratur, aber er ist zugleich ein durchaus kluger und vor allem gebildeter Mann, für den vielleicht der Doktor Cesare Cremonini aus Padua, mit dem Galilei in seiner Professorenzeit eng befreundet war, Pate gestanden haben könnte. Und wie dieser bleibt Simplicio doch in seiner Bücherweisheit befangen und muß sich von Salviati des öfteren daran erinnern lassen, daß es um anderes geht als um Zitate und Autoritäten, »denn unsere Unterredungen haben die Welt der Sinne zum Gegenstand, nicht eine Welt auf Papier«.[3] Und im übrigen entwaffnet Galilei des öfteren den Simplicio dadurch, daß er den Aristoteles gegen seine verspäteten Prediger in Schutz nimmt, denn wenn er nach zweitausend Jahren wiederauferstehen würde, ließe er sich überzeugen oder würde mit Gründen argumentieren und nicht mit Zitaten.

Galilei hat in seinem *Dialog* bei aller Unerbittlichkeit in der Stringenz der Argumente den schönsten und elegantesten Nachruf auf die alte Zeit geschrieben. Heiteren Sinns wird der ganze Wust der Tradition über Bord geworden und Platz gemacht für das Neue. Die Entfaltung einer an Tatsachen orientierten Wissenschaft hat freilich den Mut zur geistigen Unabhängigkeit zur Voraussetzung, und so manifestiert sich in Galileis Wissenschaft zugleich die Autonomie des modernen Menschen, der bereit ist, die Verantwortung für sein Denken auf sich zu nehmen. Auf die Frage des verängstigten Simplicio, wer denn der Führer sein solle, wenn man sich von Aristoteles lossagt, läßt Galilei den Salviati erwidern:

»Des Führers bedarf man in unbekannten wilden Ländern, in offener Gegend brauchen nur Blinde einen Schutz. Wer zu diesen gehört, bleibe besser daheim. Wer aber Augen hat, körperliche und geistige, der nehme diese zum Führer.«[4]

Zur Verteidigung der kopernikanischen Lehre wirft Galilei den gesamten reichhaltigen Ertrag seines fruchtbaren Forscherlebens in die Waagschale. Die Unterredungen oszillieren ständig zwischen der Erde und dem Himmel, zwischen der neuen Lehre der Bewegung und der Konstitution des Universums, zwischen der schiefen Ebene und der Bewegung der Planeten, wodurch zugleich die Einheit der Natur und die der Wissenschaft beschworen und behauptet wird.

Dreh- und Angelpunkt des ganzen Unternehmens ist das Konzept der Trägheit, damit man verstehen kann, warum auf der Erde von der täglichen Rotation nichts zu bemerken ist und warum sich die Planeten um die Sonne bewegen. Diese Vorstellung vom Beharren der Bewegung stand quer zu aller aristotelischen Naturphilosophie, in der jede Veränderung nur durch eine Ursache in Gang gebracht und erhalten werden kann: Wenn der Ochse müde wird und den Karren nicht mehr zieht, bleibt er stehen, und damit sich die Gestirne bewegen, braucht es, je nach Bildungsstand, die Engel oder das »primum mobile« des Aristoteles.

Ein Meisterstück sokratischer Hebammenkunst führt Salviati vor, wenn er den Simplicio dazu bringt, alle Schulphilosophie fahrenzulassen und die kühne Abstraktion der Trägheit zu vollziehen. An Erörterungen über die Bewegung von Kugeln auf geneigten schiefen Ebenen schließt Salviati die Frage an:

»Nun sagt mir, was mit dem nämlichen Körper auf einer Fläche geschähe, die weder abschüssig ist noch ansteigt.

Simp. Hier muß ich mich ein wenig auf die Antwort besinnen. Da keine Abschüssigkeit vorhanden ist, kann kein natürlicher Trieb zur Bewegung vorhanden sein; da auch kein Ansteigen stattfindet, kann ebensowenig ein Widerstand gegen die Bewegung vorliegen ... Der Körper muß also, wie mir scheint, von Natur aus ruhen ...

Salv. Das ist auch meine Ansicht, vorausgesetzt, daß man ihn ruhig hinlegte. Wenn man ihm aber einen Anstoß nach irgendeiner Richtung gäbe, was würde dann geschehen?

Simp. Ich kann weder einen Grund für eine Beschleunigung noch eine Verzögerung entdecken ...

Salv. Gut ... Wie lange muß demnach der Körper fortfahren, sich zu bewegen?

Simp. Solange als die Ausdehnung dieser weder steilen noch geneigten Fläche vorhält.

Salv. Wäre diese Länge also unbegrenzt, so würde die Bewegung auf ihr gleichfalls ohne Grenzen sein, also ewig, nicht wahr?

Simp. Ja, so scheint mir ...«[5]

Diese unscheinbaren Sätze, in denen Galilei erstmals im Druck einer größeren Öffentlichkeit das Trägheitsgesetz vorstellt, machen den eigentlichen rationalen Kern der wissenschaftlichen Revolution aus: Sie sind die Geburtsurkunde der modernen Physik. Bis in den sprachlichen Gestus belegen sie das charakteristisch Schöpferische dieser neuen Wissenschaft als Synthese von experimenteller Empirie und begrifflicher Abstraktion. Die Betrachtungen über konkrete Kugeln auf konkreten Ebenen werden kühn zum Gedankenexperiment einer nicht existierenden unbegrenzten Ebene verallgemeinert, woraus dann die Formulierung des Gesetzes im Konjunktiv erschlossen wird, worin sich der Umstand spiegelt, daß das Gesetz keine Entsprechung in der Wirklichkeit hat, jedoch auf wirkliche Prozesse bezogen ist und zu ihrer Erklärung beitragen kann.

In diesem konkreten Fall schränkte Galilei die Verallgemeinerung im nächsten Schritt wieder auf die Realität ein: Die Ebenen wurden als Annäherungen an die große Kugeloberfläche der Erde gedacht, so daß das Trägheitsprinzip nur in kleinen Abmessungen näherungsweise für geradlinige Bewegungen gilt, während in den Maßstäben des Planetensystems die kreisförmige Bewegung diesem Prinzip in aller Strenge genügt. Wenn sich diese »zirkuläre Trägheit« später auch als falsch herausgestellt hat – bei Isaac Newton war wieder alles gerade –, so hatte Galilei doch eine zwanglose natürliche Erklärung für die Bewegung der Planeten gewonnen, die ohne Unterlaß vermöge des Beharrungsprinzips auf den Kreisen ihre Bahnen ziehen, nachdem sie der Weltenbaumeister einmal so eingerichtet hat.

Zugleich waren mit dieser »zirkulären Trägheit« auch alle traditionellen Argumente gegen die tägliche Drehung der Erde, die seit fast zweitausend Jahren mit guten Vernunftgründen vorgebracht worden waren, zu den Akten gelegt. Der fliegende Vogel oder die Kanonenkugel, der vom Turm oder dem Mast eines Schiffes herabfallende Stein, sie alle bewegen sich, als wären sie auf einer ruhenden Erde, denn vermöge der Trägheit haben sie an der rasenden Erdrotation teil und verschleiern sie dadurch zur Unkenntlichkeit.

Die wahre Konstitution des Planetensystems begründete Galilei mit der Fülle des vom Fernrohr Dargebotenen. Die »gehörnte Venus« allein reichte schon aus, das überlieferte ptolemäische System aus den Angeln zu heben; Mondberge und Sonnenflecken zeigten die Einheit der Materie und räumten mit der alten Unterscheidung der irdischen und himmlischen Sphären auf; und der Jupiter mit seinen Monden präsentierte sich als Modell im kleinen, das von außen beobachtet und vermessen werden konnte, wobei es die gleiche Struktur wie das Planetensystem zeigte.

Galilei beschränkte sich freilich auf die einfache Grundstruktur konzentrischer Kreise; die vielen Epizykelkorrekturen, dic auch im kopernikanischen System für die mathematische Beschreibung der Planetenbahnen nötig waren, ignorierte er, und ebenso hielt er es mit den Keplerschen Ellipsen, den »physikalisch richtigen« und zugleich elegantesten Darstellungen der Planetenbahnen ohne Korrekturen durch Epizykel. Was Galilei im *Dialog* vorführte, war sozusagen nur das Rudiment der kopernikanischen Lehre ohne die mathematischen Komplikationen.

Weil Galilei an den Kreisen festgehalten hatte, wurde ihm des öfteren nachgesagt, er habe doch tiefer in der aristotelischen Tradition gesteckt, als er sich selbst eingestehen wollte, und zudem wird noch behauptet, er sei ein schlechter Astronom gewesen, da er nur das grob vereinfachte Planetensystem behandelt habe, von dem jeder wußte, daß es die Bewegungen nicht völlig richtig wiedergibt.

Die Oberflächlichkeit dieser Kritik wird jedoch klar, wenn man sich vergegenwärtigt, daß Galilei die Konstitution des Universums in ihrer Grundstruktur darlegen und nicht etwa Ephemeridentafeln aufstellen wollte. Dazu sprach er als »physikalischer Astronom«, der freilich nur über das Trägheitsgesetz und einige andere mechanische Grundprinzipien verfügte.

Hätte Galilei aber die Keplerschen Ellipsen ernst genommen, wäre die zirkulare Trägheit nicht länger eine ausreichende Erklärung gewesen. Kräfte zu ihrer Erklärung zu postulieren wäre ihm jedoch ein Greuel gewesen, denn dieses Verfahren war durch die zügellosen magisch-magnetischen Spekulationen etwa eines della Porta in seinen Augen gründlich korrumpiert worden, und daß Kepler in dieser Tradition ein paar abstruse Vorschläge gemacht hatte, war für Galilei noch lange kein ausreichender Grund, seine wunderbar rationale Bewegungslehre mit »okkulten Kräften« zu verunstalten.

Schließlich hatte ihm das Jupitersystem, das er mit unermüdlichem Eifer präzise vermessen hatte, perfekte Kreisbahnen vorgeführt – heute gemessene Abweichungen sind geringer als ein millionster Teil der Bahndurchmesser –, und wer weiß, irgendeine Erklärung für die kleinen Abweichungen der äußeren Planetenbahnen von der Kreisform würde sich wohl noch finden lassen, nur vernünftig mußte sie sein und nicht magisch-okkult. Denn Galilei hatte gerade darin seine wesentlichste Aufgabe gesehen, die Naturforschung von der Beliebigkeit herbeiphilosophierter Ursachen und Pseudobegründungen zu reinigen, die sich zwar als rhetorische Versatzstücke ganz nützlich ausnehmen mögen, aber keinen Erklärungswert besitzen.

Mit seinem klaren begrifflichen Instrumentarium hat Galilei im *Dialog* erstaunlich viel erreichen können. Da er weder über den Begriff der Kraft noch den der universellen Gravitation verfügte, hat er sich in Einzelheiten zu manchmal sogar groben Fehlern hinreißen lassen, aber wir werden ihm nicht vorwerfen wollen, daß er nicht die großartige Synthese aus Mechanik und Gravitationstheorie zustande brachte, mit der Newton ein halbes Jahrhundert später den vorläufigen Abschluß einer Entwicklung erreichte, die mit Galilei begonnen hatte. Und daß Newton seine *Principia Mathematica* überhaupt schreiben konnte, lag daran, daß er in seiner Jugend Galileis *Dialog* gelesen hatte.

DER »VIERTE TAG« DES »DIALOGS«, der von den Gezeiten der Meere handelt, ist ebenfalls unter einem ähnlichen Vorbehalt zu sehen. Galilei fand seine Theorie so bedeutsam, daß er selbst das gesamte Werk »Dialog über Ebbe und Flut« genannt hätte, wenn nicht der Papst und der Zensor dagegen eingeschritten wären. Mit der Erscheinung der Gezeiten hatte er sich schon als Student und Professor in Padua beschäftigt, und vermutlich war es dieses Phänomen, das ihn den Gedanken einer täglichen Drehung der Erde ins Auge fassen und ihn zum »geheimen Kopernikaner« werden ließ.

Als er sich von Kardinal Bellarmin auf das methodisch brüchige Glatteis des »zwingenden Beweises« locken ließ, schien Galilei ge-

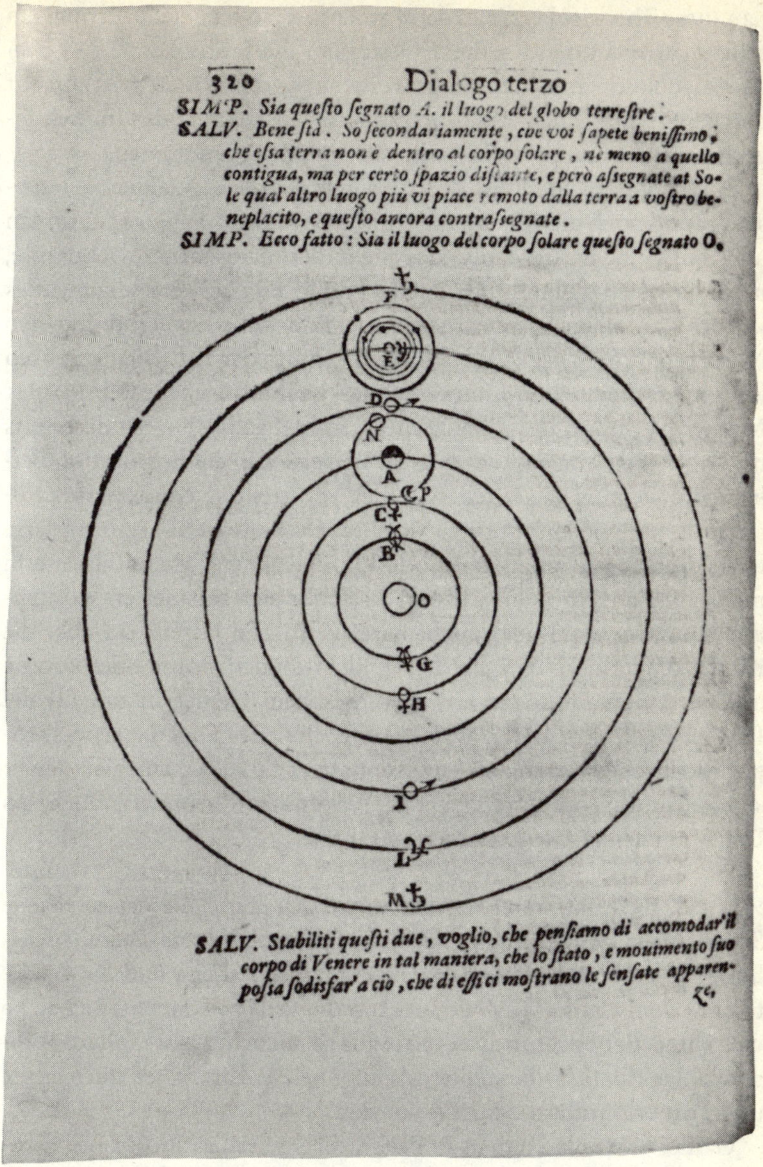

320 Dialogo terzo

SIMP. Sia queſto ſegnato A. il luogo del globo terreſtre.

SALV. Bene ſtà. So ſecondariamente, che voi ſapete beniſſimo, che eſſa terra non è dentro al corpo ſolare, nè meno a quello contigua, ma per certo ſpazio diſtante, e però aſſegnate al Sole qual'altro luogo più vi piace remoto dalla terra a voſtro beneplacito, e queſto ancora contraſſegnate.

SIMP. Ecco fatto: Sia il luogo del corpo ſolare queſto ſegnato O.

SALV. Stabiliti queſti due, voglio, che penſiamo di accomodar'il corpo di Venere in tal maniera, che lo ſtato, e mouimento ſuo poſſa ſodisfar'a ciò, che di eſſi ci moſtrano le ſenſate apparenze.

Die vereinfachte Darstellung des kopernikanischen Systems in Galileis »Dialog«

nau diese Theorie das Geforderte zu leisten, so daß er sie erstmals in seinem Brief an den Kardinal Orsini um die Jahreswende 1615/16 ausgearbeitet hatte, allerdings vergeblich, denn dieses Argument wurde vor Erlaß des antikopernikanischen Dekrets der Indexkongregation überhaupt nicht mehr zur Kenntnis genommen.

Die singuläre Stellung der Gezeitentheorie in Galileis Wissenschaft und auch die Macht, die sie über sein Denken gewann, finden allerdings eine natürliche Erklärung in der tückischen Zwickmühle, in der er sich befand: Einerseits mußte er zur Verteidigung des kopernikanischen Systems gegen die Einwände der Tradition den Nachweis führen, daß die tägliche Drehung der Erde keine Spuren in den Erscheinungen hinterläßt; das ist ihm in überaus brillanter Manier vermöge des Beharrungsprinzips gelungen. Andererseits mußte er aber einen »zwingenden Beweis« für die Erdrotation beibringen, wenn er die Kirche von der Verurteilung der kopernikanischen Lehre wieder abbringen wollte. Deshalb wohl argumentierte er in diesem Fall in einer Apodiktik, die seinen Erkenntnismitteln nicht ganz angemessen war und zu der er sich in einer entspannteren Situation wohl auch nicht hätte verführen lassen. Da aber die Kirche die kopernikanische Lehre nicht dulden wollte oder konnte und sich deshalb sogar auf theologischem Gebiet in unheilvolle Irrtümer verrannt hatte, wäre Galilei die eher angemessene skeptisch-kritische Haltung als ein resignativer Luxus erschienen, den er sich nicht nur im Interesse der Wissenschaft, sondern auch als Dienst an seiner Kirche versagen mußte.

FÜR DIE ERKLÄRUNG VON EBBE UND FLUT hatte die aristotelische Schule nicht viel anzubieten, da der Meister zu diesem Thema nichts hinterlassen hatte. Natürlich wußte man seit alters, daß die Gezeiten mit dem Umlauf des Mondes um die Erde zusammenhängen, so daß diese Beobachtung die Grundlage mancher naturphilosophischen Spekulation darstellte, als im späten Mittelalter auch Ebbe und Flut erklärungsbedürftig wurden.

Galilei hatte als Student in Pisa die These seines Professors Girolamo Borro kennengelernt, nach der das Mondlicht das Wasser verdünnen und in die Höhe treiben sollte. Johannes Kepler hatte dem Mond eine dem Magnetismus ähnliche Kraft zugeschrieben, die auf das Wasser einwirkt und den Flutberg entstehen läßt. Das alles roch für Galilei aber nach Magie und Astrologie, und er sprach gegenüber Kepler einen barschen Tadel aus:

»Von allen bedeutenden Männern aber, die solch wunderbarer Naturerscheinung ihr Nachdenken gewidmet haben, wundere ich mich zumeist über Kepler, mehr als über jeden anderen. Wie konnte er bei seiner freien Gesinnung und seinem durchdringenden Scharfblick, wo er die Lehre von der Erdbewegung in Händen hatte, Dinge anhören und billigen wie die Herrschaft des Mondes über das Wasser, die okkulten Qualitäten und ähnliche Kindereien.«[6]

Daß Keplers Ansatz nur für eine Flut am Tage gut war und nicht für deren zwei, wie die Erfahrung jederzeit lehrt, hatte Galilei weniger gestört, denn er setzte sich in seiner Theorie mit der gleichen Großzügigkeit über die Tatsachen hinweg.

Galilei hatte aber immerhin eine rein mechanische Erklärung der Gezeiten anzubieten, die im wesentlichen nur mit dem Prinzip der zirkulären Trägheit auskommt und zugleich die zweifache Drehung der Erde zur Voraussetzung hat. Er hatte richtig erkannt, daß die Geschwindigkeit der Erd- und somit auch Wasseroberfläche relativ zur Sonne auf der Nachtseite größer ist als auf der Tagseite, da sich auf der sonnenabgewandten Seite die Geschwindigkeiten der täglichen und jährlichen Erdrotation addieren, während sie auf der Tagseite gegenläufig sind und subtrahiert werden müssen. Demzufolge erfährt das Wasser in den großen Meeresbecken bei Tage eine Abbremsung, die zum Aufstauen einer Flut an den Küsten der Kontinente führt.

Über die Existenz dieses »Galilei-Effekts« ist bis heute keine Einigung erzielt worden, was zweifellos zu den größeren Merkwürdigkeiten der Physikgeschichte gezählt werden kann. Als überwältigende Mehrheitsmeinung wird die Auffassung fortgeschrieben, daß Galilei in der Gezeitentheorie seinen größten Irrtum begangen habe, der nicht mehr wissenschaftlicher, sondern allenfalls psychologischer Betrachtungen wert wäre.[7]

Wir wollen uns jedoch, ohne uns in die reizvollen Einzelheiten der Begründung zu verlieren, der Minderheitsmeinung anschließen, daß der von Galilei beschriebene Effekt wohl vorhanden sein muß, nur sind seine Auswirkungen viel zu gering, als daß sie sich bei den Gezeiten der Meere bemerkbar machen könnten.[8] Eine befriedigende Erklärung dieses Phänomens war für Galilei ohnehin nicht möglich, wie man seit Newtons *Principia Mathematica* weiß, in dem Ebbe und Flut aus einem komplizierten Zusammenspiel der Erdrotation und der damit verbundenen Zentrifugalkräfte sowie der Gravitation zwischen Erde, Mond und Sonne folgen. Liest man aber Galileis »Vierten Tag« sozusagen immanent mit dem begrifflichen Instrumentarium des Autors, worauf ja auch naturwissenschaftliche Texte einen gewissen Anspruch erheben dürfen, dann erweist sich seine Theorie von Ebbe und Flut als eine geniale Konstruktion, intellektuell auf der gleichen Höhe wie seine bleibenden Konzeptionen der Mechanik, und immerhin hat sich seine zentrale Annahme bestätigt, daß Ebbe und Flut, will man nicht bei Wundern seine Zuflucht suchen, nur durch die Annahme einer sich drehenden Erde richtig verstanden werden können.

Freilich wurde diesen klaren Gedanken eine Last aufgebürdet, die sie nicht tragen konnten. Dieser Verführung der schönen Theorie erlagen allerdings auch große Nachfolger Galileis. In unserem Jahrhundert sagt man das zum Beispiel Albert Einsteins Bemühungen um eine vereinheitlichte Feldtheorie oder Werner Heisenbergs als »Weltformel« mißverstandener Spinorgleichung nach. Trösten wir uns also damit, daß auch in dieser Hinsicht Galilei als Pionier gelten kann.

Die ungeheure Wirkung beim Publikum erklärt sich freilich nicht nur aus der Attraktivität der neuen Wissenschaft, sondern auch aus derjenigen der literarischen Präsentation. Auch noch die abstrakteren Partien lassen dank der Eleganz der Sprache und der Treffsicherheit der Formulierungen die gedankliche Anstrengung als einen Genuß empfinden, und immer wieder sind in den Fluß der Argumente Passagen von klassischer Schönheit verwoben, wie zum Beispiel dieser atemberaubende Hymnus des Sagredo auf die Veränderlichkeit, in dem Gedanken aus dem *Sternenboten* und den *Briefen über die Sonnenflecken* aufgegriffen und weitergeführt werden:

»Ich kann nur mit größter Verwunderung, ja mit größtem inneren Widerstreben anhören, daß die Eigenschaften des Unbeeinflußbaren, Unveränderlichen, Unwandelbaren usw. den Naturkörpern, die das Universum bilden, als etwas Vornehmes und Vollkommenes zugeschrieben werden, und im Gegensatz dazu die Wandelbarkeit, Erzeugbarkeit, Veränderlichkeit usw. als etwas sehr Unvollkommenes gelten sollen. Ich für meinen Teil halte die Erde für höchst vornehm und bewundernswert gerade wegen der verschiedenen Wandlungen, Veränderungen, Erzeugungen usw., die ohne Unterlaß sich auf ihr abspielen. Wäre sie im Gegenteil keiner Änderung unterworfen und nichts als eine Sandwüste oder eine Jaspiskugel, oder wären zur Zeit der Sintflut die Gewässer, welche sie überfluteten, gefroren und hätte sie sich in eine unermeßliche Eiskugel verwandelt, wo nichts entsteht noch vergeht, noch sich verändert, so würde ich sie auf der Welt für ein unnützes Ding, für einen Müßiggänger und, um es geradeheraus zu sagen, für überflüssig erachten, so gut als wäre sie in der Natur gar nicht vorhanden; sie würde mir wie ein totes Wesen verglichen mit einem lebendigen erscheinen. Das gleiche gilt auch vom Mond, vom Jupiter und von allen anderen Weltkörpern. Je eingehender ich mich in die Nichtigkeiten der landläufigen Denkweise hineinversetze, um so leichtfertiger und törichter finde ich sie. Welche größere Torheit kann man sich vorstellen, als wenn man Edelsteine, Silber und Gold für Kostbarkeiten erklärt, die Erde und den Schlamm aber für völlig wertlose Dinge? Kommt es denn solchen Leuten gar nicht in den Sinn, daß es, wäre die Erde so selten wie die höchst geschätzten Kleinodien und Metalle, keinen Fürsten gäbe, der nicht gerne eine Menge von Diamanten und Rubinen und vier Fuhren Goldes hingäbe, um nur so viel Erde zu erkaufen, wie man braucht, um einen Jasminstrauch in ein kleines Gefäß zu pflanzen oder einen chinesischen Pomeranzenstrauch zu säen, um zu beobachten, wie er keimt, wächst, so schönes Laub hervorbringt, so duftende Blüten und so liebliche Früchte! Also nur die Seltenheit oder Häufigkeit verleiht in den Augen der Menge einer Sache Wert oder Unwert; sie nennt einen Diamanten herrlich, weil er klarem Wasser ähnlich ist, und würde ihn doch nicht für zehn Tonnen Wassers hingeben. Wer die Unvergänglichkeit, die Unveränderlichkeit usw. so hoch schätzt, fühlt sich, wie ich glaube, durch den lebhaften Wunsch, recht lange in dieser Welt zu weilen, und durch die Furcht vor dem Tode dazu gedrängt. Man bedenkt nicht, daß den Menschen, wenn sie unsterblich wären, nichts daran läge, auf die Welt zu kommen. Solche Leute verdienen durch den Anblick eines Medusenhaupts in eine Bildsäule von Jaspis oder Diamant verwandelt zu werden, um höhere Vollkommenheit zu erlangen.«[9]

Die Unterwerfungsgeste gegenüber dem Dekret von 1616 hatte Galilei noch offengelassen. Mit dem Zensor in Rom wollte er aushandeln, in welcher Form er den in der Sprache des Realismus geschriebenen *Dialog* an dem Dekret vorbeisteuern könnte. Dafür standen noch Vorrede und Schlußbemerkungen zur Verfügung, und wenn der Zensor es verlangen würde, war er auch bereit, fünfhundert Seiten realistischer Physik und Astronomie als einen Traum auszugeben.

VII

»Der größte Skandal der Christenheit«

Die doppelte Druckerlaubnis oder »... mein Leben zerrinnt«

Die Druckerlaubnis für den »Dialog« mußte in Rom beantragt werden, denn die Lincei und Prinz Cesi rechneten es sich zur Ehre an, das lang erwartete große Werk ihres Galileo zu veröffentlichen. Über die Situation in der Heiligen Stadt wurde Galilei von seinem alten Freund und Schüler Benedetto Castelli auf dem laufenden gehalten, den Urban VIII. als Aufseher für die wasserbaulichen Unternehmungen im Vatikanstaat berufen hatte; daneben unterrichtete Castelli an der Sapienza, einer päpstlichen Hochschule, und zugleich war er Hauslehrer von Taddeo, dem jüngsten Sproß der Barberinis.

Der vormalige Schüler berichtete getreulich nach Florenz, was er bei den Barberinis an ersten Reaktionen auf die Nachricht von der Fertigstellung des *Dialogs* in Erfahrung bringen konnte. Die Mitteilungen waren nicht sehr klar und manchmal widersprüchlich: Günstig durfte man den Umstand bewerten, daß der Maestro del Sacro Palazzo mit der Zensur befaßt sein würde, jener Pater Monstrum, der schon die *Goldwaage* über die Maßen gelobt hatte. Von Astronomie verstand er nur so viel, daß er meinte, die Sterne würden von Engeln bewegt, aber unter diesem Vorbehalt war er geneigt, die Mathematiker ihre Spielchen treiben zu lassen.

Weniger günstig war natürlich, daß Antonio Kardinal Barberini, ein Bruder des Papstes und ein mächtiger Mann, sofort daran erinnert hatte, daß kopernikanische Vorstellungen von der Erde als einem Gestirn der theologischen Wahrheit zuwider seien. Überaus günstig war dagegen eine Nachricht von Tommaso Campanella, der als Klassiker der politischen Utopie in die Geschichte eingegangen ist; in der Dekretsaffäre von 1616 hatte sich dieser Dominikaner in einer brillanten, vor allem theologisch argumentierenden Schrift für die Freiheit der Wissenschaft und damit für Galilei ausgesprochen, die er damals im Gefängnis der spanischen Inquisition in Neapel geschrieben hatte und die deshalb auch nicht beachtet worden ist.

Campanella hatte also in einer Audienz dem Papst erzählt, daß er kürzlich bei einer schon fast gelungenen Bekehrung protestantischer deutscher Adliger im letzten Moment gescheitert sei, als das Dekret gegen die kopernikanische Lehre zur Sprache kam. Dazu soll der Papst erklärt haben: »Es ist dies niemals Unsere Absicht gewesen, und hätte es von Uns abgehangen, so wäre dieses Dekret nicht ergangen.«[1]

Diese Bemerkung des Papstes, von der Galilei umgehend durch Castelli in Kenntnis gesetzt wurde, wird der Autor des *Dialogs* mit Erleichterung registriert haben. Schwerer vorstellbar ist dagegen die Reaktion des sechsundsechzigjährigen Hofmathematikers auf einen Gruß von Monsignore Ciampoli, der immer noch Maffeo Barberini als Sekretär diente und daher jetzt über die Vorzimmer Seiner Heiligkeit gebot; er ließ Galilei ausrichten, daß man ihn sehnlicher erwarte als eine »amatissima donzella« – als ein geliebtes Fräulein.[2]

Ein Grund zur Besorgnis war das jedenfalls nicht, und so bestieg Galilei am 1. Mai eine großherzogliche Sänfte und traf nach zügiger Reise binnen vier Tagen in Rom ein.

Rom zeigte sich wieder von seiner schönsten Seite. Galilei durfte auf das Wohlwollen und oft auch auf die Unterstützung florentinischer Freunde rechnen, die mit den Barberinis in einflußreiche Stellungen aufgerückt waren. Seine Gastgeber in der Villa Medici auf dem Trinità dei Monti, der Gesandte Francesco Niccolini und seine Frau Caterina, waren dem alten Herrn sehr zugetan und sorgten liebevoll für ihren Gast, worin sie sich vorteilhaft von dem Vorgänger Guicciardini unterschieden, der die Besuche des Hofmathematikers eher als Störungen und Belastungen des diplomatischen Klimas empfunden hatte. Wie es der Zufall wollte, war Caterina Niccolini eine geborene Riccardi, und ihr Cousin, der Zensor Pater Monstrum, weilte oft in der Villa Medici bei seiner schönen Verwandten, der er kaum einen Wunsch abschlagen konnte.

Urban VIII. empfing Galilei schon bald nach seiner Ankunft zu einer Audienz, über deren Ergebnis er am 18. Mai nach Florenz berichten konnte: »Seine Heiligkeit hat meine Angelegenheit in einer Weise zu behandeln begonnen, daß ich wohl auf einen günstigen Ausgang hoffen darf.«[3]

Dieses Mal blieb es allerdings bei nur einer Audienz, und der Papst hatte auch keine Zeit mehr, sich bei Tische aus dem *Dialog* vorlesen zu lassen, wie er es früher bei der *Goldwaage* und dem Brief an Ignoli gehalten hatte. Die politischen Verwicklungen des Vatikans in den Dreißigjährigen Krieg und die Mehrung des Familienreichtums verdienten größere Aufmerksamkeit als die vormals so bewunderte florentinische Beredsamkeit Galileis. Der zwar immer ehrgeizig, aber früher doch umgänglich gewesene Maffeo Barberini war als Papst zum Despoten geworden, der auch um den Preis des Verrats an katholischen Glaubensbrüdern in den Konfessionskriegen die politische Macht von Kirchenstaat und Papsttum erweitern wollte. Zur Ausrüstung der bis nach Holland entsandten päpstlichen Armeen verwandelte er Teile der Heiligen Stadt in ein riesiges Arsenal, und aus Angst vor einer Wiederholung des legendären Sacco di Roma durch kaiserliche Truppen ließ er sie auch noch zur Festung ausbauen. Wenn dabei antike Baudenkmäler zerstört wurden, nahm der Papst das in Kauf, und die Römer klagten, daß die Barberinis vollbrachten, was die Barbaren nicht geschafft hätten. – Das war nicht die geeignete Zeit für Gespräche über gewagte wissenschaftliche Hypothesen oder gar die Aufhebung des Dekrets von 1616.

Das Gespräch zwischen Papst und Forscher ist von keinem Chronisten überliefert worden, aber unzweifelhaft werden darin die Bedingungen zur Veröffentlichung des *Dialogs* festgelegt worden sein. Wie die aussahen, ergibt sich aus einem späteren Brief des Zensors Pater Riccardi an Giacinto Stefani, den Inquisitor von Florenz:

»Ich erinnere mich, daß es der Wille des Heiligen Vaters war, daß der Titel nicht die Flut und Ebbe der Meere anführen solle, sondern durchaus die mathematischen Betrachtungen der kopernikanischen Annahme über die Bewegung der Erde. In der Absicht zu beweisen, daß, absehend von der Offenbarung Gottes und der heiligen Lehre, die Erscheinungen bei dieser Annahme erklärt werden könnten, unter Widerlegung aller entgegenstehenden Argumente, die aus der Erfahrung und der peripatetischen Philosophie sich vorbringen ließen, derart, daß niemals die absolute Wahrheit dieser Auffassung zugestanden wird, sondern nur die hypothetische ohne Berücksichtigung der Heiligen Schrift. Es soll auch darauf hingewiesen werden, daß der alleinige Zweck dieses Buches sei zu beweisen, daß man alle Gründe kenne, die sich für diese Auffassung anführen lassen, und daß nicht aus Unkenntnis in Rom dieses Urteil ergangen ist ... Bei Beachtung dieser Vorsicht wird das Buch in Rom keinerlei Hindernissen begegnen.«[4]

Urban wird also gegen die Gezeitentheorie den Verdacht des kopernikanischen Realismus gehegt haben, so daß er sie wenigstens aus dem Titel entfernt haben wollte; diese und die anderen Auflagen, zu denen auch das von Riccardi nicht erwähnte Lieblingsargument des Papstes, daß man die Allmacht Gottes nicht beschränken dürfe, gehört haben wird, war Galilei gern bereit zu erfüllen, wenn sein Buch nur bald gedruckt werden könnte.

Riccardi fühlte sich seiner Aufgabe aber nicht gewachsen und ließ es von seinem Gehilfen, dem Pater Raphaele Visconti, durchgehen. Der begnügte sich mit einigen belanglosen Änderungen, die eher einen Tätigkeitsnachweis des Zensors denn eine Zensur darstellen, und meinte im übrigen, der Druck könne nun beginnen. Der unsichere Riccardi wollte jedoch zuvor jede Seite noch einmal vorgelegt bekommen und erteilte unter diesem Vorbehalt die Druckerlaubnis für Rom. Mit Galilei wurde vereinbart, daß er im Sommer in Florenz ein neues Vorwort und einen passenden Schluß schreiben werde und im Herbst zur Fertigstellung der Druckarbeiten wieder in Rom erscheinen werde. Als Galilei Ende Juni die Heilige Stadt verließ, um der Sommerhitze zu entgehen, schienen alle Schwierigkeiten aus dem Weg geräumt.

Der Tod von Prinz Cesi im August 1630 war für Galilei nicht nur ein tragischer Verlust eines teuren Freundes, sondern er war zugleich der Beginn einer Reihe von Verwicklungen, die den Druck des Buches gefährdeten. Florenz wurde in diesem Sommer von einer aus dem Norden kommenden Pestepidemie erreicht, und Galilei mußte befürchten, aus Quarantänegründen nicht mehr wie vorgesehen nach Rom reisen zu können. In den letzten Tagen des August traf ein Brief von Benedetto Castelli in der Villa L'Ombrellino ein, in dem Galilei dringend dazu geraten wurde, aus Gründen, die man nicht dem Papier anvertrauen könne, das Buch so schnell wie möglich in Florenz drucken zu lassen.

Pater Riccardi, dessen Imprimatur nur für Rom gültig war, ließ sich von dem Gesandten Niccolini die Zustimmung zu der etwas ungewöhnlichen Verlegung des Druckorts abringen, und Galilei erhielt schon am 11. September 1630 die für Florenz gültige Druckerlaubnis. Pater Monstrum hätte über diese Entwicklung eigentlich froh sein müssen, war doch nun die Verantwortung für die delikate Materie auf die Florentiner Zensoren übergegangen. Das Vorwort und die Schlußbemerkung wollte er jedoch selbst begutachten, um sicherzustellen, daß die Allerhöchsten Wünsche angemessen berücksichtigt werden. Galilei schickte die entsprechenden Passagen nach Rom, aber es begann, nachdem er wieder einmal alles geregelt glaubte, ein schrecklicher Winter des Wartens und der Angst vor dem Schwarzen Tod.

Die Pest wurde in Florenz zu einer so grossen Bedrohung, daß die Behörden die gesamte Stadt unter Quarantäne stellen und jeden nachbarschaftlichen Besuch verbieten lassen mußten. Vincenzio Galilei hatte mit seiner Familie das Haus an der Costa di San Giorgio verlassen und war zu seinem Vater nach Bellosguardo geflüchtet. Als er sich auch dort nicht mehr sicher fühlte, zog er mit seiner Frau weiter in deren Geburtsort Prato und ließ den kleinen Enkel und eine Gouvernante bei Galilei zurück. Diese Gesellschaft war sein einziger Trost in den kalten Wintermonaten der Quarantäne, in denen er einen seiner Handwerker durch den Schwarzen Tod verlor.

Als man sich im Frühling wieder etwas freier bewegen konnte, ritt Galilei immer häufiger auf seinem Maultier nach Arcetri hinüber, um seine Töchter im Kloster von San Matteo zu besuchen. Suor Maria Celeste war ihm inzwischen so ans Herz gewachsen, daß er ihre Nähe nicht mehr missen mochte, und deshalb beabsichtigte er, die wunderschöne Villa in Bellosguardo aufzugeben und sich für die letzten Jahre seines Lebens in der Nähe des Klosters niederzulassen.

Die Briefe der Tochter kreisen in diesen Monaten immer intensiver um den Immobilienmarkt in der Umgebung von Arcetri, und am

12. August 1631 konnte sie ihrem Vater den entscheidenden Fingerzeig geben:

»Ich wünsche Euch so sehr in der Nachbarschaft, daß ich ständig herumhöre, ob es hier nicht etwas zu mieten gibt. Gerade habe ich von einer Villa gehört, deren Eigentümer Signor Esaù Martellini ist, die am Piano de Giullari liegt und an unser Grundstück angrenzt. Ich schreibe Euch, damit Ihr herausfinden könnt, ob sie Euch gefällt. Ich wäre glücklich, wenn es so wäre, denn dann brauche ich nicht mehr so lange auf eine Nachricht von Euch zu warten wie jetzt ... Achtet gut auf Euch in dieser großen Hitze, und schreibt mir, bitte, eine Zeile. Unsere Freunde grüßen Euch herzlich, und ich bete zum Herrn, daß er Euch Seine himmlische Gnade schenken möge.«[5]

Die Villa »Il Gioiello« des Esaù Martellini war zwar nicht so prächtig wie das Haus in Bellosguardo, aber ausschlaggebend für Galilei war, daß er durch den großen Garten hindurch hinüber zum Kloster gehen konnte. Im Herbst zog Galilei in »Das Juwel« um und sortierte dabei seine wissenschaftlichen Aufzeichnungen, vor allem die aus den »achtzehn besten Jahren« in Padua, denn jetzt, wo endlich der *Dialog* unter der Druckerpresse war, wollte er auch sein Buch über die Gesetze der Ortsbewegung fertigstellen.

Die doppelte Druckerlaubnis hatte sich zu einer verzwickten Affäre entwickelt, in der Galilei zeitweilig weder aus noch ein wußte. Der Florentiner Zensor Pater Giacinto Stefani hatte an dem Manuskript nur minimale Änderungen angebracht, zum Beispiel »Natur« durch »Universum« oder »göttlicher Verstand« durch »sublimer Verstand« ersetzt,[6] und danach mit Einwilligung des Florentiner Chefinquisitors Pater Clemente Egidii das Buch zum Druck freigegeben. Was fehlte, war nur noch die Billigung des Vorworts und der Schlußpassage durch den römischen Zensor Pater Riccardi.

Im März 1631 bat Galilei in einem langen Brief an den Staatssekretär Bali Cioli um die Unterstützung des Großherzogs. Nach Rekapitulation der Vorgeschichte schrieb Galilei:

»Ich schickte dann das Vorwort und den Schluß des Buches (nach Rom), mit dem die höheren Autoritäten nach ihrem Belieben verfahren konnten; denn ich selbst weigere mich nicht, meine Gedan-

Die Villa »Il Gioiello« in Arcetri, in der Galilei ab 1631 lebte; von der Terrasse konnte er zum Kloster San Matteo blicken, in dem seine Töchter lebten

ken Chimären, Träume, Fehlschlüsse oder eitle Einbildungen zu nennen, mich darin ganz der absoluten Weisheit meiner Oberen unterwerfend ... Der hochwürdige Pater (Giacinto Stefani) erklärte, daß er bei der Lektüre meines Buches mehrmals zu Tränen gerührt gewesen sei, als er sah, in welcher Bescheidenheit und Demut ich mich der Autorität der Oberen unterwarf. Und er sagt, wie übrigens alle, die das Buch gelesen haben, daß ich angefleht werden sollte, es zu veröffentlichen, und nicht auf so viele Weisen gehindert ... Vor Wochen und Monaten hörte ich von Pater Castelli, daß er oft den Hochwürdigen Maestro (del sacro Palazzo) getroffen habe, der ihm zu verstehen gab, er würde das Vorwort und den Schluß zurückschicken, da alles bestens eingerichtet sei; aber er hat es nicht getan. Die Papiere sind in irgendeiner Ecke zur Seite gelegt worden, und mein Leben zerrinnt in ständiger Aufregung ... Ich bitte Euch, die Angelegenheit in Eure Hände zu nehmen, damit ich noch zu Lebzeiten sehen kann, welche Früchte ich von all meinen langen und schweren Mühen erwarten darf. Und da Seine Hoheit so besorgt nach meiner Gesundheit fragt, so sagt Ihm bitte, daß ich mich körperlich sehr wohl fühlen könnte, wäre mein Geist nicht so betrübt.«[7]

Pater Riccardi hatte wohl gehofft, einer Entscheidung über das Buch des Signor Galilei durch Verzögerung entgehen zu können. Er ahnte, daß nach der Veröffentlichung trotz aller literarischen Demutsgesten große Probleme auf ihn zukommen würden; aber er getraute sich wohl auch nicht, den Heiligen Vater von seinen Bedenken zu unterrichten, hatte der doch seine Zustimmung gegeben, und Urban VIII. war es nicht gewohnt, seine Entscheidungen ein zweites Mal zu erörtern.

Der Großherzog der Toskana hätte formal durchaus das Recht gehabt, mit dem Imprimatur der Florentiner Inquisition den Druck des Buches einfach anzuordnen, aber sosehr der junge Ferdinand II. seinen Hofmathematiker und Lehrer auch schätzte, einen Streit mit dem unberechenbaren Urban VIII. war ihm die Sache doch nicht wert. Er wies aber immerhin den Gesandten in Rom an, nun auch offiziell im Vatikan vorstellig zu werden.

Pater Riccardi wird schwere Monate verbracht haben, bedrängt von Niccolini, von Pater Castelli und zu allem Überfluß auch noch von Monsignore Ciampoli, dem Freund Galileis und Sekretär des Papstes. Aber es war wohl hauptsächlich den Überredungskünsten der Caterina Niccolini zu danken, daß ihr Cousin Pater Monstrum – »förmlich an den Haaren herbeigezogen«, wie der Gesandte nach Florenz berichtete – im Juli 1631 endlich seine Einwilligung gab und die beiden noch ausstehenden Passagen zum Druck freigab, begleitet von einem Schreiben, dem er noch einmal die Wünsche Seiner Heiligkeit erläuterte.

Von Vorwort und Schluss des »Dialogs« sind die handschriftlichen Entwürfe Galileis verlorengegangen, so daß wir von diesen Passagen nur die gemeinsam mit den Zensoren erstellte gedruckte Endfassung kennen. Die entscheidenden Absätze des Vorworts lauten:

»In den letzten Jahren erließ man in Rom ein heilsames Edikt, welches den gefährlichen Ärgernissen der Gegenwart begegnen sollte und der pythagoreischen Ansicht, daß die Erde sich bewege, rechtzeitiges Schweigen auferlegte. Es fehlte nicht an Stimmen, welche in den Tag hinein behaupteten, jener Beschluß verdanke seine Entstehung nicht einer sachverständigen Prüfung, sondern sei hervorgegangen aus Parteileidenschaft, der nicht genügende Kenntnisse zur Seite stünden. Es wurden Klagen laut, daß Konsultoren, welchen der Stand der astronomischen Wissenschaft völlig unbekannt sei, durch ein plötzliches Verbot den forschenden Geistern die Flügel nicht hätten stutzen sollen. Unmöglich konnte mein Eifer beim Anhören so leichtfertiger Beschwerden still bleiben. Wohlvertraut mit jenem so weisen Beschluß, entschied ich mich dafür, auf der Bühne der Welt als Zeuge aufrichtiger Wahrheit aufzutreten. Ich war damals in Rom anwesend; ich hatte die höchsten geistlichen Würdenträger des dortigen Hofes nicht nur zu Zuhörern, sondern fand auch ihren Beifall. So erfolgte denn die Veröffentlichung jenes Dekrets nicht, ohne daß man mich vorher einigermaßen davon in Kenntnis gesetzt hätte. Darum ist es meine Absicht, in vorliegender mühevoller Arbeit den fremden Nationen zu beweisen, daß man in Italien und insbesondere in Rom über diese Materie ebensoviel weiß, als nur immer die Forschung des Auslandes darüber ermittelt haben mag. Durch Zusammenstellung aller eigenen Untersuchungen über das kopernikanische System will ich zeigen, daß die Erkenntnis von alledem der römischen Zensur voranging, daß mithin dieser Himmelsstrich nicht nur die Heimat der Dogmen für das Seelenheil ist, sondern daß auch die scharfsinnigen Entdeckungen zur Vergnügung der Geister von ihm ausgehen.

Zu diesem Zweck habe ich im Laufe der Unterredung die Partei des Kopernikus ergriffen, wobei ich von seinem System ganz nach mathematischer Weise als von einer Voraussetzung ausgehe und mit Hilfe aller möglichen Kunstgriffe nachzuweisen suche, daß dieses System dem von der Unbewegtheit der Erde zwar nicht schlechthin überlegen ist, wohl aber in Ansehung der Gegengründe, die von den zünftigen Peripatetikern vorgebracht werden. Diese Leute geben sich zufrieden, im Widerspruch mit ihrem Namen, Gespenster zu verehren, ohne umherzuwandeln; sie suchen nicht vermöge eigenen

Nachdenkens die Wahrheit zu erforschen, sondern einzig und allein mittels der Erinnerung an vier mißverstandene Prinzipien.«[8]

VIELE VEREHRER GALILEIS im 19. oder 20. Jahrhundert konnten dieses Vorwort nicht anders verstehen als eine Konzession an die Zensur. Manche sahen darin eine eher schalkhafte Unterwanderung des Dekrets, andere eine unwürdige Unterwerfung und wieder andere eine Verhöhnung der kirchlichen Obrigkeit. Gewiß hätte Galilei sein großes Buch anders angefangen und über weite Strecken auch anders geschrieben, wenn das Dekret nicht ergangen wäre, und ebenso gewiß ist die Bezeichnung des Dekrets gleich zu Beginn als »heilsam« eine ironische Distanzierung, deren Doppelbödigkeit den Zensoren wohl entgangen ist. Andererseits möchten wir aber vorschlagen, diesen Text als den authentischen Ausdruck von Galileis Absichten unter den nun einmal obwaltenden Umständen zu lesen. Inhaltlich entspricht er weitgehend der Einleitung zu dem Brief an Ignoli aus dem Jahre 1624, der, da er nicht gedruckt werden sollte, auch keinem Zensor vorgelegt werden mußte, der aber den Papst und die Kurie hinsichtlich des Freiraums der wissenschaftlichen Diskussion auf die Probe stellen sollte. Aber auch bei Berücksichtigung dieser taktischen und salvatorischen Aspekte beider Texte, des Briefs von 1624 und des Vorworts zum *Dialog*, haben wir keinen Anlaß, an den ehrlichen Absichten des treuen Katholiken Galilei zu zweifeln.

Das Dekret vom Jahre 1616 hatte Galilei immer für einen groben Fehler gehalten, der in seinen Augen nicht nur der Wissenschaft, sondern vor allem seiner Kirche zum Schaden gereichte. Aber das Dekret war nicht Bestandteil der katholischen Glaubenslehre, da es nicht ex cathedra verkündet, sondern nur von einer fehlbaren Kongregation erlassen worden war. Wenn dieser Unterschied in machtpolitischer Hinsicht bei der absolutistischen Struktur der Kirche auch belanglos blieb, kam ihm in theologischer Hinsicht doch eine überragende Bedeutung zu. Galilei fühlte sich durchaus berechtigt, dem Dekret nur formal gehorchen zu müssen. Privat und persönlich durfte er zugleich seinen wissenschaftlichen Überzeugungen treu bleiben und sich als guter Katholik fühlen.

Für einen von Temperament und Tradition auf die Bühne der

Öffentlichkeit angewiesenen Mann wie Galilei war es alles andere als einfach gewesen, sich dieser Situation anzupassen. Manche seiner schriftlichen und mündlichen Äußerungen, zum Beispiel vor dem Inquisitionstribunal, werden nur gerecht zu würdigen sein, wenn man diese Situation, die der Fiktion einer »doppelten Wahrheit« nahekommt, im Blick behält.

So wird man wohl auch dem Vorwort zum *Dialog* konzedieren müssen, daß es auch Galileis patriotischem Bedürfnis entsprach, seine Heimat und seine Kirche gegen den ausländischen Vorwurf des Dunkelmännertums zu verteidigen. Wenn sich Galilei auch nie sonderlich für den Konfessionsstreit interessiert hat, so war er doch mit der größten Selbstverständlichkeit ein so guter Katholik, daß seine Absicht der Verteidigung seiner Kirche gegen protestantische Vorwürfe durchaus glaubhaft erscheint. Jedenfalls haben später die römischen Inquisitoren an diesem Vorwort nichts auszusetzen gehabt, sondern sie haben im Gegenteil die Loslösung des Vorworts vom Hauptteil durch andere Buchstabentypen gerügt.

Eine Konzession an den Papst und die Zensur waren ohne jeden Zweifel die Schlußpassagen des *Dialogs*, die Galileis kopernikanischen Realismus und seine Vorstellung von Gott als dem gütigen Weltenbaumeister ad absurdum führen mußten. Galilei läßt zunächst Salviati dieser Pflicht durch die Beteuerung genügen, »daß ich anderen nicht zumute noch jemals zugemutet habe, dieser phantastischen Meinung den Beifall zu zollen, welchen ich selbst ihr versage. Ich würde kaum etwas dagegen einzuwenden haben, wenn man sie als eine nichtige Chimäre und als ein ungeheuerliches Paradoxon bezeichnet.«[9]

Simplicio gibt anschließend gern zu, daß ihm Salviatis Erklärungen geistvoller erschienen seien als alle anderen, aber für richtig und bewiesen könne er sie deshalb doch nicht halten:

»Meinem geistigen Auge schwebt vielmehr stets eine unerschütterlich feststehende Lehre vor, die mir einst eine hochgestellte Persönlichkeit gegeben hat. Ich weiß, daß Ihr beide auf die Frage: Kann Gott vermöge seiner unendlichen Macht und Weisheit dem Elemente des Wassers die abwechselnde Bewegung, die wir an ihm beobachten, nicht auch auf andere Weise mitteilen, als indem er das

Meeresbecken bewegt? – ich weiß, sage ich, daß Ihr auf diese Frage antworten werdet, er vermöge und wisse das auf vielfache unserem Verstande unerfindliche Weise zu tun. Dies zugegeben, ziehe ich aber sofort den Schluß, daß es eine unerlaubte Kühnheit wäre, die göttliche Macht und Weisheit begrenzen und einengen zu wollen in die Schranken einer einzelnen menschlichen Laune.«[10]

Dies war das Lieblingsargument des Papstes, mit dem er Galilei schon 1615 als Kardinal konfrontiert und – wenn man dem Chronisten glauben darf – zum Schweigen gebracht hatte. Dieses Mal hat aber Salviati das letzte Wort:

»Eine bewundernswerte, wahrhaft engelgleiche Lehre! Mit ihr stimmt jene andere göttliche Satzung vortrefflich zusammen, die uns wohl gestattet, den Bau des Weltalls forschend zu suchen, die uns jedoch für immer versagt, das Werk seiner Hände wirklich zu durchschauen, in der Absicht vielleicht, daß die Tätigkeit des Menschengeistes nicht abgestumpft und ertötet werde. Laßt uns daher die von Gott gestattete und von ihm gewollte Geistesbetätigung benutzen, um seine Größe zu erkennen, um uns mit desto größerer Bewunderung für sie zu erfüllen, je weniger wir uns imstande fühlen, in die unergründlichen Tiefen Seiner unendlichen Weisheit einzudringen.«[11]

Einige Bemerkungen Salviatis klingen heutigen Ohren wie pure Ironie, insbesondere die von der »engelgleichen Lehre«, der »angelica dottrina«, mit der er das Lieblingsargument des Papstes charakterisiert; Arthur Koestler nennt sie eine »Flegelei gegen den Papst«[12] mit nur zu verständlichen Folgen.

Allerdings haben insgesamt vier Zensoren von dieser angeblichen Flegelei nichts bemerkt, sonst hätten sie, ohne einen Augenblick zu zögern, eine Änderung vorgenommen anstatt ihre Karriere riskiert. Die Formulierung entspricht einfach dem barocken Sprachschwulst, von dem Galilei zwar nichts hielt, dem er aber hier wie bei anderen Gelegenheiten, zum Beispiel den allerkratzfüßigsten Grußformeln, seinen Tribut entrichtete.

Inhaltlich standen allerdings Simplicios Allmachtargument und Salviatis halbherzig-distanziertes Einverständnis völlig quer zur gesamten Grundtendenz des *Dialogs*. Galilei wußte das und hätte sein Verhalten nicht nur moralisch, sondern auch theologisch und kirchenrechtlich begründen und verteidigen können, abgesehen davon, daß dieses die einzige Möglichkeit war, sein Werk auf der Bühne der Öffentlichkeit zu präsentieren.

Im Februar 1632, zwei Jahre nach Beendigung des Manuskripts, war endlich der Druck abgeschlossen. Das Buch trug den Titel *Dialog über die beiden hauptsächlichen Weltsysteme, das ptolemäische und das kopernikanische*, und auf der Rückseite des Titelblatts hatten insgesamt vier Zensoren, zwei römische und zwei florentinische, durch ihr Imprimatur das Erscheinen gebilligt.

»Schlimmer als Luther und Calvin« oder Wie verbietet man den Anbruch eines neuen Zeitalters

Das prächtig gebundene erste Exemplar des »Dialogs« konnte Galilei am 22. Februar 1633 dem Adressaten der Widmung, Großherzog Ferdinand II., und den Mitgliedern der Fürstenfamilie überreichen. Den nächsten Tag verbrachte er beim Drucker Landini und überwachte den Versand seines Buches, der allerdings in südlicher Richtung wegen der immer noch grassierenden Pest und der damit einhergehenden Quarantänevorschriften nicht nach Wunsch vonstatten gehen konnte. Insbesondere die Luxusausgaben für die römischen Gönner mochte er nicht auf den Weg bringen, da auch Bücher in den Quarantänestationen »purifiziert« werden mußten, wobei eine Beschädigung nicht auszuschließen war.

Erst im Mai gelangten die ersten beiden nicht gebundenen Exemplare nach Rom, von denen eines der inzwischen zum Kardinalstaatssekretär aufgerückte Francesco Barberini erhielt, der es nach der Lektüre an Benedetto Castelli weiterreichte. Eine Woche später folgte auf Umwegen an der Quarantäne vorbei eine Sendung von acht schön gebundenen Exemplaren, mit denen Antonio Kardinal Barberini, der Zensor und Palastmeister Pater Riccardi und in aller Unschuld auch Monsignore Serristori, Konsultor des Heiligen Offiziums, bedacht wurden.

Überall in Italien entfachte das Buch einen Sturm der Begeisterung. Die wenigen Exemplare gingen von Hand zu Hand, und Galilei, der wegen einer schweren Augenkrankheit zeitweilig am Lesen gehindert war, konnte sich von seinem Diener, von Gästen oder von Suor Maria Celeste die größten Lobpreisungen rezitieren lassen, zum Beispiel die von Tommaso Campanella, der das Werk eine »philosophische Komödie« nannte, in der jeder der Charaktere seine Rolle wunderbar spiele:

»Wir brauchen Platon nicht zu beneiden. Salviati ist ein großartiger Sokrates, der eher die Hebamme für die Gedanken anderer darstellt als eigene auf die Welt bringt, und Sagredo ist ein wirklich

Titelkupfer des »Dialogs« von Galilei: Aristoteles, Ptolemäus und Kopernikus erörtern die Konstitution der Welt

freier Geist, der, ohne durch die Schulen verstümmelt zu sein, alles mit großer Weisheit beurteilt... Diese Wahrheiten von alten Problemen, von neuen Welten, neuen Sternen und neuen Systemen sind der Anbruch eines neuen Zeitalters.«[1]

In überreichlichem Maße genoß Galilei nun im Alter von fast siebzig Jahren, was er die »Früchte von all meinen langen und schweren Mühen« genannt hatte, und voller Tatendrang dachte er an das nächste Buch über die Bewegung, das er, sobald die kranken Augen es zuließen, fertigstellen wollte. Da schlug Mitte August aus heiterem Himmel ein furchtbarer Blitz ein: Dem Drucker und Verleger Landini wurde durch eine Anweisung aus dem Vatikan geboten, den Verkauf des *Dialogs* einzustellen.

Galilei eilte sofort zu seinem Fürsten, der über diese unverständliche Willkür ebenso entsetzt war wie sein Hofmathematiker. Es wurde vereinbart, daß Galilei eine Depesche entwerfen und alle Argumente aufführen solle, die der Gesandte Niccolini beim Papst über diesen unerhörten Vorgang vorbringen könnte. Als diese Anweisung am 24. August unter dem Siegel des Staatssekretärs Bali Cioli nach Rom abging, hatte Pater Riccardi gerade eine formelle Order unterzeichnet, die Landini auferlegte, alle noch vorhandenen Exemplare des *Dialogs* unverzüglich nach Rom zu schicken; aber die erste Auflage von tausend Exemplaren war schon längst ausverkauft.

Niemand in Florenz konnte ahnen, und niemand weiß es bis heute zuverlässig, was in Rom geschehen war.

Man kann sich jedoch leicht vorstellen, daß den meisten Theologen und Philosophen der eher traditionellen Observanz, ganz anders als dem intelligenten Dominikaner Campanella, die ungewohnte neue Tonlage in Galileis Buch als eine Gefahr für die Autorität der Kirche erschienen sein muß.

Ein düsteres Intrigenspiel wurde in Rom in Gang gesetzt, das wegen des doppelt erteilten Imprimaturs mit einiger Raffinesse eingefädelt werden mußte. Nach einigen vergeblichen und eher lächerlich anmutenden Versuchen wird sich als die erfolgversprechendste Stoßrichtung herauskristallisiert haben, den Papst an seiner empfindlichsten Stelle, seiner inzwischen maßlos gewordenen Eitelkeit, zu treffen und ihn so zum Vorgehen gegen seinen alten Freund Galilei zu bewegen.

Die Intriganten müssen Anfang August ihr Ziel erreicht haben, denn fortan soll Seine Heiligkeit davon überzeugt gewesen sein, daß Galilei ihn zum Gespött der Leute gemacht habe, indem er das päpstliche Lieblingsargument, daß man die Allmacht Gottes nicht begrenzen dürfe, ausgerechnet dem trotteligen Simplicio in den Mund gelegt habe, ja sogar, daß diese Figur, die jede Disputation verliert, als eine Karikatur Seiner Heiligkeit gezeichnet worden sei.

Selbst wenn dem so gewesen wäre – Galilei hat das immer bestritten[2] –, so hätten dafür nur die Zensoren, unter deren Mitwirkung diese Passage zustande gekommen war, gemaßregelt werden dürfen, denn nur sie trugen die Verantwortung. Trotzdem war Urban VIII. fest entschlossen, Galilei eine Lektion zu erteilen, wie der Gesandte Niccolini schon bei seiner ersten Audienz, die ihm in dieser Angelegenheit am 4. September gewährt wurde, feststellen mußte.

Der Papst war außer sich über Galilei, der sich erkühnt habe, »da einzudringen, wo er nicht sollte, und zudem noch in die wichtigsten und gefährlichsten Materien, die man in dieser Zeit aufrühren kann«. Die Zensoren seien reingelegt worden, und dieser Monsignore Ciampoli hätte ihn, den Papst, über den Inhalt des Buches im unklaren gelassen und an der Nase herumgeführt, und Galilei werde sich rechtfertigen müssen. Auch die Widmung an den Großherzog sei kein Grund zur Rücksichtnahme, denn er, Urban, habe schon ihm selbst zugeeignete Bücher verboten. Und um das Maß des Schreckens voll zu machen, drohte der Papst auch noch mit der Heiligen Inquisition.

Das päpstliche Gewitter, das sich plötzlich über Galilei und dem *Dialog* entlud, erweckt beim ersten Augenschein den Eindruck, als handele es sich um das dramatische Ende einer enttäuschten Liebe, und des öfteren kann man aus den vielen überlieferten Bemerkungen von Urban VIII. die Attitüde desjenigen heraushören, der sich nach Jahrzehnten des größten Wohlwollens von dem undankbaren Galilei hintergangen fühlte.

An Beliebtheit gewinnt diese Auffassung nicht nur durch den von ihr vermittelten Eindruck dramatischer Griffigkeit, sondern auch wegen der Möglichkeit, den anschließenden Inquisitionsprozeß als eine tragische Affäre zwischen zwei großen Männern zu personalisieren und in die belanglosen Gefilde des Privaten abzudrängen.

Galilei hat sich übrigens selbst in diese Interpretation geflüchtet und alle Schuld an seinem Unglück bösen Ränkeschmieden und Intriganten zuschreiben wollen, die ihn beim Papst verleumdet hätten. Er meinte auch, den »Stil der Jesuiten« erkannt zu haben, der Genossen des Paters Grassi, mit dem er in der *Goldwaage* sein grausames Spiel getrieben hatte, und des Paters Scheiner, der jetzt am Collegio Romano arbeitete, mit Galilei schon wieder wegen der leidigen Sonnenflecken ein Hühnchen zu rupfen hatte und Wutanfälle bekam, wenn in seiner Gegenwart der *Dialog* lobend erwähnt wurde. Aber diese spärlichen Indizien sind nie ausreichend gewesen, die vermuteten bösen Intriganten wirklich zu identifizieren, und zur Aktualisierung des Konflikts hat es ihrer auch gar nicht bedurft.

Die privaten Enttäuschungen, die Urban VIII. erkennen ließ, mögen sicher eine Rolle gespielt haben, aber sie entluden sich schließlich in einem institutionellen Rahmen, so daß wir die praktisch schon beschlossene Verurteilung Galileis nicht als eine tragische Affäre zwischen zwei Männern, sondern doch als Konflikt zwischen der neuen Wissenschaft und der Kirche verstehen müssen.

Das Dekret gegen die kopernikanische Lehre vom 5. März 1616 war schon weniger eine wissenschaftliche oder theologische Angelegenheit gewesen, sondern eine Manifestation des Monopolanspruchs der Kirche nicht nur auf die letzten, sondern auch auf alle anderen Wahrheiten. Galilei und Barberini hatten beide, wenn auch aus unterschiedlichen Gründen und in unterschiedlicher Intensität, das Dekret abgelehnt, und beide hatten sich darauf eingerichtet, mit dem Dekret zu leben: der Forscher, indem er seine kostbarsten Erkenntnisse als »nichtige Chimäre« oder »ungeheuerliches Paradoxon« ausgab, und der Kirchenfürst, indem er glaubte, man könne doch auch in der Sprache der Hypothesen die feinsinnigsten Entdeckungen mitteilen.

Als Papst ließ Maffeo Barberini das nicht gebilligte Dekret in Kraft, weil es ihm um die Autorität der Kirche ging, die er vornehmlich als seine eigene politische Macht verstand, und sein skrupelloser Herrschaftsstil legt zumindest die Vermutung nahe, daß er sein Lieblingsargument, das Verbot einer Begrenzung von Gottes Allmacht durch die menschliche Vernunft, auch deshalb für so durchschlagend hielt, weil sich aus ihm zwanglos gewisse Folgerungen für die weltliche und kirchliche Stellung des Papstes ziehen ließen, dessen Macht Urban VIII. ebenfalls nicht begrenzt sehen wollte.

Galileis Urvertrauen in einen gütigen Gott als Weltenbaumeister, der den Menschen die Vernunft gab, damit sie sich ihrer bedienen und erfreuen und seine Werke erkennen, läßt dagegen in ihrer Humanität den Allmachtsvorbehalt des Papstes als das erscheinen, was Galilei von seiner Wissenschaft sagen mußte: als »nichtige Chimäre« eines Gaukler-Gottes, der die Menschen an den Fäden seiner Willkür zappeln läßt.

Galileis *Dialog* hatte nun, sechzehn Jahre nach dem Dekret, die Brüchigkeit des katholischen Arrangements einer »Wissenschaft in Gänsefüßchen« sichtbar werden lassen. Der Schwung von Galileis realistischer Sprache wehte alle salvatorischen Klauseln wie vertrocknetes Laub auf den Kehrichthaufen der Geschichte. Daran vermochte auch Galileis aufrichtiger Wille zum Gehorsam gegenüber seiner Kirche nichts zu ändern, denn seine florentinische Beredsamkeit reichte nur noch dazu aus, die Vorbehalte schön zu formulieren, aber nicht mehr, sie auch glaubwürdig darzustellen.

So war der *Dialog* – neben vielem anderen – auch der Beleg dafür, daß man nur das Dekret oder nur die Wissenschaft haben kann, nicht aber beides unter der Fiktion des »als ob«. Daß sich Urban und die römische Kurie zur Sicherung ihrer totalitären Machtansprüche für das Dekret entscheiden würden, war eine Selbstverständlichkeit, der gegenüber die psychischen Befindlichkeiten eines sich hintergangen fühlenden Papstes an Gewicht verlieren, zumal die tiefste Enttäuschung Urbans wohl darin bestanden haben mag, daß ihm Galilei und der *Dialog* die Illusion geraubt hatten, die Kirche könnte beides bewahren: ihren absoluten Wahrheitsanspruch und die Wissenschaft.

Das Verbot des Buches und die Erniedrigung des Autors waren beschlossene Sache, das weitere Vorgehen nur noch Routine. Daß für einen Prozeß vor dem Heiligen Offizium die Rechtsgrundlagen fehlten, war kein Hinderungsgrund, denn sie konnten durch Mittel ersetzt werden, die in langer Praxis erprobt und eingeübt worden waren: Beugung von Recht, Vernunft und Logik, Verdrehung der Theologie und Gehirnwäsche.

Als der Gesandte Niccolini am 4. September sichtlich erschüttert aus der Audienz beim Heiligen Vater entlassen wurde, war die Maschinerie schon angeworfen.

Eine theologische Kommission für die Beurteilung des *Dialogs* und die Untersuchung aller mit der doppelten Druckerlaubnis zusammenhängenden Begleitumstände hatte schon Mitte August ihre Arbeit begonnen. Die Patres Castelli und Campanella, denen die Einsetzung dieses Gremiums nicht verborgen geblieben war, setzten alle Hebel in Bewegung, um als Fachleute zu den Beratungen hinzugezogen zu werden, aber vergeblich, denn gefragt waren nur Gefolgsleute, die wußten, was man von ihnen erwartete.

Ihr Bericht wurde am 11. September dem Papst zugestellt. Nach einem Referat der »an den Haaren herbeigezogenen« verwickelten Vorgeschichte der doppelten Druckerlaubnis, die vor allem den Pater Riccardi salvieren soll, werden unter Kapitel 6 insgesamt acht Belastungsmomente gegen den *Dialog* aufgeführt. Einige sind harmloser formaler Natur – zum Beispiel wird die Beifügung der römischen Druckerlaubnis jetzt als ordnungswidrig bezeichnet –, andere rügen die geringschätzige Behandlung des Schlußarguments gegen den Kopernikanismus, wie überhaupt von der vorgeschriebenen hypothetischen Redeweise ständig abgewichen werde, und schließlich wird noch die partielle Ineinssetzung des menschlichen und des göttlichen Geistes in Sachen der Geometrie als schädlich beanstandet. Die abschließende Empfehlung lautet:

»Alle diese Dinge könnten berichtigt werden, wenn man sich von dem Buch, dem man diese Gunst erweisen wollte, einen Nutzen versprechen würde.«[3]

Im abschließenden siebenten Kapitel wird jedoch die Geheimwaffe angeführt, mit der Papst und Inquisition Galilei vernichten konnten: Er habe bei der Beantragung der Druckerlaubnis die Ermahnung verschwiegen, in der ihm der Generalkommissar des Heiligen Offiziums aufgegeben habe, »die besagte Auffassung voll und ganz aufzugeben, daß nämlich die Sonne das Zentrum der Welt sei und unbeweglich und daß die Erde sich bewegt; noch sie zukünftig zu behaupten, zu lehren oder zu verteidigen in irgendeiner Weise, weder in Wort noch Schrift«.[4]

Demnach hätte sich Galilei also die Druckerlaubnis durch eine arglistige Täuschung erschlichen, was nach dem Kirchenrecht in jedem Fall als Grundlage für einen Inquisitionsprozeß ausgereicht hätte. Urban VIII. übergab daher die Angelegenheit unverzüglich dem Heiligen Offizium.

Der Gesandte Niccolini wurde vom Papst über diese Entwicklung informiert; er durfte dem Großherzog davon nur unter dem Siegel der allergrößten Verschwiegenheit berichten, wollte er sich nicht den harten Strafen für das Ausplaudern von Geheimnissen des Heiligen Offiziums aussetzen. So erfuhr Galilei erst in seinem ersten Verhör vor dem Inquisitionstribunal zwar nicht von diesem Dokument, aber von dem strikten Verbot, die kopernikanische Lehre »in irgendeiner Weise« zu erörtern.

Galilei konnte sich nur an die Ermahnung durch den Kardinal Bellarmin erinnern, daß die Lehre des Kopernikus gemäß dem Dekret der Indexkongregation »weder behauptet noch verteidigt werden kann«. Für uns mag der Zusatz »in keiner Weise, weder in Wort noch Schrift« in den Akten der Inquisition bedeutungslos erscheinen, in der Sprache des Kirchenrechts konnte er jedoch den Unterschied zwischen der Freiheit und dem Scheiterhaufen ausmachen.

Kaum ein Stück Papier ist so ausgiebig untersucht und diskutiert worden wie die Protokollnotiz, als die wir sie vorläufig bezeichnen wollen, die der Generalkommissar des Heiligen Offiziums Antonio Seghizzi über die Ermahnung Galileis am 26. Februar 1616 ausgefertigt hat, was wir ebenfalls nur vorläufig annehmen wollen. Als die Akten des Galilei-Prozesses gegen Ende des 19. Jahrhunderts auch kirchlich ungebundenen Forschern zur Einsicht zur Verfügung gestellt wurden, fielen den Inspizienten sofort einige deutliche Unterschiede zu den anderen Aktenstücken der Inquisition auf, die auch dem heutigen Betrachter ins Auge springen:

1. Die Notiz ist in unverständlicher räumlicher Anordnung auf die Rückseiten zweier anderer Aktenstücke geschrieben worden.

2. Sie trägt keine Unterschriften, obwohl Galileis erste Ermahnung in Gegenwart zweier Zeugen und eines Notars erfolgt sein soll; wie akribisch die Inquisitoren sonst auf die notariellen Unterschriftsbestätigungen geachtet haben, wird schon beim einfachen Blättern in den Akten sichtbar.
3. Es klingt absolut unwahrscheinlich, daß sich ein Generalkommissar des Heiligen Offiziums auf Zeugen aus dem Haushalt des Kardinals Bellarmin berufen muß; Inquisitoren pflegten ihre eigenen Zeugen mitzubringen.
4. Das Dokument weicht inhaltlich von zwei anderen ab, dem Bericht des Kardinals Bellarmin in den Decreta des Heiligen Offiziums und dem Zeugnis dieses Kardinals für Galilei, die beide den apodiktischen Zusatz »in keiner Weise, weder Wort noch Schrift« *nicht* anführen.

Daß dieses Schriftstück ein authentisches, sozusagen akten- und prozeßfähiges Dokument der Inquisition darstellt, will heute niemand mehr behaupten. Über die Frage aber, wie es denn in die Akte hineingekommen sein mag, haben sich die unterschiedlichsten Schulen gebildet, die ihre Auffassungen mal mit detektivischer Akribie, mal mit dichterischer Freiheit begründet haben und die wir nur kurz skizzieren können:

1. Das Dokument wurde Anfang September 1632 in die Akten praktiziert; die Untersuchung des *Dialogs* hatte nicht viel ergeben, und dem Autor war nichts vorzuwerfen, da die Verantwortung für die Veröffentlichung einzig bei den Zensoren lag. In dieser Sackgasse erinnerte sich jemand an die zwei leeren Seiten und füllte sie mit der Fälschung einer Ermahnung, die nie stattgefunden hat.[5] – Der Nachteil dieser Hypothese ist jedoch, daß die Handschrift nur in Dokumenten der Jahre um 1616 erscheint, nicht jedoch später, es sei denn, der Fälscher wäre ein ungewöhnlich guter Schriftimitator gewesen.

2. Die Protokollnotiz war schon 1616 von übereifrigen Inquisitoren verfaßt worden, denen die Behandlung Galileis durch Bellarmin zu wohlwollend erschien; da es mit diesem Mathematiker bestimmt noch einmal Ärger geben würde, wurde vorsorglich die scharfe Form der Ermahnung als Grundlage für späteres Vorgehen eingetragen.[6] – Dagegen spricht aber, daß niemand wissen konnte, ob Bel-

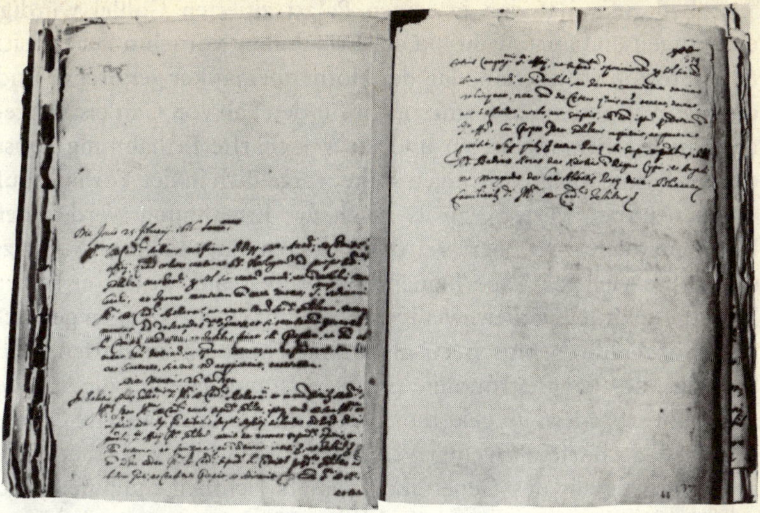

Die Protokollnotiz vom 26. Februar 1616 (Vatikanmanuskript der Prozeßakte 378v° 378r°); auf dieses wahrscheinlich gefälschte, mit Sicherheit aber nicht authentische Dokument wurde Galileis Verurteilung im wesentlichen gestützt

larmin nicht irgendwann einmal Anlaß haben würde, sich das Galilei-Dossier kommen zu lassen; hätte der Kardinal die Fälschung bemerkt, wäre im Heiligen Offizium wohl der Teufel los gewesen. Bellarmin war 1621 gestorben und hat die Akte wahrscheinlich nie mehr eingesehen, aber bei der Bearbeitung der Anzeige der *Goldwaage* im Jahre 1625 werden gewiß Inquisitoren noch einmal die älteren Vorgänge studiert haben, und es ist kaum vorstellbar, daß ihnen die schon optisch auffällige Notiz mit ihren harschen Konsequenzen entgangen wäre. Also liegt doch eine Fälschung aus dem September 1632 vor? – Aber muß man überhaupt von Fälschung reden? Bei der delikaten Materie und dem hohen Rang des Heiligen Offiziums ist es nicht verwunderlich, daß schon bald Kompromißkonstruktionen angeboten wurden. Beschränken wir uns auf die heute populärste Hypothese, die eine gewisse szenische Weitläufigkeit zu ihrer Untermauerung benötigt:

3. Bellarmin hat den in seinen Palast zitierten Galilei würdig empfangen und auch während der Ermahnung vornehm behandelt; er wußte von vornherein, daß der Hofmathematiker gehorchen und der Generalkommissar Seghizzi, der für den Fall von Galileis Weigerung in Erscheinung treten und die verschärfte Ermahnung nebst der Kerkerdrohung vorbringen sollte, vergeblich in der Vorhalle auf seinen Auftritt warten würde. Nach der Ermahnung werden der Mathematiker und der Kardinal geplaudert haben; Seghizzi schnappte vielleicht eine Bemerkung Galileis auf, in der er seiner Freude Ausdruck verlieh, wenigstens die mit eigenen Augen gesehenen Hörner der Venus noch als wahr behaupten zu dürfen, und Seghizzi, der von Astronomie nichts verstand, meinte, die Stunde seines Einschreitens sei gekommen, stürmte vor und kanzelte Galilei mit der verschärften zweiten Version ab. Bellarmin war über diese Eigenmächtigkeit des Generalkommissars sichtlich indigniert und erklärte Galilei, das alles sei ein Mißverständnis gewesen und habe nichts zu bedeuten, denn er habe ja schon ihm, dem Kardinal und Generalinquisitor, Gehorsam versprochen; den peinlichen Vorfall könne er getrost wieder vergessen.[7] – Diese szenische Rekonstruktion würde zwar beides erklären, Bellarmins Zeugnis und die Eintragung in die Decreta der Inquisition einerseits und die davon abweichende Protokollnotiz andererseits, im dunkeln bliebe aber immer noch, warum die Notiz nicht formgerecht notariell beglaubigt, ja nicht einmal von Seghizzi unterzeichnet worden ist. Zudem haben die Verfechter dieser Geschichte noch plausibel zu machen, warum diese Notiz nicht früher aufgetaucht ist, denn sie hätte spätestens bei der Bearbeitung der Anzeige gegen die *Goldwaage* berücksichtigt werden müssen.

Das endlose Gestrüpp aller denkbaren Varianten können wir ebensowenig erhellen, wie das Für und Wider aller vorgeschlagenen Hypothesen abwägen. Sollten wir uns jedoch für eine entscheiden müssen, würde die Fälschung aus dem Jahre 1632 als unmittelbare Prozeßvorbereitung noch den größten Grad an Wahrscheinlichkeit beanspruchen können, denn eine geschickte Schriftimitation dürfte kaum außerhalb der Möglichkeiten der Inquisition gelegen haben.

Aber auch bei der Bevorzugung der Kompromißkonstruktion,

nach der die Protokollnotiz gewissermaßen ein Mißverständnis ohne böse Absichten und Hintergedanken gewesen sei, bleibt der entscheidende Einwand bestehen, daß die Protokollnotiz gerade nach den akribischen bürokratischen Standards der Inquisition ein überaus dubioses Dokument darstellt, das man unter anderen Umständen kaum in die penibel geführten Akten des Heiligen Offiziums aufgenommen hätte. Aber trotz aller formalen Mängel war es das Beste, was die Inquisition als juristische Grundlage für den Prozeß gegen Galilei beibringen konnte.

Die Vorladung nach Rom wurde Galilei am 1. Oktober durch den Pater Giacinto Stefani überbracht, der als Zensor bei der Lektüre des *Dialogs* »mehrmals zu Tränen gerührt« war. Welche Maßnahmen der Papst beachtet wissen wollte, ist in den römischen Akten unter dem 23. September 1632 festgehalten:

»Seine Heiligkeit ließ dem Inquisitor von Florenz den Auftrag erteilen, daß er Galilei im Namen der heiligen Kongregation bedeute, er habe baldigst im Laufe des Monats Oktober in Rom vor dem Generalkommissar des Heiligen Offiziums zu erscheinen; auch sei Galilei das Versprechen abzunehmen, diesem Befehl zu gehorchen, den ihm der Inquisitor in Gegenwart von Notar und Zeugen erteilen solle, jedoch in solcher Weise, daß Galilei von ihnen nichts wisse, so daß sie, falls derselbe sich weigere und nicht zu gehorchen verspreche, hierüber, wenn nötig, Zeugnis ablegen könnten.«[8]

So viel noch einmal zur Sorgfalt der Beweissicherung auch – oder gerade – bei der Fallenstellerei.

Ob Galilei die im Gebüsch des Gartens versteckten bestellten Zeugen und den Notar bemerkt hatte, wissen wir nicht; jedenfalls gehorchte Galilei ohne Widerrede und bestätigte eigenhändig, noch im Oktober in Rom zu erscheinen. Nachdem er sich von seinem Schrecken erholt hatte, wandte er sich mit der Bitte um Vermittlung und Schutz an den großherzoglichen Hof, der gerade in Siena residierte.

Zugunsten Galileis wurden alle nur denkbaren diplomatischen Initiativen ergriffen, die in unzähligen Briefen und Depeschen ihren Niederschlag gefunden haben. Beinahe jede Woche sprach der Gesandte Francesco Niccolini beim Papst vor, um eine Verlegung der

Untersuchung nach Florenz oder wenigstens einen Aufschub der für den kranken alten Mann lebensbedrohenden Reise durch pestverseuchtes Gebiet zu erreichen. Er holte sich jedoch nur eine Abfuhr nach der andern; am höflichsten und vielsagendsten war noch die folgende:

»Er komme nur ganz langsam in einer Sänfte und mit aller Bequemlichkeit, aber er muß persönlich hier vernommen werden. Möge Gott ihm die Verblendung verzeihen, sich in solche Verwirrungen begeben zu haben, nachdem Wir ihn, als Wir noch Kardinal waren, daraus befreit hatten.«[9]

Als Galilei ärztliche Atteste einreichte, die seine Reiseunfähigkeit bescheinigten, wurde der Inquisitor von Florenz beauftragt, mit gleich drei Ärzten selbst in Arcetri nachzusehen. Galilei wurde am 18. Dezember wirklich im Bett in einer ungewöhnlich schlechten Verfassung angetroffen, die aus dem Zeugnis der drei Mediziner hervorgeht:

»Wir hier unterzeichneten Ärzte bestätigen, den Signor Galileo Galilei untersucht und ihn mit einem alle drei bis vier Schläge aussetzenden Puls angetroffen zu haben, woraus sich schließen läßt, daß die Lebenskraft angegriffen und bei diesem hohen Alter sehr geschwächt ist. Das besagte Leiden geht mit häufigen Schwindelanfällen, einer hypochondrischen Melancholie, Erschlaffung des Magens, Schlaflosigkeit und fliegenden Körperschmerzen einher, wie dies auch von anderen bezeugt werden kann. Auch haben wir einen schweren Eingeweidebruch mit affiziertem Bauchfell diagnostiziert. Alle diese Zustände sind beachtenswert, da sie bei der geringsten Veranlassung augenscheinlich Lebensgefahr bringen können.«[10]

Der Papst und das Heilige Offizium reagierten auf dieses Attest jedoch einen Tag vor Jahresende mit der Drohung, man werde einen Arzt und einen Kommissar der Heiligen Inquisition nach Florenz schicken, die, wenn Galilei irgend transportfähig sei, ihn »gefangen und in Eisenketten« nach Rom bringen würden, wenn er nicht umgehend aus eigenen Stücken komme. Es wurde nicht vergessen, daran zu erinnern, daß die Kosten für dieses Vorgehen Galilei zu tragen habe.[11]

Der Großherzog ließ nun seinem Hofmathematiker ausrichten, daß er in dieser Lage nicht umhin könne, der Obrigkeit den ihr gebührenden Gehorsam zu bezeugen, aber er wolle eine der bequemen großherzoglichen Sänften und zuverlässige Begleitung zur Verfügung stellen, und im übrigen hoffe er auf baldige Heimkehr.

Hätte Galilei sich dem Inquisitionstribunal entziehen können? Vom Großherzog durfte er keine weitergehende Unterstützung erwarten, denn die Weigerung, den Hofmathematiker auszuliefern, hätte unzweifelhaft ein päpstliches Interdikt nach sich gezogen, dem das Großherzogtum der Toskana, anders als die Republik Venedig, weder militärisch noch politisch-moralisch hätte widerstehen können.

Ferdinand II. hatte sich nicht einmal gegen den Papst durchsetzen können, als der Herzog von Urbino gestorben war, ohne einen männlichen Erben zu hinterlassen; rechtmäßig hätte das verwaiste Herzogtum an die Toskana fallen müssen, aber es wurde vom Papst kurzerhand dem Kirchenstaat einverleibt. Und bei aller Wertschätzung Galileis: ein Herzogtum war doch etwas anderes als ein Hofmathematiker.

Anders als die vermeintlich souveränen Fürsten Italiens hatte nur die Republik Venedig ihre Hoheitsrechte gegenüber dem Papst und der Inquisition behaupten können. Das Heilige Offizium hatte sich längst daran gewöhnt, die Einleitung einer Untersuchung gegen einen Venezianer als eine reine Pflichtübung zu betrachten, denn mit einer Auslieferung war kaum zu rechnen.

Die Venezianer hatten Galilei seinen plötzlichen und rücksichtslosen Ortswechsel nach Florenz im Jahre 1610 längst verziehen, und als sich im Jahre 1631 die Schwierigkeiten um die Drucklegung des auch in Venedig sehnlichst erwarteten *Dialogs* bis in die Lagunenstadt herumgesprochen hatten, wurde Galilei durch Francesco Morosini angeboten, den *Dialog* in Venedig drucken zu lassen. Da der Autor dann freilich nicht mehr im Einzugsbereich der Inquisition leben durfte, hielt man zugleich einen Lehrstuhl in Padua für Galilei zu Bedingungen bereit, die er selbst bestimmen konnte.

Galilei hatte aber auch bei den immer dringlicher werdenden Vorladungen aus Rom wohl keinen Augenblick daran gedacht, nach Venedig zu fliehen. Er war von ganzem Herzen Florentiner; seine letzten Lebensjahre wollte er in der Nähe seiner geliebten

Tochter verbringen, bis er eines Tages in Santa Croce, der Grabstätte seiner Ahnen, die letzte Ruhe finden würde. Darin sah er die Erfüllung seines Lebens, und daran mochte er auch nichts mehr ändern.

Zudem fehlte ihm auch jedes Unrechtsbewußtsein, und es hat mitunter den Anschein, als hätte er sich wirklich mehr vor der gefährlichen Reise durch pestverseuchte Landstriche und der Quarantäne gefürchtet als vor der Untersuchung, denn die konnte doch nur seine Unschuld und die Bosheit seiner Verleumder erweisen. Er wußte zwar, daß er einen schweren Gang gehen würde, denn die Berührung mit der Inquisition war genauso gefährlich wie die mit der Pest, aber andererseits war er davon überzeugt, immer ein guter und gehorsamer Katholik gewesen zu sein. So erläuterte er am 15. Januar 1633, als das nicht mehr aufschiebbare Datum der Abreise schon feststand, noch einmal in einem sehr überlegen und schön formulierten Brief an Elia Diodati seine Vorstellungen über die Natur als ein Werk Gottes, das mit Seinem Wort niemals in einen Widerspruch geraten könne. Erst gegen Ende kommt er auf die betrübliche Zukunft zu sprechen:

»Ich schrieb vor vielen Jahren, als sich der Lärm gegen Kopernikus erhob, eine sehr ausführliche Abhandlung, in der ich, auf die Autorität von vielen Kirchenvätern gestützt, zeigte, was es für ein schwerer Mißbrauch sei, sich in naturwissenschaftlichen Fragen so sehr auf die Heilige Schrift zu berufen, und worin ich vorschlug, diese künftig in derlei Diskussionen nicht einzubeziehen. Sobald ich weniger bekümmert bin, will ich Euch eine Abschrift zusenden. Ich sage: weniger bekümmert, weil ich eben im Begriff bin, nach Rom zu reisen, wohin mich das Heilige Offizium berufen, das auch bereits die Verbreitung meines Dialogs verboten hat. Ich höre von wohlunterrichteter Seite, daß die Jesuitenpatres maßgebenden Orts die Überzeugung eingeflößt haben, dieses mein Buch sei verabscheuungswürdiger und der heiligen Kirche schädlicher als die Schriften Luthers und Calvins ... Was mich angeht, so betrübt mich bei all diesem Kummer und dieser Verwirrung am meisten der Gedanke, daß ich nun meine anderen Werke aufgeben muß – besonders das über die Bewegung – oder daß ich doch zumindest nicht hoffen kann, sie noch zu meinen Lebzeiten erscheinen zu sehen.«[12]

Aber trotz Alter und Krankheit hatte Galilei den Kampf nicht aufgegeben. Als er am 20. Januar die großherzogliche Sänfte bestieg, hatte er ein Schriftstück bei sich, das er die letzten Jahre immer an sicherem Platze aufbewahrt hatte: das Zeugnis des Kardinals Bellarmin vom Mai 1616. Hinter Siena mußte er an der Grenze zum Kirchenstaat knapp drei Wochen in einer deprimierenden Quarantänestation verbringen, und als er am Nachmittag des 13. Februar in Rom eintraf, war Francesco Niccolini sehr glücklich, den berühmten Signor Galilei wenigstens lebend in Empfang nehmen zu können.

Das Gift des Kommissars – Der Prozeß, I. Teil

In Rom begann für Galilei eine lange Wartezeit von zunächst unbestimmter Dauer, denn es gehörte zu den Gepflogenheiten der Inquisition, den Verdächtigen nicht nur über die Anklagepunkte, sondern auch über alle anderen Umstände des Verfahrens im unklaren zu lassen. Immerhin hatte Francesco Niccolini beim Papst erreichen können, daß Galilei erst einmal im Palazzo Firenze, dem Gebäude der toskanischen Gesandtschaft in der Stadt, wohnen durfte – eine ungewöhnliche, wenn nicht gar einmalige Vergünstigung im Vergleich zu anderen Verdächtigen, die unverzüglich in die Gefängnisse der Inquisition gebracht wurden.

Caterina und Francesco Niccolini waren dem bei aller Bedrükkung immer noch von Geist und Witz sprühenden alten Herrn von Herzen zugetan und bemühten sich nach Kräften, die zermürbende Wartezeit erträglich zu gestalten. Niccolini behandelte seinen Gast etwa so, wie ein verständiger Arzt mit einem todgeweihten Freund umgehen mag: Seine Kenntnisse über die Absicht, Galilei zumindest moralisch zu vernichten, behielt er für sich, teils, weil ihm vom Papst Schweigen auferlegt worden war, teils aber auch, um das Gemüt Galileis nicht unnötig zu belasten.

Am Tag nach seiner Ankunft erhielt Galilei einen ersten Besuch von Francesco Barberini, dem Kardinalstaatssekretär und Purpur tragenden Mitglied der Accademia dei Lincei, die freilich nach dem Tod des Prinzen Cesi und dem Vorgehen der Inquisition gegen Galilei auseinanderzufallen drohte. Der Neffe des Papstes gab Galilei den Rat, sich absolut unauffällig zu verhalten und alles zu tun, was man von ihm erwarte, wenn er seine leider bedauerliche Lage nicht verschlimmern wolle. Dazu gehörte auch, daß er das Gesandtschaftsgebäude nicht verlassen und keine als »Galileisten« verdächtigen Besucher empfangen solle.

Der Benediktiner Benedetto Castelli, mit dem sich Galilei wohl am liebsten unterhalten hätte, war ohnehin schon vorsorglich bis zur Beendigung des Prozesses aus Rom verbannt worden, und Monsignore Ciampoli, der Freund und Linceo, war von dem erzürnten Papst seines Amtes als Sekretär des Heiligen Vaters enthoben und auf einen mediokren Posten in der Provinz versetzt worden.

Dafür erschien des öfteren Monsignore Serristori, ein Konsultor des Heiligen Offiziums, zu als »privat« deklarierten Plaudereien, die so angenehm verliefen, daß Galilei nach Florenz berichtete, er glaube, dieses Vorgehen der Inquisition »für den Anfang einer sehr gütigen und milden Behandlung halten zu dürfen, die von den angedrohten Seilen, Ketten und Kerkern weit entfernt ist«.[1]

ZEITWEILIG HATTE GALILEI SOGAR DIE HOFFNUNG, vermöge seiner immer noch brillanten florentinischen Beredsamkeit die Kardinäle in dem Prozeß auf seine Seite bringen zu können, und er war bitter enttäuscht, als ihn Niccolini über den tatsächlichen Hergang eines Inquisitionsverfahrens belehrte: Der Delinquent dürfe nur auf Fragen des Anklägers antworten, denn Dispute gehörten nicht zu den Gepflogenheiten des Heiligen Offiziums. Zudem mußte der Gesandte dem leichtgläubigen Galilei schonend nahebringen, daß er mit Beginn des Prozesses von der Inquisition in Gewahrsam genommen werden würde, aber dank seiner beträchtlichen diplomatischen Fähigkeiten hatte er dem Papst die Zusage abgerungen, daß Galilei nicht in die Verliese der Inquisition geworfen würde, sondern im Palazzo del Sant' Uffizio Zimmer angewiesen bekäme, in denen ihn ein Diener betreuen und mit Speisen aus der Gesandtschaftsküche versorgen könne. Auch dies war eine ungewöhnliche Vergünstigung, bei der man darüber spekulieren mag, ob Galilei die Vorzugsbehandlung der Güte oder dem sich regenden schlechten Gewissen seines vormaligen Freundes und Gönners zu verdanken hatte.

Als der Beginn des Prozesses nahte, glaubte Galilei immer noch, sich mit guten Gründen verteidigen zu können, so daß ihn der Gesandte noch einmal dringlich ermahnte, von dieser vergeblichen Vorstellung Abstand zu nehmen »und sich dem zu unterwerfen, was man ihm über die Bewegung der Erde zu glauben vorschreiben werde. Er ist darüber in die tiefste Betrübnis verfallen und von gestern auf heute dermaßen zusammengesunken, daß ich für sein Leben äußerst besorgt bin.«[2]

Das erste Verhör fand am 12. April 1633 im Palast des Heiligen Offiziums statt. Mit der Anklage war der Generalkommisar Vincenzo Maculano da Firenzuola betraut worden. Spätestens beim Anblick dieses Inquisitors müssen Galilei Zweifel an der Macht der Vernunft und der Liebe zum Glauben hinsichtlich des Heiligen Offiziums gekommen sein, denn noch ein halbes Jahr vorher hatte ihm Castelli geschrieben, daß der Dominikaner Maculano im Gespräch geäußert habe, das kopernikanische System sei vielleicht doch akzeptierbar, aber auf keinen Fall könne diese Frage durch die Berufung auf die Heilige Schrift entschieden werden.[3] Aber als Funktionär der Gedankenpolizei hatte Maculano nun seine Pflicht zu tun, und anders als der Zensor Pater Riccardi wollte er zur Zufriedenheit seiner Oberen ganze Arbeit leisten. Später wurde er Kardinal und Erzbischof.

Gemäß der Prozeßordnung begann das Verhör mit der Identifizierung und Vereidigung des Angeklagten, woran sich die etwas merkwürdige Frage an Galilei anschloß, ob er wisse, weshalb er vorgeladen sei. Sein letztes Buch über die beiden Systeme der Welt werde wohl der Grund sein, antwortete Galilei, woraufhin der überkorrekte Inquisitor ein Exemplar des *Dialogs* präsentierte und in das Protokoll aufnehmen ließ, »daß er alles, was darin enthalten ist, als von ihm verfaßt anerkenne«.[4]

Nach Erledigung dieser Formalien wurde nach den Ereignissen des Jahres 1616 gefragt. Galilei stellte zunächst einmal richtig, daß er damals nicht nach Rom zitiert worden, sondern aus freien Stükken gekommen sei. Zielstrebig steuerte das Verhör auf die Ermahnung Galileis zu, der offensichtlich damit gerechnet hatte, denn er war mit relevanten Dokumenten gut versehen. So sagte er auf die Frage, was ihm Kardinal Bellarmin über den Beschluß der Indexkongregation mitgeteilt habe und ob noch weitere Mitteilungen gemacht worden wären:

»Der Herr Kardinal bedeutete mir, daß die besagte Meinung des Kopernikus ex suppositione (also als hypothetische Annahme; Anm. d. A.) festgehalten werden könne, wie es nämlich Kopernikus getan hatte, und Seine Eminenz[5] wußte auch, daß ich sie in der Weise des Kopernikus ebenfalls ex suppositione behaupte, was man aus einer Antwort desselben Herrn Kardinal auf einen Brief des

Pater Paolo Antonio Foscarini, Provinzials der Karmeliter, ersieht, von der ich eine Abschrift besitze und in der die Worte enthalten sind: ›Es scheint mir, daß Ihr und Signor Galilei klug daran tut, sich damit zu begnügen, nicht absolut, sondern nur ex suppositione zu sprechen.‹ – Dieser Brief des Herrn Kardinal ist vom 12. April 1615 datiert. – In anderer Weise aber, also mit Bestimmtheit, dürfe man jene Meinung weder behaupten noch verteidigen.«[6]

Danach führt Galilei noch das Zeugnis Bellarmins vom 26. Mai 1616 an, nach dem ihm aufgegeben worden war, »daß die kopernikanische Auffassung weder behauptet noch verteidigt werden dürfe«. Auch davon hatte er eine Abschrift mitgebracht, während das Original in Bellarmins Handschrift in der Gesandtschaft in sicherer Verwahrung blieb.

Jetzt wollte der Inquisitor wissen, ob noch andere Personen zugegen gewesen seien und ob er Befehle empfangen hätte. Ganz offensichtlich bemühte Vincenzo Maculano hier die Geheimwaffe der Inquisition, die Protokollnotiz vom 26. Februar 1616, nach der Galilei befohlen worden sein soll, die kopernikanische Auffassung nicht nur nicht zu behaupten und zu verteidigen, sondern sie auch »nicht zu lehren, in keiner Weise, weder in Wort noch Schrift«.

In einem langwierigen Katz-und-Maus-Spiel versuchte der Inquisitor, Galilei das Geständnis zu entlocken, daß er doch den weitergehenden Befehl erhalten habe. Insgesamt fünfmal, wenn wir richtig gezählt haben, variiert der Inquisitor seine Fragen, und immer erhält er ähnliche Antworten: Ja, einige Dominikaner seien noch dabei gewesen, aber er wisse nicht, was sie gesagt hätten, und er habe sie niemals wieder gesehen; nur der Kardinal Bellarmin habe ihn ermahnt und dabei eine Formulierung gebraucht, die mit seinem Zeugnis und im übrigen auch mit dem Dekret der Indexkongregation übereinstimme. Dann, beim sechsten Durchgang, fällt ihm offenbar ein, daß ihm geraten worden war, sich zu fügen, und er sagt: »Es kann sein, aber ich erinnere mich nicht daran, denn diese Angelegenheit liegt viele Jahre zurück.«[7]

Auch diese Vernehmung Galileis stützt die Annahme, daß die Protokollnotiz eine Fälschung darstellt; hätte wirklich die verschärfte Ermahnung durch den Generalkommissar im Anschluß an die Ermahnung Bellarmins stattgefunden, hätte Galilei davon ausgehen müssen, daß ein ordnungsgemäßes Protokoll in den Akten sei; damit wäre Lügen nicht nur zwecklos, sondern wegen der drohenden Strafverschärfung auch gefährlich gewesen.

Der Inquisitor scheint von dem Dokument auch nicht recht überzeugt gewesen zu sein, denn er hat es Galilei nicht in vollem Umfang vorgehalten, sondern er ließ einfach in die nächste Frage das erweiterte Verbot zum Nutzen des Protokolls als bestätigte Tatsache einfließen und ging dann zur abschließenden Erörterung der Druckerlaubnis über, wobei er Galilei fragte, ob er dem Maestro del Sacro Palazzo bei seinem Antrag von dem eben besprochenen Befehl Mitteilung gemacht habe. Nein, das habe er, Galilei, nicht getan, »da ich durch jenes Buch die Meinung von der Bewegung der Erde und dem Stillstand der Sonne weder behauptet noch verteidigt habe, ich vielmehr in diesem Werk das Gegenteil der Meinung des Kopernikus zeige und daß die Gründe des Kopernikus ungültig und nicht schlüssig sind.«[8]

Das war eigentlich zuviel des Unterwerfungswillens, den Galilei hier demonstrierte; der erste Teil des Satzes, daß er »weder behauptet noch verteidigt« habe, wäre noch begründbar gewesen, da ihn auch schon die Zensoren geglaubt haben, der zweite Teil jedoch war einfach falsch, denn nirgendwo hatte Galilei im *Dialog* die Gründe des Kopernikus als »ungültig und nicht schlüssig« erwiesen, wenn man von der »engelgleichen Lehre« des Papstes am Schluß einmal absieht. Der Inquisitor hakte aber nicht nach, sondern beendete das Verhör: Es folgen Schlußformeln und Galileis handschriftliche Bestätigung.

Galileis Haft im Heiligen Offizium war in der Tat ungewöhnlich. Er selbst berichtete über die exklusiven Begleitumstände am 16. April in einem Brief an den Vater seiner Schwiegertochter, den Florentiner Maestro del Palazzo Geri Bocchineri:

»Es sind mir gegen den üblichen Brauch drei große und bequeme Zimmer eingeräumt worden, die einen Teil der Wohnung des Pater Fiscals des Heiligen Offiziums bilden, mit der freien Erlaubnis, in den Räumen umherzuwandeln. Meine Gesundheit ist gut, was ich nächst Gott der großen Sorgfalt des Gesandten und seiner Gemahlin danke, die auf alle für mich weit mehr als ausreichenden Bequemlichkeiten ein wachsames Auge haben.«[9]

Aber mit der Gesundheit war es bald schon wieder schlechter bestellt; der Mangel an frischer Luft und Bewegung, die Galilei nun schon seit Monaten entbehren mußte, konnte durch die komfortable Unterbringung und den Blick über Sankt Peter und die vatikanischen Gärten nicht aufgewogen werden. Schon eine Woche später, am 23. April, schrieb Galilei wiederum an Bocchineri:

»Ich schreibe aus dem Bette, an das mich seit sechzehn Stunden heftiges Hüftweh fesselt und das nach meiner bisherigen Erfahrung damit wohl noch einmal so lange dauern wird. Vor kurzem besuchten mich der Kommissar und der Fiscal, die die Untersuchung führen. Sie haben mir ihr Wort gegeben und ihre feste Absicht bekundet, mich zu entlassen, sobald ich imstande sein werde, wieder aufzustehen, mir dabei wiederholt zusprechend, guten Mutes zu sein. Ich vertraue auf diese Zusage mehr als auf die früher gemachten Hoffnungen, welche, wie die Erfahrung gezeigt hat, mehr auf Vermutungen als auf wirklichem Wissen gründeten. Daß meine Unschuld und Aufrichtigkeit an den Tag kommen wird, habe ich stets gehofft und hoffe es jetzt mehr als je zuvor. Das Schreiben wird mir schwer, und ich ende.«[10]

Der Besuch des Kommissars Maculano hatte jedoch viel tieferliegende Gründe und Absichten, als Galilei in seiner Gutgläubigkeit vermuten konnte. Das Inquisitionsverfahren war nämlich schon nach dem ersten Verhör in eine Sackgasse geraten, aus der Maculano nun einen Ausweg finden mußte. Galileis Beweismittel – das Zeugnis des Kardinals Bellarmin und der Text des Dekrets – waren der fragwürdigen, nicht unterschriebenen Protokollnotiz so eindeutig überlegen, daß die Gefahr nicht auszuschließen war, daß einer der Kardinäle der Kongregation des Heiligen Offiziums die Verurteilung Galileis auf Grund dieses Beweismittels durchkreuzt hätte – sei es aus Sympathie für Galilei oder sei es aus einem hochentwickelten Gespür für juristische Formfragen. Eine Freilassung Galileis war aber völlig unmöglich, wenn man das Ansehen des Heiligen Offiziums nicht gefährden und sich den Zorn des Papstes zuziehen wollte.

Gewiß, inzwischen waren auch die Gutachten dreier Konsultoren über den *Dialog* eingegangen, die übereinstimmend nachgewiesen hatten, daß Galilei im *Dialog* die kopernikanische Lehre zumindest »verteidigt« habe. Wir werden den Herren Konsultoren nicht widersprechen wollen, aber trotzdem hatten sie noch nicht den durchschlagenden Beweis für eine Verurteilung Galileis produziert. Galilei konnte jede vorsätzliche Übertretung des Dekrets bestreiten und sich darauf berufen, daß so hochgestellte Persönlichkeiten wie der römische Palastmeister und drei weitere Zensoren davon ebenfalls nichts bemerkt hätten. Das hätte für eine weitere, dieses Mal allerdings sehr ernste Ermahnung ausgereicht, auch für ein paar Bußübungen und ein Verbot des Buches, wäre aber nicht der wünschenswerte Prozeßausgang gewesen.

Abgesehen von der Geringfügigkeit hätte ein derartiges Urteil auch den Schönheitsfehler gehabt, daß der Angeklagte letztlich ohne das Eingeständnis einer schweren Verfehlung davongekommen wäre, und die Inquisition war auch darin das Vorbild späterer gedankenpolizeilicher Tribunale, daß zu einem guten Urteil auch ein geständiger Angeklagter gehört. Was anderen durch die Tortur abgerungen wurde, sollte nun von Galilei auf dem sanften Wege der Gehirnwäsche erlangt werden. Deshalb also hatte der Generalkommissar so teilnahmsvoll am Krankenlager Galileis gesessen und war sogar am 27. April noch einmal erschienen. An diesem Tage gelang ihm die »Bekehrung« Galileis.

Wir dürfen es als glückliche historische Fügung werten, daß sich in diesen Wochen der Papst und der Kardinalstaatssekretär in Castel Gandolfo aufhielten, so daß Maculano seinen Erfolg nicht mündlich vortragen konnte, sondern einem Brief an Francesco Kardinal Barberini anvertraute, der es wert ist, in seinem vollen Umfang abgedruckt zu werden:

»In Erfüllung der Befehle Seiner Heiligkeit setzte ich gestern die hochwürdigsten Eminenzen der heiligen Kongregation über Galileis Fall in Kenntnis, über dessen Stand ich kurz berichtete. Ihre Eminenzen billigten, was bisher unternommen worden war, und zogen auch andererseits verschiedene Schwierigkeiten in Betracht hinsichtlich der Art, den Fall weiter zu verfolgen und zu einem

Abschluß zu bringen. Dies insbesondere, weil Galilei bei seinem Verhör leugnete, was aus dem Buch, das er geschrieben hat, deutlich hervorgeht, so daß sich aus diesem Leugnen die Notwendigkeit ergäbe, größere Strenge im Verfahren walten zu lassen unter Hintanstellung anderer zu dieser Angelegenheit gehörender Gesichtspunkte. Schließlich schlug ich einen Weg vor, nach dem mir die heilige Kongregation die Erlaubnis erteilen solle, den Fall außerhalb des Verfahrens mit Galilei zu behandeln, um diesen seinen Irrtum einsehen zu lassen und, falls er ihn anerkennt, zum Eingeständnis desselben zu bringen. Dies erschien auf den ersten Blick als ein zu kühner Vorschlag, da nicht mehr viel Hoffnung darin gesetzt wurde, das Ziel auf dem Wege des mit ihm Argumentierens zu erreichen; doch nachdem ich die Gründe angegeben hatte, deretwegen ich meinen Vorschlag gemacht hatte, wurde mir die Erlaubnis erteilt. Damit keine Zeit verlorenginge, begann ich gestern nachmittag eine Unterredung mit Galilei, und nachdem viele, sehr viele Argumente und Widerlegungen zwischen uns hin- und hergegangen waren, erreichte ich durch Gottes Gnade mein Ziel, denn ich brachte ihn zur vollen Einsicht seines Irrtums, so daß er klar erkannte, daß er geirrt hatte und in seinem Buch zu weit gegangen war. Und er gab alldem mit Worten voller Gefühl Ausdruck wie jemand, der eine große Tröstung durch die Erkenntnis seines Irrtums empfindet, und er war auch bereit, dieses rechtsverbindlich zu bekennen. Er bat jedoch um etwas Zeit, damit er die Form bedenken könne, in der er sein Geständnis am passendsten ablegen könnte, das, soweit es das Wesentliche betrifft, wie ich hoffe, in der angedeuteten Weise erfolgen wird.

Ich erachtete es für meine Pflicht, Eure Eminenz sofort mit dieser Angelegenheit vertraut zu machen, die ich sonst niemandem mitteilte; denn ich bin überzeugt, Seine Heiligkeit und Eure Eminenz werden zufrieden sein, daß diese Angelegenheit so weit gebracht ist, daß sie bald ohne Schwierigkeiten beigelegt werden kann. Das Gericht wird sein Ansehen wahren; es wird möglich sein, mit dem Angeschuldigten milde zu verfahren; und wie immer die Entscheidung ausfallen wird, wird er die ihm bezeugte Gunst anerkennen, und alle anderen befriedigenden und gewünschten Folgen werden sich einstellen. Heute denke ich ihn zu verhören und das erwähnte

Geständnis zu erhalten; und sobald ich es, wie ich hoffe, in Händen habe, bleibt mir nichts anderes mehr zu tun, als ihn über seinen Vorsatz zu befragen und seine Verteidigung entgegenzunehmen; dies vollbracht, könnte man ihm sein Haus als Gefängnis anweisen, wie mir Eure Eminenz angedeutet haben, der ich meine untertänigste Verehrung entbiete.

Euer Eminenz untertänigster und gehorsamster Diener
Fra Vinc° (Maculano) da Firenzuola

Rom, am 28. April 1633«[11]

Das Gift des Kommissars hatte eine durchgreifende Wirkung auf den kranken Galilei, der offensichtlich darauf hoffte, bald den Palast des Heiligen Offiziums verlassen zu können. Mit dem Verbot seines Buches hatte er schon früher gerechnet, und man wird sich leicht vorstellen können, wie Maculano sein Opfer mit der Aussicht köderte, daß der *Dialog* nach den freilich notwendigen Korrekturen wiedererscheinen könne, wenn er sich nur einsichtig zeige. Sogar von geheimen kopernikanischen Neigungen mag er ihm etwas erzählt haben, und so wie er sie als treuer Sohn der Kirche überwunden habe, müsse nun auch Galilei seinen Fehler einsehen, damit er wieder in Frieden mit der heiligen katholischen Kirche leben kann. Die Strafen, die mit diesem vorgeschlagenen vergleichsähnlichen Arrangement verbunden waren, wird er als belanglos hingestellt haben, während er andererseits im geeigneten Moment die »größere Strenge im Verfahren« als hoffentlich vermeidbare Konsequenz einer Weigerung kurz gestreift haben dürfte.

Galilei brauchte freilich noch einen Tag länger, als von Maculano angenommen, bis er sein unwürdiges Geständnis fertig formuliert hatte. Am 30. April wurde er wieder vor das Tribunal gebracht und trug nach der formellen Frage, ob er etwas sagen wolle, folgendes vor:

»Indem ich mehrere Tage hindurch über die im Verhör an mich gestellten Fragen fortgesetzt und angestrengt nachgedacht habe, insbesondere über jene, ob mir vor sechzehn Jahren vom Heiligen Offizium ein Verbot erteilt worden sei, die eben damals verdammte Meinung der Bewegung der Erde und des Stillstands der Sonne weder in irgendeiner Weise zu behaupten noch zu verteidigen oder zu lehren, kam mir der Gedanke, meinen gedruckten Dialog, den ich seit drei Jahren nicht wieder angesehen hatte, wieder zu lesen und aufmerksam daraufhin zu untersuchen, ob mir entgegen meiner lautersten Absicht aus Unachtsamkeit etwas aus der Feder geflossen wäre, weshalb der Leser oder die Oberen mir nicht bloß Ungehorsam im allgemeinen, sondern auch besondere Einzelheiten zum Vorwurf machen könnten, die zur Begründung der Meinung veranlassen könnten, ich hätte den heiligen Befehlen der Kirche zuwider gehandelt. Da es mir dank der gnädigen Erlaubnis der Oberen gestattet war, meinen Diener umherzuschicken, suchte ich mir ein Exemplar meines Werkes zu verschaffen und begann, als mir dies gelungen war, dasselbe mit größter Aufmerksamkeit zu lesen und genauestens zu prüfen. Es erschien mir fast, weil ich es so lange nicht in Händen hatte, wie eine neue Schrift und wie von einem fremden Autor. Dieselbe hat mir, ich gestehe es offen, an mehreren Stellen den Eindruck gemacht, als sei sie derart abgefaßt, daß der mit meiner Denkungsweise nicht vertraute Leser Ursache gehabt hätte, sich die Meinung zu bilden, die für den falschen Teil (den ich zu widerlegen beabsichtigte) vorgebrachten Beweise wären in einer solchen Weise demonstriert, daß sie vermöge ihrer Kraft eher geeignet erschienen, denselben zu verstärken als seine Widerlegung zu erleichtern. Insbesondere zwei Argumente, das eine von den Sonnenflecken und das andere von der Ebbe und der Flut des Meeres, gelangen in der Tat mit weitaus beweiskräftigeren und überzeugenderen Eigenschaften an das Ohr des Lesers, als ihnen von jemandem verliehen werden sollte, der sie nicht für schlüssig hält und sie zu widerlegen beabsichtigt, wie ich sie in meinem Innersten und wahrhaftig für nicht schlüssig und der Widerlegung wert gehalten habe und halte. Da mir als Entschuldigung vor mir selbst, daß ich einem meinen Absichten ganz fernliegenden Irrtum verfallen war, der Gedanke nicht ausreichte, daß man die Argumente der Gegenseite, wenn man sie widerlegen will, und dies besonders in der Form des Dialogs, in der genauesten Weise darstellen und nicht zum Nachteil des Gegners verkleiden soll – da mir also, wie gesagt, diese Entschuldigung nicht die volle Befriedigung gewährte, so nehme ich zu jener Zuflucht, die in dem Wohlgefallen liegt, das jeder darin empfindet, seinen Scharfsinn zu zeigen und sich durch das Ersinnen geistreicher und wahrscheinlich klingender Behauptungen sogar für falsche Annahmen geschickter als die gewöhnlichen Menschen zu erweisen. Obwohl ich gleich Cicero ›begieriger nach Ruhm bin, als es gut wäre‹, so würde ich doch, wenn ich jetzt über die gleichen Beweisgründe zu schreiben hätte, sie zweifellos so entkräften, daß sie auch nicht vermöge ihres Anscheins die Stärke aufweisen könnten, die sie in Wahrheit entbehren. Ich habe also einen Irrtum begangen, und zwar, wie ich bekenne, aus eitlem Ehrgeiz, reiner Unwissenheit und Unachtsamkeit. Dies ist es, was ich aussagen wollte und was mir beim Durchlesen meines Buches auffiel.«[12]

DER ATEM STOCKT WOHL JEDEM, der diese Selbstbezichtigung Galileis zum ersten Mal liest. Aus den mit einem gewissen Augenzwinkern vorgetragenen rhetorisch-salvatorischen Floskeln im *Dialog*, den »nichtigen Chimären« und »ungeheuerlichen Paradoxien«, war nun bitterer Ernst geworden. Der große Galilei, der einst so stolze Mann, der noch im ersten Verhör keine Spur eines Unrechtsbewußtseins erkennen ließ, verleugnet in dieser Aussage in einem Atemzuge sein großartiges Buch, seine wunderbaren Entdeckungen und tiefen Gedanken.

Wir wissen nicht zu sagen, was uns mehr erschauern läßt: Galileis servile, sich anbiedernde Bereitschaft zur völligen Selbstverleugnung und Unterwerfung oder aber die erschreckenden Fähigkeiten zur Gehirnwäsche, die der Generalkommissar Maculano so meisterlich praktiziert hat, daß er als Virtuose der psychischen Konditionierung den Gedankenpolizeien aller Länder und Zeiten als schwer erreichbares Vorbild dienen kann: Die Zerstörung der Selbstachtung eines Menschen binnen weniger Tage ohne die Anwendung tatsächlicher physischer Gewalt bleibt eine Leistung von faszinierender Widerwärtigkeit.

Wir wissen nicht, in welchem Umfange Maculano die Feder Galileis bei der Abfassung dieser Selbstbezichtigung geführt hat, aber wir können Galileis Erzählung, er habe seinen Diener wegen des *Dialogs* herumgeschickt, als einen leicht durchschaubaren Versuch werten, die Beteiligung Maculanos zu verschleiern. Denn hätte der Diener wirklich ein Exemplar des verbotenen Buchs aufgetrieben, wäre die Inquisition von Amts wegen verpflichtet gewesen, durch peinliche Befragung des Dieners die Herkunft festzustellen und sich so den nächsten Verdächtigen zu beschaffen. Die einzig überhaupt vorstellbare Möglichkeit ist vielmehr die, daß der Generalkommissar mit einem Exemplar des *Dialogs* aus den Beständen des Heiligen Offiziums an Galileis Krankenlager erschienen ist und ihn »durch Gottes Gnade ... zur vollen Einsicht seines Irrtums« brachte, wie er nicht ohne Selbstgefälligkeit dem Neffen des Papstes Francesco Kardinal Barberini schrieb.

Das Trauerspiel vor dem Inquisitionstribunal war auch nach Galileis Entlassung aus dem Verhör noch nicht zu Ende. Vielleicht hatte er den Eindruck gehabt, der eine oder andere Funktionär habe zu nachlässig zugehört oder durch skeptisches Lächeln Zweifel an der Aufrichtigkeit von Galileis Erklärung erkennen lassen, vielleicht war ihm auch nur ein letzter Rettungsversuch für sein Buch eingefallen. Jedenfalls kehrte er noch einmal in den Gerichtssaal zurück, wo Inquisitoren und Schreiber noch beisammen standen, und bat um die Erlaubnis, seinem Geständnis folgende Bitte anfügen zu dürfen:

»Zur größeren Bekräftigung, daß ich die verdammte Meinung von der Bewegung der Erde und dem Stillstehen der Sonne nicht für wahr gehalten habe noch sie für wahr halte, bin ich bereit, einen noch deutlicheren Beweis zu liefern, wenn mir, wie ich wünsche, hierzu Gelegenheit und Zeit vergönnt werden. Es bietet sich dazu ein sehr günstiger Anlaß, da sich in dem von mir herausgegebenen Buche die Gesprächspartner verabredet haben, nach einer gewissen Zeit wieder zusammenzutreffen, um sich über andere naturwissenschaftliche Fragen, die von den bisher erörterten verschieden sind, zu unterhalten. Indem ich demnach bei dieser Gelegenheit einen oder zwei ›Tage‹ werde hinzufügen müssen, so verspreche ich, die zugunsten der besagten falschen und verdammten Meinung angeführten Gründe nochmals aufzunehmen und sie auf die wirksamste Weise, die mir der barmherzige Gott schon eingeben wird, zu widerlegen. Ich bitte deshalb diesen Heiligen Gerichtshof, mir bei diesem guten Vorsatz behilflich zu sein und mir seine Verwirklichung möglich zu machen.«[13]

Noch am selben Tage durfte Galilei in den Palazzo Firenze in die Obhut des Gesandten Niccolini zurückkehren. Er war der festen Überzeugung, das Schlimmste sei nun ausgestanden, aber: »Das Seil, an dem Er flatterte, war lang, doch unzerreißbar.«[14]

»Ich schwöre ab, verfluche und verwünsche ...« – Der Prozeß, II. Teil

Die Bedingungen für den Hausarrest im Palazzo Firenze unterschieden sich nicht wesentlich von denen der Haft im Heiligen Offizium, denn Galilei hatte unter Eid vor seiner Entlassung versprechen müssen, die toskanische Gesandtschaft nicht zu verlassen, mit niemandem außer den dort Wohnenden zu sprechen und auch diesen Personen gegenüber absolutes Stillschweigen über die Vorgänge in seinem Verfahren zu bewahren. Daß er sich ständig dem Heiligen Offizium zur Verfügung zu halten hatte, war eine Selbstverständlichkeit.

Trotz dieser Einschränkungen jubelte Galilei über diese Veränderung, als sei ihm die Freiheit geschenkt worden. Leider ist nicht ein einziger seiner vielen Briefe aus den folgenden Monaten erhalten geblieben, aber aus den Antwortbriefen läßt sich entnehmen, daß Galilei frohen Mutes war. Zitieren wir dieses Mal als Beispiel die Reaktion der Tochter Suor Maria Celeste auf eine Nachricht ihres Vaters:

»Die Freude, die mir Euer letzter Brief bereitet hat, und die Häufigkeit, mit der ich ihn immer wieder den Nonnen vorgelesen habe, die seinen Inhalt mit einem Freudenfest aufnahmen – das alles erregte mich so sehr, daß ich schließlich schwere Kopfschmerzen bekam. Ich sage das nicht, um Euch zu tadeln, sondern um Euch zu zeigen, wie sehr mit Eure Angelegenheiten zu Herzen gehen. Wenn ich von dem, was Euch geschieht, auch nicht stärker berührt sein mag, als einer Tochter ohnehin geziemt, so wage ich doch zu sagen, daß die Liebe und Verehrung, die ich meinem treuesten Herrn und Vater entgegenbringe, die der Mehrheit der Töchter übertrifft; und ich weiß, daß Ihr in der gleichen Weise die meisten Eltern in Eurer Liebe zu mir, Eurer Tochter, übertrefft. Ich danke von ganzem Herzen unserem gütigen Gott für die Gnade, die Euch zuteil wurde. Ihr sagt ganz zutreffend, daß alle Gnade von Ihm kommt, und obgleich Ihr sie als eine Antwort auf meine Gebete anseht, so zählen diese doch wenig oder nichts. Aber Gott weiß, wie sehr ich Euch liebe, und so erhört Er mich.«[1]

Die Ausarbeitung einer Verteidigungsschrift war in den ersten Tagen nach der Entlassung aus dem Gebäude des Heiligen Offiziums Galileis wichtigste Beschäftigung neben dem Briefeschreiben. Für den 10. Mai wurde er wieder vor das Tribunal geladen, das ihm eine Frist von acht Tagen zu einer schriftlichen Erklärung einräumte. Dies scheint jedoch nur eine Formalie oder Prozeßordnung gewesen zu sein, denn Galilei hatte, vermutlich wegen einer zuvor getroffenen Übereinkunft, seine Ausarbeitung bereits fertiggestellt und durfte sie sogleich vortragen. Es war eine gute Verteidigung:

»Befragt, ob ich den hochwürdigen Pater Palastmeister von dem mir persönlich vor ungefähr sechzehn Jahren erteilten Befehl unterrichtet hätte, gemäß der Verordnung des Heiligen Offiziums die Meinung von der Bewegung der Erde und dem Stillstehen der Sonne nicht zu behaupten und nicht zu verteidigen noch in irgendeiner Weise zu lehren, erwiderte ich mit Nein. Da ich danach nicht weiter über den Grund befragt worden bin, warum ich ihn nicht davon in Kenntnis gesetzt habe, fand ich auch keine Gelegenheit, darüber Weiteres hinzuzufügen. Nun erscheint es mir aber nötig, diesen Grund anzuführen, um die Lauterkeit meiner Gesinnung zu erweisen, die immer weit davon entfernt war, bei meinem Tun Vortäuschung oder Verstellung zu gebrauchen. Ich erkläre also, daß zu jener Zeit (im Jahre 1616) einige mir Übelwollende das Gerücht verbreitet hatten, ich sei von Seiner Eminenz, dem Kardinal Bellarmin, vorgeladen worden, um gewisse meiner Meinungen und Lehren abzuschwören, und hätte dies auch wirklich tun müssen sowie noch eine Buße auferlegt bekommen, weshalb ich mich genötigt sah, Seine Eminenz um ein Zeugnis zu bitten, in welchem der Kardinal erklären möge, warum ich vor ihn gerufen worden sei. Ich erhielt dieses eigenhändig von ihm geschriebene Zeugnis, welches ich mit dieser Schrift überreiche. Aus demselben ist klar zu sehen, daß mir bloß mitgeteilt wurde, man dürfe die dem Kopernikus zugeschriebene Lehre von der Bewegung der Erde und dem Stillstand der Sonne weder behaupten noch verteidigen, aber es findet sich in diesem Zeugnis keine Spur davon, daß mir außer diesem allgemeinen, für alle gültigen Ausspruch irgend etwas anderes im besonderen befohlen wurde. Da ich zu meiner Erinnerung dieses authentische Zeugnis von der Hand desselben Mannes besaß, der mir die Vorschrift aufgegeben hatte, habe ich nicht weiter über die Ausdrücke, die bei der mündlichen Mitteilung des Befehls gebraucht wurden, nachgedacht, noch habe ich mich bemüht, sie im Gedächtnis zu behalten, so daß die anderen beiden Bestimmungen außer dem ›Behaupten‹ und ›Verteidigen‹, nämlich ›nicht zu lehren‹ und ›in irgendeiner Weise‹, mir vollständig neu und wie nie gehört erscheinen. Ich denke, man wird mir nicht den Glauben versagen, wenn ich versichere, daß mir im Laufe von vierzehn bis sechzehn Jahren jede Erinnerung an jene Worte vollständig entschwunden ist, und dies um so mehr, da ich nicht nötig hatte, darüber nachzusinnen, weil ich eine so authentische schriftliche Erinnerung besaß. Wenn man nun die genannten zwei Bestimmungen wegläßt und nur die beiden in dem vorliegenden Zeugnis angeführten beibehält, so bleibt kein Zweifel, daß die darin enthaltene Anordnung dieselbe ist wie die durch das Dekret der heiligen Kongregation des Index erlassene Vorschrift. Dadurch scheint es mir aber hinreichend entschuldigt zu sein, daß ich den Pater Palastmeister von dem mir persönlich gegebenen Befehl nicht unterrichtet habe, da er ja mit dem von der Indexkongregation ergangenen völlig gleich ist.

Daß ich dann, da mein Buch keiner strengeren Zensur unterlag als jener, zu der das Dekret der Indexkongregation verpflichtet, in der zweckmäßigsten und geziemendsten Weise vorging, es verbürgt zu bekommen und von jedem Hauch eines Zweifels zu befreien, scheint mir offensichtlich zu sein, da ich es ja dem obersten Inquisitor vorlegte, und das gerade in einer Zeit, wo viele den gleichen Gegenstand behandelnde Bücher bloß auf Grund des genannten Dekrets verboten wurden. Aus dem Gesagten glaube ich die feste Hoffnung schöpfen zu dürfen, daß die hochwürdigen und weisen Richter von dem Gedanken Abstand nehmen, ich hätte wissentlich und vorsätzlich die mir erteilten Befehle übertreten, sondern vielmehr erkennen, daß die in meinem Buch vorkommenden Verstöße keineswegs unter irgendeinem Deckmantel und in unaufrichtiger Absicht und listiger Weise eingebracht wurden, sondern mir lediglich aus eitlem Ehrgeiz und der Sucht, scharfsinniger als die anderen Schriftsteller erscheinen zu wollen, aus Versehen aus der Feder geflossen sind, wie ich dies auch in meiner anderen Aussage bekannt habe, und diesen Fehler bin ich bereit wiedergutzumachen, sofern mir dies von den hochwürdigen Herren befohlen und gestattet wird.«[2]

Nach einer Erinnerung an sein Alter, den schon bald ein Jahr dauernden Kummer und seine schlechte Gesundheit empfiehlt sich Galilei der Gnade seiner Richter:

»Seien Sie von mir gebeten, bei so vielen Leiden die entsprechende Bestrafung meiner Vergehen dem hinfälligen Greis nachzusehen, und nicht minder will ich Euch meine Ehre und meinen guten Ruf zum Schutz gegen die Verleumdungen der mir Übelgesinnten empfehlen, deren Ausdauer in der Verleumdung meines guten Namens aus der Notwendigkeit ersichtlich ist, die mich schon veranlaßt hat, mir vom Kardinal Bellarmin das Zeugnis ausstellen zu lassen, das dieses begleitet.«[3]

TROTZ DER RÜHRENDEN BITTE UM GNADE und der von mittlerweile naivem Zutrauen zu seinen Richtern getragenen Hoffnung, daß ausgerechnet die Inquisition um den Schutz seines Ansehens besorgt sein möge, hatte Galilei eine gut begründete Verteidigung vorgetragen. Die Ausdrücke »nicht zu lehren« und »in irgendeiner Weise« erscheinen ihm »vollständig neu und wie nie gehört« – über ihre Herkunft aus der dubiosen Protokollnotiz war er nie informiert worden. Aber er betont, nur von Bellarmin und niemandem sonst einen Befehl oder eine Mitteilung erhalten zu haben, und nur die Höflichkeit gebietet, die Möglichkeit in Erwägung zu ziehen, daß ihm die »Erinnerung an jene Worte völlig entschwunden« ist, da er sonst die Inquisitoren letztlich der Lüge bezichtigt hätte.

Nach dieser Geste fährt er aber in der Begründung, warum er dem Palastmeister nichts von einer persönlichen Ermahnung erzählt habe, in einer Art und Weise fort, die solche Erwägung des Vergessenhabens zur Seite schiebt und die Erlangung der Druckerlaubnis als einen völlig normalen und routinemäßigen Vorgang darstellt, für den eher als der Autor die Zensoren die Verantwortung tragen, denn ihnen war aufgegeben, die Einhaltung des Dekrets der Indexkongregation zu überwachen. Besonders in dieser Passage klingt Galileis Verteidigung selbstbewußt, so als wäre es ihm unangenehm, die Inquisitoren auf die Faktenlage hinweisen zu müssen.

Das Eingeständnis des Irrtums durch Eitelkeit und der Wunsch, scharfsinniger als andere zu erscheinen, gehörten zu dem Vergleichsarrangement, das ihm der Generalkommissar Maculano da Firenzuola suggeriert hatte, aber es wurde hier knapper und distanzierter vorgetragen als in der würdelosen Selbstbezichtigung vom 30. April.

Nach der Abgabe seiner Erklärung wurde Galilei wieder in den Palazzo Firenze entlassen; weitere Fragen wurden nicht an ihn gerichtet, aber er wurde nochmals durch einen Eid an die Bedingungen des Hausarrests erinnert. Anschließend schrieb er wieder Briefe, in denen er den bevorstehenden Abschluß seines Verfahrens in so optimistischen Tönen geschildert haben muß, daß ihn der Erzbischof von Siena, sein vormaliger Schüler und Freund Ascanio Piccolomini, nicht nur einlud, in seinem Palast in Siena das Abklingen der Pest in Florenz abzuwarten, sondern ihm schon eine Sänfte entgegenschicken wollte.[4]

Dank der unermüdlichen Fürsprache Niccolinis war es Galilei sogar gestattet worden, sich in den Gärten der Villa Medici an der frischen Luft zu ergehen, nur mußte er in einer verhangenen Sänfte vom Gesandtschaftsgebäude in der Stadt zum Monte Pincio gebracht werden, damit ihn auf dem Wege niemand erkennen könne.

Aber während Galilei in der warmen Maisonne in den prächtigen Parkanlagen der Villa Medici wieder zu Kräften zu kommen suchte und auch noch voller Hoffnung blieb, als sich das Ende der Untersuchung immer weiter hinauszögerte, wurde ein Urteil vorbereitet, das schließlich ganz anders ausfiel, als Galilei nach den Unterredungen mit dem Generalkommissar Maculano glaubte erwarten zu dürfen.

CONTRO GALILEO GALILEI ist ein Dokument überschrieben, das von der Inquisition im Anschluß an Galileis Erklärung vom 10. Mai zusammengestellt wurde. In formaler Hinsicht war es die »chiusura d'istruzione«, die als Abschlußbericht der Untersuchung den zehn Kardinälen der Kongregation des Heiligen Offiziums für die Urteilsfindung zugeleitet wurde, inhaltlich war es aber eine bösartige Kompilation voller Fälschungen und Verdrehungen, deren einzige Absicht darin bestand, auch noch ein hartes Urteil gegen Galilei in einem milden Lichte der christlichen Nächstenliebe erscheinen zu lassen.

Dieses Meisterwerk der Niedertracht ist ziemlich umfangreich ausgefallen, da es mit der Rekapitulation aller relevanten Ereignisse seit der Anzeige Florentiner Dominikaner gegen Galilei im Jahre 1615 beginnt. Auch wenn es ungemein reizvoll wäre, dieses Dokument in seiner vollen Länge abzudrucken, da die plumpe Brutalität der Fälschungen hervorragend geeignet wäre, die hier und dort vorhandenen Illusionen über das vermeintliche intellektuelle und theologische Niveau des Heiligen Offiziums als einen frommen Wunschtraum nachzuweisen – ganz abgesehen von juristischer Korrektheit und der Verteidigung des Glaubens unter dem Deckmantel christlicher Nächstenliebe –, so müssen wir uns doch auf die Zitierung des wichtigsten Punktes beschränken, der über eine Fälschung eine zweite Fälschung stülpt, die unbezweifelbar vorsätzlich begangen wurde:

»Am darauffolgenden 26. (Februar 1616) wurde ihm (Galilei) durch den erwähnten Kardinal in der Gegenwart des Paters Kommissar des Heiligen Offiziums, von Notar und Zeugen der besagte Befehl erteilt, dem zu gehorchen er versprach. Sein Tenor ist, daß er besagte Meinung vollständig aufgeben solle, noch sie in irgendeiner Weise behaupten, lehren oder verteidigen solle; widrigenfalls das Heilige Offizium gegen ihn vorgehen würde.«[5]

Hier wird also die eigentlich wegen formaler Mängel gar nicht prozeßfähige gefälschte Protokollnotiz noch einmal in der Weise falsch angeführt, daß die verschärfte Ermahnung Bellarmin zugeschrieben wird, obwohl aus der Notiz eindeutig hervorgeht, daß es der Generalkommissar Seghizzi gewesen sein soll. Diese vorsätzlich falsche Lesart hatte freilich den Zweck, Bellarmins handschriftliches Zeugnis, das er im Mai 1616 ausgestellt hatte, zu entwerten.

Nur beiläufig sei noch zu diesem Tiefpunkt klerikaler Gerichtsbarkeit erwähnt, daß die unglücklichen Parodien der kopernikanischen Lehre, die den Qualifikatoren des Heiligen Offiziums im Jahre 1616 vorgelegt worden waren und die als »formal häretisch« und

»Irrtum im Glauben« beurteilt worden waren, als Zitat aus dem Buch über die Sonnenflecken von Galilei ausgegeben werden, obwohl sie der schlampig formulierten Denunziation des astronomisch ungebildeten Paters Caccini entnommen waren.

Den Kompilator dieses unsignierten, von Kanzlistenhand niedergeschriebenen Berichts können wir nicht mehr ausfindig machen, aber die Vorstellung, es sei der Gehirnwäscher Maculano da Firenzuola selbst gewesen, erscheint einigen Autoren so ungeheuerlich, daß sie lieber eine jesuitische Minderheitenfraktion im sonst von Dominikanern beherrschten Heiligen Offizium für die Fabrikation dieses Dokuments verantwortlich machen möchten. Wie dem auch sei, für diese Klitterung haben auch die allerkatholischsten Autoren keine Entschuldigung beizubringen gewußt.

Die Entscheidung über Galileis Schicksal wurde am 16. Juni in einer Sitzung der Generalkongregation des Heiligen Offiziums unter dem Vorsitz des Papstes beschlossen, der erst wenige Tage zuvor aus Castel Gandolfo zurückgekehrt war. In den Decreta dieses Gremiums findet sich unter dem 16. Juni folgende Eintragung:

». . . Seine Heiligkeit verfügte, daß der besagte Galileo über seine Intentionen verhört werden soll, auch unter Drohung der Folter, und wenn er standhält, hat er in einer Plenarversammlung der Kongregation des Heiligen Offiziums abzuschwören de vehementi (d. h. wegen des schweren Verdachts der Häresie), ist zu Gefängnis nach dem Belieben des Heiligen Offiziums zu verurteilen und dem Befehl unterworfen zu werden, in keiner Weise, weder in Wort noch Schrift, die Bewegung der Erde und den Stillstand der Sonne zu erörtern, auch nicht das Gegenteil, wenn er nicht die Strafen für den Rückfall auf sich ziehen will. Das mit ›Dialogo Galileo Galilei Linceo‹ betitelte Buch ist zu verbieten . . .«[6]

Diese Verfügung des Heiligen Vaters enthält in ihrer Brutalität immer noch ein verstecktes Kompliment an Galileis florentinische Beredsamkeit, da man dem geschickten Sprachvirtuosen sogar die Erörterung des Gegenteils der verbotenen Lehre vorsichtshalber ebenfalls verboten hatte. Bei Androhung des Scheiterhaufens – denn das war die für Rückfall vorgesehene Strafe – sollte Galilei in Zukunft also nicht einmal den Stillstand der Erde behaupten dürfen.

Wichtiger ist natürlich, festzuhalten, daß diese auf einem bösartig gefälschten Abschlußbericht basierende Verfügung weit schärfer ausfiel als die von dem Kommissar Maculano in seinem Brief an Francesco Kardinal Barberini erörterte Möglichkeit, »mit dem Angeschuldigten milde zu verfahren«, wenn er sein Geständnis abgelegt hätte, daß er im *Dialog* aus Eitelkeit zu weit gegangen sei.

Aber als Galilei mit diesem Kuhhandel seine jämmerliche Selbstbezichtigung abgerungen war, spielten die Voraussetzungen dieses Arrangements keine Rolle mehr. Mit ganzer Strenge wurde nicht etwa das Recht, sondern das Unrecht zur Anwendung gebracht. Galilei hatte keinen Anlaß, »die ihm bezeugte Gunst anzuerkennen«, wie der Generalkommissar noch geschrieben hatte.

Die Exekution dieses höchst unchristlichen Beschlusses wurde für die routinemäßig in einer Woche stattfindende Generalkongregation anberaumt. Dem Gesandten Niccolini war zuvor in einer Audienz vom Papst angedeutet worden, »daß es ohne eine Demonstration wider seine – Galileis – Person nicht abgehen kann«.[7] Aber wie zuvor meinte Niccolini, Galileis Gemüt durch die düsteren Andeutungen nicht belasten zu sollen, so daß Galilei wahrscheinlich sogar frohen Mutes den beiden Inquisitionsgendarmen gefolgt ist, die ihn am Morgen des 21. Juni in das Gebäude des Heiligen Offiziums brachten, denn nun konnte er endlich mit dem Abschluß der leidigen Angelegenheit rechnen, als deren gravierendsten Punkt er das wohl unvermeidliche Verbot seines Buches befürchtet haben mag.

Galilei wird daher in Furcht und Schrecken versetzt worden sein, als der Generalkommissar Maculano mit dem Verhör »super intentione« begann. Nach den üblichen Eingangsformalien wurde Galilei sogleich gefragt, wie er es mit der beweglichen Erde gehalten habe und jetzt halte. Galilei antwortete sichtlich verwirrt und übereifrig:

»Vor langer Zeit, vor der Entscheidung der heiligen Kongregation des Index und ehe mir jener Befehl erteilt worden war, blieb ich unentschieden und hielt beide Meinungen, nämlich die des Ptolemäus wie die des Kopernikus, für strittig, weil die eine wie die andere in der Natur wahr sein könne; aber nach der oben erwähnten Entscheidung, überzeugt von der Weisheit der Oberen, hörte in mir jede Ungewißheit auf, und ich hielt, wie ich immer noch halte, die Meinung des Ptolemäus, also das Stillstehen der Erde und die Bewegung der Sonne, für vollständig wahr und unzweifelhaft.«

Das ist nun im ersten Fall eine offensichtliche Unwahrheit, und der Inquisitor hätte keine Schwierigkeiten gehabt, durch eifriges Zitieren aus den *Briefen über die Sonnenflecken* oder dem Brief an Castelli nachweisen zu können, daß Galilei sehr wohl die kopernikanische Lehre bevorzugt hatte, die damals freilich noch nicht verboten war. Der Inquisitor übergeht vermutlich deshalb diese eigentlich überflüssige Unwahrheit und kommt auf den *Dialog* zu sprechen, der zu der Vermutung Anlaß gäbe, daß er an der besagten Meinung auch noch nach jener Zeit des Verbots festgehalten habe.

»Was das Schreiben und Veröffentlichen des Dialogs anbelangt, so habe ich ihn nicht deshalb geschrieben, weil ich die kopernikanische Meinung für wahr hielt; ich habe vielmehr nur in dem Glauben, für das Allgemeinwohl zu handeln, die natürlichen und astronomischen Beweisgründe dargelegt, die sich für die eine wie für die andere Auffassung vorbringen lassen; meine Absicht war es dabei, zu zeigen, daß weder die ersteren noch die letzteren Argumente weder für die ptolemäische noch für die kopernikanische Meinung entscheidende Beweiskraft besitzen und daß man daher, um auf sicherem Boden vorzugehen, seine Zuflucht zu den aus höheren Lehren entnommenen Entscheidungen nehmen müsse, wie man dies bei vielen, sehr vielen Stellen dieses Dialogs deutlich sieht. Ich schließe also vor dem Richterstuhl meines Gewissens, daß ich nach der Entscheidung der Oberen die verdammte Meinung nicht behauptet habe noch sie behaupte.«

Das genügt dem Inquisitor natürlich nicht, obwohl sich Galilei hier auf relativ sicherem Boden bewegt: Gelogen hat er zweifellos vor dem von ihm angerufenen »Richterstuhl des Gewissens«, aber vor dem Inquisitor hatte er die vier Zensoren als gleichermaßen stumme Zeugen, die durch ihr Imprimatur bestätigt hatten, daß der *Dialog* zumindest nicht gegen das Dekret von 1616 verstieß. Trotzdem wird Galilei aufgefordert, die Wahrheit zu gestehen, da sonst mit den geeigneten Rechtsmitteln gegen ihn vorgegangen würde. Galilei antwortet:

»Ich behaupte nicht, noch habe ich die Meinung des Kopernikus behauptet, nachdem mir der Befehl aufgegeben war, daß ich sie aufgeben solle. Übrigens bin ich in Euren Händen, tut mit mir nach Eurem Belieben.«

Noch einmal die gleiche Aufforderung, die Wahrheit zu sagen, und dieses Mal mit dem Zusatz: »Sonst kommt die Folter zur Anwendung.« Aber Galilei bleibt in diesem Punkt fest: »Ich bin da, um Gehorsam zu leisten, und habe, wie gesagt, an dieser Meinung nach der erfolgten Entscheidung nicht festgehalten.« Daran schließt sich der letzte Satz des Protokolls an: »Da in Ausführung des Dekrets (vom 16. Juni) nichts mehr zu tun blieb, ließ man ihn unterschreiben, und er wurde an seinen Ort geschickt.«[8]

Über diesen Ort, an dem die Inquisition Galilei in den nächsten Tagen gefangengehalten hat, gibt es keinerlei gesicherte Information. Da man ihn in den vier Wochen der Haft zu Beginn der Untersuchung so ungewöhnlich behandelt hatte, möchten wir annehmen, daß ihm auch dieses Mal ein bequemerer Aufenthaltsort als ein dunkler Gefängniskeller zugewiesen worden war.

Hätte Galilei gefoltert werden können? Diese Frage hat mittlerweile die im 19. Jahrhundert so heftig diskutierte Kontroverse abgelöst, ob er gefoltert wurde oder gar, die Tatsache der Tortur als erwiesen unterstellend, wie er gefoltert worden war.

In folkloristisch gefärbten Schauergeschichten wurde noch im 19. Jahrhundert ausgemalt, wie Galilei erst nach grausamer Peinigung zum Hersagen der Abschwörungsformel gezwungen werden konnte, sich aber sofort wieder seiner historischen Mission bewußt wurde, mit dem Fuß aufstampfend die legendären Worte »Und sie bewegt sich doch!« sprach und daraufhin die Augen ausgestochen bekam. Mit der historisch-kritischen Erforschung der Quellen zerstoben solche Dramatisierungen freilich im Winde.

Das Dekret vom 16. Juni hatte ausdrücklich nur die Androhung der Tortur vorgesehen, und das »strenge Verhör« am 21. Juni wird kaum darüber hinausgegangen sein, denn schon nach der ersten Drohung bricht die Vernehmung ab, und es wird resignierend zu den Akten gegeben, daß »nichts mehr zu tun blieb«. Schlimmeres anzunehmen ist nicht erforderlich. Nicht unwahrscheinlich ist dagegen, daß das ganze Verhör »super intentione« im Angesicht von

Marterinstrumenten vonstatten ging, was Galileis verworrene, zugleich übertriebene und überflüssige Einlassungen erklären könnte.

Moderne katholische Autoren tragen allerdings im Brustton der Überzeugung vor, daß nicht nur der Inquisitor wußte, daß es nur bei der Androhung der Folter bleiben würde, sondern auch Galilei durchaus bekannt gewesen sein soll, daß an einem alten oder kranken Mann die Tortur nicht vollzogen werden konnte: »Die territio verbalis war eine reine Formalität, und Galilei wußte das.«[9]

Wir sind in dieser Frage jedoch nicht so sicher, denn die jeweiligen Autoren können sich nicht etwa auf eindeutige Verfahrensvorschriften der Inquisition berufen, sondern sie führen eher beschreibende zeitgenössische Bücher an, die kaum als verbindlich gelten können. Sicher ist dagegen, daß noch im Jahre 1942 der Dominikaner Orio Giacchi, der als Autorität in Fragen des kanonischen Rechts galt, den einzigen rechtlichen Fehler in dem Verfahren gegen Galilei im Zögern der Inquisitoren gesehen hat, Galilei wirklich der Folter auszusetzen.[10] Und als Beispiel für den Durchsetzungswillen der Inquisition mag der Fall des Marcantonio de Dominis angeführt werden, der es einst zum Erzbischof gebracht hatte, dann nach einem Zwischenspiel in der englischen Kirche wieder nach Italien zurückkehrte und vor das Heilige Offizium gebracht wurde. De Dominis tat der Inquisition den Tort an, noch während seines Verfahrens im Jahre 1624 zu sterben, woraufhin sein Leichnam und seine Bücher dem Scheiterhaufen übergeben wurden.

Wenn Galilei nicht gefoltert worden ist, so hatte er das einigen seiner vormaligen Gönner wie dem Neffen des Papstes und Linceo Francesco Kardinal Barberini zu danken, dem der wütende Rachefeldzug Urbans zu weit ging und der vermutlich auch den außergerichtlichen Vergleich in die Wege geleitet hatte, der nun hinfällig geworden war.

Aber über diese schützenden Hände war Galilei, wie über alle anderen Vorgänge in diesem Verfahren auch, völlig im dunkeln gelassen worden, so daß er nach dem urplötzlich anberaumten strengen Verhör wohl auch mit dem Schlimmsten rechnen mußte. Zu den Schreckensvisionen, die nach diesem Tage sein Gehirn marterten und ihm den Schlaf raubten, wird zweifellos auch der zumindest von Ferne knisternde Scheiterhaufen gehört haben.

Am nächsten Morgen wurde Galilei in das Dominikanerkloster Santa Maria sopra Minerva in der Nähe des Pantheon gebracht. An diesem Mittwoch, dem 22. Juni 1633, war die Kardinalskongregation des Heiligen Offiziums im Kollegiensaal dieses Klosters zu ihrer routinemäßigen Sitzung versammelt. Wahrscheinlich bekam Galilei hier zum ersten Mal in seinem Verfahren überhaupt einen Purpurträger zu sehen, aber auch jetzt durfte er mit keinem der Kardinäle sprechen, denn er war nur vorgeführt worden, um sein Urteil zu vernehmen, das von einem Beamten der Inquisition verlesen wurde.

Dieses Urteil ist sehr umfangreich und mit der größtmöglichen Sorgfalt formuliert, denn es sollte im Anschluß an die zeremonielle Prozedur im Dominikanerkloster in der gesamten katholischen Welt bekanntgemacht werden. Es enthält daher die Rekapitulation der gesamten Vorgeschichte, beginnend mit der Denunziation gegen Galilei aus dem Jahre 1615. Das Bemerkenswerteste an dieser Passage ist die Berufung auf die Qualifikatoren des Heiligen Offiziums, deren Beurteilung der kopernikanischen Lehre aus dem Jahre 1616 jetzt angeführt und damit erstmals nicht nur Galilei, sondern auch der katholischen Christenheit zur Kenntnis gebracht wird.

»Der Satz, die Sonne sei im Zentrum der Welt und ohne örtliche Bewegung, ist absurd und philosophisch falsch und formal häretisch, weil er ausdrücklich der Heiligen Schrift widerspricht. Der Satz, die Erde sei nicht das Zentrum der Welt und nicht unbeweglich, sondern bewege sich auch in täglicher Umdrehung, ist ebenfalls absurd und theologisch wie philosophisch falsch und zum mindesten irrig im Glauben.«[11]

Man weiß zwar nicht, weshalb diese Sätze in dem Urteil überhaupt erwähnt werden, da man ihre Unkenntnis Galilei nicht zum Vorwurf machen konnte, denn sie waren nur einem kleinen Kreis der römischen Kurie überhaupt bekannt. Daß sie nach immanent katholischen Kriterien einen schweren theologischen Fehler darstellen, wollen wir an dieser Stelle nicht noch einmal auseinandersetzen, wie wir auch die Erörterung anderer Fragwürdigkeiten dieses umfangreichen Urteils übergehen und uns auf die Zitierung der »definitiven Sentenz« beschränken müssen:

»Unter Anrufung des Heiligsten Namens unseres Herrn Jesu

Christi und der glorreichsten Mutter und unbefleckten Jungfrau Maria behaupten, verkünden, urteilen und erklären wir durch unsere definitive Sentenz . . . daß Du, obengenannter Galilei, wegen dessen, was sich im Prozeß ergab und Du selbst wie oben gestanden hast, Dich bei diesem Heiligen Offizium der Häresie sehr verdächtig gemacht hast; das heißt, daß Du eine Lehre geglaubt und behauptet hast, welche falsch und der Heiligen und Göttlichen Schrift zuwider ist, nämlich: die Sonne sei das Zentrum des Erdkreises, und dieselbe gehe nicht von Osten nach Westen, die Erde bewege sich und sei nicht das Zentrum der Welt, und es könne diese Meinung für wahrscheinlich gehalten und verteidigt werden, nachdem sie als der Heiligen Schrift zuwiderlaufend befunden und erklärt worden war; daß Du infolgedessen in allen Zensuren und Strafen verfallen seiest, welche durch die Heiligen Canones und andere allgemeine und besondere Konstitutionen gegen derart Fehlende bestimmt und über sie verhängt sind. Von diesen wollen wir Dich freisprechen, sobald Du mit aufrichtigem Herzen und nicht erheucheltem Glauben ab-

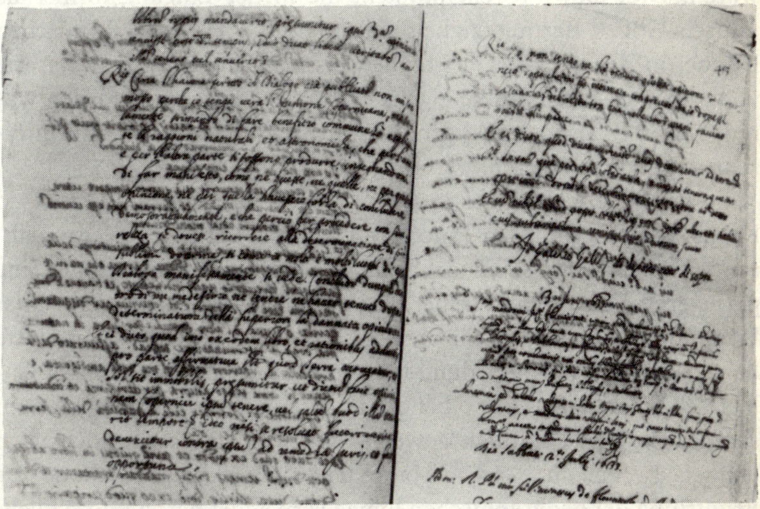

Zeitgenössische Abschrift der Abschwörung Galileis in der Bibliothek der Accademia Nazionale dei Lincei in Rom

schwörst, verfluchst und verwünschst die obengenannten Irrtümer und Häresien und jeden anderen Irrtum, welcher der Katholischen und Apostolischen Römischen Kirche zuwiderläuft, nach der Formel, wie sie Dir von uns vorgelegt werden wird.

Damit aber dieser Dein schwerer und verderblicher Irrtum und Ungehorsam nicht ganz ungestraft bleibe und Du in Zukunft vorsichtiger verfahren mögest, auch anderen als Beispiel dienst, damit sie sich der gleichen Vergehen enthalten, bestimmen wir, daß das Buch ›Dialog von Galileo Galilei‹ durch eine öffentliche Verordnung verboten werde; Dich aber verurteilen wir zu formalem Kerker in diesem Heiligen Offizium für eine in unserem Belieben stehende Zeitdauer und tragen Dir als heilsame Buße auf, in den drei folgenden Jahren wöchentlich einmal die Bußpsalmen zu sprechen, uns vorbehaltend, die genannten Strafen und Bußen zu ermäßigen, abzuändern und ganz oder teilweise wieder aufzuheben.«[12]

DIESES URTEIL WAR NUR VON SIEBEN KARDINÄLEN unterzeichnet worden, obwohl in der Präambel noch alle zehn Mitglieder der Kardinalskongregation des Heiligen Offiziums aufgeführt worden waren. Drei dieser Kirchenfürsten, die in der Eingangsformel als »durch Gottes Barmherzigkeit Kardinäle der Heiligen Römischen Kirche, in der ganzen Christenheit als Inquisitoren gegen Häresie vom Apostolischen Stuhle eigens ernannt« bezeichnet worden waren, hatten es also vorgezogen, dieses Urteil nicht durch ihre Unterschrift zu sanktionieren.

Es handelte sich dabei um den Neffen des Papstes, Francesco Kardinal Barberini, den Linceo, aus dessen Verhaltensweise während des Verfahrens wir schließen dürfen, daß er allenfalls eine geringere Strafe im Sinne einer Suspendierung des Buches und einer Ermahnung des Autors für angemessen gehalten hatte; dann hatte der Spanier Gaspare Kardinal Borgia nicht unterschrieben, der Galilei schon im Jahre 1615 beim Anknüpfen von Beziehungen zum spanischen Hof behilflich gewesen war und sich auch noch nach Galileis Besuch in Rom im Jahre 1630 für dessen Methode zur Ermittlung der geographischen Länge verwendet hatte; und schließlich fehlte noch Laudivio Kardinal Zacchia, vermutlich aber nur wegen Krankheit oder sonst einer Verhinderung.

Ob Barberini und Borgia nur aus Loyalität zu Galilei oder auch aus anderen Gründen das Urteil nicht unterzeichnet hatten, kann mangels selbst indirekter Informationen nicht mehr festgestellt werden. Wir dürfen jedoch vermuten, daß zumindest einigen der Kardinäle auch die immanent kirchenrechtlichen Mängel der Verurteilung Galileis nicht verborgen geblieben sein können. Wir wollen uns dabei nur auf den wesentlichsten, praktisch unbestrittenen Aspekt beschränken:

Galilei hatte sich also wegen seiner kopernikanischen Überzeugungen »bei diesem Heiligen Offizium der Häresie sehr verdächtig gemacht«; da die kopernikanische Lehre jedoch niemals von einer der unfehlbaren Autoritäten der Kirche zur Häresie erklärt worden war, entbehrt dieser Satz jeder kirchenrechtlichen Grundlage. Die Fortsetzung, daß er »infolgedessen in allen Zensuren und Strafen verfallen« sei, strapaziert daher nicht nur das Kirchenrecht, sondern auch die Logik.

Galilei wird spätestens seit dem Dekret von 1616 mit den Spitzfindigkeiten des kanonischen Rechts vertraut gewesen sein, aber in der Kongregation des Heiligen Offiziums wurde nicht argumentiert, sondern, wie es in dem Urteil dieses Mal zutreffend hieß, behauptet und verkündet. So blieb Galilei, wenn er sich nicht den angedrohten Strafen, von denen der Scheiterhaufen nicht die unwahrscheinlichste gewesen wäre, aussetzen wollte, nichts anderes übrig, als sich das Büßerhemd überstreifen zu lassen, niederzuknien und abzuschwören, wie ihm befohlen worden war:

»Ich, Galileo Galilei, Sohn des verstorbenen Vincenzio Galilei aus Florenz, siebzig Jahre alt, persönlich vor Gericht gestellt und kniend vor Euren Eminenzen, den Hochwürdigsten Kardinälen, Generalinquisitoren gegen Ketzerei in der ganzen christlichen Welt, vor meinen Augen habend die Heiligen Evangelien, die ich mit meinen Händen berühre, schwöre, daß ich immer geglaubt habe, gegenwärtig glaube und mit dem Beistand Gottes auch in Zukunft alles glauben werde, was die Heilige Katholische Apostolische Römische Kirche für wahr hält, predigt und lehrt. Da ich aber, nachdem mir von diesem Heiligen Offizium gerichtlich befohlen worden war, ich müsse die falsche Meinung, daß die Sonne Mittelpunkt der

Welt sei und unbeweglich und die Erde nicht Mittelpunkt der Welt sei und sich bewege, ganz aufgeben; und ich dürfe die genannte falsche Lehre weder behaupten noch verteidigen oder in irgendeiner Weise schriftlich oder mündlich lehren; und weil ich, nachdem mir eröffnet worden war, die genannte Lehre stehe mit der Heiligen Schrift im Widerspruch, ein Buch schrieb und es drucken ließ, in welchem ich diese schon verdammte Lehre erörtere und Gründe von großem Gewicht zu ihren Gunsten vorbringe, ohne irgendeine abschließende Lösung hinzuzufügen, so habe ich mich dadurch diesem Heiligen Offizium der Häresie stark verdächtig gemacht, nämlich für wahr gehalten und geglaubt zu haben, daß die Sonne der Mittelpunkt der Welt und unbeweglich und die Erde nicht Mittelpunkt sei und beweglich.

Da ich wünsche, Euren Eminenzen und jedem katholischen Christen diesen gegen mich zu Recht gefaßten Verdacht zu nehmen, schwöre ich ab, verfluche und verwünsche ich mit aufrichtigem Herzen und ungeheucheltem Glauben besagte Irrtümer und Ketzereien sowie überhaupt jeden anderen Irrtum und jeden der besagten Heiligen Kirche widersprechenden Irrtum und Sektiererglauben. Und ich schwöre, daß ich in Zukunft niemals mehr etwas sagen oder mündlich oder schriftlich behaupten will, woraus man einen ähnlichen Verdacht gegen mich schöpfen könnte, und daß ich, wenn ich irgendeinen Ketzer oder der Ketzerei Verdächtigen antreffen sollte, ihn diesem Heiligen Offizium oder dem Inquisitor und dem Bischof des Ortes, wo ich mich befinde, anzeigen werde. Außerdem schwöre und verspreche ich, alle Bußen zu erfüllen und vollständig zu verrichten, die mir dieses Heilige Offizium auferlegt hat und noch auferlegen wird. Und sollte ich, was Gott verhüten möge, irgendeiner meiner besagten Versprechungen, Beteuerungen und Schwüre zuwiderhandeln, so unterwerfe ich mich allen Strafen und Bußen, welche durch die Heiligen Canones und andere allgemeine und besondere Konstitutionen gegen solche, die sich in solcher Weise vergehen, festgesetzt und verhängt worden sind. So wahr mir Gott helfe und diese seine Heiligen Evangelien, die ich mit meinen Händen berühre.

Ich, besagter Galileo Galilei, habe abgeschworen, geschworen und versprochen und mich zu Vorstehendem verpflichtet und zur

Beglaubigung dessen eigenhändig die vorliegende Urkunde meiner Abschwörung unterschrieben und sie Wort für Wort gesprochen zu Rom im Kloster der Minerva am heutigen Tage, dem 22. Juni 1633.

Ich, Galileo Galilei, habe wie oben mit eigener Hand abgeschworen.«[13]

Mit diesem erzwungenen Meineid war die erniedrigende Zeremonie beendet. Die Kardinäle der Kongregation dürften mit den Beamten und Funktionären der Inquisition noch einige Routinegeschäfte besprochen haben, als Galilei vom Büßerhemd befreit wurde. Selbstverständlich hat er nicht, wie es die wohlfeilen Bedürfnisse späterer Generationen nach vermeintlich lupenreinen Helden zur Legende ausgeschmückt haben, trotzig mit dem Fuß aufgestampft und ausgerufen: »Und sie bewegt sich doch!«, denn dann hätten die Inquisitionsgendarmen mit ihrem Gefangenen nicht den Rückweg in den Palast des Heiligen Offiziums angetreten, sondern ihn schnurstracks in die Verliese der Engelsburg gebracht, die er wohl nur auf dem Wege zum Scheiterhaufen wieder hätte verlassen können.

Die bürgerlichen Gelehrten und Schriftsteller, die vor etwa einem Jahrhundert damit begannen, auf Grund der nunmehr allgemein zugänglichen Akten den »Fall Galilei« zu durchleuchten und einer breiteren Öffentlichkeit darzustellen, konnten ihren Abscheu vor dem Inquisitionstribunal und der Abschwörungsszene nur in den stärksten Worten Ausdruck verleihen: »Eine der barbarischsten, die je in der Weltgeschichte aufgeführt wurden«,[14] nannte sie der verdienstvolle Übersetzer des *Dialogs*, Emil Strauß.

Wer sich freilich der unzähligen im 17. Jahrhundert flackernden Scheiterhaufen erinnert und wer vor allem den zeitgenössischen Terror des 20. Jahrhunderts nicht völlig verdrängt hat, wird in der Einordnung dieses Prozesses in den Rahmen der Weltgeschichte etwas mehr Augenmaß aufbringen müssen. Wir wollen wahrlich nicht so weit gehen und wie einige katholische Schriftsteller suggerieren, das ganze Verfahren sei für Galilei ein kommoder Spaziergang und für die Kirche eine gütige Erziehungsmaßnahme wie gegenüber einem unbotmäßigen Zögling gewesen, aber an Szenen, die barbarischer waren als die am 22. Juni 1633 im Kollegiensaal des

Klosters Santa Maria sopra Minerva, hat es in der Weltgeschichte wirklich keinen Mangel gegeben.

Dem Urteil des Heiligen Offiziums möchten wir freilich in einer anderen Hinsicht den Superlativ nicht vorenthalten: Es war wohl die größte Dummheit, zu der sich die Kirche jemals hat hinreißen lassen. Dies wird man nicht nur wegen der Folgen für die Kirche sagen können, auch nicht nur wegen der notorischen Besserwisserei der Nachgeborenen; es war vielmehr eine Dummheit sui generis gerade nach den Kriterien guter katholischer Theologie, angefangen von den Kirchenvätern bis ins hohe Mittelalter.

Daß diese Dummheit freilich nur um den Preis einer hinkenden Theologie, der Rechtsbeugung, der – sehr wahrscheinlichen – Dokumentenfälschung, der Gehirnwäsche und des Betrugs an Galilei in seinem Verfahren durchgesetzt werden konnte, illustriert allerdings, wie versessen die Kirche unter der Führung zweier Päpste war, diese Dummheit zu begehen: In ihren gegenreformatorischen Rückzugsbastionen hatte sie sich einen überaus unchristlichen Absolutheitsanspruch auf alle und jede Wahrheit angemaßt, der ihr nur noch den Knüppel der Gewalt als die einzig denkbare Reaktion auf die neue Wissenschaft und ihren Repräsentanten Galilei erscheinen ließ. So gesehen hat die Dummheit der Kirche ihren durchaus konkreten historischen Sinn, und wir sind nicht wie der Theologe Heimo Dolch darauf angewiesen, noch aus der eingestandenen Schuld – in diesem Fall natürlich nur: kirchlicher Stellen – eine metaphysische Rendite zu erhoffen:

»Was damals geschah, ist in einer bestimmten Hinsicht unbegreiflich. Vielleicht ist es aber gerade der Sinn des ›Falles‹ Galilei, daß er unbegreiflich ist?«[15]

Dies ist freilich nicht viel mehr als die zeitgemäß verschwommene existentialtheologische Variante des Erkenntnisverbots von Urban VIII. Der Fall Galilei ist durchaus begreiflich, allerdings nicht in Kategorien, die für die Kirche schmeichelhaft wären.

Während Galilei im Heiligen Offizium auf seine Entlassung aus dem Gewahrsam der Inquisition wartete, hatten die Kanzlisten und Schreiber der Inquisition schon damit begonnen, Urteil und Abschwörungsformel zu kopieren und über die ganze katholische Welt zu verteilen, begleitet von Briefen, die noch einmal den allgemein verbindlichen Charakter der Demonstration gegen Galilei unterstrichen und das Verfahren seiner Bekanntmachung festlegten:

»Er ist verurteilt worden, diese Meinung abzuschwören und nach dem Gutdünken Ihrer Eminenzen formal im Kerker zu verbleiben und andere heilsame Bußübungen zu verrichten, wie es Euer Hochwürden aus dem nachstehend übersandten Exemplar des Urteils und der Abschwörung ersehen können, welches Euch übersandt wird, auf daß Ihr es Euren Vikaren bekanntmacht und die Kenntnis davon zu allen Professoren der Philosophie und Mathematik gelange, damit sie wissen, wie man gegen den besagten Galilei verfuhr, und damit sie die Schwere seines Fehlers begreifen, um denselben zu vermeiden und so nicht den Strafen zu verfallen, welche sie, sofern sie denselben begingen, erleiden müßten.«[16]

Galilei wird noch einmal besonders erschüttert worden sein, als er später durch einen Brief von Mario Guiducci erfuhr, daß in Florenz dieses Bekanntmachung in der Grabstätte seiner Ahnen in der Basilika Santa Croce stattgefunden hatte, vor einer großen Versammlung aller Inquisitoren, Domherren und Geistlichen, den Professoren und den eigens vorgeladenen Freunden Galileis.

So ließ die Inquisition nichts unversucht, die gesellschaftliche Entrechtung und Entehrung Galileis, die den wichtigsten Begleitumstand der Abschwörungszeremonie bildeten, überall bekanntzumachen und durchzusetzen. Aber sie hatte damit, wie Galileis letzte Lebensjahre zeigen, schon in ihrem eigenen Machtbereich nicht den gewünschten durchschlagenden Erfolg, und noch viel weniger konnte sie die neue Wissenschaft und Galileis Ruhm in den protestantischen Ländern jenseits der Alpen unterdrücken.

Im Kerker von Arcetri

Am Tag nach der Abschwörung wurde Galilei aus dem Gebäude des Heiligen Offiziums entlassen, da Francesco Barberini den »formalen Kerker« in die Villa Medici auf dem Monte Pincio verlegt hatte, in der nun Galilei unter den Vorschriften des strengen Hausarrests wohnen durfte. Der Gesandte Niccolini und vor allem seine Frau Caterina setzten alles daran, den gebrochenen alten Mann wieder aufzurichten. Niccolini versuchte in einer Audienz beim Papst die Heimreise nach Florenz zu erreichen, der war aber nur mit einer Übersiedelung nach Siena in den Palast des dortigen Erzbischofs Ascanio Piccolomini einverstanden. Am 6. Juli verließ Galilei die Heilige Stadt, in der ihm so übel mitgespielt worden war, und nach viertägiger Reise traf er am 9. Juli bei seinem vormaligen Schüler Piccolomini ein.

In den ersten Wochen konnte Galilei dort trotz der freundlichen Aufnahme keinen Schlaf mehr finden. Nachts wanderte er heulend und schreiend in so besorgniserregender Weise durch den Palast, daß seine Gastgeber schon überlegten, ob sie ihn nicht zum Schutze vor sich selbst an sein Bett fesseln sollten. Von der Wissenschaft, die ihn in all dieses Unglück gestürzt hatte, wollte er nichts mehr hören, aber trotzdem gelang es dem Erzbischof nach einigen Wochen, Galilei aus seiner Verzweiflung zu reißen, so daß er sogar wieder die Arbeit an dem Buch über die Bewegung aufnahm, obwohl er kaum hoffen konnte, daß es jemals gedruckt werden würde.

Wenn Galilei nach der entwürdigenden Prozedur in Rom überhaupt wieder einigen Lebensmut gefaßt hatte, so ist dies vor allem dem Erzbischof von Siena zu danken, der seinen Gefangenen, der Galilei im rechtlich-formalen Sinne war, mit aller erdenklichen Zuvorkommenheit und Einfühlung behandelt hatte. Natürlich gingen über diese sonderbare Gefangenschaft alsbald denunziatorische Beschwerden in Rom ein, und vermutlich waren es diese Anzeigen, die den Papst veranlaßten, dem Ärgernis in Siena durch die Genehmigung der Heimkehr nach Arcetri ein Ende zu bereiten. In der Kongregation des Heiligen Offiziums am 1. Dezember ordnete er jedenfalls an, daß Galilei seine Villa in Arcetri als Aufenthalt zugewiesen werden solle mit dem Auftrag, dort bis auf weiteres zu verbleiben, keine Besuche zu empfangen und sehr zurückgezogen zu leben.

Im »Kerker von Arcetri«, wie er fortan seine Villa sarkastisch bezeichnete und sogar als Absender in seiner Post angab, traf Galilei noch kurz vor Weihnachten ein, ein knappes Jahr nach seiner erzwungenen Abreise nach Rom. Der Großherzog kam umgehend zu einem Besuch bei seinem Hofmathematiker vorbei; Galilei wird es ihm gedankt haben, aber wichtiger war ihm doch die Nähe zu seiner Tochter Maria Celeste, dem einzigen Menschen, den er übrigens ohne Genehmigung der Inquisition aufsuchen durfte.

Unmittelbar nach seiner Verurteilung, als er seinen Namen aus dem Buch der Lebenden gestrichen wähnte, waren die ergreifendsten Tröstungen für den hoffnungslosen alten Mann die Briefe seiner Tochter, die gleichermaßen Gott und ihrem Vater vertraute. Daß sie es nun übernommen hatte, mit Genehmigung der Geistlichkeit die Bußpsalmen an seiner Stelle aufzusagen, wird man als vergleichsweise geringen Liebesdienst ansehen dürfen. Aber leider konnte Galilei den kurzen Weg zum Kloster bald nur noch selten bewältigen, denn der Winter war kalt und grausam, und Galilei mußte die meisten Wochen im Bett verbringen. Auch die zuvor so gesunde und robuste Tochter erkrankte, und nach einer plötzlichen Verschlimmerung ihrer Leiden verstarb sie am 2. April. So mußte Galilei in einem Brief an Elia Diodati in Paris eine überaus traurige Bilanz seiner ersten Monate in Arcetri ziehen:

»Hier lebte ich nun, mich vollkommen ruhig verhaltend und oft ein benachbartes Kloster besuchend, in dem meine beiden Töchter als Nonnen lebten. Ich liebte sie sehr, besonders die Ältere, die über ungewöhnliche geistige Gaben und eine seltene Herzensgüte verfügte; und auch sie hing sehr an mir. Während meiner Abwesenheit, die sie als sehr gefährlich für mich angesehen hatte, verfiel sie in tiefe Melancholie, die ihre Gesundheit untergrub, und zuletzt wurde sie von einer hartnäckigen Dysenterie befallen, an der sie nach sechs Tagen starb, mich in tiefstem Gram zurücklassend.«[1]

Seinen Verwandten in Florenz schrieb er, daß er sein Ende herannahen fühle:

»Die allertiefste Melancholie ist über mich gekommen; ich mag nichts mehr essen und verabscheue mich selbst; und ständig fühle ich mich von meiner geliebten Tochter gerufen.«

Eine demütige Bitte an den Heiligen Vater, wegen der nötigen ständigen ärztlichen Betreuung in das Stadthaus an der Costa di San Giorgio übersiedeln zu dürfen, wurde jedoch mit der Drohung beantwortet, daß auf die nächste derartige Impertinenz die Einkerkerung in den wirklichen Gefängnissen der Inquisition in Rom erfolgen werde. »Nach dieser Antwort, so scheint mir«, schrieb Galilei an Diodati, »daß ich höchstwahrscheinlich mein gegenwärtiges Gefängnis nur gegen das enge und andauernde werde eintauschen können, das uns alle erwartet.«

Aber als er diese deprimierende Aussicht an Diodati berichtete, hatte er sich schon wieder so weit erholt, daß er die Arbeit an seinem Buch über die Bewegung fortsetzen konnte.

Die Florentiner Inquisitoren ließen in der Überwachung des Gefangenen von Arcetri ein beträchtliches Maß an Nachlässigkeit und Milde walten, solange ihnen nicht durch strikte Anweisungen aus Rom die Hände gebunden waren. Sie haben sich offensichtlich keine Mühe gegeben, Galileis Post zu kontrollieren, obwohl er sich in vielen Briefen mal in dunklen Andeutungen, mal aber auch im Klartext in Klagen über die Intrigen der Jesuiten erging, die schon an dem verhängnisvollen Dekret von 1616 die Schuld hätten und auch für sein jetziges Schicksal verantwortlich seien.

Bei der Genehmigung von Besuchen mußte wegen der ständigen Sorge vor Denunziation vorsichtiger verfahren werden, und bei besonders exponierten Gästen wurde erst Rücksprache mit Rom genommen. So mußte sich Benedetto Castelli eigens verpflichten, bei einem von ihm beantragten Aufenthalt in Arcetri kein Wort über die verbotene Lehre mit Galilei zu wechseln, und damit dieses Gebot auch beachtet würde, durften die beiden nur in Gegenwart eines Inquisitors miteinander reden.

Als eine Abordnung der holländischen Generalstände nach Florenz kam und Galilei eine schöne goldene Kette für seinen Vorschlag zur Bestimmung der geographischen Länge mittels der Jupitermonde überreichen wollte, wurde Galilei nahegelegt, er möge das Geschenk ablehnen, denn solches Verhalten würde in Rom mit Wohlgefallen aufgenommen werden. Die Florentiner Patres gaben diesen Rat aber vermutlich nur deshalb, weil sie ohnehin wußten, daß die gestellten Anträge in Rom abgelehnt oder hinausgezögert würden, was denn auch prompt geschah.

Das Heilige Offizium gestattete Galilei jedoch ein Zusammentreffen mit dem Grafen François de Noailles, der im Jahre 1603 in Padua als Student in Galileis Haus gelebt hatte und jetzt seine Stellung als Botschafter Frankreichs beim Heiligen Stuhl dazu nutzte, sich für Galileis Begnadigung zu verwenden. Allerdings war dem Heiligen Offizium der Besuch einer so hochgestellten Persönlichkeit in Arcetri mit zuviel Aufsehen verbunden, so daß als Ort des Zusammentreffens die Villa der Medici in Poggibonsi festgesetzt worden war. Dies war die einzige kleine Reise, die Galilei jemals bis zu seinem Tode antreten durfte, aber in ihrer Bedeutung für die Wissenschaft oder gar die Menschheitsgeschichte ist sie kaum zu unterschätzen, denn als sich Galilei am 16. Oktober 1636 nach Poggibonsi auf den Weg machte, hatte er die *Discorsi* im Gepäck, die fertiggestellten Dialoge über die Bewegung.

Der Graf, der von der Konterbande schon instruiert war, nahm sie dankbar in Empfang, und über Diodati wurde das Manuskript nach Amsterdam weitergeleitet, wo es ein Mitglied der berühmten Verlegerfamilie Elzevier als Buch herausbringen wollte. Galilei schrieb noch schnell eine dankbare Widmung an den Grafen, und als er am Abend nach Arcetri zurückkehrte, wird er von dem Gefühl durchdrungen gewesen sein, daß sein Leben trotz aller schmählichen Niederlagen nicht umsonst gewesen war, denn nun konnte er gewiß sein, daß der Menschheit sein Kostbarstes, die neue Wissenschaft der Bewegung, doch noch mitgeteilt würde.

Die Verurteilung durch die Inquisition hatte zwar ihr Ziel insofern erreicht, als Galilei unendlich gedemütigt worden und in einigen katholischen Ländern, vor allem aber in Italien, zumindest als Repräsentant der neuen Wissenschaft »aus dem Buch der Lebenden« ausgestrichen war, da von Galilei nicht einmal mehr fromme

Erbauungsliteratur hätte gedruckt werden dürfen. Andererseits erweckte der Gefangene von Arcetri in jenen Ländern, die nicht vom Arm der Inquisition erreicht wurden, ein noch größeres Interesse, als es wohl jemals dem noch so brillanten Hofmathematiker des Großherzogs der Toskana entgegengebracht worden wäre, und dieses Interesse schlug sich auch in Veröffentlichungen nieder.

Der Pater Marin Mersenne hatte schon 1634 in Paris eine französische Übersetzung von Galileis Traktat über die Mechanik herausgebracht, der seit seiner Paduaner Professorenzeit nur als Manuskript im Umlauf gewesen war. Und in Straßburg hatte der Professor Martin Bernegger an einer lateinischen Übersetzung des für Katholiken verbotenen *Dialogs* gearbeitet, die 1635 in Amsterdam beim Elzevierschen Verlag erschienen war und dieses Buch der ganzen europäischen Gelehrtenwelt außerhalb der römischen Herrschaft zugänglich machte. Und ebenfalls Bernegger ist zu danken, daß 1636 eine italienisch-lateinische Paralleledition des Briefes an die Großherzogin Christine über den »Gebrauch biblischer Zitate in Angelegenheiten der Wissenschaft« gedruckt wurde.

Galilei wußte von diesen Vorhaben und billigte sie, denn er wollte der Welt nicht nur zeigen, welch großer Mathematiker und vorzüglicher Schriftsteller er war, sondern es ging ihm dabei auch durchaus um seine Ehrenrettung als guter Christ und treuer Katholik, wenn schon nicht in den Augen seiner Kirche, so doch in denen der übrigen Welt.

Denn die Bemühungen seiner Freunde und Gönner, angefangen von dem letztlich machtlosen Großherzog bis zu den Franzosen Nicole Fabri de Peiresc und Conte de Noailles, brachten keine Milderungen des Hausarrests oder gar eine Aufhebung der Strafe. Über die Reaktionen des Papstes berichtete Galilei zum Beispiel dem Venezianer Fulgenzio Micanzio, der als Nachfolger von Paolo Sarpi theologischer Consultor der dortigen Signoria geworden war:

»Ich höre aus Rom, daß Seine Eminenz Kardinal Antonio (Barberini, noch ein Neffe des Papstes) und der französische Botschafter mit Seiner Heiligkeit gesprochen und versucht haben, ihn davon zu überzeugen, daß ich niemals die Absicht hatte, das Sakrileg einer Verspottung Seiner Heiligkeit zu begehen, wie meine bösartigen Feinde ihn glauben gemacht haben und was der Hauptgrund für all meine Probleme war. Schließlich akzeptierte der Heilige Vater meine Einlassung und sagte: ›Wir glauben ihm, Wir glauben ihm schon‹, aber er fügte auch hinzu, daß die Lektüre meiner Dialoge das Allerschädlichste für die Christenheit wäre.«[2]

GALILEIS SEHKRAFT HATTE DURCH DIE KRANKHEITEN sehr gelitten, und als Anfang 1637 eine Entzündung hinzukam, erblindete Galilei erst auf dem rechten und noch vor Jahresende auch auf dem linken Auge. Erst jetzt hatte das Heilige Offizium ein Einsehen und ließ Galilei wegen der ärztlichen Pflege in das Stadthaus umziehen. Wie üblich durfte er das Haus jedoch nicht verlassen, und selbst der Besuch des Ostergottesdienstes in der nahe gelegenen Kirche von San Giorgio wurde ihm nur mit der Auflage gestattet, daß er mit niemandem sprechen dürfe.

Er wäre wahrscheinlich gern in der Costa di San Giorgio bei seinem Sohn, der ihm sehr zugetanen Schwiegertochter und dem Enkel Galileo Galilei geblieben, aber als er sich wieder ein wenig erholt hatte, mußte er erneut in die Einsamkeit von Arcetri zurück, und da er nun blind war, wurde er nicht einmal mehr durch den Anblick der toskanischen Hügellandschaft für sein Gefängnis entschädigt.

DIE »DISCORSI E DIMOSTRAZIONI MATEMATICHE, INTORNO A DUE NUOVE SCIENZE«, die Unterredungen über zwei neue Wissenszweige in der üblichen deutschen Lesart, erschienen endlich 1638 in Holland. Noch einmal ließ Galilei die Gesprächspartner Salviati, Sagredo und Simplicio aus dem verbotenen *Dialog* sich im Palast des Sagredo zusammenfinden und in beredtem Schweigen über die kopernikanische Lehre die neue Wissenschaft erörtern.

Im Geiste ständig anwesend ist der von Salviati des öfteren zitierte Akademiker, der Galileo Linceo, der auch mal als »buon Vecchio«, als guter Alter, vorgestellt wird, aber anders als im *Dialog* kommt Gott als der große Weltenbaumeister in den *Discorsi* nicht mehr vor, aber nicht etwa, weil Galilei an ihm irre geworden wäre. Der wesentlichste Grund dürfte wohl die Angst vor der Inquisition gewesen sein, der durch die Publizierung eines neuen Buches des Geächteten ohnehin schon die Grenzen ihrer Macht in einer für

Galilei nicht ganz risikolosen Weise deutlich wurden, und was Theologen aus der unschuldigsten Lobpreisung Gottes herauszulesen vermochten, hatte er in seinem Inquisitionsverfahren zur Genüge erleben müssen.

So hatte die katholische Kirche durch die Verurteilung Galileis letztlich erreicht, daß ein Pseudoproblem, über das sich ganze Ströme von Krokodilstränen ergießen – nämlich die Trennung von Wissenschaft und Glauben –, schon in dem ersten klassischen Text der modernen Naturwissenschaft sogar in der Rhetorik definitiv entschieden ist: Gott wird in der Physik nicht benötigt. Das entsprach zwar vollständig Galileis Erkenntnishaltung, aber trotzdem wird es ihm leid getan haben, daß er seine Bewunderung für Gottes Schöpfung dieses Mal so geheimhalten mußte wie seine kopernikanischen Überzeugungen.

IN INSGESAMT SECHS »TAGE« sind die *Discorsi* unterteilt, wobei jedoch immer zwei Tage deutlich miteinander zusammenhängen und aufeinander bezogen sind. Die letzten beiden »Tage« sind übrigens Überarbeitungen von Jugendschriften über die Proportionenlehre des Euklid und die Stoßprozesse, die Galilei aber so am Herzen lagen, daß er sie seinem Hauptwerk als etwas fremdartigen Appendix beigefügt hat.

Die ersten beiden »Tage« befassen sich in einer synoptischen Weise mit dem, was man heute Kontinuumsmechanik nennen würde, also im wesentlichen mit der Konstitution der Materie. Da Galilei sich aber auf praktisch keine Vorgänger stützen konnte, wird aus der Untersuchung der Bruchfestigkeit von Balken im Handumdrehen eine tiefsinnige Erörterung unendlich vieler Probleme, zum Beispiel über das Vakuum, die Lichtgeschwindigkeit oder die Akustik; sogar Anklänge an die moderne Mathematik der Mengenlehre kann man in einer Betrachtung über die Unmöglichkeit eines Vergleichs im Unendlichen vernehmen.

Obwohl die dialogische Form durchaus hin und wieder für einigen literarischen Unterhaltungswert sorgt, sind die *Discorsi* doch keine philosophische Komödie wie der *Dialog*, sondern streng durchgeführte Problemanalysen, bei denen nur noch gelegentlich ein peripatetischer Einwand des Simplicio zu widerlegen ist. Aber

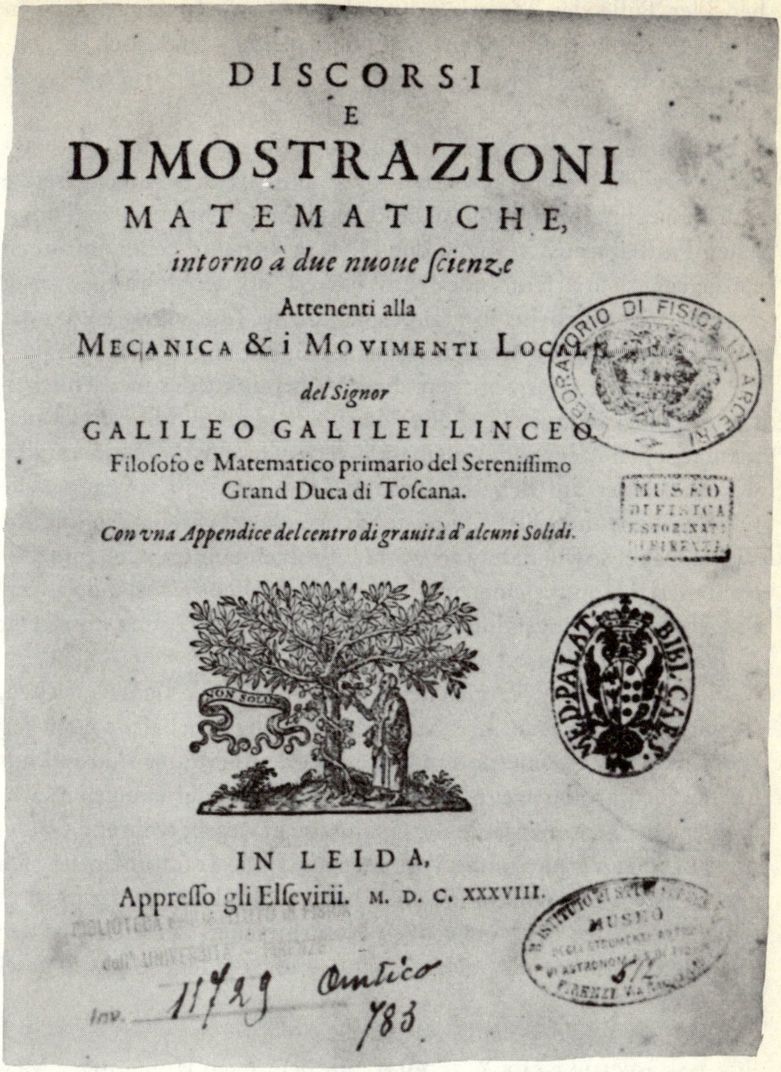

DISCORSI
E
DIMOSTRAZIONI
MATEMATICHE,
intorno à due nuoue ſcienze
Attenenti alla
MECANICA & i MOVIMENTI LOCALI
del Signor
GALILEO GALILEI LINCEO,
Filoſofo e Matematico primario del Sereniſſimo
Grand Duca di Toſcana.
Con vna Appendice del centro di grauità d'alcuni Solidi.

IN LEIDA,
Appreſſo gli Elſevirii. M. D. C. XXXVIII.

Titelseite der »Discorsi« von Galilei; dieses Buch erschien 1638 in Holland

bei aller Fülle des Materials und der schönen Gedanken, die in diesen ersten beiden »Tagen« diskutiert werden, sind doch die beiden nächsten Tage das eigentliche Juwel der Galileischen Wissenschaft.

Im dritten »Tag« wird die Lehre von der Ortsbewegung systematisch entwickelt und im vierten »Tag« auf die zusammengesetzte Wurfbewegung angewandt. Die italienisch geschriebenen dialogischen Partien treten völlig in den Hintergrund und geben nur noch ein gelegentlich erläuterndes Rankenwerk ab, während die streng systematisch gearbeiteten Hauptteile, die als Text »unseres Akademikers« vorgetragen werden, sogar lateinisch abgefaßt sind.

Wir müssen es uns versagen, diese Höhepunkte des menschlichen Denkens hier darzustellen, denn das hieße, die Grundlagen der mathematischen Mechanik auseinandersetzen zu müssen. Beschränken wir uns daher auf den Hinweis, daß die Trägheitsbewegung, die schiefe Ebene und die Fallgesetze, die Pendelschwingungen und die Wurfparabel sowie damit verwandte Probleme unter dem einheitlichen Gesichtspunkt einer mathematischen Theorie behandelt werden, deren Leistungsfähigkeit sogleich durch die Lösung konkreter Aufgaben demonstriert wird.

Wollte man nach Vergleichen für die Mechanik Galileis suchen, so würde man wegen ihrer strengen Schönheit vielleicht noch am ehesten an die Geometrie Euklids erinnert. Allerdings sind Euklids Bücher der großartige Abschluß eines jahrhundertelangen Nachdenkens der Griechen über die Geometrie gewesen, während Galilei seine Bewegungslehre ohne Vorbilder und ohne Traditionen auf sich allein gestellt zur Vollkommenheit brachte. In dieser Hinsicht ist er wohl der einzige der ganz großen Naturforscher, der nicht auf den »Schultern von Riesen« stehen konnte und trotzdem sehr weit gesehen hat.

Für das mechanische Weltbild, mit dem nach landläufiger Meinung die Übel kalter Rationalität und exzessiver technischer Machbarkeit in unser Leben gekommen sein sollen, wird oft Galilei als Begründer bemüht und für die nicht immer erfreulichen Begleitumstände und Folgen des technischen Fortschritts haftbar gemacht. Dieser Zuschreibung möchten wir, wenn auch kurz, so doch ent-

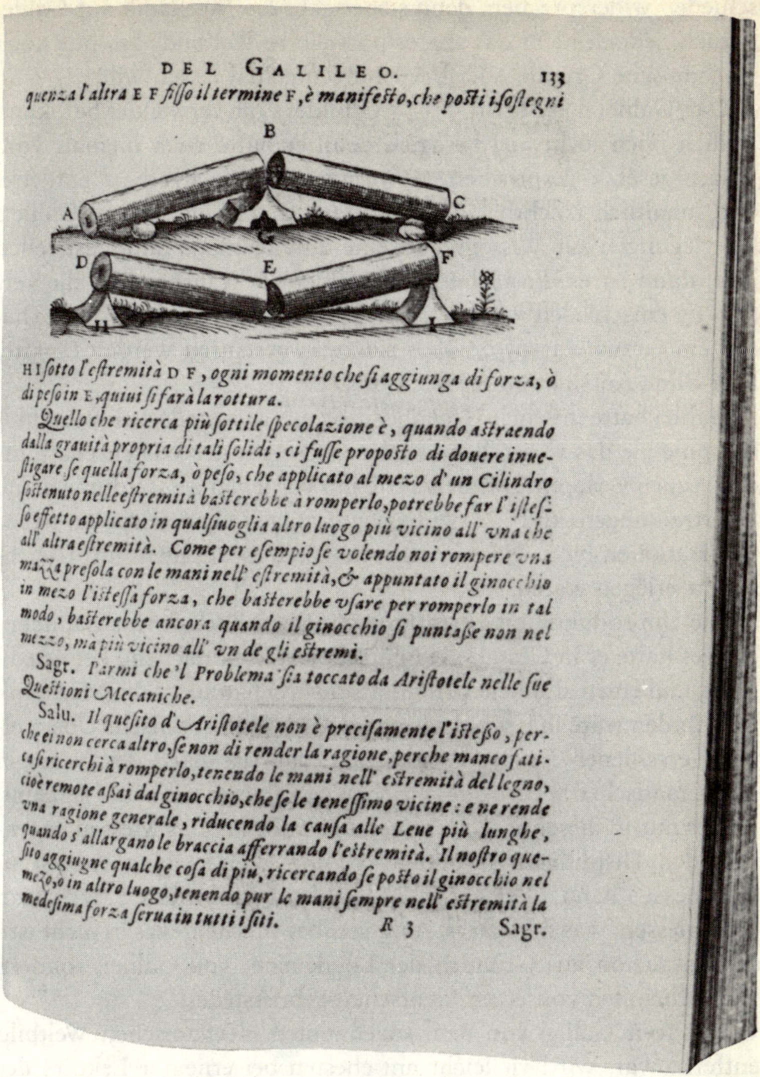

DEL GALILEO. 133

quenza l'altra E F fisso il termine F, è manifesto, che posti i sostegni

H I sotto l'estremità D F, ogni momento che si aggiunga di forza, ò di peso in E, quivi si farà la rottura.

Quello che ricerca più sottile specolazione è, quando astraendo dalla gravità propria di tali solidi, ci fusse proposto di dovere investigare se quella forza, ò peso, che applicato al mezo d'un Cilindro sostenuto nelle estremità basterebbe à romperlo, potrebbe far l'istesso effetto applicato in qualsivoglia altro luogo più vicino all'una che all'altra estremità. Come per esempio se volendo noi rompere una mazza presola con le mani nell'estremità, & appuntato il ginocchio in mezo l'istessa forza, che basterebbe usare per romperlo in tal modo, basterebbe ancora quando il ginocchio si puntasse non nel mezzo, mà più vicino all'un de gli estremi.

Sagr. Parmi che'l Problema sia toccato da Aristotele nelle sue Questioni Mecaniche.

Salu. Il quesito d'Aristotele non è precisamente l'istesso, perche ei non cerca altro, se non di render la ragione, perche manco fatica si ricerchi à romperlo, tenendo le mani nell'estremità del legno, cioè remote assai dal ginocchio, che se le tenessimo vicine: e ne rende una ragione generale, riducendo la causa alle Leue più lunghe, quando s'allargano le braccia afferrando l'estremità. Il nostro quesito aggiugne qualche cosa di più, ricercando se posto il ginocchio nel mezo, o in altro luogo, tenendo pur le mani sempre nell'estremità la medesima forza serua in tutti i siti.

R 3 Sagr.

Illustration zu dem praktischen Problem der Bruchmechanik aus dem zweiten »Tag« der »Discorsi«

schieden widersprechen, denn sicher geht die Mechanik auf Galilei zurück, jedoch nicht das später postulierte Weltbild, das nur noch mechanische Gründe oder Beziehungen gelten lassen will.

Daß Galilei den Begriff des »Weltbildes« nie verwendet hat, kann freilich noch nicht viel besagen, denn er hatte auch niemals vom »Naturgesetz« gesprochen, obwohl er den Sachverhalt entdeckt und inhaltlich fruchtbar gemacht hat. Aber wenn sich in Galileis Überlegungen zur Wissenschaft eine durchgängige Linie feststellen läßt, dann ist es die Liebe zu den »kleinen Wahrheiten«, die vernünftig entschieden werden können, während ihm alle großen Thesen ein Graus waren, da über sie zwar gestritten werden konnte, aber ohne Aussicht auf eine Lösung.

Galilei hatte in seiner Gegenposition zur aristotelischen Schulphilosophie nie das wesentlich kritische Geschäft der Wissenschaft aus den Augen verloren. Das bewahrte ihn vor jenen weltbildprägenden Übertreibungen und Grenzüberschreitungen, denen später ganze Generationen von Naturwissenschaftlern sozusagen im Gleichschritt erlegen waren.

Die Unproduktivität eines durchgängigen Erklärungszusammenhanges hatte er in Gestalt der Spätscholastik hinreichend kennengelernt, und einen ähnlichen Totalitätsanspruch nun auf die Mechanik zu gründen wäre ihm wohl als eine typisch philosophische Übertreibung erschienen. Er hat zwar gesagt, daß das Buch der Natur in mathematischer Sprache geschrieben sei, aber er hat nicht gemeint, daß es nur in dieser Sprache abgefaßt sei. Er hat das Messen gegenüber dem Disputieren bevorzugt, wo immer und solange man sinnvoll messen kann, aber der in Deutschland viel zitierte Satz: »Man muß messen, was meßbar ist, und meßbar machen, was es nicht ist« stammt schon aus Gründen der Logik nicht von Galilei, sondern wahrscheinlich von einem deutschen Schriftsteller.[3]

Wie weit Galilei von dem sogenannten mechanischen Weltbild entfernt war, wird vielleicht am ehesten bei erneuter Lektüre des Dithyrambus auf die Veränderlichkeit aus dem *Dialog* deutlich, aber auch die Kritik, die der »mechanische« Philosoph par excellence René Descartes sogar an den *Discorsi* übte, ist aufschlußreich; in einer langen Rezension dieses Buches schrieb er:

»Ich finde im allgemeinen, daß er besser als gemeinhin üblich

Galileis Grabstätte in der Florentiner Basilika Santa Croce

philosophiert, insofern er die Fehler der Scholastiker vermeidet und es unternimmt, physikalische Probleme mathematisch zu untersuchen. Darin stimme ich mit ihm völlig überein, und ich glaube, daß es keinen besseren Weg zum Auffinden der Wahrheit gibt. Aber er erscheint mir doch sehr fehlerhaft in seinen ständigen Abschweifungen, und niemals erklärt er eine Sache vollständig, was zeigt, daß er die Dinge nicht gemäß ihrer Ordnung untersucht und daß er, ohne die ersten Gründe der Natur zu betrachten, nur nach den Gründen spezieller Effekte sucht, und somit hat er ohne Fundament gebaut.«[4]

Der Philosoph, der viel eher als Galilei für das mechanische Weltbild haftbar gemacht werden kann, hatte nicht verstanden, worauf es Galilei ankam – ganz sicher nicht auf die »ersten Gründe«. Weitaus empfänglicher für Galileis Leistung war zum Beispiel Goethe, dem man eine Verehrung des mechanischen Weltbildes wohl kaum nachsagen kann. Von Galilei aber schrieb er, daß er die von empirischer Zersplitterung bedrohte Naturwissenschaft »zur Sammlung gebracht hat; er führte die Naturlehre wieder in den Menschen zurück und zeigte schon in früher Jugend, daß dem Genie ein Fall für tausend gelte ... Alles kommt in der Wissenschaft auf das an, was man ein Aperçu nennt, auf ein Gewahrwerden dessen, was eigentlich den Erscheinungen zum Grunde liegt. Und ein solches Gewahrwerden ist bis ins Unendliche fruchtbar.«[5]

Die letzten Lebensjahre verbrachte Galilei ausschließlich in Arcetri. Besucher durfte er empfangen, aber nicht zu viele auf einmal, und gelegentlich sah ein Vikar des Inquisitors nach dem Rechten. Zwei junge Männer lebten ständig im Haus Galileis, der gütige Vincenzio Viviani und der von Benedetto Castelli empfohlene Evangelista Torricelli. Sie lasen dem blinden Mann die eingehenden Briefe vor und nahmen seine Diktate auf, und man hat den Eindruck, daß seine Korrespondenz in jener Zeit, als er nicht mehr selbst schreiben konnte, sondern sich fremder Hilfe bedienen mußte, immer umfangreicher wurde.

Unermüdlich und rastlos war er mit seinen beiden Gehilfen tätig, und noch immer war er auf der Suche nach einer praktikablen Methode zur Bestimmung der geographischen Länge. Da ihm dabei die Bedeutung der Zeitmessung immer klarer wurde, dachte er sich in seinem Kopf eine neuartige Uhr aus, die den Isochronismus des Pendels als Taktgeber ausnutzt, und sein Sohn Vincenzio versuchte sich nach den Anweisungen des blinden Vaters als Uhrmacher zu betätigen.

Die meisten Tage, Wochen und Monate wurden von immer unerträglicher werdenden Schmerzen umdüstert. Mehrmals hatte er nach seinem Sohn und dem Pfarrer geschickt, da er seine letzte Stunde gekommen glaubte. Im November 1641 erkrankte er so schwer, daß nicht nur er selbst, sondern auch seine Familie und seine Freunde mit seinem Tode rechnen mußten. Von unsäglichen Schmerzen wurde er am 8. Januar 1642 erlöst.

Wie seine Ahnen wollte Galilei in Santa Croce begraben werden, und die Florentiner hätten Galilei gern ein schönes Denkmal errichtet, das sich würdig neben der Grabstätte Michelangelos ausnehmen sollte. Die delikate Frage war aber schon vor Galileis Ableben mit römischen Instanzen erörtert worden, so daß ihm ein Grab in der Basilika verwehrt wurde. Unter Vermeidung jeden Aufsehens wurde sein Leichnam in einer winzigen Kammer neben der Kapelle des Noviziats beigesetzt.

Als der toskanische Gesandte Niccolini um die Erlaubnis für ein Denkmal in einer Audienz beim Papst vorstellig wurde, verweigerte Urban VIII. dem Toten diese Ehre mit der Begründung, schließlich habe Galilei den »Anlaß zum größten Skandal der Christenheit« gegeben, und in einem gewissen Sinne mag der Papst damit sogar recht gehabt haben.

Erst 1736 wurde den Florentinern gestattet, Galilei in ihrem Pantheon eine würdige Grabstätte zu errichten, und es dauerte noch einmal ein Jahrhundert, bis 1835 der erste Index der verbotenen Bücher erschien, in dem der *Dialog* von Galileo Galilei nicht mehr aufgeführt wurde.

Anmerkungen und Literatur

Vorbemerkungen

Die Standardquelle für Galilei ist »Le Opere di Galileo Galilei«, Edizione Nazionale, die Antonio Favaro von 1890 bis 1909 herausgegeben hat. Der XX. Band enthält ein ausführliches Gesamtinhaltsverzeichnis und einen detaillierten Index, die beide die Orientierung erleichtern. Ich habe den geringfügig erweiterten Nachdruck von 1966 eingesehen und überwiegend danach zitiert, wobei die Bandzahl in römischen, die Seitenzahl in arabischen Ziffern angegeben wird.

Veröffentlichungen über Galilei sind in mehreren Bibliographien zusammenge stellt worden; die Gesamtzahl der registrierten Veröffentlichungen dürfte 6000 übersteigen; wir verweisen nur auf die Bibliographie in: Galileo – Man of Science, Hrsg. Ernan McMullin, New York 1967.

Eine gute Literaturübersicht zur ersten Orientierung enthält zum Beispiel der Nachdruck der deutschen Übersetzung des »Dialog« von Emil Strauß, die 1982 von Roman Sexl und Karl von Meyen herausgegeben wurde. Wir beschränken uns daher auf die wenigen dem deutschsprachigen Leser zugänglichen Werke:

»Dialog über die beiden hauptsächlichen Weltsysteme«, übersetzt von Emil Strauß, Leipzig 1891, reprographischer Nachdruck Stuttgart 1982, zitiert als »Dialog«.

»Unterredungen und mathematische Demonstrationen über zwei neue Wissenszweige, die Mechanik und die Fallgesetze betreffend«, übersetzt von Arthur von Oettingen, Leipzig 1890 ff., reprographischer Nachdruck Darmstadt 1964, zitiert als »Discorsi«.

»Sidereus Nuncius – Nachricht von neuen Sternen«, herausgegeben und eingeleitet von Hans Blumenberg, Frankfurt a. M. 1965, 1980; dieses Bändchen enthält auch Auszüge aus dem »Dialog« und den beiden Reden über die Hölle in Dantes Inferno.

Der XX. Band der Edizione Nazionale enthält eine hervorragende Sammlung von Kurzbiographien aller Personen, die im Zusammenhang mit Galilei erwähnenswert sind; wir möchten bei den wissenschaftshistorisch bedeutsameren Personen zusätzlich empfehlen: »Dictionary of Scientific Biography«, 16 Bände, New York 1970–80, zitiert als DoSB.

Galileo Galilei – und er bewegt uns immer noch (S. 13–31)

1 Brief an Diodati vom 2. Jan. 1638, Ed. Naz. XIV
2 Il Saggiatore, Ed. Naz. VI, 226
3 Vgl. E. Zilsel: Die sozialen Ursprünge der neuzeitlichen Wissenschaft, Frankfurt a. M. 1976, S. 81 ff.
4 Dialog, 108
5 Brief an die Großherzogin Christine, Ed. Naz. V, 315
6 Hans Küng: Existiert Gott?, München/Zürich 1978, S. 29

7 Die in französischer Sprache gehaltene Rede von Johannes Paul II. ist enthalten in: Einstein-Galileo, Libreria Editrice Vaticana, 1980, S. 33 ff.; eine deutsche Übersetzung im Osservatore Romano, Wochenausgabe in deutscher Sprache, 30. Nov. 1979
8 Vgl. Special Report, Science 81, März 1981, S. 14 ff.
9 Vgl. Der Fall Küng. Eine Dokumentation, Hrsg. Norbert Greinacher und Herbert Haag, München/Zürich 1980, S. 90
10 Werner Heisenberg: Schritte über Grenzen, München ^{2}1973, S. 350
11 Brief an die Großherzogin Christine, Ed. Naz. V, 319
12 Am vollständigsten: Emil Wohlwill: Galileo Galilei und sein Kampf für die copernikanische Lehre, Hamburg/Leipzig 1909, 1926
13 Z. B. Adolph Müller: Der Galilei-Prozeß nach Ursprung, Verlauf und Folgen, Freiburg i. Br. 1909
14 Arthur Koestler: The Sleepwalkers, London 1959, dt. Übers. Bern 1959, zuletzt Frankfurt a. M. 1980
15 Z. B. Gerhard Prause. Galileo Galilei war kein Märtyrer. Die Zeit, 46/1980
16 Im Brief an Vinta vom 7. Mai 1610, Ed. Naz. X, 348 ff.
17 Zit. nach Wolfgang Krohn: Die »Neue Wissenschaft« der Renaissance, in G. Böhme et al.: Experimentelle Philosophie, Frankfurt a. M. 1977, S. 17
18 Op. cit., S. 16
19 Op. cit.
20 Peter B. Medawar: New York Review of Books, 28. März 1968, in der Rezension von »The Double Helix«
21 Vgl. Robert K. Merton: Auf den Schultern von Riesen, Frankfurt a. M. 1980
22 Paul K. Feyerabend: Wider den Methodenzwang, Frankfurt a. M. 1976, S. 226
23 Brauchen wir eine andere Wissenschaft?, Hrsg. Oskar Schatz, 10. Salzburger Humanismusgespräche, Graz 1981, S. 12
24 Feyerabend, a. a. O., S. 227

Ein Edler Florentiner vom Geiste Michelangelos (S. 35–45)

1 Racconto istorico di Vincenzio Viviani, Ed. Naz. XIX, 597 ff.
2 Vgl. Ed. Naz. XIX, 23 ff.
3 Für eine kritische Untersuchung vgl. Wohlwill: Galilei, Bd. II, Leipzig 1926, S. 260 ff. »Sagenhafte Ergänzungen der Jugendgeschichte.«

Zwischen Aristoteles und Archimedes – Student in Pisa (S. 46–63)

1 Ed. Naz. XIX, 602 f.
2 Zitiert nach DoSB XV, 45
3 Dialog, 113, Ed. Naz. VII, 134

Der Archimedes seiner Zeit – Mathematik und Mechanik (S. 64–69)

1 Brief von Galilei an del Monte vom 16. Juli 1588, Ed. Naz. X, 43
2 Ed. Naz. IX, 32

Der Quinte Kuß und sanfter Stich – Mathematik und Musik (S. 70–81)

Auf die Bedeutung musiktheoretischer Studien für Galilei, die allen bisherigen Biographen entgangen sind, hat erstmals Stilman Drake hingewiesen in Drake: Galileo Studies, Ann Arbor 1970, S. 43 ff.; Drake bemerkt allerdings nicht den musiktheoretisch konservativen Zug von Galileis akustischer Begründung der Konsonanz.

Zur Theorie der Stimmungen: Juan G. Roederer: Physikalische und psychoakustische Grundlagen der Musik, Berlin 1977.

1 Zitiert nach Wohlwill, Galilei, Hamburg 1909, S. 45; Wohlwill macht darauf aufmerksam, daß man dieses Zitat im 8. Buch der Physik vergeblich suchen wird, er hält es für eine ganz freie Bearbeitung von Phys. VIII, 3, 253, 33
2 Zit. nach Romain Geldron: Die Geburt der Oper und des konzertanten Stils, Zürich 1966, S. 33 f.
3 Die Zitate aus den »Discorsi« finden sich am Ende des »Ersten Tages«, Ed. Naz. VIII, 143 ff.; Übers. Oettingen, S. 86 ff.
4 Dieses Zitat erscheint in Galen: Von den Elementen nach Hippokrates I 2; dort auch eine schöne Vorwegnahme der Lehre von den primären und sekundären Qualitäten
5 Galilei: Il Saggiatore, Ed. Naz. VI, 213 ff.

Unter den Talaren ... – Professor in Pisa (S. 82–94)

1 Capitolo, Ed. Naz. IX, 213
2 Ed. Naz. VII, 731
3 Bergmann/Schäfer: Lehrbuch der Experimental-Physik, Berlin [7]1965, S. 31. – Vgl. auch Harald Fritzsch: Quarks. Urstoff unserer Welt, München/Zürich 1981, S. 15.
4 Ed. Naz. I, 334
5 Ed. Naz. XIX, 606
6 Vgl. L. Cooper: Aristotle, Galileo and the Leaning Tower of Pisa, Ithaca 1935
7 Ed. Naz. VIII, 107
8 Antonio Favaro: Galileo Galilei e lo Studio di Padova, Bd. II, Padua 1968, S. 107

Im Palast zum Ochsen – Professor in Padua (S. 97–108)

Zur Geschichte der Universität Padua vgl. Lucia Rossetti: L'Università di Padova, Profilo storico, Mailand 1972.

Zu Galileis Paduaner Zeit sind viele über die Editione Nazionale hinausgehende Einzelheiten enthalten in Antonio Favaro: Galileo Galilei a Padova, Bd. I und II, Florenz 1883, Nachdruck Padua 1968.

1 Vita Ioannis Vincenti Pinelli, Auctore Paolo Gualdo, zitiert nach Wohlwill: Galilei, Bd. 1, Hamburg 1909, S. 120
2 Vgl. J. H. Randall Jr.: The School of Padua and the Emergence of Modern Science, Padua 1961

Die Schule der Praxis – Technische Quellen der Galileischen Wissenschaft (S. 109–119)

1 Ed. Naz. VIII, 49
2 Ed. Naz. II, 166
3 Ed. Naz. XVII, 177
4 Ed. Naz. XIX, 606
5 Ed. Naz. XIX, 126

Padre incerto – Der Professor als Hauslehrer und Liebhaber (S. 120–132)

1 Ed. Naz. XI, 397
2 Favaro, a. a. O., II, S. 94
3 Favaro, a. a. O., II, S. 43 f.
4 Favaro, a. a. O., II, S. 146
5 Ed. Naz. X, 709
6 Ed. Naz. X, 81
7 Ed. Naz. X, 193
8 Vgl. Maria Luisa Righini Bonelli: Vita di Galileo, Florenz 1974, S. 57 f.
9 Vgl. z. B. Adolf Müller: Galileo Galilei und das Kopernikanische Weltsystem, Freiburg i. Br. 1909 (Stimmen aus Maria Laach)
10 In: Eroberer des Weltraums, Hrsg. Erich Lessing, Freiburg i. Br. 1967

Der getreue Untertan oder Sehnsucht nach Florenz (S. 133–138)

1 Ed. Naz. X, 158
2 Ed. Naz. X, 146
3 Ed. Naz. II, 367
4 Ed. Naz. X, 226

Der Disput um die Mitte – Astronomiegeschichtliches Intermezzo (S. 139–157)

1 Goethes Werke, Hrsg. Erich Trunz, Bd. XIV, Hamburg 1960, S. 81
2 Archimedes: Die Sandzahl, dt. Übers. A. Czwalina, Leipzig 1925, S. 67
3 Zit. nach DoSB XII, S. 3
4 Luthers Tischgespräche, Weimarer Ausgabe, I, Nr. 855
5 Nicolaus Copernicus: Über die Kreisbewegungen der Weltkörper, dt. Übers. C. L. Mezzer, Thorn 1879, S. 7
6 Op. cit., S. 1
7 O. Neugebauer: Exakte Wissenschaften im Altertum, 1957, S. 204
8 Dialog, 342
9 Copernicus, a. a. O., S. 25

Der geheime Kopernikaner oder
»Was hat Philosophie mit dem Messen zu tun?« (S. 158–169)

1 Ed. Naz. II, 193 ff.
2 Ed. Naz. X, 67
3 Ed. Naz. X, 69
4 Vgl. Drake: Galileo Studies, a. a. O., Kap. 10
5 Z.B. Arthur Koestler: Die Nachtwandler, Wiesbaden o. J., S. 362
6 Ed. Naz. VII, 154; Ed. Strauß, S. 154
7 Zit. nach Marie Boas: Die Renaissance der Naturwissenschaften, Gütersloh 1965, S. 208
8 Vgl. Dialog, Ed. Strauß, S. 418 ff.
9 Sechs Briefe Galileis sowie die entsprechenden Antwortschreiben Ed. Naz. X, 183–209
10 Ed. Naz. II, 275
11 Der Dialog ist mit einer italienischen Übersetzung abgedruckt in Ed. Naz. II, 313 ff.

Die Wahrheit der schiefen Ebene oder Die Grundgesetze der Bewegung (S. 170–181)

1 Alexandre Koyré: Études galiléennes, Paris 1939
2 A. Rupert Hall: From Galileo to Newton, London 1963, dt.: Die Geburt der naturwissenschaftlichen Methode, Gütersloh 1965, S. 45
3 Hans Blumenberg in der Einleitung zu Galilei: Sidereus Nuncius, a. a. O., S. 47
4 Enzyklopädie Philosophie und Wissenschaftstheorie, Bd. I, Mannheim 1980, S. 700
5 Stilman Drake: Galileo at Work, Chicago 1978, S. 78 ff.
6 Unterredungen, S. 162
7 Brief an Sarpi vom 16. Okt. 1604, Ed. Naz. X, 115
8 Unterredungen, S. 163
9 Thomas B. Settle: »An experiment in the history of science«, Science, Vol. 133, 1961, S. 19
10 Drake, Galileo at Work, a. a. O., S. 88 f.
11 Dialog, S. 251
12 Albert Einstein, Hrsg. Schilpp, Stuttgart 1955, S. 508

Des Fernrohrs Adoptivvater (S. 185–191)

1 Sidereus Nuncius, Ed. Naz. III, 61, dt.: Nachricht von neuen Sternen, Übers. Malte Hossenfelder, Frankfurt a. M. 1965, S. 82
2 Ed. Naz. XIX, 587
3 Ed. Naz. X, 250
4 Ed. Naz. VI, 259

Sidereus Nuncius – Bote oder Botschaft von den Sternen? (S. 192–202)

Sidereus Nuncius ist in Ed. Naz. III, 7–96, abgedruckt, einmal als Faksimile des Manuskripts und dann nach dem gedruckten Buch; in den Zitaten folge ich der deutschen Übersetzung von Malte Hossenfelder, a. a. O., S. 77–129.

1 Ed. Naz. X, 273
2 Ich folge hier der Darstellung von Ewen A. Whitaker, Journal of the History of Astronomy, Vol. IX, 1978, S. 155–169
3 Sid. Nunc., S. 109
4 Ed. Naz. X, 301
5 Sid. Nunc., S. 81
6 Sid. Nunc., S. 101
7 Op. cit., S. 103
8 Op. cit., S. 107
9 Op. cit., S. 82
10 Op. cit., S. 128

Ouvertüre zum Sternenstreit oder
»Vom Fernrohr wird mir ganz schwindlig!« (S. 203–213)

1 Brief von Mansu an Beni, Ed. Naz. X, 291
2 Vgl. Brief von Galilei an Giugni, Ed. Naz. X, 381
3 Ed. Naz. X, 305
4 Brief Horkys an Kepler, Ed. Naz. X, 343
5 Galilei an Vinta, Ed. Naz. X, 348
6 Op. cit.
7 Galilei an Kepler, Ed. Naz. X, 422
8 Segeths Epigramme, Ed. Naz. III, 189
9 Galilei an Kepler, Ed. Naz. X, 422
10 Dialog, Ed. Strauß, S. 114
11 Paolo Gualdo an Galilei, Ed. Naz. XI

Die Heimkehr oder »Ich kann nur einem Fürsten dienen« (S. 214–222)

1 Brief an Vinta vom 7. Mai 1610, Ed. Naz. X, S. 348 ff.
2 Vgl. Leonardo: Forscher – Künstler – Magier, Frankfurt a. M. 1974, S. 7
3 Brief an Giuliano de' Medici, Ed. Naz. X, 440
4 Brief von Sagredo an Galilei, Ed. Naz. XI, 170 f.

Die gehörnte Venus oder Weitere Nachrichten von den Sternen (S. 223–233)

1 Brief vom 13. Nov. an Giuliano de' Medici, Ed. Naz. X, 474
2 Über della Porta als Kryptologen vgl. David Kahn: The Code Breakers, New York 1967, S. 137–143

3 Über die Bedeutung der Priorität vgl. Robert K. Merton: The Sociology of Science, Chicago 1973, S. 286 ff., 383 ff.
4 Brief vom 11. Dez. an Giuliano de' Medici, Ed. Naz. X, 483
5 Brief von Castelli vom 5. Dez. 1610, Ed. Naz. X, 482
6 Brief an Giuliano de' Medici vom 1. Jan. 1611, Ed. Naz. XI, 11
7 Z. B. Duhem: Essai sur la notion de théorie physique de Platon a Galilée, 1908; oder Koestler: Die Schlafwandler, a. a. O.

»Eine Säule auf dem Kapitol« oder Zweischneidiger Triumph in Rom (S. 237–245)

1 Beobachtungen der Jupitermode auf der Reise, Ed. Naz. III, 442
2 Brief Galileis an Vinta vom 1. April 1611, Ed. Naz. XI, 79
3 Anfrage des Kardinals Bellarmin, Ed. Naz. XI, 87
4 Gutachten der Mathematiker des Collegio Romano vom 24. April 1611, Ed. Naz. XI, 92
5 Brief an Gallanzoni vom 16. Juli 1611, Ed. Naz. XI, 151
6 Rede des Maelcote: »Nuntius Sidereus Collegii Romani«, Ed. Naz. III, 293
7 Über Cigoli und Galilei vgl. Erwin Panofsky: Galileo as a Critic of Art, Den Haag 1954
8 Galileis Theorie der bildenden Kunst: vgl. Brief an Cigoli vom 26. Juni 1612, Ed. Naz. XI, 430
9 Brief an Salviati, Ed. Naz. XI
10 Brief von Dini an Sassetti vom 7. Mai 1611, Ed. Naz. XI, 102
11 Brief von del Monte an Cosimo II. vom 31. Mai 1611, Ed. Naz. XI
12 Brief von Cigoli an Galilei vom 11. Aug. 1611, Ed. Naz. XI
13 Brief an Gallanzoni vom 16. Juli 1611, Ed. Naz. XI, 151
14 Protokoll der Heiligen Inquisition vom 17. Mai 1611, Ed. Naz. XIX, 275

Galileo Linceo oder Die Erfindung der Akademie (S. 246–254)

Vgl. Raffaelo Morghen: Galileo e l'Accademia dei Lincei, in: Galileo Galilei, Rom 1965; Stilman Drake: Galileo Studies, a. a. O., S. 79 ff.

1 Brief Galileis an Picchena vom 19. April 1618, Ed. Naz. XII, 381
2 Zitiert nach Drake, Galileo Studies, a. a. O., S. 81
3 Zitiert nach Ornstein: The Role of Scientific Societies in the Seventeenth Century, London 1963, S. 108

Florentinische Ablenkungen I oder »Warum schwimmt Eis?« (S. 255–267)

1 Brief von Sarpi an Galilei vom 12. Febr. 1611, Ed. Naz. XI, 46
2 Brief von Giulia Galilei an Alessandro Piersanti vom 9. Jan. 1610, Ed. Naz. X, 279
3 Brief von del Monte an Galilei vom 16. Dez. 1611, Ed. Naz. XI, 245

4 Discorso, Ed. Naz. IV, 65
5 Op. cit., S. 66
6 Dritter Brief von Galilei an Welser vom 1. Dez. 1612, Ed. Naz. V, 191
7 Ed. Naz. IV, 444
8 Ed. Naz. IV, 787

Die Sonnenflecken oder Die verstimmte Orgel der Philosophie (S. 268–278)

1 Discorso, Ed. Naz. IV, 64
2 Istoria e dimostrazioni intorno alle macchie solari, Ed. Naz. V, 104
3 Op. cit.
4 Op. cit., S. 111
5 Op. cit., S. 112
6 Brief an Cesi vom 12. Mai 1612, Ed. Naz. XI, 298
7 Istoria, Ed. Naz. V, 174
8 Op. cit., S. 178
9 Op. cit.
10 Op. cit., S. 191
11 Op. cit., S. 231
12 Stilman Drake, Ch. Kowal: »Galileis Sighting of Neptun«, Scientific American, Dez. 1980, S. 52 ff.
13 Istoria, Ed. Naz. V, 238

Galileis Credo oder Die andere Offenbarung (S. 279–289)

1 Ed. Naz. XI, 461
2 Brief von Castelli vom 14. Dez. 1613, Ed. Naz. XI, 605
3 Op. cit.
4 Brief an Castelli vom 21. Dez. 1613, Ed. Naz. V, 281 ff.
5 Josua 10,12–13, Übers. Zürcher Bibel 1954
6 Brief an Castelli, a. a. O., S. 286 ff.
7 Vgl. Edward Grant: Das physikalische Weltbild des Mittelalters, Zürich/München 1980, S. 120

Wissenschaft im Freien – Galilei als Aufklärer (S. 290–302)

1 Erster Brief über die Sonnenflecken, Ed. Naz. V, 104
2 Müller: Der Galilei-Prozeß, a. a. O., S. 190
3 Sidereus Nuncius, Frankfurt a. M. 1965, S. 103
4 Dritter Brief über die Sonnenflecken, Ed. Naz. V, 234
5 Op. cit., S. 235
6 Dialog, S. 115
7 Brief an Dini vom 21. Mai 1611, Ed. Naz. XI, 105 ff.
8 Sizzi: Dianoia, Ed. Naz. III, 211

9 In Johannes Kepler: Gesammelte Werke, Bd. IV, 1941, S. 286 ff.
10 Albert Einstein: Vorwort zu Dialog, engl. Übers.: Stilman Drake, 1953, S. XVI
11 Ed. Naz. XVI, 162
12 Ed. Naz. XIV, 340
13 Ed. Naz. V, 235
14 Brief an Cesi vom 30. Juni 1612, Ed. Naz. XI, 344
15 Considerazioni appartenenti al libro del Sig. Vincenzio Di Grazia, Ed. Naz. IV, 738
16 Stilman Drake: »Galileo Gleanings«, Isis 48, 1957, S. 395
17 The Principal Works of Simon Stevin, Bd. V, Amsterdam 1966, S. 432
18 Ed. Naz. XI, 326

»Ihr galiläischen Männer ...« oder Die theologische Opposition (S. 305–316)

1 Brief von Castelli vom 31. Dez. 1614, Ed. Naz. XII, 123
2 Brief an Dini vom 16. Febr. 1615, Ed. Naz. V, 294
3 Op. cit., S. 295
4 Brief von Cesi vom 12. Jan. 1615, Ed. Naz. XII, 128
5 Brief von Dini vom 7. März 1615, Ed. Naz. XII, 151
6 Brief von Ciampoli vom 28. Febr. 1615, Ed. Naz. XII, 145
7 Ed. Naz. XIX, 305
8 Ed. Naz. XIX, 307
9 Ed. Naz. XII, 171 ff.
10 Vgl. Koestler: Die Nachtwandler, a. a. O., S. 454 ff. Koestler bringt übrigens auch die zeitliche Reihenfolge der wichtigsten Dokumente durcheinander, um seine These vom Propagandisten Galilei zu stützen: Bellarmins Brief ist nicht eine Reaktion auf Galileis Brief an Christine von Lothringen, wie Koestler meint, sondern es verhält sich genau umgekehrt: Galilei verteidigte in seinem Brief die Freiheit wissenschaftlichen Denkens gegen die von Bellarmin errichteten Beschränkungen. Zudem muß noch ein Übersetzungsfehler dazu herhalten, Bellarmin eine Kompromißbereitschaft zu unterstellen, die er so nie hatte.
11 Brief an die Großherzogin Christine, Ed. Naz. V, 319

Die Wahrheit der Natur und die Natur der Wahrheit – Ein erkenntnistheoretisches Intermezzo (S. 317–328)

1 Ed. Naz. V, 308; die von Galilei angeführte Stelle findet sich in »De Genesi ad literam«, am Ende von Buch II
2 Ed. Naz. V, 318; De Genesi II, 9
3 Ed. Naz. V, 338; De Genesi I, 18
4 Ed. Naz. V, 320; Galileis Zitat entstammt Prediger 3,11
5 Ed. Naz. V, 330
6 Ed. Naz. V, 338; De Genesi I, 19
7 Es handelt sich dabei um die modallogische Schlußfigur des modus ponens: wenn A, dann B; es gilt A, dann gilt auch B. Ein Standardbeispiel für den korrekten Gebrauch des modus ponens und des Fehlschlusses ist: Wenn es

regnet, wird die Straße naß. Es regnet, also wird die Straße naß. Nicht aber: Die Straße wird naß, also regnet es – es könnte ja auch ein Sprengwagen oder ein defekter Hydrant sein.

8 Augusti Oregii ad suos in universas teologiae partes tractatus philosophicum praeludium, Rom 1637, S. 119, zitiert nach Wohlwill, Galilei, Bd. I, Leipzig 1926, S. 619

9 Zitiert nach Grant: Das physikalische Weltbild des Mittelalters, a. a. O., S. 52

10 Ed. Naz. V, 315; Galilei zitiert Adversus Marcionem II, 18

11 Ed. Naz. XII, 178

Nun ruht sie wieder –
Das Dekret gegen die kopernikanische Lehre (S. 329–347)

1 Ed. Naz. XII, 207

2 Ed. Naz. XII, 226

3 Ed. Naz. XII, 229

4 Ed. Naz. XII, 242

5 Ed. Naz. XII, 231

6 Ed. Naz. V, 375 ff.; da die Theorie der Gezeiten in Galileis »Dialog« ausführlich dargestellt wird, werden wir im Zusammenhang mit diesem Werk auf sie eingehen

7 Ed. Naz. XII

8 Ed. Naz. XII, 239

9 Ed. Naz. XIX, 321

10 Op. cit.

11 Ed. Naz. XIII

12 Werner Heisenberg: Naturwissenschaftliche und religiöse Wahrheit, in Heisenberg: Schritte über Grenzen, a. a. O., S. 345

13 Op. cit. Diese Bemerkungen sind nicht ganz klar; die Qualifikatoren bezogen sich in ihrem zweiten Satz nur auf die tägliche Umdrehung der Erde, während Heisenberg die jährliche und die tägliche Rotation nicht deutlich genug auseinanderhält; aber in jeder denkbaren Interpretation verfehlen diese Bemerkungen die Problematik.

14 Karl Popper: Three views concerning human Knowledge, in: Contemporary British Philosophy, 3rd series, 1956; Nachdruck in: Conjectures and Refutations, London 1963, S. 110

15 Ed. Naz. XIX, 321

16 Ed. Naz. XIX, 278

17 Ed. Naz. XIX, 321 f.

18 Aus den Tagebüchern von G. F. Buonamici, Ed. Naz. XV, 111

19 Ed. Naz. XIX, 322

20 Ed. Naz. XII, 243

21 Op. cit.

22 Ed. Naz. XIX, 348

23 Ed. Naz. XII, 150

24 Ed. Naz. XIX, 286

25 Ed. Naz. XII, 261

Technik und Traum oder Unter der Fuchtel des Dekrets (S. 351–360)

1 Vgl. Ed. Naz. V, 413 ff.
2 Dialog, S. 489
3 Ed. Naz. XII, 391

Worte auf der »Goldwaage« oder Der Krieg der Kometen (S. 361–370)

1 Antonio Favaro: Galileo e Suor Maria Celeste, Florenz 1891; enthält alle Briefe von Galileis Tochter in chronologischer Reihenfolge
2 Ed. Naz. XV, 445
3 Leonardo Olschki: Geschichte der neusprachlichen wissenschaftlichen Literatur, Bd. III: Galilei und seine Zeit, Halle (Saale) 1927, S. 167
4 Ed. Naz. VI, 21 ff.; im Anschluß daran die weiteren Beiträge zur Kometenkontroverse
5 Ed. Naz. VI, 73
6 Ed. Naz. VI, 145
7 Ed. Naz. VI, 329
8 Ed. Naz. VI, 336
9 Ed. Naz. VI, 335
10 Ed. Naz. VI, 380
11 Ed. Naz. VI, 373 ff.; der Jesuit Adolph Müller hat diese Schimpfkanonade fein säuberlich aufgelistet klassifiziert und einige abwegige Bemerkungen über Galileis Charakter daran geknüpft; in Müller: Der Galilei-Prozeß, a. a. O., S. 39

Der Ruhm am Himmel und die päpstliche Liebe (S. 371–380)

1 Ed. Naz. VI, 200
2 Ed. Naz. XI, 216
3 Ed. Naz. XIII, 139
4 Jean Tarde: Relation des Voyages; zitiert nach Silvio A. Bedini: The Instruments of Galileo Galilei, in: Galileo – Man of Science, Hrsg. Ernan McMullin, New York 1967, S. 283
5 Op. cit., S. 284
6 Ed. Naz. XIII, 209
7 Wie Anm. 4, S. 286
8 Ed. Naz. XIII, 183 ff.

Florentinische Ablenkungen II oder Schwierigkeiten beim Schreiben (S. 381–388)

1 Ed. Naz. VI, 511 ff.
2 Ed. Naz. VI, 538
3 Ed. Naz. VI, 543
4 Ed. Naz. XIII, 354
5 Ed. Naz. XIV, 49
6 Ed. Naz. XIV, 60
7 Ed. Naz. XIV, 70

Der »Dialog« – eine philosophische Komödie (S. 389–402)

1 Dialog, Übers. Strauß, S. 7; Ed. Naz. VII, 31
2 Op. cit., S. 137, Ed. Naz. VII, 157 f.
3 Op. cit., S. 118; Ed. Naz. VII, 139
4 Op. cit., S. 117; Ed. Naz. VII, 138
5 Op. cit., S. 154; Ed. Naz. VII, 173
6 Op. cit., S. 483; Ed. Naz. VII, 486
7 Koestler schreibt, die Theorie sei »kein Irrtum, sondern ein Wahn«, a. a. O., S. 461, was ich für abwegig halte, ebenso wie seine saloppe Widerlegung von Galileis Gezeitentheorie
8 Vgl. Drake: Galileo Studies, a. a. O., Kap. 10
9 Dialog, S. 62 f.; Ed. Naz. VII, 83 f.

Die doppelte Druckerlaubnis oder ». . . mein Leben zerrinnt« (S. 405–417)

1 Dieses wird in dem Brief von Castelli an Galilei vom 16. März 1630 berichtet; Ed. Naz. XIV, 87
2 Zitiert in einem Brief von Castelli an Galilei vom 6. April 1630, Ed. Naz. XIV, 89
3 Ed. Naz. XIV, 99
4 Ed. Naz. XIX, 327
5 Ed. Naz. XIV, 288
6 Nach einem Brief von Galilei an Diodati, Ed. Naz. XV, 23
7 Ed. Naz. XIV, 216
8 Dialog, S. 4 f.; Ed. Naz. VII, 29 f.
9 Op. cit., S. 448; Ed. Naz. VII, 487
10 Op. cit., S. 449; Ed. Naz. VII, 488
11 Op. cit.; Ed. Naz. VII, 489
12 Koestler, a. a. O., S. 482

»Schlimmer als Luther und Calvin« oder
Wie verbietet man den Anbruch eines neuen Zeitalters (S. 418–433)

1 Ed. Naz. XIV, 366
2 Vgl. dazu Ed. Naz. XVI, 455
3 Akten, Fol. 389 v°. Die Prozeßakten sind im 19. Band der Edizione Nazionale und in der Sammlung von Gebler, 1877, in typographischer Approximation des Schriftbildes abgedruckt; ich zitiere nach der durchgängig gebräuchlichen und angegebenen Paginierung des Vatikan-Manuskripts.
4 Akten, Fol. 389 v°
5 Vgl. Wohlwill, 1877 und 1909, Laemmel 1927; Laemmel hat das Dokument mit Ultraviolettlicht untersucht und die von Wohlwill vermuteten Radierspuren nicht gefunden; daher entscheidet sich Laemmel für eine originäre Fälschung aus dem Jahre 1632.
6 Am ausführlichsten dargelegt in Giorgio de Santillana: The Crime of Galileo, Chicago 1957

7 Diese Geschichte wird erstmals angeboten in: J. J. Fahie: Galileo, London 1909, S. 169 ff. In neuerer Zeit ist ihr eifrigster Verfechter Stilman Drake, zuerst 1957 in einem Anhang zur amerikanischen Ausgabe der Biographie von Geymonat, der mit »A Historical Speculation« überschrieben ist, und später in seinem Buch »Galileo at Work«, Chicago 1978, S. 253 ff., in dem der spekulative Charakter dieser Geschichte leider nicht mehr deutlich gemacht wird.
8 Akten, Fol. 394 v°
9 Brief von Niccolini an Galilei vom 13. Nov. 1632, Ed. Naz. XIV, 427
10 Akten, Fol. 407 r°
11 Akten, Fol. 409
12 Brief an Diodati vom 15. Jan. 1633, Ed. Naz. XV, 23

Das Gift des Kommissars – Der Prozeß, I. Teil (S. 434–446)

1 Brief Galileis an Cioli vom 19. Febr. 1633, Ed. Naz. XV, 45
2 Brief Niccolinis an Cioli vom 9. April 1633, Ed. Naz. XV, 84
3 Brief von Castelli an Galilei vom 2. Okt. 1632, Ed. Naz. XIV, 401
4 Akten, Fol. 414 r°
5 Der Titel »Eminenz« war 1630 durch Urban VIII. für die Kardinäle eingeführt worden; Galilei verwendet ihn hier auch für den schon 1621 verstorbenen Roberto Kardinal Bellarmin
6 Akten, Fol. 415 v°
7 Akten, Fol. 416 v°
8 Akten, Fol. 418 v°
9 Brief Galileis an Bocchineri vom 16. April 1633, Ed. Naz. XV, 86
10 Brief Galileis an Bocchineri vom 23. April 1633, Ed. Naz. XV, 101
11 Ed. Naz. XV, 106; dieser Brief ist nicht in den Prozeßakten enthalten; er wurde 1833 zufällig von einem Bibliothekar in der Sammlung Barberini der Biblioteca Vaticana entdeckt und mit kirchlicher Druckerlaubnis veröffentlicht
12 Akten, Fol. 419 r°–420 v°
13 Akten, Fol. 421 r°
14 Der Großinquisitor in Schillers »Don Carlos«, V, 9

»Ich schwöre ab, verfluche und verwünsche ...« –
Der Prozeß, II. Teil (S. 447–465)

1 Brief der Maria Celeste an Galilei vom 7. Mai 1633, Ed. Naz. XV, 113
2 Akten, Fol. 419 r°–421 r°
3 Akten, 421 r°
4 Briefe von Piccolomini an Galilei vom 16. und 28. Mai 1633, Ed. Naz. XV, 124 und 137
5 Akten, Fol. 337 v°–338 r°
6 Dieses Schriftstück ist naturgemäß nicht Bestandteil der Prozeßakten; es ist abgedruckt in Ed. Naz. XIX, 360
7 Brief von Niccolini an Cioli vom 19. Mai 1633, Ed. Naz. XV
8 Akten, Fol. 452 r°–453 r°

9 Z.B. Müller: Der Galilei-Prozeß, a.a.O., S. 164; oder Jerome J. Langford: Galileo, Science and the Church, Ann Arbor 1971, S. 151; natürlich auch Koestler, a.a.O., aber ohne den Versuch eines Belegs
10 Orio Giacchi in: Nel terzo centenario della morte di Galileo Galilei, Universita Cattolica del S. Cuore, Mailand 1942, S. 400, 406
11 Ed. Naz. XIX, 404
12 Ed. Naz. XIX, 404 ff.
13 Ed. Naz. XIX, 406 ff.
14 In der Einleitung zur deutschen Übersetzung des »Dialog« von Emil Strauß, Leipzig 1891, S. LXXVI
15 Heimo Dolch: Der Fall Galilei – Eine theologische Besinnung, in: Sonne steh still, 400 Jahre Galileo Galilei, Mosbach 1964
16 Zit. nach Gebler, 1876, S. 323
17 Guiducci an Galilei vom 27. Aug. 1633, Ed. Naz. XV, 248

Im Kerker von Arcetri (S. 466–479)

1 Brief an Diodati vom 25. Juli 1634, Ed. Naz. XVI, 115
2 Brief an Micanzio vom 12. Juli 1636, Ed. Naz. XVI, 455
3 Dieser Satz findet sich in dem populären Büchlein von Johannes Hemleben: Galilei, Hamburg 1969, auf Seite 14; Hemleben gibt als Quelle an: Gerhard Szczesny: Brecht, Leben des Galilei, Dichtung und Wahrheit, Berlin 1966; der fragliche Satz findet sich dort wirklich auf Seite 6, allerdings ohne Beleg und in einem Kontext, daß ich ihn zum Dichtungsteil dieser Schrift schlagen möchte
4 Brief von Descartes an Mersenne vom 11. Okt. 1638, Ed. Naz. XVII, 387
5 Goethe, Hrsg. Erich Trunz, Bd. XIV, Hamburg 1960, S. 82

Personenregister

Bildnachweis

S. 117, 191, 199 und 357: Istituto e Museo di Storia della Scienza, Florenz; Abb. 1 im Bildteil: Museo Firenze Com'era, Florenz; alle übrigen Aufnahmen vom Autor. S. 241: Deutsches Museum, München.

Manfred Eigen / Ruthild Winkler

Das Spiel

Naturgesetze steuern den Zufall
404 Seiten mit 68 zum Teil farbigen Abbildungen.
Serie Piper 410

Alles Geschehen in unserer Welt gleicht einem großen Spiel, in dem von vornherein nichts als die Regeln festliegen. Das Spiel ist ein Naturphänomen, das schon von Anbeginn den Lauf der Welt gelenkt hat: die Gestalten der Materie, ihre Organisation zu lebenden Strukturen wie auch das soziale Verhalten des Menschen.
Dies ist die Quintessenz des faszinierenden Buches des Göttinger Biochemikers und Nobelpreisträgers Manfred Eigen und seiner Mitarbeiterin Ruthild Winkler, das in seine subtile, aber stets praxisbezogene Untersuchung auch brisante »apokalyptische« Themen unserer Zeit, z. B. die Frage der Genmanipulation und des Wachstums in einem begrenzten Lebensraum, mit einbezieht.

»... ein Buch, aus dem der Leser höchst komplizierte Fakten und Vorgänge ›spielend‹ lernt«.
Die Zeit

Von Manfred Eigen liegt vor:

Stufen zum Leben

Die frühe Evolution im Visier der Molekularbiologie
311 Seiten mit 50 zum Teil farbigen Abbildungen. Leinen

Der Nobelpreisträger Manfred Eigen zeigt in den »Stufen zum Leben«, daß die Voraussetzungen für die Entstehung des Lebens in jüngster Zeit sowohl theoretisch als auch experimentell erforschbar geworden sind. Dadurch erscheint Darwins Evolutionstheorie in einem neuen Licht. Eigens neues Buch – das ist aktuelle Evolutionsforschung aus erster Hand.

Piper 53/3a

PIPER

Richard P. Feynman

»Sie belieben wohl zu scherzen, Mr. Feynman!«

Abenteuer eines neugierigen Physikers
Gesammelt von Ralph Leighton. Herausgegen von Edward Hutchings.
Vorwort zur deutschen Ausgabe von Harald Fritzsch.
Aus dem Amerikanischen von Hans-Joachim Metzger.
463 Seiten. Leinen

»Interessieren Sie sich für Physik? Nein? Dann sollten Sie unbedingt das Feynman-Buch lesen. Interessieren Sie sich für Physik? Ja? Dann sollten Sie unbedingt das Feynman-Buch lesen.
Ein Feuerwerk von Pointen und Überraschungsgags, von spitzen Formulierungen und vielen Streichen.
So lernt man in seinem Buch einen intelligenten, furchtbar neugierigen, humorvollen und grundehrlichen Menschen kennen.
Nur: Stellen Sie keine Erwartungen an das Buch – es wird doch ganz anders kommen. Lesen Sie es einfach – aber lassen Sie es nicht rumliegen. Wer erst mal die Nase reinsteckt, steckt das ganze Buch ein.«

Frank Elstner, Die Welt

Vom selben Autor ist lieferbar:

QED – Die seltsame Theorie des Lichts und der Materie

Aus dem Amerikanischen von Siglinde Summerer und Gerda Kurz.
200 Seiten mit 93 Abbildungen. Geb.

Harald Fritzsch

Eine Formel verändert die Welt

Newton, Einstein und die Relativitätstheorie
346 Seiten mit 82 Abbildungen. Geb.

Harald Fritzsch, der mit »Quarks – Urstoff unserer Welt« und »Vom Urknall zum Zerfall« bereits ein großes Publikum erreichen konnte, bringt dem Leser in seinem Buch Einsteins Relativitätstheorie auf besonders eingängige Weise nahe: Newton, Einstein und der erfundene zeitgenössische Physiker Haller erklären sich gegenseitig und damit auch dem Leser die Relativitätstheorie und ihre Folgen.

QUARKS

Vorwort von Herwig Schopper.
320 Seiten mit 91 Abbildungen. Serie Piper 332

»Dem mit physikalischen Grundprinzipien vertrauten Leser wird dieses Buch eine Fülle neuer Einsichten vermitteln.« Süddeutsche Zeitung

Vom Urknall zum Zerfall

Die Welt zwischen Anfang und Ende
351 Seiten mit 55 Abbildungen. Serie Piper 518

»Aber das Besondere ist wohl, daß sich die Darstellung so spannend und überzeugend liest und daß man das Gefühl hat, hervorragend informiert zu werden.« Heinz Maier-Leibnitz

»Gemessen an der Komplexität der Phänomene versteht es der Autor aber gekonnt, auch komplizierteste Zusammenhänge klar und verständlich auf ihren wesentlichen Kern zu reduzieren.« Bernd Kröger, DIE ZEIT

John Gribbin

Auf der Suche nach Schrödingers Katze

Quantenphysik und Wirklichkeit
Aus dem Englischen von Friedrich Griese. Wissenschaftliche Beratung für die deutsche Ausgabe: Helmut Rechenberg.
325 Seiten mit 60 Abbildungen. Leinen

Die Quantenphysik gilt als eine der größten geistigen Leistungen unseres Jahrhunderts – und als eine der folgenreichsten. Ohne Quantenphysik gäbe es weder Atomphysik noch Molekularbiologie, blieben chemische Bindungen ohne Erklärung, wären weder Laser noch Computer denkbar – kurz: Die gesamte moderne Naturwissenschaft steht auf der Grundlage der Quantenphysik. Der englische Physiker und Publizist John Gribbin erzählt in diesem Buch ihre Geschichte von den Anfängen der Atomtheorie im 19. Jahrhundert bis zu den gegenwärtigen Forschungen. Er stellt die Physiker vor, die an der Erforschung des Atoms beteiligt waren, von Albert Einstein, der sich heftig gegen die letzte Formulierung in der Quantenmechanik sträubte (»Gott würfelt nicht«), über Werner Heisenberg und Wolfgang Pauli bis zu Erwin Schrödinger.
Die Quantenphysik, die für sich in Anspruch nehmen kann, das Innerste der Welt erklärt zu haben, verändert auch das allgemeine Weltbild. Die Suche nach Schrödingers Katze ist die Suche nach der physikalischen Realität – was ist wirklich in der uns umgebenden Welt, und was ist abhängig vom jeweiligen Beobachter?
In einer klaren und anschaulichen Sprache führt dieses Buch in die Welt der Quantenphysik ein und macht auch dem Laien die neue Sicht der Dinge in der »aufregendsten Wissenschaft des Jahrhunderts« (Heisenberg) deutlich.

»Gribbin vermag es, den naturwissenschaftlichen Laien mit den Ergebnissen und der Interpretation der Quantenmechanik vertraut zu machen.« H. Rechenberg, Physikalische Blätter

Werner Heisenberg

Gesammelte Werke

Abteilung C: Allgemeinverständliche Schriften

Herausgegeben von Walter Blum, Hans-Peter Dürr und Helmut Rechenberg

Band I
Physik und Erkenntnis 1927–1955

Ordnung der Wirklichkeit, Interpretation der Quantenmechanik, Atomphysik, Kausalität, Unbestimmtheitsrelationen u. a. 453 Seiten. Leinen

Band II
Physik und Erkenntnis 1956–1968

Gifford-Lectures, Sprache und Wirklichkeit, Abstraktion und Vereinheitlichung, Goethes Naturbild u. a. 440 Seiten. Leinen

Band III
Physik und Erkenntnis 1969–1976

Der Teil und das Ganze, Die Bedeutung des Schönen, Naturwissenschaftliche und religiöse Wahrheit, Elementarteilchen u. a. 242 Seiten. Leinen

Band IV
Biographisches und Kernphysik

Autobiographisches, Laudationes, Nobelvortrag, Münchner Festrede, Kernphysik, Buchbesprechungen u. a. 505 Seiten. Leinen

Band V
Wissenschaft und Politik

Organisation der Forschung, Schule und Studium, A. v. Humboldt-Stiftung, Verantwortung des Wissenschaftlers u. a. (Erscheint 1989)

Die »Allgemeinverständlichen Schriften« in fünf Bänden – etwa die Hälfte der Texte wird erstmals in Buchform veröffentlicht – wenden sich vor allem an naturwissenschaftlich und philosophisch interessierte Laien. Sie erhalten aufregende Einblicke in das Denken des Nobelpreisträgers.
Das Werk Heisenbergs, das sich an das allgemeine Publikum wendet, umfaßt neben Reden und Aufsätzen zum Inhalt und zur Deutung der Physik seine Gesamtschau des Naturbildes, wie es sich von der Antike bis zur Gegenwart entwickelt hat. Darüber hinaus ist von der Organisation der Forschung und vor allem auch von der Verantwortung des Wissenschaftlers in einer wissenschaftlich-technischen Welt die Rede. Heisenbergs Schriften sind – wie schon seine erfolgreichen Bücher zeigten – geeignet, ein großes Publikum zu erreichen. Ihm gelang – wie nur wenigen bedeutenden Naturwissenschaftlern – die Vermittlung zwischen der modernen Naturwissenschaft und einer interessierten Öffentlichkeit.

Bernd-Olaf Küppers

Der Ursprung biologischer Information

Zur Naturphilosophie der Lebensentstehung
Vorwort von Carl Friedrich von Weizsäcker.
319 Seiten mit 26 Abbildungen und 5 Tabellen. Geb.

Zu den faszinierendsten, zugleich aber kompliziertesten Problemen der modernen Naturwissenschaften gehört die Frage nach dem Ursprung des Lebens. Die Behandlung dieses Problemkreises stellt höchste Ansprüche an eine interdisziplinäre Forschungstätigkeit. Physik und Chemie, Molekularbiologie und Populationsgenetik, Informations- und Spieltheorie – das sind Wissenschaftszweige, aus denen Methoden und Begriffe in die moderne Theorie der Lebensentstehung einfließen.

Bernd-Olaf Küppers (Hrsg.) Ordnung aus dem Chaos

Prinzipien der Selbstorganisation und Evolution des Lebens
Mit Beiträgen von A. Dress, H. Haken, B. Hess, B.-O. Küppers, Ch. v. d. Malsburg, M. Markus, H. Meinhardt, D. Pörschke, P. H. Richter, H.-J. Scholz, K. Schulten und P. Schuster.
284 Seiten. Serie Piper 743

Die Ergebnisse der molekularen Biologie vermitteln uns inzwischen einen tiefen Einblick in den materiellen Aufbau lebender Systeme, deren Entstehung und Evolution. Das Lebendige muß heute nicht mehr als das Resultat geheimnisvoller immaterieller Kräfte angesehen werden, sondern vielmehr als Ergebnis eines gigantischen Selbstorganisationsprozesses der Materie, in dessen Verlauf sich auch das Leben allmählich aus einem molekularen Chaos heraus entwickelt hat.

Leben = Physik + Chemie?

Das Lebendige aus der Sicht bedeutender Physiker. Ein Lesebuch, herausgegeben und eingeleitet von Bernd-Olaf Küppers.
256 Seiten. Serie Piper 599

Die Frage, ob und in wieweit sich die Lebenserscheinungen physikalisch erklären lassen, gehört zu den grundlegenden Fragen der modernen Naturwissenschaften. Sie besitzt einen praktischen Aspekt insofern, als sich die Molekularbiologen anschicken, das Erbmaterial mit Hilfe physikalisch-chemischer Techniken zu manipulieren und die Evolution im Reagenzglas nachzuvollziehen. Zum anderen trägt sie bei zur Klärung eines uralten Problems, des Zusammenhangs von Geist und Materie.

Grégoire Nicolis / Ilya Prigogine
Die Erforschung des Komplexen

Auf dem Weg zu einem neuen Verständnis der Naturwissenschaften
Aus dem Engl. von Eckhard Rebhan und Rainer Feistel.
384 Seiten mit 110 Abbildungen. Kt.

Die beiden Autoren lassen die Leser teilhaben an aufregenden Entwicklungen in der modernen Naturwissenschaft. Sie sind davon überzeugt, daß Wissenschaft mit der interdisziplinären Erforschung des Komplexen den Menschen dazu verhelfen wird, ihre gesamte Umwelt besser zu verstehen und damit Lösungen für drängende Probleme zu finden.

Ilya Prigogine
Vom Sein zum Werden

Zeit und Komplexität in den Naturwissenschaften
Aus dem Engl. von Friedrich Griese. 304 Seiten. Kt.

Prigogine fand bei seinen Untersuchungen, die 1977 mit dem Nobelpreis für Chemie ausgezeichnet wurden, daß auch bei irreversiblen Prozessen geordnete Strukturen entstehen können. Für die Evolutionstheorie bedeutete diese Erkenntnis einen großen Schritt nach vorn. Sie hat nämlich insbesondere die Grundlagen dafür geschaffen, daß man nunmehr in der Lage ist, auch den Übergang von toter zu lebender Materie rational zu erfassen. Die neuen Vorstellungen sind nicht nur auf Probleme der Physik, Chemie und Biologie anwendbar, sondern eignen sich auch zur Beschreibung des Verhaltens sozialer Systeme.

Ilya Prigogine / Isabelle Stengers
Dialog mit der Natur

Neue Wege naturwissenschaftlichen Denkens
Aus dem Engl. und Franz. von Friedrich Griese.
347 Seiten mit 11 Abbildungen auf Tafeln und 28 Zeichnungen. Geb.

»Der ›Dialog mit der Natur‹, blendend geschrieben und hervorragend übersetzt, wird sich vermutlich als eines der wichtigsten Werke unserer Zeit erweisen.«

Bild der Wissenschaft

PIPER

Emilio Segrè

Von den fallenden Körpern zu den elektromagnetischen Wellen

Die klassischen Physiker und ihre Entdeckungen. Aus dem Amerik. von Hainer Kober. 1986. 464 Seiten mit 126 Abbildungen. Geb.

In seinem neuen Buch beschreibt der Autor gleichsam die historischen Vorraussetzungen für die moderne Physik: die klassische Physik von Galileo Galilei bis Ludwig Boltzmann. Wieder stehen die großen Physiker im Zentrum der Darstellung, wieder gibt Segrè seine Sicht der Physikgeschichte. Neben Galilei und Boltzmann als den Eckpfeilern spielen folgende Physiker eine wichtige Rolle: Huygens, Newton, Lagrange, Hamilton, Fourier, Young, Fresnel, Fraunhofer, Bunsen, Kirchhoff, Galvani, Volta, Ørstedt, Ampère, Faraday, Lorentz, Carnot, Thomson, Joule, Helmholtz, Clausius, Maxwell, van der Waal und Gibbs.
Segrè hat sich für dieses Buch intensiv mit den Schriften seiner »Helden« befaßt, er läßt sie selbst ausführlich zu Wort kommen. Segrè: »Ich las viele der für die Physik grundlegenden Originaltexte und erkannte, welche Schwierigkeiten ihre Autoren zu überwinden hatten. Ihre Werke zeigen uns, wie sie ihre Probleme angingen, was wichtig schien und ist, was vernachlässigt werden kann und wie schließlich die Antworten lauten, während sie noch nichts von alledem wußten, sondern alles erst herausfinden mußten. Dieses Buch soll Zeugnis ablegen für die Verehrung, die ich für meine wissenschaftlichen Ahnen empfinde. Es entspringt dem Wunsch, die eigenen Wurzeln kennenzulernen.«

Die großen Physiker und ihre Entdeckungen

Von den Röntgenstrahlen zu den Quarks. Aus dem Amerik. von Siglinde Summerer und Gerda Kurz. 3. Aufl., 16. Tsd. 1984. 359 Seiten mit 133 Abbildungen. Geb.

»Der durch persönliches Erleben und Mitwirken gefärbte lebendige Bericht über die großen Physiker und ihre Entdeckungen ist ein fast wunderbar zu nennendes Buch, das gleichsam ›nebenher‹ auch die ganze Vielfalt jener wesentlichen Erkenntnisse und Einsichten vermitteln kann, die man heute braucht, um die Physik und ihre Bedeutung für das moderne Weltbild richtig zu verstehen.«

Stuttgarter Zeitung